Psychologie für die Wirtschaft

Lioba Werth

Psychologie für die Wirtschaft

Grundlagen und Anwendungen

Spektrum Akademischer Verlag   Heidelberg · Berlin

Zuschriften und Kritik an:
Elsevier GmbH, Spektrum Akademischer Verlag, Lektorat Psychologie: Katharina Neuser-von Oettingen, Slevogtstr. 3-5, 69126 Heidelberg

Autor:
Frau Dr. Lioba Werth
Universität Würzburg
Lehrstuhl für Psychologie II
Röntgenring 10
97070 Würzburg
E-Mail: werth@psychologie.uni-wuerzburg.de

Wichtiger Hinweis für den Benutzer
Der Verlag und die Autorin haben alle Sorgfalt walten lassen, um vollständige und akkurate Informationen in diesem Buch zu publizieren. Der Verlag übernimmt weder Garantie noch die juristische Verantwortung oder irgendeine Haftung für die Nutzung dieser Informationen, für deren Wirtschaftlichkeit oder fehlerfreie Funktion für einen bestimmten Zweck. Der Verlag übernimmt keine Gewähr dafür, dass die beschriebenen Verfahren, Programme usw. frei von Schutzrechten Dritter sind. Der Verlag hat sich bemüht, sämtliche Rechteinhaber von Abbildungen zu ermitteln. Sollte dem Verlag gegenüber dennoch der Nachweis der Rechtsinhaberschaft geführt werden, wird das branchenübliche Honorar gezahlt.

Bibliografische Information Der Deutschen Bibliothek
Die Deutsche Bibliothek verzeichnet diese Publikation in der Deutschen Nationalbibliografie; detaillierte bibliografische Daten sind im Internet über http://dnb.ddb.de abrufbar.

Planung und Lektorat: Katharina Neuser-von Oettingen, Anja Groth
Gesamtherstellung: Bosch-Druck GmbH, Ergolding
Umschlaggestaltung: SpieszDesign, Neu-Ulm
Titelbild: „Puzzling Mind", © Dianna Sarto/corbis
Gedruckt auf 90 g Offset, chlorfrei gebleicht

Printed in Germany
ISBN 3-8274-1401-6

Aktuelle Informationen finden Sie im Internet unter www.elsevier-deutschland.de

Inhaltsübersicht

Inhalt

Vorwort

„50 Prozent der Wirtschaft sind Psychologie", erkannte Ludwig Erhard, der erste Wirtschaftsminister der Bundesrepublik Deutschland. Gemeint war nicht das Curriculum der Wirtschaftswissenschaften, sondern die Tatsache, dass wirtschaftliches Handeln zu einem großen Teil auf psychologischen Prinzipien basiert.

Vor diesem Hintergrund ist es überraschend, dass die Bedeutung psychologischer Erkenntnisse für die Ökonomie erst vor kurzem die volle Anerkennung gefunden hat, als der Psychologe Daniel Kahneman im Jahr 2002 den Nobelpreis „für das Einführen von Einsichten der psychologischen Forschung in die Wirtschaftswissenschaft" (so die offizielle Würdigung) erhalten hatte.

Kahnemans Thema sind Entscheidungen bei Unsicherheit. Dies ist jedoch nur ein kleines Feld, auf dem die Psychologie einen Beitrag zum besseren Verständnis wirtschaftlicher Prozesse zu leisten vermag. Das beweist das vorliegende Buch von Lioba Werth, dessen Inhaltsverzeichnis bereits das breite Spektrum psychologischer Bereiche aufzeigt, die für die Wirtschaft bedeutsam sind. Natürlich spielen Urteilsprozesse (und auch die Arbeiten des Nobelpreisträgers) eine wichtige Rolle. Darüber hinaus werden jedoch die Themen Personenbeurteilung, Emotion, Motivation, Gruppenprozesse, Befragungen, um nur einige Beispiele zu nennen, abgehandelt.

Ein erster Blick in das Lehrbuch macht deutlich, dass hier der aktuelle Stand der psychologischen Forschung referiert wird. Dies weist auf eine hohe wissenschaftliche Kompetenz der Autorin hin. Zum Zweiten tritt die Anwendungsperspektive hervor, die an vielen Beispielen aus dem Wirtschaftsleben erkennbar wird. Dies lässt auf wirtschaftlichen Sachverstand und Praxiserfahrung schließen. Tatsächlich verfügt die Autorin über beide Qualifikationen. Seit vielen Jahren ist sie als experimentelle Sozialpsychologin aktiv und publiziert ihre Befunde in hochrangigen internationalen Fachzeitschriften. Gleichzeitig ist sie Leiterin eines erfolgreichen Instituts für psychologische Wirtschaftsberatung und hat in dieser Eigenschaft Einblick in die Probleme von Unternehmen der verschiedensten Branchen. Mehr noch, sie weiß, wie diese Probleme zu lösen sind, und gibt ihr Wissen an den Leser des Buchs weiter.

Diese Mehrfachqualifikation ermöglicht es der Autorin, psychologische Sachverhalte wissenschaftlich differenziert und doch praxisnah darzustellen. Dazu gesellt sich das schriftstellerische Talent einer erfolgreichen Sachbuchautorin, das es ihr erlaubt, komplexe Sachverhalte unkompliziert, leicht lesbar und spannend zu vermitteln.

Das vorliegende Lehrbuch wendet sich nicht nur an Studierende der Wirtschaftswissenschaften, sondern auch der Psychologie, die ihre berufliche Perspektive in der Wirtschaft oder Verwaltung sehen. Zugleich bietet es Führungskräften und Personalfachleuten wertvolle Grundlagen und Anregungen für ihren Arbeitsbereich. Von daher ist es ein Novum auf dem Markt deutscher Lehrbücher.

Aber für eines ist die Autorin ganz besonders zu loben. Nicht nur beschreibt das Thema „Motivation" einen wichtigen Teilbereich des Buches. Der Autorin ist es auch gelungen, die Erkenntnisse der Motivationsforschung didaktisch umzusetzen. „Psychologie für die Wirtschaft" macht Spaß. Es fällt schwer, das Buch aus der Hand zu legen.

Prof. Dr. Fritz Strack

Danksagung

Ein solches Buch hat viele Mitgestalter und Mitdenker, denen ich an dieser Stelle meinen Dank aussprechen möchte.

So gilt mein Dank in allererster Linie meinem Mentor Fritz Strack, der mich zu diesem Buch ermutigt und auf dem Weg dahin begleitet hat.

Der größte Dank gebührt Jennifer Mayer, die dieses Buch ganz entscheidend mitgeprägt hat – mehr als Worte sagen können – Danke für eine wunderbare Zusammenarbeit!

Für den fruchtbaren Gedankenaustausch, wertvolle Anregungen und kostbare Kritik danke ich meinen Kollegen und Geschäftspartnern Ursula Basler-Petsch, Markus Denzler, Roland Deutsch, Birte Englich, Kai Epstude, Inge Fiegel-Kölblin, Jens Förster, Rita Frizlen, Michael Häfner, Kathrin Helmrich, Thomas Mussweiler, Roland Neumann, Katja Rüter, Karl Schneller, Beate Seibt und Anke Siebers.

Den emsigen Korrekturlesern Juliane Lohenner, Petra Markel und Claudia Seuffert ein herzliches Dankeschön für ihren unermüdlichen Einsatz!

Darüber hinaus danke ich meinen Kunden und Kooperationspartnern, die mir die Möglichkeit gaben, Praxisbeispiele zu sammeln und mich zu diesem Buch inspiriert haben: Hier sind u. a. zu nennen Bosch Rexroth AG, Fraunhofer Gesellschaft (FhG), GebraSim GmbH, Würth Industrie Service GmbH & Co. KG und ZF Sachs AG. Ihnen allen: Danke!

Lioba Werth

Einleitung

Worauf kommt es an in Ihrem Job? Zum einen sicherlich darauf, was Sie fachlich „draufhaben". Zum anderen aber auch darauf, dass Sie die richtigen Entscheidungen treffen, innovative Ideen haben, Ihre Vorhaben und Aufgaben motiviert umsetzen sowie mit Ihren Kollegen gut zusammenarbeiten. Dabei spielen psychologische Prozesse eine wichtige Rolle – auch wenn uns dies oft nicht bewusst ist.

Seien es andere Personen, Zeitdruck, Ablenkung, vorausgehende Aufgaben, gute bzw. schlechte Laune oder andere Situationsfaktoren – alles, was wir erleben und tun, setzt in uns wiederum eine Reihe von psychologischen Prozessen in Gang. Die Bandbreite dieser Beeinflussung wird im vorliegenden Buch an verschiedensten Beispielen des Wirtschaftsalltags vermittelt: Angefangen von Entscheidungen im Allgemeinen und Kaufentscheidungen im Speziellen, über die Beurteilung und Motivation von Personen, das Zustandekommen ihrer Emotionen und Stimmungen bis hin zur Arbeit in Gruppen und sogar im Rahmen von Befragungen wird aufgezeigt, wie unser Verhalten und Erleben dem Wechselspiel der jeweiligen Situation und Person unterliegt.

Ziel dieses Buchs ist es, die Dynamik unseres Denkens, Empfindens und Handelns sowie die ihnen zugrunde liegenden Ursachen und Mechanismen aufzuzeigen. Um steuernd eingreifen zu können, müssen wir wissen, wie psychologische Prozesse zustande kommen und wie sie unser Verhalten beeinflussen. Auf der Grundlage dieses Wissens kann es gelingen, mit sich selbst und anderen Menschen zielgerichtet, konstruktiv und verantwortungsbewusst umzugehen.

1　Entscheidungen

Angenommen, Sie sind Personalchef in einem Unternehmen und haben im Vertrieb eine offene Stelle neu zu besetzen. Sie haben bereits mehrere Bewerbungsgespräche geführt und müssen nun eine Auswahl – und damit eine Entscheidung für einen der Bewerber – treffen. Wie gehen Sie dabei vor? Wodurch wird Ihre Entscheidung hauptsächlich beeinflusst? Vermutlich gehen Sie davon aus, dass Sie bei einer solchen Entscheidung v. a. rationale Kriterien wie Ausbildung, Abschlussnote, Zeugnisse früherer Arbeitgeber, Berufserfahrung usw. heranziehen und nach einer sorgfältigen Prüfung auf der Basis all dieser Informationen die Entscheidung fällen werden.

Forschungsergebnisse haben jedoch gezeigt, dass Rationalität und wirtschaftliches Denken im Alltag eher die Ausnahme als die Regel sind. Menschliche Informationsverarbeitung verläuft selten nach den Gesetzen formaler Logik, wie sie von Statistikern und Ökonomen vorgegeben werden (siehe Nisbett & Ross, 1980). Für einen großen Teil unserer Urteile und Entscheidungen vernachlässigen wir bedeutsame Informationen, obwohl sie uns bekannt sind, und bedienen uns stattdessen mentaler Vereinfachungen oder Faustregeln (sog. „Heuristiken"; Kahneman et al., 1982).

So spielt im oben genannten Fall vielmehr eine Rolle, ob der Bewerber meiner Vorstellung von einem „typischen Vertriebler" [Sales associate] entspricht (*siehe Repräsentativität, Abschnitt 1.2*), ob mir seine positiven Seiten leicht in den Sinn kommen (*siehe „Verfügbarkeit", Abschnitt 1.1*) oder auch, in welcher Stimmung ich mich zum Zeitpunkt des Gesprächs mit einem bestimmten Bewerber befunden habe (*siehe „Empfindungen als*

> **Heuristik**
> Vereinfachung/Faustregel, um schneller und sparsamer Entscheidungen zu treffen,
> z. B. anhand von
> - Verfügbarkeit
> - Repräsentativität
> - Empfindungen

Grundlage von Entscheidungen", Abschnitt 1.3). Diese Vereinfachungen (Heuristiken) erlauben uns, schneller und sparsamer Entscheidungen zu treffen – und dies zumeist hinreichend genau (Gigerenzer & Goldstein, 1996; Griffin et al., 2001; Nisbett & Ross, 1980). Allerdings führen sie unter bestimmten Bedingungen zu systematischen Fehleinschätzungen (für einen Überblick siehe Jungermann et al., 1998; Plous, 1993).

Im Folgenden werden die wichtigsten Heuristiken und ihre Auswirkungen [effects] für den Bereich wirtschaftlicher Entscheidungsfindung dargestellt.

1.1 Verfügbarkeitsheuristik

Leichtigkeit als Antwortbasis für Wahrscheinlichkeits-/Häufigkeitsschätzungen

Stellen Sie sich vor, ein Psychologiestudent sitzt mit Freunden zusammen und wird gefragt, ob mehr Psychologie Studierende im wirtschaftlichen oder im therapeutischen Bereich arbeiten wollen. Wie könnte er die Anzahl ermitteln? Er könnte beim Prüfungsamt anrufen und nachfragen, wie viele Studenten den Schwerpunkt Arbeits-, Betriebs- und Organisationspsychologie (ABO) bzw. klinische Psychologie gewählt haben. Dies stellt jedoch eine sehr aufwendige Vorgehensweise dar: Möglicherweise hätte er keine große Lust, die entsprechenden Zahlen umständlich vom Prüfungsamt einzuholen, und wäre sich noch nicht einmal sicher, dass ihm das Prüfungsamt solche Informationen überhaupt herausgeben würde.

Einfacher wäre es sicherlich, wenn er sich möglichst viele seiner Kommilitonen und deren Berufsziele ins Gedächtnis rufen würde. Wenn ihm spontan mehr Kommilitonen mit dem Schwerpunkt ABO als mit dem Schwerpunkt Therapie in den Sinn kämen, würde er wahrscheinlich zu dem Schluss kommen, dass die Mehrheit der Studierenden ABO gewählt hat und entsprechend später im wirtschaftlichen Bereich arbeiten möchte.

Einschätzungen von Häufigkeiten oder Wahrscheinlichkeiten sind im Wirtschaftsalltag oft zu treffen: Wie viele Kunden werden wir mit diesem Produkt ansprechen? Wie viel Prozent des Umsatzes sind auf den Bereich „Produktionstechnik" zurückzuführen? Welchen Anteil am Projektergebnis hat Mitarbeiter Meyer? Um Antworten auf diese Fragen zu finden, stützen wir uns wie im oben genannten Beispiel auf das, was uns spontan einfällt („ease of retrieval"; Tversky & Kahneman, 1973). Zahlreiche Studien haben gezeigt, dass dabei das Gefühl der Leichtigkeit, mit der wir Informationen aus dem Gedächtnis abrufen können, eine entscheidende Rolle spielt (Grayson & Schwarz, 1999; MacLeod & Campbell, 1992; Rothman & Schwarz, 1998; Stepper & Strack, 1993; Wänke et al., 1996; Wänke, Schwarz & Bless, 1995).

> **Verfügbarkeitsheuristik**
> - „Wenn mir ein Ereignis leicht *einfällt*, dann wird es wohl häufig auftreten."
> - „Wenn ich mir ein Ereignis leicht *vorstellen* kann, dann wird es wohl häufig vorkommen."

Die Strategie „Was leicht fällt, ist oft praktiziert!" ist durchaus adaptiv, da uns häufig erlebte Inhalte tatsächlich leichter in den Sinn kommen als seltene Ereignisse. Je öfter ein Ereignis aufgetreten ist, umso eher wird es im Gedächtnis gespeichert und umso eher ist es verfügbar. Und umgekehrt: Je leichter ein Inhalt aus dem Gedächtnis abrufbar ist, umso öfter muss er dargeboten oder erlebt worden sein.

Da die Leichtigkeit des Abrufs jedoch nicht nur von der Auftretenshäufigkeit abhängt, sondern ebenso von einer Reihe anderer Faktoren mitbestimmt werden kann, führt die Verfügbarkeitsheuristik möglicherweise auch zu Fehlentscheidungen. Diese sollen nachfolgend erläutert werden.

die Chance, des Appecirance

1.1.1 Verfügbarkeit unabhängig von der Auftretenswahrscheinlichkeit

Die Auffälligkeit von Ereignissen erhöht die Verfügbarkeit unabhängig von der realen Auftretenshäufigkeit. So wird beispielsweise das Auftreten von spektakulären, aber seltenen Ereignissen wie Milzbrand oder Tornados als Todesursache überschätzt, weil sie auffälliger und daher im Gedächtnis leichter verfügbar sind (Combs & Slovic, 1979). Im Wirtschaftsalltag kann das beispielsweise in folgendem Szenario eine Rolle spielen: Denken Sie einmal an einen Firmenchef, der einen neuen Mitarbeiter einstellen will. Da der Bewerber Italiener ist, befürchtet der Firmenchef, dass er die weiblichen Mitarbeiterinnen permanent umgarnen und belästigen würde – „wie alle männlichen Italiener dies tun". Ist seine Sorge berechtigt?

gegenvant Stebo type

Um statistisch korrekt festzustellen, wie hoch die Wahrscheinlichkeit einer Belästigung durch den italienischen Mitarbeiter ist, müsste der Firmenchef folgende vier mögliche Konstellationen berücksichtigen (*siehe „Theorem von Bayes", Abschnitt 1.6.2*):

- *italienische* Mitarbeiter, die Frauen belästigen
- *italienische* Mitarbeiter, die *nicht* Frauen belästigen
- *deutsche* Mitarbeiter, die Frauen belästigen
- *deutsche* Mitarbeiter, die *nicht* Frauen belästigen

Im Gegensatz zu diesem sehr aufwendigen Vorgehen bietet die Verfügbarkeitsheuristik folgende Vereinfachung: Belästigende Italiener stellen eine auffällige [*conspicuous*] Minderheit dar. Auffälligkeiten sind aus dem Gedächtnis leichter abrufbar. Daher wird die Auftretens-

> **Auffälligkeit**
> Die Auffälligkeit von Ereignissen führt zur *Überschätzung* der Auftretenswahrscheinlichkeit.

wahrscheinlichkeit dieser Konstellation überschätzt (*siehe auch „Konjunktionsfehler", Abschnitt 1.2.2*). Diese Form der Verfügbarkeitsheuristik ist besonders wichtig für die Entstehung von Vorurteilen (*siehe Kapitel 3*).

Darüber hinaus erhöhen Medienberichte die Verfügbarkeit. So werden Todesrisiken, über die in den Medien überproportional viel berichtet wird, in ihrer Auftretenshäufigkeit überschätzt. Während es wesentlich mehr Todesfälle gibt, die durch Herzinfarkt als durch Unfall verursacht werden (etwa im Verhältnis 85 : 1), hielten nur 20 % der Befragten den Infarkttod für wahrscheinlicher (Lichtenstein et al., 1978).

Verfügbarkeit durch Medienberichte kann sich im Wirtschaftsalltag beispielsweise so widerspiegeln: Ein Verkaufsleiter muss sich entscheiden, welches von zwei gleichwertigen Angeboten möglicher Zuliefererfirmen er annimmt. Er wählt diejenige Firma aus, deren Name ihm am verfügbarsten ist. Zu spät erkennt er, dass der Name für ihn deswegen so verfügbar war, weil über die Firma wegen eines Erpressungsskandals in der Presse berichtet worden war.

Ereignisse, welche wir aus Erfahrung kennen, sind ebenfalls verfügbarer als jene, von denen wir nur über Dritte wissen – gleichzeitig werden selbst erfahrene Ereignisse auch für wahrscheinlicher gehalten (Greening et al., 1996). Ein Personalentwickler, der die Fehltagerate in seinem Unternehmen spontan abschätzen will, kann dies entweder statistisch ermitteln oder aber er kann sich spezielle Fälle aus dem Kollegen- und Mitarbeiterkreis ins Bewusstsein rufen. Je leichter ihm dies fällt, desto höher wird er die Fehltagerate schätzen. Aus dem gleichen Grund kann beispielsweise ein Einkäufer den Bedarf an kindgerechten Produkten in einer spontanen Kalkulation unterschätzen (überschätzen), wenn in seinem Umfeld Familien mit Kindern unterrepräsentiert (überrepräsentiert) sind.

Was glauben Sie:

Gibt es in der deutschen Sprache mehr Wörter, in denen „n/N" als erster Buchstabe oder „n" als viertletzter Buchstabe vorkommt?

        ❏ „n/N" als erster Buchstabe
        ❏ „n" als viertletzter Buchstabe

Wahrscheinlich fallen Ihnen spontan eine ganz Reihe von Wörtern ein, die mit „n/N" beginnen (Nase, Nilpferd, nah, Norden, neigen, niemand ...). Sich „n" als viertletzten Buchstaben vorzustellen ist deutlich schwieriger – allerdings wäre die Häufigkeit erheblich größer. Alle Wortendungen auf „nden" (finden, binden, Wunden, Runden ...), „ngen" (Sindelfingen, Nibelungen, Wangen, Bingen, bangen, Rundungen ...) sowie „nten" (unten, hinten, Elefanten, Tanten ...) wären hier zu nennen. Da uns diese jedoch schwerer einfallen, wird die Häufigkeit von „n" als viertletzter Buchstabe unterschätzt *(siehe folgenden Kasten)*.

Klassische Studien zur Verfügbarkeitsheuristik

Die erlebte Leichtigkeit des Abrufs beeinflusst ein Urteil.

Wenn wir uns allein auf die Leichtigkeit stützen, mit der wir einen Inhalt aus dem Gedächtnis abrufen, kann dies zu Fehlentscheidungen führen. Dies zeigten Tversky und Kahneman (1973, Exp. 3) in einer ihrer Studien, indem sie Teilnehmer baten, für den Konsonanten „k" anzugeben, ob dieser mit größerer Wahrscheinlichkeit an erster oder an dritter Stelle eines Wortes erscheint. Obwohl der von den Autoren ausgewählte Konsonant in der englischen Sprache dreimal häufiger an dritter als an erster Stelle in einem Wort auftritt, hielten 70 % der Teilnehmer den Buchstaben an erster Stelle für wahrscheinlicher.

Den Autoren zufolge stützten sich die Teilnehmer bei der Beantwortung auf die Verfügbarkeitsheuristik als Grundlage für die Häufigkeitsschätzung: Da es ihnen leichter fiel, Wörter mit „k" als Anfangsbuchstaben zu generieren als Wörter mit demselben Buchstaben an dritter Stelle, führte sie dies zu der Folgerung, dass „k" als erster Buchstabe häufiger vorkomme.

Berühmtheit beeinflusst das Urteil, indem sie die Erinnerbarkeit und damit die Verfügbarkeit erhöht.

In einer anderen Studie legten Tversky und Kahneman (1973, Exp. 8) ihren Teilnehmern Listen von Eigennamen vor, in welchen zwei Merkmale der benannten Personen variiert wurden: das Geschlecht und die Berühmtheit. In der einen Bedingung enthielt die Liste 19 Namen sehr berühmter Männer und 20 Namen weniger berühmter Frauen, in der anderen Bedingung bestand die Liste aus 19 Namen sehr berühmter Frauen und 20 Namen weniger berühmter Männer. Die Teilnehmer sollten anschließend einschätzen, ob die Liste mehr Männer oder mehr Frauen enthalten hatte und die Namen wiedergeben. Da berühmte Namen besser zu merken sind als nicht berühmte, sollte der Verfügbarkeitsheuristik zufolge in der ersten Bedingung die Anzahl genannter Männernamen überschätzt werden, während in der zweiten Bedingung entsprechend eine Überschätzung der Frauennamen eintreten sollte. Tatsächlich erinnerten über 50 % der Teilnehmer die sehr berühmten Namen besser als die weniger berühmten. Zudem überschätzten 80 % der Teilnehmer den Anteil desjenigen Geschlechts, welches mit den sehr berühmten Namen assoziiert war (d. h., im Falle der Liste mit 19 berühmten Männern und 20 weniger berühmten Frauen sagten die Teilnehmer, dass die Liste mehr Männer als Frauen enthalte).

Die Anwendung der Verfügbarkeitsheuristik führt im vorliegenden Beispiel zu falschen Entscheidungen, da die Verfügbarkeit hier nicht durch die Gruppengröße hervorgerufen wurde, sondern durch die Berühmtheit – einen Faktor, der für die Entscheidung nicht relevant sein sollte.

1.1.2   Worauf basiert die Wirkung der Verfügbarkeitsheuristik?

Nachfolgend wird gezeigt, dass *allein* die empfundene Leichtigkeit und nicht Inhalt oder Umfang der verfügbaren Information die Antwort bestimmt. Die Leichtigkeit mag sich – wie in den Beispielen unter 1.1 – aus den Rahmenbedingungen ergeben. Zur Verdeutlichung des zugrunde liegenden Prinzips soll folgendes Beispiel dienen:

Stellen Sie sich ein Personalgespräch mit Ihrer Führungskraft vor, in welchem Sie gefragt werden, wie erfolgreich Sie Ihre Akquisitionsfähigkeiten einschätzen. Stellen Sie sich weiter vor, dass Sie zur Erläuterung zunächst *zwölf* Beispiele erfolgreicher Akquisitionen anführen und anschließend eine Selbsteinschätzung Ihrer Akquisitions-fähigkeit abgeben sollen. Vermutlich würden Sie Schwierigkeiten haben, diese Menge an Beispielen beizubringen, und daraus schließen, dass Sie, wenn es Ihnen so schwer fällt, Beispiele zu nennen, *kein* rundum erfolgreicher Akquisiteur sein können.

Was aber wäre gewesen, wenn die Aufforderung gelautet hätte, *sechs* Beispiele erfolg-reicher Akquisitionen anzubringen? Dies wäre Ihnen vermutlich um einiges leichter gefallen. Die Leichtigkeit, mit der Sie diese Beispiele generierten, hätte Sie wahrschein-lich zu der Einschätzung verleitet, ein recht erfolgreicher Akquisiteur zu sein.

Mit diesen Annahmen hätten Sie sich der Verfügbarkeitsheuristik bedient. Während die erlebte Schwierigkeit das Gefühl vermittelt, dass keine weiteren Beispiele oder Informationen mehr zu finden seien, legt ein Leichtigkeitsgefühl nahe, dass es unendlich viele weitere Belege gäbe (Tversky & Kahneman, 1982; Wänke, Schwarz & Bless, 1995). Bereits die *bloße Vorstellung*, man könne leicht (oder schwer) entsprechende Beispiele finden, obwohl tatsächlich gar keine Information generiert wird, reicht aus, um diesen Effekt hervorzurufen (Wänke et al., 1997; *siehe Abb. 1.1*).

Klassische Studie zur Verfügbarkeitsheuristik   *judgment*
Die durch die Aufgabenstellung erzeugte Leichtigkeit des Abrufs beeinflusst das Urteil.

[*created easy*]

Personen wurden aufgefordert, entweder sechs oder zwölf Beispiele für eigenes selbst-sicheres (bzw. selbstunsicheres) Verhalten aufzuschreiben (Schwarz, Bless, Strack et al., 1991). Anschließend schätzten sie ihre eigene Selbstsicherheit ein. Die Ergebnisse zeig-ten, dass die Anzahl der zu findenden Beispiele die empfundene Selbstsicherheit mehr beeinflusst als der Inhalt der Beispiele. Personen, die viele Beispiele für eigenes *selbst-*

sicheres Verhalten generieren mussten, schätzten sich anschließend als weniger selbstsicher ein als diejenigen Personen, die wenige Beispiele generieren mussten. Obwohl Erstere inhaltlich sehr „sicheres" Verhalten erinnerten, führte sie die Schwierigkeit, so viele Beispiele zu erinnern, zu der Folgerung, dass sie so „sicher" wohl nicht sein können. Umgekehrt schätzten sich Personen, die viele Beispiele für *selbstunsichere* Verhaltensweisen zu finden hatten, aufgrund der Schwierigkeit der Aufgabe selbstsicherer ein.

Die erfahrene oder vorgestellte Leichtigkeit, mit der relevante Information in den Sinn kommt, beeinflusst nicht nur Häufigkeits-, sondern auch *Einstellungsurteile*. Teilnehmer berichten positivere Einstellungen zum öffentlichen Nahverkehr, wenn sie zuvor drei statt sieben Argumente für (versus gegen) den Nahverkehr generiert hatten (Wänke et al., 1996). Gleichermaßen beurteilen sie Konsumprodukte, wie BMW oder Mercedes, als positiver, wenn sie zuvor nur ein statt zehn Argumente für (versus gegen) das Produkt generieren mussten (Wänke et al., 1997). Auch hier ist die erlebte Schwierigkeit bzw. Leichtigkeit entscheidend. Je leichter es fiel, Pro-Argumente zu finden, bzw. je schwerer es fiel, Contra-Argumente zu finden, desto positiver die Einstellung zum Produkt.

Abb. 1.1: Die Leichtigkeit des Abrufs beeinflusst das Urteil.

Fazit zur Verfügbarkeitsheuristik

Ausgangslage

- Personen schätzen Wahrscheinlichkeiten, Häufigkeiten oder mögliche Ursachen danach ein, wie verfügbar relevante Informationen sind.
- Die Leichtigkeit des Abrufs aus dem Gedächtnis und der Inhalt der abgerufenen Information dienen als Entscheidungsgrundlage.

Kosten

- Gedächtnisinhalte, welche auffällig oder sehr spezifisch sind bzw. welche wir aus Erfahrung kennen, sind leichter abrufbar – also verfügbarer – und werden somit überschätzt.

Nutzen

- Vereinfachung von Entscheidungen (kapazitätssparend)
- zumeist hinreichend genau

Regulationsmöglichkeiten

Leichtigkeit des Abrufs durch Rahmenbedingungen prüfen
- Schritt 1: War bei der Entscheidung eine Häufigkeitsvorgabe zugegen? (z. B. „Generieren Sie 12 Beispiele Ihres Erfolgs!")
- Schritt 2: Wenn ja: Generieren Sie mit der gleichen Häufigkeitsangabe Gegenbeispiele („Generieren Sie 12 Beispiele Ihres Misserfolgs!").
- Schritt 3: Treffen Sie auf dieser Grundlage eine neue Entscheidung.

Leichtigkeit des Abrufs durch Auffälligkeit prüfen
- Schritt 1: Ist das zu beurteilende Ereignis sehr auffällig/unauffällig?
- Schritt 2: Wenn ja: Suchen Sie, wenn möglich, statistische Information.
- Schritt 3: Treffen Sie auf dieser Grundlage eine neue Entscheidung.

1.1.3　Verfügbarkeit beim Ankereffekt

Der Ausgangswert beeinflusst die Entscheidung

Probieren Sie doch einmal Folgendes aus: Nehmen wir an, der Dax stünde zurzeit bei 3 000 Punkten. Bitten Sie einen Teil Ihrer Bekannten, darüber nachzudenken, ob der Dax in den nächsten zwölf Monaten auf 5 000 Punkte steigen wird. Einen anderen Teil Ihrer Bekannten bitten Sie dagegen, darüber nachzudenken, ob er auf 1 000 Punkte fallen wird. Wenn Sie anschließend die Personen fragen, wie hoch der Dax in zwölf Monaten sein wird, so werden Sie feststellen, dass die Schätzungen im ersten Fall höher liegen als bei der zweiten Gruppe.

Forschungsergebnisse belegen, dass Personen Häu-figkeits- und Wahrscheinlichkeitsschätzungen mit einem Ausgangswert (einem Anker, im o. g. Beispiel: 1 000 oder 5 000 Punkte) beginnen, der beispiels-

Ankereffekt
Urteile werden in Richtung auf einen Anfangsanker verzerrt.

weise durch eine andere Person oder durch die Problemformulierung vorgegeben wurde. Um zu einer endgültigen Entscheidung zu gelangen, wird dieser Ausgangswert als Vergleichsstandard herangezogen. Das eigene Urteil wird an diesen Ausgangswert angenähert (assimiliert). Dies wird als Ankereffekt oder Ankerassimilation bezeichnet.

Wie kommt der Ankereffekt zustande?

Erklärt wird der Ankereffekt mit der Wirksamkeit zweier grundlegender kognitiver Prozesse, die beide ankerkonsistentes Wissen verfügbarer machen: selek-tives Hypothesentesten und semantisches Priming („selective accessibility model", kurz SA-Modell ge-

Leistungsfähigkeit

Verfügbarkeit beim Ankereffekt
wird bewirkt über
• selektives Hypothesentesten und
• semantisches Priming

nannt; Mussweiler & Strack, 1999a, 1999b, 2000a, 2000b; Strack & Mussweiler, 1997; für weitere Erklärungsansätze siehe Jacowitz & Kahneman, 1995; Wilson et al., 1996).

Gemäß des SA-Modells überprüfen Personen zunächst in einem ersten Schritt, ob der Vergleichsstandard (Ankerwert) zutreffend sein kann. Um bei dem Aktienbeispiel zu bleiben: Ein potenzieller Anleger wird sich überlegen, ob ein Zuwachs auf 5 000 Punkte realistisch sein könnte („Was spräche dafür, dass der Dax auf 5 000 Punkte steigt?"). Damit aktiviert er selektiv Informationen, die *für* diese Möglichkeit sprechen. (For-schungsbefunden zufolge besteht grundsätzlich die Tendenz, Hypothesen *positiv* zu testen, d. h. vorwiegend hypothesen*konsistente* Informationen heranzuziehen; für einen Überblick siehe Trope & Liberman, 1996; siehe auch Semin & Strack, 1980; Snyder & Swann, 1978.) Unabhängig davon, ob dieser selektive Hypothesentest für („Ja, der Dax könnte auf 5 000 Punkte ansteigen.") oder gegen die Hypothese ausfällt („Nein, der Dax könnte nicht auf 5 000 Punkte ansteigen."), bleibt das bis dato aktivierte ankerkonsistente Wissen auch über die Verarbeitung der Ankerinformation hinaus leichter verfügbar, beispielsweise für spätere Entscheidungen (*siehe Abb. 1.2*).

Diese Verfügbarkeit des Wissens führt über ein sog. semantisches Priming zum Ankereffekt. Aufgrund des *selektiven* Hypothesentestens werden dem Anleger im vorliegenden Fall eher bestätigende als widersprechende Informationen einfallen, da Erstere semantisch verfügbar gemacht wurden, als er sich überlegte, was *für* den Anstieg des Dax spräche.

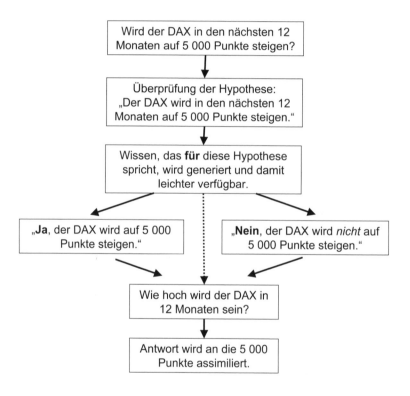

Abb. 1.2: Verfügbarkeit beim Ankereffekt.

Auf eine Verhandlungssituation übertragen bedeutet dies: Hier bestimmt die Höhe des ersten Gebots, welches Wissen über den Verhandlungsgegenstand aktiviert wird. Macht der Verkäufer ein erstes hohes Gebot, so wird dies den Käufer dazu veranlassen, vor allem über diejenigen Aspekte nachzudenken, die für einen hohen Preis sprechen. Die anschließende Verhandlung basiert dann hauptsächlich auf diesem Wissen. Macht hingegen der Käufer ein erstes niedriges Angebot, so wird der Verkäufer hauptsächlich über Aspekte nachdenken, die einen niedrigen Preis rechtfertigen.

Allerdings wird hierbei nur dasjenige Wissen herangezogen, das auf den Urteilsgegenstand auch *anwendbar* ist (siehe Higgins, 1996; Strack & Mussweiler, 1997). Stellen Sie sich vor, Sie wollten einen neuen Firmenwagen kaufen und würden die Ankerinformation über den *Preis* des Wagens erhalten („Kostet der Wagen mehr oder weniger als 25 000 €?). Würden Sie nun nachfolgend die *Größe* des Kofferraums schätzen, so wäre die Ankerinformation über den Preis für die Schätzung der Kofferraumgröße nicht relevant. Aus diesem Grund finden sich bei einem solchen Dimensionswechsel (Dimension „Preis" versus Dimension „Kofferraumgröße") schwächere Ankereffekte als bei gleicher Urteilsdimension wie im obigen Verhandlungsbeispiel.

Dass in erster Linie anwendbares Wissen aktiviert wird, belegten Mussweiler und Strack (2000b). In einer Studie baten sie ihre Teilnehmer, den Wert eines Autos einzuschätzen („Ist der Wert des Pkws höher oder niedriger als 40 000 DM[1] bzw. 20 000 DM?"), und erfassten im Anschluss daran die Verfügbarkeit ihrer Gedanken. Dazu bearbeiteten die Teilnehmer eine lexikalische Entscheidungsaufgabe[2] (Neely, 1991). Diese beinhaltete sowohl mit hohen Durchschnittspreisen assoziierte Begriffe (z. B. Mercedes, BMW) als auch mit niedrigen Durchschnittspreisen assoziierte Begriffe (z. B. Fiesta, Opel). Personen, die sich zuvor mit einem hohen Anker beschäftigt hatten, reagierten schneller auf „Mercedes" als auf „Fiesta". Diese Personen hatten offensichtlich zuvor schon an teure Autos gedacht und nicht an preisgünstige. Umgekehrt reagierten Personen, die sich mit einem niedrigen Anker beschäftigt hatten, schneller auf „Fiesta" als auf „Mercedes". Ankereffekte scheinen also durch eine selektive Aktivierung von ankerkonsistenten Wissensinhalten hervorgerufen zu werden. Vergleichen Personen den Wert eines Autos beispielsweise mit einem hohen Anker, so denken sie dabei vorrangig an Informationen, die hohe Preise implizieren. Da sie diese dann als Grundlage für anschließende Schätzungen heranziehen, werden diese an den Anker angeglichen.

Wo findet man Ankereffekte?

Sowohl bei Wirtschaftsstudierenden als auch bei erfahrenen Managern und anderen Experten zeigte sich ein Einfluss der Anker auf **Preisschätzungen**, im Speziellen auf das erste Preisangebot, den Mindestpreis und den erhofften Preis (Whyte & Sebenius, 1997).

---

[1]   1,00 DM entspricht 0,51129 €.

[2]   In einer lexikalischen Entscheidungsaufgabe werden den Teilnehmern per Computerbildschirm Begriffe verschiedener Kategorien (z.B. „teure Autos" vs. „preisgünstige Autos") dargeboten (z.B. Fiesta,Mercedes, Opel usw.), auf die sie so schnell wie möglich per Tastendruck reagieren müssen. Aus der Reaktionszeit auf jede Wortkategorie wird geschlossen, welche Kategorie am verfügbarsten ist (je kürzer die Reaktionszeit, desto verfügbarer die Kategorie).

- Galinsky und Mussweiler (2001) ließen ihre teilnehmenden Experten (MBA-Studenten einer amerikanischen Business School) über den Verkauf einer pharmazeutischen Fabrik verhandeln. Dazu erhielten die Teilnehmer alle Hintergrundinformationen, die sie auch im realen Wirtschaftsleben zur Verfügung haben würden (beispielsweise Schrottwert der Anlage, Kosten für die Errichtung einer neuen Anlage etc.). Sowohl die Rolle des Käufers bzw. des Verkäufers als auch die Möglichkeit, das erste Gebot zu unterbreiten, wurden zufällig zugewiesen. Die Verhandlungsergebnisse zeigten einen eindeutigen Vorteil für den Erstbietenden. Machte der Käufer das erste Gebot, so einigten sich beide Parteien im Durchschnitt auf einen Preis von ca. 20 Mio. \$ (das erste Gegenangebot der Verkäufer lag bei 22,9 Mio. \$). Machte hingegen der Verkäufer das erste Gebot (das erste Gebot lag bei 26,6 Mio. \$), so wurden durchschnittlich fast 25 Mio. \$ als Preis vereinbart.

- Northcraft und Neale (1987) ließen Immobilienmakler den Wert von Häusern bestimmen. Die den Maklern angegebenen vermeintlichen Listenpreise für ein und dasselbe Haus waren von den Autoren manipuliert. Obwohl alle Experten das Objekt eingehend geprüft hatten, hing ihre Preiseinschätzung ganz entscheidend von dem eingangs dargebotenen Listenpreis ab (weitere Verhandlungs- und Verkaufssituationen siehe Neale & Northcraft, 1991; Ritov, 1996).

- In einer Studie von Mussweiler et al. (2000) schätzten Autoverkäufer den Wert desselben Gebrauchtwagens (eines zehn Jahre alten Opel Kadetts) bei Vorgabe eines hohen Ankers (5 000 DM) im Mittel auf 3 563 DM, bei einem niedrigen Anker (2 800 DM) hingegen auf 2 520 DM.

Ankereffekte lassen sich auch bei **Investmententscheidungen** beobachten.

- Unabhängig von Erfahrung und Expertise der Anleger wirken betrachtete Kursverläufe im Sinne eines Ankereffekts auf die Investmententscheidungen dieser Personen (Mussweiler & Schneller, im Druck; Schneller & Mussweiler, im Druck). In einer Studie wurden Teilnehmer gebeten zu entscheiden, ob und wie viel Geld (maximale Investitionssumme 12 000 DM) sie für einen Anlagezeitraum von einem Jahr in eine Aktie investieren würden. Dazu erhielten sie alle relevanten Informationen zu dieser Aktie, die sie im realen Fall auch zur Verfügung gehabt hätten (allgemeine Informationen zum Geschäftsfeld, aktuelle und vergangene Kennzahlen des Unternehmens, Kursverläufe etc.). Manipuliert wurde lediglich der angebliche Kursverlauf der Aktie: Der Hälfte der Teilnehmer wurde ein Kursverlauf mit einem Hoch vorgelegt, der anderen Teilnehmergruppe eine mit einem Tief. Während in einen Verlauf mit einem Tief durchschnittlich 3 549 DM investiert wurden, betrug die Investitionssumme in den Kursverlauf mit einem Hoch im Mittel 5 520 DM. Damit wirkte die Kenntnis eines Kursverlaufs im Sinne eines Ankereffekts: Ein Hoch im Kursverlauf erhöhte die Investitionsbereitschaft der Anleger (indem vor allem positive und für eine Anlage sprechende Informationen verfügbar wurden), ein Tief reduzierte sie (indem vor allem negative, gegen eine Anlage sprechende Informationen aktiviert wurden). Gemäß der ökonomischen Theorie müsste diese Entscheidung genau umgekehrt aussehen: Im Falle des „Hochs" (*siehe Abb. 1.3, obere Graphik*) ist der Kurs zur Zeit der Investitionsentscheidung *fallend*, d. h., es sollte eigentlich *nicht* investiert werden. Im Falle des „Tiefs" (*siehe Abb. 1.3, untere Graphik*) mit einem zum Zeitpunkt der Investition *steigenden* Kursverlauf sollte dagegen eher investiert werden.

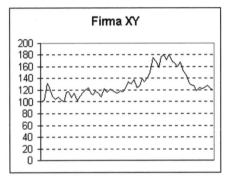

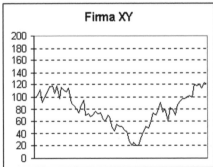

Abb. 1.3: Graphiken aus Studien zum Ankereffekt bei Investmententscheidungen (aus: Mussweiler & Schneller, im Druck, Abb. 1a und 1b).

Ankereffekte konnten auch im Falle **juristischer Fragestellungen** nachgewiesen werden.

- Studien zu simulierten Urteilen Geschworener (Chapman & Bornstein, 1996) und Richtern (Englich & Mussweiler, 2001) zeigen, dass die Schuldeinschätzung und das Strafmaß von Ankern beeinflusst werden können. Englich und Mussweiler (2001) stellten unterschiedlich erfahrenen Richtern übliche Informationen zur Beurteilung eines Vergewaltigungsfalls zur Verfügung und baten sie zu beurteilen, welche Strafe sie verhängen würden. Zuvor wurden die Richter jedoch gebeten zu beurteilen, ob das vorgeschlagene Strafmaß von 12 bzw. 34 Monaten zu hoch oder zu niedrig sei. Hatten die Richter zunächst den hohen Anker beurteilt, so fällten sie ein Urteil von durchschnittlich 36 Monaten, beim niedrigen Anker hingegen von 28 Monaten. Dieses Ergebnis trat unabhängig davon auf, von wem die Ankerinformation vorgegeben wurde – ob vermeintlich von einem Staatsanwalt oder einem (unbeteiligten) Informatikstudenten –, ~~und auch~~ unabhängig davon, wie viel Berufserfahrung der jeweilige Richter hatte.

Schließlich finden sich Ankereffekte bei **Leistungsaufgaben**.

Klassische Studien zum Ankereffekt

Die erste Zahl einer Rechenaufgabe wirkt als Anker.

Tversky und Kahneman (1973, Exp. 6) gaben in einer ihrer Studien den Teilnehmern eine der nachstehenden Rechenaufgaben. Die Teilnehmer hatten fünf Sekunden Zeit, das Ergebnis einer der Multiplikationen zu schätzen:

$$(1) \quad 8 * 7 * 6 * 5 * 4 * 3 * 2 * 1 = _____$$
$$(2) \quad 1 * 2 * 3 * 4 * 5 * 6 * 7 * 8 = _____$$

Im ersten Beispiel wurde ein durchschnittliches Endergebnis von 2 250, im zweiten Beispiel von 512 geschätzt. Tatsächlich beläuft sich das Produkt natürlich in beiden Aufgaben auf den gleichen Wert von 40 320. Somit wurden die ersten Zahlen als Anker oder Startpunkt verwendet, an die das geschätzte Ergebnis im Rechenverlauf angepasst wurde.

Eine vorausgehende komparative Frage wirkt als Anker.

Personen erwarteten, mehr Denksportaufgaben lösen zu können, wenn sie zuvor beurteilt hatten, ob sie mehr oder weniger als 18 Aufgaben lösen würden, als wenn sie beurteilen sollten, ob sie mehr oder weniger als vier Aufgaben lösen würden. Der Ankerwert war aus Sicht der Teilnehmer zufällig bestimmt worden und hatte keinen informativen Wert (Cervone & Peake, 1986; siehe auch Switzer & Sniezek, 1991).

Zur empirischen Überprüfung wird der Anker meist so dargeboten, dass die Ankerinformation in Form einer vorgeschalteten Vergleichsfrage („Ist der wahre Wert des
Urteilsgegenstands größer oder kleiner als X?") vorgegeben wird und anschließend ein
absolutes Urteil („Welches ist der wahre Wert?") abzugeben ist. Wie die oben genannten
Beispiele zeigen, kann der Anker darüber hinaus aber auch aus der teilweisen Bearbeitung einer Aufgabe (wenn etwa aus dem Zwischenergebnis einer Rechenaufgabe auf das
Gesamtergebnis geschlossen wird) oder aus der Beschreibung einer Aufgabe („Tragen
Sie hier Ihr Urteil ein, z. B. 150 m."), wie beispielsweise dem Aufbau eines Formulars,
stammen. In den meisten Fällen spielt es eine untergeordnete Rolle, ob der Anker zufällig bestimmt wurde, informativ für den Verhandlungsgegenstand war oder nicht. Ebenso
ist es in der Regel, wie die obigen Beispiele zeigen, nicht ausschlaggebend, ob die
urteilende Person sich mit dem Urteilsgegenstand auskennt, d. h., Experten und Laien
sind bei Urteilen unter Unsicherheit *gleichermaßen* anfällig für den Ankereffekt
(Englich & Mussweiler, 2001; Northcraft & Neale, 1987; Whyte & Sebenius, 1997).
Auch Anreize für besonders genaue Urteile oder ausdrückliche Instruktionen, sich nicht
durch den Anker beeinflussen zu lassen, vermindern den Ankereffekt nicht zuverlässig
(Wilson et al., 1996). Damit gehört der Ankereffekt zu den robustesten Effekten der
Psychologie.

Doch der Ankereffekt führt nicht nur zu Fehlurteilen, sondern lässt sich – vor allem in
Verhandlungssituationen – als effektive Methode nutzen, um den Situationsausgang zu
beeinflussen. Ebenso wie die Vorgabe eines hohen Ankers zu höheren Preisschätzungen
führt, so resultiert auch in einer Verhandlung aus einem hohen Gebot ein höherer Preis
bzw. ein höheres Verhandlungsergebnis (siehe auch Chertkoff & Conley, 1967; Liebert
et al., 1968). Um den weiteren Verhandlungsverlauf zu bestimmen, bietet es sich an, in
einer Verhandlung das erste Gebot zu unterbreiten: als Verkäufer ein hohes Gebot (=
hoher Anker), als Käufer ein niedriges Gebot (= niedriger Anker). Um sich gegen diesen
Einfluss zu wehren, wenn man beispielsweise nicht als Erster bieten kann, sollte man
gezielt nach dem Anker widersprechenden Informationen suchen (Galinsky &
Mussweiler, 2001; Mussweiler et al., 2000).

Der dem Ankereffekt zugrunde liegende Mechanismus wurde auch auf den Bereich von
Personenbeurteilungen übertragen, und zeigt, dass die Vergleichsstandards, die
Personen für ihre Urteile heranziehen, sie im Sinne einer *selektiven Aktivierung* beein-
flussen (Mussweiler, 2001a, 2001b; Mussweiler & Bodenhausen, 2002).

Fazit zum Ankereffekt

Ausgangslage

- Personen werden in ihren Entscheidungen vom Ausgangswert beeinflusst.

Kosten

- Fehlentscheidungen, wenn dieser Ausgangswert irrelevant ist oder nicht im eigenen Interesse liegt.

Nutzen

- Vereinfachung von Entscheidungen (kapazitätssparend)
- zumeist hinreichend genau

Regulationsmöglichkeiten

- Schritt 1: Haben Sie einen Ausgangswert in Betracht gezogen? Von welchem Wert sind Sie ausgegangen?
- Schritt 2: Suchen Sie Evidenz für das Gegenteil, d. h., suchen Sie gezielt nach Gegenargumenten bzw. Wissen, das gegen den Anker spricht.

- Schritt 3: Treffen Sie eine neue Entscheidung.

1.1.4 Der Ankereffekt beim Rückschaufehler

„Ich hab es doch schon immer gewusst!"

Ein anderes Urteilsphänomen, für das der Ankereffekt als Erklärung herangezogen wird, ist der sog. Rückschaufehler („hindsight bias" oder „I knew it all along effect"; Fischhoff, 1975; Hawkins & Hastie, 1990): Sobald ihnen die Lösung oder der Ausgang eines Ereignisses bekannt ist, überschätzen Personen rückblickend, dass sie eine Aufgabe richtig gelöst hätten bzw. den Ausgang eines Ereignisses hätten vorhersagen können.

Würde man Sie fragen, ob Sie nach 16 Jahren CDU-Regierung einen Regierungswechsel erwartet hätten, würden Sie nun im Nachhinein wahrscheinlich zustimmen. Doch haben Sie dies vor der Bundestagswahl 1998 auch so gesehen? Wahrscheinlich waren Sie da viel unentschiedener bzw. vielleicht sogar davon überzeugt, dass es keinen Regierungswechsel geben würde. Dies zeigen zumindest die Befunde von Blank und Fischer (2000) zur Bundestagswahl 1998.

Wie kommt es dazu, dass wir im Nachhinein Dinge so verzerrt erinnern bzw. nach Kenntnis der Lösung nicht mehr davon unbeeinflusst urteilen können? Zum einen liegt dies daran, dass die Kenntnis der Lösung im Sinne eines *Ankereffekts* wirkt und das nachfolgende Urteil beeinflusst (Connolly & Bukszar, 1990; Hardt & Pohl, 2003; Pohl et al., 2003; Sharpe & Adair, 1993; Tversky & Kahneman, 1974). Kennen wir den Ereignisausgang, sind uns damit übereinstimmende Informationen verfügbarer.

Zum Zweiten wirken beim Rückschaufehler *Schluss-folgerungsprozesse* mit (Erdfelder & Buchner, 1998; Schwarz & Stahlberg, 2003; Stahlberg & Maass, 1998; Werth, 1998; Werth et al., 2002): Um eine Antwort zu (re-)konstruieren, ziehen Urteiler neben dem Anker auch weitere Informationen, wie bei- spielsweise Empfindungen der Schwierigkeit oder

> **Rückschaufehler**
>
> „Im Nachhinein erscheint alles völlig vorhersehbar!"
>
> Vermittelnde Prozesse sind
> * Ankereffekte
> * Schlussfolgerungsprozesse

Urteilssicherheit, heran (Werth & Strack, 2003; Werth et al., 2002). Erleben sie im Moment der Urteilsgenerierung Sicherheitsgefühle, schließen sie daraus, dass sie die Lösung „immer schon gewusst haben". Empfinden sie hingegen Unsicherheit oder Überraschung, folgern sie daraus, diese Lösung nicht gewusst zu haben.

Fälschlicherweise können Sicherheits-, Unsicherheitsgefühle und Überraschung auch durch Prozesse hervorgerufen werden, die nichts mit dem Urteilsgegenstand zu tun haben (*siehe „Empfindungen als Grundlage von Entscheidungen", Abschnitt 1.3*), wie beispielsweise Schwierigkeiten beim Lesen der Aufgabenstellung oder Muskelanspan- nungen, die Anstrengung hervorrufen (Werth & Strack, 2003).

Der Rückschaufehler gehört – ebenso wie der Ankereffekt – zu den robustesten Ent- scheidungsfehlern (siehe auch Christensen-Szalanski & Willham, 1991). So wirkt er beispielsweise unabhängig davon, ob man Laie oder Experte ist (Pohl, 1992; Schmidt, 1993). Nachgewiesen wurde der Rückschaufehler in vielfältigen Bereichen:

* Als relevant erweist er sich im Falle von **Rechtsurteilen** (Kamin & Rachlinski, 1995; LaBine & LaBine, 1996), so beispielsweise bei Augenzeugenaussagen (Granhag et al., 2000) und im Speziellen auch beim Geschworenenprozess im sog. „Simpson-Fall". (O. J. Simpson, ein amerikanischer Ex-Footballstar, wurde des Mordes an seiner früheren Frau Nicole und deren Freund Ronald Goldman angeklagt. Das Verfahren dauerte zwei Jahre, hielt Medien und Justiz in Atem und endete schließlich in einem Freispruch. Nach dem Prozess meinten alle, dass sie mit diesem Urteil gerechnet hätten; Bryant & Brockway, 1997; Demakis, 2002.) Die

eigene Erinnerung an ein beobachtetes Ereignis wird in Richtung neu hinzugekommener Informationen verzerrt; die vermeintliche „Eindeutigkeit" von Indizien und die eigene Prognose über Schuld und Nichtschuld eines Angeklagten wird im Nachhinein in Richtung des gefällten Gerichtsurteils verzerrt. Sofern der Angeklagte im Rahmen einer Gerichtsverhandlung überführt wird, „erinnert" man anschließend, von seiner Schuld schon vor dem Gerichtsverfahren überzeugt gewesen zu sein oder diese geahnt zu haben – obwohl man damals eher von seiner Unschuld überzeugt war oder zumindest Zweifel an seiner Schuld hatte. Wird der Angeklagte, wie im Simpson-Fall, letztendlich freigesprochen, „erinnert" man, seine Unschuld immer schon vermutet bzw. die Beweislage schon immer als zweifelhaft angesehen zu haben – obwohl man Simpson während des Verfahrens als schuldig und die Beweislage als eindeutig vernichtend angesehen hat.

- Ebenso spiegelt sich der Rückschaufehler in **medizinischen Gutachten** (Arkes, 1993; Arkes et al., 1988; Arkes et al., 1981) und Diagnosen wider (Pennington et al., 1980). Beispielsweise sind ärztliche Zweitgutachten beeinflusst von den Erstgutachten: Das Erstgutachten wirkt als Anker; es wird in erster Linie Information getestet, die das Erstgutachten bestätigt.

- Des Weiteren findet sich der Rückschaufehler bei **politischen Ereignissen** wie bei der Interpretation von Wahl- und Umfrageergebnissen (Blank & Fischer, 2000; Blank et al., 2003; Dietrich & Olson, 1993; Fischhoff & Beyth, 1975; Leary, 1982; Pennington, 1981; Synodinos, 1986; Verplanken & Pieters, 1988; Wassermann et al., 1991) sowie bei jeweils aktuellen Ereignissen. Stellt sich heraus, dass ein Politiker tatsächlich in eine unangenehme Sache wie beispielsweise die „Clinton-Affäre" „verstrickt" ist, so glauben die Befragten, immer schon an ihm gezweifelt oder ihm so etwas unterstellt zu haben (Bryant & Guilbault, 2002).

- Im **ökonomischen Bereich** sind für Geschäftsanalysen (Connolly & Bukszar, 1990), strategische Entscheidungen (Bukszar & Connolly, 1988), Marktentscheidungen (Camerer et al., 1989) sowie Bewertungen der Euro-Einführung (Hölzl et al., 2002; Meier & Kirchler, 1998; Muller-Peters et al., 1998) Rückschaufehler nachgewiesen worden. Nach der Euro-Einführung gaben Euro-Befürworter an, positive Marktentwicklungen schon immer vorhergesehen zu haben, während Euro-Gegner dies für negative Marktentwicklungen angaben (Hölzl et al., 2002).

- Die **Konsumentenzufriedenheit** wird vom Rückschaufehler beeinflusst, indem mit einem Produkt zufriedene Konsumenten glauben, schon immer gewusst zu haben, dass das Produkt toll sei, während unzufriedene Konsumenten angeben, immer schon befürchtet zu haben, dass das Produkt nichts tauge (Zwick et al., 1995). Vorsicht: Wird die Erwartung des Konsumenten an die Produktqualität extrem enttäuscht, kommt es nicht zum klassischen Rückschaufehler, sondern zur gegenteiligen Reaktion „Das hätte ich nie erwartet!" (Mazursky & Ofir, 1990, 1996).

- **Leistungsbeurteilungen anderer Personen** sind ebenfalls vom Rückschaufehler betroffen (Brown & Solomon, 1987; Mitchell & Kalb, 1981). Kennen Urteiler einen Ereignisausgang, erscheint es ihnen unverständlich, dass ein anderer diesen nicht vorhersehen konnte („Wie konnte der das nicht vorhersehen?"). Sie unterschätzen unvorhersehbare Aspekte des Ereignisses und sehen demzufolge die Ursache des Nichtvorhersehens im Unvermögen der zu beurteilenden Person (siehe „fundamentaler Attributionsfehler", Abschnitt 3.1.2).

Der Rückschaufehler erweist sich im Wirtschaftskontext insbesondere bei Projektplanungen („Beim letzten Mal war das doch auch ganz einfach.") sowie bei Befragungen oder Beurteilungen („Wie war xy, bevor Sie wussten, dass ...?"), die auf rückblickenden Überlegungen basieren, als bedeutsam. Schriftliche Aufzeichnungen bieten hier verlässlichere Urteilsgrundlagen als die eigene Erinnerung oder Rekonstruktion.

Fazit zum Rückschaufehler

Ausgangslage

- Kennt man den wahren Ereignisausgang, überschätzt man, wie sehr man diesen voraussehen konnte.

Kosten

- Fehlentscheidungen, Fehlplanungen (beispielsweise wird in Folgeprojekten keine Zeit für „Unvorhersehbares" eingeplant, weil dieses im Nachhinein nicht als unvorhersehbar kategorisiert wurde).

Nutzen

- Kontrollgefühl („man hat es ja schon immer gewusst")
- selbstwertdienlich („gibt das Gefühl, *wissend* zu sein")

Fazit zum Rückschaufehler (Fortsetzung)

Regulationsmöglichkeiten

- Schritt 1:   Bedenken Sie, dass nur die heutige Klarheit die Situation vorherseh-
  bar erscheinen lässt.

- Schritt 2:   Holen Sie Fakten ein.
  Planen Sie zukünftig schriftlich, um die Qualität Ihrer Vorhersagen
  nachprüfen zu können.

- Schritt 3:   Falls keine Fakten vorhanden sind: Suchen Sie Evidenz für das
  Gegenteil, d. h., suchen Sie gezielt nach Gegenargumenten bzw.
  Wissen, das gegen die Vorhersehbarkeit spricht.

- Schritt 4:   Treffen Sie eine neue Entscheidung.

1.2   Repräsentativitätsheuristik

Typikalität als Grundlage einer Entscheidung

„Stellen Sie sich vor, Sie wollen mit einer Kommilitonin eine Wette darüber abschließen, welches Fach der Student am Nebentisch in der Cafeteria belegt hat. Er trägt einen Anzug und liest den Wirtschaftsteil einer Tageszeitung. Wie könnten Sie das „wahrscheinlichste" Studienfach herausfinden? Sie könnten Informationen darüber einholen, wie viele Studenten in welchem Fach immatrikuliert sind und auf dasjenige Fach wetten, welches am häufigsten belegt ist. (...) Ihr Gedächtnis stellt Ihnen jedoch eine andere Urteilsgrundlage zur Verfügung: Ihr Wissen um bestimmte Eigenschaften unterschiedlicher Personengruppen. Möglicherweise haben Sie eine Vorstellung vom „typischen" Studierenden der

Repräsentativitätsheuristik
- „Wie gut repräsentiert der konkrete Fall meine Vorstellungen?"
- „Wenn er so typisch ist, dann muss er zur Kategorie gehören."

Pädagogik, der Physik oder der Kunstgeschichte. Sie könnten den Studenten am Nachbartisch nun derjenigen Gruppe zuordnen, für die er besonders repräsentativ, d. h. ein besonders guter Stellvertreter ist – in diesem Fall vielleicht für einen Studenten der Wirtschaftswissenschaften. Wenn Sie auf diese Weise zu Ihrer Einschätzung gelangt wären, dann hätten Sie von der Repräsentativitätsheuristik Gebrauch gemacht" (aus Strack & Deutsch, 2002, S. 359).

Der Begriff „Repräsentativität" besagt, wie typisch

- ein Element (beispielsweise der oben genannte Student im Anzug) für eine Kategorie (beispielsweise die Wirtschaftswissenschaften) (*siehe Abschnitt 1.2.1*),

- eine Handlung (beispielsweise „liest die Wirtschaftswoche") für eine Person („Wirtschaftstyp")[3],

- eine Stichprobe (beispielsweise „1000 Befragte bei der Sonntagsumfrage") für eine Grundgesamtheit („die Bundesbürger bei der nächsten Wahl") (*siehe Abschnitt 1.2.3*),

- eine Wirkung (beispielsweise „Auto geht auf der Straße aus") für eine Ursache („Tank ist leer") ist.[4]

Unser repräsentatives Wissen beinhaltet in vielen Fällen korrekte Zusammenhänge, beispielsweise ähneln Stichproben bei hinreichender Größe tatsächlich ihrer Grundgesamtheit. Obwohl sich diese Heuristik als durchaus adaptiv erweist, kann sie dennoch – wie alle Heuristiken – zu Fehlentscheidungen führen. Worin diese begründet sein können, wird nachfolgend ausgeführt.

1.2.1 Vernachlässigung der Basisrate

Ein Element wird als repräsentativ angesehen für eine Kategorie

Die Verwendung der Repräsentativitätsheuristik kann dann zu einer Fehlentscheidung führen, wenn bei der Einschätzung einer Stichprobe wesentliche Merkmale der Grundgesamtheit ignoriert werden.

Vernachlässigung der Basisrate
Die Basisrate wird vernachlässigt, sobald eine andere – wenngleich auch irrelevante – Information zur Verfügung steht.

Dies zeigt eine klassische Studie von Tversky und Kahneman (1974). Die Autoren beschrieben ihren Teilnehmern eine Person, die aus einer Gruppe von insgesamt 100 Juristen und Ingenieuren zufällig ausgewählt worden sei. In einer Teilnehmerbedingung wurde angegeben, die Gruppe bestünde aus 70 Juristen und 30 Ingenieuren, in der anderen Bedingung wurde die Verteilung genau umgekehrt angegeben. Anschließend erhielten die Teilnehmer eine vage Beschreibung der Person. Diese Beschreibung entsprach entweder vage dem Schema eines Juristen, dem eines Ingenieurs oder aber war neutral gehalten. Aufgabe der Teilnehmer war es nun anzugeben, ob es sich bei der Person mit höherer Wahrscheinlichkeit um einen Ingenieur oder um einen Juristen handele. In jeder der drei Bedingungen zeigte sich, dass die Teilnehmer die vorgegebene Basisrate vernachlässigten und sich bei

---

[3] Siehe *„fundamentaler Attributionsfehler"* in Kapitel 3 (Jones & Harris, 1967; Ross, 1977).

[4] Siehe *„illusorische Korrelation"* in Abschnitt 1.6.1 (Chapman, 1967).

Vorgabe eines Schemas *ausschließlich* dessen Repräsentativität für eine Kategorie anschlossen. War in der Personenbeschreibung vom „Hobby, mathematische Denksportaufgaben zu lösen" die Rede, so tippten sie auf einen Ingenieur.

Beispiel

„Jack ist 45 Jahre alt. Er ist verheiratet und hat vier Kinder. Im Allgemeinen ist er konservativ, sorgfältig und ehrgeizig. Er interessiert sich nicht für politische und soziale Fragen und verwendet den größten Teil seiner Freizeit auf eines seiner vielen Hobbys, wie z. B. Tischlern, Segeln und mathematische Denksportaufgaben."

Der Fehler liegt in diesem Fall darin, dass die Teilnehmer ihre Entscheidung *allein* auf die Repräsentativität stützten und die genannte Basisrate ignorierten: Wenn die Personenbeschreibung einer Gruppe von 70 Juristen und 30 Ingenieuren entnommen wurde, so ist, unabhängig von der Repräsentativität der Beschreibung für eine der beiden Berufsgruppen, die Wahrscheinlichkeit, dass es sich um einen Juristen handelt, mehr als doppelt so hoch.

Diese und weitere Studien belegen eindrucksvoll, dass statistische Basisinformationen zugunsten der Repräsentativität einer Information vernachlässigt werden (Griffin & Buehler, 1999; Kahneman & Tversky, 1973; Koehler, 1996; Schwarz, Strack et al., 1991). Dieser Effekt ist umso stärker, je typischer, d. h. je repräsentativer ein Element für eine Kategorie ist.

1.2.2   Fehlentscheidungen aufgrund verbundener Ereignisse („Konjunktionsfehler")

Eine Konjunktion wird als repräsentativ angesehen für eine Person/ein Ereignis

Gehen wir davon aus, Sie sind Führungskraft und Ihnen wird Nachfolgendes mitgeteilt:

Aussage A: Einer Ihrer MA, dem Sie am meisten vertrauen, hat Sie beklaut.

Aussage B: Einer Ihrer MA, dem Sie am meisten vertrauen, hat massive private Probleme, und aus dieser privaten Notlage heraus hat er Sie beklaut.

Welche Aussage halten Sie für wahrscheinlicher?

❑ Aussage A   ❑ Aussage B

Obwohl die richtige Antwort „Aussage A" wäre, wird zumeist Alternative B gewählt. Während Aussage A aus einem Ereignis („klauen") besteht, beinhaltet Aussage B mehrere Einzelereignisse („private Probleme", „private Notlage", „klauen"), die alle für sich eine eigene Wahrscheinlichkeit besitzen. Damit ist es logisch unmöglich, dass die Kombination mehrerer Ereignisse wahrscheinlicher ist als das Einzelereignis.

Warum erscheint uns Aussage B dennoch wahrscheinlicher? Dies liegt in der Repräsentativität der spezifischen Kombination begründet – sie ist leichter vorstellbar oder leichter mental simulierbar und erscheint deshalb in ihrer Konstellation wahrscheinlicher (Bar-Hillel & Neter, 1993; Dulany & Hilton, 1991; Epstein et al., 1999; Fiedler, 1988; Gavanski & Roskos-Ewoldson, 1991; Shafir et al., 1990; Tversky & Kahneman, 1982).

> **Konjunktionsfehler**
> Kombinationen von Einzelereignissen bzw. spezifische Szenarien sind leichter vorstellbar und erscheinen daher wahrscheinlicher.

Dies hat wichtige Implikationen für die Risikoforschung: Werden Risiken allgemein beschrieben, werden sie oft unterschätzt, während sie bei spezifischen, detailreichen Szenarien oft überschätzt werden. Tatsächliche Gefahren oder Risiken können damit übersehen werden, da auf spezifische, aber eher weniger wahrscheinliche Risiken fokussiert wird.

Ein *klassisches Beispiel* hierzu ist die Einschätzung einer Kriegsgefahr (Plous, 1993):

Ist es wahrscheinlicher, dass

Aussage A: es zu einem nuklearen Krieg zwischen den USA und Russland kommen wird

oder dass

Aussage B: es zu einem unbeabsichtigten nuklearen Krieg zwischen den USA und Russland kommen wird, der durch ein drittes Land wie Irak, Libyen, Israel oder Pakistan ausgelöst wird?

Wahrscheinlicher ist ❑ Aussage A ❑ Aussage B

Zumeist wird auch hier Alternative B, die Konjunktion zweier Aussagen, als wahrscheinlicher beurteilt als das Einzelereignis (Plous, 1993).

1.2.3 Vernachlässigung der Stichprobengröße

Eine Stichprobe wird als repräsentativ angesehen für die Grundgesamtheit

Stellen Sie sich vor, von einem Unternehmen gibt es zwei Niederlassungen: eine größere, in welcher täglich etwa 45 000 Werkstücke produziert werden, und eine kleinere Niederlassung mit einer täglichen Stückrate von 15 000. Obwohl in beiden Niederlassungen der durchschnittliche Ausschuss etwa 0,5 % beträgt, gibt es dennoch Tage, an denen prozentuale Abweichungen auftreten. In welcher der beiden Niederlassungen gibt es wohl mehr Tage im Jahr, an denen es zu solchen Abweichungen kommt?

In aller Regel findet sich auf diese Frage hin folgende Fehleinschätzung (Tversky & Kahneman, 1974): Die Mehrheit der Befragten sieht Abweichungen in beiden Niederlassungen als gleich wahrscheinlich an; je eine Minderheit spricht sich für jeweils eine der beiden Niederlassungen aus. Da jedoch statistisch gesehen die Ausschussrate breiter streut, je geringer die Stichprobengröße ist, wäre die Niederlassung mit der geringeren Werkstückproduktion die richtige Antwort gewesen.

Darüber hinaus erscheint es Personen wahrscheinlicher, bei sechs Würfen dreimal eine Sechs zu würfeln; unwahrscheinlicher dagegen, bei 600 Würfen 300-mal eine Sechs zu würfeln. Wiederum wird hier die Stichprobengröße missachtet – in der kleineren Stichprobe wirkt die Häufigkeit „dreimal" überschaubarer und wird fälschlicherweise als wahrscheinlicher beurteilt.

> **Vernachlässigung der Stichprobengröße**
>
> „Was für die Grundgesamtheit zutrifft, muss gleichermaßen auch auf die Teilstichprobe zutreffen."

Der Fehler, der hier auftritt, liegt darin, dass statistische Grundregeln zu wenig beachtet werden: Obwohl die Größe einer Stichprobe die Wahrscheinlichkeit von Variationen entscheidend mitbestimmt, wird die Auftretenswahrscheinlichkeit eher anhand von Repräsentativität geschätzt: Was repräsentativer, typischer, erwartungstreuer ist, wird für wahrscheinlicher befunden.

Im Wirtschaftsalltag kann dies zu gravierenden Fehleinschätzungen führen: Was für das gesamte Unternehmen zutrifft, muss noch lange nicht in jeder Filiale gleichermaßen zutreffen. Ein Manager, der zur Projektplanung (*siehe auch „Planungsfehler", Abschnitt 1.5.2*) nur eine Teilstichprobe kalkuliert, um dies dann auf alle Gruppen hochzurechnen, kann einer Überschätzung der Repräsentativität der Teilgruppe unterliegen und damit die Grundgesamtheit vernachlässigen. Ein anderer Manager, der ausschließlich die Grundgesamtheit im Blick hat und darauf aufbauend gleiche Umsatzplanungen für jede Filiale ableitet, mag die Stichprobengrößen bedingten Abweichungen jeder einzelnen Filiale unterschätzen.

1.2.4 Fehlwahrnehmung von Zufälligkeit

Was durch Zufall entsteht, muss auch „zufällig" aussehen

Stellen Sie sich vor, Sie müssten einen neuen Pressesprecher einstellen und es sei bereits der vierte, den Sie in diesem Jahr probeweise einstellen. Sie denken sich, dass dieser Bewerber doch einfach erfolgreich sein muss – nach drei Fehlbesetzungen müsste doch wirklich mal einer dabei sein, der gut ist.

Ist Ihre Folgerung richtig oder falsch? Die Annahme ist falsch, denn die Wahrscheinlichkeit, dass der xte Bewerber erfolglos ist, ist genauso hoch wie bei jedem der Vorhergehenden.

Ebenso beim Roulettespiel: Bei vielen Personen besteht der Glaube, die Chance für die Farbe Rot im Roulette erhöhe sich nach einer langen Sequenz von Schwarz. Worauf sind diese (falschen) Annahmen zurückzuführen? Während alle Ereignisse zwar gleich wahrscheinlich sind, so sind sie doch unterschiedlich

Fehlwahrnehmung von Zufälligkeit

Es wird angenommen, dass Zufallswerte oder Zufallsereignisse auch zufällig aussehen.

repräsentativ für eine Zufallsstichprobe (Kahneman & Tversky, 1972). Man sieht Regelmäßigkeiten (z. B. die Ziehung von sechs aufeinander folgenden Zahlen – also z. B. 1, 2, 3, 4, 5, 6) als untypisch an für Zufallsprozesse. Zufällig aussehende Ereignisse werden für wahrscheinlicher gehalten. Personen beurteilen Zahlenreihen dann als Zufallsabfolge, wenn sie besonders viele Alternationen und Streuungen aufweisen (also z. B. 5, 73, 87, 101, 124, 199) – nach dem Motto „was durch Zufall entsteht, muss auch „zufällig" aussehen". Interessanterweise erwarten sie sogar mehr Alternationen und Streuungen, als bei einem Zufallsprozess tatsächlich zu erwarten wären.

In diesem Zusammenhang ist auch der Glaube an Pech- oder Glückssträhnen zu verstehen (Wagenaar & Keren, 1988). Gilovich et al. (1985) untersuchten das unter Anhängern des Basketballs verbreitete Phänomen der „heißen Hand". Damit wird der Glaube bezeichnet, dass Spieler für kurze Zeiträume mit besonders hoher Wahrscheinlichkeit Treffer erzielen. Basketballfans, Trainer und Spieler berichten immer wieder von überzufälligen Folgen von Treffern. Analysen realer Spiele kamen jedoch zu dem Ergebnis, dass diese beobachteten Trefferfolgen durchaus im Rahmen des Zufälligen lagen und somit nicht *über*zufällig waren. Das Zustandekommen eines Ergebnisses durch Zufall wird somit unterschätzt, wenn das Ergebnis nicht auch „zufällig" aussieht.

Solche „Fehlwahrnehmungen" von Zufallssequenzen sind in der Wirtschaft von hoher Bedeutung. Wird hinter sich wiederholenden Ereignissen (wie den drei Fehlbesetzungen im Personalbereich des o. g. Beispiels) eine Systematik vermutet, werden darauf aufbauend andere Entscheidungen getroffen als im Falle einer korrekten Zufallswahrnehmung. Beispielsweise wird ein Personalchef, nachdem er dreimal hintereinander eine Frau eingestellt hat, die jeweils nach kurzer Zeit kündigte, sicherlich zukünftig einen Mann einstellen, wenn er vermutet, dass die Kündigungen geschlechtsspezifisch zu sehen sind, während ein Personalchef, der dies auf einen Zufall zurückführt (die erste Frau zog mit ihrem Partner fort, die zweite Frau bekam ein besseres Angebot bei der Konkurrenz, und der dritten Frau gefiel das Arbeitsumfeld nicht), die nächste Einstellung unabhängig vom Geschlecht vornehmen wird. Personaleinstellungen, die Vergabe von Aufträgen oder die Delegation von Aufgaben können ebenso auch nach dem Gesichtspunkt „zurzeit haben wir ein glückliches Händchen" (oder eine Pechsträhne) erfolgen; Risiken oder Misserfolgswahrscheinlichkeiten werden unterschätzt, die eigene Kontrolle über die Situation überschätzt (*siehe „Verlusteskalation", Abschnitt 1.5.3*).

Klassische Studie zur Repräsentativitätsheuristik

Auf welche Serie würden Sie im Lotto eher setzen?

Serie A:	7	13	24	25	30	41
Serie B:	1	2	3	4	5	6

❑ Serie A   ❑ Serie B

Die beiden Serien sind objektiv gleich wahrscheinlich. Dennoch ist man geneigt, die ersten Gewinnzahlen für wahrscheinlicher zu halten.

Ebenso wird beim Werfen einer Münze die Reihenfolge

Kopf – Zahl – Zahl – Kopf – Zahl – Kopf

als wahrscheinlicher beurteilt als eine Reihenfolge wie

Kopf – Kopf – Kopf – Zahl – Zahl – Zahl,

obwohl beide Reihenfolgen aufgrund der statistischen Unabhängigkeit der einzelnen Münzwürfe gleich wahrscheinlich sind (Tversky & Kahneman, 1973). Bei Entscheidungen dieser Art beträgt die Alternationswahrscheinlichkeit 0,5. Studien zeigen jedoch, dass Folgen mit einer Alternationswahrscheinlichkeit von ca. 0,6 für maximal zufällig beurteilt werden (für einen Überblick siehe Falk & Konold, 1997).

Fazit zur Repräsentativitätsheuristik

Ausgangslage

* Personen schätzen die Wahrscheinlichkeit, dass ein Ereignis eintritt, in Abhängigkeit ihrer eigenen Vorstellungen bzgl. typischer und ähnlicher Ereignisse ein.

Kosten

* Fehlentscheidungen, wenn relevante statistische Information vernachlässigt wird.

Nutzen

* Vereinfachung von Entscheidungen (kapazitätssparend)

* zumeist hinreichend genau

Fazit zur Repräsentativitätsheuristik (Fortsetzung)

Regulationsmöglichkeiten

- Schritt 1:   Liegt für diesen Einzelfall statistische Information vor?

- Schritt 2:   Wenn ja: Treffen Sie eine neue Entscheidung, in die Sie auch diese
  statistische Information einbeziehen. *include*

1.3   Empfindungen als Grundlage von Entscheidungen

„Affect-as-information"-Heuristik

Stellen Sie sich vor, es ist Montagmorgen und Sie kommen gerade ins Büro. Ihr Kollege kommt Ihnen entgegen und fragt, wie Ihr Wochenende gewesen sei. Wie könnten Sie diese Frage beantworten? Sie könnten einfach auf Ihre Empfindung achten, die Sie haben, wenn Sie an Ihr Wochenende denken: Ist diese positiv, war das Wochenende vermutlich gut. Ist Ihre Empfindung negativ, so trifft dies wahrscheinlich auch auf das Wochenende zu.

Wenn Sie ausreichend Zeit und Lust hätten, eine besonders genaue Antwort zu geben, dann könnten Sie aber auch zunächst all jene Merkmale heranziehen, die Sie zur Beurteilung eines Wochenendes für relevant halten. Sie könnten Ihr Wochenende beispielsweise auf den Erholungswert hin beurteilen, dann auf das Verhältnis von Aktivitäten, Stress und Langeweile. Haben Sie nette Leute getroffen? Haben Sie alles erledigen können, was Sie wollten? Hatten Sie ausreichend Zeit für sich? Nachdem Sie all diese Fragen beantwortet hätten, könnten Sie aus diesen Einzelinformationen eine Gesamtbeurteilung ableiten.

Sie könnten aber (und würden wahrscheinlich) auch den oben genannten einfacheren Weg wählen. In diesem Fall nutzen Sie eine im Urteilsmoment zugängliche Information (Gefühl bei der Erinnerung an Ihr Wochenende) und wenden diese mit einer einfachen Regel an: „Ist die Empfindung angenehm, dann ist auch der Urteilsgegenstand gut!" (sog. „aboutness-principle"; Higgins, 1998). Empfindungen als Grundlage von Entscheidungen sind in vielen Bereichen belegt worden (beispielsweise Chen & Chaiken, 1999; Clore, 1992; Clore et al., 1994; Schwarz & Clore, 1988, 1996; Strack & Gonzales,

Empfindungen als Urteils-grundlage

- Das subjektive Empfinden wird als Information herangezogen.
- „Wenn die Empfindung angenehm ist, ist auch der Urteilsgegenstand gut!"

1993) und erweisen sich als durchaus sinnvoll, sofern Ihre Empfindung zum Zeitpunkt des Erinnerns auch durch den Urteilsgegenstand (hier: Ihr Wochenende) hervorgerufen wurde – problematisch wird es allerdings dann, wenn Ihre Empfindung von einem anderen Ereignis ausgelöst wurde, beispielsweise dem schönen Wetter zum Zeitpunkt des Erinnerns oder den Zahnschmerzen, die Sie gerade haben, und Sie diese Verursachung nicht bemerken.

Für diese Heuristik können grundsätzlich zwei unterschiedliche Arten von Empfindungen genutzt werden (Clore, 1992):

- Empfindungen, die auf Affekten[5] beruhen, wie Stimmungen, gute oder schlechte Laune oder Gefühle wie Ärger, Freude, Wut o. ä.

- Empfindungen, die nicht affektiv sind, d. h. die nicht auf „echten Gefühlen" beruhen, sondern beispielsweise auf Empfindungen wie Überraschung, Vertrautheit, Sicherheit, Müdigkeit, Hunger, Anstrengung oder Leichtigkeit, um nur einige zu nennen.

Beide Empfindungsarten können sich gleichermaßen verfälschend auf Entscheidungen auswirken (und dies ist uns meist nicht bewusst).

1.3.1 Affektive Empfindungen

das heißt

Im Bereich affektiver Empfindungen wurde in vielfältigsten Urteilsbereichen nachgewiesen, dass Entscheidungen affektkongruent beeinflusst werden, d. h., im Falle positiver Affekte werden Entscheidungen positiver, im Falle negativer Affekte negativer (Forgas & Bower, 1988; Salovey & Birnbaum, 1989). Uns allen bekannt ist die „rosarote Brille", wenn wir verliebt sind und uns nichts etwas anhaben kann, oder aber „mit dem linken Fuß aufgestanden zu sein", wenn alles schief geht und uns niemand etwas recht machen kann. Doch nicht alle Einflüsse auf unsere Entscheidungen sind so offensichtlich. Häufig erleben wir subtilere Affekte wie Stimmungen oder Aufregungen, die uns jedoch nicht minder beeinflussen:

---

[5] Im psychologischen Sinne beinhaltet Affekt eine Empfindung mit eindeutiger Valenz, d. h. positiver oder negativer Konnotation (Clore, 1992; *siehe auch Abschnitt 4.2*).

- Forschungsergebnisse zeigen, dass **Angst** und **Stimmungen** als Entscheidungsgrundlage für *Risikoeinschätzungen* herangezogen werden (Gasper & Clore, 1998):
Je mehr Angst oder negative Stimmung erlebt wird, desto höher werden Risiken
eingeschätzt (wie bereits oben beschrieben können diese Affekte durch etwas ganz
anderes verursacht und für den Urteilsgegenstand völlig irrelevant sein).

- Darüber hinaus dient die **Aufregung** vor einer Aufgabe (z. B. vor einem Bewerbungsgespräch) als Indikator für das eigene Sicherheitsgefühl und die Einschätzung der *Selbstwirksamkeit* (Savitsky et al., 1998): Je aufgeregter man ist, desto
unsicherer und weniger selbstwirksam schätzt man sich ein.

Klassische Studien zu affektiven Empfindungen als Entscheidungsgrundlage
*Stimmung beeinflusst das Urteil, solange kein anderweitiger externer Grund für die
Stimmung gesehen wird.*

Schwarz und Clore (1983, Exp. 1) baten ihre Teilnehmer, entweder ein positives oder ein
negatives Lebensereignis zu beschreiben, und versetzten auf diese Weise ihre Teilnehmer
in gute oder schlechte Stimmung. Anschließend sollten sie ihre allgemeine Lebenszufriedenheit einschätzen. Es zeigte sich, dass die Personen, die ein positives Lebensereignis beschrieben hatten, angaben, zufriedener zu sein als diejenigen, die ein negatives Ereignis berichtet hatten.

Einer weiteren Teilnehmergruppe wurde ebenfalls die Aufgabe, ein positives bzw. negatives Lebensereignis zu beschreiben, gegeben – allerdings mit dem zusätzlichen Hinweis, dass sich andere Personen aufgrund der Raumgestaltung (der Raum war eng,
merkwürdig beleuchtet) angespannt gefühlt hätten. Bei dieser Teilnehmergruppe war die
anschließende Einschätzung der Lebenszufriedenheit nicht durch die Stimmung beeinflusst (*siehe Tab. 1.1*). Worin besteht der Unterschied zwischen beiden Gruppen?

Die erste Gruppe zog ihre gute bzw. schlechte Stimmung als Information über die Lebenszufriedenheit heran. Der zweiten Gruppe hingegen war ein externer Grund für ihre
Stimmung gegeben worden – der Raum könnte sie beeinflusst haben –, daher verwandten sie die Stimmung nicht mehr als Information über ihre Lebenszufriedenheit (sondern
als Information über den Raum).

Tab. 1.1: Einschätzung der allgemeinen Lebenszufriedenheit in Abhängigkeit von der Stimmungsinduktion und dem Hinweis auf den Einfluss der Raumgestaltung.

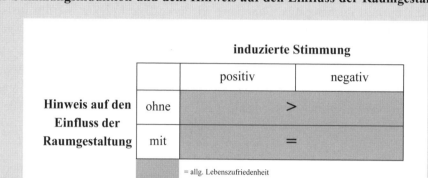

Das Wetter beeinflusst das Urteil, solange dieser Einfluss nicht bemerkt wird.

An einem der ersten warmen und sonnigen Tage im Frühling sowie wenige Tage später, als es wieder kalt und feucht war, führten Schwarz und Clore (1983, Exp. 2) folgende Studie durch: Per Telefoninterview wurden Personen nach ihrer allgemeinen Lebenszufriedenheit befragt. An den sonnigen Tagen wurden insgesamt höhere Zufriedenheiten angegeben als an den regnerischen Tagen. Das Wetter beeinflusste folglich die Einschätzung der Lebenszufriedenheit.

Die Hälfte der Teilnehmer wurde im Interview vor der Frage nach der allgemeinen Lebenszufriedenheit beiläufig gefragt, wie das Wetter in der Stadt sei (der Interviewer rief angeblich aus einer weit entfernten Stadt an). Dieser banale Hinweis auf das Wetter reichte aus, um den Einfluss des Wetters auf die Einschätzung der Lebenszufriedenheit zu beseitigen. Sowohl bei schönem als auch bei schlechtem Wetter waren diese Teilnehmer gleichermaßen zufrieden.

Wie im Falle der ersten Studie war mit der Anspielung auf das Wetter ein externer Grund für die eigene Stimmungslage gegeben, so dass die eigene Stimmung nicht mehr als Information über die Lebenszufriedenheit verwendet wurde.

Im Wirtschaftsalltag können sich Empfindungen als Grundlage von Entscheidungen beispielsweise so widerspiegeln, dass ein Bewerber, der an einem sonnigen Tag zum Bewerbungsgespräch kommt, positiver beurteilt wird als jener, der einen regnerischen Tag erwischt hat – es sei denn, Letzterer lenkt beim Eingangs-Smalltalk das Gespräch geschickt auf die Wetterlage.

Verfälschend können sich affektive Empfindungen beispielsweise auch auf Antworten in einer Mitarbeiterbefragung auswirken: Personen, die sich im Augenblick der Befragung über ihre Arbeitszufriedenheit in guter Stimmung befinden, könnten aus ihrer guten Laune schließen, dass ihre Arbeitszufriedenheit hoch ist – „da sie am Arbeitsplatz so gut drauf sind". Anstatt die Beurteilung der eigenen Arbeitszufriedenheit aus arbeitsbezogenen Inhalten abzuleiten, könnte die aktuelle Stimmung als Information benutzt werden. Solche Urteilsverzerrungen müssen und können in Umfragen berücksichtigt werden; sie lassen sich beispielsweise anhand bestimmter Fragebogentechniken kontrollieren (*detaillierte Ausführungen siehe Kapitel 6*; Strack, 1994; Strack & Werth, 2002; Werth & Strack, 2001).

Vergleichbare Einflüsse sind ebenso durch nicht affektive Empfindungen möglich:

1.3.2   Nicht affektive Empfindungen

Forschungsergebnisse belegen die Verwendung verschiedenster nicht affektiver Empfindungen als Information:

- Die **Leichtigkeit des Abrufs** (Schwarz, Bless, Strack et al., 1991) wird als Information darüber verwendet, wie häufig ein Ereignis auftritt (*siehe „Verfügbarkeitsheuristik", Abschnitt 1.1*).

- Personen verwenden das **Gefühl der Leichtigkeit bzw. der Anstrengung** während einer Aufgabe als Indikator (Stepper & Strack, 1993; Strack & Neumann, 1996). In einer Studie von Strack und Neumann (2000) wurden den Teilnehmern Photos berühmter und nicht berühmter Personen vorgelegt. Ihre Aufgabe bestand darin, die Berühmtheit der dargestellten Personen einzuschätzen. Die Hälfte der Teilnehmer sollte während dieser Einschätzung die Augenbrauen (den sog. Korrugatormuskel) zusammenziehen, was ein Gefühl mentaler Anstrengung hervorruft (vgl. Stepper & Strack, 1993). Tatsächlich schätzte diese Teilnehmergruppe die Porträts sowohl berühmter als auch nicht berühmter Personen als weniger berühmt ein als Personen, die während der Bearbeitung einen anderen Muskel (den Frontalismuskel, der keine Anspannung hervorruft) anspannten. Aus der erlebten Anstrengung bei der Berühmtheitseinschätzung wurde geschlossen, dass die einzuschätzenden Personen so berühmt nicht sein konnten – denn dann würde die Beurteilung weniger anstrengend sein. Darüber hinaus reduziert die mentale Anstrengung, die Personen empfinden, ihre Selbstsicherheit (Stepper & Strack, 1993).

- Auch die eigene **Körperhaltung** wird als Information herangezogen: Personen, die eine positive Leistungsrückmeldung in aufrechter Körperhaltung empfangen, sind stolzer auf ihre Leistung als jene, die dieses Feedback in gebeugter Haltung erhalten (Stepper & Strack, 1993; *siehe „Bodyfeedback", Abschnitt 5.4.3*).

- **Gefühle der Unsicherheit und Sicherheit**[6] werden als Urteilsgrundlage herangezogen, um die Verständlichkeit eines Inhalts („Fühle mich damit unsicher, also habe ich es nicht verstanden"; Clore & Parrott, 1991), die Vorhersehbarkeit oder die Korrektheit einzuschätzen („Je sicherer ich mir bin, desto richtiger wird meine Antwort sein"; *siehe „Rückschaufehler", Abschnitt 1.1.4*; Werth & Strack, 2003).

- Die eigene **Abgelenktheit** bei einer Aufgabe dient als Information über die empfundene Langeweile (Damrad-Frye & Laird, 1989): „Wenn ich mich so schlecht konzentrieren kann, dann muss die Aufgabe ziemlich langweilig sein."

- Jacoby und Mitarbeiter (Jacoby, Kelley et al., 1989; Jacoby, Woloshyn et al., 1989; Kelley & Jacoby, 1998) zeigten in einer Reihe von Studien, dass das **Gefühl der Vertrautheit** eines Namens einer Person als Information für Urteile über deren Berühmtheit herangezogen wird. Die Regel heißt hier: „Wenn mir ein Name vertraut vorkommt, dann wird er wohl zu einer berühmten Person gehören!"

Klassische Studie zu nicht affektiven Empfindungen als Entscheidungsgrundlage
Berühmtheit löst ein Vertrautheitsgefühl aus und beeinflusst so das Urteil.

Jacoby, Kelley et al. (1989) baten ihre Teilnehmer in einer Studie, zunächst eine Liste mit Namen ausschließlich nicht berühmter Personen vorzulesen (da es in der Studie angeblich um die Aussprache ging, sollte die Liste vorgelesen werden). Im zweiten Teil der Studie (einen Tag später) erhielten die Teilnehmer sowohl neue als auch zuvor gelesene Namen und sollten deren Berühmtheit einschätzen. Die Teilnehmer schätzten Namen häufig als berühmt ein, wenn sie sie am Tag zuvor vorgelesen hatten – durch das Vorlesen war ein Vertrautheitsgefühl für die Namen entstanden und wurde nun als Information herangezogen, um die Berühmtheit des Namens zu beurteilen. Die Teilnehmer verwendeten ihr Vertrautheitsgefühl nur dann, wenn sie die Ursache der Vertrautheit nicht bemerkten (wenn ein Tag zwischen dem Lesen der Namen und der Beurteilung vergangen war) – wenn sie hingegen unmittelbar nach dem Vorlesen die Berühmtheit einschätzten, gab es keinen Vertrautheitseffekt (sie wussten, dass das Vertrautheitsgefühl durch das Lesen entstanden war).

---

[6] Eine Anmerkung im Zusammenhang mit Sicherheitsgefühlen: Bei selbst getroffenen Entscheidungen bzw. selbst generierten Antworten sind sich Personen in der Regel sicherer als bei denen anderer (Koriat et al., 1980). Fälschlicherweise stützen sie sich daher auch mehr auf eigene Urteile.

Geschäftsessen und großzügige Kundeneinladungen sind im Wirtschaftsalltag nicht mehr wegzudenken, wenn es darum geht, den Kunden gegenüber Entscheidungen positiv zu stimmen. Sie sind jedoch nichts anderes als Stimulatoren von Empfindungen – sowohl nicht affektive (lockere Atmosphäre, gutes Essen, Alkohol) als auch affektive Empfindungen (gute Stimmung) werden ausgelöst, und man hofft, dass sich diese auf die Entscheidungsfindung positiv auswirken.

Fazit zu Empfindungen als Grundlage von Entscheidungen

Ausgangslage

- Personen ziehen eine Empfindung als Grundlage für eine Entscheidung heran. Dies gilt sowohl für affektive (gute/schlechte Stimmung u. a.) als auch nicht affektive (Überraschung, Vertrautheit u. a.) Empfindungen.

Kosten

- Fehlentscheidungen, wenn diese Empfindung nicht durch den Urteilsgegenstand hervorgerufen wird.

Nutzen

- Vereinfachung von Entscheidungen (kapazitätssparend)
- zumeist hinreichend genau

Regulationsmöglichkeiten

- Schritt 1:   Welche Empfindung hatten Sie während der Entscheidung?
- Schritt 2:   Steht diese Empfindung im Zusammenhang mit dem Urteilsgegenstand?
- Schritt 3:   Falls nicht: Treffen Sie eine neue Entscheidung! Schlafen Sie ggf. eine Nacht darüber.

Jenseits dieser Heuristiken gibt es weitere typische Einflüsse, die bei Entscheidungen (*siehe Abschnitt 1.5*) und Risikoeinschätzungen (*siehe Abschnitt 1.4*) auftreten. Diese sollen nachfolgend beleuchtet werden.

1.4   Einschätzung von Risiken

Valenz und Framing beeinflussen Risikoentscheidungen

Risikoentscheidungen, wie beispielsweise die Entscheidung, trotz trüber Wetteraus-
sichten den Betriebsausflug in die Berge zu wagen, Zeit und Geld in eine neuartige
Werbestrategie zu investieren, ein Produkt auf den Markt zu bringen oder vom Markt zu
nehmen oder eine Firmenfusion zur dringend benötigten Stabilisierung der Finanzlage
einzugehen, sind Entscheidungen mit ungewissem Ausgang. Sind Personen in der Lage,
Wahrscheinlichkeiten und damit verbundene Risiken adäquat einzuschätzen? Und wenn
ja, wie tun sie dies?

Insgesamt hat die Forschung zum Risikoverhalten ergeben, dass Risikoeinschätzungen
weniger rein *ökonomischen* Prinzipien (wie z. B. dem *Theorem von Bayes, siehe
Abschnitt 1.6*) folgen als vielmehr *psychologischen* Prinzipien. Diese sollen nachfolgend
dargestellt werden. (Zur detaillierten Übersicht der wahrscheinlichkeitstheoretischen
Fehler sei der interessierte Leser auf *Abschnitt 1.6* verwiesen.)

1.4.1   Valenz des Ereignisses

Positive vs. negative Ereignisse

- *Positive* Ereignisse werden als
  wahrscheinlicher eingeschätzt.
- *Negative* Ereignisse werden
  als unwahrscheinlicher eingeschätzt.

Zunächst einmal beeinflusst Risikoeinschätzungen in
hohem Maße, ob es sich bei dem zu beurteilenden
Risiko um ein positives (und damit erwünschtes)
oder aber um ein negatives (und damit unerwünscht-
es) Ereignis handelt: Positive Ereignisse („Wie
wahrscheinlich ist es, dass der Kunde unser Angebot
akzeptiert?") werden in aller Regel als wahrschein-
licher eingeschätzt als negative („Wie wahrscheinlich ist es, dass der Kunde unser
Angebot ablehnt?") (Blascovich et al., 1975; Crandall et al., 1955; Irwin, 1953; Irwin &
Metzger, 1966; Irwin & Snodgrass, 1966; Marks, 1951; Pruitt & Hoge, 1965).

Dies gilt gleichermaßen für

- die Einschätzung der Wahrscheinlichkeit eines Ereignisses („Wie wahrscheinlich ist
  es, dass uns der Kunde abspringen wird?"),

- die Einschätzung, welches von zwei alternativen Ereignissen eintreten wird („Was
  ist wahrscheinlicher, dass Kunde Müller abspringen oder dass Kunde Schmidt zusa-
  gen wird?") oder

- das Wetten auf einen bestimmten Ereignisausgang.

(Übrigens können auch Belohnungen für möglichst genaues Schätzen diesen Effekt der
Valenz nicht aufheben.)

Klassische Studie zur Valenz von Ereignissen
Die Valenz eines Ereignisses beeinflusst dessen Risikoeinschätzung.

Weinstein (1980) ließ Studierende einschätzen, mit welcher Wahrscheinlichkeit ihnen im Vergleich zu ihren (gleichgeschlechtlichen) Kommilitonen verschiedene Ereignisse widerfahren würden, so beispielsweise wie wahrscheinlich es sei, dass sie nach dem Diplom ein gutes Gehalt haben, ein eigenes Haus besitzen, ein Alkoholproblem entwickeln, vor dem 40. Lebensjahr einen Herzinfarkt haben werden u. a. Die Studenten schätzten das Auftreten positiver Ereignisse in ihrem eigenen Leben als 15-mal wahrscheinlicher und das negativer Ereignisse als 20-mal unwahrscheinlicher ein als im Leben ihrer Kommilitonen – was natürlich statistisch nicht sein kann.

1.4.2 „Framing"

„Die Verpackung entscheidet."

Nicht nur die Valenz des einzuschätzenden Ereignisses, sondern ebenso unterschiedliche Beschreibungen des gleichen Sachverhalts können zu unterschiedlichen Entscheidungen führen. Überspitzt formuliert bedeutet das, dass nicht *Sie* bei der Wahl zwischen Gewinn und Verlust oder zwischen Alternativangeboten entscheiden, sondern die „Verpackung"!

Szenario 1: Wahlalternative

Stellen Sie sich vor, es ist April, der Frühling ist da und Sie haben eine Woche Urlaub. Sie möchten verreisen und überlegen zwischen zwei Angeboten, die preislich für Sie passend wären. Leider gibt die Reisebroschüre nur spärliche Informationen über diese beiden Angebote.

Welches der beiden Angebote würden Sie bevorzugen?

Angebot A

- relativ gutes Wetter
- akzeptable Strandqualität
- angenehme Wassertemperatur
- 4-Sterne-Hotel
- Nachtleben durch einige Bars und Kneipen und Animation im Hotel

Angebot B

- viel Sonne

- prächtige Strände mit Korallenriffen

- modernste Hotelanlagen mit allem Komfort

- sehr kaltes Wasser

- sehr starke Winde

- kein Nachtleben

　　　　　　　❏ Angebot A　　　　❏ Angebot B

Szenario 2: Wahlalternative

Stellen Sie sich vor, es ist April, der Frühling ist da und Sie haben eine Woche Urlaub. Sie möchten verreisen und überlegen zwischen zwei Angeboten, die preislich für Sie passend wären. Sie können nicht mehr länger beide Reservierungen aufrechterhalten und müssen sich entscheiden. Leider gibt die Reisebroschüre nur spärliche Informationen über diese beiden Angebote.

Welche Reservierung würden Sie stornieren?

Angebot A

- relativ gutes Wetter

- akzeptable Strandqualität

- angenehme Wassertemperatur

- 4-Sterne-Hotel

- Nachtleben durch einige Bars und Kneipen und Animation im Hotel

Angebot B

- viel Sonne

- prächtige Strände mit Korallenriffen

- modernste Hotelanlagen mit allem Komfort

- sehr kaltes Wasser

- sehr starke Winde

- kein Nachtleben

　　　　　　　❏ Angebot A　　　　❏ Angebot B

In den meisten Fällen wird im ersten Szenario Angebot B bevorzugt, während im zweiten Szenario Angebot A präferiert wird. Warum ist dies so? Szenario 1
ist als freie Wahlsituation formuliert, während Szenario 2 als Abwahlsituation verpackt ist (eine von beiden Alternativen muss abgelehnt werden). Beinhaltet

> **Wahl vs. Abwahl**
> - In einer *Wahl*situation wird auf *positive* Aspekte fokussiert.
> - In einer *Abwahl*situation wird auf *negative* Aspekte fokussiert.

eine Entscheidung die freie Wahl zwischen mehreren Optionen, achtet man mehr auf die
positiven Aspekte einer Situation (Angebot B hat mehr positive Eigenschaften als Angebot A). Wird jedoch wie im zweiten Szenario eine Entscheidung über eine Ablehnung
oder Zurückweisung verlangt, fokussiert man mehr auf die negativen Aspekte (Angebot
B hat mehr Nachteile als Angebot A).

Gewinnsicherung und Verlustreparation

Szenario 1: Gewinnsicherung

Stellen Sie sich vor, Sie sind Personalchef in einem Konzern, in welchem aufgrund von
Marktveränderungen die Einführung eines neuen Personalkonzepts und damit die Ge-
fährdung von 600 Arbeitsplätzen ansteht. Sie müssen nun die Entscheidung für eines
der beiden nachfolgenden Personalkonzepte treffen.

- Wird das Personalkonzept A eingeleitet, könnten 200 Arbeitsplätze gesichert werden.
- Personalkonzept B wird mit einer Wahrscheinlichkeit von 1/3 alle bedrohten Arbeitsplätze und mit einer Wahrscheinlichkeit von 2/3 keinen Arbeitsplatz sichern
  können.

Wie würden Sie entscheiden?   ❏ Konzept A   ❏ Konzept B

Szenario 2: Verlustreparation

Nehmen wir an, Sie sind wiederum Personalchef im oben genannten Unternehmen und
müssen nun die Entscheidung für eines der beiden nachfolgenden Personalkonzepte treffen:

- Wird das Personalkonzept C eingeleitet, werden mit Sicherheit 400 Arbeitsplätze gefährdet werden.
- Bei Einführung des Personalkonzepts D werden mit einer Wahrscheinlichkeit von
  1/3 kein Arbeitsplatz und mit einer Wahrscheinlichkeit von 2/3 alle Arbeitsplätze gefährdet sein.

Wie würden Sie entscheiden?   ❏ Konzept C   ❏ Konzept D

In einer vergleichbaren Studie von Tversky und Kahneman (1984) wählten im ersten Szenario 72 % der Teilnehmer Alternative A und nur 28 % Alternative B. Damit wurde ein sicherer Gewinn an Arbeitsplätzen einem möglichen Gewinn vorgezogen. Im zweiten Szenario hingegen wählten von nur 22 % Alternative C und 78 % Alternative D. Worin liegt der Unterschied?

Gewinn vs. Verlust
- Wird auf *Gewinn* fokussiert, wählt man die *sichere* Alternative.
- Wird auf *Verlust* fokussiert, wählt man die *risikoreichere* Alternative.

Je nach der Formulierung des Entscheidungsszenarios wurde die Aufmerksamkeit auf einen Gewinn oder Verlust gelenkt – entsprechend unterschiedlich sind die Präferenzen der Entscheider. Forschungsergebnisse zeigen, dass Individuen, wenn sie sich zwischen einer riskanten Entscheidung und einem sicheren Gewinn entscheiden müssen, meist risikoscheu agieren, während sie, wenn sie einen Verlust in Kauf nehmen müssen, eher die riskante als die sichere Alternative wählen – als wollten sie den Verlust „reparieren". Damit wird eine weniger riskante Entscheidungsalternative eher gewählt, wenn die Formulierung auf den Gewinn (= Gewinnsicherung) statt auf den Verlust fokussiert ist; eine risikoreiche hingegen wird eher gewählt, wenn es um Verluste geht (= Verlustreparation).

Szenario 1: Gewinnsicherung

Stellen Sie sich vor, Sie hätten 1 000 € gewonnen. Nun können Sie zwischen zwei Optionen wählen:

- Mit Option A gewinnen Sie auf jeden Fall zusätzliche 500 €.

- Mit Option B haben Sie die Möglichkeit, eine Münze zu werfen. Werfen Sie Kopf, gewinnen Sie weitere 1 000 €, werfen Sie jedoch Zahl, gewinnen Sie nichts.

Für welche Option entscheiden Sie sich?   ❑ Option A   ❑ Option B

Szenario 2: Verlustreparation

Stellen Sie sich nun vor, 2 000 € gewonnen zu haben und erneut zwischen zwei Optionen wählen zu dürfen:

- Mit Option C verlieren Sie sicher 500 €.

- Mit Option D dürfen Sie erneut eine Münze werfen. Kommt Kopf, verlieren Sie 1 000 €, kommt Zahl, verlieren Sie nichts.

Für welche Option entscheiden Sie sich?   ❑ Option C   ❑ Option D

Üblicherweise wählen Personen im ersten Fall Option A, d. h. den sicheren Gewinn von 500 €, während im zweiten Fall Option D, der erneute Münzwurf präferiert wird. Dabei wäre das jeweilige Endresultat in den Optionen A und C bzw. B und D dasselbe.

Wie ist dies zu erklären? Spielt man mit potenziellen Gewinnen, ist der empfundene Unterschied zwischen nichts (0 €) und 500 € größer als zwischen 500 € und 1 000 €. Spielt man mit potenziellen Verlusten, ist der Unterschied zwischen dem Verlust von 500 € und keinem Verlust psychologisch größer als der Unterschied zwischen einem Verlust von 500 € oder 1 000 €. Dieses Phänomen wird in der Literatur „loss aversion" (Verlustangst; nach Kahneman & Tversky, 1979b) genannt. Der „Schmerz", der mit dem Verlust einhergeht, wird als doppelt so schlimm empfunden wie die Freude, die mit dem Gewinn einhergeht. Daher ist (im zweiten Fall) der Gedanke, 500 € zu verlieren, so unangenehm, dass man lieber das Risiko von Option B eingeht.

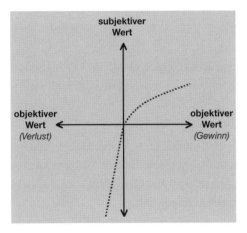

Abb. 1.4: Subjektiver und objektiver Wert von Gewinn und Verlust (modifiziert nach Tversky & Kahnemann, 1981, S. 453; Abb. 1).
Gepunktete Linie verdeutlicht, dass Verluste einen größeren subjektiven Wert haben als objektiv, d. h. betragsmäßig gleich große Gewinne.

Damit wird der Wert eines Gewinns geringer geschätzt als ein zahlenmäßig gleich großer Verlust (*siehe Abb. 1.4*; Tversky & Kahneman, 1984). Dieses Phänomen wird in der so genannten „prospect theory" (Kahneman & Tversky, 1979b; Tversky & Kahneman, 1991) aufgegriffen: Dieser Theorie zufolge werden Gewinn und Verlust bezüglich eines neutralen Referenzpunkts beurteilt, welcher sich beispielsweise aus dem Status quo ergibt. Empfindungen und Entscheidungen werden von dort ausgehend gemäß einer

S-Kurve getroffen, Verluste werden dabei stärker gewertet als Gewinne, weiterer Zuwachs wird immer schwächer beurteilt (kein linearer Anstieg).

Größe des Gewinns
≠
Größe des Verlusts

Diese Asymmetrie zwischen Gewinn und Verlust ist im wirtschaftspsychologischen Kontext insbesondere relevant zur Erklärung des Kaufverhaltens (*siehe Kapitel 2*) sowie im Kontext von Verhandlungsführung und Kooperation. Warum gibt jemand einem Produkt oder einer Sache so viel Gewicht? Warum kann er nicht verlieren oder aufgeben?

Im nächsten Abschnitt wird es um weitere Asymmetrien oder Anomalien gehen, in denen auch die Verlustreparation eine Rolle spielen wird (*siehe „Verlusteskalation", Abschnitt 1.5.3*).

Fazit zur Einschätzung von Risiken

Ausgangslage

* Personen treffen eine Risikoeinschätzung in Abhängigkeit von der Valenz und des „Framings".

Kosten

* Fehlentscheidungen, da Valenz und „Verpackung" entscheiden und nicht der Inhalt: Positive Ereignisse werden in ihrer Auftretenswahrscheinlichkeit überschätzt, negative unterschätzt; bei Gewinnen wird die sichere Alternative, bei Verlusten die risikoreichere gewählt.

Nutzen

* Vereinfachung von Entscheidungen
* wirkt Angst reduzierend

Regulationsmöglichkeiten

Valenz des Ereignisses
* Schritt 1:   Generieren Sie Gegenbeispiele oder widersprechende Informationen.
* Schritt 2:   Formulieren Sie die Aufgabe, wenn möglich, sowohl als Verlust- als auch als Gewinnaufgabe.

Fazit zur Einschätzung von Risiken (Fortsetzung)

„Framing"
- Schritt 1:   Entfernen Sie einseitige Framings aus der Entscheidungssituation.
- Schritt 2:   Formulieren Sie die Aufgabe, wenn möglich, sowohl als Verlust- als auch als Gewinnaufgabe.

1.5 Weitere Entscheidungsfehler

Im Folgenden sollen typische Projektfehler des Wirtschaftsalltags skizziert werden. Dazu gehören, dass Entscheidungen kurzsichtig getroffen werden (*siehe Abschnitt 1.5.1*), ihre Durchführung falsch geplant oder kalkuliert wird (*siehe Abschnitt 1.5.2*) und Fehlentscheidungen nicht revidiert werden (*siehe Abschnitt 1.5.3*).

1.5.1 „Kurzsichtige" Entscheidungen

Impulsive Entscheidungen basieren auf kurzfristigen Konsequenzen

Sie wollen heute Abend mit Ihren Freunden so richtig einen draufmachen, haben aber morgen Früh einen wichtigen Präsentationstermin? Ein typischer Entscheidungskonflikt – häufig haben wir die Wahl zwischen Optionen, deren Konsequenzen nicht gleichzeitig eintreten, sondern die zunächst angenehme (ein toller Abend) und erst später unangenehme (müde und verkatert am nächsten Morgen) Aspekte beinhalten oder umgekehrt –, unmittelbare und zeitlich fernere Konsequenzen sind gegeneinander abzuwägen.

Wie die Forschung zeigt, kann in diesen Entscheidungssituationen ein sog. „impulsives oder kurzsichtiges Entscheidungsverhalten"[7] auftreten (Strack & Deutsch, im Druck). Dies bedeutet, dass eine Option vorgezogen wird, obwohl sie über einen längeren Zeitraum hinweg betrachtet einen geringeren Nutzen erbringt als eine andere Option. Der Impuls, heute Abend und nicht erst am Wochenende mit den Freunden wegzugehen, ist ausschlaggebend für die Entscheidung und nicht die Kundenpräsentation, obwohl diese langfristig gesehen die gewichtigeren Konsequenzen hat.

---

[7] Richten Menschen ihr Verhalten an den kurzfristigen Konsequenzen aus, obwohl die langfristigen Konsequenzen wichtiger sind, spricht man von impulsivem Verhalten (Strack & Deutsch, im Druck).

Auch das Kaufverhalten wird von solch kurzsichtigen Entscheidungen stärker geprägt als von langfristigem Denken: Haushaltsgeräte oder Gebrauchsgegenstände wie Drucker werden vor allem auf der Grundlage des Kaufpreises angeschafft, dabei aber die laufenden Betriebskosten vernachlässigt (vgl. Ruderman et al., 1987; *siehe auch „Kaufverhalten", Kapitel 2*). Je weiter Konsequenzen (wie beispielsweise Betriebskosten oder aber auch Gewinne) in der Zukunft liegen, desto geringer werden subjektive Nutzen oder Kosten gewertet (Kirby, 1997).

Kurz- vs. langfristige Verhaltenskonsequenzen

- Verhalten wird an *kurzfristigen* Konsequenzen ausgerichtet.
- Wichtige *langfristige* Konsequenzen werden vernachlässigt.

Besonders deutlich werden kurzsichtige Entscheidungen am Phänomen der Präferenzumkehr: Während Personen beispielsweise eine „Belohnung" in 31 Tagen einer etwas kleineren Belohnung in 30 Tagen vorziehen, kommt es mit Annäherung an den „Auszahlungstermin" häufig dazu, dass nun die kleinere Belohnung vorgezogen wird (Baumeister & Heatherton, 1996; Mischel, 1996; *siehe auch Kapitel 2*). Bietet man diesen Personen beispielsweise am 30. Tag an, die kleinere Belohnung sofort auszuzahlen, nehmen sie dies häufig an – obwohl bei nur einem weiteren Tag Aufschub die größere Belohnung ausgezahlt worden wäre.

Dieses Phänomen „besser jetzt was Mittelprächtiges als später was sehr Gutes zu haben" („lieber den Spatz in der Hand als die Taube auf dem Dach") findet sich auch im Falle von Kreditentscheidungen: Die Nutzenabwertung übersteigt in vielen Fällen bei weitem die Zinsrate für kurzfristige Kredite (Loewenstein & Thaler, 1989), dennoch wählen Kreditnehmer den kurzfristigen, zwar kleineren, aber sofort verfügbaren Vorteil.

Im Bereich der Gesundheitsvorsorge hat sich gezeigt, dass das Hinweisen auf langfristige Konsequenzen, wie beispielsweise Hautkrebs infolge übermäßigen Sonnenbadens, deutlich weniger wirksam und verhaltensändernd ist als ein Hinweis auf kurzfristige Veränderungen, wie die Zunahme von Porenerweiterungen und Muttermalen. Wiederum zählt der kurzfristige, wenn auch deutlich weniger bedeutsame Effekt mehr als der langfristige.

1.5.2 Planungsfehler

Chronische Unterschätzung von Zeitplänen

Kennen Sie das? Sie hatten für Ihr Projekt alles exakt terminiert und durchgeplant? Sie haben mit großem Engagement und 24-Stunden-Einsatz alles gegeben, den plötzlich

erkrankten Kollegen so gut es ging ersetzt, den zig-
mal abgestürzten Computer wieder neu installiert?
Und doch ist's nichts mehr geworden mit dem Ab-
gabetermin? Dann sind Sie nicht allein:

Planungsfehler
Zeitpläne werden chronisch
optimistisch formuliert.

- Buehler et al. (1997) fanden bei Steuerzahlern, dass sie zwar einerseits angaben, die
  Steuererklärung normalerweise erst zwei Wochen vor der Frist einzureichen, ande-
  rerseits aber für das aktuelle Jahr vorhersagten, die Erklärung vier Wochen vor der
  Frist abzugeben. Tatsächlich erreichten nur 30 % der Befragten dieses Ziel.

- Nur 1 % aller High-Tech-Anschaffungen der U.S.-Armee werden termingerecht aus-
  geliefert (nach Griffin & Buehler, 1999).

- 1957 beschloss die Regierung von Australien, in Sydney ein Opernhaus zu errich-
  ten. Sie veranschlagten sieben Millionen Dollar und rechneten 1963 mit dessen Fertigstellung. Tatsächlich eröffnete die Oper erst 1973 und hat 102 Millionen Dollar
  gekostet.

Trotz Sachverstand und persönlicher Erfahrung werden (vor allem die eigenen) Zeitpläne chronisch zu optimistisch formuliert (Kahneman & Tversky, 1979a). Fehleinschätzungen in der Projektplanung führen zu gravierenden finanziellen und personellen
Komplikationen.

Klassische Studie zum Planungsfehler
Zeitabläufe werden zu optimistisch geplant.

Buehler und Kollegen (Buehler et al., 1994, Exp. 1) baten in einer Studie Studenten, so
genau wie möglich abzuschätzen, wie lange es dauern wird, bis sie ihre Diplomarbeit beendet haben. Darüber hinaus sollten sie angeben, wie lange es dauern würde, wenn alles
so optimal wie nur möglich laufen könnte, bzw. wie lange es dauern würde, wenn alles
so schlecht wie nur möglich laufen würde. Durchschnittlich rechneten die Studenten mit
33,9 Tagen unter gewöhnlichen Bedingungen. Liefe alles perfekt, gaben sie durchschnittlich 27,4 Tage für die Fertigstellung dieser Arbeit an. Für den Fall, dass alle möglichen Widrigkeiten auftreten, planten sie mit 48,6 Tagen. Tatsächlich brauchten die befragten Studenten für ihre Diplomarbeit im Mittel 55,5 Tage.

Wie kommen diese Fehlplanungen zustande? Personen führen fallspezifische Planungen
durch und *vernachlässigen Erfahrungswerte*, beispielsweise Wissen um die Verteilung
der Abweichungen von früheren Plänen (Buehler et al., 1994). Für bisherige negative
Erfahrungen hat man oft viele Erklärungen und diskutiert diese so gut es geht „weg"
anstatt daraus zu lernen (im Falle der Diplomarbeit beispielsweise „Bisherige

Seminararbeiten habe ich nur deswegen nie pünktlich geschafft, weil Kommilitonen mich abgelenkt haben, das kann ich aber zukünftig ändern."). Mögliche neue Störeinflüsse werden unterschätzt („Ich könnte in der Zeit der Diplomarbeit eine Grippe bekommen."). Darüber hinaus ist Mitverursacher, dass die Zukunft abstrakt ist, wenig detailliert betrachtet wird und häufig noch Informationen fehlen („Welche einzelnen Arbeitsschritte sind notwendig? Zu welchen Schritten muss der Betreuer erreichbar sein?"). Schließlich wirkt sich auch aus, dass Planer sehr zielgerichtet sind und an Wege denken, dieses Ziel zu erreichen (selektive Aktivierung), dabei werden Hindernisse dieses Ziels („der Computer stürzt ab", „Vorstudien klappen nicht", „der Betreuer ist nicht einverstanden") vernachlässigt.

Warum planen wir zu optimistisch? Zum einen, weil wir es nicht besser können (wir machen Fehler in der Kalkulation, nehmen zu unkonkrete Zukunftseinschätzungen vor). Zum Zweiten, weil eine geschönte Aussicht stärker motiviert. Zum Dritten, weil in der Wirtschaft häufig zu niedrig bzw. wider besseren Wissens kalkuliert werden muss (ein Angebot der Konkurrenz ist zu unterbieten, um den Zuschlag zu erhalten; zu wenige Mann-Tage werden berechnet, um den Kunden zu binden etc.).

1.5.3   Verlusteskalation
Verspätete oder ausbleibende Korrektur von Fehlentscheidungen

Wenn nun offensichtlich ein Projekt den Bach runter geht oder eine Produktlinie immer tiefer in die roten Zahlen gerät – warum ist es dann so schwer, dieses Projekt abzubrechen, „das Ruder herumzureißen"? Wann und warum hält man an Entscheidungen fest, die offensichtlich verlustreich sind?

Der Begriff „Verlusteskalation" bezeichnet die verspätete oder ausbleibende Korrektur von Fehlentscheidungen (z. B. in Bezug auf Finanzen, Zeit, Anstrengung u. Ä.; Staw & Ross, 1987, 1989). In der Forschungsliteratur finden sich vielfältige Varianten solcher Eskalationen (vgl. „sunk costs", Arkes & Blumer, 1985), beispielsweise bei

- erfahrenen Managern, die ein neues Produkt einführen (Boulding et al., 1997): Um die frühere Entscheidung, das neue Produkt einzuführen, zu rechtfertigen, halten die Manager trotz minimaler Erfolgsaussichten daran fest;

- Entscheidungen in Banken (Staw et al., 1997): Darlehensvergaben, die problematisch verlaufen, führen zu Eskalationen in den Verantwortlichkeiten;

- Vertragsverhandlungen im Management (Ross, 1998): Um die eigenen Forderungen in Verhandlungen durchzusetzen, werden verschiedenste Druckmittel (wie beispielsweise Streik) eingesetzt, durch die die Fronten zunehmend verhärtet, Eskalationen ausgelöst und ein Austritt aus der Eskalationsschleife erschwert werden;

- Entscheidungen der öffentlichen Verwaltung (Drummond, 1994b), im Personalbereich (Drummond, 1994a) und in der Politik (Ross & Staw, 1986): Trotz dramatisch ansteigender Defizite in der Hochrechnung wurde an der Entscheidung festgehalten, die Expo 1986 in Vancouver stattfinden zu lassen – ein prototypisches Beispiel einer Eskalation eines Commitments. (Hier tragen neben inhaltlichen und psychologischen Faktoren auch strukturelle Komponenten zur Eskalation bei.)

Probieren Sie doch einmal Folgendes aus:

Führen Sie mit Freunden oder im Seminar eine „Auktion" mit folgenden Regeln durch: Es kann um einen 10-Euro-Schein geboten werden (die Gebote werden offen geäußert). Der Meistbietende erhält den Schein. Jedoch muss derjenige, der das zweithöchste Angebot macht, ebenfalls sein Gebot zahlen.

Aller Voraussicht nach werden Sie feststellen, dass der wahre Wert (10 €) systematisch überboten wird. Die beiden Höchstbietenden werden sich immer gegenseitig überbieten, um nicht zu zahlen, ohne den Schein auch zu erhalten. Eine klassische Verlusteskalation.

Richtig wäre es, in einem solchen Fall von einem neutralen Referenzpunkt aus zu entscheiden, so, als ob keine Entscheidung oder Investition vorausgegangen wäre. Dies ist jedoch nur schwer möglich, so dass es hilfreich ist, sich zu Beginn ein Verlustlimit oder Abbruchkriterium festzusetzen (z. B. „Über 10 € gehe ich nicht.") (*siehe auch Kasten „Fazit zu den weiteren Entscheidungsfehlern"*).

Nach Schulz-Hardt und Frey (1999) sind für die Verlusteskalation verantwortlich:

- zunächst eine mangelnde Wahrnehmung einer Verlustsituation,

- dann das Festhalten an der Entscheidung trotz Wahrnehmung einer Verlustsituation.

> **Gründe für Verlusteskalation**
> - Verlustsituation wird nicht wahrgenommen
> - Fehlentscheidung wird wider besseren Wissens nicht korrigiert

Mangelnde Wahrnehmung einer Verlustsituation

Drei Prozesse beschönigen die Situation und täuschen über tatsächliche Verluste hinweg:

- Wenn wir zu oft erleben, wie wir ohne großen Aufwand Erfolge erzielen oder Unangenehmes abwenden, Dinge umgehen und angenehme Zustände erreichen, können wir auf die Dauer eine gewisse Sorglosigkeit bzgl. unserer Entscheidungen erwerben. Diese **„gelernte Sorglosigkeit"** verleitet uns dann dazu, unangemessen risikoreiche Alternativen zu wählen, Probleme und notwendige Entscheidungen zu ignorieren (Frey & Schulz-Hardt, 1997; Schulz-Hardt & Frey, 1997).

- Selbst wenn Informationen über potenzielle Gefährdungen vorliegen, wird der Sorg-
losigkeitszustand nicht beendet. Vielmehr werden (bewusst oder unbewusst) oft
Defensivstrategien eingesetzt, die es ermöglichen, den angenehmen Sorglosigkeits-
zustand aufrechtzuerhalten. **Defensive Informationsweitergabe** im Unternehmen
ist hier das Stichwort – Informationen werden selektiert, unangenehme Informationen umgangen oder verleugnet (Frey et al., 1996; Ross & Staw, 1986).

- Schließlich kann eine Art Selbstbestätigungsmechanismus einsetzen, der sog.
Entscheidungsautismus (Schulz-Hardt, 1997). Dieser bezeichnet die Tendenz von
Urteilern, sehr früh eine Entscheidungspräferenz für eine Richtung zu entwickeln
und diese beizubehalten (beispielsweise „Ich bin dafür, wir bauen die Produktlinie
„Ölkühler" aus!"). Charakteristisch ist, dass die präferierte Entscheidung nach
außen abgeschirmt wird („autistisch") (beispiels-
weise „Wir brauchen keinen externen Gut-
achter!"), die Entscheider sich durch selektives
Vorgehen kritiklos selbst bestätigen („Schau, da
ist wieder ein Argument, das dafür spricht, sie
auszubauen."), sich selbst und Sachverhalte zu
wenig selbstkritisch hinterfragen und nicht auf
neue Entwicklungen oder Warnsignale achten
(*siehe auch „Gruppendenken" in Abschnitt 6.3.3*).

> **Mangelnde Wahrnehmung einer Verlustsituation**
> - „Alles ist gut und wird auch (von ganz allein) so bleiben."
> - Informationen werden selektiv weitergegeben bzw. verarbeitet.
> - Entscheider schirmen sich nach außen ab und bestätigen sich selbst.

An der Entscheidung wider besseren Wissens festhalten

Selbst wenn die Verlustsituation erkannt wurde, wird
häufig an den Fehlentscheidungen festgehalten. Warum ist dies so? Folgende Prozesse erschweren eine
Korrektur der Fehlentscheidung:

> **Warum wird an falschen Entscheidungen festgehalten?**
> - Selbstrechtfertigung – Alternativen werden abgewertet.
> - Verlustreparation
> - soziale und strukturelle Faktoren der Organisation

- Grundsätzlich gilt: Wer eine Entscheidung
revidiert, fühlt sich mehr oder minder im Recht-
fertigungszwang (vgl. „kognitive Dissonanz",
Festinger, 1957). Der getroffenen Entscheidung (beispielsweise für den Ausbau
einer Produktlinie) *widersprechende* Informationen (so genannte „*Dissonanzen*")
werden *abgewertet* („Die Produktentwicklung ist gewagt und unsicher, aber das
heißt doch gar nichts, wir hatten schon mal so 'ne unsichere Produktentwicklung
und die lief super!"), *für* die Entscheidung sprechende Inhalte (sog. „*Konsonanten*")
werden *aufgewertet* („Die bisherigen Marktanalysen sprechen dafür, es zu entwickeln, und das ist doch wichtig!"). Das Auftreten von **Selbstrechtfertigungspro-
zessen** und das Festhalten an der ursprünglichen Entscheidung ist umso massiver,

wenn man für die anfängliche Entscheidung (beispielsweise die Initiierung des Projekts) verantwortlich war, wenn man keine Dritten („Sündenböcke") für den Misserfolg verantwortlich machen kann, wenn ein hoher externer Rechtfertigungsdruck besteht und das Misserfolgsfeedback selbstwertrelevant ist (Brockner, 1992; Ross & Staw, 1986; Whyte, 1991).

- Darüber hinaus tritt in Verlustsituationen typischerweise eine zunehmende Risikobereitschaft auf (*siehe „Verlustreparation", Abschnitt 1.4.2; Kahneman & Tversky, 1979b*). Im Sinne einer **Verlustreparation** halten Personen an der Fehlentscheidung fest, um so zu versuchen, Verluste auszugleichen (Whyte, 1986).

- Darüber hinaus spielen natürlich auch **strukturelle und soziale Faktoren der Organisation** eine nicht zu unterschätzende Rolle (Ross & Staw, 1986; Staw & Ross, 1987, 1989). Zum einen bestimmen die Trägheit der Organisation (Hannan & Freeman, 1984) und die Offenheit für Veränderungen Wahrscheinlichkeit und Akzeptanz einer Entscheidungskorrektur. Zum anderen haben Entscheidungen neben einer inhaltlichen Komponente auch immer einen firmenpolitischen bzw. strategischen Nutzen; sozialer und struktureller Druck wirken sich auf den Entscheider aus. Jenseits inhaltlicher Aspekte kann daher an Entscheidungen auch aus politischen, strategischen oder imagebezogenen Gründen festgehalten werden (Drummond, 1994a, 1994b).

Fazit zu den weiteren Entscheidungsfehlern

Ausgangslage

Kurzsichtige Entscheidungen
- Verhalten wird an kurzfristigen Konsequenzen ausgerichtet, während langfristige Konsequenzen vernachlässigt werden.

Planungsfehler
- Zeitpläne werden chronisch unterschätzt.

Verlusteskalation
- Fehlentscheidungen werden verspätet oder gar nicht korrigiert.

Fazit zu den weiteren Entscheidungsfehlern (Fortsetzung)

Kosten

- Versäumniskosten, Fehlkalkulation

Nutzen

- motivierender Optimismus
- Durststrecken werden überstanden

Regulationsmöglichkeiten

Kurzsichtige Entscheidungen
- Entfernen Sie die Zeitperspektive aus der Entscheidung.

Planungsfehler
- Suchen Sie Erfahrungswerte mit vergleichbaren Plänen.
- Integrieren Sie auch nicht involvierte Personen in die Planung.
- Planen Sie schriftlich, um zukünftig Unterlagen für nachfolgende Planungen zu haben.
- Planen Sie Puffer ein. Schätzen Sie beispielsweise den optimalen Verlauf sowie den Fall, dass das Projekt schlecht läuft. Ziehen Sie nun von Ihrer „idealen" Version 25 % ab und addieren 25 % zu Ihrer düsteren Vision hinzu. Erscheint Ihnen dann die Spanne zwischen potenziellem Risiko und Ertrag noch lohnenswert, können Sie das Projekt eingehen.

Verlusteskalation
- Ziehen Sie externe Experten hinzu; setzen Sie Entscheidungsgremien heterogen zusammen.
- Bilanzieren Sie die Entscheidungsergebnisse.
- Setzen Sie klare Verlustlimits („stopping rule").
- Wechseln Sie zwischen Eingangs- und Folgeentscheidungen die Entscheider.
- Verlagern Sie den Rechtfertigungsdruck vom Entscheidungs*ergebnis* auf den Entscheidungs*prozess*: Beispielsweise sollten im Unternehmen für die Qualität des Entscheidungs*prozesses* Belohnungen ausgegeben werden, nicht für den letztendlichen *Ausgang* der Entscheidung.

1.6 Exkurs „Wahrscheinlichkeitsberechnungen"

Fehlentscheidungen aufgrund falscher Wahrscheinlichkeitsberechnungen

Jenseits der zuvor dargestellten Heuristiken und Entscheidungsanomalien kann es im Wirtschaftsalltag zu gravierenden Fehlentscheidungen kommen, wenn Zusammenhänge zwischen Ereignissen nicht gesehen, falsch gesehen oder falsch interpretiert werden. Daher sollen abschließend zum Kapitel Entscheidungen noch typische Fehler korrelativer (*siehe Abschnitt 1.6.1*) und wahrscheinlichkeitstheoretischer (*siehe Abschnitt 1.6.2*) Zusammenhänge erläutert werden.

1.6.1 Korrelationen

Eine Korrelation bezeichnet einen Zusammenhang zwischen dem Auftreten zweier Variablen, so beispielsweise „Je grauer der Himmel, desto früher regnet es." Korrelationen wahrzunehmen, ist durchaus adaptiv, denn es vermittelt ein Gefühl der Kontrolle über den Zusammenhang zwischen einem Verhalten und den Folgen: „Ich habe vorhin diesen alten Fisch gegessen und nun habe ich Bauchkrämpfe." Oder: „Ich habe für meine Prüfung gelernt und daraufhin eine gute Note erhalten." Dieses Gefühl von Kontrolle ist in vielen psychologischen Bereichen von Bedeutung. So wurde beispielsweise im Bereich der Gesundheitspsychologie nachgewiesen, dass insbesondere ältere Menschen gesünder und weniger debil sind, wenn sie ein Gefühl der Kontrolle über ihren Lebensbereich haben (Langer & Rodin, 1976).

Jedoch werden korrelative Zusammenhänge häufig fehlerhaft eingeschätzt und somit falsche Entscheidungen getroffen. Diese Fehleinschätzungen basieren beispielsweise darauf, dass

- der Unterschied zwischen *positiver* und *negativer* Korrelation unklar ist,

- Korrelationen als *Kausalzusammenhänge* missdeutet werden,

- Korrelationen wahrgenommen werden, obwohl keine bestehen
  (sog. „*illusorische* Korrelationen" durch Verfügbarkeit, Repräsentativität oder Fokussierung),

- Korrelationen übersehen werden, obwohl welche vorliegen
  (sog. „*unsichtbare* Korrelationen").

In den folgenden Abschnitten werden die hier genannten typischen Missinterpretationen von Korrelationen beschrieben.

Fehleinschätzung aufgrund unklarer Definition positiver und negativer Korrelation

Positive vs. negative Korrelation
- *positive* Korrelation:
  Ausprägung in die *gleiche* Richtung
- *negative* Korrelation:
  Ausprägung in die *gegenläufige* Richtung

Dass zwei Variablen miteinander korrelieren, beinhaltet nicht, dass sie in die gleiche Richtung wirken: Es ist zu unterscheiden zwischen positiver und negativer Korrelation. Positiv korreliert sind zwei Variablen, wenn hohe Werte der einen Variablen mit hohen Werten der anderen einhergehen („direkt korreliert"); sie sind negativ korreliert, wenn hohe Werte in der einen mit niedrigen Werten in der anderen verbunden sind („indirekt korreliert").

Positive Korrelationen sind beispielsweise die zwischen Hierarchiestufe und Gehalt: je höher die Position, desto höher das Gehalt, oder die zwischen Akquiseerfolg und Finanzierung: wer mehr Aufträge hat, ist in der Regel auch besser finanziert. Negativ korreliert sind beispielsweise Arbeitsausfall und Umsatz: je höher die Fehltagerate im Unternehmen, desto geringer der Umsatz.

Korrelation ≠ Kausalzusammenhang

Korrelation
≠
Kausalzusammenhang

Liegt eine Korrelation zwischen zwei Variablen vor, besagt dies nicht notwendigerweise, dass zwischen den beiden Variablen auch ein Kausalzusammenhang besteht, d. h. dass die eine die andere bedingt oder hervorruft. In umgekehrter Weise gibt es sogar Kausalzusammenhänge, die mit nur schwachen Korrelationen verbunden sind. So besteht beispielsweise ein Kausalzusammenhang zwischen Wolken und Gewitter, da Wolken eine ursächliche Voraussetzung für ein Gewitter sind. Gleichzeitig ist die Korrelation zwischen Wolken und Gewitter jedoch eher gering, da Wolken auch mit vielen anderen Wetterphänomenen wie beispielsweise Schnee oder Regen gemeinsam auftreten.

Fälschlicherweise wird Korrelation jedoch häufig mit Kausalität gleichgesetzt – wenn dem so wäre, dann würde Küssen zu einer dramatischen Überbevölkerung führen. Selbstverständlich *korreliert* Küssen mit Nachwuchs – aber es gibt *keinen Kausalzusammenhang* zwischen Küssen und Nachwuchs; ein solcher besteht allerdings zwischen Geschlechtsverkehr und Nachwuchs.

Auch im Wirtschaftsalltag werden bei Korrelationen fälschlicherweise Kausalzusammenhänge angenommen. Wie häufig hört man im Unternehmen den Satz: „Wer sich mit dem Chef gut stellt, der wird befördert." Doch gibt es nicht viele andere Erklärungen für den gleichen Kausalzusammenhang bzw. gibt es nicht unzählige weitere Variablen, die damit ebenfalls korrelieren oder dies mit verursachen? Durch die Nähe zum Chef verfügt man auch über mehr Informationen, man ist mehr im Geschehen und kann schneller reagieren. Auf diese Weise kann man sich wesentlich besser als geeigneter Kandidat für die nächste Beförderung hervortun als die Kollegen – und das ganz unabhängig vom Chef. Werden auf eine solch vermeintliche Kausalität Entscheidungen basiert, kann dies zu einem gewaltigen Irrweg führen.

Fehleinschätzung aufgrund illusorischer Korrelationen

Kennen Sie das Gefühl, dass immer, *wenn Sie* auf eine Ampel zufahren, diese ausgerechnet *dann* auf *Rot* schaltet? Dies wäre ein klassischer Fall einer *illu-sorischen Korrelation*. Man sieht einen Zusammen-

> **Illusorische Korrelationen**
> Zusammenhänge werden gesehen, obwohl keine bestehen.

hang, wo gar keiner besteht. Illusorische Korrelationen treten insbesondere dann auf, wenn ein solcher Zusammenhang zwischen zwei Variablen erwartet wird (Chapman & Chapman, 1969; Hamilton & Rose, 1980; *siehe Abschnitt 1.2*) oder Ereignisse besonders auffällig sind (*siehe Abschnitt 1.1.1*). Beispielsweise überschätzen wir die Häufigkeit des Auftretens berufstypischer Eigenschaften, sobald wir bei einer Person die Berufsgruppe kennen, bei Krankenschwestern beispielsweise das Auftreten typischer Helfer-Eigenschaften (Hamilton & Rose, 1980).

Doch selbst wenn wir uns bemühen, erwartungsfrei und mit Logik an eine Sache heranzutreten, kann es passieren, dass wir dennoch einer illusorischen Korrelation unterliegen. Lassen Sie uns dies an folgendem Beispiel veranschaulichen.

Nehmen wir an, Sie sind in einem Unternehmen für die Qualitätssicherung einer Produktlinie zuständig. Ihr Labor legt Ihnen soeben die Testergebnisse des heutigen Vormittags vor. Bei den 250 als fehlerhaft identifizierten Prototypen traten folgende in Tabelle 1.2 aufgeführten Mängel auf:

Tab. 1.2: Illusorische Korrelation bei Farb- und Formfehlern.

		Farbfehler	
		ja	nein
Formfehler	ja	160	40
	nein	40	−10

Für die weitere Fehlersuche an den Maschinen ist entscheidend, ob Formfehler und Farbfehler zufällig gemeinsam aufgetreten sind oder ob die beiden Fehlerarten zusammenhängen. Welche Zellen der obigen Tabelle müssen Sie für diese Beurteilung berücksichtigen?

Wenn Sie nun nur die positiven Zellen (d. h. die mit der Präsenz des Fehlers) mit einbeziehen würden, urteilen Sie falsch – befänden sich aber in guter Gesellschaft, denn sowohl Laien als auch Experten haben große Schwierigkeiten bei Beurteilungen dieser Art (Alloy & Tabachnik, 1984; Crocker, 1981; Jenkins & Ward, 1965; Nisbett & Ross, 1980; Smedslund, 1963; Ward & Jenkins, 1965). Zumeist wird auf das *Auftreten* eines Ereignisses fokussiert (beispielsweise „die Fehler treten in 160 von 250 Fällen gemeinsam auf und das ist die Mehrheit – d. h. in mehr als 50 % der Fälle") und damit das *Nichtauftreten* vernachlässigt – dies führt dann unweigerlich zu falschen Zusammenhängen (Bourne & Guy, 1968; Fiedler, 1993; Nahinsky & Slaymaker, 1970).

Aufteten vs. Nichtauftreten

- Auf das *Auftreten* eines Ereignisses wird *fokussiert*.
- Das *Nichtauftreten* eines Ereignisses wird *übersehen*.

Zur korrekten Bestimmung eines Zusammenhangs zwischen beiden Fehlerarten müssen jedoch alle vier Zellen berücksichtigt werden. So ist das Verhältnis der Farbfehler bei gleichzeitigem Auftreten von Formfehlern (160:40, 1. Zeile) zu vergleichen mit dem Verhältnis der Farbfehler bei Nichtauftreten von Formfehlern (40:10, 2. Zeile). In beiden Fällen ist das Verhältnis 4 : 1; Farbfehler sind, unabhängig von Formfehlern, viermal wahrscheinlicher. Damit besteht kein Zusammenhang zwischen beiden Variablen. Sie können die beiden Fehlerkorrekturen unabhängig voneinander vornehmen lassen.

Fehleinschätzung aufgrund „unsichtbarer Korrelationen"

Unsichtbare Korrelationen

Zusammenhänge werden nicht gesehen, obwohl sie bestehen.

Doch selbstverständlich kann nicht nur eine Korrelation gesehen werden, obwohl keine vorhanden ist (illusorische Korrelation), sondern ebenso kann auch keine Korrelation wahrgenommen werden, obwohl eine besteht (sog. unsichtbare Korrelation; Jennings et al., 1982). Eine typische *unsichtbare Korrelation* war beispielsweise der viele Jahre nicht bekannt gewesene Zusammenhang zwischen Rauchen und Lungenkrebs (hierbei handelt es sich sogar um einen Kausalzusammenhang). Ähnlich war lange Zeit nicht bekannt, dass ein Zusammenhang zwischen der Kreativität/Innovativität der Mitarbeiter und dem Fehlermanagement im Unternehmen besteht (Werth & Förster, 2002b).

Korrelationen, d. h. Zusammenhänge in ihrer Bedeutung korrekt zu erfassen, ist Grundlage, um darauf aufbauend Wahrscheinlichkeiten für Chancen und Risiken zu berechnen.

Wie nachfolgend zu sehen ist, erweisen sich akkurate Wahrscheinlichkeitsberechnungen nicht minder anfällig für Fehler.

1.6.2 Wahrscheinlichkeitsberechnungen

Typische Fehler bei der Berechnung von Wahrscheinlichkeiten sind

- das *Überschätzen* verbundener Wahrscheinlichkeiten
  (durch Repräsentativität, *siehe Abschnitt 1.2*),

- das *Übersehen* verbundener Wahrscheinlichkeiten,

- die Vernachlässigung des *Theorems von Bayes*.

Neben der in Abschnitt 1.2 bereits dargestellten Repräsentativität der Ereignisse kann auch schlicht und ergreifend die Anwendung einfacher, aber falscher arithmetischer Regeln Ursache für Fehlberechnungen sein (Gavanski & Roskos-Ewoldson, 1991; Yates & Carlson, 1986).

Übersehen verbundener Wahrscheinlichkeiten

Sicherlich kennen Sie auch diese Fernsehshows, in denen der Kandidat zwischen drei Toren wählen darf: Hinter einem Tor befindet sich ein toller Preis, beispielsweise ein Auto, hinter den anderen hingegen eine Niete (= ein Zonk). Gehen wir davon aus, Sie sind der Kandidat und haben Tor 1 gewählt. Der Showmaster, der natürlich weiß, hinter welchem Tor Niete bzw. Preis sind, öffnet nun ein Tor, beispielsweise Tor 3, und es zeigt sich eine Niete. Dann fragt er Sie, ob Sie anstelle Tor 1 nun Tor 2 wählen möchten. Was würden Sie tun? Würden Sie wechseln oder bei Tor 1 bleiben?

Die meisten Kandidaten glauben, dass es keinen Unterschied macht, ob sie bleiben oder wechseln, dass sich der Hauptgewinn mit gleicher Wahrscheinlichkeit hinter Tor 1 oder Tor 2 befände, d. h. eine fifty-fifty-Chance für beide Tore bestehe. Dies ist jedoch falsch. Um Ihre Gewinnchancen zu erhöhen, sollten Sie das Tor wechseln!

Der Grund dafür basiert auf wahrscheinlichkeitstheoretischer Logik:

Eingangs haben Sie aus drei Toren eines ausgewählt (in Ihrem Fall war dies Tor 1). Mit einer Wahrscheinlichkeit von 1/3 befindet sich der Preis hinter diesem Tor und mit einer 2/3-Wahrscheinlichkeit hinter einem der beiden anderen Tore. Nun kommt ein entscheidender Schritt: Der Showmaster muss Ihnen ein weiteres Tor öffnen. Selbstverständlich kann er Ihnen nicht das Tor mit dem Hauptgewinn öffnen, daher wählt er jenes Tor, hinter dem sich (wie er sicher weiß) eine Niete befindet. Sobald der Showmaster ein Tor geöffnet hat, verändert sich die Wahrscheinlichkeit der beiden verbleibenden Tore entscheidend: Ein Tor ist definitiv weggefallen (mit Niete besetzt), daher erhöht sich Ihre

„3-Tore-Problematik"
Vorhandene verbundene Wahrscheinlichkeiten werden übersehen.

Wahrscheinlichkeit zu gewinnen auf 2/3, wenn Sie nun das Tor wechseln. Wenn Sie hingegen an Ihrer Wahl festhalten, bleibt sie bei 1/3. Der Fehler besteht hier darin, dass die vorhandene verbundene Wahrscheinlichkeit zwischen den Toren (nach Wahl des Showmasters) übersehen wird (*siehe Tab. 1.3*).

Tab. 1.3: Übersicht der Entscheidungsmöglichkeiten zur „3-Tore-Problematik".

Ohne Wechsel					Mit Wechsel			
Tor 1 Auto	Tor 2 Niete	Tor 3 Niete	Gewinn		Tor 1 Auto	Tor 2 Niete	Tor 3 Niete	Gewinn
↑		X	✓				↑	X	---
	↑	X	---		↑		X	✓
	X	↑	---		↑	X		✓

▨ = ursprüngliche Wahl (1. Wahl)
X = Tor mit Niete, das der Showmaster öffnet
↑ = Wahl nach Öffnen einer Niete durch den Showmaster (2. Wahl)

Wechselt man nach der Wahl des Showmasters auf das verbleibende Tor („Mit Wechsel"), so gewinnt man in zwei von drei Fällen. Bleibt man bei seiner ursprünglichen Wahl („Ohne Wechsel"), so gewinnt man nur in einem von drei Fällen.

Vernachlässigung des Theorems von Bayes[8]

Gehen wir einmal davon aus, Sie sind Arzt und haben soeben eine Patientin auf Brustkrebs hin untersucht. Stellen Sie sich weiter vor, Ihre Patientin hat einen Knoten in der Brust. Aus Ihrer Erfahrung heraus schätzen Sie hier die Wahrscheinlichkeit eines bösartigen Tumors auf 1 : 100 ein. Um sicher zu gehen, ordnen Sie eine Mammographie bei einem Fachspezialisten an. Die von Ihnen angeforderte Mammographie klassifiziert in ca. 80 % der Fälle korrekterweise einen bösartigen Tumor, in 10 % der Fälle hingegen diagnostiziert sie fälschlicherweise einen solchen. Als Sie die Mammographieergebnisse des Fachspezialisten erhalten, weisen diese zu Ihrer Überraschung einen bösartigen Tumor aus.

---

[8] Diese Regel ist benannt nach Thomas Bayes (1702–1761), einem englischen nonkonformistischen Minister, dem dieses Theorem als Lösungsweg zugeschrieben wird.

Wie würden Sie mit diesem Ergebnis umgehen? Können Sie Ihrer Patientin verlässlich sagen, dass sie Brustkrebs hat? Wie schätzen Sie die Wahrscheinlichkeit ein, dass tatsächlich ein bösartiger Tumor vorliegt – ausgehend von Ihrer Erfahrung, dass die Chancen von Brustkrebs 1 % betragen und die Mammographie zwischen 80 und 90 % reliable Ergebnisse bringt?

Was denken Sie? _____

Die meisten Laien und Experten (so beispielsweise auch 95 von 100 Ärzten in einer Studie von Eddy, 1982) schätzen die Wahrscheinlichkeit an dieser Stelle auf etwa 75 % – de facto liegt sie aber bei 7 bis 8 %! Darüber hinaus gehen viele Ärzte fälschlicherweise davon aus, dass die Wahrscheinlichkeit einer Krebserkrankung im Falle eines positiven Testergebnisses genauso groß ist wie die Wahrscheinlichkeit eines positiven Testergebnisses im Falle einer Krebserkrankung.

Wie kommt es zu diesen Fehleinschätzungen? Es fehlt schlicht und ergreifend statistisches/arithmetisches Wissen über die korrekte Berechnung solch

> Theorem von Bayes und andere arithmetische Regeln werden missachtet.

bedingter Wahrscheinlichkeiten. Bedingte Wahrscheinlichkeiten geben an, wie wahrscheinlich ein Ereignis E (positiver Mammographiebefund) bei gegebener Hypothese H (bösartiger Tumor) ist. Sie werden mit p (E/H) bezeichnet. Beschreiben wir die Aufgabe mit den verschiedenen zu berücksichtigenden Wahrscheinlichkeiten, so sieht das in der Übersicht wie folgt aus:

Hypothesen zur Geschwulst:

- H1: bösartig
- H2: gutartig

Es gibt nur zwei Möglichkeiten, gutartig oder bösartig.

A-priori-Wahrscheinlichkeit:

- $p(H1) = 1\,\%$
- $p(H2) = 99\,\%$

Von allen Geschwülsten sind 1 % bösartig und 99 % gutartig.

Bedingte Wahrscheinlichkeit für das Eintreten eines positiven Mammographie-befundes (EP):

- p(EP/H1) = 80 %
- p(EP/H2) = 10 %

80 % der positiven Befunde (EP) sind bei bösartigen Geschwülsten (H1) „Treffer";
10 % der positiven Befunde bei gutartigen Geschwülsten (H2) sind „falsch positiv".

A-posteriori-Wahrscheinlichkeit für den Anteil bösartiger Geschwülste unter den positiven Befunden nach dem Bayes-Theorem:

$$p(H1/EP) = [p(EP/H1) \times p(H1)] / [p(EP/H1) \times p(H1) + p(EP/H2) \times p(H2)]$$

Die positiven Befunde setzen sich anteilig zu 10 % $\times$ 80 % aus „Treffern" bei bösarti-gen Geschwülsten und zu 99 % $\times$ 10 % aus falsch positiven Befunden bei gutartigen Geschwülsten zusammen. Die 8 % Treffer unter den insgesamt 8 % + 9,9 % = 17,9 % positiven Befunden machen also insgesamt 8 : 17,9 $\approx$ 7,5 % der bösartigen Tumoren bei positiven Befunden aus.

Insgesamt erhält man für die Wahrscheinlichkeit, dass die Patientin mit positivem Mammographiebefund einen bösartigen Tumor hat:

$$p(H/E) = \frac{0{,}80 \times 0{,}01}{0{,}80 \times 0{,}01 + 0{,}10 \times 0{,}99} = 0{,}075 = 70{,}5\,\%$$

In einer Vielzahl von Studien konnte gezeigt werden, dass die Fähigkeit, korrekte Wahr-scheinlichkeitseinschätzungen abzugeben, von der **Darbietung der Aufgabe** abhängt:

> Darbietung der Aufgabe im Häufigkeitsformat reduziert die Fehleranzahl.

Fehlerhafte Schätzungen (Vernachlässigung von Basisraten, Cosmides & Tooby, 1996; Gigerenzer & Hoffrage, 1995; Konjunktionsfehler, Fiedler, 1988; Missachtung des Theorems von Bayes, Gigerenzer, 1996; Hoffrage & Gigerenzer, 1998) können reduziert werden, wenn das Format bzw. die Darstellung der Aufgabe verändert werden: Sobald die Aufgabe anstatt in Wahr-scheinlichkeiten („in X % der Fälle") in Häufigkeitsangaben („in x von xx Fällen") dargeboten wurde, verbesserte sich die Anzahl korrekter Beurteilungen drastisch (bei-spielsweise beim Theorem von Bayes von 4 % auf 67 % der befragten Mediziner; Gigerenzer, 1996).

Worauf ist dies zurückzuführen? Das Konzept der Wahrscheinlichkeit beruht auf abstrakten Konzepten und sprachlichen Repräsentationen derselben und ist insofern in der Entwicklungsgeschichte des Menschen relativ jung (Cosmides, 1989). Es wird angenommen, dass sich unser kognitives System im Verlaufe der Evolution an die Verarbeitung von Häufigkeiten angepasst hat, nicht hingegen an die Verarbeitung von Wahrscheinlichkeiten. Doch Vorsicht: Die Darbietung von Aufgaben im Häufigkeitsformat kann Fehler zwar abschwächen, diese aber noch lange nicht beseitigen (Gigerenzer, 1998; Griffin & Buehler, 1999). Cosmides (1989) nimmt sogar an, dass wir Denkaufgaben dann korrekt lösen, wenn Aufgaben in Form „sozialer Beziehungen" anstelle statistischer Informationen formuliert werden („Herr Schmidt macht X, und das führt dann zu Y."), da unser Gehirn insbesondere auf mitmenschliche Verhaltensweisen nicht aber auf abstrakte Zahlen spezialisiert sei (einen illustrativen Überblick dazu gibt Allman, 1999).

Die Berechnung von Chancen und Risiko anhand von Korrelationen und Wahrscheinlichkeiten erweist sich als durchaus herausfordernd. Aufgrund eigener Erwartungen und Vorstellungen sowie aufgrund unzureichender statistischer Kenntnisse sind Fehleinschätzungen gang und gäbe.

Fazit zu Wahrscheinlichkeitsberechnungen

Ausgangslage
- Der Mensch ist nur in eingeschränktem Maße fähig, Korrelationen richtig zu erkennen und Kausalzusammenhänge von Korrelationen zu differenzieren.
- Wahrscheinlichkeitsberechnungen werden durch irrelevante Einflüsse (wie beispielsweise Repräsentativität) verzerrt und aufgrund der Fokussierung auf einzelne Aspekte und gleichzeitiger Vernachlässigung anderer wichtiger Aspekte falsch eingeschätzt.

Kosten
- falsche Wahrnehmung von Kausalitäten
- Fehlkalkulationen

Nutzen
- Vereinfachung von Entscheidungen (kapazitätssparend)
- Illusion der Kontrolle

Fazit zu Wahrscheinlichkeitsberechnungen (Fortsetzung)

Regulationsmöglichkeiten

Korrelationen

- Fokussieren Sie nicht nur auf Positives und Bestätigendes; achten Sie vor der Entscheidung bewusst auf Ereignisse (bzw. rufen sich Ereignisse ins Gedächtnis), in denen der Zusammenhang *nicht* aufgetreten ist („Wie oft komme ich an die Ampel und sie ist *grün?*").

Wahrscheinlichkeitsberechnungen

- Brechen Sie verbundene Ereignisse in einzelne auf.
- Konkretisieren Sie abstrakte Probleme, rechnen Sie sie mit einem „sozialen" Beispiel durch.
- Informieren Sie sich über statistische Hilfen und setzen Sie diese bewusst ein.

1.7 Zusammenfassung

Entscheidungen werden häufig nicht aufgrund rein rationaler, formalstatistischer Überlegungen getroffen, sondern anhand von Urteilsheuristiken. Diese Heuristiken sind als Entscheidungshilfen zu verstehen, die vor allem unter Unsicherheit angewandt werden, d. h. in komplexen Situationen, wenn zu wenige Informationen vorliegen oder wenn Zeitdruck besteht. Heuristiken haben den Vorteil, dass sie Urteilsprozesse und Entscheidungen erleichtern. Unter bestimmten Bedingungen führen sie allerdings zu systematischen Fehleinschätzungen. Zu den bekanntesten Heuristiken zählen die Verfügbarkeitsheuristik, die Repräsentativitätsheuristik und Empfindungen als Entscheidungsgrundlage.

Darüber hinaus entspricht auch die Einschätzung von Risiken eher psychologischen als ökonomischen Prinzipien: Valenz und „Verpackung" stellen ebenso bedeutende Einflussgrößen dar wie Planungsfehler und Verlusteskalation. Schließlich trägt auch statistische Unkenntnis bzgl. Korrelationen und Wahrscheinlichkeiten zu gravierenden Fehlentscheidungen bei.

2 Die Psychologie der Kaufentscheidung

Sie kennen das sicher auch: Sie kommen vom Einkaufen zurück, besehen kritisch Anzahl und Ausmaß Ihrer Einkaufstaschen und fragen sich, wie es wieder einmal sein kann, dass Sie *das* alles gekauft haben. Möglicherweise wollten Sie weder so viel Geld ausgeben noch brauchten Sie das alles. Wie kommt es dazu? Wie kann es immer wieder passieren, dass Personen mehr einkaufen oder für bestimmte Dinge mehr Geld ausgeben, als sie ursprünglich geplant hatten?

Aus *ökonomischer* Perspektive betrachtet sollten Käufer beim Kauf einzig und allein ihren eigenen Vorteil so groß wie möglich machen, d. h. maximale Rationalität walten lassen. Dazu sollte sich der Käufer zunächst darüber im Klaren sein, was er überhaupt kaufen will, welche Leistungen ihm wichtig sind, wie viel Geld er maximal dafür ausgeben will, und sich dann für das Produkt entscheiden, welches das beste Preis-Leistungs-Verhältnis bietet. Doch wie schon das Eingangsbeispiel andeutet, ist diese Rationalität hier häufig ebenso wenig maßgeblich wie bei Entscheidungen im Allgemeinen (*siehe Kapitel 1*). Nutzenmaximierung ist – wie nachfolgend zu sehen sein wird – durchaus nicht die Regel, sondern eher eine Idealvorstellung (Jungermann et al., 1998).

Aus *psychologischer* Perspektive ist dies durchaus zu erklären. Da ein Produkt immer auch einen *subjektiven* Wert für den Käufer hat, „unterminieren" psychologische Faktoren ökonomische Prinzipien der Nutzenmaximierung. Dieser subjektive Wert kann von dem objektiven Wert stark abweichen. Das ist v. a. dann der Fall, wenn emotionale Aspekte wie „etwas mögen", „einer Sache persönlichen Wert zumessen" oder auch kognitive Faktoren wie „mentale Kontoführung" (*siehe Abschnitt 2.1*) eine Rolle spielen.

Diese psychologischen Einflussfaktoren auf Kaufentscheidungen sind Thema des nachfolgenden Kapitels.[1] In Abschnitt 2.1 geht es zunächst um einen für die Kaufentscheidung offensichtlich bedeutsamen Faktor, den *Preis*. Wie beurteilen Personen Preise bzw. Geld? Wie hängen Preis und (subjektiver) Wert eines Produkts zusammen? Und wie wird dadurch eine Kaufentscheidung beeinflusst? Wie viel Geld sind Käufer bereit wofür auszugeben?

---

[1] Bzgl. werbepsychologischer Aspekte wie Produktplatzierung, -aufmachung oder Werbeslogans sei der interessierte Leser auf Felser (2001) und Moser (1990) verwiesen.

In Abschnitt 2.2 wird aufgezeigt, wie Personen in ihren Kaufentscheidungen neben dem Preis auch von der *Verfügbarkeit* eines Produkts und dem Vorhandensein von *Alternativprodukten* beeinflusst werden. Kaufen sie manche Dinge vor allem deswegen, weil sie nur in limitierter Auflage vorhanden sind? Wie wirkt sich die Präsenz alternativer Angebote auf ihre Entscheidung aus? Verändert sich der subjektive Wert eines Produkts, wenn man statt einer zwei mögliche Alternativen hat?

In Abschnitt 2.3 geht es darum, wie *andere Menschen* das Kaufverhalten beeinflussen. Haben andere Personen wirklich entscheidenden Einfluss darauf, was Käufer zu welchem Preis bereit sind zu kaufen? Was hat es mit den sog. Verkäuferstrategien auf sich? Wie aufgezeigt werden wird, sind in diesem Zusammenhang nicht nur die Verkäufer relevant, sondern auch das Verhalten von Freunden und Bekannten oder Aussagen in den Medien darüber, was andere Menschen kaufen bzw. wie sie bestimmte Produkte bewerten.

Am Ende dieses Kapitels werden Sie wissen, warum beispielsweise die Firma Tupperware® mit ihrer Verkaufsstrategie im privaten Rahmen (den sog. Tupperpartys) so erfolgreich ist. Sie sollten dann in der Lage sein, die Antworten auf folgende Fragen zu geben: Warum wird Tupperware® hauptsächlich im privaten Rahmen verkauft? Was hat es mit dem Geschenk auf sich, das jeder Partyteilnehmer erhält? Wieso werden die Partygäste dazu angehalten, ihre positiven Erfahrungen mit diesem Produkt zum Besten zu geben? Wieso kauft man sofort und damit in Gegenwart von Bekannten und Freunden?

2.1 Psychologie des Preises

Was sagt Ihnen der Preis eines Produkts? Zunächst einmal stellt der Preis eine objektiv messbare Eigenschaft des Produkts dar. Ein bestimmter Preis steht für einen bestimmten Wert, den Sie von einem Produkt erwarten – beispielsweise eine bestimmte Qualität, ein bestimmtes Material usw. Auch dieser Wert erscheint zunächst objektiv quantifizierbar. Doch gehen Personen gemäß diesen objektiven Wertmaßstäben vor? Verbindet *man* mit einem bestimmten Preis *immer* einen bestimmten Wert? Sind 5 € immer gleich viel wert unabhängig davon, wofür man sie ausgibt? Nach ökonomischem Wertverständnis müsste dies der Fall sein.

Die Psychologie zeigt hingegen, dass bereits die Vorstellung von Geld und dessen Wert diesen rationalen Gesichtspunkten häufig widerspricht. So ist der Wert von Geldbeträgen oder Preisen stark durch *psychologische Faktoren* beeinflusst, welche uns allerdings meist nicht bewusst sind.

Beispielsweise empfinden Konsumenten Preishöhen durchaus anders, als die zahlenmä-
ßige Preishöhe voraussagen würde. Hier wirkt sich insbesondere aus, wie der Käufer das
Produkt bewertet und was er damit emotional verbindet (McConnell, 1968; *siehe folgenden Kasten*). Somit ist der *subjektive* Wert eines Preises keine lineare Abbildung des
objektiven Betrags. Daraus folgt, dass einen Preis zu kennen, noch lange nicht heißt zu
wissen, wie ein Käufer ihn subjektiv empfindet und wie seine Kaufentscheidung ausfallen wird.

Klassische Studie zur Veränderbarkeit des subjektiven Geldwerts

Je wertvoller eine Münze ist, desto stärker wird ihre Größe überschätzt.

Bruner und Goodman (1947) ließen zehnjährige Kinder die Größe von Münzen schätzen. Dazu wurden die Kinder aufgefordert, aus dem Gedächtnis die Größe bestimmter
Münzen (ohne Vorlage) als Kreis zu malen. Die reproduzierte Größe spiegelt hier den
subjektiven Wert der Münze wider. Je wertvoller die Münzen, desto stärker unterschieden sich die wahre Größe der Münze und die reproduzierte Größe. Am häufigsten kam
es bei den wertvolleren Münzen zu Überschätzungen.

*Je niedriger die eigene soziale Schicht, desto stärker wird die Größe der Münze über-
schätzt.*

Neben dem *Wert* der Münzen hatte auch die *soziale Herkunft* der Kinder einen Einfluss:
Kinder aus niedrigeren sozialen Schichten zeigten eine stärkere Tendenz zur Überschät-
zung der Münzgrößen als Kinder aus höheren sozialen Schichten, d. h., der subjektive
Wert der Münzen war bei Kindern aus niedrigeren Schichten höher.

Der Zusammenhang zwischen dem Preis und seinem subjektiven Wert für den Käufer
wird von verschiedensten psychologischen Einflussfaktoren mitbestimmt. Als solche
werden nachfolgend beschrieben

- das „mentale Buchführen" *(Abschnitt 2.1.1)*,
- die „Bewertung von Gewinn und Verlust" *(Abschnitt 2.1.2; siehe auch Abschnitt 1.4.2)*,
- die „Bewertung von Zeit" *(Abschnitt 2.1.3)*,
- die „Bewertung in Abhängigkeit von eigenem Besitz" *(Abschnitt 2.1.4)*,
- die „Bewertung einer Transaktion in Abhängigkeit vom Kontext" *(Abschnitt 2.1.5)*,
- die „Bewertung in Abhängigkeit vom Preis" *(Abschnitt 2.1.6)* sowie
- die „Zufriedenheit aufgrund des Zustandekommens des Preises" *(Abschnitt 2.1.7)*.

2.1.1 Mentale Buchführung

Sogar für ein und denselben Menschen hat ein und derselbe Betrag nicht immer den gleichen subjektiven Wert. Wie die Forschung zeigt, kann auch die subjektive Bewertung
unterschiedlich sein – abhängig davon, wofür der Betrag ausgegeben wird, oder anders
ausgedrückt, in welche „mentale Buchführungskategorie" er gebucht wird (Bonini &
Rumiati, 1996; Brendl et al., 1998; Henderson & Peterson, 1992; Thames, 1996).

Wie würden Sie entscheiden? (Beispiel aus Tversky & Kahneman, 1981)

Szenario 1:

Nehmen wir einmal an, Sie hätten sich eine Kinokarte für 5,- € gekauft und würden beim
Einlass ins Kino feststellen, dass Sie diese verloren haben. Würden Sie eine neue Karte
kaufen, um wie beabsichtigt den Film sehen zu können?

❑ ja   ❑ nein

Szenario 2:

Nehmen wir nun an, Sie beträten gerade das Kino, um eine Karte für den nächsten Film
zu kaufen, und würden feststellen, dass Sie auf dem Weg dorthin 5,- € verloren hätten –
würden Sie die Kinokarte trotzdem wie beabsichtigt kaufen?

❑ ja   ❑ nein

Die beiden Szenarien sind von einem rein ökonomischen Standpunkt aus betrachtet
identisch – in beiden Fällen geht es um den zahlenmäßig äquivalenten Verlust von 5 €.
Doch gehen Personen mit den beiden Situationen völlig unterschiedlich um: Während
die meisten Personen die Kinokarte kaufen, nachdem sie zuvor die gleiche Summe an
Bargeld verloren haben, tun dies deutlich weniger, wenn sie die *Kinokarte* verloren
haben (Tversky & Kahneman, 1981). Worauf ist dies zurückzuführen?

Mentale Buchführung
Der gleiche Betrag wird unterschiedlich bewertet, je nachdem
in welcher mentalen Kategorie er
verbucht wird.

Der Unterschied zwischen beiden Situationen liegt in
der **mentalen Buchführung** der beiden Beträge:
Würde man eine *zweite Karte* kaufen, so steigen in
der mentalen Buchführung die Kosten für das Kino
auf 10 € an, da die beiden Beträge in der *gleichen*
mentalen Kategorie „Kino" verbucht werden. Das *verlorene Bargeld* hingegen wird in
einer *anderen* Kategorie verbucht, so dass der Kontostand in der Kategorie „Kino" bei
5 € bleibt (*siehe Tab. 2.1*).

Tab. 2.1: Mentale Buchführung.
Beträge werden in verschiedenen mentalen Kategorien „verbucht". Dadurch wird das Empfinden von Kosten und damit auch die Kaufentscheidung beeinflusst.

mentale Kategorie		Szenario 1	Ereignis	Szenario 2	mentale Kategorie	
Kino	andere				andere	Kino
	– 5 €	Geldschein	Verlust	Kinokarte		– 5 €
– 5 €		Kauf einer (neuen) Kinokarte				– 5 €
– 5 €	– 5 €	Kontostand Kategorie Kino				– 10 €
	ja	Wird eine (neue) Kinokarte gekauft?	nein			

Zur Illustration mentaler Buchführung denken Sie einmal daran, wie viele Menschen ein Auto besitzen, obwohl sie es nur sehr selten nutzen. Berechnet man den Anschaffungspreis sowie Kosten für Unterhalt und Benzin, so wäre es in vielen Fällen günstiger, das Auto zu verkaufen und für die seltenen Fahrten ein Taxi zu nehmen. Warum behalten so viele Menschen ihr Auto *trotzdem*? Einer der Gründe liegt in der mentalen Buchführung: Taxikosten werden mit dem jeweiligen Grund für die Taxifahrt, beispielsweise Einkaufen, Freunde besuchen o. Ä. in Zusammenhang gebracht und in der gleichen mentalen Kategorie – „Einkaufen" oder „Freunde besuchen" – verbucht, wodurch diese Ereignisse „teurer" werden. Die monatliche Autorate dagegen wird in der mentalen Buchführung unter der Kategorie „Auto" verbucht und belastet damit die anderen Kategorien nicht.

Kurzum: Der objektive Preis ist folglich nicht gleich dem subjektiven Preis, da Beträge unterschiedlich verbucht und bewertet werden.

2.1.2 Der subjektive Wert von Gewinn und Verlust

Es ist leicht nachzuvollziehen, dass ein Gewinn von 10 € ein positives, ein Verlust von 10 € hingegen ein negatives Gefühl auslöst. Wenn auch die Valenz dieser Gefühle verschieden ist – positiv vs. negativ –, könnte man annehmen, dass ihre *Intensität* immer

> **Gewinne und Verluste**
> Betragsmäßig gleiche Gewinne bzw. Verluste lösen Empfindungen unterschiedlicher Valenz und Intensität aus.

gleich ist, da es sich um den gleichen Betrag handelt. Doch die Forschung zeigt gegenteilige Befunde (wie bereits in *Abschnitt 1.4.2* für Entscheidungen im Allgemeinen beschrieben; Kahneman & Tversky, 1979b):

* Der subjektive Wert von Gewinnen und Verlusten nimmt mit steigendem Betrag ab, d. h., die Differenz zwischen 10 € und 20 € wird als größer empfunden als die zwischen 1 010 € und 1 020 €. Somit werden im ersten Fall *intensivere* positive bzw. negative Gefühle erlebt als im zweiten.

- Verluste werden stärker gewichtet als *zahlenmäßig gleiche* Gewinne. Personen ärgern sich über einen Verlust von 10 € *mehr*, als sie sich über einen gleich hohen Gewinn freuen.

- Viele kleine Verluste wiegen *weniger* als ein großer (auch wenn die *Gesamthöhe* des Verlusts gleich bleibt), da man sich zwar öfter, aber jeweils nur „in geringerer Dosierung" ärgern muss. Viele kleine Gewinne wiegen dagegen *mehr* als ein großer Gewinn, da man sich öfter freuen kann (Thaler, 1985; Thaler & Johnson, 1990).

Dieses asymmetrische Empfinden von Gewinn und Verlust spielt auch bei den nachfolgend beschriebenen Bewertungen von Zeit und von eigenem Besitz eine Rolle.

2.1.3   Der subjektive Wert von Zeit

„Zeit ist Geld", so hört man zumindest immer wieder. Doch handeln Personen auch nach diesem Grundsatz? Wie viel ist Ihnen Ihre eigene Zeit wert, und ist sie Ihnen immer gleich viel wert?

Klassische Studie zum subjektiven Wert von Zeit
Für ein billigeres Produkt wird bei gleichem Preisnachlass eher Zeit investiert.

In einer Studie von Tversky und Kahneman (1981) standen die Teilnehmer vor der Kaufentscheidung für einen Taschenrechner und eine Jacke. In der einen Teilnehmergruppe (A) wurde der Taschenrechner zum Preis von 15 $ und die Jacke zum Preis von 125 $ angeboten. In der anderen Teilnehmergruppe (B) hingegen wurde der Taschenrechner zum Preis von 125 $ und die Jacke zum Preis von 15 $ angeboten. Beiden Gruppen wurde mitgeteilt, dass der *Taschenrechner* in einer 20 Minuten entfernten Filiale um *5 $* billiger sei.

Die Ergebnisse zeigten, dass die Teilnehmer die 5 $ Ersparnis je nach Kaufpreis unterschiedlich werteten: Wenn der Taschenrechner erheblich preiswerter ist als die Jacke (Gruppe A), wird der Umweg in Kauf genommen, um den Nachlass zu erhalten. Ist er hingegen teurer (Gruppe B), wird der Umweg abgelehnt (*siehe Tab. 2.2*).

Tab. 2.2: Der subjektive Wert von Zeit.
Der Wert der eigenen Zeit wird bei dem billigeren Produkt geringer eingeschätzt als bei dem teureren – Gruppe A nimmt deshalb den Umweg eher in Kauf.

Gruppe	Preis des Taschenrech-ners	Erspar-nis/ 20 min	Wert der Zeit	Um-weg?
A	15 $	5 $	↓	ja
B	125 $	5 $	↑	nein

Betrachtet man die Ersparnis als reines Kosten-Nutzen-Verhältnis (5 $ für 20 Minuten Umweg), müssten ungefähr gleich viele Teilnehmer zu dem Umweg für den Taschenrechner zu 15 $ wie für den Taschenrechner zu 125 $ bereit sein. Das ist aber nicht der Fall, da Personen die Ersparnis in Abhängigkeit des Produktpreises betrachten. Beim preiswerteren Produkt wird damit der gleiche Nachlass höher gewertet als beim teureren Produkt. Betrachtet man den Preisnachlass als Gewinn (*siehe Abschnitt 2.1.2*), lässt sich dieses Phänomen auch leicht verstehen: Der Unterschied zwischen 10 $ und 15 $ wird als größer wahrgenommen als der

> **Der Wert von Zeit**
> Der subjektive Wert der eigenen Zeit wird in Abhängigkeit des Referenzpreises unterschiedlich eingeschätzt.

Unterschied zwischen 120 $ und 125 $ – folglich wird auch für den *subjektiv* größeren Gewinn eher Zeit aufgewendet (siehe auch Bonini & Rumiati, 1996).

Somit ist nicht der zahlenmäßig ausgegebene *Betrag* ausschlaggebend für die Kaufentscheidung. Entscheidend ist vielmehr, ob ein „Schnäppchen", d. h. ein subjektiv wertvoller Gewinn zu machen ist. Zeit, die jemandem zur Verfügung steht, wird dadurch in ihrem Wert sehr unterschiedlich eingeschätzt.

Ein anderer Aspekt von Zeit ist die *Wartezeit*. Häufig wird der „Ich will es jetzt gleich"-Fehler begangen und weniger danach geurteilt, was sich langfristig auszahlt (wie bereits in *Abschnitt 1.5.1* beschrieben).

2.1.4 Der subjektive Wert von eigenem Besitz (Endowment-Effekt)

Klassische Studie zum Endowment-Effekt
Wenn ein Gegenstand im eigenen Besitz ist, wird ihm ein höherer Wert zugeschrieben als wenn man ihn (noch) nicht besitzt.

Kahneman et al. (1990) schenkten einer Gruppe A von Teilnehmern im Rahmen einer Studie eine Tasse. Es blieb diesen Teilnehmern überlassen, ob sie die Tasse behalten oder sie zu verkaufen versuchen und statt der Tasse das ausgehandelte Geld mit nach Hause nehmen wollten. Eine andere Teilnehmergruppe B konnte zwischen einer Tasse und einem kleinen Geldbetrag wählen.

Gruppe B entschied sich ab einem Geldbetrag von etwa 3 $ bevorzugt für das Geld anstelle der Tasse. Gruppe A hingegen war erst dann bereit, ihre Tasse (ihren Besitz) zu verkaufen, wenn ihnen der Verkauf ca. 7 $ einbrachte. Damit war den Teilnehmern, die die Tasse bereits in ihrem Besitz hatten, die Tasse mehr als das Doppelte wert. Obwohl es sich für alle Teilnehmer um den gleichen Gegenstand handelte, maßen sie ihm, je nachdem ob sie ihn bereits erhalten hatten oder nicht, unterschiedlichen Wert zu (*siehe Tab. 2.3*).

Tab. 2.3: Endowment-Effekt.
Ist die Tasse bereits im eigenen Besitz, erhält sie einen höheren Wert: Gruppe A ist erst ab 7 $ bereit die Tasse zu verkaufen, wogegen Gruppe B bereits ab 3 $ das Geld nimmt.

Gruppe	A	B
Geschenk	Tasse	---
Besitz	✓	---
Option	Behalten vs. Verkaufen	Tasse vs. Geld
Empfindung	Verkauf = Verlust	Wahl
Entscheidung	Verkauf erst ab 7 $	nehmen ab 3 $ das Geld
subjektiver Wert der Tasse	ca. 7 $	ca. 3 $

Wie kommt dieser unterschiedliche subjektive Wert ein und desselben Gegenstands zustande? Auch hier spielt wieder die bereits beschriebene Gewinn-Verlust-Asymmetrie eine Rolle. Besitzen Personen einen Gegenstand bereits und sollen ihn dann wieder veräußern, so empfinden sie diese Transaktion eher als Verlust. Kaufen sie hingegen ein Produkt, so erleben sie dies eher als Gewinn. Der gleiche Gegenstand erhält, sobald er sich im eigenen Besitz befindet, dadurch einen höheren Wert, dass ein Verlust des Produkts als schlimmer erlebt würde als die Freude bei einem betragsmäßig gleichen Gewinn

Endowment-Effekt
Demselben Produkt wird ein höherer subjektiver Wert zuteil, sobald es sich im eigenen Besitz befindet.

(Endowment-Effekt). Dieser Mechanismus wird gerne von Verkäufern genutzt, indem sie von einem Produkt, das man möglicherweise erwerben will, so sprechen, als würde es einem bereits gehören. So fragt der Autohändler womöglich, ob Sie „Ihr" und nicht „das" Auto schon einmal Probe fahren wollen (*siehe auch „Low-ball"-Technik, Abschnitt 2.3.4*). Dadurch fällt der Nichterwerb des Produkts deutlich schwerer, da er wie ein Verlust wirkt (schließlich müssen Sie nicht irgendein, sondern „Ihr" Auto nach der Probefahrt wieder abgeben).

2.1.5 Der subjektive Wert einer Transaktion in Abhängigkeit vom Kontext

Wie würden Sie entscheiden? (Beispiel aus Thaler, 1985)

Sie liegen mit einem Freund am Strand. Sie sehnen sich nach etwas zu trinken. Ihr Freund bietet an, für Sie beide ein kühles Bier kaufen zu gehen. Die einzigen beiden Kaufmöglichkeiten sind ein kleiner Supermarkt in der Nähe versus ein großes 5-Sterne-Hotel. Er fragt Sie, bis zu welchem Preis er das Bier kaufen soll, ab wann es Ihnen zu teuer ist und Sie lieber auf das Bier verzichten. Was sagen Sie ihm?

In aller Regel wird für das Hotelbier ein höherer akzeptabler Preis genannt (2,65 $ vs. 1,50 $ für das Supermarktbier in einer Studie von Thaler, 1985). Ein Bier für 2,65 $ in einem Hotel zu erstehen, führt zu dem Gefühl, einen guten Kauf gemacht zu haben (so zumindest im Jahre 1985), während 2,65 $ für ein Bier im Supermarkt völlig überteuert erscheinen und daher zu Missmut führen – unabhängig davon, wie viel jemandem ein

> **Abhängigkeit vom Kontext**
>
> Je nach Kontext kann der gleiche Preis für ein Produkt als „günstig" oder „teuer" gewertet werden.

Bier *an sich* wert ist. Die Ökonomie würde annehmen, dass der akzeptierte Konsumpreis für das gleiche Produkt *immer der gleiche* ist. Doch weisen die o. g. Forschungsbefunde darauf hin, dass der Preis, den jemand zu zahlen bereit ist, stets vom Kontext abhängt.

2.1.6 Der subjektive Wert eines Produkts in Abhängigkeit von seinem Preis

Wie soeben dargestellt entscheidet der subjektive Wert eines Produkts darüber, ob sein Preis als angemessen beurteilt wird oder nicht. Der umgekehrte Einfluss ist ebenfalls möglich: Auch der Preis beeinflusst den subjektiven Wert eines Produkts. So wer-

> **Informationsgehalt des Preises**
>
> Der Preis wird als Information über den Wert bzw. die Qualität eines Produkts herangezogen.

den Preise als *Information* über das Produkt und seine Qualität angesehen. Dies ist insbesondere dann der Fall, wenn das Produkt geringe Bedeutung für den Käufer hat oder er sich nur wenig damit auskennt (Moser, 1997).

Klassische Studie zur Einschätzung des Produktwerts anhand des Preises
Gleich große Karten werden bei höherem aufgedruckten Betrag als größer eingeschätzt.

Dukes und Bevan (1952) ließen ihre Teilnehmer die Größe von Spielkarten einschätzen, auf denen Beträge zwischen +3 $ und –3 $ standen (diese Beträge waren im Rahmen eines Spiels zu gewinnen bzw. zu verlieren). Die Karten waren objektiv alle gleich groß, doch die Teilnehmer schätzten die Karten mit den größeren Werten als größer ein.

Des Weiteren haben Personen den Wunsch, dass ein *Kauf sich rentieren* möge. Zur Veranschaulichung nehmen wir einmal folgendes Beispiel (übersetzt aus Thaler, 1999, S. 191) an: Sie haben sich ein neues Paar Schuhe gekauft. Im Geschäft machen sie sich wunderbar an Ihnen, doch kaum tragen Sie sie einmal längere Zeit am Stück, schmerzen Ihnen die Füße. Ein paar Tage später probieren Sie sie nochmals, doch sie sind noch unangenehmer als zuvor. Gehen wir davon aus, dass ein Umtausch im Geschäft nicht mehr möglich ist – was würden Sie tun?

• Vermutlich würden Sie die Schuhe umso häufiger probieren, je mehr Sie dafür gezahlt haben.

• Möglicherweise würden Sie die Schuhe zwar nicht tragen, sie aber auch nicht gleich wegwerfen – je mehr Sie für die Schuhe bezahlt haben, umso länger werden sie wahrscheinlich im hintersten Winkel Ihres Schuhschranks liegen bleiben, bis Sie sie irgendwann wegwerfen (dies macht allerdings keinen Sinn, denn teure Schuhe nehmen nicht weniger Platz im Schrank weg als preiswerte Schuhe).

• Irgendwann werden Sie an den Punkt kommen, die Schuhe wegzuwerfen oder wegzugeben, unabhängig davon, was sie gekostet haben; die Zahlung ist für Sie nun völlig abgeschrieben.

Schließlich zeigt sich dieses Phänomen auch darin, dass bei halbjährlicher Zahlungsweise im Fitnessclub zum Zeitpunkt der jeweiligen Zahlung die Besuche im Fitnessstudio drastisch zunehmen und über die nachfolgenden fünf Monate wieder abnehmen, um dann zum nächsten Zahlungstermin wieder anzusteigen (Gourville & Soman, 1998).

Klassische Studie zur Einschätzung des Produktwerts anhand des Preises
Je teurer ein Produkt war, desto mehr nutzen Personen es, damit sich der Kauf „rentiert".

Arkes und Blumer (1985) gaben Käufern eines Theaterabonnements nach Zufallsprinzip verschiedene Preisnachlässe: Ein Drittel der Käufer erhielt das Abo *ohne* Rabatt (Abo zu $ 15), ein Drittel der Käufer erhielt *2 $ Nachlass* (Abo zu $ 13), und ein letztes Drittel der Käufer erhielt *7 $ Nachlass* (Abo zu $ 8).

Da die Karten der verschiedenen Preiskategorien unterschiedliche Farben hatten, konnte erfasst werden, wie regelmäßig welche Käufer ihre Abo-Vorstellungen wahrnahmen. Die Ergebnisse zeigten, dass erheblich *mehr* Vorstellungen von den Besitzern *nicht-*reduzierter Abonnements besucht wurden. Dies ist auf die durch die Geldausgabe erzeugte unterschiedlich starke Bindung zurückzuführen: Wer viel Geld investiert hat, will auch viel dafür haben und macht somit häufiger Gebrauch davon.

2.1.7   Zufriedenheit mit dem Preis bzw. der Kaufentscheidung aufgrund ihres Zustandekommens

„Versetzen Sie sich in die folgende Situation: Sie und ich nehmen an einem Experiment teil, in dem wir DM 100 unter uns aufteilen sollen. Wenn wir in einer bestimmten Frist eine Einigung erzielt haben, dann können wir das Geld in diesem Einvernehmen aufteilen und damit nach Hause gehen. Wenn wir uns nicht einigen können, dann bekommt keiner von uns einen Pfennig. ‚Nichts leichter als das‘, höre ich Sie schon sagen, ‚jeder kriegt DM 50‘. Aber Sie haben nicht mit mir gerechnet. In einer von mehreren Versuchsbedingungen beanspruche ich DM 56, ohne von dieser Position zu weichen. Sie können den Restbetrag akzeptieren, oder Sie lassen den gesamten Geldbetrag für Sie und mich verfallen. In einer anderen Bedingung verlange ich zunächst DM 85, aber Sie merken, dass ich nachgebe. Unter Zeitdruck – immerhin geht das gesamte Geld verloren, wenn wir nicht rechtzeitig ein Ergebnis erzielen – versuchen Sie, mich weich zu klopfen. Am Ende gehen Sie mit DM 39 nach Hause" (aus Felser, 2001, S. 260; in Anlehnung an eine Studie von Benton et al., 1972; Anmerkung: 100 DM entsprechen etwa 51 €).

Sie gehen also je nach Bedingung mit entweder DM 44 oder DM 39 nach Hause. Mit welchem Ergebnis sind Sie zufriedener? Anzunehmen wäre, dass die Personen, die den größeren Betrag erreichen, auch zufriedener sind. Interessanterweise sind in

Zufriedenheit mit dem Preis
Personen sind mit Preisen zufriedener, an deren Zustandekommen sie selbst aktiv mitgewirkt haben.

diesem Szenario jedoch die Personen zufriedener, die mit nur DM 39 nach Hause gehen. Entscheidend ist hierbei, dass in der letzteren Bedingung die Möglichkeit bestand, selbst *aktiv* am Zustandekommen des Ergebnisses mitzuwirken (Benton et al., 1972; siehe auch Cialdini & Ascani, 1976). Folglich kann es für einen Verkäufer durchaus Sinn machen, mit sich verhandeln zu lassen, um damit dem Käufer das Gefühl zu geben, aktiv an der Preisgestaltung mitzuwirken.

Die Zufriedenheit mit einem Preis hängt somit weder vom objektiven noch vom subjektiven Preis-Leistungs-Verhältnis allein ab, sondern ebenso von der Art des Zustandekommens des Verhandlungsergebnisses. Wie das obige Beispiel illustriert, kann sogar die Zufriedenheit mit einem schlechteren Verhandlungsergebnis größer sein als die mit einem objektiv besseren Ergebnis, sofern man selbst an dem Ergebnis *aktiv* mitgewirkt hat.

Zusammenfassung

Es wurde aufgezeigt, dass die Vorstellung von Geld und dessen Wert rein rationalen Kaufentscheidungen häufig zuwiderläuft. Der wahrgenommene Wert von Produkten und Preisen wird von verschiedensten psychologischen Determinanten beeinflusst. So sind in diesem Zusammenhang zum einen die subjektive Bewertung von Gewinn und Verlust sowie von Transaktionen in Abhängigkeit von Zeit, eigenem Besitz und Kontext zu nennen. Zum anderen beeinflussen Preise auch den subjektiven Wert eines Produkts, indem sie einen Anhaltspunkt für die Qualität des Produkts und damit für die Investition liefern.

Auch die Zufriedenheit mit einem Preis bzw. einem Verhandlungsergebnis hängt von persönlichen Bewertungen ab: Das *subjektive* Preis-Leistungs-Verhältnis muss stimmen. Selbst mit schlechteren Verhandlungsergebnissen können Personen zufrieden sein, wenn sie die Möglichkeit hatten, am Zustandekommen dieses Ergebnisses aktiv mitzuwirken.

Fazit zur Psychologie des Preises

Ausgangslage

- Personen haben eine sehr subjektive Vorstellung von Preisen und dem Gegenwert von Geldbeträgen. Diese variiert nicht nur von Person zu Person, sondern auch von Kontext zu Kontext.

- Ausgaben werden in einer Art „mentaler Buchführung" verrechnet, so dass der gleiche Betrag je nach Konto, auf dem er verrechnet wird, unterschiedlich stark ins Gewicht fallen kann.

- Verluste werden intensiver empfunden als Gewinne gleicher Höhe.

- Der Wert von Zeit sowie die Bewertung einer Transaktion sind stark kontextabhängig.

Fazit zur Psychologie des Preises (Fortsetzung)

- Der Preis wird als Informationsquelle für die Qualität bzw. den Wert des Produkts herangezogen.

- Produkte, die bereits im eigenen Besitz sind, werden als wertvoller bewertet als zu erwerbende Produkte.

- Mit Preisen oder Verhandlungsausgängen, an deren Zustandekommen sie selbst aktiv mitgewirkt haben, sind Personen zufriedener.

Regulationsmöglichkeit

- Versuchen Sie den Kontext bei der Bewertung eines Preises bzw. eines Produkts auszublenden und treffen Sie dann Ihre Kaufentscheidung.

2.2 Verfügbarkeit des Produkts und möglicher Alternativen[2]

Neben dem Preis wird eine Kaufentscheidung jedoch noch von vielen anderen Faktoren beeinflusst. So kann beispielsweise die eingeschränkte Verfügbarkeit – die *Knappheit* (*siehe Abschnitt 2.2.1*) – eines Produkts Einfluss darauf haben, ob Personen sich zu einem Kauf verleiten lassen oder nicht sowie als wie erstrebenswert sie den Besitz des Produkts einschätzen. Welches Produkt letztendlich gewählt wird, hängt außerdem entscheidend davon ab, mit welchen *Alternativen* es verglichen wird (*siehe Abschnitt 2.2.2*). Um die Knappheit eines Produkts und die Wirkung von Alternativen wird es im Folgenden gehen.

2.2.1 Knappheit und subjektiver Produktwert

Wie würden Sie entscheiden?

Stellen Sie sich einmal folgende Situation vor: Sie stehen in einem Laden und haben genau *die* Stereoanlage gefunden, die Sie schon lange haben wollten. Trotzdem würden Sie sich gerne noch bei der Konkurrenz erkundigen, ob dort die gleiche Anlage preis-

---

[2] Die Bezeichnung „Produkt" wird hier verwendet als Oberbegriff für alle Arten von Gütern oder Dienstleistungen (siehe Kotler & Bliemel, 1995, S. 9).

werter zu bekommen ist. Sie bedanken sich daher bei dem Verkäufer für die Beratung und sagen ihm, dass Sie noch eine Nacht über die Kaufentscheidung schlafen wollen. In dem Moment sagt der Verkäufer Ihnen, dass Sie das letzte Exemplar dieses Angebots vor sich haben und er nicht weiß, ob und wann er genau *diese* Stereoanlage wieder hereinbekommt. Was machen Sie? Nehmen Sie die Anlage doch gleich mit oder warten Sie noch bis morgen?

Wenn Sie sich tatsächlich dazu hinreißen ließen, die Anlage doch sofort zu kaufen, hätte das *Prinzip der Knappheit* gewirkt: Nimmt ein Käufer an, ein Produkt sei *schwer zu bekommen*, erscheint es ihm attraktiver, als wenn er annimmt, es sei verfügbar (Schwarz, 1984). Durch Aussagen wie „nur noch einige wenige Exemplare", „ein seltenes Sammlerstück" oder „Sie sollten schauen, ob Sie nicht gleich mehrere mitnehmen wollen, denn wir wissen nicht, wann wir wieder welche reinbekommen" lassen sich die Attraktivität bzw. der subjektive Wert eines Produkts erhöhen.

Prinzip der Knappheit
Möglichkeiten erscheinen uns umso wertvoller, je weniger erreichbar sie sind.

In vielen Fällen ist dieser Mechanismus sicherlich sinnvoll, so beispielsweise um bei seltenen Produkten die Motivation zu erhöhen, schnell zuzugreifen und damit nicht Gefahr zu laufen, am Ende leer auszugehen. Häufig wird diese Knappheit jedoch künstlich erzeugt und so dieser Mechanismus genutzt, um den Käufer zum Kauf zu verleiten.

Das Gefühl, ein Produkt sei schwer zu bekommen, kann zum einen durch eine *Limitierung der verfügbaren Stückzahl* (z. B. limitierte Auflage), *starke Nachfrage* (z. B. durch einen angeblichen Konkurrenten), *Zeitlimits* (z. B. Schluss- oder Sonderverkäufe) oder *Exklusivität* (im Sinne einer Einschränkung der Zielgruppe) erreicht werden (*siehe Abb. 2.1*). Produkte, die beispielsweise nur zeitlich begrenzt verfügbar sind, bzw. Angebote, die nur bis zu einem bestimmten Datum aufrechterhalten werden, steigern deren subjektiven Wert. Das Gleiche findet sich bei einer Einschränkung der Zielgruppe: Produkte, die nur exklusiv einem bestimmten Kundenkreis bzw. Mitgliedern in einem Club angeboten werden, werden allein durch diese Einschränkung attraktiver.

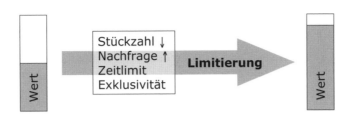

Abb. 2.1: Durch Limitierung eines Produkts steigt dessen subjektiver Wert.
Anmerkung: Grau symbolisiert hier den Wert.

Klassische Studie zur Knappheit
Sind von einem Produkt weniger Exemplare vorhanden, wird das Produkt besser bewertet und für teurer gehalten.

Worchel, Lee und Adewole (1975) ließen ihre Teilnehmer Schokoladenplätzchen aus verschiedenen Schälchen probieren. In den Schälchen waren entweder viele oder aber wenige Kekse einer Sorte enthalten. Waren nur wenige Kekse in der Schale, wurden die Kekse besser bewertet und für teurer gehalten, als wenn viele Kekse in der Schale waren. Dieser Effekt verstärkte sich, wenn eine zuerst große Menge an Keksen im Laufe der Studie reduziert wurde, und dies umso mehr, wenn die Teilnehmer die Reduktion der Anzahl darauf zurückführten, dass die Kekse für andere Teilnehmer benötigt würden. Kekse, die nachfragebedingt knapper wurden, waren begehrter.

Wie kommt es allein durch die Einschränkung ihrer Verfügbarkeit zu dieser Aufwertung der Produkte? Zwei Mechanismen sind hieran beteiligt: Zum einen wird **Seltenes extremer** beurteilt, und zum anderen löst Knappheit **Reaktanzverhalten** der Käufer aus.

Bei Knappheit wird ein und dasselbe positiv beurteilte Produkt extremer, d. h. positiver beurteilt (Ditto & Jemmott, 1989). Darüber hinaus werden Dinge, die schwer zu bekommen sind, als besser beurteilt als solche, die leicht zu erhalten sind (Lynn, 1989).

Mit dem Begriff Reaktanz wird ein innerer Widerstand bezeichnet, welcher gegen die Einschränkung der eigenen Handlungsfreiheit gerichtet ist (Brehm, 1966; Brehm & Brehm, 1981). Durch die Knappheit eines Produkts oder die Einschränkung des Käuferkreises können wir nicht mehr nach Belieben über dieses Produkt verfügen. Das empfinden wir als Einschränkung unserer persönlichen Freiheit, deren Wiederherstellung uns ein Anliegen ist. Dadurch kommt es zu einer „Jetzt-erst-recht"-Haltung – die als Reaktanzverhalten bezeichnet wird – mit dem Ergebnis, dass wir das

Reaktanz
Reaktanz bezeichnet einen inneren Widerstand, der sich gegen die Einschränkung der eigenen Handlungsfreiheit wehrt.
Dieser Zustand lenkt die Energien darauf, die Handlungsfreiheit zu verteidigen bzw. wiederherzustellen.

nur eingeschränkt verfügbare Produkt nun noch mehr wollen als vor der Einschränkung. Dies gilt nicht nur für rar gemachte Produkte, sondern auch für zensierte Artikel, beispielsweise Kinofilme, Bücher ab 18 Jahren oder Pressemitteilungen (Worchel, Arnold & Baker, 1975; Zellinger et al., 1975). Damit ist Zensur eine der besten Promotionsstrategien für Bücher und Filme.

Durch die Einschränkung der Wahlfreiheit erhalten Produkte einen subjektiven Wertzuwachs, der von deren tatsächlichem Wert völlig unabhängig sein kann. Dies ist insbesondere bei Genussmitteln, deren Verbrauch der Staat einschränken will, zu beachten: Beispielsweise wird über Steuererhöhungen versucht, die Kosten-Nutzen-Bilanz des Produkts zu verschlechtern. Während das Produkt selbst unverändert bleibt, steigen aufgrund der Steuer die Kosten. Logische Konsequenz wäre eine negativere Beurteilung des Produkts durch den Verbraucher. Reaktanzeffekte verhindern jedoch die aus rein ökonomischer Sicht zu erwartende Abwertung des Produkts.

Interessanterweise tritt das Gefühl der eingeschränkten Wahlfreiheit auch nach einer getroffenen Entscheidung – beispielsweise nach der Wahl zwischen zwei Produkten – auf: Durch die Entscheidung für eine Alternative fällt die freie Verfügung über die andere Alternative, gegen die sich soeben entschieden wurde, weg. Das *nicht* gekaufte Produkt steigt kurzfristig in seinem subjektiven Wert. Um diesen Prozess wissend, gratulieren einem Verkäufer (oder auch Etikettenschilder) zu einer Kaufentscheidung („Da haben Sie sich wirklich etwas Schönes ausgesucht!"), um die Aufmerksamkeit auf die gewählte Alternative und diesen Zugewinn zu lenken und so die Zufriedenheit mit dem Kauf zu erhöhen (Kotler & Bliemel, 1995).

Reaktanz tritt insbesondere dann auf, wenn die Wahlfreiheit bzgl. eines *wichtigen* Bedürfnisses, das zum *eigenen Nutzen* beiträgt und zu dem es *keine ähnlich attraktiven Alternativen* gibt, eingeschränkt wird.

Während sich Knappheit in der Regel verkaufsförderlich auswirkt, rufen offensichtliche, plumpe Beeinflussungsversuche eher Entgegengesetztes hervor. Wird uns bewusst, dass ein anderer uns beeinflussen will, so erleben wir das ebenfalls als Einschränkung unserer Entscheidungsfreiheit (Wicklund et al., 1970). Um die eigene Freiheit wiederzugewinnen, „trotzt" man dem anderen, indem man ihm nicht zustimmt und den Kauf nicht tätigt – u. U. sogar dann, wenn man sich ursprünglich sehr sicher war, das Produkt erstehen zu wollen.

Klassische Studie zur Reaktanz
Offensichtliche Beeinflussungsversuche führen zu Reaktanz und sind verkaufshinderlich.

Wicklund et al. (1970) baten in einer Studie ihre Teilnehmerinnen, Sonnenbrillen auszuwählen, die sie später zu Fotoaufnahmen aufsetzen sollten. Im Anschluss daran hatten sie die Möglichkeit, die Sonnenbrillen zu kaufen. Während dieser Verkaufsphase äußerte die „Verkäuferin" (Assistentin der Forscher) allen Teilnehmerinnen gegenüber übliche Verkaufssätze wie „Die steht Ihnen ganz großartig!", „Wie für Sie gemacht!". In einer Gruppe erwähnte sie zusätzlich, dass sie Provision für den Verkauf bekäme und ließ damit ein persönliches Interesse an dem Verkauf erkennen.

Unter dieser letzteren Bedingung wurden deutlich weniger Brillen gekauft, da die Teilnehmerinnen annahmen, dass die Verkaufssätze nicht ernst gemeint waren, sondern hinter ihnen nur die Absicht lag, so viele Brillen wie möglich zu verkaufen und damit so viel Provision wie möglich zu erwirtschaften. In diesem Fall empfanden sie die Beteuerungen, wie gut ihnen die Brille stehe, als Beeinflussungsversuch und wurden reaktant.

Fazit zur Verfügbarkeit des Produkts

Ausgangslage

- Nur begrenzt verfügbare, „knappe" Produkte werden als wertvoller und erstrebenswerter eingeschätzt als frei verfügbare.

Regulationsmöglichkeiten

- Prüfen Sie, ob die Knappheit künstlich erzeugt wurde. Falls ja, überlegen Sie, wie Ihre Kaufentscheidung aussähe, wenn das Produkt verfügbar wäre. Treffen Sie dann Ihre Entscheidung.

- Setzen Sie sich ein Preislimit, das Sie nicht überschreiten wollen. Falls Sie sich doch zum Kauf eines teureren Produkts hinreißen lassen wollen, schlafen Sie noch einmal eine Nacht darüber und entscheiden Sie dann.

Die *Verfügbarkeit eines Produkts* verändert somit den subjektiven Wert bzw. die Attraktivität eines Produkts und beeinflusst auf diesem Wege die Kaufentscheidung. Bei Kaufentscheidungen, wie wir sie in unserem täglichen Leben treffen, hat darüber hinaus noch eine weitere Art der Verfügbarkeit einen Einfluss – die *Verfügbarkeit der Alternativen* zu einem Produkt.

2.2.2 Verfügbarkeit von Alternativen und subjektiver Produktwert

Wie würden Sie jeweils entscheiden? (aus Tversky & Shafir, 1992, Exp. 2)

	Szenario 1	*Szenario 2*
Vorgeschichte	Sie möchten einen neuen CD-Player kaufen, haben sich bisher jedoch noch nicht für eine bestimmte Marke bzw. ein bestimmtes Modell entschieden. Auch darüber, wie viel Geld Sie ausgeben wollen, haben Sie sich noch keine Gedanken gemacht. Sie kommen an einem Elektronikladen vorbei und sehen folgende(s) Angebot(e) des Tages:	
Angebot(e)	Bekanntes *Sony-Gerät* im Sonderangebot für 99 $, von dem Sie wissen, dass es ein sehr guter Preis ist.	
		Aiwa-Gerät der besten Qualitätsklasse im Sonderangebot für 159 $, von dem Sie ebenfalls wissen, dass es sich um einen sehr guten Preis handelt.
Was tun Sie?	Kaufen Sie den *Sony-Player* oder warten Sie, um sich über andere Modelle zu informieren?	Kaufen Sie den *Sony-Player*, das *Aiwa-Gerät* oder warten Sie, um sich über andere Modelle zu informieren?

Die meisten Personen der befragten Stichprobe würden im Falle des Szenarios 1 das Sonygerät kaufen (66 %), während im Falle des zweiten Szenarios 27 % das Sony-Gerät, 27 % das Aiwa-Gerät kaufen und 46 % abwarten würden (Tversky & Shafir, 1992, Exp. 2). Warum? Das Vorhandensein eines zweiten guten Angebots erschwert es Personen, sich für ein Angebot zu entscheiden. Je mehr Möglichkeiten da sind, desto größer ist die Wahrscheinlichkeit, nichts zu tun.

Gemäß der Ökonomie dürfte es diesen Unterschied *nicht* geben, denn die Relation zweier Wahlmöglichkeiten A und B – in unseren Szenarien die Wahlmöglichkeit zwischen „Sony-Player kaufen" oder „abwarten" – sollte nicht davon abhängen, ob weitere Optionen C, D oder E zur Auswahl stehen. Dennoch ist es so. Die Bewertung der Alternative A wird davon beeinflusst, ob weitere Alternativen vorhanden sind, und das sogar dann, wenn diese Alternativen irrelevant sind (Huber et al., 1982; Pratkanis & Aronson, 1992). Durch das Vorhandensein von Alternativen oder Konkurrenzprodukten erhalten die Merkmale des zu beurteilenden Produkts eine andere Bedeutung. Es bildet sich zwischen ihnen eine Rangreihe (Ratneshwar et al., 1987): Ohne Vergleichsmöglichkeit (Szenario 1) wird angenommen, dass 99 $ für den Sony-Player ein guter Preis sind.

Steht allerdings ein weiteres Angebot mit ähnlich gutem Preis-Leistungs-Verhältnis zur Auswahl (Aiwa-Gerät in Szenario 2), so ist man sich nicht mehr sicher, ob der Sony-Player wirklich ein *besonders* gutes Angebot darstellt, und wartet lieber noch ab.

Eine andere Situation ergibt sich, wenn man Szenario 2 des zu Anfang beschriebenen CD-Player-Kaufs abwandelt und das zweite Gerät statt als „Gerät bester Qualitätsklasse" als „Gerät niederer Qualität" für 159 $ anpreist. Nun fällt Personen die Entscheidung leichter – nur ein Viertel statt die Hälfte der Personen wartet dann mit ihrer Entscheidung (Tversky & Shafir, 1992, Exp. 2). In diesem Fall ist es eindeutig, welches der beiden Geräte das bessere Preis-Leistungs-Verhältnis bietet.

Die Reaktion, nichts zu tun oder die Entscheidung hinauszuzögern, ist umso wahrscheinlicher, je mehr **gleichwertige** bzw. **attraktive** Angebote vorliegen und je weniger sich die Angebote eindeutig voneinander unterscheiden („Wer die Wahl hat, hat die Qual"; sog. „choice under conflict", Tversky & Shafir, 1992; *siehe folgenden Kasten*).

Klassische Studie zu „choice under conflict"
Je mehr gleichwertige Angebote zur Verfügung stehen, desto schwieriger wird die Entscheidung zwischen den Alternativen, so dass häufig gar nichts gekauft wird.

Iyengar und Lepper (2000, Exp. 1) boten in einem Supermarkt an einem Probierstand entweder sechs oder 24 verschiedene Sorten Marmelade zum Kosten an. Jeder, der probierte, erhielt einen Coupon über 1 $ Rabatt beim Kauf einer beliebigen Sorte dieses Marmeladenherstellers.

Die Ergebnisse zeigten, dass die Anzahl derer, die ihren Coupon einlösten, erheblich höher war (30 %), wenn sie nur sechs Marmeladensorten zur Wahl hatten. Standen 24 Sorten zur Wahl, lösten nur 3 % den Coupon ein.

Der Einfluss zusätzlicher Alternativen

Bisher haben wir uns mit dem Vorhandensein von zwei Alternativen beschäftigt. Je nach Eindeutigkeit der Unterschiede im Preis-Leistungs-Verhältnis ergeben sich dann bei dem Vergleich zweier Produkte A und B mehr oder weniger eindeutige Präferenzen. Die ökonomische Theorie würde nun annehmen, dass diese Präferenz von A gegenüber B ein feststehender Wert ist. Interessanterweise zeigt sich aber, dass sich diese Präferenz durch das Hinzufügen einer weiteren Alternative C verändern kann (*siehe folgenden Kasten*).

Klassische Studie zum Einfluss zusätzlicher Alternativen
Eine weitere Option C verändert die Präferenzen zwischen den Optionen A und B.

Simonson und Tversky (1992) gaben ihren Teilnehmern in einer Studie zur Produktbeurteilung Bilder und Beschreibungen von fünf Mikrowellengeräten. Nachdem sie alle Angebote durchgelesen hatten, wurde Gruppe A gebeten, sich zwischen zwei der folgenden Angebote zu entscheiden: zwischen einem 0,5-Kubikfuß-Emerson-Gerät, herabgesetzt vom regulären Preis von 109,99 $ um 35 % und einem 0,8-Kubikfuß-Panasonic-I-Gerät, ebenfalls reduziert um 35 % vom Ursprungspreis von 179,99 $. 57 % entschieden sich für das Emerson-Gerät, 43 % wählten das Panasonic-I-Gerät.

Gruppe B wurde gebeten, ein Produkt zu wählen, hatte aber zusätzlich zu den Produkten der Gruppe A noch ein 1,1-Kubikfuß-Panasonic-II-Gerät zur Auswahl, das bei einem Ursprungspreis von 199,99 $ jedoch nur um 10 % reduziert war.

Die Anwesenheit dieses Panasonic-II-Geräts erhöhte den Zuspruch für das Panasonic I-Gerät: 60 % wählten dieses, während nur 27 % sich für das Emerson-Gerät entschieden und 13 % für das Panasonic-II-Gerät (*siehe Abb. 2.2*).

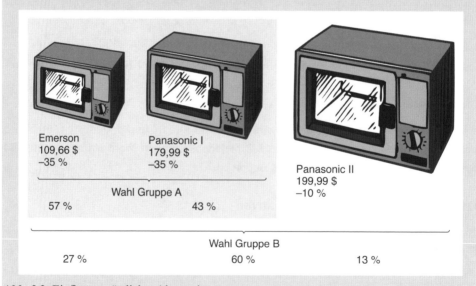

Abb. 2.2: Einfluss zusätzlicher Alternativen.
In Abhängigkeit von der Auswahl bevorzugt Gruppe A (grauer Kasten) knapp das Emerson-Gerät, Gruppe B (hat zusätzlich Panasonic II zur Auswahl) präferiert eindeutig das Panasonic-I-Gerät. Anmerkung: Die Größe der Mikrowelle spiegelt ihr Fassungsvermögen wider.

Wie kommt diese im letzteren Fall eindeutige Präferenzumkehr von dem Emerson-Gerät hin zum Panasonic-I-Gerät zustande? In Gruppe A wird das Emerson-Gerät zwar häufiger gewählt, der sog. Nutzen-Kontrast („trade-off-contrast") ist jedoch nur gering: Emerson ist insgesamt *nicht viel besser* als Panasonic I (Panasonic I ist zwar größer, aber dafür auch teurer; der Rabatt ist bei beiden Geräten gleich groß) und wird deswegen auch nicht viel häufiger (57 % i. Ggs. zu 43 %) gewählt als das Panasonic-I-Gerät.

Bei Gruppe B hingegen ist der Nutzen-Kontrast zwischen Emerson und Panasonic I *umgekehrt* und *größer*; die Entscheidung fällt erheblich eindeutiger zugunsten von Panasonic I aus – Panasonic I weist beim Vergleich der drei Alternativen den größten Nutzen auf. Dies kommt dadurch zustande, dass das Panasonic-I-Gerät einen eindeutig größeren Nutzen als das Panasonic-II-Gerät aufweist – auch wenn Größe und Ursprungspreis noch in ausgewogenem Verhältnis stehen, so unterscheiden sich die Angebote eindeutig bzgl. des gewährten Rabatts. Bei dem Vergleich zwischen dem Emerson- und dem Panasonic-II-Gerät ergibt sich bzgl. der Marken ein weiterer Unterschied (neben Größe, Preis und Rabatt). Der Nutzen-Kontrast zwischen diesen beiden Geräten ist schwerer abzuschätzen und dadurch nicht so eindeutig, wie der zwischen den beiden Panasonic-Geräten. Der eindeutige Nutzen-Kontrast zwischen Panasonic I und Panasonic II lässt die Entscheidung häufiger zugunsten von Panasonic I ausfallen.

Vermeidung der Extreme

Neben dem Nutzen-Kontrast kommt noch ein weiteres Phänomen zum Tragen, wenn mehr als zwei Produkte zur Auswahl stehen, nämlich die „Vermeidung der Extreme".

Klassische Studie zur „Vermeidung der Extreme"
Man entscheidet sich leichter für die Mitte als für die Extreme.

Simonson und Tversky (1992) baten ihre Teilnehmer um eine Produktentscheidung hinsichtlich verschiedener Kameras.

Gruppe A sollte zwischen zwei verschiedenen 35-Millimeter-Kameras wählen, einer Minolta X-370 zum Preis von 169,99 $ und einer Minolta Maxxum 3000i zum Preis von 239,99 $. Die Teilnehmer dieser Gruppe entschieden sich je zur Hälfte für die beiden Produkte.

Gruppe B erhielt dieselben Produkte zur Wahl, zusätzlich jedoch eine Minolta Maxxum 7000i zum Preis von 469,99 $. Die Teilnehmer der Gruppe B entschieden sich eher für das mittlere Produkt, die Minolta Maxxum 3000i.

Wie die Ergebnisse in Gruppe A zeigen, ergibt sich *keine* Präferenz, wenn nur zwei Kameras dargeboten werden. Kommt jedoch eine dritte Kamera hinzu, so verschiebt sich die Präferenz ganz klar zur mittleren Kategorie hin. Die Teilnehmer vermeiden in diesem Fall also die beiden extremen Kategorien und entscheiden sich für die Mitte. Dieses

Phänomen lässt sich durch die Aversion gegenüber Verlusten bzw. Nachteilen erklären, die schwerer wiegen als die gleichzeitigen Gewinne bzw. Vorteile (*siehe Abschnitt 2.1.1 sowie Abschnitt 1.4.2*): Die mittlere Kategorie hat gegenüber den beiden Extremkategorien jeweils nur geringe Nachteile, wohingegen der Nachteil einer Extremkategorie gegenüber der anderen erheblich größer erscheint.

Kontrasteffekt

Wie wir bereits gesehen haben, ist es entscheidend, in welchem Zusammenhang das Produkt gesehen wird. Dies ist auch beim Kontrasteffekt der Fall. Zur Veranschaulichung der Wirkungsweise dieses Effekts können Sie selbst folgendes kleines Experiment durchführen:

> **Kontrasteffekt**
>
> Je nach Vergleichsgrundlage nehmen wir ein und dieselbe Sache unterschiedlich wahr.

Halten Sie Ihre linke Hand in eine Schüssel mit eiskaltem Wasser, die rechte in eine Schüssel mit heißem Wasser. Anschließend halten Sie beide Hände in eine Schüssel mit warmem Wasser. Sie werden nun die Erfahrung machen, dass sich beide Hände, obwohl sie sich in dem gleichen Wasser befinden, unterschiedlich warm anfühlen. Die Hand, die zuvor in kaltem Wasser war, wird Ihnen das Gefühl vermitteln, das jetzige Wasser sei warm, während die andere Hand, die zuvor in heißem Wasser war, dasselbe Wasser als kalt empfindet. Worauf ist dies zurückzuführen? Ein und dieselbe Sache kann sehr unterschiedlich wahrgenommen werden, je nachdem, was ihr als Vergleichsgrundlage vorausging. Im vorliegenden Fall entstand ein Kontrast zwischen den dargebotenen Temperaturen. Ähnlich funktioniert auch das in Abb. 2.3 gezeigte Beispiel: Je nach Hintergrundfarbe wirkt das kleine Quadrat (das in beiden Fällen die exakt gleiche Farbe hat) einmal hell- und einmal dunkelgrau.

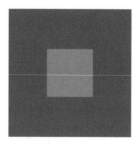 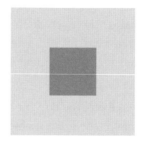

Abb. 2.3: Kontrasteffekt.
In Abhängigkeit von der Hintergrundfarbe wirkt das kleine Quadrat einmal hell- und einmal dunkelgrau, obwohl es in beiden Fällen die exakt gleiche Farbe hat (in Anlehnung an Goldstein, 1997, S. 67, Abb. 2.41).

Klassisches Beispiel zum Kontrasteffekt (aus Cialdini, 1997, S. 32)
Die Studentin und das Kontrastprinzip

„Liebe Mutti, lieber Papa!

Ich bin etwas schreibfaul geworden, seit ich zum Studium von zu Hause weggegangen bin, und es tut mir leid, dass ich nicht schon früher mal geschrieben habe. Ich werde Euch jetzt auf den neuesten Stand bringen, aber ehe Ihr weiterlest, setzt Euch bitte erst einmal hin. Lest erst weiter, wenn Ihr Euch gesetzt habt, okay?

Also dann, mittlerweile geht es mir eigentlich schon wieder ganz gut. Der Schädelbruch und die Gehirnerschütterung, die ich mir zugezogen hatte, als ich aus dem Fenster gesprungen war, nachdem im Wohnheim kurz nach meiner Ankunft ein Feuer ausgebrochen war, sind schon ganz gut verheilt. Ich war nur zwei Wochen im Krankenhaus, und jetzt kann ich schon fast wieder normal sehen und bekomme nur noch einmal am Tag diese elenden Kopfschmerzen. Zum Glück waren das Feuer im Wohnheim und mein Sprung von einem Tankwart von der Tankstelle nebenan beobachtet worden, und er war es auch, der die Feuerwehr und den Krankenwagen rief. Er besuchte mich auch im Krankenhaus und weil ich ja wegen des Wohnheimbrands nicht wusste, wo ich hin sollte, war er so lieb, mir anzubieten, erst mal in seiner Wohnung unterzukommen. Die ist eigentlich mehr ein Kellerraum, aber irgendwie hat sie etwas. Er ist echt ein toller Typ, und wir haben uns wahnsinnig ineinander verliebt und wollen heiraten. Das genaue Datum steht noch nicht fest, aber das Ganze soll noch über die Bühne gehen, ehe man mir meine Schwangerschaft ansieht.

Ja, Mutti und Papa, ich bin schwanger, ich weiß, dass Ihr Euch darauf freut, Oma und Opa zu werden, und ich weiß, dass Ihr das Baby von ganzem Herzen willkommen heißen werdet und dass es von Euch genauso hingebungsvoll geliebt und gepflegt werden wird wie ich, als ich ein Kind war. Der Grund dafür, dass wir jetzt noch nicht heiraten, ist, dass mein Freund eine kleine Infektion hat, weswegen es Schwierigkeiten mit den Bluttests gibt, die für die Eheschließung verlangt werden, und ich mich dummerweise angesteckt habe. Ich weiß, dass Ihr ihn mit offenen Armen in unsere Familie aufnehmen werdet. Er ist sehr nett und hat zwar keine abgeschlossene Ausbildung, ist aber ehrgeizig.

Jetzt, wo ich Euch auf den neuesten Stand gebracht habe, möchte ich Euch mitteilen, dass es keinen Brand im Wohnheim gab, ich keine Gehirnerschütterung und keinen Schädelbruch hatte, nicht im Krankenhaus war, nicht schwanger, nicht verlobt, nicht infiziert bin und dass es keinen Freund gibt. Allerdings habe ich eine Vier in Geschichte und eine Sechs in Chemie, und ich will, dass Ihr diese Zensuren im richtigen Verhältnis seht.

Es grüßt Euch herzlich Eure Tochter

Sharon"

Wie dieses Beispiel veranschaulicht, werden Dinge bzw. Ereignisse – ebenso wie Kaufpreise – immer vor dem Hintergrund ihres Kontexts beurteilt. Die Vier in Geschichte und die Sechs in Chemie würden die Eltern unter normalen Umständen vermutlich als gravierend betrachten. Wird ihnen jedoch ins Gedächtnis rufen, was wirklich schlimm wäre, beurteilen sie diese womöglich als „halb so wild" – Hauptsache, die Tochter ist gesund! Sharon hat in diesem Brief erfolgreich mit dem Kontrasteffekt gearbeitet.

Das gleiche Prinzip gilt im Verkaufsbereich:

* Nach dem Kauf einer teuren Sache sind Personen eher bereit, mehr Geld für preiswertere Produkte auszugeben als *vor* dem Kauf des teuren Produkts (Whitney et al., 1965), d. h. also, wenn ein Kunde mit Einkaufstaschen einer teuren Marke einen Laden betritt, zeigt ein effizienter Verkäufer ihm v. a. preiswerte Produkte. Der umgekehrte Weg – zuerst ein billiges Produkt und dann ein teures Produkt vorzuführen – würde das teure noch teurer erscheinen lassen. Das gleiche Prinzip wird beim Autoverkauf angewandt: Nach der Anschaffung des Autos für 15 000 € erscheinen die Mehrausgaben für besondere Reifen, die verbesserte Stereoanlage oder die exklusivere Innenausstattung vergleichsweise unbedeutend.

* Immobilienmakler, die ihren Kunden zunächst sehr unattraktive Objekte zeigen, profitieren von dem Kontrasteffekt, wenn sie den Kunden anschließend attraktivere Objekte zeigen, da diese dem Kunden dann im Hinblick auf die vorher gesehenen umso interessanter erscheinen (Cialdini, 1997, S. 33).

Solche Kontraste werden häufig im Verkauf eingesetzt, wohlwissend, dass in Abhängigkeit des zuvor dargebotenen Produkts das nachfolgende besser oder schlechter bzw. attraktiver oder unattraktiver erscheint. Noch dazu haben sie den Vorteil, dass eine Manipulation oder Beeinflussung des Käufers kaum nachzuweisen ist – schließlich wurden ja lediglich verschiedene Produkte im Vergleich zu anderen Produkten angeboten.

Zusammenfassung

Wie hier aufgezeigt wurde, ist es nicht unerheblich, in welchem Kontext ein Produkt bewertet und *eine Kaufentscheidung* getroffen werden soll. Ist die Verfügbarkeit eines Produkts eingeschränkt oder erscheint so, steigt allein dadurch der subjektive Wert, den der Käufer ihm beimisst; Seltenes wird extremer bewertet. Darüber hinaus reagieren Personen mit Reaktanz auf die Einschränkung ihrer Wahlfreiheit. Neben dem Kontext einer Kaufentscheidung ist für das Kaufverhalten weiterhin bestimmend, welche *Alternativen zum Produkt zur Auswahl stehen*. Je eindeutiger der Nutzen-Kontrast zwischen den Alternativen ist, desto leichter fällt dem Käufer die Wahl. Stehen ihm weitere – wenn auch irrelevante – Produktalternativen zur Wahl, so entscheidet er sich wenn möglich für die Mitte. Schließlich werden Kaufentscheidungen auch von *Kontrasteffekten* beeinflusst, indem die Beurteilung eines Produkts je nach Vergleichsgrundlage unterschiedlich ausfällt.

Fazit zur Verfügbarkeit von Alternativen zum Produkt

Ausgangslage

- Das Vorhandensein von Produktalternativen erschwert eine Kaufentscheidung. Im Falle zu gleichwertiger Alternativen wird eher keines der Produkte gekauft.

- Auch irrelevante Alternativen können die Attraktivität eines Angebots verändern.

- Eine Kaufentscheidung fällt eher für das mittlere Angebot aus.

- Je nach Vergleichsgrundlage kann ein Kontrasteffekt erzeugt und ein und dasselbe Produkt sehr unterschiedlich wahrgenommen werden.

Regulationsmöglichkeiten

- Prüfen Sie, ob nicht zusätzlich offerierte Angebote für Sie von *vornherein* nicht in Frage kommen (weil sie z. B. viel zu teuer sind) und demnach nur dazu dienen, andere Produktvarianten in günstigerem Licht erscheinen zu lassen (Kontrasteffekt). Schließen Sie solch irrelevante Alternativen bewusst aus Ihren Überlegungen aus – nehmen Sie lieber noch günstigere Varianten in Ihre Überlegungen mit auf.

- Falls Sie zu einem Produkt mittlerer Preisklasse tendieren, prüfen Sie die extremeren Angebote noch einmal genau, um nicht der „Vermeidung der Extreme" zum Opfer zu fallen.

2.3 Beeinflussung durch das Verhalten anderer

Kaufentscheidungen werden, wie wir in den vorangehenden Abschnitten gesehen haben, nicht nur durch objektive Merkmale des Produkts beeinflusst, sondern sind ganz entscheidend von weiteren Faktoren mitbestimmt. Neben dem bereits dargestellten Einfluss des Preises, der Verfügbarkeit des Produkts bzw. dessen Alternativen hat auch das *Verhalten anderer Personen* Auswirkung auf unsere Kaufentscheidungen.

Da jedoch viele dieser Einflussnahmen durch andere Personen nicht bewusst als Beeinflussung wahrgenommen werden, können sie weder wirksam genutzt, noch kann ihnen erfolgreich gegengesteuert werden. Nachfolgend wird daher ein Überblick über die – im Kontext von Kaufentscheidungen – typischsten Beeinflussungsmechanismen durch andere Personen gegeben.

2.3.1 Das Prinzip sozialer Bewährtheit oder „Was alle tun, ist gut"

Probieren Sie doch einmal Folgendes aus:

Stellen Sie sich in die Fußgängerzone, wählen Sie einen beliebigen Punkt am Himmel aus und starren Sie eine Minute dort intensiv hin. Was wird passieren? Vermutlich nichts. Wenn Sie dasselbe aber gemeinsam mit vier weiteren Personen tun, werden Ihrem Verhalten wahrscheinlich etwa 80 % der Passanten folgen (nach Milgram et al., 1969).

Warum ist das so? Personen orientieren sich am Verhalten anderer und schließen aus deren Verhalten auf die Angemessenheit des eigenen Verhaltens. Gerade dann, wenn sie unsicher sind, wie sie sich in einer bestimmten Situation verhalten sollten, bietet das Verhalten anderer Personen Orientierung darüber, was angemessen ist. Eine Handlung erscheint dann angemessen, wenn sie bei (vielen) anderen beobachtet werden kann.

Prinzip sozialer Bewährtheit
Wenn viele Personen etwas tun, nehmen wir an, dass es „das Richtige" ist.

Aus genau diesem Grund kaufen Personen häufig das Produkt, das *alle* kaufen und gut finden. Das „meist verkaufte" Produkt befinden sie für gut, ohne dass man sie davon groß überzeugen muss (Friedman & Fireworker, 1977). Amerikanische Kellner lassen aus diesem Grund das (vermeintliche) großzügige Trinkgeld des Vorgängers extra lange am Tisch liegen, so dass der nachfolgende Gast dieses sehen und daraus schließen soll, dass ein entsprechend *hohes* Trinkgeld angemessen ist (Cialdini, 1997, S. 145). Fernsehshows, Stars und Politiker nutzen diesen Mechanismus, indem sie eigene Gruppen zum Klatschen und Jubeln ins Publikum setzen. Diskothekenbetreiber bilden künstliche Schlangen vor ihren Eingängen, um den Eindruck zu erwecken, dass das Lokal

„in" bzw. der Einlass heiß begehrt ist (Cialdini, 1997, S. 147). Vermutlich werden Sie annehmen, dass dieser Einfluss nur in dem Falle funktioniert, in dem man *nicht weiß*, dass beispielsweise Lachkonserven oder Applaus im Publikum eingespielt oder gekauft sind. Jedoch lassen sich Personen selbst dann davon anstecken und beeinflussen, wenn sie um die Künstlichkeit der Begeisterung wissen (Fuller & Sheehy-Skeffington, 1974; Nosanchuk & Lightstone, 1974; Smyth & Fuller, 1972, zitiert nach Cialdini, 1997).

Das Verhalten anderer Personen beeinflusst somit bereits dann unser eigenes Verhalten, wenn diese gar nicht die Absicht haben, uns zu beeinflussen. Offensichtlicher und im Alltag wesentlich auffallender ist die Situation, dass jemand uns *ganz bewusst* von etwas überzeugen will – sei es, dass wir etwas Bestimmtes tun oder auch ein bestimmtes Produkt erwerben sollen.

Fazit zum Prinzip sozialer Bewährtheit

Ausgangslage

- Personen nehmen an, dass das, was alle tun oder kaufen, auch „gut" und „wertvoll" ist.

- Im Falle vorgespielter bzw. künstlich erzeugter Begeisterung führt dies zu einer verfälschten Entscheidungsgrundlage.

Regulationsmöglichkeiten

- Prüfen Sie, ob Ihre Entscheidung anders aussähe, wenn keine soziale Bewährtheit vorliegen würde, d. h. „die anderen das Produkt nicht gut fänden". Entscheiden Sie sich daraufhin.

- Werden in einem Werbespot „spontane" Interviews gezeigt, deren Akteure sich alle für das Produkt aussprechen, denken Sie sich mindestens so viele Gegenstimmen dazu (die natürlich nicht gesendet werden).

2.3.2 Wer überzeugt uns?

Wer oder was überzeugt uns? „Gute Argumente" werden Sie womöglich spontan sagen. Doch: Sind es wirklich nur oder hauptsächlich die guten Argumente? Warum geben dann Firmen Unmengen an Geldern aus, damit ein berühmter Sportstar oder ein beliebter Schauspieler ihr Produkt anpreist? Müssten die gleichen Argumente nicht gleichermaßen wirken, wenn sie einfach in Schriftform dargeboten würden?

**Einflüsse auf die
Überzeugungskraft**

- Sympathie
- nonverbales Verhalten
- Glaubwürdigkeit der
  Informationsquelle
- Anzahl und Anordnung der
  Argumente

Die Gelder, die Firmen für Werbespots ausgeben, sind gut investiert, wenn man sich die Ergebnisse der Persuasionsforschung betrachtet. Denn Personen lassen sich nicht nur von *Art und Anzahl der Argumente* überzeugen, sondern ganz entscheidend auch von den Eigenschaften derer, die sie äußern (Chaiken, 1987; Petty & Cacioppo, 1986). So lassen sie sich leichter von Menschen überzeugen, die ihnen *sympathisch* sind *(siehe Abschnitt 3.1)*, die physisch attraktiv sind und mit denen sie positive Dinge assoziieren. Schauspieler vereinigen viele dieser Merkmale in sich und sind darüber hinaus aufgrund ihres Berufs in der Lage, *glaubwürdig* zu erscheinen und ein überzeugendes *nonverbales Verhalten* an den Tag zu legen.

Glauben Sie, dass es Ihre Kaufentscheidung beeinflusst, ob der Verkäufer sympathisch ist, gut aussieht, sich für Ihre Hobbys interessiert oder Verwandte in Ihrer Heimat hat? Forschungsbefunden zufolge ist dies der Fall. Wie nachfolgend zu lesen ist, haben diese Merkmale einen erheblichen Einfluss auf Kaufentscheidungen.

- **Sympathie durch Ähnlichkeit.** Um sympathischer und damit einflussreicher zu sein, stellen Verkäufer beispielsweise ganz gezielt Ähnlichkeit zu ihrem potenziellen Käufer her – sehen sie im Auto des Interessenten Tennisschläger liegen, erzählen sie, dass sie ebenfalls Tennis spielen. Kommt der Kunde mit einem fremden Autokennzeichen, hat der Verkäufer „zufällig" Verwandte in dieser Gegend. So belanglos diese Ähnlichkeiten auch erscheinen mögen, sie haben Wirkung. Deswegen sind Werbespots, in denen Produktverwender wie Lieschen Müller und Otto Normalverbraucher auftreten und von ihrer Erfahrung mit dem Produkt sprechen, extrem erfolgreich (Laskey & Fox, 1994) – erfolgreicher als reine Präsentationen der Produkte (Gleich, 2000a, 2000b, zitiert nach Felser, 2001).

Je ähnlicher uns jemand ist, umso stärker orientieren wir uns an seinem Verhalten (Hornstein et al., 1968; Murray et al., 1984) und desto mehr lassen wir uns von ihm beeinflussen. So unterschreiben Personen eher eine Petition, wenn sie von einer ihnen ähnlich gekleideten Person darum gebeten werden als wenn die Bitte von einer unähnlich gekleideten Person kommt (Suedfeld et al., 1971). Darüber hinaus schließen sie Versicherungen oder Kaufverträge eher bei jemandem ab, der ihnen ähnlich ist hinsichtlich Alter, Religion, politischer Einstellung oder des Tabakkonsums (Evans, 1963; Gadel, 1964; Lombard, 1955; Woodside & Davenport, 1974). Schließlich erhöht sich die Kooperationsbereitschaft von Verhandlungspartnern, wenn sie voneinander annehmen, am gleichen Tag Geburtstag zu haben (Greenwald & Banaji, 1995, S. 11f). Dieser Effekt schwächt sich ab, wenn die Beteiligten auf die Irrelevanz dieser Ähnlichkeit hingewiesen werden.

- **Sympathie durch Assoziation mit positiven Merkmalen.** Ein anderer Faktor, der die Sympathie und damit den Einfluss erhöht, ist die Assoziation mit positiven Merkmalen. Aus diesem Grund werden Produkte und Prominente häufig kombiniert. So werden Profisportler engagiert, um für Tennisschuhe oder Golfbälle zu werben. Doch ebenso treten sie auch für Produkte auf, die mit ihrer Rolle nicht direkt etwas zu tun haben, wie beispielsweise für Nussnougatcremes, Erfrischungsgetränke oder Gummibärchen. Auf einen logischen Zusammenhang kommt es bei der Verbindung „Prominente präsentieren Produkte" nicht an. Ausschlaggebend ist, dass der Zusammenhang positiv ist. Diese Werbewirkung wird erreicht, wenn ein positiv bewerteter, beliebter Prominenter seine Popularität auf das Produkt überträgt und es damit positiv erscheinen lässt. Nach diesem Assoziationsprinzip verfährt die Werbung, wenn gut aussehende Models in Werbeanzeigen für Autos zu sehen sind: Männer, die eine Werbeanzeige für ein Auto betrachten, schätzen das Auto als schneller, ansprechender, teurer aussehend und besser gestylt ein, wenn in der Anzeige auch eine verführerische Frau abgebildet war, als wenn dies nicht der Fall war (Smith & Engel, 1968).

Die Beliebtheit bzw. das, was in einer Werbekampagne mit dem Prominenten assoziiert wird, unterliegt aktuellen Trends: In Zeiten von Weltmeisterschaften oder Olympia werden viele Werbespots und -anzeigen mit den Konsumgewohnheiten unserer Nationalmannschaften versehen (beispielsweise mit ihrem Lieblingsgetränk, ihren Turnschuhen).

- **Glaubwürdigkeit.** Um ein Produkt anzupreisen, kann es effektiv sein, einen Schauspieler zu nehmen, der in einer Serie einen Chefarzt spielt. Obwohl jeder weiß, dass er nur die *Rolle* eines Arztes spielt, wirkt er glaubwürdiger, was beispielsweise den Koffeingehalt eines von ihm angepriesenen Kaffees betrifft, als jemand ohne Arztrolle. Er genießt einen Expertenstatus (wie er Medizinern zugestanden wird), den er in Wirklichkeit gar nicht hat.

- **Sympathie aufgrund von Freundschaft.** Auch bei den eingangs erwähnten Tupperpartys oder ähnlichen Gelegenheiten ist der Grad der freundschaftlichen Verbundenheit bzw. der Sympathie für die Gastgeberin oft ausschlaggebender für den Kauf eines Artikels als die Vorliebe für das Produkt selbst (Frenzen & Davis, 1990).

Personen unterschätzen immer wieder diese Einflüsse, insbesondere wenn sie künstlich erzeugt werden („Man weiß doch, dass in der Werbung geblendet wird; das beeinflusst doch nicht meine Kaufentscheidung."). Jeder ist der Meinung, dass er ein bestimmtes Produkt kauft, weil es nun mal objektiv das Beste ist. Diese Selbsteinschätzung ist nicht darauf zurückzuführen, dass man selbst tatsächlich unbeeinflusst ist, sondern u. a. darauf, dass diese Einflüsse häufig nicht bemerkt und daher unterschätzt werden.

Doch nicht nur die hier genannten *Eigenschaften* einer anderen Person beeinflussen Kaufentscheidungen, sondern darüber hinaus auch die nachfolgend beschriebenen gezielten *Beeinflussungsstrategien* anderer.

Fazit zu „Wer überzeugt uns?"

Ausgangslage

- Wir lassen uns leichter von Personen überzeugen, die uns sympathisch sind.

- Kaufentscheidungen werden wahrscheinlicher, wenn ein Produkt von einem sympathischen statt von einem unsympathischen Menschen angepriesen wird.

Regulationsmöglichkeiten

- Werden Sie achtsam, wenn Sie jemanden, der Sie von etwas überzeugen will, sehr sympathisch finden. Fragen Sie sich, wie Sie das Produkt bewerten würden, wenn es Ihnen von einem eher unsympathischen Gegenüber angeboten würde.

- Versuchen Sie, sich auf die sachlichen Argumente zu konzentrieren, die tatsächlich für oder gegen das Produkt sprechen. Werden Sie sich bewusst darüber, dass Sie letzten Endes mit dem Produkt und nicht mit dem sympathischen Verkäufer nach Hause gehen werden.

2.3.3 Die Beeinflussungsstrategien von Verkäufern

Wie schaffen es Vertreter und Verkäufer immer wieder, auch Dinge an den Mann bzw. die Frau zu bringen, von denen der Käufer anfangs der Meinung ist, dass er sie gar nicht braucht oder will? Warum kaufen oder spenden wir an der Haustür immer wieder, obwohl wir uns schon so oft fest vorgenommen haben, dies nicht mehr zu tun? – Hier sind äußerst wirksame Mechanismen der Beeinflussung am Werk, denen wir uns nur schwer entziehen können.

Im Folgenden wird aufgezeigt, unter welchen Umständen wir geneigter sind, Bitten anderer nachzugeben bzw. uns überzeugen zu lassen. Wie bereits beschrieben lassen sich Personen eher von Menschen überzeugen, die sympathisch sind – demnach macht es Sinn, sich als Verkäufer die **Sympathien** dessen zu sichern, dem man etwas verkaufen will. Kaufentscheidungen können darüber hinaus aufgrund der **Reziprozitätsnorm** herbeigeführt werden – tut der Verkäufer dem Käufer etwas Gutes, fühlt dieser sich verpflichtet, auch ihm etwas Gutes zu tun, indem er ihm beispielsweise etwas abkauft. Ein dritter vermittelnder Mechanismus bei der Überzeugung zum Kauf ist das **Commitment** – hat jemand kleine Zugeständnisse gemacht, so ist er im Anschluss daran bestrebt, nicht widersprüchlich zu erscheinen, und wird auch den größeren Kauf tätigen.

Sich Sympathien sichern

Dass sich Personen leichter von uns beeinflussen lassen, wenn wir ihnen sympathisch sind, ist eine zutreffende Alltagsweisheit (Jones, 1964). Viel weniger klar ist allerdings, *was* einen Menschen sympathisch macht. Dies wird im Folgenden dargestellt.

Im anderen positive Gefühle auslösen. Im anderen positive Gefühle auszulösen, ist eine sehr häufige und durchaus effektive Strategie, um jemanden dazu zu bringen, einer Bitte nachzukommen (Godfrey et al., 1986). Dies lässt sich erreichen, indem man Interesse an der anderen Person und an dem, was sie erzählt,

> **Strategien, um sich Sympathien zu sichern**
> - im Gegenüber positive Gefühle auslösen
> - sich selbst positiv darstellen

zeigt, Zustimmung bzw. Übereinstimmung ausdrückt, positive nonverbale Hinweise gibt wie Lächeln, Blickkontakt halten, sich in seine Richtung vorbeugen etc. (Liden & Mitchell, 1988; Wortman & Linsenmeier, 1977). Wir mögen diejenigen, die uns mögen (Byrne & Rhamey, 1965; Condon & Crano, 1988). Wird diese Strategie allerdings übertrieben oder zu exzessiv betrieben, schlägt die Wirkung ins Gegenteil um, wird als aufgesetzt und beeinflussend wahrgenommen (Baron et al., 1990) und erzeugt Reaktanz *(siehe auch Abschnitt 2.2.1)*.

Sich selbst positiv darstellen. Eine weitere Strategie kann darin bestehen, *sich selbst* dem anderen vorteilhaft zu präsentieren, einen besonders *guten Eindruck* zu machen (sog. „Selbsterhöhung"; Schlenker, 1980). Dies gelingt beispielsweise durch ein gepflegtes Äußeres, gute Kleidung, eine geschickte Auswahl der Gesprächsinhalte und eingestreuten Informationen, die uns positiv, beispielsweise intelligent, kompetent oder vertrauenswürdig erscheinen lassen. Auch indem man sich mit Personen oder Ereignissen in Verbindung bringt, die der andere bereits mag (sog. „name-dropping"), erscheint man selbst in positiverem Licht – die Sympathie färbt auf die eigene Person ab. Weitere, durchaus subtilere Taktiken sind das Preisgeben negativer Informationen über sich selbst, um sich als bescheiden darzustellen (sog. „Selbstmissbilligung") und das Preisgeben persönlicher Informationen, auch wenn diese nicht erfragt wurden. So entsteht der Eindruck, man sei ehrlich und möge das Gegenüber (sog. „Selbstenthüllung"; Tedeschi & Melburg, 1984).

Auch in Bereichen außerhalb der Verkaufspsychologie (wie in Bewerbungssituationen, Arvey & Campion, 1982; Kacmar et al., 1992) wurde nachgewiesen, dass diese Strategien hoch effizient sind – allerdings nur in der richtigen Dosierung. Werden sie übertrieben oder zu exzessiv eingesetzt, führen sie zum Gegenteil, d. h. zu Reaktanz: Bewerber werden abgelehnt, Verkäufer vor die Tür gesetzt.

Fazit zu „Sympathie" als Verkaufsstrategie

Ausgangslage

- Verkäufer versuchen sich bei ihren Kunden beliebt zu machen, da somit die Wahrscheinlichkeit steigt, dass sie ihr Produkt an den Mann bzw. die Frau bringen.

- Dies gelingt ihnen, indem sie in ihren Kunden positive Gefühle auslösen oder sich selbst in positivem Licht erscheinen lassen.

Regulationsmöglichkeiten

- Achten Sie auf Schmeicheleien und positive Selbstdarstellungen Ihres Gegenübers und ordnen Sie diese bewusst als Verkaufsstrategie ein.

- Fragen Sie sich, wie Sie das Produkt bewerten würden, wenn es Ihnen von einem weniger schmeichelnden Gegenüber angeboten würde.

- Versuchen Sie sich auf die sachlichen Argumente zu konzentrieren, die tatsächlich für oder gegen das Produkt sprechen.

Reziprozitätsnorm

Die Reziprozitätsnorm – die „Regel der Gegenseitigkeit" – besagt, dass wir uns verpflichtet fühlen, Gefälligkeiten zu erwidern: Ist jemand nett zu uns, fühlen wir uns verpflichtet, ihm gegenüber ebenfalls nett zu sein (Cialdini et al., 1992; Uehara, 1995; Whatley et al., 1999). Dieses Gefühl, nach einer Gefälligkeit in der Schuld des anderen zu stehen, kommt sogar dann in uns auf, wenn wir gar nicht um diese Gefälligkeit gebeten haben bzw. diese gar nicht wollten.

Klassische Studie zur Reziprozitätsnorm
Gefälligkeiten erzeugen den sozialen Druck, sich zu revanchieren.

Regan (1971) ließ in einer seiner Studien seine männlichen Teilnehmer jeweils mit einer anderen Person zusammen eine Aufgabe bearbeiten. Diese zweite Person war jedoch kein echter Teilnehmer, sondern ein Assistent des Forschers. Er war instruiert, sich bei einer Hälfte (Gruppe A) der Teilnehmer insgesamt eher freundlich, bei der anderen Hälfte (Gruppe B) eher unfreundlich zu verhalten.

Für jeweils die Hälfte der Teilnehmer der Gruppen A und B kam dieser vermeintlich zweite Teilnehmer (der Assistent des Forschers) aus der Pause überraschend mit zwei Flaschen Cola zurück und bot eine unaufgefordert dem echten Teilnehmer an. Für die andere Hälfte der Teilnehmer kam er mit leeren Händen aus der Pause zurück. Nach der Aufgabenbearbeitung fragte der Assistent den echten Teilnehmer, ob er ihm ein paar 25-Cent-Lose für ein Auto abkaufen würde – wenn er möglichst viele Lose verkauft bekäme, erhalte er eine Prämie.

Die Ergebnisse zeigten, dass die meisten Lose gekauft wurden, wenn die Teilnehmer zuvor unerwarteterweise eine Cola erhalten hatten (obwohl die Cola damals wesentlich weniger kostete als die Lose, nämlich nur etwa zehn Cent). Das freundliche bzw. unfreundliche Auftreten des anderen war von wesentlich geringerer Bedeutung. Somit war die Reziprozitätsnorm entscheidend.

Auffallend ist hier weiterhin, dass das Ausmaß der Entschädigung für die Gefälligkeit in der Regel größer ist als die tatsächlich erhaltene Gefälligkeit (*siehe Abb. 2.4*). Personen reagieren häufig nicht mit der zu erwartenden „Tit-for-tat"- oder auch „Wie-du-mir-so-ich-dir"-Strategie, sondern mit der Strategie „Tit-for-tat-plus-one" (van Lange, 1999).

Es wurden mehrere Faktoren isoliert, die dies verursachen. Die drei wichtigsten sind:

Reziprozitätsnorm
- Regel der Gegenseitigkeit
- Soziale Norm, dass jemandem für etwas Positives, was man von ihm erhalten hat, etwas Positives zurückzugeben ist
- Eine (sogar auch ungewollte) Gefälligkeit eines anderen erzeugt den Druck, die Gefälligkeit zu erwidern.

- Es ist sozial nicht gern gesehen, Schulden zu haben bzw. Schulden nicht zu begleichen sowie jemanden nicht die Möglichkeit einzuräumen, einen Gefallen zu erwidern (Gergen et al., 1975) – Schnorrer oder Abzocker sind nicht beliebt.

- Eine Person, die etwas mehr zurückgibt, als sie bekommen hat, kann sicher sein, dass der andere auch registriert, dass sie ihre Schuld beglichen hat (falls die Leistung geringer eingeschätzt wird oder nicht alles beim anderen ankommt, bleibt noch ausreichend Gegenleistung übrig).

• Eine erhöhte Gegenleistung beinhaltet stärker einen Freiwilligkeitscharakter, eine gleich hohe Gegenleistung würde erzwungen wirken, eine, die darüber hinaus geht, hingegen übersteigt die reine Verpflichtung (Felser, 2001, S. 258).

Abb. 2.4: Eine Gefälligkeit löst eine Gegengefälligkeit aus.

Auf dem Mechanismus der Reziprozität basieren verschiedenste, sehr wirksame Beeinflussungstechniken, die im Folgenden näher beschrieben werden.

(Werbe-)Geschenke

Die Reziprozitätsnorm machen sich verschiedenste Vereinigungen (Religionsgemeinschaften, politische Vereinigungen, Vereine etc.) immer wieder zunutze. Sie überreichen per Post oder auf der Straße ein kleineres Geschenk, wie beispielsweise Postkarten, Luftballons, Anstecker, eine Blume oder Ähnliches, und verbinden dies mit der Bitte um eine Spende oder um den Beitritt in ihren Verein. Ziel dieses Vorgehens ist es, dass sich der Empfänger aufgrund des Geschenks verpflichtet fühlt, der Bitte nachzukommen (Church, 1993; James & Bolstein, 1992). Dieses Vorgehen ist

> **Auf Reziprozität basierende Strategien**
> • (Werbe-)Geschenke
> • „That's-not-all!"-Technik
> • „Selling-the-top-of-the-line"-Technik
> • „Door-in-the-face"-Technik

durchaus erfolgreich: Werden beispielsweise kleine Geschenke wie Adresssticker mitgeschickt, steigt die Spendenbereitschaft deutlich an (Smolowe, 1990). Vergleichbar wirken die Gratisproben im Supermarkt, die kostenlosen Gutscheine zur Neueröffnung eines Ladens oder Restaurants, die wir im Briefkasten vorfinden. Schickt man Personen einen Dollar mit, wenn man ihnen einen Fragebogen zusendet, so erhöht das die Wahrscheinlichkeit, dass sie den Fragebogen ausgefüllt zurücksenden von 20 % auf 40 % (James & Bolstein, 1992). Das Erstaunliche hieran ist – wie bereits weiter oben angedeutet –, dass diese Gefälligkeiten oder Geschenke häufig weder erwartet noch erwünscht sind und *dennoch* ein sozialer Druck entsteht, der diese Strategie erfolgreich sein lässt. Und selbst wenn man vorher weiß, worum es gehen wird (wie es bei den typischen „Kaffeefahrten" der Fall ist, die bereits als Verkaufsfahrten deklariert sind), befindet man sich unversehens in einem psychologischen Dilemma: Man wird mit Werbegeschenken überhäuft und weiß kaum, wie man die Fahrt ohne etwas zu kaufen überstehen soll.

Die „That's-not-all!"-Technik

Sie kennen sicherlich diese Verkaufsstände oder auch -sendungen, in denen dem potenziellen Käufer, bevor er zum aktuellen Angebot überhaupt „ja" oder „nein" sagen kann, vom Verkäufer noch eins draufgesetzt wird: „Das reicht Ihnen noch nicht? Sie wollen noch was dazu? Kriegen Sie!" Auch Autohändler verfahren häufig nach diesem Vorgehen und das mit großem Erfolg (Burger, 1986). Zugrunde liegender Mechanismus dieser Technik ist ebenfalls die Reziprozitäts-

> **Die „That's-not-all!"-Technik**
> - Strategie, um Personen dazu zu bringen, einem Verkaufsangebot zuzustimmen.
> - Der Verkäufer bietet eine *zusätzliche* Dreingabe oder einen Nachlass an, *bevor* sich der potenzielle Käufer entschieden hat, ob er das ursprünglich Angebotene haben will oder nicht.

norm – der Verkäufer tut mir etwas Gutes, indem er den Preis nachlässt bzw. mir ungefragt noch etwas dazu gibt. Für dieses Zugeständnis muss ich ihm nun ebenfalls etwas Gutes tun, in diesem Fall heißt das, das Produkt kaufen. Diese Technik funktioniert aber nur so lange, wie das Zugeständnis des Verkäufers als *spontan* und *freiwillig* und nicht als Verpflichtung seinerseits erlebt oder ausgehandelt wird.

Klassische Studien zur „That's-not-all!"-Technik

Nur „spontane" Dreingaben erhöhen den Verkaufserfolg.

In einer Studie von Burger (1986, Exp. 1) wurden auf dem Campus Backwaren zum Verkauf angeboten. Diese lagen aus, ohne dass die Preise dazu angegeben waren. Fragte jemand nach dem Preis, wurde ihm entweder *zunächst der Preis* genannt und, bevor er etwas antworten konnte, eine Tüte mit zwei Keksen gezeigt, die im Preis enthalten seien („That's-not-all"-Bedingung), oder aber es wurden dem potenziellen Käufer die Kekse gezeigt und ihm gesagt, dass sie im Preis enthalten seien, *bevor der Preis* genannt wurde (Kontrollbedingung). Teilnehmern der Kontrollbedingung wurde somit nahe gelegt, dass die Kekse kein „Extra", sondern bereits von vornherein in den Preis einkalkuliert sind.

Die Ergebnisse zeigen, dass 73 % der potenziellen Käufer die Backwaren tatsächlich kauften, wenn sie die Kekse vermeintlich „spontan" dazu bekamen („That's-not-all"-Bedingung), während nur 40 % der potenziellen Käufer der Kontrollbedingung die Backwaren (ohne Extras) erwarben (*siehe Tab. 2.4*).

Tab. 2.4: „That's-not-all"-Technik.
Nur wenn die Dreingabe tatsächlich als nicht einkalkuliertes „Extra" erscheint, erhöht sich der Verkaufserfolg.

	„That's-not-all"-Bedingung	Kontroll-bedingung
	Käufer fragt nach dem Preis	
Reihenfolge	**Preis** Dreingabe	Dreingabe **Preis**
Empfindung	Dreingabe = **Extra** ↓	Dreingabe = **einkalkuliert** ↓
Verkaufszahl	73%	40%

Nur „spontane" Preisnachlässe erhöhen den Verkaufserfolg.

In einer Folgestudie wurden die Bedingungen folgendermaßen variiert (Burger, 1986, Exp. 6): In der „That's-not-all"-Bedingung wurde dem potenziellen Käufer ein Preis von $ 1.25 genannt und, *bevor er darauf reagieren konnte,* gesagt, dass sich der Preis auf $ 1.00 reduzieren würde, da der Verkaufsstand bald geschlossen würde. In der Kontrollbedingung hingegen wurde dem potenziellen Käufer von Anfang an ein Preis von $ 1.00 genannt. In einer dritten Bedingung (sog. Gelegenheitskauf-Bedingung) wurde dem potenziellen Käufer gesagt, dass der Preis nun $ 1.00 betrage, aber vorher $ 1.25 betragen habe. Diese Bedingung ist wichtig, um auszuschließen, dass lediglich die Preisreduktion, nicht aber das Zugeständnis des Verkäufers die erhöhte Verkaufsrate der „That's-not-all"-Bedingung bewirkt.

Die Ergebnisse zeigten, dass wiederum die „That's-not-all"-Bedingung die besten Verkaufszahlen erzielte (*siehe Tab. 2.5*). 55 % der potenziellen Käufer in dieser Bedingung kauften die Backwaren im Gegensatz zu den deutlich geringeren Verkaufszahlen der anderen Bedingungen. Zugrunde liegender Mechanismus ist auch hier die Reziprozitätsnorm – der Verkäufer lässt mir Geld nach, also muss ich ihm auch was Gutes tun und das Produkt kaufen.

Tab. 2.5: „That's-not-all"-Technik.
Nur wenn der Rabatt als „spontan" erscheint, erhöht sich der Verkaufserfolg.

Bedingung	„That's-not-all"	Kontrolle	Gelegenheits-kauf
	Käufer fragt nach dem Preis		
Antwort 1	**1.25 $**	**1.00 $**	**1.00 $**
Antwort 2	reduziert *auf* 1.00 $	---	reduziert *von* 1.25 $
Empfindung	spontaner Rabatt	---	einkalkulierter Rabatt
	↓	↓	↓
Verkaufszahl	55 %	20 %	25 %

Die „Selling-the-top-of-the-line"-Technik

Stellen Sie sich vor, Sie gehen in ein Fachgeschäft, um eine Digitalkamera zu kaufen. Der Verkäufer preist Ihnen zunächst das teuerste Modell an. Nehmen wir an, dieses sei Ihnen deutlich zu teuer. Als der Verkäufer dies merkt und Ihnen ein anderes, etwas günstigeres Modell zeigt, atmen Sie innerlich auf – und kaufen diese Kamera, obwohl auch diese eigentlich noch über Ihren ursprünglichen Preisvorstellungen liegt. Die Strategie, die dieser Verkäufer eingeschlagen hat, ist die „Selling-the-top-of-the-line"-

> **Die „Selling-the-top-of-the-line"-Technik**
> - Strategie, um Personen dazu zu bringen, einem *teureren* Verkaufsangebot zuzustimmen.
> - Der Verkäufer preist dem Kunden zunächst das teuerste Modell an; will dieser es nicht, bietet er ihm das nächst günstigere Modell an.

Technik. Diese besagt, dass zunächst das teuerste, d. h. das Top-Modell angepriesen wird. Will der potenzielle Kunde dieses nicht, wird ihm das nächst günstigere Modell angeboten – mit dem Erfolg, dass er dieses mit höherer Wahrscheinlichkeit kauft, als wenn er vorher kein teureres Angebot gesehen hätte. In aller Regel ist dieser Kaufpreis immer noch höher als der Preis, den der Kunde ursprünglich zu investieren beabsichtigt hatte. Zugrunde liegender Mechanismus ist auch hier wiederum die Reziprozitätsnorm. Da der Verkäufer „netterweise" aufhört, ein Produkt anzupreisen, das dem Kunden erheblich zu teuer ist, reagiert dieser mit der Bereitschaft, einen höheren Preis zu zahlen (Cialdini, 1984a). Zugleich profitiert diese Strategie von dem oben beschriebenen *Kontrastprinzip (siehe Abschnitt 2.3.5)* – nach dem zunächst angepriesenen teuren Produkt wirkt das nachfolgend dargestellte Produkt weniger kostspielig als ohne diesen Kontrast.

Die „Door-in-the-face"-Technik

Diese Strategie funktioniert nach einem ähnlichen Prinzip wie die „Selling-the-top-of-the-line"-Technik. Zunächst bringt der Verkäufer eine große Bitte oder Anfrage vor, die man ablehnt. Dann wird eine kleinere Bitte gestellt, der man dann nachgibt (Cialdini & Trost, 1998; Patch et al., 1997; Reeves et al., 1991; Wang et al., 1989). Der Ausdruck „door in the face" kommt daher, dass dem Forderer zunächst ob der unverschämt großen Bitte „die Tür vor der Nase zugeschlagen wird". Er muss dann „noch einmal klingeln", um dabei von der ersten Forderung zurückzutreten und eine kleinere – die ursprünglich beabsichtigte – Forderung zu stellen. Die wird ihm auch in aller Regel erfüllt werden. Warum ist dies so?

> **Die „Door-in-the-face"-Technik**
> * Strategie, um Personen dazu zu bringen, einer Bitte zuzustimmen
> * *Zuerst* wird eine *große* Bitte vorgetragen, die abgelehnt wird, um *dann* eine *kleinere* Bitte vorzubringen, der zugestimmt wird.

Der Rückzug der ersten Bitte wird als Zugeständnis empfunden; der Verkäufer kommt dem Kunden scheinbar entgegen. Daraufhin glaubt der Kunde, seine Position ebenfalls ein Stück weit aufgeben zu müssen. Unberücksichtigt bleibt jedoch, dass der Verkäufer die erste Forderung nur aus strategischen Gründen vorgebracht und diese Kompromissbereitschaft einkalkuliert hat.

Klassische Studie zur „Door-in-the-face"-Technik
Nach einer großen Bitte wird einer kleineren eher zugestimmt.

Cialdini et al. (1975) fragten Studierende auf dem Campus (Gruppe A), ob sie bereit wären, unentgeltlich mit jugendlichen Delinquenten für zwei Stunden einen Zoobesuch zu machen. Nur 17 % der gefragten Studierenden waren dazu bereit. Eine andere Gruppe Studierender (B) wurde dagegen *zunächst* gefragt, ob sie bereit wären, für mindestens zwei Jahre zwei Stunden wöchentlich als unbezahlter Berater für jugendliche Delinquenten zu arbeiten. Niemand der Studierenden war dazu bereit. Auf die darauf folgende Zoo-Frage hingegen erklärten sich dann 50 % dieser Studierenden zu dem gemeinsamen Zoobesuch bereit (*siehe Tab. 2.6*).

Tab. 2.6: „Door-in-the-face"-Technik.
Einer kleineren Bitte wird eher zugestimmt, wenn vorher eine große Bitte gestellt und diese abgelehnt wurde.

Gruppe	A	B
1. Bitte	---	große Bitte (Berater)
Reaktion	---	Ablehnung
2. Bitte	kleinere Bitte (Zoobesuch)	
Zustimmung	17 %	50 %

Dieses Grundprinzip wird auch in Verhandlungen gerne eingesetzt. Zwei Mechanismen spielen hier neben der Reziprozitätsnorm eine Rolle: der *Ankereffekt* (*siehe Abschnitt 1.1.3*) und das *Kontrastprinzip* (*siehe Abschnitt 2.3.5*). Letzteres besagt, dass nach einer extremen Forderung jede kleinere Forderung wie ein Zugeständnis wirkt. Allerdings dürfen die ersten Forderungen nicht als überhöht angesehen werden, denn dann wird unterstellt, dass man nicht ernsthaft verhandelt (Schwarzwald et al., 1979). Jedes nachfolgende Abrücken von der Ausgangsposition wird dann nicht als Zugeständnis, sondern eher als logische Notwendigkeit betrachtet, so dass die Taktik wirkungslos ist (Thompson, 1990).

Forschungsbefunden zufolge funktioniert die „Door-in-the-face"-Technik sogar bei mehreren aufeinander folgenden großen Bitten. Selbst wenn zunächst die erste, recht große Bitte, dann auch die zweite, immer noch große Bitte abgelehnt wird, gehen Personen schließlich auf die weniger große, dritte Bitte tatsächlich ein – insgesamt fiel die Bereitschaft beispielsweise in einer Untersuchung von Goldman und Creason (1981) immer noch größer aus als ohne vorhergehende hohe Forderungen. In dem Moment, in dem der andere von seiner x-ten größeren Bitte zurücktritt und diese auf die kleinere Bitte „herunterschraubt", löst dies bei uns aufgrund der Reziprozitätsnorm das Gefühl aus, ihm nun auch entgegenkommen zu müssen.

Kleine und große Bitten können auch in genau umgekehrter Reihenfolge Kaufentscheidungen beeinflussen – allerdings ist der vermittelnde Mechanismus dann ein anderer: Wird zunächst eine kleine und darauf folgend eine größere Bitte zum gleichen Thema gestellt, so bewirkt eine erste Zustimmung ein *Commitment*, das eine Ablehnung einer zweiten Bitte schwer macht. Darum soll es in den nächsten Abschnitten gehen.

Fazit zu „Reziprozität" als Verkaufsstrategie

Ausgangslage

- Erhalten Personen von jemandem eine Gefälligkeit, so fühlen sie sich in dessen Schuld und versuchen, diese Schuld auszugleichen, indem sie die Gefälligkeit erwidern.

- Dieses Prinzip gilt auch dann, wenn die Gefälligkeit weder gewollt noch erwünscht war.

- Personen geben dabei meist *mehr* zurück, als sie bekommen haben.

Regulationsmöglichkeiten

- Machen Sie sich bei Gefälligkeiten anderer klar, ob es sich um eine „nett gemeinte", uneigennützige Geste handelt oder ob eine Verkaufsabsicht dahinter steht. Im letzteren Fall wird es Ihnen dann leichter fallen, ein nachgeschobenes Angebot abzulehnen.

- Wenn Sie von vornherein eine Verkaufsabsicht erkennen, kann es Sinn machen, die „Köder-Gefälligkeit" abzulehnen.

- Prüfen Sie, ob Sie einer Bitte oder Forderung auch ohne vorausgehende „Gefälligkeit" des anderen nachgekommen wären. Treffen Sie dann Ihre Entscheidung.

Streben nach Konsistenz – Commitment

Menschen streben danach, in ihren Aussagen und Handlungen konsistent zu sein und nicht den Eindruck zu erwecken, „wie ein Fähnchen im Wind zu wehen". „Wer A sagt, muss auch B sagen", lautet ein Sprichwort. Insgeheim mag man durchaus geneigt sein, die eigene Meinung auch kurzfristig einmal zu ändern, um dadurch selbst einen Vorteil zu erlangen. Doch wenn wir unsere Überzeugung anderen gegenüber zum Ausdruck gebracht haben, fällt es uns sehr viel schwerer, ihnen gegenüber inkonsistent zu diesem Statement zu handeln. Wir fühlen uns dann an unsere erste Aussage gebunden, haben uns zu einer bestimmten Haltung „committet" (Cialdini, 1997).

Das folgende Beispiel illustriert, dass dieses Prinzip ebenso hervorragend im Bereich von Kaufentscheidungen funktioniert. Auch hier gilt, dass wir, wenn wir uns erst einmal für ein Produkt entschieden haben, bei dieser Entscheidung bleiben werden.

Haben Sie schon einmal zu Weihnachten Ihrem Kind oder Patenkind ein bestimmtes Spielzeug versprochen? Und als Sie in den Spielwarenladen kamen, war es ausverkauft und das gleich in der ganzen Stadt? Vermutlich haben Sie dann – wie viele andere auch – alternativ etwas anderes gekauft und sind nach Weihnachten noch einmal in die Stadt gegangen, um das heiß ersehnte und zugesicherte Spielzeug zu erwerben. In diesem Falle sind Sie einer typischen Strategie der Spielzeugfirmen, um ihre Januar- und Februar-Umsätze aufzubessern, zum Opfer gefallen. Die Spielzeugfirmen machen in der Vorweihnachtszeit Werbung für bestimmte Produkte; die Erwachsenen versprechen ihren Kindern diese als Weihnachtsgeschenk: Die Spielzeugindustrie liefert vor Weihnachten absichtlich nicht ausreichende Stückzahlen, so dass die Erwachsenen gezwungen sind, Ersatzgeschenke zu kaufen. Nach Weihnachten wiederum kaufen die Erwachsenen die ehemals versprochenen Geschenke, da sie sich an ihr Versprechen gegenüber den Kindern gebunden fühlen. Auf diese Weise hat die Spielzeugindustrie zweimal abkassiert. Genutzt hat sie das „Commitment" (Versprechen, Bindung) der Erwachsenen gegenüber ihren Kindern (Cialdini, 1997, S. 90ff; Felser, 2001, S. 266f).

Klassische Studie zum Commitment
Ein anfängliches Commitment führt zu erhöhter Hilfsbereitschaft.

Howard (1990) fragte Einwohner von Dallas per Telefon, ob sie den Besuch eines Vertreters einer Hungerhilfsorganisation erlauben würden, der zu ihnen kommen und ihnen Plätzchen verkaufen würde. 18 % der angerufenen Personen stimmten zu. Wenn der Anrufer jedoch eingangs die Frage „Wie geht es Ihnen heute Abend?" stellte (und die Antwort abwartete, ehe er mit der Bitte fortfuhr), stimmten 32 % der Befragten zu.

In einer Variante dieser Studie leitete Howard das Gespräch mit den angerufenen Personen entweder mit der Frage ein: „Wie geht es Ihnen heute Abend?" (und wartete die Antwort ab, ehe er mit der Bitte fortfuhr), oder mit dem Satz: „Ich hoffe, es geht Ihnen gut heute Abend." Auf erstere Variante hin stimmten 33 % zu, auf zweite Variante hin 15 %. Der Unterschied zwischen beiden Einleitungen besteht darin, dass die erste Frage ein Commitment der Person erfordert, während die zweite Variante dies nicht tut. Selbst ein so unverbindliches, aber _aktives_ Commitment wie „mir geht es gut" macht es für das Gegenüber leichter, eine Forderung durchzusetzen – denn wenn es jemandem gut geht, kann er ja für diejenigen, denen es schlechter geht, etwas tun.

Eine weitere Variante, Commitment zu erzeugen, ist das Vorgehen mancher großer Firmen, welche _Wettbewerbe ausschreiben_, bei denen die Teilnehmer einen kurzen Satz oder Werbeslogan einsenden, der mit dem Satz beginnt: „Was mir an diesem Produkt gefällt, …" Unter den besten Einsendungen werden dann Preise vergeben. Doch geht es bei diesen Ausschreibungen nicht wirklich um die eingesendeten Ideen, sondern um das Erzeugen von Commitment. Indem die Firmen Personen dazu bringen, positive Äußerungen über ihre Produkte abzugeben, gewinnen sie deren Commitment: Die Teilnehmer glauben an das, was sie schreiben, im vorliegenden Fall an das, was sie an Positivem über das Produkt geschrieben haben. Der Vorteil der auf Commitment basierenden Taktiken ist, dass sie sozusagen von alleine arbeiten – sie kosten nur eingangs die Anstrengung, das Commitment zu erzeugen. Danach bewirkt das Konsistenzstreben der Betroffenen, dass das gewünschte Verhalten auch eintritt. Wichtig ist, dass das Commitment aktiv, öffentlich, mit Anstrengung verbunden und freiwillig ist. Zu diesem Zwecke lassen beispielsweise Verkäufer den Kunden Verkaufsformulare oder Mitgliedsanträge selbst ausfüllen.

Auf Commitment basierende Strategien
- „Foot-in-the-door"-Technik
- „Low-ball"-Technik

Im Folgenden werden die „Foot-in-the-door"-Technik und die „Low-ball"-Technik beschrieben – zwei Beeinflussungstechniken, die Commitment als Mechanismus nutzen.

Die „Foot-in-the-door"-Technik[3]

Die „Foot-in-the door"-Technik
- Strategie, um Personen dazu zu bringen, einer Bitte zuzustimmen
- *Zuerst* wird eine *kleinere* Bitte vorgetragen, der zugestimmt wird, um *dann* eine *große* Bitte nachzuschieben, der dann mit größerer Wahrscheinlichkeit ebenfalls zugestimmt wird.

Sie werden in der Fußgängerzone angesprochen, ob Sie nicht eine Minute Zeit hätten, man würde Ihnen gerne etwas über die Organisation XY erzählen. Sie willigen ein, schließlich kostet Zuhören ja nichts. Ist das wirklich so? Tatsächlich kostet das Zuhören zunächst meistens nichts, die Mitgliedschaft, die wir uns daraufhin leichter aufschwatzen lassen, allerdings schon. Personen werden gefragt, ob sie eine kleine – scheinbar vollkommen risikofreie – Bitte erfüllen könnten. Haben sie dieser kleineren Bitte erst einmal zugestimmt, werden sie in aller Regel auch einer nachfolgenden größeren Bitte zustimmen (Dillard, 1991; Dillard et al., 1984; Freedman & Fraser, 1966).

Worauf ist dies zurückzuführen? Diese Technik wirkt aufgrund des *Konsistenzbestrebens* der Person selbst, einer Art Selbstwahrnehmungsprozess. Personen erschließen aus ihrer ersten Reaktion auf die Eingangsbitte ihre Einstellung, d. h. wie sie selbst zu dieser

[3] Die Formulierung „Fuß-in-der-Tür-Technik" stammt aus der Zeit, in der Vertreter von Tür zu Tür gingen. Die Verkaufsraten derjenigen Vertreter, die es geschafft hatten, in die jeweiligen Wohnungen gelassen zu werden (die den Fuß wahrlich in die Tür setzen durften), um ihre Produkte vorzuführen (erste Bitte z. B. den Teppich staubsaugen zu dürfen), waren deutlich höher (Kauf als zweite Bitte).

Sache stehen. Da sie die erste (kleine) Bitte aus freien Stücken bejaht haben, haben sie dem Inhalt *an sich* zugestimmt und fühlen sich selbst daher verpflichtet, auch bei der zweiten Bitte gleich zu handeln (Cialdini et al., 1995; DeJong, 1979; Gorassini & Olson, 1995). Der Wunsch, konsistent zu sein, ist dabei größer als der Wunsch, die mit der Zustimmung verbundenen Kosten zu vermeiden. In vielen Situationen ist unser Streben nach Konsistenz durchaus sinnvoll und zielführend (z. B. um Zeit und Kapazitäten zu sparen), doch in o. g. Situationen fordert diese Konsistenz unter Umständen einen hohen Preis.

Die Strategie funktioniert im Gegensatz zur „Door-in-the-face"-Technik auch dann, wenn die beiden Bitten von *unterschiedlichen* Personen vorgebracht werden. Darüber hinaus ist sie auch in *schriftlicher* Form, beispielsweise per Fragebogen oder im Internet, erfolgreich (Girandola, 2002a, 2000b; Gueguen & Jacob, 2001).

Klassische Studien zur „Foot-in-the-door"-Technik
Einer großen Bitte wird eher zugestimmt, wenn vorher bereits einer kleineren Bitte zum gleichen Thema zugestimmt wurde.

Freedman und Fraser (1966, Exp. 1) riefen im Rahmen einer Telefonstudie Hausfrauen an. Eine erste Gruppe wurde in diesem Telefonat gebeten, einige wenige Fragen zu ihrem Seifengebrauch zu beantworten (kleine Bitte). Einige Tage später riefen sie diese Gruppe erneut an und fragten sie, ob sie fünf bis sechs Mitarbeiter zu ihnen ins Haus schicken dürften, um den Bestand aller im Haus verwendeten Produkte aufzunehmen. Diese Bestandsaufnahme würde zwei Stunden in Anspruch nehmen und es sei erforderlich, dass die Mitarbeiter in alle Schränke und Schubladen schauen dürften (große Bitte). Eine zweite Gruppe von Hausfrauen wurde nur einmal angerufen und ausschließlich mit dieser letzteren, großen Bitte konfrontiert.

Tab. 2.7: „Foot-in-the-door"-Technik.
Einer größeren Bitte wird eher zugestimmt, wenn vorher eine kleinere Bitte gestellt und dieser zugestimmt wurde.

Gruppe	A	B
1. Bitte	kleine Bitte	---
Reaktion	Zustimmung	---
2. Bitte	größere Bitte	
Zustimmung	53 %	22 %

Die Ergebnisse zeigten, dass nur 22 % der zweiten Gruppe dieser großen Bitte zustimmten. In der ersten Gruppe dagegen stimmten 53 % Teilnehmerinnen – nachdem sie schon vorher Fragen zu ihrem Seifengebrauch beantwortet hatten – der Bestandsaufnahme im eigenen Haus zu. Die „Foot-in-the-door"-Strategie erhöhte also die Zustimmung auf das Doppelte (*siehe Tab. 2.7*).

In einer weiteren Studie zeigten Freedman und Fraser (1966, Exp. 2), dass dieser „Foot-in-the-door"-Effekt auch dann auftritt, wenn beide *Bitten von unterschiedlichen Personen* vorgetragen werden: Sie baten kalifornische Hausbesitzer, ein großes, aufdringliches Schild mit der Aufschrift „drive carefully" in ihren Vorgarten zu stellen. Nicht einmal 20 % der Hausbesitzer kamen dieser Bitte eines Fremden an ihrer Haustüre nach.

Eine andere Gruppe von Hausbesitzern wurde zuerst gefragt, ob sie eine Petition für sichereres Fahren unterschreiben würden. Fast jeder Gefragte kam dieser Bitte nach. Bei dieser Gruppe kam eine Woche später ein wiederum Fremder an ihre Haustür und fragte, ob sie das o. g. Schild in ihren Vorgarten stellen würden. Die Personengruppe, die zuvor die Petition unterschrieben hatte, war dreimal so häufig bereit, das Schild aufzustellen, wie die andere Personengruppe. Der einzige Unterschied zwischen beiden Gruppen liegt in der zuvor unterschriebenen Petition, d. h. der ersten kleineren das Commitment erzeugenden Bitte zum gleichen Inhaltsbereich.

Die „Low-ball"-Technik

Stellen Sie sich folgendes Szenario vor. Sie wollen ein neues Auto kaufen. Der Verkäufer macht Ihnen ein unglaublich gutes Angebot, beispielsweise verspricht er Ihnen einen großzügigen Rabatt auf den ursprünglichen Preis. Sie sind den Wagen inzwischen Probe gefahren und völlig angetan. Sie entschließen sich zum Kauf. Doch da passiert das Unvorstellbare: Leider, leider ist da ein unverzeihlicher Fehler passiert, für den der arme Verkäufer gar nichts kann – das Auto gibt es doch nicht zu dem besprochenen Preis. Aber das besagte Auto ist ja nun mal das, was Sie inzwischen unbedingt haben wollen – kurzum, Sie kaufen es trotz des höheren Preises. Was hier wie ein dummer Zufall aussieht, ist Resultat einer klar geplanten Verkaufsstrategie – der sog. „Low-ball"-Technik (= „Tiefschlag"-Technik): Der Verkäufer sichert sich Ihre Zustimmung durch einen attraktiven Preis, doch dann steigt dieser Betrag

> **Die „Low-ball"-Technik**
> - Strategie, um Personen dazu zu bringen, einer Forderung zuzustimmen
> - *Zuerst* wird eine *kleinere* Vereinbarung getroffen, ggf. mit einem *Anreiz* versehen.
> - *Dann* werden sich dahinter verbergende *Nachteile* bekannt gegeben; der ursprüngliche Anreiz wird entfernt.
> - *Obwohl* nun aus der kleinen *eine große* Forderung geworden ist, wird die Vereinbarung mit hoher Wahrscheinlichkeit weiterhin aufrechterhalten.

aufgrund angeblich unvorhersehbarer Gründe an. In aller Regel bleiben Personen bei der Vereinbarung, obwohl sich der Handel für sie verschlechtert hat (Cialdini et al., 1978; siehe auch Brownstein & Katzev, 1985; Burger & Petty, 1981; Gueguen et al., 2002; Joule, 1987).

Warum fühlen sich Personen trotz der veränderten Rahmenbedingungen so verpflichtet, dabei zu bleiben? Die Ursache liegt darin, dass sie ihr Wort gegeben (sich „committet") haben. Aufgrund der *Norm sozialer Verpflichtungen* fühlen sich Personen verpflichtet, soziale Vereinbarungen einzuhalten. Diese Norm ausnutzend hat sich die „Low-ball"-Technik als durchaus beliebte Verkaufsstrategie etabliert: Zunächst handeln Verkäufer und Kunde miteinander einen guten Preis aus und „verbünden" sich auf diese Weise miteinander. Dann kommt der Verkäufer von einem Gespräch mit seinem Chef oder Lieferanten zurück, bei dem er den Handel „nur noch" absegnen lassen musste; doch der Chef/Lieferant setzt den Preis nicht wie erhofft herunter. Der Käufer fühlt sich dem netten Verkäufer, der sich bei seinem Chef/Lieferanten – wenn auch erfolglos – so für ihn eingesetzt und sich mit ihm verbündet hat, verpflichtet, trotz der neuen Rahmenbedingungen den Handel zu tätigen. Gibt es einen Dritten, den Chef/Lieferanten, den man für die veränderten Bedingungen der Vereinbarung verantwortlich machen kann, so ist der soziale Druck gegenüber dem angeblich Verbündeten umso stärker.

Zum Gelingen der „Low-ball"-Technik trägt neben dem Commitment ein weiterer Mechanismus bei, die *kognitive Dissonanz (siehe Abschnitt 1.5.3)*. Auf der einen Seite halten Personen es aufgrund der neuen Rahmenbedingungen für besser, aus dem Handel auszusteigen, auf der anderen Seite sind sie bestrebt, Vereinbarungen beizubehalten, und entscheiden sich auch letztendlich dafür. Dieser Konflikt erzeugt kognitive Dissonanz und führt dazu, dass alles, was *für* den Handel spricht, *aufgewertet* wird („Auch wenn der Preis nicht herunter zu handeln war, bekommen wir auf jeden Fall ein gutes Produkt, das Produkt unserer Wahl …"). Außerdem sehen sie das Produkt bereits als ihr eigenes an (dies wird z. B. gepuscht durch Probefahrten, unterschriebene Schriftstücke), so dass die Vereinbarung einen speziellen Wert bekommt, der schwieriger aufzugeben ist (Brockner & Rubin, 1985; Teger, 1980). Mit der Zeit finden sich weitere Argumente und Vorteile, die die Kaufentscheidung oder Vereinbarung auch ohne den ursprünglichen Anreiz rechtfertigen.

Kurzum: Die „Low-ball"-Technik basiert darauf, dass zunächst ein Anreiz für den Kauf (z. B. durch Rabatt) gesetzt und später wieder entfernt wird. In der Zwischenzeit wird eine Bindung des potenziellen Käufers erzeugt (z. B. indem er selbst Argumente, die dafür sprechen, entwickelt hat), so dass der Kauf nicht mehr auf den ursprünglichen Anreiz angewiesen ist.

Wie die nachstehende klassische Studie zeigt, kann diese Technik neben Kaufentscheidungen ebenso zur Änderung von aufwendigeren Verhaltensweisen eingesetzt werden.

Klassische Studie zur „Low-ball"-Technik
Selbst nach Entfernen des anfänglichen Anreizes behalten Personen ihr Verhalten bei.

Pallak et al. (1980) baten Hausbesitzer an einem Projekt zum Energiesparen teilzunehmen. Eine Teilnehmergruppe erhielt Tipps zur Senkung des Energieverbrauchs und wurde gebeten, diesen zu senken. Die nach vier Wochen erfolgte Überprüfung des Energieverbrauchs ergab keine nennenswerte Einsparung. Einer weiteren Teilnehmergruppe wurde hingegen in Aussicht gestellt, dass sie bei einem Erfolg des Projekts mit ihrem Namen und ihrer Energiesparleistung in der Zeitung genannt würden. (Namentlich in der Zeitung zu erscheinen, ist in den USA ein durchaus hoher Anreiz.) Die nach vier Wochen erfolgte Überprüfung des Energieverbrauchs ergab eine deutliche Energieersparnis.

Nach einiger Zeit wurden die Hausbesitzer darüber unterrichtet, dass es leider doch nicht möglich sei, sie in der Zeitung zu erwähnen – d. h. der ursprüngliche Anreiz wurde beseitigt. Erstaunlicherweise sparten diese Teilnehmer in den folgenden Monaten sogar noch mehr Energie als zuvor. Dies ist auf die „Low-ball"-Technik zurückzuführen – selbst nachdem der ursprüngliche Anreiz für das Verhalten wegfällt, wird das Verhalten aufrechterhalten, da sich inzwischen viele zusätzliche Gesichtspunkte und Argumente gefunden haben, die das neue Verhalten stützen und rechtfertigen (*siehe Abb. 2.5*).

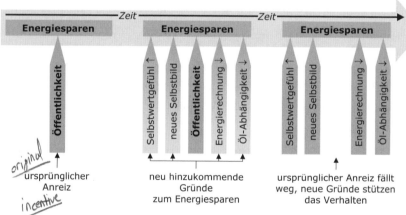

Abb. 2.5: „Low-ball"-Technik.
Zunächst wird ein Verhalten durch einen äußeren Reiz gestützt. Mit der Zeit finden sich andere Gründe für das Verhalten (Selbstwertgefühl, Selbstbild, Energierechnung, weniger Abhängigkeit von der Ölindustrie etc.), die das Verhalten auch dann aufrechterhalten, wenn der ursprüngliche Anreiz wegfällt (modifiziert nach Cialdini, 1997, S. 130, Abb. 3.5).

Fazit zu „Commitment" als Verkaufsstrategie

Ausgangslage

- Personen sind darum bemüht, in ihren Aussagen und Handlungen konsistent zu sein, und handeln nach dem Motto: „Wer A sagt, muss auch B sagen."

- Haben Personen einer (wenn auch sehr kleinen) Sache zugestimmt, lassen sie sich nachfolgend leichter überzeugen, auch einer größeren Bitte in einem ähnlichen Zusammenhang zuzustimmen.

Regulationsmöglichkeiten

- Werden Sie sich darüber bewusst, ob Sie eine Entscheidung nur deswegen treffen, weil Sie nicht als unzuverlässig oder inkonsequent erscheinen möchten. Häufig ist Letzteres mit einem „unguten Gefühl" verbunden – prüfen Sie daraufhin noch einmal die sachlichen Argumente und auch, ob Sie vorher einer Kleinigkeit im selben oder in einem ähnlichen Zusammenhang zugestimmt haben.

- Prüfen Sie, ob Sie einer Bitte oder Forderung auch ohne vorausgehendes Commitment nachgekommen wären. Treffen Sie dann Ihre Entscheidung.

- Erkennen Sie in einem vorher erzeugten Zugeständnis Ihrerseits eine Verkaufsabsicht, wird es Ihnen leichter fallen, die nachgeschobene Bitte abzulehnen.

- Wenn Sie von vornherein eine Verkaufsabsicht erkennen, kann es Sinn machen, das Commitment erst gar nicht einzugehen.

Zusammenfassung

Wie wir in diesem Abschnitt gesehen haben, ist der Einfluss anderer Personen auf unsere Kaufentscheidungen nicht unerheblich. Zum einen lassen wir uns von der Masse überzeugen im Sinne von „was alle kaufen/tun, ist gut". Zum anderen können aber auch Einzelpersonen großen Einfluss auf unser Kaufverhalten nehmen. Dabei werden wir insbesondere von denjenigen beeinflusst, die uns sympathisch erscheinen. Indem Verkäufer versuchen, sich die Sympathien ihrer Kunden zu sichern, machen sie sich dieses Phänomen zur Absatzsteigerung zunutze.

Weitere Beeinflussungsstrategien beruhen auf *Reziprozität* und *Commitment*: Indem der Verkäufer dem Kunden ein Geschenk macht oder Entgegenkommen zeigt, bringt er ihn in seine Schuld". Aufgrund der Reziprozitätsnorm fühlt sich der Kunde daraufhin verpflichtet, diese Gefälligkeit zu erwidern und deswegen dem Verkäufer etwas abzukaufen. Commitment wirkt dann verkaufsfördernd, wenn der Verkäufer den Kunden dazu bringen kann, einer kleinen Bitte zuzustimmen, so dass er sich später erheblich schwerer tut, eine größere Bitte im gleichen Rahmen abzulehnen. Dies gelingt, weil Menschen in ihren Handlungen konsistent erscheinen möchten.

2.4 Zusammenfassung

Kaufentscheidungen erfolgen ebenso wenig wie Entscheidungen im Allgemeinen nach rein *ökonomischen* Gesichtspunkten, sondern werden vielmehr von *psychologischen* Faktoren mitbestimmt. Aufgrund dieser psychologischen Einflussgrößen können objektiver und subjektiver Wert eines Produkts stark voneinander abweichen. So wird bereits dem *objektiv* gleichen Geldbetrag bzw. Preis in Abhängigkeit von Zeit, eigenem Besitz, Kontext u. a. Komponenten ein jeweils unterschiedlicher *subjektiver* Wert zugemessen. Ob etwas gekauft wird oder nicht, hängt entscheidend davon ab, ob das Verhältnis zwischen Preis und subjektivem Wert als angemessen angesehen wird.

Darüber hinaus wird der subjektive Produktwert von der *Verfügbarkeit des Produkts* (seltene Produkte werden höher bewertet) sowie von dem Vorhandensein von Wahlmöglichkeiten, d. h. von den *Alternativen zum Produkt,* beeinflusst. Schließlich haben *andere Personen* Einfluss auf unsere Kaufentscheidungen, indem wir im Sinne sozialer Bewährtheit eher das kaufen, was alle kaufen, und durch gezielte Verkaufsstrategien unseres Gegenübers einen Kauf aufgrund von *Sympathie, Reziprozität* oder *Commitment* tätigen.

All diese Einflussfaktoren haben nur wenig mit dem objektiven Produktwert zu tun. Doch kann das Wissen um die hier dargestellten Mechanismen helfen, sie frühzeitig zu erkennen und sich so ihrem Einfluss zu widersetzen.

Probieren Sie es einfach aus, indem Sie Ihr gerade erworbenes Wissen auf das Beispiel der sog. Tupperpartys anwenden und zuordnen, auf welchen Mechanismen das Vorgehen der Firma Tupperware® beruht.

- Warum wird Tupperware® hauptsächlich im privaten Rahmen verkauft?
  Im privaten Rahmen, d. h. unter Freunden fügt sich die Tupperware-Vertreterin in die Runde der Freunde und Bekannten ein. Der psychologisch effektivere Verkaufsfaktor ist der Gastgeber (nicht das Produkt und nicht die Vertreterin), denn man kann den eigenen Freunden, die einen dazu eingeladen haben, nicht nein sagen beim Verkauf (*Sympathie, Abschnitt 2.3.2*).

- Was hat es mit dem Geschenk auf sich, das jeder Party-Teilnehmer erhält?
  Das Geschenk der Vertreterin wirkt im Sinne der Reziprozitätsnorm, so dass man ihr ebenfalls etwas „Gutes" tun will, indem man ihr etwas abkauft (*Reziprozitätsnorm, Abschnitt 2.3.3*).

- Wieso werden die Partygäste dazu angehalten, ihre positiven Erfahrungen mit dem Produkt zum Besten zu geben?

  Hier wirken zwei Mechanismen. Zum einen erhöht das Erzählen aus der eigenen Erfahrung die Bindung desjenigen, der erzählt, ans Produkt und ermöglicht nachfolgend die Anwendung der „Foot-in-the-door"-Technik (*Commitment, Abschnitt 2.3.3*). Zum anderen hört man von den anwesenden Freunden, was sie als Vorzüge von Tupperware® sehen. Dies hat eine stärkere Überzeugungskraft als es die Vertreterin selbst erreichen könnte (*Einflüsse auf die Überzeugungskraft, Abschnitt 2.3.2*).

- Wieso wird auf der Party und damit in Gegenwart von Bekannten und Freunden der Verkauf gestartet?

  Wieder einmal sind die anwesenden Freunde der beeinflussende Faktor. Was alle tun, muss gut und richtig sein; die Bereitschaft zum Kauf ist größer, wenn alle etwas kaufen (*soziale Bewährtheit, Abschnitt 2.3.1*; hinzu kommen noch die Wirkung von *Konsens und Öffentlichkeit, siehe Kapitel 6*).

3 Beurteilung von Personen

Tagtäglich begegnen wir einer Vielzahl von Menschen. Im Privaten, aber gerade auch im Berufsalltag kommt es darauf an, Personen richtig einzuschätzen und das möglichst schnell – „Was für einen Stil hat dieser Kunde?", „Welche Strategie wird er einschlagen, welche Argumente werden bei ihm ziehen?", „Worauf legt er Wert?", „Ist er ein harter Verhandlungspartner?". Kurz nach dem Kundentermin sitzen Sie dann vielleicht in einem Bewerbungsgespräch und sollen entscheiden, ob der vor Ihnen sitzende Kandidat für die zu besetzende Stelle geeignet ist. Wahrscheinlich gehen Ihnen dann Fragen durch den Kopf wie „Wie wäre der Kandidat als Mitarbeiter?", „Würde er ins Team passen?" oder „Wäre er erfolgreich?".

Sowohl bezüglich des neuen Kunden als auch bezüglich des Bewerbers wären Sie bemüht, sich möglichst rasch ein genaues Bild von der anderen Person zu machen, um zu entscheiden, welche Strategie Sie gegenüber dem Kunden anwenden oder ob Sie den Kandidaten einstellen sollen.

Doch wie finden Sie heraus, wie jemand ist? „We look at a person and immediately a certain impression of his character forms itself in us. A glance, a few spoken words are sufficient to tell us a story about a highly complex matter ..." (Asch, 1946, S. 258; zitiert nach Baron & Byrne, 2003). Wieso können wir häufig *auf Anhieb* sagen, ob uns jemand sympathisch ist oder nicht? Wie kommen wir zu einer Einschätzung des „Charakters" einer Person (der ja nicht „äußerlich" sichtbar ist)? Wie kann es sein, dass wir selbst von Personen, von denen wir ein klares Bild zu haben glauben, überrascht werden, weil wir sie falsch eingeschätzt hatten? Unterliegen wir in der Beurteilung anderer Personen womöglich systematischen Fehlern? Wie verändert sich unsere Einschätzung einer Person, wenn wir ihr wiederholt begegnen und/oder neue Informationen über sie erhalten?

Dieser Einschätzungsprozess anderer Personen wird als **soziale Wahrnehmung** bezeichnet (Greenberg & Baron, 2000; Kenny, 1994): Um ein Verständnis anderer zu entwickeln, kombinieren, integrieren und interpretieren wir Informationen über sie. Dies beginnt mit einem ersten spontanen Eindruck über jemanden und wird systematischer, wenn wir mit demjenigen länger zu tun haben oder ein wichtiges Urteil gefordert ist.

Soziale Wahrnehmung
Um ein Verständnis anderer Personen zu entwickeln,
- kombinieren,
- integrieren und
- interpretieren
wir Informationen über sie.

Dieser Beurteilung anderer ist das vorliegende Kapitel gewidmet. So wird aufgezeigt, *welche Informationen* zur Einschätzung einer Person herangezogen, *wie* sie verarbeitet und interpretiert werden.

Stellen Sie sich vor, Sie sind Mitglied der Jury in einem Assessment Center. Ihre Aufgabe ist es, die jeweiligen Bewerber zu beurteilen, um so die besten Kandidaten auszuwählen. Welche Merkmale des Bewerbers werden für Ihr Urteil ausschlaggebend sein? Wovon, glauben Sie, wird Ihre Beurteilung beeinflusst?

Wenn wir uns ein Bild von einer anderen Person machen wollen, ziehen wir Informationen heran, die diese Person uns liefert – sei es durch ihr Äußeres oder ihr Verhalten. Wie wir anhand dieser Informationen auf den Charakter einer Person schließen wird im ersten Abschnitt beschrieben *(siehe Merkmale des Gegenübers, Abschnitt 3.1)*. Verschiedene Personen kommen häufig zu sehr unterschiedlichen Einschätzungen ein und derselben Person – wie kann das sein, wo doch die Person die gleiche bleibt? Warum erscheint sie dem einen sympathisch, während ein anderer sie nicht ausstehen kann? In den Abschnitten 3.2 und 3.3 wird dargestellt, dass es eine entscheidende Rolle spielt, *in welcher Situation (siehe Merkmale der Situation, Abschnitt 3.2)* und *von wem* eine Person beurteilt wird *(siehe Merkmale des Beurteilenden, Abschnitt 3.3)*.

3.1 Merkmale des Gegenübers

Greifen wir noch einmal das Eingangsbeispiel des Bewerbers im Assessment Center auf: Vermutlich gehen Sie davon aus, dass Ihre Einschätzung des Bewerbers hauptsächlich darauf beruht, wie der andere *ist* – d. h., Sie glauben zu dieser Einschätzung gelangt zu sein, weil er bestimmte Merkmale besitzt oder sich auf eine bestimmte Art und Weise verhält. Zum einen handelt es sich dabei um *Merkmale*, die Sie an ihm *beobachten* konnten wie Aussehen, Statussymbole oder andere nonverbale Aspekte *(siehe Abschnitt 3.1.1)*. Zum anderen werden Sie aus dem beobachteten Verhalten *Schlussfolgerungen* ziehen und so die Ursachen des Verhaltens einer Person, insbesondere ihre Charaktereigenschaften, einschätzen *(siehe Abschnitt 3.1.2)*.

3.1.1 Einschätzung aufgrund beobachtbarer Merkmale

Der erste Eindruck basiert vor allem auf Informationen, die leicht nach außen hin sichtbar sind, wie beispielsweise Attraktivität, Kleidung und nonverbales Verhalten des anderen. Aber auch einzelne Komponenten wie Gesicht, Körpergröße, Statur, Haut- und Haarfarbe, Brillen oder sogar der Name einer Person fließen in eine Beurteilung mit ein (Alley, 1988; Berry & McArthur, 1986; Bull & Rumsey, 1988; Herman et al., 1986; Young et al., 1993; Zebrowitz, 1997).

Häufig ist uns dabei gar nicht bewusst, welche Informationen und welche Schluss-folgerungen dazu führen, dass wir jemanden auf den ersten Blick für sympathisch oder kompetent halten, da der erste Eindruck („quick attributional snapshots we form when we first meet someone", Aronson et al., 2002, S. 133) weitgehend automatisch abläuft (Smith & Mackie, 2000, S. 67). Wie nachfolgend skizziert wird, haben insbesondere für Faktoren wie *Sympathie* und *Kompetenz* bestimmte Merkmale eine Art „Signalfunktion" und somit einen erheblichen Einfluss auf die Einschätzung. Da diese Merkmale völlig unabhängig von den tatsächlichen Eigenschaften der Person sein können, ist der erste Eindruck nicht immer sehr genau (DePaulo et al., 1987; Funder & Colvin, 1988).

Was lässt eine Person sympathisch und positiv erscheinen?

Eine solche Signalfunktion hat beispielsweise die physische Attraktivität eines Men-schen: Physisch attraktive Menschen nehmen wir als sympathischer wahr. Weiterhin mögen wir Personen lieber, die uns ähnlich sind, mit denen wir häufig Kontakt haben bzw. die wir kennen und mit denen wir positive Dinge assoziieren (*siehe auch Kapitel 2 und Kapitel 4*).

Physische Attraktivität. Attraktiven Menschen werden mehr positive Eigenschaften wie Begabung, Ehrlichkeit oder auch Intelligenz zugeschrieben als unattraktiven (Eagly et al., 1991); sie werden insgesamt als glücklichere und fähigere Menschen wahrgenom-men (Dion et al., 1972). Essays werden als qualitativ hochwertiger beurteilt, wenn sie einem attraktiven Autor zugeschrieben werden als einem durchschnittlich aussehenden oder unattraktivem (Landy & Sigall, 1974). Vergleichbare Wirkungen von Attraktivität sind auch *gegenüber* Kindern (Clifford, 1975) und bereits *unter* Kindern zu verzeichnen (Dion & Berscheid, 1974). Dieser „Sympathie steigernden" Wirkung von Attraktivität liegt der sog. Halo-Effekt zugrunde (*siehe Abschnitt 3.3.2*): Der Gesamteindruck, den eine Person auf andere macht, wird durch ein einzelnes positives Merkmal (hier: ihre Attraktivität) dominiert. Dieser Effekt ist in verschiedensten Bereichen nachgewiesen worden, so beispielsweise

- **... im politischen Umfeld**
  Attraktive Kandidaten gewinnen eher eine Wahl als unattraktive (Efran & Patterson, 1976, zitiert nach Cialdini, 1997). Befragt man die Wähler diesbezüglich, so bestrei-ten sie jedoch, von der Attraktivität der Kandidaten beeinflusst worden zu sein.

- **... in der Personalauswahl**
  In Personalauswahlgesprächen war die äußerliche Erscheinung eines Bewerbers für seine Einstellungschancen *ausschlaggebender* als seine berufliche Qualifikation (Mack & Rainey, 1990; Schuler & Berger, 1979) – hier behaupteten die Entscheider ebenfalls, dass das Äußere für ihre Personalentscheidung keine Rolle gespielt habe.

- **... in der (amerikanischen) Rechtsprechung**

  Attraktive Menschen haben vor Gericht bessere Chancen (Bierhoff et al., 1989; Castellow et al., 1990; Downs & Lyons, 1991), denn sie werden *weniger hart* verurteilt (Patzer, 1985; Stewart, 1980, 1985) und trotz erneuter Straffälligkeit *weniger häufig erneut* verurteilt (Kurtzberg et al., 1968). Beispielsweise wurde ein Angeklagter, wenn er attraktiver war als sein Opfer, zur Zahlung von durchschnittlich 5 623 $ Schmerzensgeld verurteilt. Im umgekehrten Fall jedoch, wenn das Opfer attraktiver war als der Angeklagte, wurde das Schmerzensgeld auf 10 051 $ festgesetzt. Ohne Kenntnis der Attraktivität der Beteiligten betrug hingegen das Schmerzensgeld 8 618 $ (Kulka & Kessler, 1978). Dieser Einfluss der Attraktivität zeigt sich bereits bei Kindern: Attraktiven Kindern wird die gleiche Handlung als weniger verwerflich ausgelegt als unattraktiven Kindern (Dion, 1972).

Des Weiteren überzeugen attraktive Menschen ein Publikum leichter als unattraktive (Chaiken, 1979) und erhalten in einer Notsituation eher Hilfe von Passanten (Benson et al., 1976).

Ähnlichkeit. Nicht nur attraktiven, sondern auch uns *ähnlichen* Menschen (z. B. ähnlich gekleideten) helfen wir eher als uns unähnlichen (Emswiller et al., 1971). Warum ist dies so? Wir helfen denen, die wir mögen – uns ähnliche Menschen mögen wir lieber. Denn Personen, die uns beispielsweise bezüglich unseres Aussehens und Kleidens, hinsichtlich unserer Meinungen, Charaktereigenschaften, Herkunft oder Lebensstils ähnlich sind, stellen uns in unserer Art nicht in Frage, sondern bestätigen uns und unsere Einstellung (Byrne, 1971; *siehe auch Abschnitt 4.1.3*).

Der „Similar-to-me"-Effekt
Tendenz, andere Personen, die man sich selbst in irgendeiner Weise als ähnlich empfindet, in einem positiven Licht wahrzunehmen

Die Devise „Wer mir ähnlich ist, der muss gut sein!" wirkt sich immer wieder bei der Beurteilung anderer Personen aus, auch wenn die Ähnlichkeit eine völlig irrelevante Dimension berührt: Nur weil jemand am gleichen Tag Geburtstag hat wie man selbst, bedeutet das nicht logischerweise, dass er deswegen den speziellen Job, für den er sich bewirbt, gut machen wird. Die Tendenz, Menschen in einem positiveren Licht wahrzunehmen, nur weil sie einem selbst in irgendeiner Art und Weise ähnlich sind, wird der **„Similar-to-me"-Effekt** genannt.

So beurteilen Vorgesetzte ihnen ähnliche Mitarbeiter positiver als ihnen unähnliche Mitarbeiter (Pulakos & Wexley, 1983). Die Ähnlichkeit kann sich dabei auf verschiedenste Aspekte beziehen, auf berufliche Wertvorstellungen, Gewohnheiten, Einstellungen, Weltanschauungen, Ansichten über Arbeitsabläufe oder auch auf demographische Variablen (wie Alter, Geschlecht, Herkunft oder Berufserfahrung).

Dieser Effekt wird von unserer Neigung, uns vor allem in uns ähnliche Personen hin-einzuversetzen, sich zu diesen hingezogen zu fühlen und ihnen gegenüber nachsichtiger zu sein, bedingt. So vertrauen Mitarbeiter ihnen *ähnlichen* Vorgesetzten mehr und sind diesen gegenüber ehrlicher als in der Zusammenarbeit mit unähnlichen Vorgesetzten (Turban & Jones, 1988, zitiert nach Cialdini, 1993). Mitarbeiter, die ihren Vorgesetzten in ihren Meinungen zustimmen, werden als ähnlicher wahrgenommen und im Sinne des „Similar-to-me"-Effekts in ihrer Arbeit entsprechend auch positiver bewertet (Wayne & Liden, 1995).

Nähe und Kontakthäufigkeit. Neben der empfundenen Ähnlichkeit wird die Sympa-thie, die wir für jemanden empfinden, auch ganz einfach davon beeinflusst, wie oft wir jemanden sehen und wie vertraut er uns dadurch ist. „In der Regel mögen wir das, was wir kennen (Zajonc et al, 1974). Um sich selbst davon zu überzeugen, schlage ich Ihnen ein kleines Experiment vor. Nehmen Sie ein Negativ einer alten Portraitaufnahme von sich und lassen Sie sich zwei Abzüge davon machen – einen, auf dem Sie so zu sehen sind, wie Sie wirklich sind, und einen Spiegelverkehrten, auf dem die rechte und linke Seite Ihres Gesichts vertauscht sind. Jetzt fragen Sie sich, welche Version Ihres Gesichts Ihnen besser gefällt, und bitten Sie einen guten Freund um die Auskunft, welches Bild er vorzieht. (…) Ihr Freund wird die wirklichkeitsgetreue Abbildung vorziehen und Sie die seitenverkehrte. Der Grund ist einfach: Sie *beide* bevorzugen das vertrautere Gesicht – Ihr Freund dasjenige, das die Welt sieht, und Sie dasjenige, das Sie täglich im Spiegel betrachten" (aus Cialdini, 1997, S. 209f; nach einer Studie von Mita et al., 1977).

Vertrautheit macht sympathisch – Personen, mit denen wir Kontakt haben, sind uns ver-trauter und damit auch sympathischer (Festinger et al., 1950; Zajonc, 1968; *siehe auch Abschnitt 4.1.3*). Bereits das wiederholte Sehen (ohne Interaktion) oder das Nebeneinan-dersitzen in Vorlesungen führt dazu, dass wir eine andere Person als interessanter, warm-herziger, attraktiver und intelligenter einschätzen (Moreland & Beach, 1992). Schließ-lich lässt auch die bloße Erwartung, zukünftig erneut auf dieselbe Person zu treffen, diese interessanter und sympathischer erscheinen (Berscheid et al., 1976; *siehe auch Merkmale des Beurteilers, Abschnitt 3.3*).

Des Weiteren hat **die bloße Assoziation mit positiven oder negativen Dingen** Einfluss darauf, wie gerne wir andere mögen bzw. im Umkehrschluss wie beliebt wir selbst bei anderen sind (Lott & Lott, 1965). So unbeliebt Politessen sind, weil sie uns Strafzettel verpassen, so beliebt sind „Weihnachtsmänner", die vor dem Supermarkt Geschenke austeilen.

Was lässt eine Person kompetent, autoritär oder glaubwürdig erscheinen?

Neben der Sympathie beeinflussen auch Titel, Uniformen oder andere spezifische (Berufs-)Kleidung sowie Luxusartikel die Einschätzung einer Person (Joseph & Alex, 1972). Aus diesen „Signalen" werden **Status** bzw. Expertentum einer Person abgeleitet und die Person dementsprechend beurteilt.

Klassische Studie zum Status

Personen überschätzen aufgrund des Status einer Person deren Körpergröße.

Wilson (1968) stellte seinen Teilnehmern eine andere Person entweder als Student, als Tutor, als Assistent, als Dozent oder als Professor vor. Als diese Person den Raum verlassen hatte, forderte er die Teilnehmer auf, die Körpergröße dieser Person zu schätzen. Es zeigte sich, dass mit zunehmendem Status auch die geschätzte Körpergröße anstieg und zwar um durchschnittlich 1,23 cm pro „Statusstufe". Der vermeintliche Professor wurde um etwa 6,35 cm größer eingeschätzt als der angebliche Student.

Wie diese Studie zeigt, werden Menschen in Abhängigkeit ihres (vermeintlichen) Status bereits bezüglich ihrer Körpergröße, einem eher banalen und an und für sich auch objektivierbaren Merkmal, unterschiedlich eingeschätzt. Jenseits der Körpergröße kann es zu weitaus gravierenderen Fehlentscheidungen kommen, wenn von Äußerlichkeiten auf Kompetenz oder Glaubwürdigkeit geschlossen wird – man denke nur an Hochstapler, die sich dieses Phänomen sehr erfolgreich zunutze machen. Steven Spielberg erzählt in seinem Kinofilm „Catch me if you can" über Frank W. Abagnale Jr., dessen Karrieren als „falscher" Arzt, Pilot und Rechtsanwalt vortreffliche Beispiele hierfür darstellen.

Klassische Studie zum Expertenstatus/Autoritätsdenken

Personen, die Expertenstatus innehaben, wird unkritisch Folge geleistet.

Hofling et al. (1966) riefen in Krankstationen Pflegekräfte an und gaben sich als Klinikarzt aus. Sie gaben per Telefon die Anweisung, einem bestimmten Patienten der Station 20 Milligramm eines bestimmten Medikaments zu verabreichen. In 95 % der Fälle wurde dem Folge geleistet, d. h. die Pflegekraft holte das Medikament, entnahm die geforderte Menge und machte sich auf dem Weg zu dem Patienten. (Dort wurde sie dann abgefangen und über die Studie aufgeklärt.)

Aus vier Gründen hätte es dazu nicht kommen dürfen:

1. Die Anordnung kam per Telefon, was eine Verletzung der Klinikordnung bedeutete.

2. Dieses bestimmte Medikament durfte prinzipiell nicht verordnet werden.

3. Die verschriebene Dosis war eindeutig zu hoch, auf der Packung stand als Höchst-dosis 10 mg.

4. Die Anordnung kam von jemandem, den die Pflegekraft nicht kannte.

Die Pflegekräfte verließen sich darauf, dass die Anordnung einer Autorität bzw. eines Experten (eines Arztes) korrekt ist und nicht hinterfragt werden muss.

Im vorangegangenen Beispiel hat allein das Vorgeben einer Berufszugehörigkeit dazu geführt, dass Personen als kompetent wahrgenommen werden. **Kleidung** kann ähnliche Effekte auslösen: So wird auf Personen in Uniformen eher gehört (Bickman, 1974; Bushman, 1988, *siehe folgenden Kasten*). Ähnlich wirkungsvoll sind auch Arztkittel oder Anzüge im Vergleich zu normaler Kleidung (Lefkowitz et al., 1955).

Klassische Studie zur Wirkung von Kleidung
Aufforderungen wird eher nachgekommen, wenn sie von Personen in Uniform ausge-sprochen werden.

Bickman (1974, Exp. 2) ließ seinen Assistenten auf einer Straße in Brooklyn, New York, Passanten ansprechen und um ungewöhnliche Dinge bitten: Die Passanten sollten bei-spielsweise eine weggeworfene Tüte vom Boden aufheben, sich neben ein Haltestellen-schild stellen oder er zeigte auf einen anderen, einige Meter entfernt stehenden Mann an einer Parkuhr und sagte: „Sehen Sie den Mann dort drüben bei der Parkuhr? Seine Parkuhr ist abgelaufen, und er hat kein Kleingeld. Geben Sie ihm einen Zehncentstück!" Danach wandte er sich zum Gehen.

War dieser Assistent als Wachmann gekleidet, kamen seinen Bitten 92 % der Passanten nach, während dies nur 42 % taten, wenn er in Straßenkleidung erschien.

Auch **Luxusartikel** wie teure Kleidung, Accessoires, Nobelautos beeinflussen unsere Einschätzung anderer Personen sowie unser Verhalten ihnen gegenüber *(siehe folgenden Kasten)*.

Klassische Studie zur Wirkung von Luxusartikeln
Auf Fahrer luxuriöserer Automarken wird im Straßenverkehr mehr Rücksicht genommen.

Doob und Gross (1968) beobachteten Autofahrer im Straßenverkehr in San Francisco. Sie stellten fest, dass die Fahrer neue, teure Autos *später* anhupten als ältere, kleinere Autos, wenn sie hinter ihnen an einer grünen Ampel warten mussten. 50 % der Autofahrer warteten auf die nobleren Fahrzeuge, während bei den preiswerteren Wagen in fast 84 % der Fälle mindestens einmal gehupt wurde.

Das nonverbale Verhalten des Gegenübers

Bei der Einschätzung anderer Personen neigen wir zu der Annahme, dass wir uns hauptsächlich von dem leiten lassen, was Inhalt eines Gesprächs ist bzw. was der andere inhaltlich an Informationen gibt. Wie wir bereits gesehen haben, sind jedoch jenseits des Inhalts weitere Aspekte sehr einflussreich (z. B. Attraktivität, Status etc.). Worte sind damit nur ein Teil dessen, was zählt.

Nonverbales Verhalten
- Blickkontakt
- Gesichtsausdruck
- Mimik
- Stimme
- Gestik
- Körperhaltung
- Bewegung
- Berührung und räumlicher Abstand von anderen

Im Speziellen bei Gesprächen und Präsentationen ist das sog. Nonverbale häufig sehr viel ausschlaggebender als die ausgesprochenen Inhalte, d. h. das Verbale (Ambady & Rosenthal, 1992; De Paulo & Friedman, 1998; Gifford, 1991, 1994). Unter nonverbalem Verhalten versteht man, wie Personen bewusst oder unbewusst ohne Worte kommunizieren. Dazu gehören Blickkontakt, Gesichtsausdruck und Mimik, Stimme, Gestik, Körperhaltung, Bewegung sowie Berührung und räumlicher Abstand gegenüber anderen (Knapp & Hall, 1997).

Nonverbales Verhalten korrekt zu interpretieren, wird dadurch erschwert, dass Personen zum einen verschiedene Gefühle gleichzeitig erleben, so dass ihr Gesicht nicht nur ein einzelnes Gefühl widerspiegelt (Ekman & Friesen, 1975). Zum Zweiten können Personen bestrebt sein, zu blenden oder ihre Gefühle nicht offen zu zeigen (DePaulo & Bell, 1996; Forrest & Feldman, 2000); so setzen Verhandlungspartner ein „Pokerface" auf und Verkäufer sind stets freundlich, auch wenn sie einen nicht mögen. Drittens gibt die Kultur, in der Personen leben, vor, welche Gesichtsausdrücke in welcher Form gezeigt werden dürfen –, dies macht es schwer, an Gesichtern anderer Kulturen abzulesen, was in den Betreffenden vorgeht (Matsumoto & Kudoh, 1993).

Die in diesem Abschnitt beschriebenen, beobachtbaren Einflussfaktoren wie Statussymbole oder nonverbales Verhalten nutzen wir – zum Teil bewusst, zum Teil unbewusst –

um uns bei anderen beliebt zu machen bzw. um von anderen positiv beurteilt zu werden. Diese Taktik wird als „**impression management**" bezeichnet (Fletcher, 1989).

Insbesondere bei ihren Arbeitgebern versuchen Personen einen möglichst positiven Eindruck zu hinterlassen. So achten sie auf ihre Kleidung, auf ihre Stimme und nicht zuletzt auf die Inhalte, die sie erzählen. Inhaltlich sind sie bemüht, ihre Erfolge möglichst als

> **Impression management**
> Bestreben, einen möglichst positiven Eindruck auf andere zu machen

eigene Leistung, Misserfolge als Zufallsprodukte oder fremdverursacht darzustellen (Stevens & Kristof, 1995). Analysen von Bewerbungsgesprächen ergaben, dass sich Bewerber gerne als hart arbeitend, zwischenmenschlich fähig, zielorientiert und effiziente Führungskräfte darstellen – und das mit großem Erfolg (Stevens & Kristof, 1995). Manche Personen tragen auch eine Brille, um sich ein besonders intellektuelles Aussehen zu geben (Terry & Krantz, 1993).

Darüber hinaus wird ein guter Eindruck zu erreichen versucht, indem dem Gesprächspartner gegenüber Sympathie ausgedrückt (durch Nicken, Lächeln, Blickkontakt u. Ä.; Wayne & Ferris, 1990), er in gute Stimmung versetzt (Byrne, 1992), um Rat gefragt (Morrison & Bies, 1991), ihm ein Gefallen getan oder ihm geschmeichelt wird sowie dadurch, dass seine Person, seine Firma oder seine Erfolge gelobt werden (Kilduff & Day, 1994).

Solange sie nicht übertrieben werden, sind diese Strategien durchaus erfolgreich (Paulhus et al., 1995; Wayne & Kacmar, 1991) – derjenige, der sie gebraucht, kann tatsächlich eine positivere Beurteilung erwirken. Allerdings können sie, wenn sie durchschaut werden, zu extrem negativen Reaktionen führen.

3.1.2 Einschätzung aufgrund von Schlussfolgerungen aus dem Verhalten anderer

Äußerlichkeiten wie Attraktivität, Statussymbole und nonverbales Verhalten haben einen nicht zu unterschätzenden Einfluss auf unsere Beurteilung anderer Personen. Häufig sind sie jedoch wenig aussagekräftige Indikatoren dafür, wie eine Person wirklich *ist*. Aussagekräftiger ist hingegen, wie sich eine Person *verhält*, wie sie in bestimmten Situationen *handelt*. Das *Verhalten* anderer Personen nutzen wir daher als Information, um auf den Charakter des Betreffenden zu schließen. Neben der reinen Beobachtung des Verhaltens ist es darüber hinaus sinnvoll zu erschließen, *warum* jemand etwas auf eine bestimmte Art und Weise gemacht hat. Denken Sie beispielsweise an einen Prominenten, der eine große Summe Geld an eine Hilfsorganisation spendet. Es liegt der Schluss nahe, dass dieser Prominente ein großzügiger Mensch ist und eine „soziale Ader" hat. Es sind jedoch auch ganz andere Gründe für dieses Verhalten denkbar – vielleicht handelt es sich um eine reine Marketingstrategie, die der Manager dieses Prominenten veranlasst hat, um höhere Einschaltquoten zu erzielen, während der Spender selbst dieser Aktion völlig indifferent gegenübersteht.

Wie dieses Beispiel zeigt, ist es für eine akkurate Beurteilung anderer Personen daher erforderlich, die Gründe für ihr Handeln zu kennen, um so Rückschlüsse auf den Charakter des Betreffenden zu ziehen („Er hat die Bitte abgelehnt, weil er so kaltherzig ist."). Dies wiederum ermöglicht sogar vorherzusagen, wie sich die Person zukünftig in ähnlichen oder anderen Situationen verhalten wird („Weil er so kaltherzig ist, wird er auch andere Bitten ablehnen.").

Attributionstheorie
Personen schreiben dem eigenen oder dem Verhalten anderer entweder
- internale Ursachen (personenbedingt: Charaktermerkmale, Einstellungen)
oder
- externale Ursachen (situationsbedingt) zu.

Wie gehen wir vor, wenn wir aus dem Verhalten anderer auf die Gründe für dieses Verhalten und damit auf den Charakter dieser Person schließen wollen? Welche Informationen berücksichtigen wir dabei und wie deuten wir sie?

Antworten auf diese Fragen lassen sich anhand der **Attributionstheorie** geben (Heider, 1958; Kelly 1972). Diese erklärt, wie und weshalb wir andere Menschen je nach der Bedeutung, die wir ihrem Verhalten beimessen, unterschiedlich beurteilen. Wenn wir jemanden beurteilen oder uns sein Verhalten erklären wollen, suchen wir zu entscheiden, ob sein Verhalten *internal* oder *external* verursacht wurde, d. h. ob er aus sich heraus gehandelt hat oder ob die Situation bzw. die Umstände ihn dazu gebracht haben.

- **Internale Gründe** für das Verhalten beziehen sich auf Erklärungen, die *die Person selbst* verantwortlich machen (Disposition, Persönlichkeit, Einstellungen, Charaktereigenschaften).
  Wenn der Mitarbeiter zu spät kommt, weil er verschlafen hat oder die Verkaufszahlen des Verkäufers gesunken sind, weil er sich keine Mühe mehr gibt, dann liegen internale Gründe vor.

- **Externale Gründe** für das Verhalten beziehen sich auf Erklärungen, die *die Situation* verantwortlich machen, über die die Person keine Kontrolle hat.
  Solche wären beispielsweise, wenn der Mitarbeiter zu spät kommt, weil er durch einen *größeren Unfall* im Verkehr aufgehalten wurde, oder wenn die Verkaufszahlen des Verkäufers gesunken sind, weil die *Wirtschaftslage* sich verschlechtert hat und derzeit die Käufer ausbleiben.

Wie kommt man nun dazu, zu entscheiden, ob internale oder externale Ursachen für ein bestimmtes Verhalten vorliegen? Diese Entscheidung hängt von drei
Kriterien ab – der Distinktheit, dem Konsensus sowie
der Konsistenz („**Theorie der Kausalattribution**"
nach Kelley, 1972, 1973; Hilton & Slugoski, 1986;
Kelley & Michela, 1980; Orvis et al., 1975, *siehe
Tab. 3.1*):

Theorie der Kausalattribution

Ob das Verhalten anderer durch
internale oder *externale* Faktoren
verursacht wird, lässt sich anhand
der Kriterien

- Distinktheit,
- Konsensus,
- Konsistenz

bestimmen.

1. **Kriterium „Distinktheit"**

   Distinktheit bezeichnet das Ausmaß, in dem sich *die zu beurteilende Person über
   verschiedene Situationen hinweg unterschiedlich verhält*. Kommt der Mitarbeiter
   beispielsweise immer und überall zu spät (bei Sitzungen, Präsentationen und Ge-
   sprächsterminen), so ist die Distinktheit niedrig – er verhält sich über alle Situationen hinweg gleich. War sein Zuspätkommen in einer Sitzung dagegen einmalig und
   ungewöhnlich, so liegt eine hohe Distinktheit vor. Eine internale Attribution ist bei
   niedriger Distinktheit wahrscheinlicher – wenn der Kollege immer zu spät kommt,
   dann liegt das wohl eher an ihm und weniger an den Umständen.

2. **Kriterium „Konsensus"**

   Konsensus bezeichnet das Ausmaß, in dem sich *andere Personen in der gleichen
   Weise verhalten* wie die zu beurteilende Person. Sind alle anderen auch zu spät
   gekommen, so liegt ein hoher Konsensus bezüglich dieses Verhaltens vor (dann war
   es entweder wirklich der Verkehr bzw. herrscht im Unternehmen die Norm, dass
   man zu spät kommen darf). Falls alle anderen pünktlich waren, liegt ein niedriger
   Konsensus vor, was eher in Richtung einer internalen Verursachung interpretiert
   wird.

3. **Kriterium „Konsistenz"**

   Konsistenz bezeichnet das Ausmaß, in dem sich *die zu beurteilende Person in der
   gleichen Situation über die Zeit hinweg gleich verhält*. Kommt der Mitarbeiter zu
   jeder Sitzung zu spät, so liegt hohe Konsistenz vor und es wird eher internal attribuiert. Ist er dagegen seit Monaten das erste Mal zu spät dran, so ist die Konsistenz
   niedrig.

Tab. 3.1: Theorie der Kausalattribution.

Das Ausmaß von Distinktheit, Konsensus und Konsistenz ist vom Verhalten der Person in anderen Situationen, im Zeitverlauf und vom Verhalten anderer Personen in der gleichen Situation abhängig.

Distinktheit		Konsensus		Konsistenz	
hoch	niedrig	hoch	niedrig	hoch	niedrig
Die Person verhält sich in **anderen** Situationen meist ...		**Andere** Personen verhalten sich in der **gleichen** Situation ...		Die Person verhält sich in der **gleichen** Situation meist ...	
anders	**ähnlich**	**ähnlich**	anders	**ähnlich**	anders

Gemäß dieser Theorie integrieren wir o. g. Informationen, um Ursachenzuschreibungen vorzunehmen. Haben wir beobachtet, dass andere Personen es unserer zu beurteilenden Person gleich tun (Konsens hoch), die Person sich in diesen Situationen sonst nicht in der gleichen Weise verhält (Konsistenz niedrig), ebenso wenig in anderen Situationen dieses Verhalten zeigt (Distinktheit hoch), dann liegt der Schluss nahe, dass ihr Verhalten *external* verursacht wurde. Liegt hingegen der Fall vor, dass sich niemand der anderen so verhält wie unsere Zielperson (Konsens niedrig), diese Person sich aber dauernd (Konsistenz hoch) und selbst in den unterschiedlichsten Situationen (Distinktheit niedrig) so verhält, dann schließen wir auf *internale* Ursachen.

Um es an einem Beispiel zu veranschaulichen: Stellen Sie sich, vor, Sie haben einen neuen Kunden und gehen nach einem Ihrer Meetings gemeinsam essen. Im Restaurant beschwert sich der Kunde über das Essen und verhält sich gegenüber den Kellnern ziemlich unhöflich. Da sich niemand sonst beschwert (Konsens niedrig), Ihnen jedoch schon zugetragen wurde, dass der Kunde sich auch bei anderen Restaurantbesuchen so aufgeführt habe (Konsistenz hoch) und Sie ihn zudem bereits bei einem der Meetings als sehr kritisch erlebt haben (Distinktheit niedrig), würden Sie aus dieser Begebenheit wahrscheinlich schließen, dass der Kunde ein schwer zufrieden stellender, kritischer Mensch („Nörgler") ist. Kurzum – Sie würden sein Verhalten auf *internale* Gründe zurückführen (*siehe Abb. 3.1*).

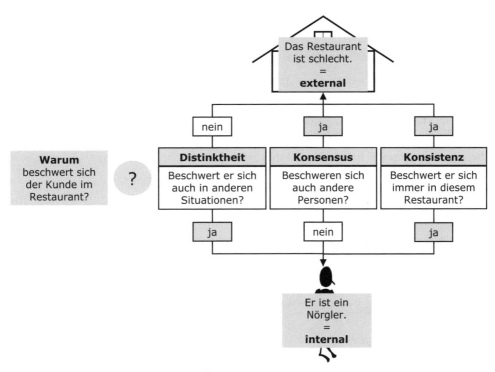

Abb. 3.1: Theorie der Kausalattribution.
Internale und externale Attribution hängen von der Einschätzung von Distinktheit, Konsensus und Konsistenz des Verhaltens ab.

Was aber, wenn die gleiche Begebenheit so abgelaufen wäre: Sie hätten gehört, dass der Kunde sich bei anderen Essen in diesem Restaurant auch schon mal beschwert habe (Konsistenz hoch), hätten ihn auch noch bei keiner anderen Gelegenheit so kritisch erlebt (Distinktheit hoch) und Ihre Kollegen würden sich im Restaurant ebenfalls darüber beschweren, dass das Essen nicht gut sei (Konsens hoch). Im Gegensatz zu obigem Fall würden Sie nun wahrscheinlich schließen, dass das Restaurant wirklich schlecht ist und dies der Grund für sein Verhalten war (external; *siehe Abb. 3.1*).

Nicht immer liegen uns all diese Informationen vor oder sind so eindeutig wie im oben beschriebenen Beispiel. Insbesondere Konsensusinformationen – Informationen über die „Basisrate" des fraglichen Verhaltens bei anderen Personen – liegen nur selten vor und werden, selbst wenn sie vorhanden sind, häufig ignoriert (Borgida & Nisbett, 1977). Letzteres ist vor allem dann der Fall, wenn für eine Beurteilung nur begrenzte Ressourcen zur Verfügung stehen – so fehlen uns beispielsweise häufig Zeit und Kapazitäten, um alle Informationen zu berücksichtigen und entsprechend der o. g. Theorie zu integrieren. Um dennoch zu einem Urteil zu gelangen, bedienen wir uns stattdessen verschiedenster Heuristiken oder anderer Faustregeln (*der Basisratenvernachlässigung oder der Verfügbarkeit, siehe Kapitel 1*). Daraus können fehlerhafte Attributionen und letztendlich auch fehlerhafte Beurteilungen entstehen.

Das Ausmaß internaler und externaler Attributionen unterscheidet sich zwischen den Kulturen: Während individualistische Kulturen wie Westeuropa oder USA, die die individuelle Freiheit, Unabhängigkeit und Autonomie des Einzelnen betonen, internale Erklärungen in deutlich höherem Ausmaß tätigen (so in Zeitungs- und Sportberichten bereits zu erkennen), betonen kollektivistische Länder wie Asien stärker die situativen Faktoren (Lee et al., 1996; Miller, 1984; Morris & Peng, 1994).

Auch wenn das Ausmaß variiert, neigen dennoch Angehörige beider Kulturen dazu, das Verhalten einer anderen Person eher internal als external zu attribuieren – diese Neigung bezeichnet man auch als den *fundamentalen Attributionsfehler*.

Der fundamentale Attributionsfehler

Fundamentaler Attributions-fehler

Tendenz, das Verhalten anderer Personen eher auf internale Ursachen zurückzuführen und externale Faktoren dabei zu übersehen

Wir gehen *zu* häufig davon aus, dass das Verhalten anderer Personen daher rührt, dass sie „eben so sind, wie sie sind" (Burger, 1991; Miller & Lawson, 1989; Ross, 1977). Da dieses Vorgehen häufig in falschen Urteilen resultiert, wird diese Neigung als fundamentaler Attributions*fehler* bezeichnet.

Diese Fehleinschätzung mag in Organisationen zu gravierenden Konsequenzen führen, wenn insbesondere für negative Ereignisse Mitarbeiter persönlich verantwortlich gemacht und externe Ursachen übersehen werden (Greenberg & Baron, 2000, S. 60). Im Zuge des fundamentalen Attributionsfehlers würde beispielsweise eine verringerte Verkaufszahl eher auf die mangelnde Fähigkeit oder Anstrengung des Verkäufers (internale Ursache) als auf die neue Marktsituation durch ein Konkurrenzprodukt (externale Ursache) zurückgeführt.

Selbst in dem Fall, dass Beurteilern *mitgeteilt* wird, welche situativen Zwänge oder Determinanten für ein beobachtetes Verhalten vorliegen, wird nichtsdestotrotz eher internal attribuiert (*siehe folgenden Kasten*; Jones, 1979; Miller et al., 1990; Miller et al., 1981). Damit stellt der fundamentale Attributionsfehler einen sehr robusten Urteilsfehler dar.

Klassische Studien zum fundamentalen Attributionsfehler

Situative Einflüsse auf das Verhalten anderer werden unterschätzt – selbst wenn sie aufgrund einer Rollenverteilung gegeben und damit offensichtlich sind.

In einer Studie wies Humphrey (1985) seinen Teilnehmern (jeweils in Fünfergruppen) per Zufall die Rollen „Manager" (je zwei) und „Angestellte" (je drei) zu. Einige Stunden lang hatten die Teilnehmer dann diesen Rollen entsprechende Arbeiten zu erledigen: Die Manager trafen Entscheidungen, lasen Dokumente, diktierten Briefe an Geschäftskunden und verrichteten andere herausfordernde Tätigkeiten. Die Angestellten hingegen waren mit einfacheren Arbeiten wie Papiere sortieren, Karten in alphabetische Reihenfolge ordnen oder dem Ausfüllen von Formblättern in dreifacher Ausfertigung beschäftigt. Auf diese Weise hatten sie kaum Möglichkeiten, Entscheidungen zu treffen oder Initiative zu zeigen. Im Anschluss an diese Tätigkeiten sollten sich die Teilnehmer gegenseitig auf verschiedenen Dimensionen einschätzen.

Die Ergebnisse zeigten, dass Manager und Angestellte gleichermaßen davon überzeugt waren, dass im Gegensatz zu denen mit Angestelltenrollen die Teilnehmer mit *Managerrollen* überzeugende, entscheidungsfähige Personen mit echtem Führungspotenzial seien, denen beruflicher Erfolg bevorstehen würde. *Alle* Beteiligten übersahen, dass lediglich die unterschiedlichen Rollen und die damit verbundenen Aufgaben diesen Eindruck bewirkt hatten und dieser nicht auf frei gewähltes Verhalten der Personen zurückzuführen war.

Ross et al. (1977) ließen ihre Teilnehmer ein Quizspiel machen, in welchem dem einzelnen Teilnehmern zufällig die Rolle des „Fragers", des „Befragten" oder des „Zuschauers" zugewiesen wurde. Die Frager wurden aufgefordert, sich möglichst *schwierige* Fragen auszudenken, *welche die Breite ihres eigenen Wissens zum Ausdruck bringen* (es wurden von den Teilnehmern beispielsweise Fragen gewählt wie „Wie heißt das siebte Buch im Alten Testament?" „Welche Küstenlinie ist länger, die in Europa oder die in Afrika?" „Wo ist Bainbridge Island?"[1]). Die Befragten konnten im Schnitt lediglich 40 % der Fragen korrekt beantworten. Anschließend sollten alle Beteiligten das Allgemeinwissen von Fragern und Befragten beurteilen.

Die Ergebnisse zeigten, dass die Frager sowohl von den Befragten als auch von den Zuschauern als belesener und wissender eingeschätzt wurden als die Befragten. Obwohl jeder der Beteiligten wusste, dass die Frager die Fragen frei wählen und damit nach

---

[1] Die Fragen sind zitiert nach Myers, (1996, S. 82). Die Antworten lauten: Das siebte Buch des Alten Testaments ist das Buch der Richter. Obwohl der afrikanische Kontinent mehr als doppelt so groß ist wie Europa, ist Europas Küstenlinie länger. Bainbridge Island liegt westlich von Seattle, USA.

ihrem eigenen Wissensstand vorgehen konnten, wurde dieser situative Faktor nur von den Fragern berücksichtigt. Damit wurden die aus den zugewiesenen Rollen resultierenden situativen Einflüsse auf das Verhalten deutlich unterschätzt.

Situative Einflüsse auf das Verhalten anderer werden selbst dann unterschätzt, wenn explizit auf sie hingewiesen wird.

Den Teilnehmern in einer Studie von Jones und Harris (1967) wurde ein Essay über die kubanische Regierung vorgelegt, dessen Inhalt eindeutig pro oder contra Fidel Castro war. Aufgabe der Teilnehmer war es, die persönliche Meinung des Verfassers über Fidel Castro einzuschätzen. Einer Teilnehmergruppe wurde gesagt, dass die im Essay vertretene Position vom Verfasser *frei gewählt* worden war und somit dessen Meinung widerspiegele. Der anderen Hälfte der Teilnehmer wurde mitgeteilt, dass der Verfasser *aufgefordert* worden war, die entsprechende Position zu vertreten, d. h. die Meinung nicht freiwillig gewählt habe. Ungeachtet dessen waren die Teilnehmer in *beiden* Fällen davon überzeugt, dass die Essays die persönliche Meinung des Verfassers widerspiegeln.

Dies zeigt, dass Personen *trotz des Wissens* um situative Ursachen deren Einfluss unterschätzen und internale Faktoren überschätzen.

Wie kommt es, dass vorliegende situative Informationen nicht in das Urteil einbezogen werden? Das mag daran liegen, dass das Verhalten eines anderen *schneller* mit seinen Eigenschaften zu erklären ist als mit situativen Faktoren, die es beeinflusst haben könnten. Dies wird zum einen dadurch bedingt, dass wir *das* als Ursache des beobachteten Handelns annehmen, was wir vordringlich wahrnehmen. Da das *Verhalten auffälliger* ist als die es umgebende Situation, sehen wir meist die andere Person als ursächlich an (Heider, 1958).

Zum Zweiten wird angenommen, dass Personen die Ursachenzuschreibung in zwei Schritten vollziehen: Zunächst gehen sie davon aus, dass das Verhalten einer Person internal bedingt ist (*siehe auch korrespondierende Schlussfolgerungen, nächster Abschnitt*). Erst in einem zweiten Schritt stellen sie den Druck der Situation in Rechnung und ziehen diesen Anteil ab. Während der erste Schritt automatisch vollzogen wird, benötigt der zweite mehr Anstrengung und Aufmerksamkeit (*Zwei-Stufen-Modell der Attribution* nach Gilbert, 1989, 1991; Gilbert & Osborne, 1989; Gilbert et al., 1988; Krull, 1993; *siehe Abb. 3.2*).

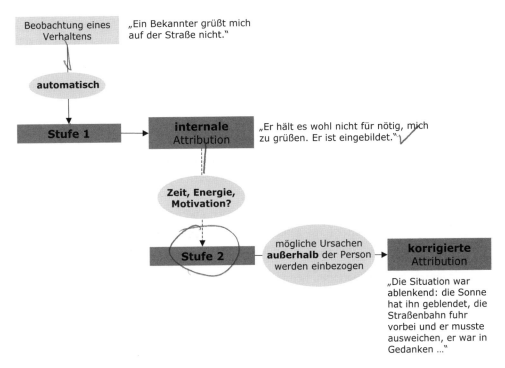

Abb. 3.2: Zwei-Stufen-Prozess der Attribution.
Zunächst wird automatisch internal attribuiert; stehen Zeit, Energie und Motivation zur Verfügung, kommt es zu einer zweiten Verarbeitungsstufe – andere mögliche Ursachen außerhalb der Person werden in die Beurteilung mit einbezogen.

Man kann sich leicht vorstellen, dass der zweite Schritt in stressigen Situationen, unter Zeitdruck oder Ablenkung weggelassen wird und daraus eine zu starke – weil nicht überdachte – internale Attribution resultiert. Genau dies belegt die Forschung: Personen gehen dann den zweiten Schritt ein, wenn sie bewusst eine Beurteilung verlangsamen und sorgfältig nachdenken oder aber wenn sie misstrauisch gegenüber der Person sind, sie beispielsweise annehmen, dass diese lügt (Fein, 1996; Hilton et al., 1993).

Kurzum: Personen neigen ganz allgemein dazu, unabhängig von den situativen Gegebenheiten vom Verhalten einer Person auf deren Charaktermerkmale oder Eigenschaften zu schließen. Diese Schlussfolgerungen über andere Personen müssen jedoch nicht immer falsch sein. Sie können beispielsweise dann zutreffend sein (Jones & Davis, 1965), wenn ...

• Situationen ohne äußere Zwänge vorliegen und die Person dieses Verhalten somit **freiwillig** zeigt. Dies ist in Situationen der Fall, in denen Personen keinerlei Anlass haben, sich sozial erwünscht oder korrekt zu verhalten.

Wenn Sie jemanden danach beurteilen, wie er sich gegenüber der Geschäftsführung verhält, werden Sie es schwer haben, ein differenziertes Bild zu gewinnen, da sich die meisten Personen gegenüber der Geschäftsführung gleichermaßen korrekt und zurückhaltend verhalten.

- Situationen beobachtet werden, in denen Personen von dem, was erwartet wird, **abweichen** (sich z. B. dem Kunden gegenüber unfreundlich statt freundlich verhalten). Verhalten sich Personen „political correct", ist es sehr viel schwieriger, von ihrem Verhalten auf ihre innere Überzeugung zu schließen. Um es an einem Beispiel zu illustrieren: Keine Vorurteile gegenüber Ausländern oder Frauen als Führungskräfte zu haben, ist „political correct". Ein Mitarbeiter, der dieses Vorurteil hat, mag daher am Arbeitsplatz bemüht sein, dies zu verbergen und nur „korrekte" Meinungen von sich zu geben, die allerdings seinem tatsächlichem Denken und Empfinden nicht entsprechen (*siehe „impression management", Abschnitt 3.1.1*).

- wir jemanden in Situationen beobachten, in denen es nur **eine logische Erklärung** für sein Verhalten gibt.
  Stellen Sie sich vor, Sie hören, dass eine Person eine neue Stelle angenommen hat – der neue Job wird sehr gut bezahlt, ist inhaltlich interessant und an einem wunderschönen Ort gelegen. Was können Sie daraus über diese Person schließen? Nicht sehr viel, denn *alle* diese Gründe sprechen *für* den Job. Stellen Sie sich hingegen vor, der neue Job ist sehr fordernd, liegt in einer nicht sehr attraktiven Gegend, wird aber sehr gut bezahlt. In diesem Fall würden Sie vermutlich schlussfolgern, dass der Person ein hohes Einkommen wichtig ist. Kurzum – gibt es nur eine logische Erklärung für ein Verhalten, ist die Wahrscheinlichkeit, mit solchen Schlussfolgerungen richtig zu liegen, beträchtlich höher.

Zusammenfassung

Um jemanden zu beurteilen, ziehen Personen vielfältige Informationen, die sie an ihrem Gegenüber wahrnehmen, heran. So werden Menschen je nach ihren äußerlich *beobachtbaren Merkmalen* wie Aussehen, Statussymbolen und nonverbalem Verhalten unterschiedlich sympathisch, glaubwürdig oder kompetent eingeschätzt. Des Weiteren werden aus dem *Verhalten* einer Person Schlussfolgerungen über ihre Charaktereigenschaften gezogen. Fehleinschätzungen resultieren häufig daraus, dass beobachtbare Merkmale herangezogen werden, die für die zu beurteilenden Dimensionen irrelevant sind, sowie dass bei der Beurteilung von Verhalten situative Gegebenheiten stark vernachlässigt werden.

Fazit zu Merkmalen des Gegenübers

Ausgangslage

- Menschen werden nach ihren äußerlich *beobachtbaren Merkmalen* eingeschätzt. Fehleinschätzungen resultieren häufig daraus, dass Merkmale herangezogen werden, die nur vorgegeben oder für die zu beurteilenden Dimensionen irrelevant sind.

- Aus dem *Verhalten* einer Person werden Schlussfolgerungen über ihre Charaktereigenschaften gezogen. Fehleinschätzungen resultieren häufig daraus, dass situative Gegebenheiten stark vernachlässigt werden.

Regulationsmöglichkeiten

- *Personen anhand objektiver Faktoren bewerten*
  Je objektivere Kriterien wir anlegen, um andere zu beurteilen, desto weniger einflussreich sind Wahrnehmungsverzerrungen wie die Ähnlichkeit zur eigenen Person.

- *Externale Ursachen des Verhaltens anderer berücksichtigen*
  Um den fundamentalen Attributionsfehler zu reduzieren, kann man sich beispielsweise fragen, ob sich andere Personen unter den gleichen Umständen ähnlich verhalten hätten. Lässt sich diese Frage mit Ja beantworten, sind wohl doch eher die Rahmenbedingungen verantwortlich.

3.2   Merkmale der Situation

Wie soeben aufgezeigt wurde, werden situative, d. h. externale Einflüsse auf das Verhalten einer Person häufig vernachlässigt. Stattdessen wird das Verhalten der *Person* selbst zugeschrieben – wir gehen davon aus, dass sie so handelt, weil sie eben so *ist* und nicht weil die Situation sie beeinflusst hat. Trotz dieser prinzipiellen Neigung, den Einfluss der Situation eher zu vernachlässigen, werden Beurteilungen nichtsdestotrotz von situativen Gegebenheiten beeinflusst.

Zunächst einmal spielt es ebenso wie bei Entscheidungen im Allgemeinen auch bei der Beurteilung von Personen eine Rolle, in welcher *Situation* oder auch aus welcher Perspektive heraus wir ein Verhalten beobachten (siehe *„Situative Einflüsse auf die Attribution", Abschnitt 3.2.1*). Darüber hinaus wird durch den situativen Rahmen die *Wahrnehmung* des Beurteilers beeinflusst. Beispielsweise bestimmt eine Situation mit, was und wie etwas wahrgenommen wird sowie wie viel Zeit und Aufmerksamkeit welche Aspekte erhalten (Gibt es Zeitdruck? Wirkt etwas anderes in der Situation ablenkend? Wie ist der Kontext?) (*siehe „Situativ bedingte Wahrnehmungsänderungen", Abschnitt 3.2.2; siehe auch Kapitel 1 und 2*).

3.2.1 Situative Einflüsse auf die Attribution

Denken Sie doch einmal an das Beispiel eines Assessment Centers. Eine typische Aufgabe, vor die Sie als Jurymitglied gestellt werden, ist, das Verhalten von Teilnehmern einer Gruppendiskussion zu beurteilen. Würden Sie annehmen, dass Ihre Beurteilung der einzelnen Bewerber davon beeinflusst wird, inwieweit sich jeder Bewerber während der Gruppendiskussion in Ihrem unmittelbaren Blickfeld befindet?

Forschungsergebnisse zeigen, dass sich auf eine Beurteilung tatsächlich auswirkt, wer sich im *Blickfeld des Beurteilers* befindet. Ein- und dieselbe Person wird in einer Diskussionssituation – wie sie beispielsweise in Auswahlverfahren wie Assessment Centern eingesetzt wird – als gesprächsführend und dominant erlebt, wenn sie im direkten Blickfeld des Beurteilers sitzt, während sie als eher zurückhaltend beurteilt wird, wenn sie sich außerhalb seines unmittelbaren Blickfelds befindet (*siehe folgenden Kasten und Abb. 3.3*).

Klassische Studie zu situativen Einflüssen auf die Attribution
Verschiedene Blickwinkel auf eine Situation verändern die Attribution.

Taylor und Fiske (1975, Exp. 1) führten eine Studie durch, in der sechs Beobachter eine Gesprächssituation zwischen zwei Personen von jeweils unterschiedlichen Sitzpositionen aus betrachteten: Die Teilnehmer saßen entweder rechts oder links hinter Gesprächspartner A („(B)" in Abb. 3.3) vs. hinter B („(A)" in Abb. 3.3) oder seitlich in gleichem Abstand zu beiden Gesprächspartnern („(A+B)" in Abb. 3.3). Da alle sechs simultan ein und dasselbe Gespräch mitverfolgten, konnten die Autorinnen vergleichen, welchen Unterschied die durch die jeweilige Sitzposition bedingte unterschiedliche Wahrnehmung auf die Beurteilung der beiden Gesprächspartner hat. (Die Gesprächspartner waren Vertraute der Autoren und führten ein fünfminütiges, standardisiertes Gespräch, welches bzgl. der Redeanteile, des Informationsgehalts sowie der sozialen Erwünschtheit der Gesprächsinhalte beider Gesprächspartner ausgeglichen war.)

Die Ergebnisse zeigten, dass der im visuellen Blickfeld des Beobachters sich befindende Gesprächspartner als gesprächsführend wahrgenommen wurde, d. h. als derjenige, der über die Inhalte und den Ton bestimmte. Die seitlich sitzenden Beobachter bewerteten die beiden Gesprächspartner als gleich stark.

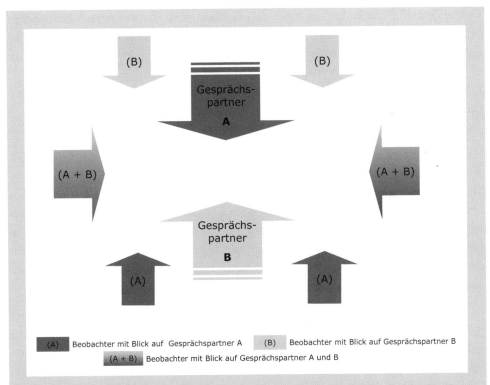

Abb. 3.3: In Abhängigkeit von der Sitzposition des Beobachters wird stets der Gesprächspartner als gesprächsführend wahrgenommen, der sich im Blickfeld des Beobachters befindet (modifiziert nach Taylor & Fiske, 1975, Abb. 1).

Worauf ist dies zurückzuführen? In eine Beurteilung fließt ein, was in einer Situation ins Auge fällt und damit als verursachend für die Situation wahrgenommen wird. Dies wurde beispielsweise auch im juristischen Kontext nachgewiesen: Personen sahen auf Video das Geständnis eines Verdächtigen während eines Polizeiverhörs. War die Kameraführung in dieser Aufzeichnung auf den Verdächtigen fokussiert, so nahmen die Beobachter das Geständnis als echt wahr, d. h. durch den Verdächtigen „verursacht". War hingegen die Kamera auf den Polizeibeamten gerichtet, so beurteilten sie das Geständnis eher als erzwungen (Lassiter & Irvine, 1986). In den meisten Geständnisvideos, die vor Gericht (insbesondere Geschworenengerichten in den USA) gezeigt werden, ist die Kamera jedoch auf den Gestehenden gerichtet – was zu einer deutlich höheren Verurteilungsrate führt (Lassiter & Dudley, 1991). Es ist anzunehmen, dass eine ausgewogenere, unparteiischere Kameraführung zu anderen Einschätzungen führen würde.

Welche Situationsmerkmale ins Auge fallen, kann nicht nur wie gerade beschrieben durch den *Blickwinkel* bedingt sein, sondern ebenso auch durch die *Auffälligkeit* des Aussehens oder Verhaltens einer Person hervorgerufen werden (*siehe folgenden Kasten*).

Klassische Studie zu situativen Einflüssen auf die Attribution
Die Auffälligkeit einer Person oder ihres Verhaltens in einer Situation beeinflusst die Attribution.

In einer Studie von Taylor et al. (1977) wurde den Teilnehmern ein Film einer Brainstorming-Sitzung von sechs Personen gezeigt. Es wurde der Anteil farbiger oder weißer Männer darin variiert. Auffallende Personen (ein Farbiger inmitten einer Gruppe Weißer bzw. ein Weißer inmitten einer Gruppe Farbiger) wurden als einflussreicher eingeschätzt, ihr Redeanteil überschätzt, und ihnen wurde ein klareres Auftreten bescheinigt. Damit wurde ein und derselbe Teilnehmer mit denselben Worten (durch gleiche Synchronisation) in einem anderen Kontext (Gruppe gleichfarbiger vs. andersfarbiger Personen) unterschiedlich wahrgenommen.

Diese Ergebnisse wurden in weiteren Studien repliziert, in denen die Auffälligkeit einer Person auf subtilere Weise erzeugt wurde – beispielsweise durch das Tragen eines auffällig gemusterten vs. eines einfarbig grauen Shirts, im Schaukelstuhl schaukelnd vs. bewegungslos sitzend oder durch das Sitzen unter einem hellen vs. einem trüben Licht (McArthur & Post, 1977). Das Ergebnis ist immer das gleiche: Auffällige Personen werden als verursachend wahrgenommen.

Dieses Prinzip der Auffälligkeit beeinflusst in entscheidendem Maße nicht nur Beurteilungen anderer Personen (sog. Fremdbeurteilungen, siehe auch Strack, Erber et al., 1982), sondern ebenso auch der eigenen Person (sog. Selbstbeurteilungen). Dies wird nachfolgend aufgezeigt.

Der „Akteur-Beobachter-Effekt"

Akteur-Beobachter-Effekt
Tendenz, das Verhalten *anderer* Personen auf *internale* Ursachen zurückzuführen, während für das *eigene* Verhalten der Anteil *situativer* Faktoren überschätzt wird

- „*Ich* verhalte mich so, weil die *Situation* so ist, wie sie ist."
- „*Du* verhältst Dich so, weil *Du* so jemand bist, wie Du bist."

Aus der Warte des Beobachters sind die zu beurteilende Person und ihr Verhalten auffälliger als die umgebende Situation – er gründet seine Beurteilung also auf Äußerlichkeiten und Verhalten dieser Person (*siehe auch fundamentaler Attributionsfehler, Abschnitt 3.1.2*). Sind wir dagegen aufgefordert, uns selbst – also aus der Warte des Akteurs – zu beurteilen, so ist wiederum Grundlage, was wir im Blickfeld haben und was dadurch *auffälliger* ist: In diesem Fall ist das nicht die zu beobachtende Person (da man sich selbst nicht im Blickfeld haben kann), sondern die umgebende *Situation*. Als Konsequenz dieser unterschiedlichen Aufmerksamkeitsverteilung tendieren Akteure dazu, ihr eigenes Verhalten als Funktion situativer Faktoren zu erklären, während Beobachter es auf internale Faktoren des Akteurs zurückführen (Herzog, 1994; Johnson & Boyd, 1995; Jones & Nisbett, 1972; Nisbett et al., 1973; Watson, 1982).

Klassische Studie zum Akteur-Beobachter-Effekt
Eigenes Verhalten wird stärker situativ/external, das Verhalten anderer stärker internal begründet.

Nisbett et al. (1973, Exp. 2) baten ihre männlichen Teilnehmer, folgende Fragen zu beantworten:

- Warum mögen Sie Ihre Freundin?
- Warum haben Sie Ihr Studienfach gewählt?

- Warum mag Ihr bester Freund seine Freundin?
- Warum hat Ihr bester Freund sein Studienfach gewählt?

Die jeweiligen Antworten wurden dahingehend ausgewertet, wie viele internale (z. B. „Ich brauche jemanden zum Entspannen."; „Ich will mal viel Geld verdienen.") und wie viele situative Gründe (z. B. „Sie ist jemand zum Entspannen."; „Das Fach ist hoch bezahlt.") darin genannt wurden.

Die Ergebnisse zeigten, dass die Teilnehmer bei der Erklärung *ihrer eigenen Beziehung* doppelt so viele situative Faktoren (also jene, die sich auf Eigenschaften der Freundin bezogen) wie internale Faktoren (die sich auf ihre eigenen Bedürfnisse, Interessen bezogen) anführten. Sollten sie hingegen die *Beziehung des Freundes* erklären, wurden gleichermaßen viele situative wie internale Gründe angegeben. Ebenso fand sich bei der Begründung der Studiumswahl, dass viermal mehr internale Ursachen für den besten Freund angegeben wurden als für sich selbst (aber für sich selbst die Gründe nahezu gleich verteilt waren).

Kurzum: Zur Erklärung des eigenen Verhaltens werden mehr situative als internale Ursachen gesehen, zur Erklärung des Verhaltens anderer hingegen mehr internale als situative (*siehe Tab. 3.2*).

Tab. 3.2: Veranschaulichung der Ergebnisse der Studie von Nisbett et al. (1973, Exp. 2).
Zur Erklärung eigenen Verhaltens werden im Vergleich mehr situative Gründe herangezogen als zur Erklärung fremden Verhaltens (abgetragen ist die absolute Anzahl der jeweiligen Gründe).

Gründe ⟋ Frage	dispositional/internal	situativ/external
Warum mögen **Sie** Ihre Freundin?	2.04	4.61
Warum mag **Ihr bester Freund** seine Freundin?	2.57	2.70
Warum haben **Sie** Ihr Studienfach gewählt?	1.83	1.52
Warum hat **Ihr bester Freund** sein Studienfach gewählt?	1.70	0.43

Neben der *Auffälligkeit* ist dieser Effekt auch auf die *Verfügbarkeit* von Informationen (*siehe auch Abschnitt 3.3.3*) zu gründen:

- **Auffälligkeit.** Personen *sehen* für sich mehr situative Ursachen (Watson, 1982): Es werden nahezu gleich viele internale Attributionen für sich wie für andere gemacht, jedoch für das *eigene* Verhalten im Vergleich *doppelt so viele situative* Ursachen gesehen.
  Situative Ursachen sind schwieriger zu sehen bzw. zu interpretieren (Gilbert et al., 1998; Gilbert & Malone, 1995). Da bei der Beobachtung einer anderen Person ihr Verhalten zumeist eher ins Auge fällt als die umgebende Situation, vernachlässigt man die Situation. Bei der Beurteilung der eigenen Person hingegen ist die einen selbst umgebende Situation durchaus auffällig und wird daher stärker berücksichtigt. Somit wird in beiden Fällen *das* berücksichtigt, was stärker im Mittelpunkt steht bzw. *auffälliger* ist – für die Beurteilung der eigenen Person ist dies die Situation, in der man sich befindet, bei der Beurteilung anderer ist es die zu beurteilende Person und nicht die sie umgebende Situation (Malle & Knobe, 1997; Robins et al., 1996). Dieser Effekt lässt sich umkehren, wenn die Perspektiven getauscht werden, wenn man den Akteuren beispielsweise eine Videoaufzeichnung aus der Perspektive des anderen zeigt (Frank & Gilovich, 1989; Galper, 1976; Regan & Totten, 1975; Storms, 1973).

- **Verfügbarkeit.** Personen kennen sich selbst besser als den anderen und haben somit mehr *Informationen* über sich und das eigene situationsbedingte Handeln (z. B. bezüglich Konsistenz oder Distinktheit). Dies trägt ebenfalls zu dem Effekt bei, indem sich diese bessere Informationslage in einer differenzierteren Berücksichtigung der situativen Veränderungen niederschlägt (Krueger et al., 1996; Malle & Knobe, 1997). Bei der Beurteilung des Verhaltens einer anderen Person hingegen können in Folge des geringeren Informationsstands situative Ursachen nur schwer korrekt eingeschätzt und interpretiert werden.

Die durch die Situation bedingte Auffälligkeit sowie die Verfügbarkeit von Informationen können somit einen Einfluss auf die Beurteilung haben, der u. U. *völlig unabhängig vom Verhalten* der Person ist. Eine Person kann nach wie vor dasselbe Verhalten zeigen, welches aber aufgrund situativer Veränderungen verzerrt beurteilt wird. Indem in einer Situation *Auffälliges* als verursachend für die Situation wahrgenommen wird, können Beurteilungen erheblich verfälscht werden. Ob eine Person oder ein Objekt als auffällig wahrgenommen wird, ist – wie nachfolgend skizziert wird – wiederum von der Situation abhängig.

3.2.2 Situativ bedingte Wahrnehmungsänderungen

Was glauben Sie wäre auffallender, ein farbiges oder ein schwarzes Jackett eines Bewerbers? Möglicherweise würden Sie sagen, ein farbiges. Das könnte sein, doch käme es auf den Kontext an – ein Bewerber mit schwarzem Jackett könnte ebenso auffallend sein, wenn er sich inmitten von Bewerbern mit ausschließlich farbigen Jacketts bewegt und sich damit abhebt. Ob uns etwas ins Auge sticht oder nicht, hängt von dem Hintergrund, auf dem es dargeboten wird, ab (*siehe Abb. 3.4; siehe auch Kontrasteffekt, Kapitel 2*). Bei der Beurteilung von Personen stellt die Situation, in der wir jemanden erleben, einen durchaus wichtigen Hintergrund oder Kontext dar, auf dem derjenige von uns beurteilt wird.

> **Kontextabhängige Wahrnehmung**
>
> Personen, Objekte oder Ereignisse werden nicht isoliert wahrgenommen, sondern immer im *Kontext der Situation*, in der sie auftreten.

Dies ist in zweierlei Hinsicht von Bedeutung: Zum einen bestimmt dieser Hintergrund, wie sehr sich eine Person von anderen abhebt – sei es durch ihr Aussehen oder ihr Verhalten. Zum anderen bietet dieser Hintergrund Vergleichsmöglichkeiten, die wir durchaus häufig heranziehen, um so Urteile anhand von Vergleichen mit Standards oder Alternativen zu fällen (*siehe Kapitel 2 und 6*). Auf diese Weise mag in einer Abfolge von Bewerbungsgesprächen für die Beurteilung des einzelnen Bewerbers entscheidend sein, wer *vor* dem Bewerber da gewesen ist. Waren mittelmäßige Kandidaten da, erscheint vor diesem Hintergrund ein etwas besserer Kandidat umso toller; gingen ihm hoch qualifizierte Bewerber voraus, wird er in weniger günstigem Licht erscheinen.

Abb. 3.4: Auffälligkeit ergibt sich aus dem Kontext.

Was glauben Sie wäre auffälliger, ein auffällig gemustertes Shirt oder ein einfarbig graues? Üblicherweise wird angenommen, dass das auffallend gemusterte Shirt auffälliger ist. Doch stellen Sie sich einmal einen Raum vor, dessen Wände und Teppiche das gleiche Muster aufweisen wie das auffällig gemusterte Shirt – in diesem Fall wäre das einfarbig-graue Shirt weit auffallender. Je nach Kontext (hier: Raumgestaltung) fällt das Shirt der Person auf oder auch nicht.

Falls Sie jetzt denken, dass diese situativen Einflüsse so entscheidend für Ihre Wahrnehmung und Urteilsfähigkeit nicht sein können, dann lassen Sie nachstehende Abbildungen auf sich wirken (*siehe Abb. 3.5 und 3.6*). Was sehen Sie?

Abb. 3.5: Rubins Kippbild.

Auf diesem Bild sind entweder eine weiße Vase auf schwarzem Hintergrund oder aber zwei schwarze Profile auf weißem Hintergrund zu sehen (aus Becker-Carus, 2004, Abb. 4.13).

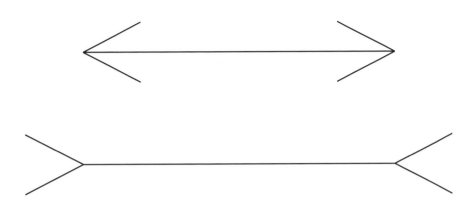

Abb. 3.6: Die Müller-Lyer'sche Täuschung.
Bei dieser Täuschung erscheint die obere Linie kürzer, obwohl beide Linien objektiv genau gleich
lang sind (aus Goldstein, 1997, S. 245, Abb. 6.41).

Sehen Sie in Rubins Kippbild eine weiße Vase auf schwarzem Hintergrund oder aber
zwei schwarze Profile auf weißem Hintergrund (*siehe Abb. 3.5*)? Erscheint Ihnen bei der
Müller-Lyer'schen Täuschung die obere Linie kürzer? Messen Sie es aus – tatsächlich
sind beide Linien exakt gleich lang (*siehe Abb. 3.6*). Unsere Wahrnehmung erscheint uns
zwar häufig korrekt und zutreffend („ich weiß doch, was ich sehe") – doch ist sie weitaus anfälliger für Verzerrungen und Fehler, als uns bewusst und lieb ist. Wie sehr unsere Wahrnehmung von situativen Gegebenheiten geprägt wird lässt sich an diesen sog.
„Wahrnehmungstäuschungen" eindrucksvoll demonstrieren.

Lesen Sie doch mal die Reihen der nachfolgenden Abbildung (*siehe Abb. 3.7*):

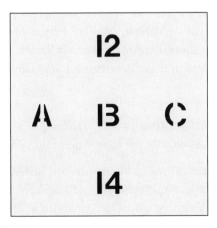

Abb. 3.7: Wahrnehmungstäuschung.
Ein und dasselbe Schriftzeichen wird je nach Kontext unterschiedlich interpretiert, in der waagrechten Reihe als Buchstabe, in der senkrechten als Zahl (aus Becker-Carus, 2004, Abb. 4.22).

Was haben Sie als mittleres Schriftzeichen in diesen Reihen gelesen (*siehe Abb. 3.7*)? In der waagrechten Reihe vermutlich ein „B", in der senkrechten vermutlich eine „13". Doch handelt es sich in beiden Reihen um ein und dasselbe Schriftzeichen, welches lediglich je nach Kontext unterschiedlich interpretiert wird: Während der Kontext „Buchstaben" der waagrechten Reihe nahe legt, dass es sich um den Anfang des Alphabets und damit um einen Buchstaben handelt, legt der Kontext „Zahlen" der senkrechten Reihe hingegen nahe, dass es sich um die Zahlenfolge 12, 13, 14 und damit um eine Zahl handelt. Damit kann bereits der situative Rahmen gemäß dem, was wir in einer Situation wahrzunehmen *erwarten*, unsere Wahrnehmung beeinflussen.

Betrachten Sie nun die folgende Wortpyramide:

A

BIRD

IN THE

THE HAND

Was haben Sie bemerkt? Haben Sie „A bird in the hand" gelesen? Haben Sie dabei das zweite „the" gesehen? Die meisten Personen sehen es nicht. Das zweite „the" wird überlesen, da es inhaltlich keinen Sinn ergibt. Auch dieses simple Beispiel zeigt, dass unsere Wahrnehmung durch das, was wir als sinnvoll erachten oder erwarten, beeinflusst wird.

All diese Beispiele verdeutlichen, dass wir *bei der Wahrnehmung* Täuschungen unterliegen bzw. je nach Blickwinkel unterschiedliche Dinge sehen. Selbstverständlich sind Beurteilungen von Personen weitaus komplexer und weniger objektivierbar als die o. g. Urteilsaufgaben – doch wenn bereits die Wahrnehmung in o. g. Beispielen so schwer und verfälschbar ist, so ist leicht vorstellbar, dass bei Personenbeurteilungen die Einflüsse durch die Situation umso größer, die Anfälligkeit für Verzerrungen weitaus wahrscheinlicher und deren Konsequenzen umso gravierender sind (*siehe folgenden Kasten; siehe auch Kapitel 1*).

Klassische Studie zum Einfluss situativer Beurteilung
Aufgrund der äußeren Situation wird ein einmal gebildetes Urteil nicht in Frage gestellt.

Rosenhan (1973) schickte zwölf seiner Mitarbeiter, die klinisch unauffällig, d. h. gesund waren, als Pseudopatienten in zwölf verschiedene Kliniken. Dort behaupteten sie, nicht existierende Stimmen zu hören. Alle wurden daraufhin in die Psychiatrie eingewiesen. Ab dem Zeitpunkt ihrer Einweisung verhielten sie sich völlig normal und gesund. Außer dem „Stimmenhören" zum Zeitpunkt ihrer Einweisung sagten sie nichts Auffälliges oder auf eine Erkrankung Hindeutendes. In den Arztgesprächen beantworteten sie alle Fragen wahrheitsgemäß mit ihrem persönlichen Lebenshintergrund (außer ihrer Mitarbeit bei dem Autor). In den folgenden zweiwöchigen Klinikaufenthalten wurde keiner der zwölf Personen als Betrüger/Simulant entlarvt.

Warum bemerkte das Klinikpersonal nicht, dass diese Patienten nicht krank waren? Wollten sie sie krank sehen? Interessanterweise hatten andere Patienten durchaus bemerkt, dass sie gesund waren. Der situative Kontext „Klinik" hat in diesem Beispiel dazu beigetragen, dass das Klinikpersonal gar nicht auf die Idee kam, dass die Patienten nicht krank sein könnten. Sie hatten also eine *Erwartung* ausgebildet, dass Menschen, die in der Klinik sind, „krank" sind (*zu detaillierten Ausführungen zum Einfluss von Erwartungen siehe Abschnitt 3.3*).

Zusammenfassung

Merkmale der Situation können die Beurteilung anderer Personen stark beeinflussen. Häufig sind diese Situationsmerkmale jedoch für den zu beurteilenden Inhalt völlig irrelevant. So sollte die Beurteilung einer anderen Person nicht davon abhängen, aus welchem Blickwinkel sie beobachtet wird, wie äußerlich auffällig sie in der Situation erscheint oder welche andere Person vor ihr beurteilt wurde. Wie aber dargestellt wurde, ist dies durchaus der Fall. Schließlich können situative Merkmale auch dazu führen, dass Beurteiler bestimmte Erwartungen ausbilden, die die Einschätzung anderer Personen verzerren.

Auf den Einfluss von Erwartungen und weiteren Merkmalen eines Beurteilers auf die Beurteilung anderer Personen wird im nächsten Abschnitt eingegangen.

Fazit zu Merkmalen der Situation

Ausgangslage

- Die Beurteilung einer Person wird davon beeinflusst, wie äußerlich *auffällig* die Person in der Situation erscheint, aus welchem *Blickwinkel* sie beobachtet wird oder welche andere Person *vor* ihr beurteilt wurde.

- Situative Merkmale können dazu führen, dass Beurteiler bestimmte *Erwartungen* ausbilden, die die Einschätzung anderer Personen verzerren.

Regulationsmöglichkeiten

- *Situativen Kontext reflektieren*
  Die Zwänge und Einflüsse der Situation sollten bedacht werden. In welchem Rahmen fand das Ereignis statt? Wie wäre es in einer anderen Reihenfolge oder einem anderen Zusammenhang zu bewerten?
  Sollen Beurteilungen vergleichbar sein, sollten die Beurteilungssituationen (z. B. Bewerbergespräche) möglichst gleichgehalten, d. h. standardisiert werden.

- *Perspektive wechseln*
  Der eigene Blickwinkel auf eine Situation sollte gezielt variiert bzw. durch Beurteilungen anderer aus anderen Perspektiven ergänzt werden (in Assessment Centern beispielsweise durch den Einsatz mehrerer Beurteiler).

3.3   Merkmale des Beurteilers

Kennen Sie das? Sie haben sich ein neues Auto gekauft oder sich zumindest gründlich über ein bestimmtes Modell informiert. Plötzlich haben Sie das Gefühl, dass unglaublich viele Pkws der gleichen Marke herumfahren. Wenn wir einmal davon ausgehen, dass sich die Anzahl der von dieser Marke verkauften Pkws nicht über Nacht verändert hat, so scheinen der Kauf bzw. die Beschäftigung mit einem bestimmten Wagentyp dazu zu führen, dass Ihnen genau diese Modelle jetzt eher auffallen. Ihre Wahrnehmung hat sich verändert. Sie achten nun mehr auf Wagen dieser Marke. Oder anders formuliert: Ihre Wahrnehmung ist *selektiv* geworden.

Unter selektiver Wahrnehmung wird die Tendenz verstanden, auf bestimmte Aspekte der Umgebung zu achten, während andere ausgeblendet werden (Dearborn & Simon, 1958). Dieses Vorgehen ist dann sehr sinnvoll, wenn wir uns in komplexen Situationen befinden, in denen vieles unsere Aufmerksamkeit erfordert. Dann ist es gut, wenn wir uns gezielt nur bestimmten Dingen widmen. Dieses Vorgehen ist jedoch nachteilig, wenn unsere Aufmerksamkeit auf bestimmte Reize begrenzt wird, während uns andere Aspekte – die möglicherweise für ein unverzerrtes Urteil genauso wichtig wären – verborgen bleiben. Wie in Abschnitt 3.2 beschrieben, hat bereits die Situation, in der wir uns befinden, Einfluss darauf, welche Merkmale einer Person, eines Objekts oder eines Ereignisses auffallen und somit unsere Aufmerksamkeit erhalten, während weniger auffällige übersehen werden.

Auswirkungen hat die selektive Wahrnehmung insbesondere für die *Einschätzung der Leistung* eines Mitarbeiters (Bretz et al., 1992). Viele Aspekte von Leistung sind anhand objektiver Maßstäbe abzubilden, andere hingegen sind nur schwer quantifizierbar und

> **Selektive Wahrnehmung**
> Tendenz, auf bestimmte Aspekte der Umgebung zu fokussieren und andere auszublenden

damit Ansichtssache. Insbesondere die Beurteilung des *Einsatzes und Engagements* von Mitarbeitern ist subjektiv und damit anfällig gegenüber Verzerrungen durch selektive Wahrnehmung. Auch die *Loyalität* von Mitarbeitern wird sehr unterschiedlich wahrgenommen (Near & Miceli, 1987). Während die eine Führungskraft die Kritik der Mitarbeiter an ihrer Organisation als negativ und Unruhe stiftend wertet, wird dieselbe Kritik von einer anderen Führungskraft als positives Engagement gewertet.

Was wir wahrnehmen und wie wir das Wahrgenommene weiterverarbeiten, hängt neben den Merkmalen der zu beurteilenden Person und der sie umgebenden Situation ganz entscheidend auch *von Merkmalen des Beurteilers* ab, im Speziellen von seiner Wahrnehmung und Informationsverarbeitung. Dabei spielen vor allem individuelle **Motive und Bedürfnisse** (*siehe Abschnitt 3.3.1*), persönliche **Erwartungen** (*siehe Abschnitt 3.3.2*) und die **Verfügbarkeit** bestimmter Konzepte (*siehe Abschnitt 3.3.3*) eine Rolle.

3.3.1 Der Einfluss von Motiven und Bedürfnissen

Die individuellen Motive und Bedürfnisse einer Person können dazu führen, dass sich ihre Wahrnehmung auf bestimmte Reize einengt bzw. für mehrdeutige Reize verändert. So zeigt beispielsweise die Forschung, dass Personen, die Hunger haben, mehrdeutige Bilder als Bilder von Nahrungsmitteln beurteilen, während gesättigte Personen dies nicht tun (McClelland & Atkinson, 1948). Das ungestillte Bedürfnis „Hunger" führt hier also dazu, dass sich die Wahrnehmung verändert. Eine solche Veränderung der Wahrnehmung findet sich auch bezogen auf den allgemeinen persönlichen Hintergrund, die eigenen Motive und Ziele:

Klassische Studie zum Einfluss des persönlichen Hintergrunds
Beurteilungen erfolgen selektiv gemäß den eigenen Interessen.

Dearborn und Simon (1958) baten Manager einer Unternehmensführung, einen umfassenden Bericht über ein Stahlunternehmen zu lesen und das ihrer Meinung nach wichtigste Problem des darin beschriebenen Unternehmens anzugeben. In ihrem realen Berufsalltag waren diese Manager für unterschiedliche Bereiche zuständig, beispielsweise für den Verkauf, die Produktion oder die Buchhaltung. 83 % der *Verkaufs*manager, aber nur 29 % der Manager anderer Bereiche stuften die *Verkäufe* als wichtigstes Problemfeld ein.

Damit nahmen die Teilnehmer selektiv die Aspekte der Unternehmenssituation wahr, die sich spezifisch auf die Tätigkeiten und Ziele ihres eigenen Aufgabengebiets bezogen.

Dieses Phänomen kennen Sie vielleicht von Geschäftsführern, wenn sie die Aspekte, die am meisten zur Effektivität ihrer Organisation beigetragen haben, benennen sollen – zumeist nennen sie diejenigen Bereiche, die ihrem eigenen Hintergrund entsprechen (Waller et al., 1995). Hier liegt selektive Wahrnehmung vor, da die größte Aufmerksamkeit auf die Aspekte gerichtet wird, die die *eigenen* Erfahrungen betreffen – die Geschäftsführer fokussieren eher auf das Produktdesign und nicht auf die Rekrutierung neuer Märkte, wenn sie aus ersterem Bereich kommen.

Auf *Personenbeurteilungen* angewandt hieße das, dass Gesprächspartner jene Aspekte, die ihrem eigenen Hintergrund entsprechen, bevorzugt wahrnehmen. Folglich sollten Sie sich, wenn Sie sich in einem Bewerbungsgespräch befinden und Ihr Gesprächspartner aus dem Bereich Verkauf kommt, v. a. im Bereich „Verkauf" positiv darstellen, weil dieser am meisten in die Bewertung mit eingehen wird.

3.3.2 Der Einfluss von Erwartungen

Was denken Sie? (Beispiel aus Plous, 1993, S. 16)

Wie häufig taucht der Buchstabe „f" in nachfolgendem Satz auf?

„These functional fuses have been developed after years of scientific investigation of electric phenomena, combined with the fruit of long experience on the part of the two investigators who have come forward with them for our meetings today."

Der Buchstabe „f" kam _____ mal vor.

Die meisten englischsprachigen Teilnehmer an der Studie von Block und Yuker (1989), denen diese Aufgabe vorgelegt wurde, unterschätzen die Anzahl der „f". Die korrekte Anzahl wäre elf gewesen (viermal taucht der Buchstabe „f" allein in den Füllwörtern „of" auf). Man erwartet das „f" nicht in dem Füllwort „of", sondern in den wichtigeren Wörtern, so dass die „f" in „of" zumeist übersehen werden.

Der Effekt von Erwartungen auf Urteile wurde in den verschiedensten Bereichen nachgewiesen:

- Menschen werden entweder eher von ersten oder eher von den letzten Argumenten überzeugt, je nachdem, an welcher Stelle sie persönlich die wichtigsten Argumente *erwarten* (Igou & Bless, 2003).

- Turner eines Teams werden in Abhängigkeit von ihrer Startposition unterschiedlich bewertet. Da die besten Turner meist als Letzte ihres Teams an den Start gehen, haben die Kampfrichter eine diesbezügliche Erwartung ausgebildet. Der gleiche Turner wird besser beurteilt, wenn er vermeintlich als einer der Letzten seines Teams an den Start geht (Plessner, 1999).

- Die Wahrnehmung von Sportereignissen, beispielsweise amerikanischen Football-Spielen, unterscheidet sich gemäß der eigenen Haltung. Während ein und desselben Spiels werden beim gegnerischen Team mehr Fouls und Fehler wahrgenommen und unterstellt als bei der favorisierten Mannschaft (Hastorf & Cantril, 1954). Dies gilt für Life-Beobachtungen ebenso wie für Filmaufzeichnungen.

- Medien werden auf Grundlage der eigenen Erwartungen unterschiedlich interpretiert. Ein und dieselben Nachrichtensendungen werden je nach eigener Einstellung verzerrt wahrgenommen (Vallone et al., 1985). So nahmen pro Arabien eingestellte Personen die gezeigten Nachrichtensendungen als die Gegenseite, d. h. Israel favorisierend wahr, während Israelbefürworter dieselben Sendungen als Arabien favorisierend beurteilten. (Die Studie fand 1982 nach dem Beirut-Massaker im Rahmen der arabisch-israelischen Konflikte statt.) Die Wahrnehmung der Nachrichtensendungen unterschied sich ebenfalls dahingehend, wie viele Pro- oder Contra-Statements bemerkt und erinnert wurden – die Anzahl der die Gegenseite favorisierenden Aussagen wurde überschätzt.

- Diejenigen Mitarbeiter, die den Erwartungen ihrer Führungskraft am meisten entsprechen, werden am besten beurteilt – unabhängig von ihrer Leistung. Damit wird eine Führungskraft, die eine *geringe* Leistungserwartung an ihren Mitarbeiter hat, ihn *besser* beurteilen, wenn er tatsächlich eine *geringe* Leistung erbringt und damit ihre Erwartungen bestätigt als wenn er eine hohe Leistung bringt und damit ihrer Leistungserwartung widerspricht (Hogan, 1987). Entsprechend wird eine Führungskraft, die mittlere Leistungen erwartet, eine hohe erbrachte Leistung schlechter bewerten als eine erwartete mittlere.

Angesichts dieser Zusammenhänge ist es nicht weiter verwunderlich, dass verschiedene Menschen zu ganz unterschiedlichen Einschätzungen ein und derselben Sache kommen – sie haben schlichtweg ihre unterschiedlichen Erwartungen mit eingebracht und auf Basis dieser Erwartungen die Situation wahrgenommen. Viele Erwartungen werden aufgrund von bisherigen Erfahrungen aufgebaut, andere entstehen aufgrund unserer eigenen Neigungen oder Einstellungen (z. B. „Ich bin ein FC-Bayern-Fan."). Sie führen meist dazu, dass von der Erwartung abweichende Informationen nicht wahrgenommen bzw. unzureichend berücksichtigt werden. Auf diese Weise kann es zu gravierenden Fehleinschätzungen von Situationen oder Personen kommen.

Eine zu beurteilende Person kann ihrerseits ebenfalls Erwartungen in uns auslösen, die zu ähnlichen Effekten führen wie die zuvor beschriebenen Erwartungen. Dies ist in den nachfolgend beschriebenen Verzerrungen „First-impression-error", „Halo-Effekt" und „sich selbst erfüllende Prophezeiung" der Fall.

„First-impression-error"

> **„First-impression-error"**
> Tendenz, unsere Beurteilungen anderer Personen auf unseren ersten Eindruck von ihnen zu basieren

„Der erste Eindruck zählt", sagt eine Volksweisheit und hat damit gar nicht so Unrecht: Durch den ersten Eindruck wird in uns eine bestimmte Erwartung über eine andere Person geweckt. Sobald diese Erwartung besteht, ist es durchaus nicht immer so, dass wir die andere Person nur noch aufgrund ihres tatsächlichen Verhaltens beurteilen. Vielmehr sind unsere Beurteilungen vom ersten Eindruck, den wir von dieser Person hatten, geprägt (Dougherty et al., 1994).

In Organisationen kann sich dieser Fehler auswirken, wenn sich beispielsweise die Leistung eines Mitarbeiters verbessert, der Vorgesetzte dies aber nicht wahrnimmt, weil sein erster Eindruck ein negativer war. Umgekehrt gilt dies ebenso, wenn plötzliche Leistungsverschlechterungen nicht bemerkt werden, da ein zu guter Eindruck desjenigen vorliegt (*siehe Abb. 3.8*). Kurzum: Der erste Eindruck ist zum Teil einflussreicher für unsere Beurteilung als das/die aktuell tatsächlich gezeigte Verhalten/Leistung.

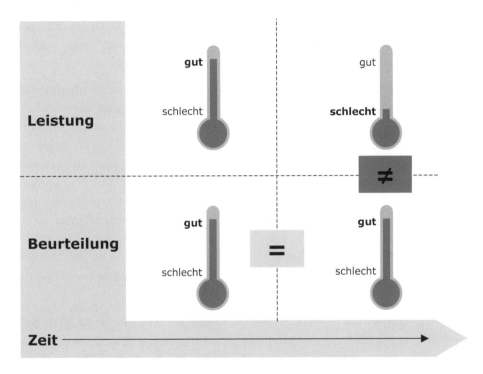

Abb. 3.8: First-impression-error.
Nach einem ersten guten Eindruck führt eine spätere Leistungsverschlechterung nicht zu einem schlechten Urteil. Der Beurteiler unterliegt dem First-impression-error.

Diese Verzerrung der Beurteilung bezieht sich aber nicht nur auf ähnliche Aspekte (wie z. B. verschiedene Verkaufsleistungen), sondern wird sogar auf andere Eigenschaften der Person ausgeweitet (von der Verkaufsleistung auf die Teamfähigkeit) – hat jemand *eine* positive Eigenschaft, dann schreiben wir ihm auch *andere* positive Eigenschaften zu. Dieses Phänomen wird als „Halo-Effekt" bezeichnet.

Halo-Effekt

Halo-Effekt
Der Gesamteindruck einer Person wird durch einzelne Eigenschaften überstrahlt; es werden Korrelationen zwischen Eigenschaften gesehen, die nicht bestehen.

Haben wir erst einmal einen positiven Eindruck von jemandem gewonnen, dann neigen wir dazu, auch andere Aspekte an ihm (selbst die, über die wir nichts wissen) positiv wahrzunehmen (Murphy et al., 1993; Nisbett & Wilson, 1977; Thorndike, 1920). Je positiver wir jemanden hinsichtlich einiger Eigenschaften wahrnehmen, desto wahrscheinlicher ist es, dass wir ihn auch in Bezug auf andere Eigenschaften positiver wahrnehmen. Somit wird jemand konsistent positiv oder aber konsistent negativ wahrgenommen.

Wir streben danach, uns einen *Gesamt*eindruck von einer Person zu verschaffen – ähnlich wie bei einem Gemälde, bei dem wir in der Regel auch das Gesamtbild und nicht so sehr jede Einzelheit beurteilen. Sollen wir nun einzelne Aspekte bewerten, so tun wir dies nicht unabhängig von den anderen Aspekten, sondern ziehen diese als Information heran. Daraus können Fehlbeurteilungen resultieren, insbesondere wenn die verschiedenen Aspekte unabhängig voneinander sind. Das ist beispielsweise bei physischer Attraktivität und Intelligenz so: Attraktive Menschen werden in aller Regel als intelligenter eingeschätzt, obwohl beide Merkmale nichts miteinander zu tun haben.

Klassische Studie zum Halo-Effekt
Eine einzelne, aber zentrale Eigenschaft überstrahlt andere Eigenschaften und beeinflusst so den Gesamteindruck von einer Person.

In einer Studie von Asch (1946) erhielten die Teilnehmer eine Liste mit Eigenschaften einer Person und wurden aufgefordert, diese Person zu bewerten. Die Hälfte der Teilnehmer erhielt die erste, die andere Hälfte die zweite der nachfolgenden Listen:

intelligent – fähig – fleißig – warmherzig – entschlossen – praktisch – vorsichtig.

intelligent – fähig – fleißig – kühl – entschlossen – praktisch – vorsichtig.

In der ersten Bedingung wurde die Person als weise, humorvoll, beliebt, phantasievoll u. Ä. eingeschätzt. In der zweiten hingegen wurde sie negativ beurteilt. Die Ergebnisse zeigen, dass sich Personen in ihrer Beurteilung verschiedenster Dimensionen von *einer einzigen* zentralen Eigenschaft (hier: warmherzig vs. kühl) beeinflussen lassen.

In Organisationen tritt der Halo-Effekt insbesondere dann auf, wenn Höhergestellte die Leistung Untergebener anhand eines vorgegebenen Beurteilungsbogens bewerten sollen. Die Bewertungen einzelner Beurteilungsskalen korrelieren meist erstaunlich hoch. Urteiler schließen aus ihrer positiven (bzw. negativen) Beurteilung ihres Mitarbeiters in einem speziellen Bereich oder bzgl. einer bestimmten Eigenschaft, dass er auch in den anderen erfragten Bereichen – über die sie möglicherweise bisher nicht so konkret nachgedacht haben – gut sei (Greenberg & Baron, 2000, S. 60).

Sind Studierende aufgefordert, ihre Dozenten zu beurteilen, kann der „Halo-Effekt" dazu beitragen, dass sie aufgrund einer besonders hervorstechenden Eigenschaft zu einem dementsprechend gefärbten Gesamteindruck verleitet werden. Da wird der Dozent beispielsweise aufgrund seiner Begeisterungsfähigkeit als ebenso kompetent und hoch qualifiziert eingeschätzt, während ein weniger mitreißender Dozent als weniger qualifiziert eingestuft wird.

Somit beeinflussen unsere Erwartungen unsere Beurteilungen, indem sie zu einer veränderten *Wahrnehmung* der Gegebenheiten führen. Unsere Erwartungen können jedoch auch noch über einen anderen Weg Einfluss auf unsere Einschätzung einer anderen Person nehmen: Sie können das *Verhalten* der anderen Person verändern. Dieser Fall wird *sich selbst erfüllende Prophezeiung* („Self-fulfilling-prophecy") genannt.

„Sich selbst erfüllende Prophezeiung"

Finden Sie auch, dass Brillenträger in der Regel intellektuell sind? Dass Karrierefrauen unweiblich sind? Dass Dicke lethargisch und Kahlrasierte gewalttätig sind? Und Professoren zerstreut? Die meisten Menschen denken so. Sie gehen davon aus, dass Angehörige einer bestimmten Gruppe (der Dicken, Brillenträger, Kahlrasierten) bestimmte ähnliche Eigenschaften und Verhaltensweisen (lethargisch, intelligent oder gewalttätig zu sein) aufweisen. Im Zusammenhang mit „sich selbst erfüllenden Prophezeiungen" ist eine ganz bestimmte Art von Erwartungen relevant: Die Rede ist von Vorurteilen.

Wir wissen natürlich, dass nicht *alle* Mitglieder einer bestimmten Gruppe die gleichen Eigenschaften haben – Ausnahmen gibt es immer. Dennoch gehen wir davon aus, dass unsere Annahme „irgendwie" stimmt. Wieso sind Vorurteile so verbreitet?

> **Vorurteil**
> Überzeugung, dass alle Angehörigen einer bestimmten Gruppe ähnliche Eigenschaften aufweisen und sich ähnlich verhalten

Sie ermöglichen uns, Kapazitäten zu sparen und schnelle Urteile zu fällen (Srull & Wyer, 1988). Menschen in Gruppen einzuteilen, erlaubt uns, ihr Verhalten vorhersagen zu können, ohne sie im Einzelnen zu kennen. Geschlecht, Herkunft, Alter, Berufsausbildung sind da willkommene Hilfen, um Menschen in Schubladen einzusortieren (Fiske et al., 1991). Leider führen Vorurteile häufig *nicht* zu akkuraten Urteilen. Da wir durch unsere Vorurteile schon viel über den anderen zu wissen glauben, halten sie uns zudem davon ab, Menschen genauer kennen lernen zu wollen.

In Organisationen trifft man Vorurteile beispielsweise an, wenn bestimmte Gruppen im Unternehmen den Ruf haben, besonders langsam oder schwierig zu sein. Mitglieder dieser Gruppen werden dann entsprechend umgangen oder es wird versucht, nicht mit ihnen zusammen arbeiten zu müssen.

> **„Confirmation bias"**
> Die eigene Annahme bestätigende Information wird gesucht und bevorzugt wahrgenommen.

Menschen suchen nach Bestätigung ihrer Ansichten und Wahrnehmungen (Jussim, 1986). Sie testen diese durch eine positive Teststrategie, den sog. **„confirmation bias"** (Wason, 1960). Sie kennen es sicherlich: Zeitweise haben Sie das Gefühl, dass genau immer dann die Ampel auf Rot springt, wenn *Sie* angefahren kommen – beinahe als hätte es die Ampel auf Sie abgesehen. Jedes Mal, wenn Sie wieder an eine rote Ampel fahren, sehen Sie sich in Ihrer Annahme bestätigt – die mindestens genauso häufigen Male, die Sie ungehindert bei Grün fahren, fallen Ihnen dagegen kaum auf. In diesem Fall betreiben Sie positives Hypothesentesten: Sie haben die Hypothese „die Ampel springt auf Rot, wenn ich angefahren komme" und testen diese, indem Sie zählen, wie oft Ihnen genau *das* passiert. Der negative Fall „die Ampel ist grün, wenn ich angefahren komme" wird dabei vernachlässigt (*siehe auch selektive Wahrnehmung, Abschnitt 3.3, sowie Ankereffekt, Abschnitt 1.1.3*). Bestätigende Informationen werden somit bevorzugt gesucht, obwohl widersprechende Informationen durchaus manchmal hilfreicher wären, um zu überprüfen, ob die Hypothese richtig ist (Klayman & Ha, 1987). Würde man gleichermaßen die Fälle „es ist grün" wahrnehmen, würde sich die Hypothese, dass alle Ampeln sich gegen einen verschworen haben, schnell entkräften lassen.

Der „confirmation bias" spielt auch bei Annahmen über andere Personen eine Rolle (Snyder & Cantor, 1979; Snyder & Swann, 1978). Insbesondere bei Bewerberbeurteilungen hat sich gezeigt, dass Beurteiler hier fälschlicherweise vor allem nach die Kriterien des Jobs erfüllenden, d. h. bestätigenden Informationen suchen. So fragen sie den Bewerber ausschließlich, ob er auch diese oder jene Jobqualifikation erfüllt, anstatt auch dem Job widersprechende Informationen abzutesten, wie beispielsweise ob er eine Eigenschaft hat, die für den Job nicht tragbar wäre.

Aufgrund unserer Vorurteile oder Vorinformationen über jemanden haben wir bestimmte Erwartungen an das Verhalten dieser Person („Sie haben gehört, dass er schlampig arbeitet und warten nur darauf, bei ihm einen Flüchtigkeitsfehler zu entdecken."). Diese Erwartungen wiederum verändern zum einen unsere Wahrnehmung – sie wird selektiv – und zum anderen unser Verhalten dem Betreffenden gegenüber. Wie nachfolgend zu sehen ist, hat *unser* Verhalten entscheidende Auswirkungen auf das Verhalten des anderen.

Dies kann im Extremfall eine sog. *„sich selbst erfüllende Prophezeiung"*[2]   bewirken (Merton, 1948; für einen Überblick siehe Darley & Fazio, 1980; Jussim, 1986; Miller & Turnbull, 1986; Snyder, 1984). Diese besagt, dass unsere Erwartungen unser Verhalten derart bestimmen, dass unsere Interaktionspartner auf unser Verhalten so reagieren, dass sie sich tatsächlich unseren Erwartungen entsprechend verhalten (*siehe Abb. 3.9*). Auf diese Weise „bekommt man letztendlich, was man erwartet hat".

Im positiven Sinne kann dies bedeuten, dass Mitarbeiter, deren Führungskraft großes Vertrauen in ihre Leistungsfähigkeit hat, diese eher entwickeln. Im negativen Fall hingegen heißt es entsprechend, dass ohne Leistungsvertrauen auch keine Leistung entwickelt wird (*siehe Abb. 3.10*).

„Sich selbst erfüllende Prophezeiung"

Die Erwartungen an das Verhalten einer Person werden Realität, indem sie ein Verhalten hervorrufen, welches sie bestätigt.

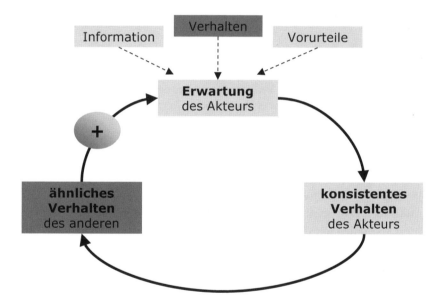

Abb. 3.9: „Sich selbst erfüllende Prophezeiung".
Die eigenen Erwartungen führen über konsistentes eigenes Verhalten beim Gegenüber zu entsprechendem Verhalten, wodurch die eigenen Erwartungen bestätigt werden.

---

[2] Dieser Effekt ist in der Literatur auch als „Pygmalion-Effekt" bekannt. Dies ist als Anspielung auf George Bernard Shaws Schauspiel Pygmalion zu verstehen, in welchem Professor Higgins aus einem Blumenmädchen eine „Lady" macht, indem er sie darin unterrichtet, so zu sprechen und sich zu kleiden, dass andere davon ausgehen, sie sei eine Lady. Das Stück ist ebenfalls als Film sowie als Musical unter dem Namen „My fair Lady" bekannt.

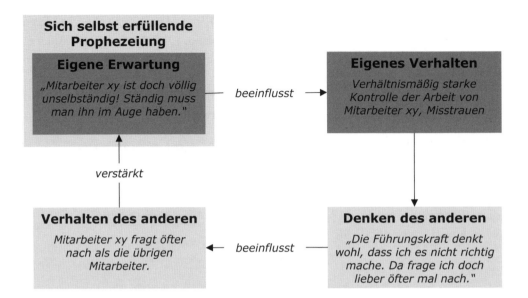

Abb. 3.10: Beispiel einer „sich selbst erfüllenden Prophezeiung".
Die eigenen Erwartungen gegenüber einer anderen Person beeinflussen das eigene Verhalten in
Richtung dieser Erwartungen. Dieses Verhalten gegenüber der anderen Person wiederum ruft als
Reaktion bei dieser Person bestimmte Gedanken hervor, die ihr Verhalten entsprechend beein-
flussen. Dieses Verhalten ist – wie das Beispiel zeigt – meist geeignet, die ursprünglichen Er-
wartungen tatsächlich zu bestätigen. Auf diese Weise erfüllen sich eigene Erwartungen, d.h.
„Prophezeiungen", von selbst.

Mehr als 400 Studien sind inzwischen zur Wirkung von Erwartungen im Sinne von „sich
selbst erfüllenden Prophezeiungen" durchgeführt worden, mehr als 100 darunter bezogen sich im Speziellen auf die Erwartungen von Lehrern (Brophy, 1983; Jussim, 1986;
Rosenthal, 1987). Bereits aus einem zehn Sekunden langen, zufällig gewählten
Videomitschnitt einer Unterrichtssituation konnten sowohl Kinder als auch Erwachsene
eindeutig beurteilen, ob ein Lehrer annahm, ein begabtes oder unbegabtes Kind vor sich
zu haben (Babad et al., 1991).

Doch nicht nur hierarchisch Höhergestellte (Lehrer, Führungskräfte), sondern ebenso
haben die Schüler oder Mitarbeiter im gleichen Sinne Einfluss auf das Verhalten ihrer
Übergeordneten (Feldman & Prohaska, 1979; Feldman & Theiss, 1982). Studierende, die
annahmen, auf einen fähigen und kompetenten Dozenten zu treffen, beurteilten ihn auch
tatsächlich so, zeigten mehr Aufmerksamkeit sowie nonverbal mehr Interesse und lernten letztendlich auch mehr.

Die Gefahr „sich-selbst-erfüllender-Prophezeiungen" ist nicht für alle Personen gleichermaßen gegeben:

- Wer sich seiner eigenen Ansichten über sich selbst sehr sicher ist, unterliegt dem Einfluss der Erwartungen weniger als jemand, der unsicherer ist (Swann & Ely, 1984).

- Wer um die Erwartungen des anderen weiß, kann ihnen auch gezielt entgegenwirken und widersprechendes Verhalten zeigen (Hilton & Darley, 1985).

- Schließlich sind „sich selbst erfüllende Prophezeiungen" schwächer, wenn man nicht bestrebt ist, vom anderen auf jeden Fall akzeptiert zu werden (da man sich dann zumeist möglichst unauffällig verhält und den Erwartungen des anderen möglichst zu entsprechen versucht) (Snyder & Haugen, 1995).

Klassische Studien zur „sich selbst erfüllenden Prophezeiung"

Die Leistungserwartungen von Ausbildern beeinflussen die tatsächlich erreichte Leistung der Auszubildenden.

Eden (1990; Eden & Shani, 1982) führte eine Studie innerhalb der israelischen *Armee* durch. Soldaten nahmen an einem knapp zweiwöchigen Kurs als Befehlshaber im Kampf teil. Den vier Ausbildern wurde über ein Drittel der Soldaten gesagt, sie seien sehr leistungsfähig, ein anderes Drittel verfüge über normales Potenzial und über das dritte Drittel sei nichts bekannt. Tatsächlich waren die Soldaten von den Autoren jedoch den drei Bedingungen zufällig zugeordnet worden. Die Ergebnisse zeigten, dass sich die Leistung der Soldaten gemäß den Annahmen der Ausbilder entwickelte. Die Teilnehmer, von denen die Ausbilder glaubten, dass sie besonders leistungsfähig seien, schnitten in den Abschlussprüfungen deutlich besser ab als die anderen Teilnehmer.

Rosenthal und Jacobson (1968) führten eine Studie mit *Lehrern* durch. Den Lehrern wurde gesagt, dass einige ihrer Schüler im kommenden Jahr akademisch aufblühen würden (tatsächlich aber waren diese Schüler zufällig bestimmt worden). Acht Monate später durchgeführte Intelligenz- und Leistungstests wiesen nach, dass diese zufällig bestimmten Schüler sich in ihren Leistungen tatsächlich mehr verbessert hatten als andere Schüler.

Nachfolgende Studien belegten, dass sich sowohl das allgemeine als auch das nonverbale Verhalten der Lehrer gemäß ihren Erwartungen unterschied. Gegenüber den vermeintlich begabten Schülern hielten sie mehr Blickkontakt, lächelten und nickten häufiger. Darüber hinaus nahmen sie sie häufiger dran, gaben ihnen mehr Zeit zum Antworten und setzten ihnen höhere Ziele (Cooper, 1983; Harris & Rosenthal, 1986; Jussim, 1989).

Die eigenen Erwartungen über die Attraktivität eines anderen wirken sich aus.

Snyder et al. (1977) führten eine Studie mit männlichen Teilnehmern durch, in der sie zeigten, wie Erwartungen bezüglich weiblicher Attraktivität „sich selbst erfüllend" wirkten. In einem ersten Teil der Studie telefonierten zwei einander zufällig zugeordnete Personen (je ein Mann und eine Frau) zehn Minuten lang miteinander. Die Männer erhielten vor dem Telefonat ein angebliches Foto ihrer Gesprächspartnerin. Dieses Foto zeigte entweder eine attraktive oder eine unattraktive Frau.

Die Ergebnisse ergaben, dass die Erwartungen der Männer, mit einer attraktiven oder unattraktiven Frau zu telefonieren, ihre anschließende Beurteilung dieser Frau beeinflussten. Wurde angenommen, dass sie attraktiv sei, wurde sie als humorvoll, gelassen und gesellig beurteilt. Dies spiegelt den o. g. Halo-Effekt wider. Bedeutsamer ist jedoch, dass die Erwartungen der Männer darüber hinaus das Telefonat selbst beeinflussten. Die Analysen der aufgezeichneten Gespräche ergaben, dass sich die Stimmen der Männer je nach Annahme veränderten – glaubten sie, mit einer attraktiven Frau zu telefonieren, wurden sie interessierter, humorvoller, geselliger, geschickter und liberaler als im Falle einer angeblich unattraktiven Gesprächspartnerin. Die Frauen reagierten dementsprechend in ihrem Verhalten – so positiv behandelt, entsprachen sie den typischen Vorurteilen gegenüber attraktiven Frauen und waren ihrerseits ebenfalls gesellig, gelassen etc.

Diese Ergebnisse sind erstaunlich, da die Zuordnung der Personen und der Fotos zu den Personen absolut zufällig erfolgte – allein die Erwartung der männlichen Teilnehmer wirkte sich „sich selbst erfüllend" auf das Verhalten der Frauen aus.

Die eigenen Vorurteile gegenüber einem Bewerber wirken „sich selbst erfüllend".

Word et al. (1974) führten eine Studie zu Bewerbungssituationen durch. Aufgabe der Teilnehmer war es, mehrere Bewerbungsgespräche zu führen und den geeignetsten Kandidaten auszuwählen. Das jeweils zweite und dritte Bewerbungsgespräch wurde analysiert. Die Bewerber waren Vertraute der Autoren, die darauf trainiert waren, sich standardisiert, d. h. stets gleich zu verhalten.

Die Hälfte der Teilnehmer hatte im zweiten, die andere Hälfte im dritten Bewerbungsgespräch einen farbigen Bewerber, in den anderen Gesprächen weiße Bewerber. Die Analysen der Gespräche ergaben, dass die Interviews mit den farbigen Bewerbern mehr als 35 % kürzer dauerten, die Interviewer mehr als 50 % mehr Versprecher (Stottern, Wortwiederholungen u. Ä. als Maß für das Unwohlsein) machten und sich selbst um 7 % weiter entfernt setzten als im Falle weißer Bewerber.

Während in o. g. Studie das Verhalten des Bewerbers konstant gehalten war, um ausschließlich das der Interviewer zu untersuchen, wurde in einer Folgestudie das Verhalten der Interviewer standardisiert, um die Reaktionen der *Bewerber* zu analysieren. Die Interviewer verhielten sich nun so, wie die Ergebnisse der o. g. Studie gezeigt hatten – sie verhielten sich entweder so diskriminierend wie zuvor gegenüber einem farbigen Bewerber (setzten sich weiter weg, machten mehr Sprachfehler, beendeten das Interview eher) oder so normal wie gegenüber weißen Bewerbern. Die Analysen des Bewerberverhaltens ergaben, dass Bewerber, die diskriminierend behandelt wurden, sich deutlich schlechter verkauften als freundlich behandelte Bewerber. Dies ist ein Beispiel dafür, wie sich rassistische Vorannahmen auf die Leistung eines Gegenübers auswirken können.

Wie nachfolgend zu sehen ist, können ähnliche Effekte auch durch die *Verfügbarkeit* bestimmter Konzepte hervorgerufen werden.

3.3.3   Der Einfluss der Verfügbarkeit

Verfügbarer sind Konzepte, mit denen man erst *kürzlich* (im folgenden Kasten durch den Werbespot) oder *häufig* konfrontiert wird (*siehe Kapitel 1*). Ähnlich wie Erwartungen kann auch die Verfügbarkeit bestimmter Konzepte dazu führen, dass sich zunächst das eigene und als Reaktion darauf auch das Verhalten des Gegenübers verändert.

Der Einfluss von Verfügbarkeit kommt insbesondere dann zum Tragen, wenn eine Information nicht systematisch, d.h. nicht mit viel Überlegung und Aufwand verarbeitet wird, sondern schneller, d.h. heuristisch, mit Hilfe von Faustregeln und mit weniger Aufwand vorgegangen wird. Eine dieser Heuristiken ist die Verfügbarkeitsheuristik (*siehe Verfügbarkeit, Abschnitt 1.1*).

Klassische Studie zur Verfügbarkeit von Gedanken
Verfügbare Gedanken beeinflussen Urteile und Verhalten.

Rudman und Borgida (1995) zeigten ihren männlichen Teilnehmern eine Reihe von Fernsehwerbespots, beispielsweise für Bier oder Autos. Während die eine Teilnehmergruppe Spots mit erotisch dargestellten Frauen sah, wurden der anderen Gruppe Spots gezeigt, die keine sexuell getönten Bilder verwendeten. Anschließend wurden die Teilnehmer gebeten, ein Bewerbungsgespräch mit einer Studentin durchzuführen, welche sich angeblich als wissenschaftliche Hilfskraft beworben habe (tatsächlich war sie aber eine Vertraute der Autoren).

Die Ergebnisse zeigten, dass diejenigen Teilnehmer, die die erotisch getönten Werbespots gesehen hatten, sich näher an die Bewerberin setzten, ihr persönlichere und unangemessenere Fragen stellten als jene, die einen neutralen Spot gesehen hatten. In anschließenden Fragebögen konnten die Teilnehmer zwar mehr über das Aussehen der

Bewerberin, allerdings weniger über die von ihr vorgebrachten Inhalte berichten. Darüber hinaus beurteilten sie sie zwar als freundlicher, als dies in der anderen Gruppe der Fall war, aber auch zugleich als weniger kompetent für ihren Job.

Schließlich gab die Bewerberin (die nicht wusste, welche Werbespots ihr jeweiliges Gegenüber gesehen hatte) an, sich von jenen, die die sexuellen Spots gesehen hatten, stärker sexuell wahrgenommen und beurteilt zu fühlen.

Diese Ergebnisse demonstrieren, dass das Konzept „erotische Frauen" aktivierbar ist und es infolge die Beurteilungen und das Verhalten von Männern gegenüber Frauen beeinflusst. Dies alles kann bereits von ein paar Fernsehwerbespots ausgelöst werden.

Auch das eigene Handeln kann diese Verfügbarkeit bewirken und zu einem ganz speziellen Beurteilungsfehler führen, dem sog. „egocentric bias".

„Egocentric bias"

> **„Egocentric bias"**
> Personen nehmen sich selbst als verantwortlicher wahr für gemeinsame Ereignisausgänge, als andere daran Beteiligte ihnen zuschreiben.

Der „egocentric bias" besagt, dass Personen dazu tendieren, ihren eigenen Anteil an gemeinsamen Ergebnissen oder Ereignisausgängen zu überschätzen (Ross & Sicoly, 1979). Unter anderem sind dafür deren höhere Verfügbarkeit (*siehe Abschnitt 1.1*) und leichterer Abruf verantwortlich (Thompson & Kelley, 1981).

Was jemand bis vorhin noch gemacht hat (z. B. über eine Projektkalkulation nachgedacht) oder was er besonders häufig macht (z. B. Witze erzählen; das Papier im Kopierer nachfüllen) ist verfügbarer, leichter abrufbar und wird daher in der Auftretenshäufigkeit überschätzt.

Klassische Studie zum „Egocentric bias"
Ehepartner überschätzen jeweils den eigenen Beitrag zu Aktivitäten.

Ross und Sicoly (1979) befragten Ehepaare über ihr alltägliches Miteinander. Sie sollten einschätzen, wie verantwortlich sie für verschiedene Aktivitäten seien, beispielsweise für das Frühstückmachen, Abwaschen, Zuneigung entgegenbringen etc. In den meisten dieser Einschätzungen trat eine egozentrische Verzerrung auf – die Ehepartner überschätzten ihren eigenen Anteil. Addierte man die Prozentzahlen der Einschätzungen auf, ergab sich ein Wert deutlich über 100 %. Allerdings tritt dieser Effekt nicht nur für positive, sondern ebenso für negative Ereignisse auf – sowohl am Zustandekommen eines Konflikts als auch an dessen Lösung wird der eigene Anteil überschätzt.

Durch die Überschätzung der eigenen Anteile kann es gleichzeitig zu einer Unterschätzung der Beiträge einer anderen Person kommen. Dies kann wiederum zur Folge haben, dass sich die Beurteilung der *anderen* Person verändert.

Zusammenfassung

Nicht nur die Merkmale des Beurteilten und der Situation beeinflussen unsere Einschätzung anderer Menschen, sondern auch unsere eigenen Merkmale spielen eine bedeutende Rolle. Motive und Bedürfnisse, persönliche Erwartungen sowie die Verfügbarkeit bestimmter Konzepte verändern selektiv unsere Wahrnehmung. Dadurch beeinflussen sie unsere Beurteilung zum einen *direkt*: Es werden nur bestimmte Informationen aufgenommen und verarbeitet, andere werden vernachlässigt – Veränderungen und Verzerrungen der Beurteilung können die Folge sein.

Zum anderen beeinflussen die Merkmale des Beurteilers auch *indirekt* die Beurteilung: Erwartungen führen dazu, dass wir uns selbst entsprechend unseren Erwartungen verhalten. Unser Verhalten wiederum ruft als Reaktion dasjenige Verhalten bei unserem Gegenüber hervor, welches wir bereits vorhergesagt hatten. Wir fühlen uns damit in unserer Erwartung und unserer ursprünglichen Beurteilung der anderen Person bestätigt. Doch lagen wir mit unserer Annahme nicht tatsächlich richtig, sondern sind Bestandteil einer „sich selbst erfüllenden Prophezeiung".

Warum erscheinen uns unsere Beurteilungen so akkurat, obwohl sie es offensichtlich nicht immer sind?

- Wir erleben andere Personen nur in einer begrenzten Anzahl von Situationen. Auf diese Weise kann es sein, dass wir sie in Situationen, in denen wir sehen könnten, dass unsere Annahmen *nicht* stimmen (sie sich anders verhalten), gar nicht erleben. Wir sehen sie beispielsweise nur beruflich, aber nicht privat; nur unter Kollegen, nicht gegenüber dem Kunden.

- Wir sorgen dafür, dass unsere Annahmen sich erfüllen – „sich selbst erfüllende Prophezeiungen" tragen dazu bei, dass unsere Annahmen letztendlich doch nicht falsch sind.

- Wir merken nicht, dass wir falsch liegen, wenn andere Leute unser Denken bestätigen. Dies macht uns sicher, obwohl möglicherweise alle gleichermaßen falsch über jemanden denken (Kenny et al., 1994; Kenny et al., 1992).

Deswegen ist es wichtig, Wissen über die möglichen Verzerrungen zu haben (*für eine Übersicht siehe Tab. 3.3*) und ihnen entgegenzuwirken.

Tab. 3.3: Übersicht typischer Fehler bei der Beurteilung von Personen durch Merkmale des Beurteilers.

Name	Erklärung	Mechanismus
Similar-to-me-Effekt	Personen, die einem ähnlich sind, werden positiver bewertet – auch dann, wenn die Ähnlichkeit für die Bewertung irrelevant ist.	Ähnlichkeit
fundamentaler Attributionsfehler	Tendenz, das Verhalten anderer Personen eher auf internale Ursachen zurückzuführen und externale Faktoren dabei zu übersehen.	korrespondierende Schlussfolgerung
Akteur-Beobachter-Effekt	Tendenz, das Verhalten anderer Personen auf internale Ursachen zurückzuführen, während für das eigene Verhalten der Anteil situativer Faktoren überschätzt wird.	Auffälligkeit und Verfügbarkeit
First-impression-error	Tendenz, unsere Beurteilungen anderer Personen auf unseren ersten Eindruck von ihnen zu basieren.	Erwartungen selektive Wahrnehmung
Halo-Effekt	Der Gesamteindruck einer Person wird durch einzelne Eigenschaften überstrahlt; es werden Korrelationen zwischen Eigenschaften gesehen, die nicht bestehen.	Erwartungen selektive Wahrnehmung
sich selbst erfüllende Prophezeiung	Prozess, durch den die Erwartungen an das Verhalten einer Person Realität werden, in dem sie ein Verhalten hervorrufen, welches sie bestätigt.	Erwartungen selektive Wahrnehmung eigenes Verhalten
egocentric bias	Personen nehmen sich selbst als verantwortlicher wahr für gemeinsame Ereignisausgänge als andere daran Beteiligte ihnen zuschreiben.	Verfügbarkeit

Akkurater sind unsere Beurteilungen, wenn ...

• wir Personen besser kennen, beispielsweise Freunde oder Bekannte beurteilen (Colvin & Funder, 1991; Paunonen, 1989),

• wir konkrete Verhaltensweisen oder Handlungen von Personen vorhersagen sollen („Im Büro wird er sich mir gegenüber so und so verhalten.") anstatt globaler Urteile („Er ist im Allgemeinen eine XY-Persönlichkeit.") (Swann, 1984),

• wir statistische und logische Regeln trainieren (Lehman et al., 1988; Nisbett et al., 1987; *siehe Abschnitt 1.6*),

• wir motiviert sind, besonders genau und offen zu sein anstatt darauf abzuzielen, möglichst schnell einen bestätigenden und harmonischen Gesamteindruck zu haben (Kruglanski, 1989; Kunda, 1990; Neuberg, 1989).

Um Urteilsverzerrungen zu vermeiden, sind darüber hinaus die im Folgenden genannten Strategien hilfreich.

Fazit zu den Beurteilungsfehlern

Ausgangslage

Beurteilungsfehler sind zumeist Folge unzureichender Wahrnehmung und Informationsverarbeitung. Da wir nicht in der Lage sind, ständig alle Informationen aufzunehmen, ist das Auftreten dieser Fehler kaum abzuwenden. Ihr Ausmaß hingegen lässt sich begrenzen.

Regulationsmöglichkeiten

* *Die eigenen Vorurteile erkennen und hinterfragen*
  Indem man sich die eigenen Vorurteile bewusst macht und sie bewusst in Frage stellt, wird auch widersprechende Information aktiviert, die wiederum das Vorurteil abschwächen kann.

* *Gezielt widersprechende Informationen suchen*
  Indem man beispielsweise nach dem Gegenteil fragt, Belege für das Gegenteil sucht oder sich überlegt, warum die eigene Annahme falsch sein könnte, wird urteilsrelevante widersprechende Information aktiviert.

* *Zu rasche Beurteilungen vermeiden*
  Beurteilungen unter Zeitdruck sind anfälliger für Verzerrungen, da dann eine oberflächlichere Verarbeitung einsetzt. Darüber hinaus verhindert ein voreiliges Urteil, die Person besser kennen zu lernen.

3.4 Zusammenfassung

Soziale Wahrnehmung bezeichnet den Prozess, wie Personen zu einem Eindruck und einer Beurteilung einer anderen Person kommen. Personen bilden sich Eindrücke anderer, um so die Welt zu verstehen und vorhersagen zu können. Diese Eindrücke basieren zum einen auf *äußerlich beobachtbaren Merkmalen des zu Beurteilenden* wie beispielsweise seinem Erscheinungsbild oder nonverbalem Verhalten. Da diese Merkmale jedoch nicht ausreichend sind, um die Hintergründe des Verhaltens einer Person zu interpretieren, werden zum anderen Schlussfolgerungen gezogen. Gemäß der *Attributionstheorie* versuchen wir die Ursachen des Verhaltens anderer zu bestimmen, indem wir es *internalen* oder *externalen* Ursprüngen zuordnen. Wir treffen solche Entscheidungen anhand von *Konsensus, Konsistenz* und *Distinktheit*.

Nicht nur die Merkmale des zu Beurteilenden, sondern in ganz entscheidendem Maße auch die *Merkmale der Situation* und die *Merkmale des Beurteilers* sind für die Einschätzung anderer Personen entscheidend. Je nach Blickwinkel und Umfeld können Beurteilungen ein und desselben Verhaltens situativ sehr unterschiedlich ausfallen. Die Person des Beurteilers unterliegt zudem einer *selektiven Wahrnehmung*, die durch ihre Motive und Bedürfnisse, persönliche Erwartungen und die Verfügbarkeit bestimmter Konzepte sehr unterschiedlich sein kann.

Die Beurteilung anderer Personen ist demnach selten auch nur annähernd das, was wir „objektiv" nennen würden. Es ist deswegen sinnvoll, verzerrende Einflüsse zu kennen und sie bei weitreichenden Beurteilungen zu vermindern.

4   Emotionen und Stimmungen

Was hat das Thema „Emotionen und Stimmungen", kurzum Gefühle, in einem Buch der Wirtschaftspsychologie zu suchen – Gefühle haben schließlich am Arbeitsplatz nichts verloren, oder vielleicht doch?

Um ein Beispiel für die Bedeutung von Gefühlen im Arbeitsalltag zu geben, vergegenwärtigen Sie sich doch einmal folgende Situation: Sie kommen morgens ins Büro, haben Ihre Jacke noch nicht ausgezogen und schon klingelt das Telefon. Am anderen Ende ist ein Kunde, der Sie nun schon zum zehnten Mal fragt, warum seine Bestellung noch nicht geliefert worden ist. Sie haben ihm diese Frage in den letzten drei Tagen bereits mehrfach geduldigst beantwortet, sind nun unglaublich genervt und legen nach einem „Das kann ja wohl nicht wahr sein – ich hab's Ihnen doch gestern lang und breit erklärt!" einfach auf. Schon in dem Moment, in dem Sie den Hörer auflegen, ist Ihnen klar, dass das keine Art ist, mit Kunden umzugehen – womöglich storniert er die Bestellung gar ob solch einer Unverschämtheit. Wie konnte Ihnen so etwas Dummes und Unvernünftiges nur passieren? Sie wissen doch eigentlich ganz genau, wie man mit Kunden umgeht! Wie gerne hätten Sie sich „im Griff" gehabt.

Es könnte auch sein, dass am anderen Ende ein Kollege ist, der Sie nun schon zum zehnten Mal diese Woche um Hilfe in einer Computerangelegenheit bittet. Nachdem er Ihnen schon wieder genau die Frage stellt, die Sie ihm erst gestern eine halbe Stunde lang beantwortet haben, geht es mit Ihnen durch – Sie machen Ihrem Ärger so richtig Luft. Das Gespräch endet unschön und Sie bereuen Ihren Ausbruch schon in dem Moment, als Sie den Hörer auflegen. Mit der „dicken Luft" haben Sie sich ganz schön was eingebrockt und Sie fragen sich, wie es dazu kommen konnte, dass Sie so „ausgeflippt" sind – schließlich hätte man das ja auch ganz ruhig klären können.

Und schon haben wir es, das Gefühl – denn genau das ist in diesem Fall mit Ihnen durchgegangen. Gefühle wirken überall mit, auch wenn man häufig gar nicht weiß, womit man es eigentlich genau zu tun hat. Gefühle sind scheinbar einfach „da". Zumindest hat man häufig den Eindruck, von ihnen überrumpelt zu werden und keinen Einfluss auf sie zu haben. Aber ist dem wirklich so?

Haben Sie sich schon einmal maßlos über Ihren Kollegen geärgert, weil eine wichtige Information Sie zu spät erreicht hat? Und kennen Sie auch, wie Ihr Ärger verfliegt, wenn Sie bedenken, dass der Kollege gar nichts dafür konnte, weil Sie beispielsweise nicht zu erreichen waren oder er die Information selbst ebenso zu spät erhielt? Auch Freude kann schnell getrübt sein: Während Sie sich noch freudig aufgrund eines eben erfolgreich abgeschlossenen Geschäftes die Hände reiben, fällt Ihnen der Misserfolg von letzter

Woche wieder ein und vermiest Ihnen Ihre gute Stimmung. Wie diese beiden Beispiele zeigen, scheinen Gefühle in gewisser Weise durchaus veränderbar zu sein.

Dem Thema „Gefühle" sind die folgenden Abschnitte gewidmet. Zunächst wird aufgezeigt, was unter dem Stichwort „Gefühle" zu verstehen ist und wo Gefühle im Gehirn lokalisiert sind (*siehe Abschnitt 4.1*). Um nachzuvollziehen, wie es zu „unvernünftigen" Gefühlen und Ausbrüchen wie den oben beschriebenen kommt, wird in einem weiteren Abschnitt dargestellt, wie Gefühle zustande kommen und wie sie durch Kognitionen moderiert werden (*siehe Abschnitt 4.1.1 und 4.1.2*). Abschließend werden die wichtigsten Befunde zum Einfluss von Gefühlen auf die Leistungsfähigkeit skizziert (*siehe Abschnitt 4.2*).

4.1   Was sind Gefühle?

Begriffsdefinitionen

Gefühl
ist der umgangssprachliche Oberbegriff für nachfolgende Fachausdrücke.

Affekt
ist der Oberbegriff eines breiten Spektrums an Gefühlen, umfasst sowohl Emotionen als auch Stimmungen.

Emotionen
sind starke Gefühle, die auf einen Gegenstand oder eine Person gerichtet sind.

Stimmungen
sind Gefühle, die weniger intensiv sind als Emotionen und nicht notwendigerweise ein Objekt haben. Sie haben häufig unbekannte Ursachen und dauern länger an.

„Stellen Sie sich vor, Sie würden an einem sonnigen Sonntagnachmittag im Mai durch einen Park spazieren. Die ersten Blumen sprießen, die Vögel zwitschern und Sie fühlen sich großartig, zumal eine Person, die Ihnen sehr viel bedeutet, Hand in Hand mit Ihnen geht. Plötzlich bemerken Sie, wie ein Mann hinter einer Buschgruppe hervorkommt. Er hält ein Messer und an seinen Händen scheint Blut zu kleben" (aus Stroebe et al., 2002, S. 166).

In diesem Beispiel empfänden Sie mit großer Wahrscheinlichkeit bereits mindestens zwei verschiedene Gefühle: Zunächst sind Sie in guter *Stimmung*, möglicherweise empfänden Sie sogar Freude. Im zweiten Teil wären Sie vermutlich eher mit der *Emotion* Angst konfrontiert. Gefühle können unterschiedliche Intensitäten haben und sich entweder auf ein konkretes Objekt beziehen (wie z. B. den Mann, der plötzlich aus dem Busch springt und Angst auslöst) oder eher diffuser oder allgemeinerer Ursache sein (wie z. B. die gute Stimmung zu Beginn).

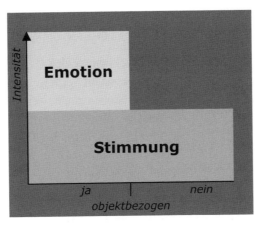

Abb. 4.1: Affekt.
Emotion und Stimmung sind Unterkategorien des Affekts. Alle drei genannten Phänomene werden umgangssprachlich als Gefühle bezeichnet.

Der Ausdruck **Gefühl** ist ein umgangssprachlicher Oberbegriff für verschiedenste Empfindungen und umfasst sog. Affekte, Stimmungen und Emotionen (*siehe Abb. 4.1*). Der
Begriff **Affekt** ist das wissenschaftliche Pendant zum umgangssprachlichen „Gefühl"
und als Oberbegriff eines breiten Spektrums an Gefühlen anzusehen. Affekt umfasst
sowohl Emotionen als auch Stimmungen (George, 1996). **Emotionen** sind starke Gefühle, die immer auf ein *Objekt,* d. h. einen Gegenstand oder eine Person gerichtet sind: Man
ärgert oder freut sich *über* etwas, man hat *vor* etwas Angst (Frijda, 1993). **Stimmungen**
dagegen müssen nicht notwendigerweise ein Objekt haben bzw. ihre Ursache muss nicht
notwendigerweise bekannt sein. In Abgrenzung zu Emotionen sind Stimmungen Gefühlszustände, die *länger* andauern und *von geringerer Intensität* sind: Man *hat* schlechte Laune, man *ist* gut drauf (Weiss & Cropanzano, 1996).

Emotionen werden stärker, wenn eine dazu passende Stimmung bereits vorliegt, beispielsweise werden Personen stolzer, wenn sie zuvor gut als wenn sie schlecht gestimmt
waren (Neumann et al., 2001). Diese verstärkende oder auch abschwächende Wirkung
von Stimmungen für Emotionen ist im Alltag durchaus bedeutsam. So kann ein Lob
durchaus „verpuffen", wenn es im falschen Moment angebracht wird. Ein einzelnes
positives Ereignis muss durchaus intensiv sein, um eine Person aus einer schlechten
Stimmung herauszubringen, während ein zusätzliches negatives Ereignis wie eine Kritik
oder ein Ärgernis in Nullkommanichts „das Fass zum Überlaufen bringen" kann. Im

letzteren Fall ist es daher günstig, wenn Personen ihre aktuelle Stimmung von zusätzlichen Ereignissen wie der Kritik des Kollegen trennen, um nicht überzureagieren.

4 Ebenen einer Emotion

Emotionen schlagen sich nieder
- in unmittelbarer Empfindung,
- physiologisch/im Körper,
- kognitiv/im Denken,
- im Verhalten.

So eindrücklich werden Gefühle – und insbesondere Emotionen als ihr Vertreter höchster Intensität – nicht zuletzt deswegen erlebt, weil sie meist nicht nur einen Teil unseres Erlebens betreffen, sondern mehrere und damit ein „ganzheitliches" Phänomen darstellen. So können am Gefühls- bzw. Emotionserleben folgende Komponenten beteiligt sein (Cornelius, 1996):

- eine unmittelbare **Empfindungskomponente** eindeutiger Valenz
  → das *gute* bzw. *schlechte* Gefühl (Plutchick, 1980).

- **physiologische** Reaktionen
  → beispielsweise das schneller schlagende Herz oder das mulmige Gefühl in der Magengegend oder auch Aktivitätsveränderungen in bestimmten Gehirnarealen (s. u.).

- **Kognitionen** oder Gedanken
  → in unserem obigen Beispiel möglicherweise „Um Himmels willen, der Mann wird mir doch nichts antun!", „Schnell weg hier!" oder auch „Wie schrecklich!" und „Das schaff ich nie!"
  Kognitionen, genauer Bewertungen, spielen beim Erleben von Gefühlen eine Rolle (Lazarus, 1991). Wird beispielsweise eine Situation als gefährlich bewertet und zugleich festgestellt, dass man keine Möglichkeiten hat, dieser Gefahr zu entkommen, entsteht Angst.

- eine **Verhaltenskomponente**
  → beispielsweise pfeifen, singen, auf den Tisch hauen, Türen knallen, fliehen.
  Die unmittelbarste Verhaltensreaktion ist die Veränderung des mimischen Ausdrucks (Darwin, 1872). Neuere Befunde fanden dabei, dass es für einige Emotionen wie beispielsweise Freude, Trauer, Ekel, Überraschung, Furcht und Ärger einen sehr spezifischen Gesichtsausdruck gibt, der sich bei Menschen der unterschiedlichsten Kulturen findet. Man geht deshalb davon aus, dass der mimische Emotionsausdruck angeboren ist (Ekman, 1982).

Diese Komponenten können, müssen aber nicht alle zusammen auftreten. Sie beeinflussen sich u. U. gegenseitig, indem beispielsweise über Bodyfeedback der Gesichtsausdruck auf die Erlebenskomponente einwirkt (Stepper & Strack, 1993; *siehe Abschnitt 5.4.3*) oder katastrophisierende Gedanken den Herzschlag noch stärker beschleunigen (Kenardy et al., 1993; Schwartz, 1971).

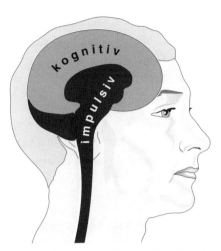

Abb. 4.2: Vereinfachte Darstellung der für kognitive (hellgrau) und impulsive Prozesse (dunkelgrau) zuständigen Gehirnregionen.

Warum wir v. a. unsere Emotionen häufig nicht nur als sehr eindrücklich, sondern sogar als unkontrollierbar oder gar überwältigend empfinden, ist mit auf ihren Entstehungsort zurückzuführen. Gefühle entstehen in Regionen unseres Gehirns (im sog. limbischen System), die entwicklungsgeschichtlich sehr viel älter sind als die für das rationale, abstrakte Denken zuständigen Teile der Großhirnrinde (sog. Cortex, *siehe Abb. 4.2*; LeDoux, 1987; siehe auch als illustrativen Überblick LeDoux, 2001). Dadurch können Gefühle sehr schnell sowie ohne Beteiligung von Kognitionen und Vernunft entstehen. Sie steuern unser Verhalten direkt und unmittelbar und können somit auch zu Reaktionen führen, von denen uns die Vernunft – respektive unsere Großhirnrinde – abhalten würde, wenn sie rechtzeitig hinzugezogen würde (siehe Eingangsbeispiel).

Zunächst mag uns diese „Vernunftlosigkeit" von Gefühlen sehr negativ erscheinen, sie hat jedoch den großen Vorteil, dass emotionale Reaktionen auf diesem Wege im Gegensatz zu den zeitaufwendigen Abwägungen des Großhirns *sehr schnell* entstehen können. Diese schnelle Entstehung ist entscheidend für die **Signalfunktion** von Gefühlen: Sie weisen uns sehr eindringlich darauf hin, ob bestimmte Reize gut oder schlecht für uns bzw. unsere Ziele sind. Beispielsweise schützt uns das Gefühl „Ekel" vor der Gefahr einer Magenverstimmung oder Vergiftung, indem wir Dinge, vor denen wir uns spontan ekeln, nicht essen (*siehe Kasten klassische Studie in Abschnitt 4.1.1*). Positive Gefühle dagegen weisen uns darauf hin, dass wir uns auf dem richtigen Weg befinden, und tragen durch ihre hedonische Qualität dazu bei, dass wir die sie verursachenden Reize erneut aufsuchen wollen.

Wie und wodurch werden ganz allgemein Gefühle ausgelöst? Bestimmt fallen Ihnen dazu sofort einige Beispiele ein – der bissige Hund des Nachbarn, die fette haarige Spinne im Hausflur, die bevorstehende knifflige Präsentation nächste Woche oder aber auch das fröhliche Lachen Ihres zweijährigen Sprösslings usw. Wie wir im Folgenden sehen werden, lassen sich die Auslöser von Emotionen in zwei große Kategorien einteilen (*siehe Abb. 4.3*):

- Zum einen können Gefühle durch Reize ausgelöst werden, die wir über unsere Sinnesorgane wahrnehmen, die uns also über unsere Augen, Ohren, die Nase, den Geschmack oder den Tastsinn vermittelt werden (*Auslösung von Gefühlen durch Wahrnehmung, siehe Abschnitt 4.1.1*).

- Zum anderen können Gefühle aber auch ohne eine direkte sinnliche Wahrnehmung entstehen – Reize wie die *reine Vorstellung* der bevorstehenden kniffligen Präsentation können ein ungutes Gefühl oder sogar die Emotion Angst entstehen lassen. Neben der Vorstellung tragen auch noch weitere Kognitionen wie Wissen und Attributionen zur Gefühlsentstehung bei (*Kognitive Auslösung von Gefühlen, siehe Abschnitt 4.1.2*).

Diese Wege der Gefühlsauslösung schließen sich nicht gegenseitig aus, sondern treten häufig auch in Kombination auf bzw. beeinflussen sich gegenseitig.

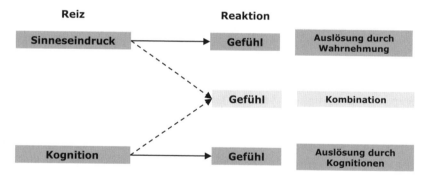

Abb. 4.3: Auslösung von Gefühlen.
Gefühle können durch Sinneseindrücke, Kognitionen oder eine Kombination aus beiden ausgelöst werden.

4.1.1   Auslösung von Gefühlen durch Wahrnehmung

Mögen Sie Schokolade? Wenn Sie nicht gerade zu den wenigen Ausnahmen zählen, werden Sie jetzt spontan mit „Ja" antworten. Doch: Würden Sie sie auch dann essen, wenn sie Ihnen nicht in vertrauter Form als Schokolade*tafel* oder Praline angeboten würde, sondern die Form eines „Hundehaufens" hätte, d. h. wenn sie wie Hundekot aussehen würde? Personen ekeln sich in aller Regel so sehr angesichts einer derart geformten Schokolade, dass sie sie nicht essen können, obwohl sie wissen, dass es sich ausschließlich um Schokolade handelt (Rozin et al., 1986).

Die Verbindung zwischen der *Wahrnehmung* eines Reizes (hier „Hundehaufen") und einem Gefühl (hier „Ekel") kann zum einen **angeboren** bzw. stammesgeschichtlich erworben oder aber auch individuell **erlernt** sein. Weiterhin kann die direkte Wahrnehmung von Reizen über **emotionale Ansteckung** ein Gefühl auslösen.

> **Auslösung von Gefühlen durch Wahrnehmung**
>
> Gefühle sind eine *direkte Reaktion* auf einen wahrgenommenen Reiz.
> Sie werden ausgelöst durch
> - *angeborene/stammesgeschichtlich erworbene* Reiz-Reaktions-Verbindungen,
> - *erlernte/individuell erworbene* Reiz-Reaktions-Verbindungen (eigene Erfahrungen/Konditionierung, Modelllernen),
> - *emotionale Ansteckung.*

Angeborene Reiz-Reaktions-Verbindungen

Ein Beispiel einer angeborenen bzw. stammesgeschichtlich erworbenen Reaktion ist die der Angst in großer Höhe (*siehe folgenden Kasten*). So haben wir eine angeborene Hemmung, ein Bodensegment aus Glas zu betreten, welches den Blick in den Abgrund ermöglicht, beispielsweise die Aussichtsplattform des Fernsehturms von Toronto. Diese Angst wird ausgelöst, selbst wenn wir wissen oder sehen, dass das Glas so stabil wie beispielsweise Beton ist. Die *Wahrnehmung* eines Reizes, hier der Höhe, führt dazu, dass sozusagen „automatisch" eine Emotion ausgelöst wird. Es handelt sich um eine direkte, spontane Reaktion auf die Wahrnehmung eines Reizes, welche uns davor schützt, etwas für uns Gefährliches zu tun (beispielsweise ungenießbare, giftige oder verdorbene Lebensmittel zu essen), und somit eine wichtige Signalfunktion hat (Seligman, 1971). Müssten wir diese Reaktion erst im Laufe unseres Lebens *erlernen*, wäre die Weltbevölkerung wohl erheblich geringer.

Klassische Studie zur Auslösung von Gefühlen durch Wahrnehmung
Auslösung von Angst am Beispiel von wahrgenommener Höhe.

Gibson und Walk (1960; Walk & Gibson, 1961) führten eine Studie mit Kleinkindern durch. Über zwei Tische im Abstand von etwa einem Meter legten die Autoren eine stabile Glasplatte. Auf einen der Tische setzten sie das Kleinkind, hinter dem anderen stand die Mutter und rief das Kind. Aller Mutterbindung zum Trotz hatten die meisten Kinder eine instinktive Scheu, den scheinbar zwischen den Tischen klaffenden Abgrund zu überwinden. Diese Verhaltenshemmung schwächt mit zunehmendem Alter ab, wenn die Kinder *gelernt* haben, dass die Glasplatte eine sichere Brücke darstellt.

Doch selbst im Erwachsenenalter besteht nach wie vor eine gewisse Höhenangst (s. o.).

Viele der angeborenen Emotionsauslöser waren *einst* stammesgeschichtlich von Bedeutung, so beispielsweise die Angst vor Spinnen (Öhman & Soares, 1994). Obwohl es bei uns heutzutage keine gefährlichen Spinnen mehr gibt und die Angst vor Spinnen in unseren Breitengraden somit nicht mehr für das Überleben von Bedeutung, sondern für das tägliche Leben eher hinderlich ist, haben diese Tiere ihre Funktion als emotionsauslösende Reize für uns bis heute nicht verloren.

Erlernte Reiz-Reaktions-Verbindungen

Eine Auslösung von Gefühlen durch Wahrnehmung kann jedoch nicht nur angeboren sein, sondern auch **erlernt** werden, so beispielsweise durch eigene schlechte *Erfahrungen* (Batsell, Jr. & Brown, 1998): Mancher erwirbt Angst vor Feuer, nachdem er sich einmal kräftig verbrannt hat; ein anderer, der vom Hund gebissen wurde, bekommt Angst, sobald er auch nur ein Bellen hört. Dies findet sich ebenso bei schlecht vertragenen Medikamenten (Barker et al., 1977) oder bei Lebensmittelvergiftungen (Fischvergiftung) – das Schlechtfühlen bzw. die Übelkeit wird gelernt und daraufhin bei der nächsten Konfrontation mit dem Reiz ausgelöst („Nie wieder Fisch!"). (Dieses Lernen muss nicht bewusst erfolgen, vgl. „evaluatives Konditionieren", De Houwer et al., 2001; Field, 2000; Walther, 2002.) Selbstverständlich lernen wir ebenso auch aus *guten* Erfahrungen – denken Sie nur daran, wie Sie beim Anblick eines alten Freundes angesichts der vielen schönen Erinnerungen an gemeinsame Erlebnisse ein warmes Gefühl durchströmt. Gelernt werden Reize als Auslöser für Gefühle darüber hinaus durch das beobachtete *Verhalten anderer*, beispielsweise das der Eltern in der Kindheit (sog. Modelllernen; Watson & Rayner, 1920). Reagiert die Mutter stets ängstlich auf bestimmte Reize, lernt auch das Kind, auf diese Reize mit Angst zu reagieren. Zuckt die Mutter bei jedem Hund, der ihnen entgegenkommt vor Angst zusammen, wird auch das Kind Hunden mit großem Respekt begegnen oder sogar unangemessene Ängstlichkeit erwerben.

Es sei hier kurz darauf hingewiesen, dass nicht alle Reiz-Reaktions-Verbindungen *gleich schnell* bzw. *gleich gut* gelernt werden und dass auch verschiedene Personen *unterschiedlich* auf ein und dieselbe (Lern-)Situation reagieren können.

Emotionale Ansteckung

Neben der Emotionsauslösung durch angeborene und gelernte Reize kann die Wahrnehmung von Reizen auch über eine sog. „**emotionale Ansteckung**" zur Auslösung von Gefühlen – in diesem Fall genauer gesagt zur Auslösung von *Stimmungen* – führen.[1]

Emotionale Ansteckung
Emotionsausdrücke anderer Personen werden unbewusst imitiert und dadurch ähnliche Stimmungen ausgelöst.

Es ist Ihnen sicherlich schon einmal passiert, dass Sie sich vor Lachen kaum mehr halten konnten – und das nur weil *jemand anderes* herzhaft gelacht hat und Sie vielleicht noch nicht einmal den Grund für den Heiterkeitsausbruch kannten. Das Lachen einer Person kann ansteckend sein. Diese Ansteckung funktioniert auch bei einer abgeschwächten Heiterkeitsdemonstration, nämlich beim Lächeln: Sie sehen jemanden lächeln und meistens lächeln Sie dann spontan ebenso. Emotionsausdrücke von Mimik, Gestik, Haltungen, Stimme etc. werden spontan und häufig unbewusst imitiert. Und nicht nur das – Untersuchungen zeigen, dass sich auch die *Stimmung* des Imitierenden verändert und zwar in die Richtung des beobachteten Emotionsausdrucks. Diese Stimmungsveränderung wird durch eine Rückkoppelung von der imitierten Mimik vermittelt (Hatfield et al., 1992, 1993). Emotionale Ansteckung ist auch beteiligt, wenn uns im Kino ein Film so richtig mitreißt und wir die gleichen Gefühle durchleben wie die Person in dem Film (Hsee et al., 1990; siehe auch Laird et al., 1994). Abbildung 4.4 verdeutlicht den angenommenen Prozess.

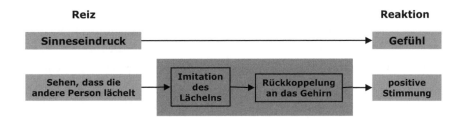

Abb. 4.4: Emotionale Ansteckung.
Die Imitation des Emotionsausdrucks bewirkt eine spezifische Rückmeldung an das Gehirn, wodurch eine entsprechende Stimmung ausgelöst wird.

---

[1] So irreführend der Begriff „emotionale Ansteckung" sein mag – es können auf diesem Wege nur Stimmungen und keine Emotionen ausgelöst werden, da Emotionen ein Objekt benötigen, auf welches sie gerichtet sind und dieses im Rahmen emotionaler Ansteckung nicht mitvermittelt werden kann.

Emotionale Ansteckung kann nicht nur über die visuelle Wahrnehmung, sondern auch über andere Sinneskanäle vermittelt werden (*siehe folgenden Kasten*).

Klassische Studie zur Auslösung von Gefühlen durch Wahrnehmung
Der emotionale Ausdruck eines Sprechers löst über emotionale Ansteckung im Zuhörer eine kongruente Stimmung aus.

Neumann und Strack (2000b, Exp. 1) warben ihre Teilnehmer für eine vermeintliche Studie zum Textverständnis an. Die Teilnehmer hörten einen philosophischen Text, der entweder mit fröhlicher, neutraler oder trauriger Stimme vorgetragen wurde. Anschließend beantwortete Fragen zeigten, dass jene Teilnehmer, die einer fröhlichen Stimme zugehört hatten, angaben, besser gestimmt zu sein als jene, die einer traurigen Stimme zugehört hatten. Somit wurde durch das Hören einer Stimme eine entsprechende *Stimmung ausgelöst*.

In einer zweiten Studie ließen Neumann und Strack (2000b, Exp. 2) ihre Teilnehmer den zuvor gehörten Text nachsprechen. Dies wurde aufgezeichnet und von unabhängigen Beurteilern ausgewertet. Die Ergebnisse zeigten, dass sich nachgesprochene und zuvor gehörte Stimmung entsprachen – diejenigen, die zuvor einer fröhlichen Stimme zugehört hatten, trugen denselben Text ebenfalls fröhlicher vor als jene, die eine traurige Stimme gehört hatten und umgekehrt. Dies zeigt, dass die gehörten Stimmungen tatsächlich *spontan imitiert* wurden – ohne dass dies den Teilnehmern bewusst war.

Emotionale Ansteckung ist in Organisationen im Besonderen von Bedeutung, da dort intensiv mit anderen zusammengearbeitet wird und häufig Situationen anzutreffen sind, in denen es darauf ankommt, ob positive oder negative Gefühle übertragen werden (Stimmung in Arbeitsteams, der Führungskraft gegenüber Mitarbeitern, gegenüber Geschäftspartnern oder Kunden). So wurde im Kontext von Organisationen (z. B. in Krankenschwestern-Teams) gezeigt, dass Stimmungen einzelner die Stimmungen der Gruppenmitglieder sowie deren Urteile und Verhalten beeinflussen (Barsade, 2000; Totterdell et al., 1998).

Aus diesen Befunden zur emotionalen Ansteckung ergibt sich eine unmittelbare Implikation für die Praxis, nämlich die Möglichkeit, emotionale Ansteckung gezielt im positiven Sinne zu nutzen: Indem man sich beispielsweise vor einem Kundengespräch in positive Stimmung zu versetzen sucht, kann man mit größerer Wahrscheinlichkeit positive anstelle negativer Stimmungen übertragen. Eine auf diese Weise erzeugte freundliche Atmosphäre kann – selbstverständlich neben vielen anderen Faktoren – dazu beitragen, dass dieses Gespräch angenehmer und v. a. auch erfolgreicher verläuft.

Fazit zur Auslösung von Gefühlen durch Wahrnehmung

Ausgangslage

- Gefühle können eine direkte und mehr oder weniger automatische Reaktion auf eine *Wahrnehmung* sein. Die Verbindung zwischen Reiz (Sinneseindruck) und Reaktion (Gefühl) kann *angeboren* (stammesgeschichtlich erworben), *erlernt* (individuell erworben) oder über *emotionale Ansteckung* vermittelt sein.

Vorteil

- schnelle Auslösung einer Emotion

- stabiles Reaktionsmuster, das wenig anfällig für andere Einflüsse ist

- hat häufig Schutzfunktion bzw. ist/war für das Überleben wichtig (z. B. schützt Ekel vor Vergiftungen)

Nachteil

- schwer zu veränderndes Reaktionsmuster

- Schutzfunktionen sind heutzutage zum Teil überflüssig bzw. unangemessen (z. B. Angst vor Spinnen)

Gegenregulation

- dem Reiz aus dem Weg gehen bzw. Flucht

- Sinneseindrücke unterbinden (Augen oder Ohren zuhalten u. a.)

- gezieltes Verlernen der bisherigen Reaktionsmuster, z. B. über systematische Desensibilisierung

Zusammenfassung

Sinneseindrücke spielen eine bedeutende Rolle bei der Auslösung von Gefühlen. Die Wahrnehmung bestimmter Reize kann aufgrund *angeborener* oder *erlernter* Reiz-Reaktions-Verbindungen – ohne Umwege über das Großhirn und damit ohne Umwege über die „Vernunft" – zu einer direkten gefühlsmäßigen bzw. emotionalen Reaktion führen. Ähnlich „automatisch" läuft der Prozess der *emotionalen Ansteckung* ab. Die Wahrnehmung eines Emotionsausdrucks des Gegenübers löst eine spontane und häufig unbewusste Imitation dieses Ausdrucks aus und führt über eine Rückkoppelung an das Gehirn zu einer entsprechenden Stimmung.

Gefühle können nun aber auch – wie im nächsten Abschnitt beschrieben – allein durch *Kognitionen* und ohne die Beteiligung externer Sinneseindrücke entstehen.

4.1.2   Kognitive Auslösung von Gefühlen

Ihr erster Arbeitstag bzw. der erste Tag im Studium. Das erste Date mit Ihrer großen Liebe. Der Hochzeitstag. Ihre große Geburtstagsfete. Dies alles sind eigentlich freudige, wenn nicht gar glückliche und wunderbare Momente und jeder kennt die dazugehörige Vorfreude. Jeder kennt aber auch den Nervenkitzel und eine gewisse Angst. Wie kommen diese Gefühle zustande, wo doch das Ereignis, das dazu führt, noch in der Zukunft liegt und damit zumindest noch keine *externen* Sinneseindrücke bewirken kann? Einer der Hauptgründe liegt in unseren *Gedanken*, die wir uns darum machen: Was, wenn mich keiner mag? Ich mich dumm anstelle? Über was kann ich mit ihr/ihm reden? Wird es auch gut gehen? Was, wenn etwas schief geht? Unsicherheit kann sehr stressig sein – wir wissen nicht, was uns erwartet. Aber gehört haben wir bereits eine ganze Menge darüber. Und Erfahrungen haben wir auch schon viele – gute wie schlechte – gemacht. Beides geht uns nun durch den Kopf. Bereits beim Planen und Abwägen erleben wir Gefühle, die uns und unsere Entscheidungen beeinflussen (Loewenstein et al., 2001; Mellers & McGraw, 2001).

Nicht nur Gedanken, die wir uns im Voraus machen, sondern ebenso auch Gedanken, die wir uns während oder nach einem Ereignis machen, können Gefühle erzeugen: Stellen Sie sich nur einmal vor, durch ein Gespräch mit Kollegen kommt Ihnen plötzlich ein Ereignis aus dem letzten Jahr in den Sinn. Sie erinnern sich an eine Präsentation, bei der alles schief ging, was nur schief gehen konnte. Sie standen schließlich vor dem Kunden und der Geschäftsführung da wie ein Idiot und fühlten sich blamiert bis auf die Knochen. Selbst beim *bloßen Darandenken* wird Ihnen wieder ganz anders und der Puls rast.

Folglich können Gefühle jenseits einer Auslösung durch die Wahrnehmung von Sinnesreizen ebenso auch als Ergebnis eines Interpretationsprozesses entstehen (Lazarus, 1991; Omdahl, 1995; Ortony et al., 1988; Roseman et al., 1996; Scherer, 1988). Ob in oder nach einer bestimmten (vorgestellten oder realen) Situation ein Gefühl entsteht, welcher Art und wie intensiv dieses Gefühl ist, wird entscheidend von der **kognitiven Bewertung der Situation** mitbestimmt. Entscheidend ist hier, welche *Implikationen* die Situation für Sie und Ihre Ziele hat sowie worauf Sie die Situation oder das Ereignis zurückführen, d. h. welche *Ursache* dem Ganzen zugrunde liegt. **Moderierende kognitive Einflüsse** auf diese kognitiven Prozesse – Bestimmung der Implikation und Ursachensuche – sind Thema des zweiten Teils dieses Abschnitts: So sind *Verfügbarkeit*, aber auch *Wissen* und *Vorstellungsvermögen* entscheidende Faktoren bei der Entstehung von Gefühlen durch Kognitionen (*siehe Abb. 4.5*).

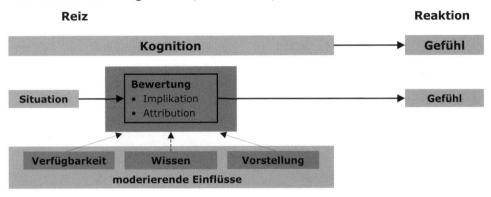

Abb. 4.5: Kognitive Auslösung von Gefühlen.

Bewertung der Situation

Zwei Arten von Bewertungen sind für die kognitive Entstehung eines Gefühls bedeutsam:

> **Kognitive Auslösung eines Gefühls**
>
> Kognitiv ausgelöste Gefühle sind das Ergebnis einer *Interpretation und Erklärung* einer Situation oder eines Ereignisses durch die Person.

Implikationen. Zum einen bewerten wir, welche positiven oder negativen Implikationen das Ereignis für uns hat. Implikationen, die wir als förderlich für unsere Ziele ansehen, ziehen positive Gefühle nach sich. Implikationen dagegen, die uns hinderlich sind, verursachen entsprechend negative Gefühle. So wird beispielsweise die Tatsache (oder auch die Vorstellung davon), am ersten Arbeitstag einen guten Eindruck hinterlassen zu haben, *durch Implikationen* wie „Spaß an der Arbeit, Einkommen gesichert" Freude auslösen. Verläuft der erste Tag dagegen weniger glücklich, sind die *Implikationen* „ungern zur Arbeit gehen, Unsicherheit bzgl. Einkommen" wahrscheinlicher und eher Grund für Enttäuschung bzw. Traurigkeit.

Ursachensuche/Attribution. Eine weitere wichtige Determinante der Gefühlsentstehung durch Kognitionen besteht darin, was als **Ursache** des Ereignisses angesehen wird (*siehe Abschnitt 3.2.1*). Wer oder was ist für die Situation/das Ereignis verantwortlich? Sie selbst oder jemand/etwas anderes? Ist die angenommene Ursache dauerhaft/stabil oder veränderbar? Nehmen wir einmal an, der erste Arbeitstag in der neuen Firma wäre negativ verlaufen – Sie sind mit den Kollegen nicht sonderlich gut ausgekommen und auch fachlich lief es nicht besonders gut. Nun ist für Ihr Gefühl sehr entscheidend, worauf Sie diesen Verlauf zurückführen: Sind Sie der Meinung, dass die neuen Kollegen einfach blöd sind und Ihnen noch dazu nur sehr unwillig Auskunft geben, dann werden Sie wohl zum einen Enttäuschung, aber vermutlich auch Ärger verspüren. Kommt es Ihnen jedoch so vor, als hätten Sie selbst sich einfach dumm angestellt und wären unqualifiziert, so kann sich ebenso Enttäuschung einstellen, aber zusätzlich würden sich vermutlich auch Unzulänglichkeits- und Schuldgefühle breit machen (*siehe Tab. 4.1*).

Tab. 4.1: Kognitive Auslösung von Gefühlen.
Je nach Implikation und Attribution entstehen unterschiedliche Gefühle.

		Implikation	
		positiv	negativ
Attribution	internal	Stolz	Schuld
	external	Freude	Ärger

Je nachdem, wie wir eine Situation und unseren Beitrag dazu beurteilen, stellen sich unterschiedliche Gefühle ein. Genau das zeigt sich auch sehr eindrücklich in der folgenden klassischen Studie (*siehe folgenden Kasten*).

Klassische Studie zur Auslösung einer Emotion durch Ursachenzuschreibung
Auf ein und dasselbe Ereignis wird je nach Ursachenzuschreibung mit dem Gefühl Ärger (externale Ursache) oder Schuld (internale Ursache) reagiert.

Neumann (2000) ließ seine Teilnehmer in einer ersten Aufgabe Sätze zusammenstellen. Diese bezogen sich entweder auf die eigene Person (z. B. „*Ich* kämme mir die Haare.") oder auf eine dritte Person („*Er* kämmt sich die Haare."). Auf diese Weise wurde entweder eine selbst-bezogene bzw. internal fokussierte (*Ich*-Sätze) oder eine Umwelt-bezogene bzw. external fokussierte (*Er*-Sätze) Informationsverarbeitung begünstigt.

Für einen (vorgeblich unabhängigen) zweiten Teil der Studie wurden die Teilnehmer zu einem anderen Raum geschickt und ihnen gesagt, sie müssten sich beeilen. Als die Teilnehmer an dem anderen Raum ankamen, fanden sie zu ihrer Überraschung an der Tür ein Schild mit der Aufschrift „Stopp! Experiment. Bitte nicht eintreten." vor. Da sie jedoch ausdrücklich zu diesem Raum geschickt worden waren und zudem den Hinweis erhalten hatten, dass es eilig sei, betraten die Teilnehmer den Raum trotzdem. Beim Eintreten blickten die Teilnehmer in einen abgedunkelten Raum und auf einen Diaprojektor – ganz offensichtlich hatten sie nun tatsächlich ein Experiment gestört! In dem Moment, in dem ein Teilnehmer die Tür öffnete, ertönte von innen zudem ein Aufschrei „Raus! Kannst Du das Schild nicht lesen? Du störst das Experiment. Warte draußen!".

Vor der Tür waren Beobachter postiert, die die Reaktion (wie z. B. „Entschuldigung!" oder „Da kann ich doch nichts für!") des Teilnehmers auf dieses Szenario notierten.

Nachfolgend erhielt der Teilnehmer einen Fragebogen, auf dem u. a. verschiedene Emotionen erfasst wurden.

Die Ergebnisse zeigten, dass diejenigen Teilnehmer, die sich vorher mit den selbst-bezogenen *Ich*-Sätzen beschäftigt hatten, auch dieses Ereignis auf sich selbst bezogen und entsprechend mehr *Schuld* empfanden und zeigten als diejenigen, die die Umwelt-bezogenen *Er*-Sätze bearbeitet hatten. Letztere empfanden und zeigten eher *Ärger* (*siehe Tab. 4.2*).

Tab. 4.2: Der Einfluss der Ursachenzuschreibung auf die Auslösung eines Gefühls. In Abhängigkeit der Ursachenzuschreibung entstehen als Reaktion auf ein nicht eindeutiges Ereignis Schuld oder Ärger.

Priming	Sätze bearbeiten mit ...	ICH	ER
Ursachenzuschreibung		selbst-bezogen	Umwelt-bezogen
Ereignis	nicht eindeutig	„Störung eines anderen Experiments"	
Gefühl		SCHULD	ÄRGER

Es ist also ganz entscheidend, ob die Verantwortung für ein Ereignis bzw. eine Situation sich selbst oder einem anderen zugeschrieben wird. Ob die eine oder andere Ursachenzuschreibung vorgenommen wird, hängt von verschiedenen Faktoren ab – in diesem Fall wurden durch die vorhergehende Aufgabe unterschiedliche Arten der Informationsverarbeitung verfügbar gemacht (*vgl. auch Verfügbarkeit als moderierenden Einfluss, s. u.*).

Zum einen suchen wir also – wie gerade beschrieben – nach Ursachen im Sinne von Verantwortlichkeit für ein Ereignis. Entscheidend für die Entstehung und Intensität von Gefühlen ist zudem aber auch das Ausmaß unseres Kontrollgefühls über die Situation. So hat beispielsweise der Beifahrer aufgrund seiner erheblich geringeren Kontrollmöglichkeiten über das Fahrgeschehen in kniffligen Verkehrssituationen erfahrungsgemäß mehr Angst als der Fahrer.

Attribution (Ursachenzuschreibung) spielt des Weiteren beispielsweise auch bei der Interpretation eigener *körperlicher Zustände* eine Rolle. Sehr eindrucksvoll ist dieser Einfluss von Kognitionen bei der Entstehung von Gefühlen im Rahmen von Fehlattributionen aufzuzeigen (*siehe Exkurs Fehlattributionen im folgenden Kasten*).

Exkurs Fehlattributionen

Auch für körperliche Zustände suchen wir Erklärungen; untersucht wurde dies insbesondere für die unspezifische physiologische Erregung (Cantor et al., 1975; Schachter & Singer, 1962 u. a.). Die *Interpretation* einer physiologischen Erregung kann zum einen dazu führen, *dass* ein Gefühl ausgelöst wird, zum anderen kann sie auch dafür verantwortlich sein, *welches* Gefühl erlebt wird. Diesen Zusammenhang zeigt die folgende klassische Untersuchung eindrucksvoll auf (*siehe folgenden Kasten*).

Klassische Studie zur Auslösung von Gefühlen durch Kognitionen
Gefühle können Ergebnis einer Fehlattribution sein.

In einer Studie von Schachter und Singer (1962) wurde den Teilnehmern gesagt, dass die Wirkung des Vitaminpräparats „Suproxin" auf das Sehvermögen getestet würde. Sie erhielten daraufhin eine Suproxin-Injektion und wurden gebeten, die Wirkung des Medikaments abzuwarten. Tatsächlich enthielt die Spritze jedoch kein „Suproxin", sondern bei der einen Teilnehmergruppe ein Placebo (keinerlei Wirkung) und bei der anderen Adrenalin. Adrenalin ist ein körpereigenes Hormon, welches physiologische Erregung hervorruft (Körpertemperatur, Herzrate und Atemfrequenz steigen). Einer Hälfte der letzteren Gruppe wurden diese Wirkungen – als Nebenwirkungen von „Suproxin" deklariert – mitgeteilt, der anderen Gruppe nicht.

Während des Wartens auf den Wirkungseintritt kam ein vermeintlich weiterer Teilnehmer (in Wirklichkeit ein Vertrauter der Autoren) in den Raum. Beide Teilnehmer erhielten nun einen Fragebogen, der ausgefüllt werden sollte. Der Fragebogen enthielt sehr persönliche und unverschämte Fragen (z. B. „Mit wie vielen Männern (jenseits Ihres Vaters) hatte Ihre Mutter außereheliche Beziehungen?"). Der vermeintliche andere Teilnehmer reagierte auf diese Fragen offensichtlich sehr ärgerlich, steigerte sich in seinen Ärger sogar so weit hinein, dass er den Fragebogen vom Tisch fegte und den Raum verließ.

Die Autoren interessierte nun, ob sich zwischen den Teilnehmern hinsichtlich ihrer Gefühlslage Unterschiede ergeben in Abhängigkeit des Medikaments bzw. ihrer Informiertheit über die Nebenwirkungen. Zum einen zeigte sich, dass Teilnehmer, denen die Wirkung von Adrenalin *mitgeteilt* wurde, auf den Fragebogen *nicht ärgerlich* reagierten, ganz im Gegensatz zu den Teilnehmern, die diese Information nicht hatten. Ob überhaupt eine Emotion aufgrund physiologischer Erregung entsteht, hängt folglich davon ab, *welche Interpretation* der Situation bekannt bzw. verfügbar ist.

Zum anderen zeigte sich, dass Teilnehmer, denen Adrenalin verabreicht worden war, insgesamt *wütender* reagierten als jene, die eine wirkungslose Substanz (Placebo) erhalten hatten. *Physiologische Erregung* scheint demnach emotionale Zustände zu intensivieren.

In weiteren Bedingungen dieser Studie zeigten
Schachter und Singer (1962), dass es sogar möglich
ist, das Gefühl einer Person zu verändern, indem man
eine andere Erklärung für die Erregung nahe legt

Fehlattribution

Hier: fälschliche Schlussfolgerung
über die Ursache eines Gefühls.

bzw. verfügbar macht. Teilnehmer erhielten hier nicht den o. g. Fragebogen und der vermeintlich weitere Teilnehmer reagierte nicht ärgerlich, sondern verhielt sich stattdessen
euphorisch: Völlig unbekümmert spielte er mit Papierkugeln Basketball, bastelte
Papierflieger und spielte mit einem Hula-Hoop-Reifen, der im Flur herumlag.
Diejenigen Teilnehmer, denen Adrenalin verabreicht worden war und die nicht über dessen Wirkung aufgeklärt worden waren, wurden oft ebenso euphorisch und schlossen sich
dem Verhalten ihres Mitteilnehmers an. Das Verhalten des anderen Teilnehmers wurde
somit als Informationsquelle herangezogen, um auf die eigene Emotion zu schließen
(„Wenn er sich in dieser Situation so fühlt, ist die Erregung, die ich verspüre, wahrscheinlich einfach Freude.") (*siehe Tab. 4.3*).[2]

Tab. 4.3: Gefühle als Ergebnis einer Fehlinterpretation.
Die Tabelle bezieht sich nur auf die Teilnehmer, denen tatsächlich Adrenalin verabreicht
wurde. Waren die Teilnehmer über die Wirkung von Adrenalin informiert, so hatten sie
eine gute Erklärung für ihre Erregung und zeigten/empfanden keine Emotion (---).
Hatten sie jedoch keine Erklärung für die Erregung, so war die Situation für das erlebte
Gefühl entscheidend.

Situation	Info über Adrenalinwirkung	
	nein	ja
Fragebogen & ärgerliche Person	Ärger	---
euphorische Person	Euphorie	---

---

[2] Der Ansatz von Schachter und Singer (1962) wurde massiv kritisiert, teils auch widerlegt (z. B. Reisenzein, 1983).
Diese Kritik ist immer dann angebracht, wenn ihr Ansatz fälschlicherweise als alleinige Erklärung zur Entstehung
von Gefühlen dargestellt wird. Doch ist er vielmehr so zu verstehen, dass er aufzeigen kann, wie Gefühle durch
Erregungszustände intensiviert und auch durch Attributionen (= Ursachenzuschreibungen) vermittelt werden.

Inwieweit lassen sich diese Ergebnisse auf den Alltag übertragen? Lassen wir uns im Alltag ebenso zu falschen Gefühlen verleiten? Wahrscheinlich werden Sie sagen, dass Sie doch wissen, wodurch Ihre Erregung jeweils hervorgerufen wurde.

Doch im Alltag sieht es oft so eindeutig nicht aus, es stehen durchaus häufig mehrere plausible Ursachen zur Wahl und es ist nicht immer einfach zu entscheiden, welche nun die zutreffende ist. Die folgende Studie soll dies exemplarisch aufzeigen (*siehe folgenden Kasten*).

Klassische Studie zur Fehlattribution von Erregung
Eine unspezifische physiologische Erregung wird einer falschen Ursache zugeordnet.

Dutton und Aron (1974, Exp. 1) ließen in ihrer Studie männliche Teilnehmer, die zufällig einen Park in British Columbia besuchten, einer sehr attraktiven Frau (Mitarbeiterin der Autoren) begegnen. Bevor die Teilnehmer jedoch „zufällig" mit dieser Frau zusammentrafen, hatten sie verschiedene Wege zurückzulegen.

Die *eine* Teilnehmergruppe ging durch den Park und erreichte dann den Rand einer tiefen Schlucht. Über die Schlucht erstreckte sich eine etwa 137 Meter lange Hängebrücke aus an Drahtseilen hängenden Holzplanken. Um sich zur Überquerung der Brücke an dem sehr niedrigen Geländer festzuhalten, mussten sich die Passanten bücken und so in die Tiefe der Schlucht schauen – den Blick noch dazu auf einen reißenden Fluss gerichtet. Aufgrund der flexiblen Befestigung schwankt die Brücke hin und her. Die meisten von uns wären in solch einer Situation vermutlich mehr als nur „ein wenig nervös" – das Herz pocht lautstark, man atmet heftiger und beginnt zu schwitzen. Nachdem die Teilnehmer die Brücke überquert hatten, näherte sich die hoch attraktive Frau und bat die Teilnehmer, den Fragebogen auszufüllen.

Die *zweite* Teilnehmergruppe (Exp. 1) überquerte dagegen eine fest montierte Holzbrücke, die zum einen breiter, stabiler war als die Hängebrücke über der Schlucht und außerdem mit nur drei Metern Länge einen kleinen Bach überspannte. Zudem hatte sie ein normal hohes Geländer und schwankte nicht.

Eine *dritte* Teilnehmergruppe (Exp. 2) überquerte ebenfalls die zuerst beschriebene, „gefährliche" Brücke, hatte dann aber zehn Minuten Zeit, um auf einer Bank auszuruhen, bevor sie der attraktiven Frau gegenüberstanden. Auf diese Weise konnten sich Puls, Atemfrequenz und Herzschlag vor dem Zusammentreffen normalisieren. Die Teilnehmer saßen also auf einer Parkbank, als sie von der attraktiven Frau angesprochen wurden, den Fragebogen auszufüllen.

In allen drei Bedingungen gab die Interviewerin im Anschluss an den Fragebogen den Teilnehmern einen Zettel mit ihrer Telefonnummer, unter dem Vorwand, dass diese sie anrufen könnten, wenn sie Informationen über das Projekt erhalten möchten. Eine der entscheidenden Variablen war, wie viele Männer nun tatsächlich anrufen würden.

Würden Sie einen Unterschied zwischen den Männern, die auf der furchtauslösenden Brücke und denen, die auf der weniger furchtauslösenden Brücke gingen, erwarten? Die Ergebnisse belegten dies – die Interviewerin wurde von mehr Teilnehmern später angerufen und um ein Date gebeten, die ihr im direkten Anschluss an die Hängebrücke begegnet waren (ca. 55 %), als von jenen, die sie auf der Parkbank angesprochen hatte (30 %) und die die stabile Brücke überquert hatten (12 %).

Die Autoren führten dies auf eine Fehlattribution der eigenen physiologischen Reaktion zurück: Beim Überqueren der hohen Brücke empfanden die Teilnehmer physiologische Erregung; beispielsweise schlug das Herz schneller, die Handflächen wurden feuchter. Die Teilnehmer schrieben diese physiologische Veränderung aber fälschlicherweise der empfundenen Attraktivität der Interviewerin zu. Deshalb riefen sie diese eher an als Teilnehmer, die über die feste Brücke gegangen waren oder bei denen die Erregung infolge der Pause gesunken war.

Wie diese Forschungsarbeiten exemplarisch aufzeigen, sind Fehlattributionen an der Tagesordnung – sie wurden außerdem in einer Vielzahl von Bereichen nachgewiesen (Cantor et al., 1975; Neumann et al., 2001; Olson, 1988; Ross & Olson, 1981; Savitsky et al., 1998; Sinclair, Hoffman et al., 1994; Sinclair, Mark et al., 1994; Valins, 1966).

Für Ihren eigenen Alltag könnte dieses Phänomen bedeuten, dass es durchaus einen Unterschied machen kann, ob Sie die drei Stockwerke bis zu Ihrem Büro zu Fuß oder mit dem Aufzug zurückgelegt haben. Im ersteren Fall fällt Ihr Ärger darüber, dass Ihre Sekretärin Ihnen mitteilt, mit dem Abtippen des Projektberichts trotz klarer Vereinbarung nicht fertig geworden zu sein, vermutlich stärker aus, als wenn Sie den Lift genommen hätten. Den durch das Treppensteigen erhöhten Puls würden Sie vermutlich als Ärger missdeuten – es sei denn Ihnen wäre in dem Moment bewusst, dass Ihr erhöhter Puls und Ihre leichte Atemlosigkeit vom Treppensteigen herrühren und eben nicht auf den Ärger wegen der schlechten Nachricht zurückzuführen sind. Hier lässt sich deutlich ersehen, wie Gefühle durch Kognitionen beeinflusst werden können.

Moderierende kognitive Einflüsse

In den zuvor beschriebenen Studien wurde aufgezeigt, wie Bewertungen bestimmen, ob überhaupt ein Gefühl ausgelöst wird, welche Art von Emotion entsteht und von welcher Intensität sie ist. Was führt nun aber beispielsweise dazu, dass entweder die eine oder aber eine andere Erklärung einer Situation vorgezogen wird? An dieser „Auswahl" von Ursachen ist ganz wesentlich beteiligt, was wir *wissen* und was nahe liegt, d. h. was *verfügbar (siehe Abschnitt 1.1)* ist. Zudem spielt das eigene *Vorstellungsvermögen* eine wichtige Rolle.

Moderierende kognitive Einflüsse auf die Auslösung einer Emotion
- Verfügbarkeit und Wissen
- Vorstellungsvermögen/ Vorstellbarkeit

Verfügbarkeit und Wissen. „Wussten Sie, dass es seit 1876 nur 67 Todesfälle durch Angriffe von weißen Haien gegeben hat? Trotzdem wird Sie, sofern Sie auch Steven Spielbergs Horrorklassiker gesehen haben, wahrscheinlich eine Schockwelle durchlaufen, wenn beim Bad im Meer etwas Ihr Bein streift" (aus Strack & Seibt, 2003, S. 16). Wie in den vorangegangenen klassischen Studien die ich-bezogene Informationsverarbeitungsstrategie, die unverschämten Fragen oder die attraktive Interviewerin ist auch hier entscheidend, *was* wir in einer bestimmten Situation zur Interpretation eines Ereignisses *verfügbar* haben. Wenn beim Baden etwas das Bein streift, so kann das, neutral betrachtet, unzählige Ursachen haben – von verschiedensten Wasserpflanzen über einen anderen Badegast, diverse ungefährliche Fische bis hin zu einer schwimmenden Plastiktüte ist vieles denkbar. Verfügbarer mag uns trotz allem der Hai sein und deswegen bekommen wir *Angst* – sollte sich doch noch herausstellen, dass es sich um eine gammelige Plastiktüte handelt, schwenkt diese Angst vermutlich schnell in Ekel um.

Zu welch irrationalem Verhalten wir durch aus Verfügbarkeit entstandenen Gefühlen verleitet werden, soll der folgende Beitrag beispielhaft aufzeigen *(siehe folgenden Kasten)*.

Klassisches Beispiel zum Einfluss von Verfügbarkeit
Verfügbarkeit beeinflusst über die Auslösung von Gefühlen unser Verhalten.

„Zu welch irrationalem Verhalten wir dann tendieren, zeigte sich beispielsweise nach den Terrorattacken vom 11. September 2001: Als Briefe mit Milzbranderregern auftauchten und erste Todesopfer forderten, deckten sich viele Amerikaner panikartig mit Gasmasken ein. In kürzester Zeit waren sämtliche Lagerbestände ausverkauft. Tatsächlich jedoch bewahren die unbequemen Atemfilter nur dann vor der Krankheit, wenn sie ständig getragen werden – was natürlich kaum jemand tat. Die Schutzwirkung war also pure Illusion – und die Gasmaske in erster Linie eine Maßnahme gegen die Angst" (aus Strack & Seibt, 2003, S. 12).

Auch faktisches *Wissen* kann eine Emotion auslösen, wie die folgende klassische Studie zeigt *(siehe folgenden Kasten)*.

Klassische Studie zur Auslösung einer Emotion durch Wissen
Auslösung von Ekel durch Wissen.

Rozin et al. (1986) gaben ihren Teilnehmern Orangensaft zu kosten. Nachdem sie den Saft getrunken und seinen Geschmack für gut bewertet hatten, wurde eine tote sterilisierte Kakerlake hineingetunkt. Anschließend ekelten sich die Teilnehmer davor, weiter von dem Saft zu trinken, obwohl sie wussten, dass von der sterilisierten Kakerlake keinerlei Gefahr oder Geschmacksveränderung ausgeht.

Allein das *Wissen*, dass eine Kakerlake – und sei sie noch so steril – zuvor in den Orangensaft getunkt wurde, verursacht beim Anblick des Orangensafts, ohne dass die Kakerlake noch darin ist, ein Ekelgefühl.

Vorstellungsvermögen/Vorstellbarkeit. Wer über eine lebhafte Phantasie und eine gute bildliche Vorstellungsgabe verfügt, wird sich vermutlich noch schwerer tun, den mit der sterilisierten Kakerlake in Berührung gekommenen Orangensaft zu trinken, als ein weniger phantasievoller Zeitgenosse. Darüber hinaus haben verschiedene Arten, über ein Ereignis nachzudenken, einen Einfluss darauf, ob eine Stimmung ausgelöst wird. Denkt man auf abstrakte Weise darüber nach, *warum* ein (emotional bewegendes) Ereignis eingetreten ist, so wird dadurch keine Stimmung ausgelöst, während dies hingegen durchaus der Fall ist, wenn in bildreicher Art und Weise darüber nachgedacht wird, *wie* ein Ereignis abgelaufen ist (Strack et al., 1985, Exp. 3; *siehe Abschnitt 7.2.4b*).

Auch die Vorstellbarkeit eines Ereignisses wirkt sich auf die Gefühlsentstehung aus und kann sogar zu durchaus irrationalen Handlungen führen (*siehe folgenden Kasten*).

Klassisches Beispiel zum Einfluss von Vorstellbarkeit
Vorstellbarkeit moderiert die Angst, mit dem Flugzeug abzustürzen.

„Nach Daten des amerikanischen National Safety Council ist die Wahrscheinlichkeit, bei einem Unfall im Auto zu sterben, pro Kilometer 37-mal höher als im Flugzeug." Doch wird die Gefährlichkeit des Fliegens systematisch überschätzt; man nimmt lieber das Auto. „Solche Statistiken zeigen: (…) Wenn wir uns fürchten, ergreifen wir Maßnahmen, die zwar das unangenehme Gefühl der Angst beseitigen, aber nicht geeignet sind, der eigentlichen Gefahr zu begegnen. Im Gegenteil, wir fühlen uns beim Umstieg auf das Auto sicherer, obwohl wir dabei statistisch betrachtet sehr viel mehr riskieren. (…) Viele Raucher, deren Lebenserwartung statistisch um fünf bis acht Jahre verkürzt ist, zittern, sobald sie ein Flugzeug betreten, obwohl das ihre Lebenserwartung durchschnittlich nur um einen Tag verringert" (aus Strack & Seibt, 2003, S. 12).

Die Vorstellbarkeit kann – wie prinzipiell alle kognitiven Vorgänge – auch zu positiven Zwecken genutzt werden, denn „zuweilen können plastisch ausgemalte Schreckensbilder überaus hilfreich sein. Wer etwa versucht, sich das Rauchen abzugewöhnen, kann sich vor einem Rückfall bewahren, indem er sich vor seinem geistigen Auge eine teerge-schwärzte Lunge vorstellt" (aus Strack & Seibt, 2003, S. 16).

Vor diesem Hintergrund ist auch nachvollziehbar, wie wir uns in ein Gefühl hineinstei-gern können. Durch unser Denken, unsere Ursachenzuschreibungen und durch Fragen wie „Hätte er das nicht vorhersehen können?" „Wie kann man nur so blöd sein?" erzeu-gen wir hier eine Emotion. Demjenigen, der versteht, wie seine Kognitionen zur Ge-fühlsentstehung beitragen, eröffnen sich dementsprechend Möglichkeiten, diese Prozes-se bewusst für sich zu nutzen und sein Gefühlsleben positiv damit zu beeinflussen (*siehe auch Gegenregulationen im Fazitkasten*). Die Fähigkeit, dies zu tun, fällt u. a. unter das derzeit populäre Stichwort *emotionale Intelligenz*. Dies detailliert darzustellen geht jedoch über die Zielsetzung dieses Buchs hinaus und wird von anderen Autoren (z. B. in psychologischen Ratgebern) entsprechend umfangreich diskutiert.

Fazit zur Auslösung von Gefühlen durch Kognitionen

Ausgangslage

- Gefühle können das Ergebnis von Interpretationen einer Situation bzw. eines Ereignisses durch die betreffende Person sein.

Vorteil

- Gefühle lassen sich auf diesem Wege beeinflussen und konstruktiv nutzen

Nachteil

- man kann sich in Gefühle gedanklich „hineinsteigern"

- man ist von einer *bestimmten* Ursache überzeugt, die jedoch nur *eine* von vielen Möglichkeiten darstellt; geht häufig an der Realität vorbei

Gegenregulation

- ist kapazitätsabhängig! Unter Zeitdruck ist es beispielsweise kaum möglich, die nötige Kapazität zur Gegenregulation aufzubringen.

- Ablenkung, Unterbrechen der Gedankenkreisläufe („bis 10 zählen" ist deshalb durchaus sinnvoll)

- neue, andere Ursachenzuschreibungen (insbesondere durch Übung verfügbar)

Zusammenfassung

Jenseits der Auslösung von Gefühlen durch die Wahrnehmung können Gefühle auch durch die *Interpretation* einer Situation oder eines Ereignisses entstehen. Verantwortlich für Art und Intensität eines Gefühls sind in diesem Fall die Bewertung der *Implikationen* sowie die *Zuschreibung der potenziellen Ursachen* einer Situation oder eines Ereignisses. Moderiert werden diese Bewertungsprozesse durch *Verfügbarkeit*, *Wissen* und *Vorstellungsvermögen*. Dies kann insbesondere in Fehlattributionen resultieren, wenn beispielsweise die *verfügbarste* Ursache herangezogen wurde, sie aber nicht die *wahrscheinlichste* ist.

Auf die gleiche Art, wie Gefühle ausgelöst werden, sind sie auch veränderbar: Über gezielte *Bewertungen* können Gefühle nicht nur ausgelöst, sondern auch beeinflusst, abgeschwächt oder intensiviert werden. Die durch *Wahrnehmung* ausgelösten Gefühle können beispielsweise durch bewusstes Aufsuchen oder Ausblenden emotionsauslösender Sinneseindrücke beeinflusst werden. All dies ist nicht nur hilfreich, um sich besser zu fühlen, sondern auch für die eigene Leistungsfähigkeit entscheidend, da diese ebenfalls durch Gefühle mitbestimmt wird.

4.2 Die Auswirkungen von Gefühlen auf Verhalten und Leistungsfähigkeit

Auf welche Weise auch immer ein Gefühl ausgelöst wurde, es wirkt sich auf unser Denken und Handeln aus. Zum einen werden Gefühle als Urteilsbasis herangezogen (*siehe Abschnitt 1.3*), zum anderen beeinflussen sie unsere Leistungsfähigkeit und schließlich auch unsere Interaktion mit anderen Personen (*siehe Abb. 4.6*).

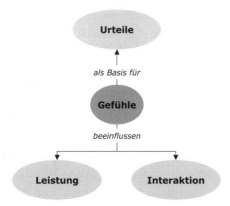

Abb. 4.6: Gefühle und Leistungsfähigkeit.
Gefühle wirken sich auf Urteile, Leistung und die Interaktion mit anderen aus.

Gefühle werden häufig als Basis für Urteile herangezogen (Schwarz, 1990; Schwarz & Clore, 1983). Stellen Sie sich folgendes Beispiel vor: Sie sitzen als Arbeitgeber in einem Bewerbungsgespräch. Das Gespräch verläuft ganz gut, es spricht nichts richtig gegen den Bewerber, jedoch auch nichts richtig für den Bewerber. Dennoch sollen Sie im Anschluss ein Urteil über den Bewerber abgeben. Baron (1993) konnte zeigen, dass wir uns in einer solchen Situation, um den Bewerber zu bewerten, auf unser „Gefühl" verlassen. Sind wir in negativer Stimmung, wird der Bewerber schlechter bewertet als in positiver Stimmung. Dabei ist irrelevant, ob das Gefühl durch den Bewerber oder die Vorfreude auf den Feierabend bzw. andere für das Urteil eigentlich irrelevante Situation verursacht worden ist.

Gefühle beeinflussen die Leistung. Lange Zeit wurde angenommen, dass der glückliche Mitarbeiter der produktivere sei (Iaffaldano & Muchinsky, 1985). Doch so einfach und allgemein gültig ist der Zusammenhang zwischen eigener Stimmung und eigener Leistungsfähigkeit nicht. Vielmehr finden sich Wechselwirkungen zwischen der Stimmung und der *Art der Aufgabe* (ähnlich wie beim Bodyfeedback, *siehe Abschnitt 5.4.3*). Dies betrifft die Informationsverarbeitung insgesamt, unsere Denkstile und unsere Gedächtnisleistung (*siehe Tab. 4.4*).

• *Gefühle beeinflussen die Informationsverarbeitung*
  Positive Stimmung signalisiert, dass alles in Ordnung ist (Schwarz & Bless, 1991), es wird oberflächlicher, allgemeiner und heuristischer verarbeitet (Mackie & Worth, 1989, 1991, *siehe folgenden Kasten*). In negativer Stimmung hingegen verarbeiten wir Informationen eher detailorientierter, genauer und analytischer (für einen Überblick siehe Fiedler, 1988). Beispielsweise werden andere Personen in guter Stimmung eher kategorisch beurteilt, ihre Leistung ungenauer bewertet, während in schlechter Stimmung eher individuelle Merkmale und Aspekte herangezogen werden (Sinclair, 1988; für einen Überblick siehe Sinclair & Mark, 1992).

Klassische Studie zum Einfluss von Gefühlen auf die Informationsverarbeitung
In guter Stimmung wird heuristischer, oberflächlicher, in schlechter Stimmung analytischer, genauer verarbeitet.

Bless et al. (1990, Exp. 1 und 2) zeigten in einer Studie, dass Personen in negativer Stimmung eher Argumente aufnehmen und systematisch verarbeiten als Personen in positiver Stimmung. Die Verarbeitung dieser Informationen führte dazu, dass sich die Teilnehmer in negativer Stimmung von guten Argumenten überzeugen ließen (von schlechten nicht), während Personen in positiver Stimmung nicht zwischen guten und schlechten Argumenten differenzierten.

Isen und Means (1983) gaben ihren Teilnehmern eine komplexe Aufgabe vor, in der ein Auto aus sechs Alternativen zum Kauf ausgewählt werden sollte, welche auf neun Dimensionen variierten. Personen in positiver Stimmung waren besser in der Lage, dies effizient zu tun, indem es ihnen besser gelang, sinnvolle Heuristiken zur Problemlösung zu finden und unwichtige Informationen zu eliminieren (z. B. wurden Informationen, die einem Kriterium nicht entsprachen, sofort aussortiert). Damit erleichtert positive Stimmung, schwierige Aufgaben zu simplifizieren.

- *Gefühle beeinflussen Denkstile*

  So konnte in vielen Studien gezeigt werden, dass unterschiedliche Stimmungen mit unterschiedlichen Denkstilen assoziiert sind und Menschen damit je nach Aufgabe unterschiedlich gute Leistung erbringen können.

  Personen sind in *positiver* Stimmung *kreativer* als in schlechter Stimmung (Isen & Daubman, 1984; Isen et al., 1987). Dies ist darauf zurückzuführen, dass gute Stimmung eher mit einem Denkstil verbunden ist, der es erlaubt, kreativere Lösungen zu suchen, die gleichzeitig immer auch ein höheres Risiko mit sich bringen (Friedman & Förster, 2001). Negative Stimmung hingegen signalisiert dem Individuum, dass etwas nicht stimmt und eher Vorsicht angeraten ist (Schwarz, 1990). In diesem Fall wird eher auf Altbewährtes zurückgegriffen, weniger riskante und damit auch weniger kreative Lösungen gesucht.

- *Gefühle beeinflussen die Erinnerung*

  Stimmung wirkt sich darüber hinaus auf das **Gedächtnis** aus. Hier sind zwei Mechanismen zu unterscheiden. Zum einen gibt es das Phänomen der *zustandsabhängigen Erinnerung* („state-dependent-memory"): Wir erinnern uns besser an Dinge, wenn wir sie in der gleichen Stimmung erinnern, in der wir sie gelernt haben (Blaney, 1986). Dies ist darauf zurückzuführen, dass das Lernmaterial automatisch mit Gefühlen, die zum Lernzeitpunkt aktiviert waren, verbunden wird (Bower, 1991). Wurde etwas in ausgesprochen positiver Stimmung gelernt, dann wird davon zu einem späteren Zeitpunkt quantitativ mehr erinnert und die Erinnerung fällt leichter, wenn der Abruf ebenfalls in *positiver* anstatt in negativer Stimmung erfolgt. Soll der Abruf in negativer Stimmung erfolgen, so fällt dies schwerer und es wird quantitativ weniger erinnert.

  Stimmung hat zum anderen über das sog. *stimmungskongruente Erinnern* eine Auswirkung auf unser Gedächtnis („mood-congruent-memory"): Wir erinnern besser zu unserer Stimmung passende, d. h. kongruente Inhalte: Sind wir zur Zeit des Abrufs in positiver Stimmung, erinnern wir besser positive Inhalte, sind wir in negativer Stimmung, erinnern wir besser negative Dinge (Blaney, 1986).

Tab. 4.4: Gefühle und Leistungsfähigkeit.

Positive vs. negative Stimmung wirken sich unterschiedlich auf Informationsverarbeitung, Denkstil und Erinnerung aus.

		Stimmung	
		positiv	negativ
Informationsverarbeitung		oberflächlicher allgemeiner heuristischer	detailorientierter genauer analytischer
Denkstil		kreativer riskanter	vorsichtiger Rückgriff auf Altbewährtes
Erinne-rung	zustandsabhängig	in positiver *Stimmung* Gelerntes wird besser erinnert	in negativer *Stimmung* Gelerntes wird besser erinnert
	stimmungskongruent	positive *Inhalte* werden besser erinnert	negative *Inhalte* werden besser erinnert

Schließlich beeinflussen Gefühle auch die Interaktion mit anderen. Positiver Affekt führt zu geselligen und wohlwollenden Handlungen gegenüber anderen (Isen & Baron, 1991), insbesondere in Situationen, in denen diese Handlungen das eigene positive Gefühl aufrechterhalten lassen (Isen & Simmonds, 1978).

In einer Organisation ist positive Stimmung eine bedeutsame Determinante des Verhaltens der Mitarbeiter, da sie mitbestimmt, inwieweit Unterstützung gegenüber den Kollegen und dem Schutz der Organisation sowie konstruktive Vorschläge und ein allgemeiner Goodwill gezeigt werden (George & Brief, 1992; für einen Überblick zu „Emotionen in Gruppen" siehe Kelly & Barsade, 2001). Darüber hinaus wirkt sich positiver Affekt auf das *Konfliktverhalten* aus. Personen sind in positiver Stimmung kooperativer und eher geneigt, in Verhandlungssituationen integrative Lösungen zu finden (Carnevale & Isen, 1986); sie helfen bedingungsloser bzw. ohne die Kosten zu bedenken (Schaller & Cialdini, 1990).

Positiv gestimmte *Führungskräfte* werden sowohl von geschulten Beobachtern als auch von ihren Mitarbeitern im zwischenmenschlichen Verhalten besser bewertet (Staw & Barsade, 1993). Dabei werden sie nicht als netter, sondern als effektiver im Umgang mit ihren Mitarbeitern gesehen. Zudem wird der Führungsanspruch positiv gestimmter Führungskräfte eher akzeptiert. Dies gilt insbesondere für Ausmaß und Qualität der Beteiligung der Führungskräfte, das Informationsmanagement und ihren Beitrag zur Gruppeneffektivität.

Des Weiteren sind positiv gestimmte Personen *einflussreicher* (Cialdini, 1984a, b) – wie bereits in Kapitel 2 beschrieben, werden sie eher gemocht und haben auf diesem Wege mehr Chancen, andere für sich zu gewinnen und sowohl von ihren Ideen als auch ihren

Produkten zu überzeugen (für einen Überblick zu der Bedeutung von „Affekt für den Einzelnen in Organisationen" siehe Brief & Weiss, 2002).

Das Wissen um diese Mechanismen gibt uns – so wir sie in der aktuellen Situation erkennen – die Möglichkeit, gezielt damit zu arbeiten. So können wir einerseits versuchen, uns gezielt in eine positive Stimmung zu versetzen, wenn es die Aufgabe erfordert, beispielsweise bei der Suche nach kreativen Lösungen für ein Problem, oder wir können den umgekehrten Weg nehmen, indem wir jeweils die Aufgaben erledigen, die zu unserer momentanen Stimmung passen: in positiver Stimmung also eher Aufgaben, die Kreativität und/oder eine gewisse Risikobereitschaft erfordern, in negativer Stimmung dagegen eher die Aufgaben, bei denen ein genaues, analytisches und schlussfolgerndes Vorgehen nötig ist.

Fazit zur Auswirkung von Gefühlen auf die Leistungsfähigkeit

Ausgangslage

* Gefühle werden als Urteilsbasis herangezogen.

* Gefühle beeinflussen die Informationsverarbeitung insgesamt, den Denkstil und die Erinnerung.

* Gefühle beeinflussen die Interaktion mit anderen.

Vorteil

* dienen als Heuristik

Nachteil

* behindern manchmal effiziente Informationsverarbeitung

* verfälschen

Gegenregulation

* zur Stimmung passende Aufgabenarten wählen

* ggf. warten, bis Stimmung vergangen ist

* sich gezielt in andere Stimmung bringen (z. B. über Musik, bestimmte Ereignisse ins Gedächtnis rufen etc.)

Zusammenfassung

Gefühle haben vielfältige Auswirkungen auf unseren Umgang mit anderen und unsere allgemeine Leistungsfähigkeit. So werden Gefühle als **Basis für Urteile** herangezogen: Die Stimmung färbt sozusagen auf den Urteilsgegenstand ab – auch wenn dieser mit der Stimmung eigentlich gar nichts zu tun hat. Darüber hinaus wird unsere **Leistungsfähigkeit** von unserem Gefühlsleben mitbestimmt: Unsere Stimmung wirkt sich auf die *Informationsverarbeitung* (z. B. hinsichtlich Oberflächlichkeit der Verarbeitung oder der Anwendung von Heuristiken), den *Denkstil* (z. B. hinsichtlich Kreativität oder Fehleranfälligkeit) sowie unser *Erinnerungsvermögen* (zustandsabhängige und stimmungskongruente Erinnerung) aus. Schließlich ist auch unsere **Interaktion mit anderen** von unserem Gefühlsleben beeinflusst: Positive Stimmung wirkt sich im Allgemeinen günstig auf die Interaktion mit anderen aus.

4.3 Zusammenfassung

Der umgangssprachliche Ausdruck **Gefühl** entspricht dem psychologischen Oberbegriff **Affekt**, welcher Stimmungen und Emotionen umfasst. Während **Emotionen** starke Gefühle sind, die immer auf ein *Objekt*, d. h. einen Gegenstand oder eine Person, gerichtet sind, sind **Stimmungen** dagegen nicht notwendigerweise objektgerichtet. Sie dauern im Gegensatz zu Emotionen *länger* an und sind *von geringerer Intensität*. Gefühle werden oft als so eindringlich erlebt, da sie sich auf mehreren **Ebenen** niederschlagen können, so als unmittelbare *Empfindung*, im *Körper*, im *Denken* und im *Verhalten*. Da Gefühle in evolutionär älteren Hirnregionen angesiedelt sind als Kognitionen, reagieren sie schneller als unser Denken. Dies ist insbesondere aufgrund ihrer häufig überlebenswichtigen *Signalfunktion* von Vorteil.

Ausgelöst werden Gefühle auf zweierlei Arten, zum einen durch unsere Wahrnehmung, zum anderen durch unser Denken/unsere Kognitionen. Beide Wege können auch kombiniert auftreten. Gefühle, die durch **Wahrnehmung** ausgelöst werden, sind Folge *angeborener* (stammesgeschichtlich erworbener) oder *gelernter* (individuell erworbener) Reiz-Reaktions-Verbindungen oder *emotionaler Ansteckung*. **Kognitiv** ausgelöste Gefühle sind das Resultat der *Interpretation* und *Erklärung* eines Ereignisses durch eine Person. Sie werden u. a. moderiert durch Verfügbarkeit, Wissen und das eigene Vorstellungsvermögen.

Unabhängig von der Art ihres Zustandekommens beeinflussen Gefühle die **Leistungsfähigkeit**. Im Speziellen werden Gefühle als *Urteilsbasis* herangezogen, wirken sich über Informationsverarbeitung, Denkstil und das Gedächtnis auf unsere *Leistungsfähig-*

keit aus. Schließlich ist auch die *Interaktion* mit anderen in ihrer Art und Wirkung durch die Gefühlslage des Betreffenden beeinflusst.

Kurzum: Auch wenn wir möglicherweise denken, dass sie im Arbeitsalltag nichts zu suchen haben, spielen Gefühle im Privaten wie Wirtschaftskontext eine nicht zu unterschätzende Rolle. Das Anerkennen und Wissen um diese Bedeutung ist der erste Schritt, um mit Gefühlen im Arbeitsalltag konstruktiv umzugehen. Im zweiten Schritt eröffnen sich durch die Kenntnis des Zustandekommens und Einflusses von Gefühlen verschiedenste Möglichkeiten und Ansatzpunkte, diese zu regulieren.

5 Motivation

Halten Sie doch einmal einen Moment inne, um folgende Frage zu beantworten: Warum haben Sie gerade begonnen, dieses Kapitel zu lesen? Warum sind Sie nicht mit Freunden beim Kaffeetrinken, beim Sport oder sehen fern? Es gäbe unendlich viele Möglichkeiten, was Sie in genau diesem Moment tun könnten – warum lesen Sie in diesem Buch?

Vielleicht ist es Wissensdurst oder Ihr Interesse für psychologische Themen, vielleicht sind Sie aber auch der Meinung, dass Sie diese Inhalte in Ihrem Job gewinnbringend einsetzen könnten, und lesen es deshalb. Sind Sie Student, so könnte ein nahe liegender Grund sein, dass dieses Buch prüfungsrelevant ist und Sie es aus diesem Grund lesen. Wie auch immer, irgendetwas hat Sie *motiviert*, dieses Kapitel jetzt zur Hand zu nehmen (in Anlehnung an Haslam, 2001, S. 87).

Hinter diesem simplen Eingangsbeispiel verbirgt sich eine ganz und gar nicht triviale Frage: Warum tun Sie das, was Sie tun? Oder anders formuliert: Was motiviert Menschen, etwas zu tun, d. h. Zeit und Mühe in eine Tätigkeit zu investieren – sei es aus eigenem Entschluss oder von außen vorgegeben?

Ein Mensch ist immer zu irgendetwas motiviert – die Frage ist nur *wozu* und *warum*: Zu was ist er motiviert, was treibt ihn dazu an und wie lange ist er dazu motiviert? Vermutlich fallen Ihnen spontan einige „Motivatoren" ein – wenn Sie beispielsweise an Ihre Arbeit denken: Zum einen ist da das Geld, das Sie verdienen, und die Anerkennung, die Ihnen zuteil wird. Zum anderen macht Ihnen Ihre Arbeit zu gewissen Teilen auch einfach Spaß. Es gibt also Dinge von *außen*, die uns zu etwas motivieren, aber es gibt ebenso *innere* Antriebe. Die Kenntnis über die Dynamik der Motivation ist eine grundlegende Voraussetzung dafür, das zu tun, was ein großes Anliegen jeder Personalführung ist – nämlich, Motivation zu beeinflussen.

Zunächst wird daher im Rahmen dieses Kapitels ein Grundverständnis dessen vermittelt, was Motivation im psychologischen Sinne darstellt (*siehe Abschnitt 5.1*), um anschließend Ansatzpunkte aufzeigen zu können, an denen Motivation typischerweise entgleitet bzw. in ihre Dynamik unterstützend eingegriffen werden kann (*siehe Abschnitt 5.2 bis 5.5*).

5.1 Was ist Motivation?

Es gibt wohl kaum ein Thema, zu dem so viel geschrieben und diskutiert wurde wie zu Motivation. Psychologen und Ökonomen, Laien und Experten sind gleichermaßen auf der Suche nach Antworten auf die Frage: „Wie kann ich mich selbst oder meine

Mitarbeiter motivieren?" Dieser intensiven Auseinandersetzung mit dem Thema Motivation entsprechend vielfältig wird auch der Begriff „Motivation" verwendet. Daher wird zunächst ein Grundverständnis der Begrifflichkeiten vermittelt (*siehe Abschnitt 5.1.1*) und anschließend das Zusammenspiel motivationaler Dynamiken aufgezeigt (*siehe Abschnitt 5.1.2*).

5.1.1   Grundbegriffe: Motivation, Motive, Anreize

Wie häufig haben Sie schon den Satz „Ich bin heute total unmotiviert." gehört oder sogar selbst gesagt? Doch was heißt das? Umgangssprachlich könnte man diesen Ausspruch etwa mit „Lustlosigkeit" und Motivation mit so etwas wie „Energiegeladenheit" umschreiben. Der wissenschaftliche Begriff geht darüber hinaus: „Motiviert sein" bedeutet, Kräfte zu mobilisieren, um ein bestimmtes Ziel trotz Ablenkungen und Schwierigkeiten zu verfolgen, bis es erreicht ist. Motivation erklärt *Richtung*, *Intensität* und *Ausdauer* menschlichen Verhaltens. Sie liefert die Gründe dafür, weshalb sich eine Person gerade mit einer bestimmten und nicht mit einer anderen Aufgabe beschäftigt (*Richtung*), welchen Grad an Anstrengung und Einsatz sie auf die Aufgabe verwendet (*Intensität*) und wie lange sie sich in dieser engagiert (*Ausdauer*) (Campbell et al., 1976). Wie kommt es dazu, dass sich die eine Person ganz und gar mit einer bestimmten Sache befasst und sich auch durch auftretende Schwierigkeiten nicht aus der Bahn werfen lässt, während eine andere Person an die gleiche Sache freudlos herangeht und beim ersten Hindernis sofort aufgibt?

> **Motivation**
> erklärt menschliches Verhalten hinsichtlich seiner
> • Richtung
> • Intensität
> • Ausdauer

> **Motiv**
> • überdauernde charakteristische Disposition, die das Verhalten bestimmt
> • Energie / Erregung, die einen antreibt

Zur Erklärung dieser Verhaltensweisen sind zum einen Merkmale der Person selbst (sog. *Motive*), zum anderen Merkmale der Situation (sog. *Anreize*) zu berücksichtigen (*siehe Abb. 5.1*).

Menschen unterscheiden sich darin, wie sie auf bestimmte Anreize reagieren. Diese Reaktionen sind für eine Person charakteristisch und werden als **Motive** bezeichnet (Heckhausen, 1989). Dabei werden generell *biologische/physiologische* (wie z. B. Hunger und Durst) und *psychologische* Motive (wie z. B. Leistungsmotiv, Machtmotiv) unterschieden. Jedes Motiv umfasst bestimmte Verhaltensziele, das Hungermotiv beispielsweise das Streben nach Nahrung, das Leistungsmotiv ein Streben nach Herausforderungen, beruflichem Erfolg und/oder Anerkennung.

Damit eine Person motiviert ist, ein bestimmtes Ver- | **Anreize**
halten zu zeigen oder zu unterlassen, müssen ihre | sind Situationsmerkmale, die
Motive zunächst durch **Anreize** „aktiviert" werden | bestimmte Motive aktivieren kön-
(Nerdinger, 1995). Diese sind Merkmale einer Situa- | nen.
tion, wie beispielsweise die Ankündigung einer Prä-
mie für einen Verbesserungsvorschlag. Sie aktivieren | **Motivation**
bestimmte Motive einer Person, wie das Leistungs- | ist die Wechselwirkung von Anreiz
motiv o. a. Aktivierte Motive wiederum lenken das | in der Situation und dem Motiv der
Verhalten, sie motivieren die Person beispielsweise | Person.

dazu, einen Verbesserungsvorschlag einzureichen. Diese Wechselwirkung von Person und Situation, von Motiv und Anreiz wird als **Motivation** bezeichnet (Nerdinger, 2001); als Ausrichtung auf ein Handlungsziel. Um zielgerichtete Handlungen ausführen zu können, muss die *Situation* passende *Gelegenheiten* zur Ausführung entsprechender Verhaltensweisen bieten, die betreffende *Person* über das notwendige *Können* verfügen sowie bereit sein, ihr Können zum Erreichen bestimmter Ziele *einzusetzen* (Heckhausen, 1989).

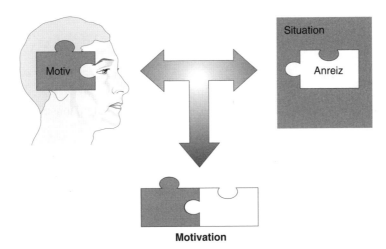

Motivation

Abb. 5.1: Motivation entsteht aus der Wechselwirkung zwischen Motiven der Person und situationalen Anreizen, indem letztere bestimmte, d.h. wie ein Puzzleteil „passende" Motive aktivieren.

Motivierung – so auch im Sinne von Personalführung – bedeutet zum einen, „Menschen auf Handlungsziele auszurichten" (Nerdinger, 2001, S. 350), indem man diese zu den Motiven der Person in Beziehung setzt und auf diesem Weg oder auch durch entsprechende Anreize die Motive der Person aktiviert. Zum anderen sind „die Bedingungen des Handelns so zu gestalten, dass sie diese Ziele erreichen können" (Nerdinger, 2001,

S. 350). Motivierung ist dabei nicht mit Manipulation zu verwechseln. Folgendes Zitat soll dies verdeutlichen:

Motivierung

ist die Ausrichtung von Menschen auf Handlungsziele sowie die Gestaltung der Rahmenbedingungen des Handelns, so dass sie die Ziele erreichen können.

„Im Betrieb wird unter Motivierung gewöhnlich die Steigerung der Leistung von Mitarbeitern durch den gezielten Einsatz von Anreizen und Motivationsinstrumenten verstanden. Dem haftet der Geruch von Beeinflussung, ja Manipulation an. Motivierung bedeutet dagegen, sich in andere einzufühlen und die Situation für sie so zu gestalten, dass sie selbstbestimmt Ziele verfolgen können. Motivierung wird hier also als Aufgabe der direkten Personalführung verstanden (…) und setzt ein Wissen um die grundlegenden Prozesse der Motivation (…) voraus" (aus Nerdinger, 2001, S. 350f).

Zusammenfassend lässt sich festhalten, dass die Kombination aus Motiv (Personenmerkmale) und Anreiz (Situationsmerkmale) ein zielgerichtetes Verhalten einleitet, das in Richtung, Intensität und Dauer variieren kann und zu einem Zustand der Sättigung/Bedürfnisbefriedigung führen soll.

Fazit zu den Grundbegriffen der Motivation

Ausgangslage

- *Motive* (Personenmerkmale) werden durch *Anreize* (Situationsmerkmale) aktiviert.

- *Motivation* – und damit letztendlich auch das beobachtbare Verhalten – ergibt sich aus der Summe aller durch Anreize angeregten Motive.

5.1.2 Dynamik von Motivation

Wollen Sie nicht auch Mitarbeiter haben (oder selbst zu den Personen gehören), die „motiviert" sind, d. h. die sich klar und mit Überzeugung zu einer Handlung/Aufgabe entscheiden (Wählen), die sich dementsprechende Ziele setzen (Ziele setzen), die diese dann konsequent und motiviert umsetzen, ohne sich vom Kurs abbringen zu lassen (Handlungen regulieren) und nach getaner Aufgabe mit Stolz darauf zurückblicken (Bewerten)? Doch wie häufig erleben wir genau das Gegenteil – Personen setzen Dinge nicht oder nur sehr „unmotiviert" um, können sie nicht durchhalten und sind am Ende völlig demotiviert. Worauf ist dies zurückzuführen? Wie kommt es zu ersterem, wie zu letzterem Verhalten?

In jeder der o. g. Phasen (Wählen, Ziele setzen, Handlungen regulieren, Bewerten) gibt es Hürden und Schwierigkeiten zu überwinden, als deren Konsequenz dann mehr oder weniger motiviertes Verhalten resultieren kann. Nachstehende Ausführungen sollen aufzeigen, dass Motivierung nicht nach Rezepten funktionieren kann und das weder bei einem selbst noch bei anderen Menschen, sondern stattdessen Kenntnis grundlegender Zusammenhänge sowie deren Übertragung auf die individuelle Situation erforderlich sind.

Dementsprechend wird hier von einer ausführlichen Darstellung typischer Motivationstheorien abgesehen, da sie nicht dazu beitragen, die tatsächliche Dynamik menschlicher Motivation oder Demotivation in einer aktuellen Situation zu erfassen. Die exemplarische Darstellung zweier bekannter Motivationstheorien und die an ihnen zu übende Kritik im folgenden Exkurs sollen dies verdeutlichen (*siehe folgenden Kasten*):

Exkurs „Beispiele klassischer Motivationstheorien"
Maslows Bedürfnispyramide

Eine der populärsten klassischen Motivationstheorien ist die Bedürfnispyramide von Maslow (1943, 1954). Sie basiert auf fünf hierarchisch geordneten Bedürfnisklassen. Auf unterster Ebene sind die physiologischen Motive angeordnet, auf oberster Ebene die Selbstentfaltungsmotive (*siehe Abb. 5.2*). Dieser Theorie zufolge wirkt ein Bedürfnis nur motivierend und das Handeln beeinflussend, solange es noch nicht befriedigt wurde. Aufgrund der hierarchischen Anordnung werden höhere Motivklassen erst dann aktiviert, wenn darunter liegende Bedürfnisse befriedigt sind.

Demnach wird jemand, der nicht genug Geld verdient, um ein Existenzminimum zu erreichen, nicht nach Sicherheit, Kontakt, Anerkennung oder Selbstverwirklichung streben. Wenn ein Mensch allerdings gut verdient, einen gesicherten Arbeitsplatz und nette Kollegen hat sowie Anerkennung durch den Vorgesetzten findet, dann strebt er nach Selbstverwirklichung, wie sie ihm beispielsweise eine interessante und eigenständige Arbeit bietet. Demgemäß wäre die Herstellung von Arbeitsbedingungen, die mehr Selbstverwirklichung zulassen, wirkungslos, solange das Bedürfnis nach Kontakt noch nicht befriedigt ist. Die Berücksichtigung der jeweiligen Stufe des Mitarbeiters sollte sowohl die Leistung als auch die Zufriedenheit erhöhen. Je nach bestehendem Bedürfnisniveau eines Mitarbeiters wären ihm diesem Ansatz zufolge entsprechende Möglichkeiten zur Bedürfnisbefriedigung in seiner Arbeit zu bieten (Brandstätter, 1999).

Abb. 5.2: Maslows Bedürfnispyramide.
Maslow postuliert fünf verschiedene Klassen von Motiven (Bedürfnissen), die hierarchisch angeordnet sind. Motive höherer Klassen werden demnach erst dann aktiviert, wenn die Bedürfnisse
der darunter liegenden Motivklassen befriedigt wurden.

Die starke Beliebtheit und weite Verbreitung von Maslows Theorie steht im Gegensatz
zu ihrem wissenschaftlichen Wert und ihrer praktischen Nützlichkeit. So können anhand
dieser Theorie weder konkrete Verhaltensweisen noch individuelle Leistungsunterschie-
de erklärt werden. Auch die Einteilung in fünf Motivklassen sowie deren klare hierarchische Abhängigkeit voneinander konnten empirisch nicht bestätigt werden (Huizinga,
1970; Kanfer, 1990; Rosenstiel, 1975). Damit ist diese Theorie eher als Taxonomie
menschlicher Motive und nicht als Erklärungsmodell motivationaler Prozesse anzusehen.

Herzbergs Zweifaktorentheorie

Herzberg et al. (1967) postulieren ein zweidimensionales Konzept, bei welchem zwischen Zufriedenheit und Unzufriedenheit ein neutraler Bereich liegt: die Nicht-
Zufriedenheit bzw. Nicht-Unzufriedenheit (*siehe Abb. 5.3*).

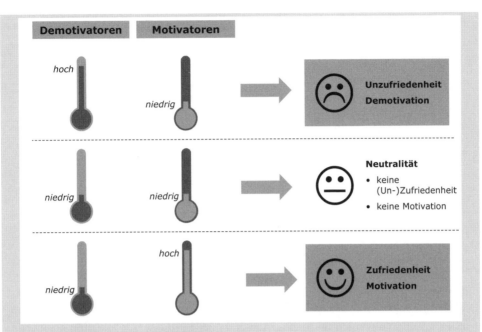

Abb. 5.3: Herzbergs Zweifaktorentheorie.
Gemäß Herzbergs Theorie reicht es für Zufriedenheit bzw. Motivation nicht aus, Demotivatoren aus der Welt zu schaffen – hierdurch entsteht nur ein neutraler Zustand (Abb. Mitte: keine (Un-) Zufriedenheit, aber auch keine Motivation). Erst wenn zusätzlich zur Abwesenheit von Demotivatoren in ausreichendem Maße Motivatoren vorhanden sind, entstehen Zufriedenheit und Motivation.

Es werden Motivatoren (sog. „satisfier") und Demotivatoren (sog. „dissatisfier") unterschieden (*siehe Tab. 5.1*). Als Demotivatoren werden Arbeitsbedingungen bezeichnet, bei deren Mangel bzw. Nicht-Vorhandensein Unzufriedenheit hervorgerufen wird. Beispiele hierfür sind Gehalt, Arbeitsplatzsicherheit oder zwischenmenschliche Beziehungen am Arbeitsplatz – sobald sie fehlen, demotiviert dies. Sind diese Bedürfnisse erfüllt, besteht zwar keine Unzufriedenheit, doch nicht notwendigerweise Zufriedenheit. Letztere wird durch das Vorhandensein der Motivatoren, wie beispielsweise Leistung, Anerkennung oder Verantwortung, aufgebaut. Sind diese nicht gegeben, sind die Mitarbeiter zwar nicht motiviert, weisen aber auch nicht notwendigerweise eine hohe Unzufriedenheit auf. Als motiviert gilt der Mitarbeiter, der nicht unzufrieden und gleichzeitig zufrieden ist.

Tab. 5.1: Motivatoren und Demotivatoren nach der Zweifaktorentheorie von Herzberg et al. (1967).

Motivatoren	Demotivatoren
Tätigkeit selbst	Gestaltung äußerer Arbeitsbedingungen
die Möglichkeit, etwas zu leisten	Beziehung zu Kollegen
die Möglichkeit, sich weiterzuentwickeln	Beziehung zu Vorgesetzten
Verantwortung bei der Arbeit	Firmenpolitik und Administration
Aufstiegsmöglichkeiten	Entlohnung und Sozialleistungen

Aufgrund ihrer einfachen Anwendbarkeit besitzt Herzbergs Theorie bis heute eine große Popularität. Dennoch gibt es deutliche Kritikpunkte. So konnten weder Herzbergs Ergebnisse noch die Zweidimensionalität der Arbeitszufriedenheit empirisch bestätigt werden. Des Weiteren werden in diesem Modell weder Einflüsse der Situation noch implizite Faktoren berücksichtigt (Weinert, 1998).

Anstelle der detaillierteren Beschäftigung mit diesen klassischen Theorien wird im Folgenden aufgezeigt, was in welcher der bereits erwähnten Handlungsphasen zur Entstehung bzw. Aufrechterhaltung von Motivierung beiträgt bzw. motiviertem Verhalten entgegensteht. Dabei kristallisieren sich auch Ansatzpunkte heraus, an denen unterstützend eingegriffen werden kann (*siehe Abb. 5.4*). Motivation ist an jedem Punkt der Handlungssteuerung von Bedeutung, ihr Einfluss sowie die Einflussmöglichkeiten auf die Motivation selbst sind jedoch von Phase zu Phase unterschiedlich. Die folgenden Ausführungen sind deshalb nach dem **Modell der Handlungssteuerung** (Gollwitzer, 1996; Heckhausen, 1989) gegliedert.

Mit folgendem Beispiel sollen die Phasen und die dazugehörigen Aufgaben zunächst einmal verdeutlicht werden: Stellen Sie sich eine Person vor, die gerade aus dem Urlaub zurückkommt und nun vor einem Berg von neuen Projekten steht. Sie muss in einem ersten Schritt eines der Projekte auswählen, sich dann bzgl. dessen Bearbeitung Ziele setzen, die Aufgabe erledigen und anschließend das Ganze bewerten, um beispielsweise zu klären, inwieweit sie ihre Ziele erreicht hat oder ob weiterhin Handlungsbedarf besteht. Oder anders ausgedrückt:

* In einer *ersten* Phase muss die Person zwischen verschiedenen Handlungsalternativen **wählen**. Hier wird abgewogen und die Handlungsalternativen werden mit den eigenen Erwartungen, Zielen und Realisierungsmöglichkeiten verglichen.

- In der *zweiten* Phase kommt es dann zur Festsetzung der **Ziele**. Zur optimalen Motivierung sind hier insbesondere die Art der Zielsetzungen und Einflüsse auf Ziele von Bedeutung.

- In der *dritten* Phase steht die eigentliche Umsetzung im Vordergrund. Nachdem die Ziele als Orientierung feststehen, kommt es nun zum **Handeln**. Da dieses möglichst eigenständig sein sollte und gerade eigenständiges bzw. selbstbestimmtes Handeln mit Motivationsproblemen zu kämpfen hat, spielt hier Selbstregulation (Selbstdisziplin, Selbstmotivation etc.) eine bedeutende Rolle für das Verhalten.

- Die *vierte* Phase beinhaltet die **Bewertung** des eigenen Handlungsergebnisses nach Abschluss der Handlungen. So werden beispielsweise betriebliche Belohnungen ins Verhältnis gesetzt mit dem eigenen Einsatz (Kosten-Nutzen-Bilanz) und so die eigene Zufriedenheit oder Unzufriedenheit bestimmt.

Wie bei allen schematischen Modellen ist auch hier zum leichteren Verständnis eine künstliche Trennung der Phasen vorgenommen worden. Die einzelnen Phasen können sich selbstverständlich überlappen.

Abb. 5.4: Die vier Phasen der Handlungssteuerung (in Anlehnung an Gollwitzer, 1996; Heckhausen, 1989).

Lange Zeit wurde davon ausgegangen, dass in der Hauptsache *bewusste* bzw. intentionale oder *deliberative* Prozesse Einstellungen, Entscheidungen und Verhalten bestimmen. So wurde angenommen, dass Personen sich gemäß ihren Absichten verhalten, dass sie sich ihrer selbst bewusst sind und in der Lage befinden, sich zu kontrollieren (McDougall, 1908). Doch hat die Forschung in den letzten Jahren immer mehr gezeigt, dass dies nur begrenzt der Fall ist, da **unbewusste** bzw. **nichtintentionale Prozesse** (auch *implizite Prozesse* genannt) zusätzlich oder sogar *anstatt* der uns bewussten Überlegungen und Prozesse zum Tragen kommen und unser Verhalten (mit)steuern (Banaji & Greenwald, 1995; Bargh, 1990, 1994, 1996, 1997; Bargh & Barndollar, 1996; Fazio, 2001; Förster & Werth, 2001; Hong et al., 1997; Werth & Förster, 2002a; für einen Überblick siehe Strack & Deutsch, im Druck). So wie wir in unseren Entscheidungen und Urteilen durch Verfügbarkeit, Sympathie oder ähnliche Faktoren beeinflusst werden, ohne dies zu merken (*siehe Kapitel 1 und 2*), wirken sich auch auf unsere Motivation Einflüsse aus, die wir nicht wahrnehmen oder auch nicht beabsichtigen.

Diese Erkenntnisse blieben jedoch insbesondere im Kontext von Organisationen unberücksichtigt. Werden diese impliziten, automatisch ablaufenden Prozesse nicht beachtet bzw. beispielsweise bei Befragungen nicht miterfasst, bleiben einer Organisation wichtige Einflüsse und Erkenntnisse verborgen, die das Verhalten ihrer Mitarbeiter und damit letztendlich die Organisation selbst wesentlich mitsteuern.

Fazit zur Dynamik von Motivation

Ausgangslage

Die Dynamik motivierten Handelns lässt sich in Phasen unterteilen, in welchen eine Person mit unterschiedlichsten Aufgaben und Schwierigkeiten konfrontiert wird. Je nach Herangehensweise bzw. Art der Bewältigung dieser Aufgaben resultiert als Konsequenz dann mehr oder weniger motiviertes Verhalten. Diese Phasen sind:

- Phase 1: Wählen

- Phase 2: Ziele setzen

- Phase 3: Handlungen regulieren

- Phase 4: Bewerten

In allen Phasen spielen sowohl *explizite* (bewusste bzw. intentionale) als auch *implizite* (unbewusste oder automatische) Prozesse eine Rolle.

Zusammenfassung

Zielgerichtetes Verhalten ist auf die Kombination aus Motiv (Personenmerkmale) und Anreiz (Situationsmerkmale) zurückzuführen. Es kann in Richtung, Intensität und Dauer variieren und soll zu einem Zustand der Sättigung/Bedürfnisbefriedigung führen.

Zur Veranschaulichung kann die Dynamik motivierten Verhaltens in vier Phasen eingeteilt werden, in welchen eine Person mit unterschiedlichsten Aufgaben und Schwierigkeiten konfrontiert wird. Deren Bewältigung führt zu mehr oder weniger motiviertem Verhalten.

Nachfolgend werden motivationsbezogene Aspekte der einzelnen Phasen aufgezeigt und dabei im Besonderen auch implizite Prozesse berücksichtigt.

5.2   Wählen (1. Phase)

Zu Beginn eines motivierten Verhaltens steht eine Person vor der Aufgabe, zwischen verschiedenen Handlungsalternativen zu *wählen* und sich für eine Aufgabe oder Handlung zu entscheiden (*siehe Abb. 5.5*). Diese erste Phase gibt Aufschluss darüber, wie eine Person überhaupt dazu kommt, ein bestimmtes Verhalten einzugehen.

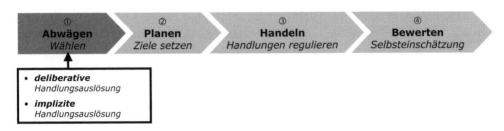

Abb. 5.5: In der ersten Phase der Handlungssteuerung bzw. motivierten Handelns ist eine Person damit konfrontiert, zwischen verschiedenen Handlungsalternativen zu wählen. Für die Handlungswahl und damit die Motivation für eine bestimmte Aufgabe sind hier sowohl deliberative als auch implizite Prozesse von entscheidender Bedeutung.

Gemäß der ökonomischen Perspektive werden die Handlungsalternativen abgewogen und mit den eigenen Erwartungen, Zielen und Realisierungsmöglichkeiten verglichen. Dies kann *ein* möglicher Auslöser für Verhalten sein, setzt allerdings voraus, dass wir *bewusst* über die Alternativen nachdenken und uns ebenso bewusst entscheiden (*siehe Abschnitt 5.2.1*). Wie bereits eingangs erwähnt können jedoch ebenso *implizite* Prozesse unser Verhalten auslösen (*siehe Abschnitt 5.2.2*). Schließlich kann auch das *Wechselspiel impliziter und deliberativer Prozesse* darüber entscheiden, ob wir motiviert sind, ein bestimmtes Verhalten einzugehen oder nicht (*siehe Abschnitt 5.2.3*).

5.2.1   Deliberative Verhaltenswahl

Steht eine Person vor der Wahl unterschiedlicher Handlungsmöglichkeiten, dann sollte sie dem volkswirtschaftlichen, *rationalen* Modell der Nutzenmaximierung folgend diejenige Alternative wählen, bei welcher das Produkt aus der Wahrscheinlichkeit eines bestimmten Ergebnisses (*Erwartung*) und dessen

> **Deliberative Verhaltenswahl**
> Verhalten ist die Folge einer bewussten Wahl zwischen Handlungsalternativen, beispielsweise durch Erwartungs-mal-Wert-Überlegungen.

Nutzen (*Wert* oder Valenz) am höchsten ist (sog. „Erwartungs-mal-Wert-Theorien", Neuberger, 1985; Vroom, 1964). Menschliches Verhalten sollte also das Ergebnis einer Entscheidung zwischen Handlungsalternativen sein (z. B. „Bereite ich jetzt die Präsen-

tation für morgen vor oder gehe ich lieber schwimmen?"), die vom Wert des Ziels und
der Belohnung bei Zielerreichung sowie von den Erwartungen, mit welcher Wahrscheinlichkeit eine Bemühung zu dem gewünschten Ergebnis führt, abhängen (*siehe Exkurs im
folgenden Kasten*).

VIE-Theorie nach Vroom (1964)

V – Valenz/Wert
ist der Nutzen eines bestimmten
Handlungsergebnisses.

I – Instrumentalität
ist die Erwartung, dass ein Handlungsergebnis bestimmte Konsequenzen nach sich zieht.

E – Erwartung
ist die Wahrscheinlichkeit eines
bestimmten Handlungsergebnisses.

Exkurs „Beispiel klassischer Erwartungs-mal-Wert-Theorien"

Bekanntester Vertreter dieser Theorien ist die **VIE-Theorie von Vroom** (1964), welche nach ihren drei Bestimmungsgrößen Valenz, Instrumentalität und Erwartung benannt ist. Nach Vroom werden Entscheidungen, ein bestimmtes Ziel zu verfolgen, in Abhängigkeit davon getroffen, wie attraktiv dieses Ziel für die Person ist und wie hoch die Erwartung eingeschätzt wird, dass eine bestimmte Handlung zur Zielerreichung führt.

Valenz bezeichnet den Nutzen (subjektiver Wert) eines bestimmten Handlungsergebnisses und somit die Stärke der individuellen Anziehungskraft eines Ziels für die Person
(z. B. „Wie wichtig ist eine Lohnerhöhung für die Person?"). *Erwartungen* betreffen den
Zusammenhang von Ergebnissen und bestimmten Handlungen, d. h. die Einschätzung
der Wahrscheinlichkeit, dass eine bestimmte Bemühung zu dem erwünschten Ergebnis
führt (z. B. „Führen bestimmte Bemühungen zu einer Leistungserhöhung?"). *Instrumentalität* bezeichnet die Wahrscheinlichkeit, mit der ein Weg zum Ziel führt (z. B. „Führt
gute Arbeit/ein hohes Leistungsniveau zu einer Lohnerhöhung?").

Diese drei Dimensionen stehen, wie die folgende Formel verdeutlicht, in einer multipli-
kativen Beziehung zueinander:

$$\text{Motivation} = (\text{Valenz} * \text{Instrumentalität} * \text{Erwartung})$$

Demnach würde ein Mitarbeiter gute Leistungen vollbringen, wenn er erwartet, dass seine Bemühungen zu einer hohen Leistung führen (*Erwartung hoch*), er die Wahrscheinlichkeit als groß einschätzt, dass eine hohe Leistung zu seinem Ziel einer Lohnerhöhung
führt (*Instrumentalität hoch*) und er dieses Ziel einer Lohnerhöhung als sehr attraktiv
erlebt (*Valenz hoch*). Ist der Mitarbeiter jedoch der Meinung, dass er unabhängig davon,
ob er gute oder schlechte Arbeit leistet, zum gleichen Ergebnis einer Lohnerhöhung
kommt, dann wird er sich nicht bemühen, seine Arbeitsleistung zu verbessern.

Sowohl die Erwartungen eines Mitarbeiters als auch die von ihm bewerteten Valenzen
und Instrumentalitäten sind für seine Motivierung von Bedeutung. In diesem Sinne ist

es wichtig, dass in Unternehmen Belohnungen angeboten werden, die der einzelne auch tatsächlich als Anreiz erlebt und ihn daher auch motivieren. Es bietet sich an, diese beispielsweise in Mitarbeitergesprächen zu erfragen.

Bzgl. dieses Ansatzes ist kritisch anzumerken, dass Menschen die Konsequenzen ihrer Handlungen nur äußerst selten nach mathematisch korrekten Wahrscheinlichkeiten abwägen (können), sondern eher intuitiv oder „aus dem Bauch heraus" vorgehen – rationales Abwägen ist nicht in dem Maß an der Tagesordnung, wie diese Modelle es vorsehen. So kann beispielsweise aufgrund eingeschränkter Kapazitäten heuristisch vorgegangen werden und damit beispielsweise *Verfügbares* und nicht das *eigentlich Wichtige* entscheidungsrelevant werden (*siehe Kapitel 1 und 2*).

Der deliberative Weg zeigt *eine* Möglichkeit auf, nach der wir unser Verhalten wählen, sofern wir Zeit und Muße dazu haben. Eine weitere Voraussetzung für diesen Weg ist, dass uns alle relevanten Handlungsalternativen bewusst sind, was durchaus nicht der Regelfall ist. Häufig spielen deshalb – jenseits dieser bewussten Verhaltensauslösung – *implizite Prozesse* eine nicht zu unterschätzende Rolle für Motivation und Handeln.

5.2.2 Implizite Verhaltensauslösung

Meist glauben wir, dass wir etwas tun, weil wir entweder (vermeintlich) dazu gezwungen sind, oder eben ganz einfach, weil wir es *wollen*. Um letzteren Fall soll es nun gehen: Wir nehmen an, dass unser Handeln Folge unserer Absichten oder unseres „freien Willens" sind. So beruhigend diese Annahme auch sein mag, selbst die Kontrolle über unser Tun und Lassen zu haben – sie ist nicht ganz korrekt. Häufig tun wir zwar das, was wir wollen, aber ebenso häufig werden wir auch von Wahrnehmungen gesteuert, die uns gar nicht bewusst sind (in Anlehnung an Dijksterhuis, Aarts et al., 2000, S. 532).

Wenn wir andere Personen wahrnehmen, beeinflusst dies unser eigenes **nonverbales Verhalten**, denn wir *imitieren* Gesten, Haltungen oder Gesichtsausdrücke anderer, ohne es zu merken (Dijksterhuis & Bargh, 2001; Dijksterhuis, Bargh et al., 2000; Zajonc et al., 1987). Auf diesem Wege können in der Folge sogar unsere *Gefühle* beeinflusst und Stimmungen ausgelöst werden (sog. *„emotionale Ansteckung", siehe Abschnitt 4.1.1*; Hatfield et al., 1992, 1993; Neumann & Strack, 2000b).

Darüber hinaus verändert die Wahrnehmung von Personen, mit denen wir ein Stereotyp verbinden, unser **Verhalten gegenüber anderen**: So hat sich beispielsweise gezeigt, dass sich Personen nach einer Begegnung mit afroamerikanischen Menschen in der Folge – und ohne dies bewusst zu bemerken – *aus-*

Implizite Verhaltensauslösung

Verhalten ist das Ergebnis impliziter Prozesse, die dieses automatisch, d. h. ohne bewusste Steuerung, auslösen.

länderfeindlich verhalten (Bargh et al., 1996; Chen & Bargh, 1997). Schließlich wird auch unsere **Leistungsfähigkeit** auf gleichem Wege beeinflusst: So macht das Nachdenken über typische Professoren *„schlauer"*: Personen schneiden in einem Allgemeinwissenstest besser ab, wenn sie zuvor das „Professorenstereotyp" aktiviert hatten (Dijksterhuis & van Knippenberg, 1998). Die Wahrnehmung alter Menschen macht dagegen *langsam* (*siehe folgenden Kasten*; Bargh et al., 1996) und *vergesslich* (Dijksterhuis, Aarts et al., 2000; Dijksterhuis, Bargh et al., 2000).

Klassische Studie zur impliziten Verhaltensauslösung
Statt willentlich gewählt zu werden, kann Verhalten auch durch nichtintentionale Prozesse ausgelöst werden.

Bargh et al. (1996, Exp. 2) ließen ihre Teilnehmer in einer Studie aus vorgegebenen Wörtern Sätze bilden. Für die Hälfte der Teilnehmer (Priming-Bedingung) waren die Wörter auf das „Altenstereotyp" bezogen (z. B. alt, grau, vergesslich, abhängig, hilflos u. a.), der anderen Teilnehmergruppe wurden neutrale Wörter vorgelegt. Nach dieser Aufgabe konnten die Teilnehmer gehen. Ohne Wissen der Teilnehmer wurde die Zeit gestoppt, die sie nach der Verabschiedung vom Verlassen des Raums bis zum Aufzug benötigten (ca. 10 Meter Flur).

Die Ergebnisse zeigten, dass die Geschwindigkeit, in der Personen durch den Flur liefen, von der vorhergehenden Aktivierung des „Altenstereotyps" beeinflusst wurde. Personen gingen langsamer, wenn sie zuvor auf „alt" geprimed wurden.

Anschließende Interviews mit den Teilnehmern ergaben, dass ihnen diese „Verlangsamung" nicht bewusst war und sie diese auch nicht begründen konnten. *Explizit*, d. h. so, dass sie dies im Interview hätten angeben können, war den Teilnehmern keine Veränderung bewusst – in ihrem Verhalten war sie jedoch deutlich ablesbar. Damit hat ein nichtintentionaler *impliziter* Prozess ihr Verhalten geleitet.

Was Ihnen vielleicht zunächst wie Mystik und Zauberei erscheinen mag, ist Folge eines einfachen Zusammenhangs: Wir sehen jemanden (oder werden wie in der klassischen Studie beschrieben „geprimed"), wodurch ein Stereotyp (z. B. „alter Mensch" oder „Professor") und die damit assoziierten Konzepte (wie „vergesslich" oder „schlau") aktiviert werden (Bargh, 1994; Devine, 1989). Diese wirken sich dann unbewusst auf unser Verhalten aus, indem zu den aktivierten Konzepten *passendes* Verhalten *leichter* ausgelöst wird (*siehe Abb. 5.6*). Ist das Konzept „alter Mensch" verfügbar, ist langsames, vergessliches Verhalten leichter abrufbar und wird daher spontan eher eingegangen als dazu nicht passendes Verhalten.

Folglich wird hierbei kein „neues" Verhalten hervorgerufen (es wird nicht etwa jemand „schlau", der vorher dumm war, nur weil er das Professorenstereotyp aktiviert hat), sondern *bereits vorhandenes Verhalten* wird mitaktiviert (die Person erreicht dadurch – im Vergleich zu ihrer individuellen Durchschnittsleistung – ihre *obere* Leistungs*grenze*). Für das Ausmaß solcher Beeinflussungen ist die **Assoziationsstärke** verantwortlich, welche zum einen durch *Vorerfahrung und Kontakthäufigkeit* bedingt wird: Je mehr Erfahrung oder Kontakt wir mit einem bestimmten Stereotyp – beispielsweise mit alten Menschen haben –, desto stärker ist diese Assoziation ausgebildet und umso leichter wird unser Verhalten dadurch beeinflusst (Dijksterhuis, Aarts et al., 2000). Zum Zweiten bestimmt die *Dauer der Aktivierung* über das Ausmaß der Beeinflussung (Dijksterhuis & van Knippenberg, 1998): Personen schneiden nach neunminütiger Aktivierung des Professorenstereotyps im Allgemeinwissenstest noch einmal etwas besser ab als nach zweiminütiger Aktivierung.

Abb. 5.6: Implizite Verhaltensauslösung.
Durch die Konfrontation mit Stereotypattributen wird die Verfügbarkeit damit assoziierter Konzepte erhöht und macht das Auftreten stereotyp-konsistenten Verhaltens wahrscheinlicher. Dieser Zusammenhang ist umso stärker, je größer die Assoziationsstärke ist.

Fazit zu impliziter und deliberativer Verhaltensauslösung

Ausgangslage

- Verhalten kann *bewusst willentlich,* d. h. *deliberativ* ausgelöst sein, indem Personen bewusst zwischen verschiedenen Handlungsalternativen wählen (z. B. anhand von Erwartungs-mal-Wert-Überlegungen).

- Verhalten kann *automatisch* ausgelöst sein durch implizite Prozesse wie beispielsweise emotionale Ansteckung oder Stereotypenaktivierung.

Vorteil

- *deliberative Verhaltenswahl*
  das Verhalten kann im Einklang mit Zielen geplant werden

- *implizite Verhaltensauslösung*
  viele Prozesse laufen im positiven Sinne automatisiert ab, was freie Kapazitäten für andere Aufgaben zur Verfügung stellt

Nachteil

- *deliberative Verhaltenswahl*
  kostet Kapazitäten, ist anfällig ggü. Ablenkungen

- *implizite Verhaltensauslösung*
  einer bewussten Wahrnehmung und Kontrolle schwer zugänglich; das Verhalten kann bewussten/expliziten eigenen sogar Plänen zuwiderlaufen.

Zusammenfassung

Wie wir in diesem Abschnitt gesehen haben, können Personen ihr Verhalten zum einen bewusst wählen, d. h. zwischen Handlungsalternativen entscheiden und daraufhin das Verhalten eingehen, das ihnen aufgrund von Erwartungs-mal-Wert-Kalkulationen am vielversprechendsten erscheint. Verhalten wird aber durchaus nicht so häufig wie wir denken durch eine bewusste Entscheidung und damit eine deliberative Wahl gesteuert, sondern kann ebenso „automatisch" durch implizite Prozesse „motiviert" sein.

Schließlich kann neben einer *rein* deliberativen oder *rein* impliziten Auslösung Verhalten auch über das Zusammenspiel dieser *beiden* Prozesse gesteuert sein. Nachfolgend wird daher am Beispiel intrinsischer und extrinsischer Motivation das Wechselspiel zwischen impliziter und deliberativer Verhaltensauslösung dargestellt.

5.2.3 Wechselspiel impliziter und deliberativer Prozesse bei der Verhaltenswahl → *behavior choice*

am Beispiel intrinsischer vs. extrinsischer Motivation

Stellen Sie sich vor, Sie spielen gerne Tennis. Sie verbringen viele Stunden auf dem Tennisplatz, um Ihren Aufschlag zu üben, einzig und allein aus dem Grund, dass Sie Sport und insbesondere Tennis mögen und sich an Ihren Fortschritten erfreuen. Ihr Tennisspiel ist dann **intrinsisch** (aus einem *inneren Antrieb* heraus) motiviert, Sie beschäftigen sich aus Interesse damit und weil Sie gerne spielen, nicht weil Sie jemand dazu zwingt oder Ihnen eine Belohnung dafür verspricht (Cordova & Lepper, 1996; Deci & Ryan, 1985; Harackiewicz & Elliot, 1993, 1998; Harackiewicz et al., 1992; Hirt et al., 1996; Ryan & Deci, 2000; Tauer & Harackiewicz, 1999).

Stellen Sie sich nun weiter vor, dass sich die Situation folgendermaßen ändert: Zum einen ist es in Ihrem Tennisclub üblich, dass man nach einjähriger Mitgliedschaft an Turnieren teilnimmt. Zum anderen hat ein Onkel – selbst ein verhinderter Tennis-Champion – von Ihrer Tennisleidenschaft erfahren und ist ganz begeistert davon, dass Sie sozusagen in seine Fußstapfen treten wollen. Um zu verhindern, dass Sie mit der Zeit den Spaß am Tennisspielen verlieren, und um

> **Intrinsische Motivation**
>
> Aus einem *inneren* Antrieb entstehende Motivation durch Interesse und Spaß an einer Tätigkeit
>
> **Extrinsische Motivation**
>
> Von *außen* kommende Motivation aufgrund von Belohnungen und äußerem Druck

Sie zu noch regelmäßigerem Training zu motivieren, verspricht er Ihnen für jede Woche fleißigen Trainings einen kleinen Beitrag für Ihre Urlaubskasse. Nun gibt es zusätzlich auch einen **extrinsischen** (von außen kommenden) Grund für Sie, sich beim Tennis zu engagieren: den Druck von außen, an Turnieren teilzunehmen sowie materielle Belohnungen für Ihr Training. Sie spielen also nicht mehr *nur* zum Spaß wie früher.

Intrinsische Motivation stellt demnach den Antrieb zu einem Verhalten dar, welches nicht in erster Linie durch sein Ergebnis/seine Folgen attraktiv ist, sondern das als solches den Handelnden begeistert, herausfordert und Freude bringt. In Organisationen ergibt sich intrinsische Motivation aus der Begeisterung der Mitarbeiter an ihrer Arbeitstätigkeit selbst. Dabei sind interessante, abwechslungsreiche Tätigkeiten, soziale Kontakte am Arbeitsplatz oder Mitbestimmungsmöglichkeiten von entscheidender Bedeutung. Extrinsische Motivation hingegen entsteht nicht durch die Tätigkeit selbst, sondern durch die Begleitumstände (z. B. Lohn, Beförderung, Privilegien). Die Tätigkeit stellt dabei ein Mittel zum Zweck dar.

Effekt der Überrechtfertigung

Für Aktivitäten, die mit Belohnung oder extrinsischen Gründen assoziiert, d. h. in Verbindung gebracht werden, nimmt die intrinsische Motivation ab.

Sie werden jetzt vielleicht denken: „Wunderbar, wenn ich für das, was ich eh gerne tue, auch noch belohnt werde – dann macht es doch gleich doppelt so viel Spaß!" Doch an dieser Stelle kommt das Zusammenwirken impliziter und deliberativer Prozesse ins Spiel: Im o. g. Beispiel des Tennisspielens scheint es zunächst so, als würde der *Spaß* am Spiel (intrinsisch) einfach um eine *Belohnung* für das Spielen (extrinsisch) ergänzt. Interessanterweise kann dadurch jedoch das ursprüngliche (intrinsische) Interesse am Tennisspielen verloren gehen, d. h. der Spaß wird vielmehr durch die Belohnung *ersetzt*. Im Sinne der Selbstwahrnehmungstheorie (Bem, 1967) schließt die betreffende Person nämlich, dass nun die Belohnung der Grund für die Beschäftigung mit Tennis ist und nicht der Spaß am Spiel („Ich spiele nur wegen des Geldes."). Diese Unterschätzung intrinsischer Gründe für eine Handlung wird **Effekt der Überrechtfertigung** genannt („overjustification effect"; Deci et al., 1999; Greene et al., 1976; Lepper et al., 1973). Äußere Gründe rechtfertigen das Verhalten derart, dass es keiner inneren Motivationen mehr *bedarf*, es aufrechtzuerhalten oder zu erklären. Ein Grund, warum bei der Suche nach Gründen für eine Tätigkeit die *extrinsischen* Gründe im Gegensatz zu den intrinsischen Anreizen eher wahrgenommen werden, liegt mit darin, dass letztere auffälliger bzw. klarer umrissen und damit leichter bewusst wahrnehmbar sind (siehe auch Introspektion in Abschnitt 5.5). So kann eine extrinsische Belohnung eine hohe intrinsische Motivation zerstören und damit einen genau gegenläufigen anstatt des intendierten Effekts haben.

Dieses Paradox, dass Belohnungen intrinsische Motivation eher unterminieren als sie zu verstärken, wurde sowohl für Kinder als auch für Erwachsene in einer Vielzahl von Bereichen nachgewiesen. Deadlines, Wettkämpfe, Bewertungen und andere externale Faktoren haben den gleichen Effekt (Enzle & Anderson, 1993). Sobald beispielsweise Geld ins Spiel kommt, wird die einstige, aus Freude betriebene Freizeitbeschäftigung, die Spaß machte, zur Arbeit – und der Spaß, d. h. die intrinsische Motivation ist dahin (*siehe folgenden Kasten*).

Die Ursachenzuschreibung/Attribution (*siehe Kapitel 3 und 4*) ist somit entscheidend dafür, ob Motivation bestehen bleibt, verstärkt oder verringert wird.

Klassische Studie zum Effekt der Überrechtfertigung
Extrinsische Belohnung kann intrinsische Motivation zerstören.

In einer Studie von Greene et al. (1976) wurden Viert- und Fünftklässlern vier neue mathematische Spiele gezeigt. In Phase eins der Studie (13-tägige Basismessung) wurden die Kinder darin beobachtet, wie lange sie sich „von allein" mit den Spielen beschäftigten. In der zweiten Phase führten die Lehrer Belohnungen für die Beschäftigung mit den Mathematikspielen ein. Die Kinder konnten Punkte sammeln, welche ihnen Urkunden und Trophäen einbrachten. Je länger sie sich mit den Spielen beschäftigten, desto mehr Punkte erhielten sie. In einer dritten Phase erhielten die Kinder dann keine Belohnung mehr für die Beschäftigung mit den Mathematikspielen (die Situation entsprach also eigentlich wieder der ersten Phase der Basismessung).

Die Ergebnisse zeigten, dass die Motivation und damit die Zeit, welche die Kinder mit den Spielen verbrachten, in Phase zwei durch die versprochenen Belohnungen im Vergleich zu einer Kontrollgruppe, die über die ganze Versuchsdauer hinweg niemals eine Belohnung erhielt, zunahmen (*siehe Abb. 5.7*). Wurden die Belohnungen wieder entzogen, sank jedoch die Motivation tiefer, als sie vor Einsatz des Belohnungssystems gewesen war, d. h., die Kinder beschäftigten sich ohne Belohnung nun weniger als die Kontrollgruppe mit den Spielen.

Diese Ergebnisse wurden mit Hilfe des Überrechtfertigungseffekts erklärt. Die intrinsische Motivation, mit welcher sich die Kinder mit den mathematischen Spielen beschäftigten, wurde durch einen extrinsischen Grund (Urkunde und Trophäe) ersetzt. Die Kinder verloren das Interesse an den Spielen, da sie „annahmen", dass sie diese nur aufgrund der Belohnung spielten. Da diese in der letzten Phase wegfiel, gab es für sie keinen Grund mehr, sich damit zu beschäftigen.

Abb. 5.7: Überrechtfertigung.
Eine vorhandene intrinsische Motivation kann durch eine extrinsische Belohnung zerstört werden. In der Experimentalgruppe führen die Teilnehmer ihr Engagement in der Belohnungsphase auf die Belohnung und nicht mehr auf den Spaß an der Sache zurück. Fällt die Belohnung in der letzten Phase wieder weg, sehen sie keinen Grund mehr, die Tätigkeit weiter auszuführen.

Ein Volksmärchen zum Effekt der Überrechtfertigung.

Ein alter Mann lebte in einem Haus, vor dem jeden Nachmittag Kinder unglaublich laut spielten. Der Lärm ging ihm auf die Nerven und so rief er eines Tages die Kinder zu sich. Er sagte ihnen, dass er den fröhlichen Klang ihrer Stimmen sehr gern habe und versprach jedem von ihnen 50 Cent, wenn sie am nächsten Tag wieder zum Spielen kämen. Die Kinder kamen am nächsten Tag wieder und spielten noch lauter als am Vortag. Der alte Mann bezahlte sie wie vereinbart und versprach ihnen eine weitere Belohnung für den kommenden Tag. Wiederum erschienen sie nachmittags und lärmten umher. Der alte Mann bezahlte sie erneut, allerdings mit nur 25 Cent pro Kind. Den nächsten Tag erhielt jeder nur noch 15 Cent. Der alte Mann erklärte ihnen, dass seine Ersparnisse langsam aufgebraucht seien und fragte: „Bitte, würdet Ihr morgen auch für 10 Cent spielen kommen?" Die enttäuschten Kinder aber erklärten dem Mann, dass sie nicht wiederkommen würden. Für den Aufwand lohne es sich nicht, sagten sie, den ganzen Nachmittag für nur 10 Cent vor seinem Haus zu spielen.

Für Organisationen sind diese Erkenntnisse im Besonderen von Bedeutung, da durch Anreiz-, Be- und Entlohnungssysteme ursprünglich intrinsisch motiviertes Verhalten unbeabsichtigt zerstört und die Selbstmotivation der Mitarbeiter behindert werden kann. Dies ist jedoch nicht zwangsläufig der Fall (Calder & Staw, 1975; Tang & Hall, 1995 u. a.), sondern von bestimmten Bedingungen abhängig:

- **Ursprüngliches Ausmaß der intrinsischen Motivation.** Extrinsische Anreize können intrinsische Motivation nur dann zerstören, wenn diese vorher auch vorhanden war. Hat anfänglich kein eigenes Interesse an einer Aufgabe vorgelegen, sind Belohnungen unproblematisch. Nehmen wir an, jemand habe BWL nicht aus innerem Interesse heraus studiert, sondern nur, um damit viel Geld verdienen zu können. In diesem Fall wäre Geld als Belohnung seiner Motivation durchaus nicht abträglich.

- **Art der Belohnung.** Belohnungen, die als mit der Leistung direkt zusammenhängend wahrgenommen werden (sog. *leistungsabhängige* Belohnungen), wie eine Medaille für einen Sieg im Sport oder eine Prämie für einen Verbesserungsvorschlag, wirken sich seltener negativ auf eine intrinsische Motivation aus als Belohnungen, die ausschließlich auf Bearbeitung einer Aufgabe hin gegeben werden, ohne dass die erzielte Leistung dabei eine Rolle spielt (sog. *aufgabenabhängige* Belohnungen).

- **Die Auffälligkeit der Belohnung.** Je offensichtlicher eine Belohnung ist, desto eher kann sie intrinsische Motivation zerstören. Das hängt u. a. mit der bereits weiter oben beschriebenen Tatsache zusammen, dass verschiedene potenzielle Gründe je auffälliger sie sind, desto wahrscheinlicher als Begründung für eine Tätigkeit wahr- und angenommen werden. So ist beispielsweise ein anerkennendes Feedback im

Zweiergespräch mit dem Vorgesetzten weniger geeignet, die intrinsische Motivation zu zerstören, als der Firmenwagen, der vor versammelter Mannschaft angekündigt wird. (Nichtsdestotrotz kann letzterer einen großen Anreiz für den Betroffenen darstellen, der ihn zu Höchstleistungen motiviert.)

- **Aversive Konsequenzen.** Intrinsische Motivation kann sich nicht entwickeln bzw. bleibt nicht bestehen, wenn eine Person negative Sanktionen bei Nichterfüllung der Aufgabe erwartet. Darüber hinaus reduzieren Belohnungssysteme, die weniger der Belohnung als vielmehr der Kontrolle des Verhaltens der Person dienen, die intrinsische Motivation.

Was ist nun so schädlich daran, wenn intrinsische durch extrinsische Motivation ersetzt wird? Zum einen wirkt sich dies auf den *Spaßfaktor* bzw. das *Wohlbefinden* der Betreffenden aus: Jeder weiß, dass es einem erheblich besser geht und auch die Zeit schneller vergeht, wenn eine Tätigkeit Spaß macht – jeder kennt ebenso, dass ungeliebte Arbeiten einen Tag endlos erscheinen lassen. Zum anderen ist die *Ausdauer* bei beiden Motivationsarten unterschiedlich: Ein extrinsisch motiviertes Verhalten wird aufgegeben, wenn die Belohnung wegfällt, während intrinsisch bedingte weiterhin aufrechterhalten werden, da die Beschäftigung selbst sozusagen die Belohnung darstellt.

Fazit zu intrinsischer und extrinsischer Motivation

Ausgangslage

- Intrinsische Motivation ist ein eigener, *innerer* Antrieb.

- Extrinsische Motivation entsteht aufgrund von Belohnungen und äußerem Druck.

- Extrinsische Belohnungen können eine intrinsische Motivation zerstören (Effekt der Überrechtfertigung), wenn …

  ⇒ die Belohnung auffällig (auch: „salient") ist,

  ⇒ die Belohnung auf die Bearbeitung einer Aufgabe (*aufgabenbezogen*) anstatt auf die Leistung bezogen (*leistungsbezogen*) gegeben wird,

  ⇒ negative Konsequenzen bei Nichterfüllung der Aufgabe erwartet werden.

Intrinsische Motivation ist überdauernder, da extrinsisch motiviertes Verhalten mit Wegfall der Belohnung von außen aufgegeben wird. Ziel sollte daher vor allem die Förderung der intrinsischen Motivation sein.

Zusammenfassung

Motivation ist die Antriebsfeder, zu einem bestimmten Zeitpunkt eine bestimmte Handlung – und keine andere – durchzuführen. Nicht selten wünschen wir uns, dass wir uns dazu motivieren könnten, etwas anderes zu tun als das, was wir gerade machen – beispielsweise die Präsentation für den morgigen Tag fertig zu stellen anstatt auf der Couch zu liegen und fernzusehen. In jedem Moment treffen wir also – sei es bewusst oder unbewusst – eine *Wahl*, eine bestimmte Handlung auszuführen. Um hierauf Einfluss nehmen zu können, ist es entscheidend zu wissen, wie unsere Entscheidung für die eine oder andere Handlung zustande kommt.

Diese Entscheidung fällt in der ersten Phase motivierten Verhaltens. Personen stehen vor der Aufgabe, zwischen Handlungsalternativen zu wählen. Dabei können sie ihre Verhaltensentscheidung bewusst eingehen, indem sie beispielsweise anhand von Erwartung-mal-Wert-Überlegungen zwischen den Alternativen wählen. Dieser *deliberative* Weg ist allerdings nur dann möglich, wenn Personen Zeit und Muße dazu haben sowie die Handlungsalternativen von ihnen bewusst wahrgenommen werden – und das ist viel seltener der Fall, als wir landläufig annehmen.

Verhalten wird jedoch durchaus nicht immer durch eine bewusste Entscheidung und damit eine deliberative Wahl gesteuert, sondern kann ebenso „automatisch" ausgelöst werden. *Implizite Prozesse* haben damit einen nicht zu unterschätzenden Einfluss auf Motivation und Handeln: Sie können beispielsweise über die Aktivierung von Stereotypen Einfluss auf Verhalten, Leistung und Gefühle nehmen.

Schließlich sind nicht nur rein deliberativ oder rein implizit ausgelöste Verhaltenssteuerungen möglich, sondern ebenso das Zusammenspiel beider. Wie das Beispiel *intrinsischer und extrinsischer Motivation* aufzeigt, können im Speziellen Belohnungen Einfluss auf eine erneute Verhaltensauslösung haben, indem sie intrinsischer Motivation entgegenwirken und in diesem Fall der Motivation abträgliche, deliberative Prozesse in Gang setzen können.

5.3   Ziele setzen (2. Phase)

In der *zweiten* Phase kommt es dann im Rahmen der Umsetzung der gewählten Alternative zunächst zur Festsetzung der *Ziele* dessen, was getan werden soll (*siehe Abb. 5.8*). Zur optimalen Motivierung sind hier insbesondere die *Art der (expliziten) Zielsetzungen* (*siehe Abschnitt 5.3.1*) und *(implizite) Einflüsse auf Ziele* (*siehe Abschnitt 5.3.2*) von Bedeutung.

Abb. 5.8: In der zweiten Phase der Handlungssteuerung bzw. motivierten Handelns werden im Hinblick auf die Umsetzung der gewählten Handlungsalternative Ziele gesetzt. Es werden zum einen bewusst sog. „explizite" Ziele gebildet, zum anderen werden wir jedoch auch von impliziten Zielen beeinflusst, deren Wirken wir meist nicht bemerken.

Wie oft haben Sie sich schon vorgenommen, am Ende eines Arbeitstags „mal joggen zu gehen"? Und: Wie oft ist daraus nichts geworden? Wie oft haben Sie nach Weihnachten vergeblich dem Winterspeck „den Kampf angesagt"? Wieso ist es häufig so, dass wir uns Dinge vornehmen, die wir dann doch nicht einhalten oder erreichen? Im folgenden Abschnitt geht es darum, welche Art von Zielen geeignet ist, motiviertes Verhalten zu steuern und zu unterstützen.

5.3.1 Explizite Ziele

Ziele sind Endzustände, die wir erreichen möchten, d. h., Ziele sind *Soll*-Zustände, in die der *Ist*-Zustand überführt werden soll (Austin & Vancouver, 1996). Ziele geben den Handlungen eine Richtung, welche wiederum eine der Determinanten von Motivation ist (Locke & Latham, 2002). Durch zahlreiche Untersuchungen konnte bestätigt werden, dass eindeutige Ziele zu einer höheren Leistung motivieren (Latham & Yukl, 1975a; Locke & Latham, 1984). Dabei können Ziele ganz unterschiedlicher Art sein: So kann eine Person beispielsweise als Ziel angeben, Arzt zu werden, eine andere strebt das Bestehen der morgigen Prüfung an und wieder eine andere möchte Millionär werden, bevor das Rentenalter erreicht ist. In der Psychologie wird ein Ziel als etwas Wünschenswertes beschrieben, das es zu erreichen gilt, oder anders ausgedrückt, ein positiv bewerteter und für erreichbar gehaltener Endzustand, für den eine Person bereit ist, Anstrengungen einzusetzen (Geen, 1995). Ziele sind dabei jedoch klar von Wünschen abzugrenzen, indem Ziele eben für das Individuum potenziell *erreichbare* Zustände darstellen, während Wünsche auch Zustände betreffen können, die nicht im Bereich des Möglichen liegen. So kann sich ein 80-Jähriger zwar *wünschen*, wieder 20 Jahre alt zu sein, es kann aber im psychologischen Sinne nicht als Ziel gewertet werden, da dieser Zustand nicht im Bereich des Möglichen liegt.

Motivierende Ziele

Herausfordernd schwierige und *spezifische* Ziele führen zu besseren Leistungen als zu leichte und/oder vage Ziele.

Jeder hat möglicherweise schon erlebt, dass das Aufstellen einer „To-do-Liste" mit klaren Zielen dabei hilft, diese Aufgaben auch wirklich zu erledigen. Ziele beeinflussen unsere Leistung positiv (Locke & Latham, 1990). Die Effizienz/Qualität von Zielen wird durch die *herausfordernde Schwierigkeit* und die *Spezifität* eines Ziels bestimmt (Kleinbeck & Schmidt, 1996; Mento et al., 1987; Tubbs, 1986):

Nehmen wir zur Verdeutlichung einmal folgendes Ziel an: „Tun Sie Ihr Bestes!" Was ist das Problem bei diesem Ziel? Es wird wohl erwartet, dass Sie sich anstrengen und einen Zustand erreichen, der mit „Ihr Bestes" umschrieben wird. Doch was *ist* „Ihr Bestes"? Hier bleibt erheblicher Raum für Interpretationen von beiden Seiten – demjenigen, der das Ziel vorgibt und demjenigen, der es erreichen soll.

Präzise und spezifische Ziele (z. B. „Verkaufen Sie acht Autos in dieser Woche.") motivieren mehr und führen zu besseren Leistungen als allgemeine und vage Ziele (z. B. „Tun Sie Ihr Bestes."). Bekommen Mitarbeiter den Auftrag, *mehr* Kunden zu akquirieren, so werden sie keine so gute Leistung erbringen, als wenn sie eine genaue Vorgabe erhalten, *wie viele* neue Kunden der Vorgesetzte von ihnen erwartet. Dies gilt sowohl für quantitative Ziele (wie z. B. acht anstelle der bisher vier Autos zu verkaufen) als auch für qualitative Ziele (wie z. B. dem Kunden gegenüber in der und der Hinsicht souveräner aufzutreten). Letztere sind wesentlich schwerer präzise zu benennen, da sie eben nur auf Umwegen – über eigens festzulegende Kriterien, wie sich diese Souveränität manifestiert – quantifizierbar sind. Während exakte Ziele klar vorgeben, was Erfolg bedeutet bzw. wann dieser erreicht wurde, führen unspezifische Ziele wie das bereits besprochene „Tun Sie Ihr Bestes!" zu einer Doppeldeutigkeit und eröffnen Interpretationsspielräume, die zu einer schlechteren Leistung führen können (Latham & Locke, 1991; Locke & Latham, 1990). Besonders eindeutig und aktionsorientiert sind *positiv formulierte* Ziele („Ich werde pünktlich sein."; *siehe auch Abschnitt 5.4.1*) im Vergleich zu negativ formulierten („Ich werde nicht mehr zu spät kommen."). D. h. es ist zielführender, sich vorzunehmen, „immer pünktlich zu kommen", und nicht, „nicht zu spät zu kommen". Schließlich ist darauf zu achten, dass sich Ziele nicht widersprechen und auf diese Weise die Leistung beeinträchtigen (Locke et al., 1994). So werden sich die Ziele „Ich will nicht mehr so viel arbeiten." und „Ich will eine Blitzkarriere machen." für die meisten Menschen widersprechen, wenn sie gleichzeitig verfolgt werden.

Schwierigkeit. *Herausfordernd schwierige Ziele* motivieren mehr und führen zu besseren Leistungen als leicht zu erreichende Ziele (Latham & Baldes, 1975; für eine Übersicht siehe Tubbs, 1986). Nehmen wir als Beispiel einmal einen Autoverkäufer, der neue

Ziele bzgl. der wöchentlich zu verkaufenden Autos gesetzt bekommen soll. Liegt sein bisheriger Durchschnitt bei sechs Autos pro Woche, so ist das Ziel, acht Autos zu verkaufen, motivierender als das Ziel, mindestens vier Autos an den Mann zu bringen. Dieser Zusammenhang gilt jedoch nur so lange, wie die Ziele auch realistisch erreichbar sind (Locke & Latham, 1990). Ein und dasselbe Ziel kann natürlich für unterschiedliche Personen schwierig oder leicht sein. Wäre es für den Autoverkäufer vollkommen utopisch, acht Autos in einer Woche zu verkaufen, würde ihn dieses Ziel auch nicht motivieren, sondern eher demotivieren, weil das Ziel – unabhängig davon, wie sehr sich der Mitarbeiter auch anstrengt – auf keinen Fall erreichbar ist. Wozu sollte er sich dann überhaupt noch anstrengen? Herausfordernd sind Aufgaben also dann, wenn sie in einer *erreichbaren* Diskrepanz *über* den aktuellen Leistungen des Betreffenden liegen – in sog. „dosierter Diskrepanz". In Unternehmen wird darauf und auch auf die individuellen Unterschiede bzgl. des Schwierigkeitsempfindens bei verschiedenen Mitarbeitern häufig wenig Rücksicht genommen. So werden Unternehmensziele beispielsweise von der Führungsebene bis zum Mitarbeiter niedrigster Hierarchiestufe heruntergebrochen und dem Mitarbeiter verbindlich vorgegeben. Sind diese Ziele insgesamt unrealistisch oder für den speziellen Mitarbeiter definitiv unerreichbar, kann damit eine nicht zu unterschätzende Demotivation bewirkt werden.

Dabei reicht es nicht aus, dass Ziele entweder *nur* herausfordernd schwierig oder *nur* spezifisch sind. Erst die Kombination von herausfordernder Schwierigkeit *und* genauer Zielbeschreibung führt zu besserer Leistung (Latham & Locke, 1991) (*siehe folgenden Kasten*). Herausfordernd schwierige und spezifische Ziele kanalisieren die Aufmerksamkeit, führen zu einem höheren Maß an Anstrengung und Ausdauer und fördern die Entwicklung zielbezogener Strategien. Durch dieses Mehr an Anstrengung und verbesserten Strategien wird dann letztendlich die Leistung erhöht (Locke et al., 1981). Als Folge der vermehrten Anstrengung kann das Ziel daraufhin attraktiver und wertvoller erscheinen (Brehm & Self, 1989).

Klassische Studien zu Zielsetzungen
Spezifische Ziele ermöglichen Leistungssteigerungen.

Ausgehend von der Feststellung, dass LKW-Fahrer die Kapazität ihrer Anhänger nur zu ca. 60 % ausnutzen, wurde den Fahrern eines Holzunternehmens von der Unternehmensführung das Ziel vorgegeben, die LKWs mit 94 % des zulässigen Gewichts zu beladen (Latham & Baldes, 1975). Dabei wurde den Fahrern versichert, dass sie bei durch die hohe Auslastung bedingten etwaigen späteren Leerläufen keine negativen Folgen (wie z. B. Verdienstausfall oder Kündigung) zu erwarten hätten. In anschließenden Messungen konnte ein rascher Anstieg der Kapazitätsauslastung festgestellt werden. Binnen der nächsten drei Monate erreichten die LKW-Fahrer eine 90 %ige Auslastung und konnten dieses Leistungsniveau auch langfristig aufrechterhalten. Eine genauere Untersuchung zeigte, dass diese spezifische Zielvorgabe den Fahrern zum ersten Mal wirklich klar machen konnte, was das Management von ihnen erwartet – nämlich eine Auslastung der Beladungskapazität.

Nur in Kombination mit spezifischen Zielen ermöglichen hohe Ziele Leistungssteigerungen.

In einer Studie von Latham und Yukl (1975b) sollten Holzarbeiter entweder mehr Holz schlagen, als es mit normaler Anstrengung möglich wäre – was ein hohes, aber kein spezifisches Ziel darstellt –, oder aber eine ganz konkrete große Menge an Holz pro Quadratmeter schlagen – ein herausforderndes und spezifisches Ziel. Verglichen wurden diese beiden Gruppen mit einer Gruppe von Holzarbeitern, der keinerlei Ziele vorgegeben wurden.

Die Ergebnisse zeigten, dass nur in der Gruppe mit hohem *und* spezifischem Ziel eine Leistungssteigerung auftrat, nicht jedoch in der Gruppe, der lediglich ein hohes Ziel – „mehr als mit normaler Anstrengung möglich" zu erreichen – vorgegeben worden war.

Moderatoren motivierender Ziele

- Zielbindung
- Selbstwirksamkeit
- Rückmeldungen
- Aufgabenkomplexität

Darüber hinaus sind zielgerichtete Bemühungen von weiteren Faktoren, sog. **Moderatoren**, abhängig, die über die Enge des Zusammenhangs zwischen Zielsetzung und Leistung entscheiden (Locke & Latham, 2002), nämlich das Ausmaß an Zielbindung (Wichtigkeit des Ziels und Selbstwirksamkeit), Rückmeldungen und Aufgabenkomplexität (*siehe Abb. 5.9*).

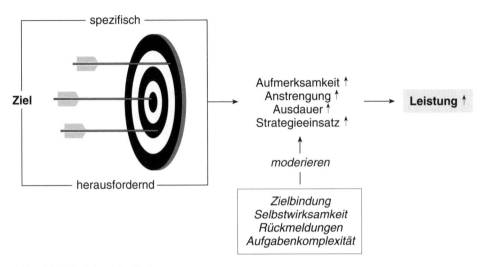

Abb. 5.9: Motivierende Ziele.
Spezifische und herausfordernde Ziele führen über eine Erhöhung von Aufmerksamkeit, Anstrengung und Ausdauer sowie über den vermehrten Einsatz zielführender Strategien zu einer verbesserten Leistung. Zu beachten ist hierbei, dass nur die Kombination von Spezifität und herausfordernder Schwierigkeit geeignet ist, diesen Effekt zu bewirken.

Dabei bezeichnet *Zielbindung* den Grad, mit dem ein Individuum sich mit einem Ziel identifiziert und sich diesem gegenüber verpflichtet fühlt (auch *Commitment*). Mitarbeiter fühlen sich durch Beteiligung an Entscheidungen stärker an diese gebunden und betrachten daraus folgende Arbeitsziele in stärkerem Maße als die eigenen. An eigene Ziele fühlt man sich grundsätzlich stärker gebunden als an fremde Ziele. Je stärker sich nun eine Person an ihre Ziele gebunden fühlt, desto enger ist der Zusammenhang zwischen Zielen und Leistung (*siehe folgenden Kasten*). Zielbindung kann u. a. durch eine öffentliche Verpflichtung (z. B. Äußerung dem Kollegen gegenüber: „Ich habe die Präsentation bis morgen fertig.") erhöht werden oder durch Belohnungen, da das Ziel durch diese attraktiver wird (Hollenbeck et al., 1989).

Klassische Studie zur Zielbindung
Ohne Zielbindung oder -akzeptanz sinkt die Leistung.

Erez und Zidon (1984) ließen Studienteilnehmer an einer Serie von Aufgaben mit ansteigender Schwierigkeit arbeiten. Die Teilnehmer sollten vor jeder Aufgabe angeben, wie sehr sie die Aufgabe akzeptieren. Die Leistung in den Aufgaben war nur so lange gut, solange die Teilnehmer die Aufgabe akzeptierten. Wenn sie dies nicht mehr taten, sank die Leistung in den Aufgaben ab.

Auch die *Selbstwirksamkeit* hat einen entscheidenden Einfluss auf den Zusammenhang zwischen Zielen und Leistung. Dabei bezeichnet Selbstwirksamkeit das aufgabenspezifische Selbstvertrauen (Bandura, 1991), d. h. die Überzeugung einer Person, dass sie fähig ist, in einer bestimmten Situation eine (als zielführend angenommene) Handlung auch durchführen zu können bzw. eine Aufgabe erfolgreich zu erledigen. Selbstwirksamkeit beeinflusst die Ansprüche an die eigene Leistung sowie die Reaktion auf das Scheitern in einer Aufgabe (wer sich als selbstwirksam erlebt, verfolgt eher herausfordernde Ziele und ist ausdauernder).

Des Weiteren sollten Ziele mit einer *Rückmeldung* über den Grad der Zielerreichung verbunden sein. Dabei sollten Rückmeldungen stets spezifisch („An der Präsentation hat mir besonders der logische Aufbau gefallen." anstatt „Gut gemacht!"), verhaltens- statt personenbezogen („Sie haben letzte Woche die vereinbarte Stückzahl nicht erreicht." anstatt „Sie sind eine lahme Ente.") und konstruktiv (mit Verbesserungsvorschlägen verbunden anstelle ausschließlich negativer Kritik) sein. Eine Rückmeldung, dass das Ziel noch nicht erreicht wurde, führt zu einer Leistungssteigerung, wenn die betreffende (Rückmeldung empfangende) Person mit dem Erreichten unzufrieden ist, ein Gefühl hoher Selbstwirksamkeit besitzt und sich vornimmt, die bisherige Leistung zu steigern (Nerdinger, 2001). Schließlich spielt auch die *Aufgabenkomplexität* eine Rolle für den Zusammenhang zwischen Zielen und Leistung, er ist bei leichten Aufgaben enger als bei komplexen, weil bei letzteren noch weitere Faktoren von Bedeutung sind, wie beispielsweise Lösungsstrategien (Wood et al., 1987).

Fazit zu expliziten Zielen

Ausgangslage

Klare, *explizite Ziele* motivieren zu höherer Leistung. Dabei gilt:

*   Durch ein höheres Maß an Anstrengung und Ausdauer motivieren herausfordernd schwierige und spezifische Ziele mehr und führen zu besseren Leistungen als leicht zu erreichende und vage Ziele.

*   Dieser Zusammenhang zwischen Zielen und Leistung ist umso größer, je mehr sich die Mitarbeiter an das Ziel gebunden fühlen,

    – je stärker die Person glaubt, das Ziel erreichen zu können,

    – wenn die Person konstruktive Rückmeldungen über die Zielerreichung erhält,

    – je weniger komplex die Aufgabe ist.

Zusammenfassung

Durch das Setzen von Zielen können Personen ihrer gewünschten Handlung näher kommen. Zum Gelingen ist es notwendig, sich die *richtige Art* von Zielen zu setzen: Ziele sollen möglichst *herausfordernd*, aber erfüllbar und zugleich möglichst *spezifisch* sein. Sind Ziele solcher Art, wirken sie sich positiv auf die Motivation aus, was sich beispielsweise in erhöhter Anstrengung (Intensität) und Ausdauer widerspiegelt.

Neben einer expliziten, bewusst erfolgten Zielsetzung ist es aber auch möglich, dass wir durch *implizite* Ziele gesteuert werden.

5.3.2 Implizite Ziele

Wir werden auch von Zielen gesteuert, die wir nicht bewusst gewählt haben, sondern die beispielsweise durch situative Einflüsse oder auch Persönlichkeitsmerkmale hervorgerufen werden.

Aktivierung (Priming) von Informationsverarbeitungszielen. Die Aktivierung (das Priming) bestimmter Arten von Verarbeitung wirkt sich in einer nachfolgenden, angeblich unabhängigen Aufgabe aus, ohne dass dies bewusst wahrgenommen, geschweige denn gewählt wird (Bargh et al., 2001; Gollwitzer et al., 1990; *siehe folgenden Kasten*).

❦*Klassische Studie zu impliziten Zielen*
Zuvor aktivierte Ziele können nachfolgende Aufgaben beeinflussen.

Gollwitzer et al. (1990, Exp. 1) ließen ihre Teilnehmer in einer ersten Aufgabe über persönliche Themen nachdenken. Dies waren für die eine Hälfte der Teilnehmer eigene aktuelle ungelöste Probleme („Soll ich umziehen?" „Soll ich mein Fach wechseln?" „Soll ich mein Studium beenden?"), für die sie Vor- und Nachteile abwägen sowie eine Entscheidung treffen sollten; für die andere Teilnehmergruppe hingegen eigene anstehende Vorhaben, die sie in Arbeitsschritte aufteilen und durchplanen sollten (den nächsten Umzug, den Fachwechsel, die Beendigung des Studiums). Auf diese Weise wurde entweder ein „deliberative" (alternative Lösungen bedenken) oder „implemental" (konkrete Handlungen zur Lösung angeben) Verarbeitungsziel aktiviert.

In einer zweiten, davon vermeintlich unabhängigen Aufgabe sollten die Teilnehmer eine Geschichte zu Ende schreiben, welche damit begann, dass ein König sein Schloss verlassen musste, seine Tochter aber nicht unbeschützt zurücklassen wollte. Diejenigen Personen, die zuvor deliberativ nachgedacht hatten, diskutierten daraufhin alle möglichen Gedanken des Königs, während die Personen, die über konkrete Handlungen nachgedacht hatten, die Geschichte mit konkreten Handlungen zur Problemlösung vervollständigten.

Dies zeigt, dass ein zuvor aktiviertes Ziel – hier die Art des Nachdenkens „deliberativ" vs. „implemental" – eine nachfolgende, davon vollkommen unabhängige Aufgabe beeinflusst, ohne dass dies vom Betreffenden beabsichtigt oder bewusst wahrgenommen wird.

Ebenso zeigt sich, dass Personen, bei denen zuvor ein Leistungsziel aktiviert wurde, in einer anschließenden, wiederum unabhängigen Aufgabe besser abschnitten als jene ohne ein vergleichbares Ziel (Bargh et al., 2001, Exp. 1). Allein die Tatsache, dass in einer früheren Aufgabe ein Ziel vorgegeben wird, kann sich also in einer *anderen* Aufgabe implizit auswirken, ohne dass wir dies bemerken. Je nach Ziel kann dies sowohl leistungsförderlich als auch -hinderlich sein.

Aktivierung (Priming) sozialen Verhaltens. Die Aktivierung (das Priming) bestimmter Ziele kann sich auf das Verhalten gegenüber anderen Personen in einer nachfolgenden, unabhängigen Aufgabe auswirken, wiederum ohne dass dies bewusst wahrgenommen, geschweige denn gewählt wird (Bargh et al., 2001; *siehe folgenden Kasten*).

Klassische Studie zu impliziten Zielen
Zuvor aktivierte Ziele können das nachfolgende Verhalten gegenüber anderen Personen beeinflussen.

Bargh et al. (2001, Exp. 2) ließen ihre Teilnehmer in einer ersten Aufgabe ein Worträtsel bearbeiten, das entweder neutrale oder aber Begriffe wie „ehrlich" oder „fair" enthielt und so ein *Kooperations*ziel aktivierte. In einer anschließenden, davon vermeintlich unabhängigen Aufgabe sollten die Teilnehmer mit einem angeblich zweiten Teilnehmer zusammen eine Aufgabe bearbeiten.

Die Ergebnisse zeigten, dass jene Personen, die zuvor ein Kooperationsziel aktiviert hatten, deutlich kooperativer waren als jene, die sich zuvor mit neutralen Wörtern befasst hatten. Keiner der Teilnehmer war sich dieses Einflusses auf das eigene Verhalten bewusst.

Regulatorischer Fokus. Der sog. regulatorische Fokus – vereinfacht umschrieben als Ausrichtung der Informationsverarbeitung oder Herangehensweise an Aufgaben – einer Person entscheidet darüber, welche Strategien sie zur Zielerreichung eingehen wird. Der Fokus ist zum einen bei jeder Person als Persönlichkeitseigenschaft „chronisch" in bestimmter Ausprägung vorhanden, er kann jedoch auch durch bestimmte Situationsmerkmale aktiviert bzw. verändert werden. Beides ist der Person nicht bewusst, d. h., es handelt sich um implizite motivationale Zustände. In beiden Fällen wirkt sich der Fokus auf die gewählte Strategie zur Zielerreichung, die Motivation und die Leistung aus.

- **Strategien.** Stellen Sie sich einmal zwei Führungskräfte vor, die sich beide zum Ziel gesetzt haben, ein gutes Betriebsklima in ihrer Abteilung zu fördern. Während Führungskraft A zu diesem Zweck zu vermeiden versucht, dass es zu Streitereien kommt oder sich jemand durch zu viel Einzelkämpfertum zurückgesetzt fühlt – und damit das implizite Ziel „Unangenehmes vermeiden" verfolgt –, veranstaltet Führungskraft B stattdessen Betriebsfeiern, richtet eine kommunikative Kaffeeecke ein und plant viel Zeit für zusätzliche Diskussionen ein – und verfolgt damit das implizite Ziel „Angenehmes fördern". Führungskraft A wählt somit eine *vermeidende* (vermeiden, dass sich jemand schlecht fühlt) und Führungskraft B eine *annähernde* Strategie (danach streben, dass sich die Mitarbeiter gut fühlen), die beide dem gleichen *expliziten* Ziel – nämlich einem guten Betriebsklima – dienen sollen.

Darüber hinaus ergeben sich unterschiedliche Auswirkungen auf Motivation und Leistung einer Person.

- **Motivation.** Personen im *Annäherungsfokus* arbeiten direkt auf ein Ziel hin, um positive Ereignisse eintreten zu lassen, und konzentrieren sich auf Tätigkeiten, die mit Wünschen, Idealen und Hoffnungen zusammenhängen (sog. *Idealziele*); im o. g. Beispiel „eine kommunikative Kaffeeecke einrichten". Das Vorgehen von Menschen im Annäherungsfokus ist von Eifer und Optimismus geprägt. Münden die annähernden Tätigkeiten in einen Erfolg (positives Ereignis tritt ein; d. h., das Betriebsklima verbessert sich), resultieren daraus Zufriedenheit und Enthusiasmus bei gleichzeitig zunehmender Motivation (beim nächsten Mal wird die Führungskraft wieder die Initiative ergreifen). Bei einem Misserfolg hingegen entstehen Enttäuschung und Deprimiertheit, die Motivation nimmt ab.

  Personen im *Vermeidungsfokus* hingegen benutzen vermeidende Strategien, die verhindern sollen, dass negative Ereignisse, wie das Nichterreichen eines Ziels, eintreten, sie richten ihre Aufmerksamkeit auf Tätigkeiten, die der Erfüllung von Pflichten und Verantwortlichkeiten sowie der eigenen Sicherheit förderlich sind (sog. *Pflichtziele*), wie beispielsweise „Streit vermeiden". Personen im Vermeidungsfokus gehen sehr wachsam, aber mit geringen Erfolgserwartungen an ein Ziel heran. Im Falle eines Erfolgs (hier: negative Ereignisse treten nicht ein; beispielsweise Betriebsklima wird nicht schlechter) entstehen Erleichterung und Beruhigung, aber die Motivation nimmt ab. Bei einem Misserfolg dagegen entstehen Anspannung und Besorgnis und die Motivation der Person nimmt zu (Förster et al., 2001; Higgins et al., 1986; Higgins et al., 1999).

  Für das obige Beispiel des Betriebsklimas noch einmal zusammengefasst bedeutet dies, dass Führungskraft A, die sich darum bemüht, keine Reibungspunkte aufkommen zu lassen, es als erfolgreich ansieht und erleichtert ist, wenn eben diese

Reibungen ausbleiben, während sie es als Misserfolg wertet, wenn diese vorkommen, und daraufhin angespannt ist. Führungskraft B hingegen wird stattfindende „social events" als Erfolg verbuchen und daraufhin zufrieden sein bzw. ihr Ausbleiben als Misserfolg werten und enttäuscht sein.

Dementsprechend lassen sich einige Menschen von Erfolgserlebnissen „motivieren", während andere eher nach einem Misserfolg ihren Einsatz steigern. Dies hat auch Auswirkungen auf die Leistung.

- **Leistung.** Qualität und Effizienz, die je nach Fokussierung erreicht werden, hängen stark vom Aufgabentyp ab. Bei Aufgaben, die Genauigkeit fordern, sind Personen im Vermeidungsfokus besser – ihre impliziten Ziele passen besser zu dem expliziten Ziel Genauigkeit –, während bei Aufgaben, die Schnelligkeit benötigen, Personen im Annäherungsfokus besser abschneiden, da auch hier eine optimale Passung von expliziten und impliziten Zielen erreicht wird (Förster et al., 2000). Mehr Quantität wird generell im Annäherungsfokus produziert als im Vermeidungsfokus, beispielsweise ist die Anzahl bearbeiteter Aufgaben höher (Crowe & Higgins, 1997). Des Weiteren zeigen Personen im Annäherungsfokus mehr Ausdauer, eine eventuell unlösbare Aufgabe auch wirklich zu lösen. Dagegen zeigen Personen im Vermeidungsfokus eher die Bereitschaft, eine Aufgabe auf sich beruhen zu lassen, um nicht zu viel Zeit in möglicherweise unlösbare Aufgaben zu investieren (Crowe & Higgins, 1997; Förster et al., 1998).

Damit haben beide Fokusse, respektive beide Arten der Informationsverarbeitung, ihre Vor- und Nachteile – es kommt auf den Kontext an, wann welcher Fokus erfolgreicher bzw. motivierender ist (*siehe Tab. 5.2*). Ist beispielsweise eine besonders genaue Aufgabenbearbeitung gefragt (z. B. Buchführung; Korrekturlesen, Finanzierungsplanung o. Ä.), ist es von Vorteil, einen Vermeidungsfokus herbeizuführen oder eine Person mit der Aufgabe zu betrauen, die zum Vermeidungsfokus neigt. Auf diese Weise ist mit einer langsamen, aber akkuraten Bearbeitung zu rechnen, ebenso damit, dass die Person motivierter an die Aufgabe herangeht. Ist dagegen eine schnelle oder kreative Aufgabenbearbeitung gewünscht, sollte ein Annäherungsfokus gewählt oder eine entsprechende Person beauftragt werden. Für alle Leistungsaspekte gilt, dass eine Leistungssteigerung und eine erhöhte Motivation nur dann zu erwarten sind, wenn Aufgabentyp und Fokus *zueinander passen*.

Führungskräfte tun gut daran, die mit den unterschiedlichen Fokussen verbundenen Zielsetzungen ihrer Mitarbeiter zu berücksichtigen. Vermeidungsorientierte Mitarbeiter verbinden mit ihrem Beruf eher Ziele wie Lebensunterhalt verdienen, Anforderungen erfüllen oder dem Leistungsanspruch anderer genügen, während für annäherungsorientierte Mitarbeiter dagegen eher Ziele wie Karrierechancen, Aufstieg, Zusatzqualifikationen

u. Ä. im Vordergrund stehen. Eine Führungskraft, die im Mitarbeitergespräch oder im Zielvereinbarungsgespräch diese unterschiedlichen Ziele nicht berücksichtigt oder ihrerseits Ziele vorgibt, ohne dass der Mitarbeiter seine eigenen, seinem Fokus entsprechenden Ziele darin verwirklicht sieht, wird weder Leistungsoptimierung noch Motivation erzielen.

Tab. 5.2: Übersicht der Befunde zum Regulatorischen Fokus.
Je nach Fokus werden unterschiedliche Strategien und Ziele gewählt. Ebenso unterscheiden sich die affektiven Reaktionen auf Erfolg und Misserfolg und die daraus resultierende Motivation. In welchem Fokus die bessere Leistung erbracht wird, ist von den Erfordernissen der Aufgabe abhängig. Damit ist die Passung von Aufgabe und Fokus entscheidend.

		Fokus	
		Annäherung	**Vermeidung**
Strategien/ Herangehensweise		• „annähernd" (Angenehmes fördern) • geprägt von Eifer und Optimismus	• „vermeidend" (Unangenehmes vermeiden) • geprägt von Wachsamkeit und Vorsicht
Ziele		Idealziele	Pflichtziele
Motivation	Erfolg	• Zufriedenheit, Enthusiasmus • Motivation ↑	• Erleichterung, Beruhigung • Motivation ↓
	Misserfolg	• Enttäuschung, Deprimiertheit • Motivation ↓	• Anspannung, Besorgnis • Motivation ↑
Leistung		*bessere Leistung bzgl.:* • Schnelligkeit/Quantität • Kreativität • Ausdauer	*bessere Leistung bzgl.:* • Genauigkeit

Fazit zu impliziten Zielen

Ausgangslage

Neben expliziten Zielen sind auch implizite, d. h. unbewusste Ziele und Prozesse für die Motivation entscheidend.

- Die Aktivierung bestimmter Ziele kann sich auch auf spätere, unabhängige Aufgaben unbewusst auswirken.

- Die beiden Ausprägungen des regulatorischen Fokus sind mit unterschiedlichen impliziten Zielen verbunden, d. h., Menschen erleben je nach Fokus unterschiedliche Ziele als erstrebenswert und verwenden unterschiedliche Strategien, um diese Ziele zu erreichen. Je nach Fokus unterscheiden sich Motivation und Leistung.

Annäherungsfokus

- Einsatz von annähernden Strategien
- direktes Hinarbeiten auf Idealziele
- Erfolge führen zu Zufriedenheit, Enthusiasmus und erhöhter Arbeitsmotivation, Misserfolge führen zu Enttäuschung, Deprimiertheit und Abnahme der Motivation
- Personen im Annäherungsfokus sollten Aufgaben zugewiesen werden, die eine schnelle und kreative Bearbeitung erfordern

Vermeidungsfokus

- Einsatz von vermeidenden Strategien
- Verhindern des Nichterreichens eines Ziels
- Erfolge führen zu Erleichterung, Beruhigung und reduzierter Arbeitsmotivation, Misserfolge führen zu Anspannung, Besorgnis und Motivationszunahme
- Personen im Vermeidungsfokus sollten Aufgaben zugewiesen werden, die eine große Genauigkeit bei der Bearbeitung erfordern

Zusammenfassung

In der zweiten Phase steht eine Person vor der Aufgabe, durch das Setzen von Zielen ihrer gewünschten Handlung näher zu kommen. Die Art der Zielsetzung hat dabei bedeutsamen Einfluss auf die Richtung, Intensität und Ausdauer der darauf folgenden Handlung – also für die Motivation, die jemand für eine Aufgabe aufbringt. Für die Motivation ist es in dieser Phase entscheidend, sich die *richtige Art* von Zielen zu setzen: Explizite, d. h. bewusst gesetzte Ziele sind dann motivierend, wenn sie *herausfordernd schwierig*, aber erfüllbar sind und zugleich möglichst *spezifisch*, da sie sich nur dann günstig auf die Initiierung einer Handlung sowie Intensität und Anstrengung bei der Aufgabenbearbeitung auswirken.

Neben einer expliziten, bewusst erfolgten Zielsetzung ist es aber auch möglich, dass wir durch *implizite* Ziele gesteuert werden. Auch diese haben einen nicht zu unterschätzenden Einfluss auf die Motivation. So sorgt beispielsweise die Aktivierung bestimmter Konzepte im Sinne impliziter Ziele auch in späteren Aufgaben dafür, dass diese mit höherem Einsatz – d. h. mehr Motivation – verfolgt werden. Auch die Passung des regulatorischen Fokus mit der zu bearbeitenden Aufgabe wirkt in diese Richtung. Passen implizite und explizite Ziele zusammen, resultiert eine höhere Motivation bei der Aufgabenbearbeitung.

Durch explizite und implizite Ziele ist zu einem gewissen Grad auch die Umsetzung vorhersagbar, d. h. wie sehr sich jemand für ein Ziel einsetzen und welche Ausdauer er dabei an den Tag legen wird. Mit einer „richtigen" Zielsetzung allein ist es aber noch nicht getan – für die Motivation bei der Umsetzung spielen noch weitere Faktoren eine Rolle, die nun Thema des nächsten Abschnitts sein sollen.

5.4 Handlungen regulieren (3. Phase)

In der *dritten* Phase steht die eigentliche Umsetzung im Vordergrund (*siehe Abb. 5.10*). Nachdem die Ziele als Orientierung feststehen, kommt es nun zum eigentlichen *Handeln*. Da dieses möglichst eigenständig (d. h. ohne Motivation und Steuerung von außen) und reibungslos ablaufen sollte, spielt hier die Fähigkeit, sich selbst zu regulieren, eine bedeutende Rolle.

Abb. 5.10: In der dritten Phase der Handlungssteuerung bzw. motivierten Handelns steht nun die eigentliche Handlung im Vordergrund. Über Vorsätze, Impulskontrolle und Bodyfeedback kann hier im Sinne einer Selbstregulation motiviertes Handeln gefördert werden.

Wie gelingt es, Ziele über längere Zeit und verschiedenste situative Anforderungen hinweg zu verfolgen? Im Folgenden werden exemplarisch drei Mechanismen aufgezeigt – Vorsatzbildung, Impulskontrolle und Bodyfeedback –, anhand derer sich motivationale Dynamiken aufzeigen und konstruktiv steuern lassen. Über eine richtige Vorsatzbildung können Beginn und Durchhalten der Umsetzung beeinflusst werden (*siehe Abschnitt 5.4.1*), anhand von Impulskontrolle ablenkende Faktoren reduziert (*siehe Abschnitt 5.4.2*) und über Bodyfeedback die zur Verfügung stehenden Kapazitäten geschont bzw. optimal genutzt werden (*siehe Abschnitt 5.4.3*).

5.4.1   Vorsätze
Den Anfang und die Umsetzung geplanten Verhaltens erleichtern.

Bisher wurde aufgezeigt, dass und warum das Setzen von sinnvollen Zielen zu mehr Erfolg führt. Das Setzen von Zielen alleine führt jedoch nicht zwingend zum Erfolg, d. h. zur Zielerreichung (Gollwitzer, 1990). Wer kennt das nicht: Obwohl Sie sich fest vorgenommen haben, den anstehenden Bericht bis Freitag fertig zu schreiben, erledigen Sie alles andere in der Woche, anstatt sich Ihrem eigentlichen Ziel, dem Bericht, zuzuwenden. In diesem Fall sind Sie also zu allem Möglichen motiviert, nur nicht zu dem, was Sie eigentlich tun wollten bzw. sollten. Zum einen kann das daran liegen, dass Sie immer wieder vergessen, was Sie eigentlich tun wollten, zum anderen kann es natürlich auch sein, dass Sie sich einfach nicht überwinden können, endlich anzufangen. Forschungsbefunde zeigen nun, dass diesen Motivationshemmnissen mit sinnvoller Vorsatzbildung entgegengewirkt werden kann (*siehe Vorsatzbildung*).

Darüber hinaus erleben wir häufig, dass wir etwas *wirklich wollen*, es uns sogar bewusst sagen, aber es trotzdem nicht klappt – im Gegenteil: Nehmen wir einmal den Fall an, Sie hätten sich vorgenommen, *nicht* an blaue Elefanten zu denken, denken Sie an was Sie wollen, aber auf gar keinen Fall an blaue Elefanten! Und? Haben Sie jetzt an blaue

Elefanten gedacht? Wenn ja, dann geht es Ihnen wie den meisten Menschen – es tritt das Gegenteil von dem ein, was Sie sich vorgenommen haben – wie ein Bumerang kehrt der unterdrückte Gedanke zu Ihnen zurück (*siehe Bumerangeffekte*; Wegner et al., 1987). Doch hätten Sie ohne diese Aufforderung auch an einen blauen Elefanten gedacht? Wohl kaum.

Bumerangeffekte. Der blaue Elefant mag ein abstruses Beispiel sein, doch es zeigt, dass wir trotz des dringenden Wunsches sogar so abwegige Gedanken wie die an blaue Elefanten willentlich nur schwer loswerden. Umso mehr unterliegen wir in Alltagssituationen diesen sog. Bumerangeffekten: Wir haben das Ziel, uns gesünder zu ernähren, und versuchen, den Gedanken an Schokolade zu verscheuchen; wir bemühen uns, weniger zu rauchen und deswegen nicht ständig an Zigaretten zu denken; wir versuchen, uns auf die laufende Sitzung zu konzentrieren und nicht immer wieder gedanklich zum letzten Urlaub abzuschweifen. Es klappt meist mehr schlecht als recht. Unterdrückte Gedanken kehren zu uns zurück und das insbesondere unter zeitlichem Druck, eingeschränkten kognitiven Kapazitäten und Stress (Wegner, 1994; Wegner et al., 1993). *Weiß nicht*

Stellen Sie sich nur einmal vor, Sie hätten einen etwas rauen Hals und gingen ins Kino. Ab und zu müssen Sie sich räuspern, was Ihnen in der Stille des Kinos nur allzu bewusst wird. Ständig denken Sie nun daran, dass Sie sich nicht räuspern dürfen, weil das die anderen Kinobesucher stört. Sie sind mehr damit be-

> **Bumerangeffekt**
>
> Tendenz, dass unterdrückte Inhalte in der Folge zugänglicher werden, als sie es ohne den Versuch der Unterdrückung gewesen wären

schäftigt, potenzielles Räuspern zu unterdrücken, als dem Film zu folgen. Was passiert? Vermutlich müssen auch Sie sich in diesem Fall erheblich mehr räuspern als in der Stunde bevor Sie ins Kino gegangen sind und Ihrer Erkältung keine Beachtung geschenkt haben – ein Bumerangeffekt, auch bekannt unter dem Namen „Murphys Law".

Bumerangeffekte sind in den verschiedensten Bereichen nachgewiesen worden:

- **Verfügbarkeit von Gedanken** (*siehe folgenden Kasten*; Wegner et al., 1993, Exp. 2). So konnten Personen beispielsweise die Gedanken an weiße Bären (Wegner et al., 1987), grüne Hasen (Clark et al., 1991, 1993), eine frühere Beziehung (Wegner & Gold, 1995), einen Film (Davies & Clark, 1998) oder bestimmte Farbwörter bei der Beschreibung von Bildern (Liberman & Förster, 2000) nicht unterdrücken – ganz im Gegenteil: Die Verfügbarkeit derselben war bei dem Versuch, sie zu unterdrücken, sogar *erhöht*.

- **Personenbeurteilungen.** Die Unterdrückung von *Vorurteilen/Stereotypen* erhöht die Zugänglichkeit derselben und führt so zu stärker vorurteilsbehaftetem Verhalten (Liberman & Förster, 2000; Macrae et al., 1994, 1998; Monteith et al., 1998; Wyer et al., 1998). Bei Aufforderung, keine Vorurteile zu haben, werden diese unter Ablenkung sogar noch stärker ausgelebt als ohne diese Aufforderung – und zwar unabhängig davon, ob und wie starke Vorurteile der Betreffende eigentlich hatte. Dieses Phänomen ist somit kein Ausdruck der eigenen Vorurteile, sondern des Versuchs, diese zu unterdrücken.

Der Versuch, Gedanken zu *eigenen* unerwünschten Eigenschaften zu unterdrücken, erhöht die Tendenz, zu einer anschließenden Beurteilung einer *anderen* Person genau *diese* Eigenschaftskategorien heranzuziehen (Newman et al., 1997).

- **Empfindungen** (*siehe folgenden Kasten;* Wegner et al., 1993, Exp. 1). Nach Unterdrückung von Schmerzgedanken während einer Schmerzerfahrung wird in der anschließenden (nicht schmerzhaften) Erholungsphase von einem höheren *Schmerzempfinden* berichtet als in der Gruppe, die während der Schmerzerfahrung nicht versuchen sollte, schmerzassoziierte Gedanken zu unterdrücken (Cioffi & Holloway, 1993).

- **Verhalten** (*siehe folgenden Kasten*; Wegner et al., 1998). Der Wunsch zu *schlafen* kann das Einschlafen effektiv verhindern; will man unbedingt einschlafen, bleibt man wach (Ansfield, Wegner & Bowser, 1996; Gross & Borkovec, 1982), will man hingegen *unbedingt* wach bleiben, schläft man mit großer Wahrscheinlichkeit bald ein (Ascher & Efran, 1978; Turner & Ascher, 1979). Ähnliches tritt bei dem Versuch, sich unter Ablenkung zu *entspannen*, auf (Wegner, Broome & Blumberg, 1997).

Klassische Studien zum Bumerangeffekt

Stimmungskontrolle: Unter Ablenkung treten Bumerangeffekt auf.

Wegner et al. (1993, Exp. 1) forderten ihre Teilnehmer auf, sich an ein positives oder negatives Lebensereignis zu erinnern. Auf diese Weise wurden die Teilnehmer in positive oder negative Stimmung versetzt. Anschließend sollten sie ihre Gedanken dazu aufschreiben. Dazu erhielt ein Teil der Teilnehmer die Instruktion, „traurig" zu sein, ein anderer Teil sollte „nicht traurig" sein und ein dritter Teil erhielt diesbezüglich keine Instruktion. Zudem erhielt jeweils die Hälfte der Teilnehmer eine Ablenkungsaufgabe. Während es den Teilnehmern ohne Ablenkungsaufgabe durchaus teilweise gelang, ihre Stimmung gemäß der Instruktion zu steuern, waren abgelenkte Teilnehmer dazu gar nicht in der Lage: Bei diesen Teilnehmern zeigten sich vielmehr Bumerangeffekte: Hier führte das Bemühen, nicht traurig zu sein, im Falle eingeschränkter kognitiver Kapazitäten zu schlechterer Stimmung und umgekehrt das Bemühen, nicht fröhlich zu sein, zu fröhlicher Stimmung.

Gedankenunterdrückung: Bumerangeffekte führen zu erhöhter Verfügbarkeit von zu unterdrückenden Gedanken.

Die Teilnehmer einer Studie von Wegner et al. (1993, Exp. 2) sollten entweder ein bestimmtes Wort *unterdrücken* oder sich stattdessen *darauf konzentrieren*, während sie einer anderen Aufgabe am Computer nachgingen. Ohne Ablenkung gelang es den Teilnehmern teilweise durchaus, die Gedanken an das Wort zu unterdrücken. Mit Ablenkung jedoch führte der Versuch der Unterdrückung ironischerweise zu einer *erhöhten* Verfügbarkeit der zu unterdrückenden Gedanken.

Die Leistungen in der gleichzeitig bearbeiteten Computeraufgabe zeigten, dass die gedanklichen Kapazitäten durch die erhöhte Verfügbarkeit der unerwünschten Gedanken (im Vergleich zu der Konzentrationsgruppe) blockiert waren, d. h., die Gruppe, die die Gedanken auf ein bestimmtes Wort *unterdrücken* sollte, zeigte in der Computeraufgabe schnellere Reaktionen für durch die Unterdrückung verfügbare Wörter als jene Personen, die keine Gedanken unterdrückt hatten.

Verhaltenskontrolle: Bumerangeffekte führen dazu, dass Verhalten, welches unterdrückt werden soll, verstärkt auftritt.

Wegner et al. (1998) forderten ihre Teilnehmer auf, mit einer Hand ein Pendel zu halten. Zusätzlich sollte die Hälfte der Teilnehmer zur Ablenkung währenddessen von 1000 an in Dreierschritten rückwärts zählen (1000, 997, 994 etc.) oder mit der freien Hand ein Gewicht heben (im ersten Fall kognitive Ablenkung, im zweiten Fall motorische Ablenkung). Die Aufforderung lautete entweder, das Pendel „ruhig zu halten", ohne dass eine Richtung genannt wurde, oder aber, es „*nicht* in eine bestimmte Richtung zu bewegen" („Your task is not to let the pendulum move (…) do not move it sideways, in the direction paralleling the horizontal line.", S. 198).

Die Ergebnisse zeigten einen klaren Bumerangeffekt im Falle von Ablenkung: Teilnehmer, die unterdrücken sollten, das Pendel in eine bestimmte Richtung zu schwenken, zeigten deutlich mehr Bewegungen des Pendels als jene, die es ruhig halten sollten.

Auch für den Marketingbereich sind Bumerangeffekte von zentraler Bedeutung. Sogar Werbeslogans können gegenteilige Wirkung haben. Dies trifft beispielsweise auf die Slogans „Don't drink and drive" oder „Keine Macht den Drogen" zu. Im Klartext heißt das, dass diese Slogans – gemäß den gerade beschriebenen Befunden und im Widerspruch zu ihren hehren Absichten – über eine erhöhte Verfügbarkeit zu einem vermehrten Fahren unter Alkohol bzw. einer erhöhten Beschäftigung mit Drogen führen könnten. Allerdings kann die Bumerangwirkung auch bereits einkalkuliert und somit beabsichtigt sein wie bei dem Philipp Morris Slogan „Think. Don't smoke", der nachweislich zu einer erhöhten Zugänglichkeit zigarettenbezogener Gedanken führt (Farrelly et al., 2002).

Diese Befunde sind zur Regulierung des eigenen Verhaltens ebenso bedeutsam wie für das anderer. Denken Sie nur einmal daran, mit welchen Worten Aufgaben häufig delegiert werden oder mit welchen Worten Sie sich selbst zu motivieren bzw. zu disziplinieren versuchen? Teilweise können gegenteilige Effekte gewollt sein, wie es beispielsweise in der Therapie von Angst der Fall ist: Stellt man sich Paradoxes vor („Ich will jetzt übermäßige Angst haben, ich will jetzt zittern vor Angst etc."), kann die Angst nachlassen (Shoham-Salomon & Rosenthal, 1987). In der Regel jedoch „rechnen" wir nicht mit Bumerangeffekten und büßen durch diese Paradoxie nicht selten einen guten Teil unserer Motivation ein. So ist es zur Erhaltung von Motivation sinnvoll, zum einen Ablenkungen zu vermeiden (durch Ablenkung bzw. Stress eingeschränkte Kapazitäten tragen entscheidend zur Entstehung von Bumerangeffekten bei) und zum Zweiten darauf zu achten, *wie* man sich etwas vornimmt. Um Letzteres soll es im Folgenden gehen.

Sich vorzunehmen, „Ich darf nicht aus der Haut fahren!", wird nicht klappen, d. h. doch, es wird klappen, denn Sie werden mit großer Wahrscheinlichkeit aus der Haut fahren! Die Schwierigkeit dieses Vorhabens ergibt sich aus der Formulierung: **Negationen** („tue *nicht* mehr xy", „*keine* Macht") reduzieren die Wahrscheinlichkeit der gewünschten Umsetzung. Um den gewünschten Inhalt des Satzes umzusetzen, muss vom Gehirn ein Teil der aufgenommenen Information ignoriert werden. So wird die Information „aus der Haut fahren" oder „Macht den Drogen" zwar durch das Vornehmen bzw. das Werbeplakat *aktiviert*, soll dann aber vom Gehirn bei der weiteren Verarbeitung nicht berücksichtigt werden (Deutsch et al., 2003). Es ist leicht vorstellbar, dass dies einen Umstand bedeutet, der Kapazitäten erfordert. Sind diese nicht ausreichend vorhanden, was beispielsweise unter Stress der Fall ist, verarbeitet das Gehirn die Negation nicht und man tut das, was aktiviert und aus Mangel an Kapazität nicht unterdrückt und damit auch verarbeitet wurde – „man fährt aus der Haut" (*siehe Abb. 5.11*).

Leichter und schneller zu verarbeiten und damit auch umzusetzen, ist die positive Formulierung „Ich will ruhig bleiben." (anstelle von „Ich will nicht aus der Haut fahren!"). Noch besser wäre es, das Vorhaben „Ich will ruhig bleiben." ganz konkret auf bestimmte Situationen oder und Personen zu beziehen und sich für diese einen sog. *Vorsatz* zu bilden (*siehe folgenden Abschnitt*).

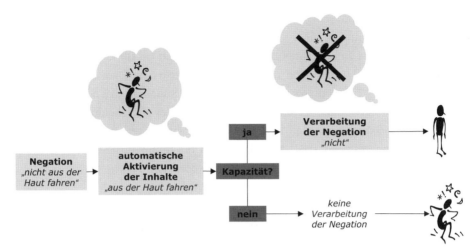

Abb. 5.11: Die Wirkung von Negationen.
Negationen können nur exakt verarbeitet werden, wenn genügend Kapazität zur Verfügung steht. Ist dies nicht der Fall, so erhöht sich die Wahrscheinlichkeit, das zu tun, was man eigentlich gerade **nicht** tun wollte bzw. sollte – ein Beispiel für den Bumerangeffekt. Will man also „nicht aus der Haut fahren", so resultiert bei ungenügender Kapazität mit höherer Wahrscheinlichkeit das Verhalten „aus der Haut fahren".

Vorsatzbildung. Eine Hilfestellung zur Erreichung eines Ziels ist das Fassen von Vorsätzen, in denen das erwünsche Verhalten sowie die Situation, in der dieses Verhalten gezeigt werden soll, spezifiziert und Situation und Verhalten in der Vorstellung miteinander verknüpft werden. Dafür bieten sich sog. „Wenn-dann-Verknüpfungen", d. h. Sätze wie *„Wenn* Situation x eintritt, *dann* werde ich y machen!" an (Gollwitzer, 1999). Das Fassen solcher Vorsätze hat

> **Vorsatzbildung**
> Vorsätze spezifizieren ein konkretes, auszuübendes Verhalten in einer konkreten Situation und verknüpfen Situation und Verhalten miteinander, beispielsweise im Rahmen einer Wenn-dann-Verknüpfung der Art „Wenn Situation x eintritt, dann werde ich y machen!".

den Vorteil, dass ein Verhalten eher ausgeführt wird, wenn die zuvor benannte Situation eintritt, indem die Situation sozusagen zu einem Auslöser des gewünschten Verhaltens wird. Wie kann man sich das vorstellen? In der Vorstellung werden im Rahmen eines solchen Vorsatzes Merkmale der Zielsituation kognitiv mit dem Zielverhalten verknüpft. Tritt nun die Situation ein, so werden durch deren Wahrnehmung nun nicht mehr nur die kognitiven Strukturen aktiviert, die die Situation direkt betreffen, sondern auch die damit assoziierten Verknüpfungen zu anderen Inhalten – im Falle der Vorsatzbildung also auch Strukturen, die das erwünschte Zielverhalten betreffen. Situationsmerkmale werden durch Vorsätze also zu „Erinnerungshilfen" und Auslösern für das gewünschte Verhalten. Zielgerichtetes Verhalten ist dann nicht mehr so stark von der momentanen

Motivation abhängig und weniger anfällig für die Ablenkung durch andere, sondern wird quasi durch das Eintreten einer definierten Situation „hervorgerufen" (Gollwitzer, 1993). So könnten Sie zum Beispiel für den fertigzustellenden Bericht genau spezifizieren, wann genau Sie ihn schreiben wollen, beispielsweise „am Dienstag nach der Mitarbeiterbesprechung". Tritt dieser Zeitpunkt bzw. die Situation „nach der Mitarbeiterbesprechung" ein, sind keine weiteren Überlegungen oder Entscheidungen notwendig. Es wurde der Vorsatz gefasst, den Bericht nach der Mitarbeiterbesprechung zu schreiben. Die Situation zeigt an, dass der Vorsatz nun ausgeführt werden soll. Die Wahrscheinlichkeit, dass dies nun erfolgt, steigt (*siehe Abb. 5.12*).

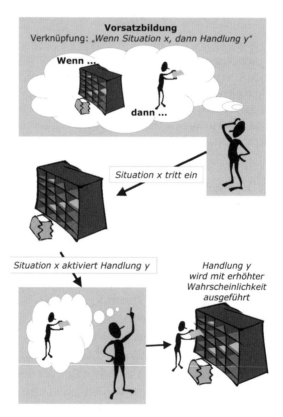

Abb. 5.12: Vorsatzbildung.
Durch Vorsatzbildung werden in der Vorstellung Situation und erwünschte Handlung miteinander verknüpft. Tritt die Situation auf, wird dadurch die Handlung aktiviert und ihre Ausführung wahrscheinlicher.

Diese Wirkung von Vorsätzen wurde bereits in den verschiedensten Bereichen nachgewiesen:

- Die *Einnahme von Tabletten* wird weniger häufiger vergessen, wenn die Einnahme
  mit entsprechender *Vorsatzbildung* verknüpft wurde (bzgl. wo und wann die Tablette
  eingenommen wird; z. B. „jeden Morgen um 7 Uhr nach dem Frühstück im Bade-
  zimmer") als wenn lediglich das *Ziel* gebildet wurde, jeden Tag eine solche Pille zu
  nehmen (Sheeran & Orbell, 1999).

- Frauen, die den *Vorsatz* gefasst hatten, zu einer *Krebsvorsorgeuntersuchung* zu
  gehen, erfüllten dieses Ziel eher als Frauen, die diese konkreten Vorsätze bzgl. wann,
  wo und wie sie einen Termin vereinbaren werden, nicht gefasst hatten, sondern lediglich *beabsichtigten*, zu einer Krebsvorsorgeuntersuchung zu gehen (Sheeran &
  Orbell, 2000).

- Selbst *Gewohnheiten* können über Vorsatzbildung verändert werden: Es wird mehr
  gesunde Nahrung wie Gemüse und Früchte gegessen, wenn Vorsätze gefasst wurden, was an Mahlzeiten eines bestimmten Tages gegessen werden soll, als ohne echte
  Vorsatzbildung (Verplanken & Faes, 1999).

Klassische Studie zur Vorsatzbildung
Vorsatzbildung macht eine Zielerreichung wahrscheinlicher.

Gollwitzer und Brandstätter (1997) forderten Studierende auf, über die Weihnachtsferien
einen Aufsatz zu schreiben, den sie unmittelbar nach dem Schreiben den Forschern zu-
senden sollten. Allen Studierenden wurde vor den Ferien das gleiche Ziel vorgegeben,
nämlich „diesen Aufsatz zu schreiben". Ein Teil der Studierenden sollte jedoch zusätzlich noch genau angeben, *wann* und *wo* sie beabsichtigten, den Aufsatz zu schreiben.
Zusätzlich sollten sie sich die Absicht selbst vorsagen: „Ich beabsichtige, den Aufsatz in
dieser Situation x zu schreiben!" (= Vorsatzbildung). Und tatsächlich sandten *mehr* Studierende, die einen klaren und konkreten Vorsatz gefasst hatten, den Aufsatz ein als
Studenten, die keinen Vorsatz gefasst hatten. Darüber hinaus sandten sie den Aufsatz *früher* ein als jene ohne den entsprechenden Vorsatz. Schließlich sollten die Studierenden
angeben, *wann* sie den Aufsatz geschrieben hatten. Studierende mit Vorsatzbildung hatten *früher begonnen*, den Aufsatz zu schreiben, als die Gruppe ohne Vorsatzbildung.

Diese Studie zeigt, dass bereits eine so einfache und unaufwendige Maßnahme wie das
Festsetzen einer Zeit und eines Ortes für das Umsetzen eines Ziels dabei helfen kann,
dieses Ziel auch zu erreichen. Diese Konkretisierungen werden dann sozusagen zu
„Motivatoren" für das gewünschte Verhalten.

Zusammenfassend lässt sich festhalten, dass das Fassen von konkreten *Vorsätzen*, die beinhalten, in welcher Situation, also wann und wo man das Ziel erreichen will, die Wahrscheinlichkeit erhöht, *dass* Ziele erreicht werden und dass sie zudem *früher* erreicht werden. Um wirksam sein zu können, müssen diese Vorsätze positiv formuliert sein und am besten eine konkrete Wenn-dann-Verknüpfung enthalten.

Fazit zu Vorsätzen

Ausgangslage

- *Bumerangeffekte* bezeichnen die Tendenz, dass unterdrückte Inhalte in der Folge zugänglicher werden als sie es ohne den Versuch der Unterdrückung gewesen wären. Dies tritt insbesondere unter eingeschränkten Kapazitäten infolge Stress oder Ablenkung auf, da *Negationen* (kein, nicht) dann nicht bzw. unzureichend verarbeitet werden.

- Durch einen *Vorsatz*, d. h. eine Verknüpfung von Zielsituation und Zielverhalten in der Vorstellung, bspw. in Form von Wenn-dann-Verknüpfungen, wird die Ausführung des gewünschten Verhaltens in der Zielsituation wahrscheinlicher.

Regulationsmöglichkeiten

- *Bumerangeffekte*
  positive Formulierungen wählen

- *Vorsatzbildung*
  konkrete Vorsätze in Form von Wenn-dann-Verknüpfungen bilden

Zusammenfassung

Versuchen Personen, ein Verhalten oder Gedanken zu unterdrücken, so führt dies in der Regel zu *Bumerangeffekten*: Die unterdrückten Inhalte werden in der Folge zugänglicher, als sie es ohne den Versuch der Unterdrückung gewesen wären. Da dies u. a. auf eine unzureichende Verarbeitung von *Negationen* (kein, nicht) zurückzuführen ist, treten Bumerangeffekte insbesondere unter eingeschränkten Kapazitäten (bei Stress oder Ablenkung) auf.

Das Fassen konkreter *Vorsätze*, die beinhalten, in welcher Situation, also wann und wo genau man das Ziel erreichen will, erhöht hingegen die Wahrscheinlichkeit, *dass* ein gewünschtes Verhalten ausgeführt wird, und zugleich helfen sie dabei, dass dies *früher* geschieht – nämlich dann, wenn die spezifizierte Situation zum ersten Mal eintritt, und nicht erst bei der x-ten Gelegenheit.

Doch werden wir in unseren Vorhaben den besten Vorsätzen zum Trotz immer wieder durch *spontane Impulse* von unserem Zielkurs abgebracht. Wie es dazu kommt und welche Kontrollmöglichkeiten sich aus diesem Zustandekommen ergeben, ist Thema des nächsten Abschnitts.

5.4.2 Impulskontrolle
Die Kontrolle spontanen Verhaltens

Stellen Sie sich vor, Sie hätten sich vorgenommen, endlich mal etwas mehr für Ihre Gesundheit zu tun und sich gesünder zu ernähren. Gestresst hetzen Sie durch die Stadt – von einem Termin zum anderen. Da kommen Sie an einer Konditorei vorbei und sehen wunderbare Torten im Schaufenster. Ohne nachzudenken, gehen Sie hinein, kaufen sich ein Stück und fangen genüsslich an zu essen. Erst nachdem Sie das Stück Torte schon fast aufgegessen haben, realisieren Sie, dass Sie gegen Ihre eigentliche Motivation, sich gesünder zu ernähren, verstoßen haben. Wie konnte das passieren?

Die Psychologie spricht hier von **impulsivem Verhalten**. Impulsives Verhalten, in unserem Beispiel das Stück Torte zu kaufen und zu essen, geschieht *automatisch*, d. h. ohne nachzudenken (Strack & Deutsch, im Druck). Verhalten hingegen, das *nicht* automatisch abläuft (in unserem Beispiel, sich gesünder zu ernäh-

> **Impulsives Verhalten**
> Automatisch ausgelöstes Verhalten, das zu seiner Ausführung keine kognitive Kapazität im Sinne von Abwägen von Alternativen und Planen erfordert

ren), erfordert Nachdenken und damit geistige Kapazität. Bei automatischem Verhalten können wir einfach auf oft ausgeführtes, „geübtes" Verhalten zurückgreifen, das im Gegensatz zu jeder anderen Handlungsalternative kein Abwägen von Alternativen und Planen erfordert. Gerade unter Stress (in unserem Beispiel das Hetzen von Termin zu Termin) haben wir in der Regel weder die Ruhe noch genügend Kapazität, um in ein solch überlegtes Handeln einzusteigen: Folglich handeln wir häufig eher impulsiv, d. h. ohne nachzudenken.

Kontrolle über unsere Impulse. Wie kann es gelingen, dem ersten unmittelbaren Impuls zu widerstehen; ihm nicht nur nicht nachzugeben, sondern sogar möglicherweise kurzfristig negative Konsequenzen auf sich zu nehmen (z. B. jetzt keine Torte), um langfristig größere positive Konsequenzen (z. B. Gesundheit) zu erlangen, als sie momentan möglich sind? Wie bringt man eine solche Motivation auf?

Impulskontrolle hätte eine Person, wenn sie in der Lage wäre, die Entscheidung zu Gunsten des größeren, wenn auch zeitlich entfernteren Gewinns zu fällen und somit auf den kleinen unmittelbaren Gewinn zu verzichten. Der Impuls, unmittelbar einen gewissen Vorteil zu haben, kann also durch abwägendes Nachdenken beeinflusst bzw. kontrolliert werden, indem in das langfristig vorteilhaftere Projekt investiert wird. Es handelt sich also um das, was wir umgangssprachlich mit „Willensstärke" bezeichnen.

Diese Willensstärke ist letztendlich nichts anderes als die geschickte Kontrolle von Zielvorstellungen und zielgerichteten Handlungen. Entscheidend für eine erfolgreiche Impulskontrolle ist deshalb, inwiefern es gelingt, mittels Zielvorstellungen oder anderer Strategien, den Willen und die Fähigkeit einer Person zu beeinflussen, Geduld zu bewahren und für dieses Ziel Leistungen zu erbringen (Mischel, 1996; *siehe folgenden Kasten*).

Klassische Studie zur Impulskontrolle
Eigene Strategien entscheiden über die Impulskontrolle.

Mischel und Baker (1975; für eine Übersicht siehe Mischel et al., 1996) führten eine Vielzahl von Studien mit Kindern durch, die unter dem Schlagwort „Delay of Gratification" oder „Belohnungsaufschub" bekannt geworden sind. Kinder wurden in eine Konfliktsituation gebracht, indem man sie alleine in einem Raum auf die Rückkehr eines Erwachsenen warten ließ. Zuvor hatte man ihnen erklärt, dass sie jederzeit eine Klingel betätigen könnten, woraufhin der Erwachsene sofort wiederkäme. Außerdem informierte man die Kinder darüber, dass sie bei der Rückkehr des Erwachsenen eine Belohnung zu erwarten hätten: Wenn sie klingelten, erhielten sie *einen* Keks, wenn sie hingegen abwarteten, bis der Erwachsene von selbst – also ohne Klingeln – wiederkäme, *zwei* Kekse. Die Kinder befanden sich dadurch in dem Zwiespalt, entweder zu klingeln und unmittelbar die kleinere Belohnung zu erhalten oder aber abzuwarten, um die größere Belohnung zu bekommen.

Fragt man Kinder danach, so geben sie in der Regel natürlich an, dass sie die größere Belohnung, d. h. die zwei Kekse wollen. Doch wird es während des Wartens für die Kinder immer schwieriger, nicht doch dem Impuls nachzugeben und zu läuten, um *schnell* einen Keks zu bekommen.

Trotzdem gelang es den Kindern auch immer wieder, tatsächlich so lange zu warten, bis der Erwachsene von selbst wiederkam. Wie gelang es den Kindern nun, den Impuls zu kontrollieren? Man könnte annehmen, dass die Kinder besser warten könnten, wenn sie den erwarteten Gewinn – also die zwei Kekse – während der Wartezeit vor Augen hätten, damit sozusagen wissen, wofür sie die Wartezeit auf sich nehmen. Überraschenderweise war das aber nicht der Fall.

Im Gegenteil, die Impulskontrolle gelang dann am besten, wenn keine der Belohnungen sichtbar war. Ferner waren die Kinder besser in der Impulskontrolle, die sich aktiv von den Belohnungen ablenkten und sich Gedanken machten, welche nichts mit den Keksen zu tun hatten.

Wie können solche Kontrollstrategien aussehen?

- **Versuchungsobjekte aus dem visuellen Blickfeld entfernen.** Zum einen ist es hilfreich, den ersehnten Keks, wenn er sich denn im Blickfeld befindet, bewusst nicht anzuschauen bzw. aktiv zu verdecken oder wegzuräumen. Die Torte in o. g. Beispiel wurde erst zu einer Versuchung, weil sie im Schaufenster stand und die Aufmerksamkeit auf sich zog. Vergleichbar ist es mit Reizen, die unseren Geruchssinn ansprechen: Zum Teil werden diese von Bäckereien absichtlich aus der Backstube auf die Straße geblasen, um so das impulsive System der Passanten anzusprechen.

- **Aufmerksamkeit auf Alternativen richten.** Eine andere Strategie ist es, nicht mehr an den Reiz zu denken, der zum Impuls führt (das Stück Torte), sondern stattdessen gezielt an alternative Reize oder andere Verhaltensweisen als das Essen der Torte zu denken. Übertragen auf das eingangs erwähnte Investmentbeispiel – den kleinen Gewinn sofort oder den größeren in der Zukunft – würde dies bedeuten, dass man sich aktiv mit der langfristigen Investition beschäftigt, Argumente sucht, die für diese sprechen, und somit die scheinbar attraktivere kurzfristige Investition gedanklich ausblendet. Wichtig ist in diesem Fall, nicht nur zu versuchen, *nicht* an den Reiz zu denken, sondern sich *aktiv* mit etwas anderem zu beschäftigen, um einen Bumerang- und damit den genau entgegengesetzten Effekt zu vermeiden.

  Eine entscheidende Voraussetzung für dieses Vorgehen wird hierbei deutlich: Wir benötigen genügend Kapazität – sei es zeitliche oder auch geistige –, um die Alternative(n) zu überdenken. Das bedeutet, dass man sich im Falle wichtiger Entscheidungen ggf. diese Zeit und Ruhe nehmen muss, indem man eine Entscheidung zur Abwechslung einmal *bewusst* aufschiebt.

- **Gegenargumente suchen.** Eine weitere Strategie besteht darin, aktiv Argumente zu suchen, die dagegen sprechen, dem Impuls nachzugeben. Beispielsweise könnte man bei dem Anblick der Torte gezielt an deren hohen Fettgehalt denken. Auch dieser Weg erfordert jedoch wieder genügend Kapazität.

Die vorangegangenen Wege, Impulse zu kontrollieren, haben sich vor allem darauf bezogen, die Versuchung nicht anzusehen, die negativen Seiten des Reizes (hier: des Kuchens) auszumalen oder aber auch aktiv Argumente zu suchen, die gegen die kurzfristige Alternative sprechen.

Man kann sich jedoch auch mit dem verführerischen Reiz beschäftigen und trotzdem widerstehen. Hierbei ist es ganz entscheidend, wie man sich mit beispielsweise der Torte bzw. den Alternativen beschäftigt, um die Motivation bzw. das Durchhaltevermögen für das langfristige Ziel (Gesundheit) zu erhöhen:

*   **Das „kalte System" aktivieren.** Die Kontrolle über die eigenen Impulse kann jedoch auch erhöht werden, indem die Art, *wie* über die Alternativen gedacht wird, berücksichtigt wird. Denkt man beispielsweise über den kurzfristigen Gewinn in sehr emotionaler Art und Weise, stellt man sich also vor, welche Vorzüge und Anreize damit verbunden wären, so sinkt die Fähigkeit, diesem Impuls zu widerstehen. Denn durch dieses emotionale Nachdenken wird das sog. „heiße System" angesprochen, das nahezu reflexartig mit den beiden Modi „Annäherung an einen Reiz" oder „Vermeidung eines Reizes" reagiert (Metcalfe & Mischell, 1999) (*siehe Abb. 5.13*). Dieses System ist *von den Reizen bestimmt*, d. h., dort sind keine überlegten Prozesse zwischen Wahrnehmung der Alternative und direkter Annäherung bzw. Vermeidung geschaltet. Es ist sehr schnell, was wiederum eine Kontrolle und Beeinflussung schwierig macht *(siehe auch Abschnitt 4.1.1)* Deshalb sollte man, um einem Impuls zu widerstehen, lieber das sog. „kalte System" ansprechen, welches stärker überlegend, abwägend sowie langsamer arbeitet. Kinder konnten ihre Impulskontrolle steigern, wenn sie sich die Form und die Farbe des Keks vorstellten und nicht den Geschmack – wenn sie sich also mit Attributen des Keks beschäftigten, die mit dem in diesem Fall entscheidenden Sinneserlebnis „Schmecken" nichts zu tun hatten (Mischel & Baker, 1975). Durch eine solche Vorstellungsweise wird das „kalte System" angesprochen, das überlegtere Handlungen zulässt und somit eher eine Impulskontrolle ermöglicht.

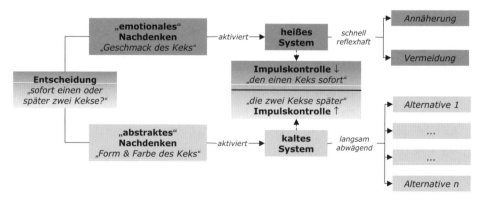

Abb. 5.13: Emotionales Nachdenken aktiviert das „heiße System", welches schnell und reflexhaft mit Annäherung oder Vermeidung reagiert – die Impulskontrolle sinkt. Abstraktes Nachdenken dagegen aktiviert das kalte System, das langsamer und abwägend agiert – die Möglichkeit zur Impulskontrolle steigt.

Muss man sich nun jedes Mal wieder beherrschen, die o. g. Strategien bewusst anzu-
wenden, während der Erfolg trotz der Mühen zweifelhaft bleibt? Neueste Befunde
machen Hoffnung, dass auch hier der Satz „Übung macht den Meister" gilt:

*   **Versuchungen wiederholt widerstanden zu haben, erleichtert die Impulskon-
    trolle.** Fishbach et al. (2003) zeigen, dass kurzfristige Versuchungen (z. B. der An-
    blick der Torte) nach diversen erfolgreich gemeisterten Impulskontrollen *automa-
    tisch* unsere langfristigen Ziele (z. B. Gesundheit) aktivieren und damit dazu führen,
    dass letztere verhaltensrelevant werden. So führte der Anblick eines Schokoriegels
    bei Personen, die abnehmen wollten dazu, dass das Ziel „Abnehmen" aktiviert wur-
    de und deshalb eher ein Apfel als ein Schokoriegel gegessen wurde. Allerdings wird
    dieser wünschenswerte Zustand erst durch eine Phase der Selbstkontrolle erreicht, in
    der man der Versuchung immer wieder widerstanden hat. Das Ganze funktioniert
    natürlich nur dann, wenn entsprechende Ziele (also beispielsweise „einen Apfel statt
    des Schokoriegels essen") existieren, denn nur dann können sie im Versuchungs-
    moment auch aktiviert werden und ihre Wirkung entfalten.

Fazit zur Impulskontrolle

Ausgangslage

*   Impulsives Verhalten ist *automatisch* ausgelöstes Verhalten, das zu seiner
    Ausführung *keine* kognitive Kapazität im Sinne von Abwägen von Alternativen
    und Planen erfordert.

Regulationsmöglichkeiten

*   Strategien der Ablenkung bzw. gezielten Aufmerksamkeitslenkung auf andere
    Reize

*   wiederholte erfolgreiche Impulskontrolle

Zusammenfassung

Zielgerichtetem Verhalten stehen immer wieder Impulse gegenüber, die Personen spontan von ihren Vorhaben abbringen können. Impulskontrolle gilt daher als eine wichtige
Variable, um Motivation und Durchhaltevermögen aufrechtzuerhalten.

5.4.3 Bodyfeedback

Wieder einmal sitzen Sie gelangweilt in einer Besprechung: Sie hängen in Ihrem Stuhl, verdrehen die Augen bei jeder unnützen Bemerkung Ihrer Kollegen, Ihre Mundwinkel reichen bis zum Kinnende. Ihre Körperhaltung, Ihre Mimik, Ihre Bewegungen drücken eines aus: Sie sind extrem unmotiviert. Warum tun Sie das? Welches Ziel verfolgen Sie mit Ihrem gelangweilten Ausdrucksverhalten? Gar keins? – Dann sollten Sie es unter Umständen vielleicht unterlassen, da Sie sich mit diesem körperlichen Ausdrucksverhalten die Sitzung noch langweiliger machen können, als sie tatsächlich schon ist, denn Ihr körperliches Ausdrucksverhalten wirkt auf Sie zurück und beeinflusst damit auch Ihre Bewertung der Sitzung.

Den meisten Menschen ist dieser Einfluss der eigenen Körperhaltung auf das eigene Erleben unbekannt, er hat jedoch Auswirkungen auf die Leistungsfähigkeit einer Person. Das Stirnrunzeln oder das die Stirnkrausziehen, das Naserümpfen, das Lippenzusammenpressen oder auch das Auf-dem-Bleistift-Rumkauen, all dies sind Beispiele für typische Veränderungen der Gesichtsmuskulatur während einer Arbeitssituation. Doch wirken sich diese nicht immer förderlich auf die Arbeitsleistung und die eigene Motivation aus.

Wie können Sie in diesem Fall Ihre Motivation unterstützen und Ihr Handeln regulieren? Im Folgenden wird das sog. *Bodyfeedback* als eine Möglichkeit der Unterstützung des eigenen Handelns aufgezeigt. Da das eigene körperliche Ausdrucksverhalten das eigene Empfinden, Bewerten und die Leistungsfähigkeit beeinflusst, stellt es eine ebenso nahe liegende wie einfache Regulationsmöglichkeit dar.

> **Bodyfeedback**
>
> Einfluss des Körperausdrucks auf die Informationsverarbeitung im Sinne einer Rückkopplung

Der Einfluss des Körpers auf die eigene Person wird in der Forschung „Bodyfeedback" (= Rückmeldung des Körpers) genannt (Adelmann & Zajonc, 1989, Förster, 1995). Der Begriff „Feedback" macht deutlich, dass es sich um eine Rückkopplung einer Körperempfindung auf die Informationsverarbeitung handelt. Zu den bestuntersuchtesten Formen des Bodyfeedbacks gehören der *Gesichtsausdruck* (beispielsweise Stirnrunzeln oder Lächeln), die *Körperhaltung* (beispielsweise Gebücktstehen oder Krummsitzen) und bestimmte *Bewegungen* (beispielsweise Armstreckung oder -beugung).

Exkurs zum Bodyfeedback

Was sind die zugrunde liegenden psychologischen Mechanismen, die den Einfluss des Bodyfeedbacks vermitteln?

Sei es das Lächeln, die Armhaltung oder das Schütteln des Kopfs – ein Körperausdruck ist immer mit einer bestimmten Bedeutung assoziiert. So huscht uns beispielsweise ein Lächeln aufs Gesicht, wenn wir uns freuen. Diese Zuordnung von Körperausdruck (Lächeln) und seiner Bedeutung (etwas positiv finden) wird gelernt (Buck, 1980), so dass bereits das Einnehmen einer bestimmten Körperhaltung ausreicht, um die dazu gelernte Bedeutung zu aktivieren.

Neben dem *Gesichtsausdruck* gilt Ähnliches für die *Körperhaltung*: Eine gerade, aufrechte Haltung signalisiert eine positive, offene Einstellung – im Gegensatz zu nach vorne hängenden Schultern und einem damit verbundenen gebeugten Rücken.

Darüber hinaus können auch *Bewegungen* Einladung bzw. Annäherung oder aber Abwehr ausdrücken: Soll sich jemand auf uns zu bewegen, zeigen wir das dadurch an, dass wir ihn herbeiwinken (verbunden mit einer Anspannung des Armbeugers/Bizeps). Menschen beugen außerdem den Arm, wenn sie beim Essen Nahrung zum Mund führen oder aber auch, um jemanden zu umarmen. Wollen wir dagegen mit jemandem oder mit etwas lieber gar nichts zu tun haben, können wir das durch eine abwehrende Armbewegung deutlich machen und die Person oder Sache im Ernstfall sogar von uns wegschieben bzw. -schlagen (verbunden mit einer Anspannung des Armstreckers/Trizeps). Auch das Aufstützen auf beispielsweise einen Schreibtisch ist mit einer Anspannung des Armstreckers verbunden. Dementsprechend ist die Bewegung des Armstreckens mit Vermeidung assoziiert, während das Armbeugen mit Annäherung gekoppelt ist (Näheres siehe Zanna et al., 1970).

Ein positiv-offener Ausdruck signalisiert uns, dass wir uns gerade in einer entspannten, lockeren und damit sicheren Atmosphäre befinden, und stimmt uns auf die Verarbeitung positiver Inhalte ein. Zeigt der Körperausdruck hingegen Abwehr (Anstrengung, Ärger etc.), so signalisiert dies eine Situation, in der Vorsicht und Achtsamkeit gefordert sind, und bereitet die Verarbeitung negativer Informationen vor. Treffen auf das negativ vorbereitete Gehirn *positive* – also für den momentanen „Verarbeitungsmodus" nicht passende – Inhalte, so ist die Informationsverarbeitung nicht optimal, läuft sozusagen „nicht rund" und braucht dadurch mehr Kapazitäten als sonst (*siehe Tab. 5.3*).

Tab. 5.3: Wirkmechanismus des Bodyfeedbacks

Ausdruck	Verarbei-tungsmodus	Leistung bei	
		positiven Inhalten	**negativen** Inhalten
☺ ⇔ +		↑	↓
☹ ⇔ −		↓	↑

Somit ist der zugrunde liegende Mechanismus des Bodyfeedback-Einflusses die Über-einstimmung von Körperausdruck und Aufgabe. Sobald der Inhalt der Aufgabe zum Körperausdruck passt, beispielsweise beides unangenehm ist, wird weniger Kapazität für die Aufgabe benötigt. Wenn Körperausdruck und Aufgabe positiv sind, werden sie noch positiver, wenn beide negativ sind, noch negativer. Bearbeitet man beispielsweise eine unangenehme Aufgabe und runzelt dabei die Stirn, so erscheint einem diese Auf-gabe noch sehr viel unangenehmer.

Dementsprechend werden die für eine Aufgabe *beanspruchte Kapazität* und *Leistungs-fähigkeit* – und damit auch die Motivation für eine Aufgabe – durch Bodyfeedback beeinflusst (*siehe Tab. 5.4*).

• Personen, die die Augenbrauen zusammenziehen, während sie eine Aufgabe bear-beiten, empfinden eine stärkere **Anstrengung** bei der Aufgabe als Personen, die währenddessen lächeln (Stepper & Strack, 1993; Strack, Martin et al., 1988; Strack & Neumann, 2000).

• Aufrecht stehend wird für Aufgaben, die mit positiven Inhalten verbunden sind, weniger **Kapazität** gebraucht, während im Knien die Verarbeitung negativer Inhalte weniger kognitive Ressourcen beansprucht (Förster & Stepper, 2000). Positive Infor-mationen werden unter Armbeugung schneller erkannt und verarbeitet als unter Armstreckung, während für negative Information das Gegenteil der Fall ist (Förster & Strack, 1996; Neumann & Strack, 2000a).

- Bodyfeedback kann die **Kreativität** verbessern. Personen sind weniger kreativ, wenn sie während einer Tätigkeit ihre Augenbrauen zusammenziehen, als diejenigen, die ein Lächeln zeigen (Friedman et al., im Druck). Ebenso sind Menschen unter Armbeugung kreativer (und gleichzeitig auch risikofreudiger) als unter Armstreckung (Friedman & Förster, 2002). Dies lässt sich damit erklären, dass „annähernde" Körperempfindungen (wie Armbeugung) eine sichere Situation signalisieren, während „vermeidende" Körperempfindungen (Armstreckung) Gefahr und Vorsicht signalisieren. In sicheren Situationen ist kreatives und riskantes Verhalten eher möglich als in unsicheren Situationen, die ein vorsichtiges Vorgehen verlangen.

- Bodyfeedback kann auch das **Gedächtnis** beeinflussen. Personen, die den Zygomaticus anspannen (d. h. lächeln), erinnern mehr positive Inhalte als jene, die die Stirn anspannen. Umgekehrt erinnern diejenigen, die beim Erinnern die Stirn runzeln, mehr ärgerliche oder negative Inhalte als diejenigen, die lächeln (Laird et al., 1982; Riskind, 1983).

  Dies zeigt, wie wichtig es ist, sich im Einklang mit der Valenz der Aufgabe zu verhalten. Wenn Sie sich beispielsweise auf eine Verhandlungssituation vorbereiten wollen, zu der Sie möglichst viele Negativbeispiele benötigen, ist es zielführend, eine dazu passende Muskelanspannung einzunehmen, d. h. in diesem Fall die Stirn zu runzeln, während Sie zur Sammlung positiver Beispiele lächeln sollten.

- Stepper und Strack (1993) konnten zeigen, dass die Körperhaltung das Gefühl „**Stolz**" auf die eigene Leistung beeinflussen kann. Indem sie die Tischhöhen variierten, ließen Stepper und Strack (1993) ihre Teilnehmer entweder in aufrechter oder gebückter Haltung schreiben – die aufrecht sitzenden Teilnehmer berichteten anschließend mehr Stolz auf ihren Erfolg in einer Aufgabe als jene in gebückter Haltung.

Des Weiteren konnte ein Einfluss des Bodyfeedbacks auf *Bewertungen* verschiedenster Urteilsbereiche nachgewiesen werden (siehe Förster, 1998; Förster & Stepper 2000; Förster & Werth, 2001; Riskind, 1983; Stepper & Strack, 1993; Strack, Martin et al., 1988).

Tab. 5.4: Schematische Übersicht der Befunde zum Bodyfeedback

		↑ Erhöhung	↓ Senkung
Anstrengung		Stirnrunzeln	Lächeln
Kreativität		Lächeln Armbeugung	Stirnrunzeln Armstreckung
Informations- verarbeitung	positive Inhalte	Lächeln Armbeugung aufrechte Körperhaltung	Stirnrunzeln Armstreckung gebückte Körperhaltung
(Erinnerung, Beurtei- lungen, Kapazität)	negative Inhalte	Stirnrunzeln Armstreckung gebückte Körperhaltung	Lächeln Armbeugung aufrechte Körperhaltung

Wie soeben geschildert, beeinflusst Bodyfeedback unterschiedliche Bereiche des Urteilens, Fühlens und Handelns. Kennt man die Wirkungszusammenhänge, so lassen sich bestimmte Gesichtsausdrücke bzw. Körperhaltungen bewusst vermeiden oder gezielt einsetzen, um damit unerwünschten Einflüssen auf Leistung und Verhalten vorzubeugen oder aber positive Einflüsse gezielt herzustellen. Wer sich diesen Bodyfeedback-Mechanismus zunutze macht, kann auf ebenso einfachem wie effektivem Wege sein Verhalten regulieren und seine Motivation beeinflussen – indem er darauf achtet, dass Aufgabeninhalt und Bodyfeedback zusammenpassen, dass sie die gleiche (positive oder negative) „Valenz" haben, um so sein Verhalten zu verstärken und Kapazitäten zu sparen.

Fazit zum Bodyfeedback

Ausgangslage

- Einfluss des Körperausdrucks auf die Informationsverarbeitung im Sinne einer Rückkopplung

Regulationsmöglichkeiten

- Passung gezielt herbeiführen, um Kapazitäten zu sparen und dadurch Motivation zu erhöhen

Zusammenfassung

Bodyfeedback bezeichnet den Einfluss des eigenen körperlichen Ausdrucksverhaltens auf das Empfinden, Bewerten und die Leistungsfähigkeit. Indem anhand von Bodyfeedback gezielt Passungen von Aufgabe und Körperausdruck hergestellt werden können, stellt es eine ebenso nahe liegende wie einfache Regulationsmöglichkeit der eigenen Effizienz und Motivation dar.

5.5 Bewerten (4. Phase)

Die *vierte* Phase beinhaltet die *Bewertung* des eigenen Handlungsergebnisses nach Abschluss der Handlungen (*siehe Abb. 5.14*). So werden beispielsweise betriebliche Belohnungen ins Verhältnis gesetzt mit dem eigenen Einsatz (Kosten-Nutzen-Bilanz) und auf diese Weise die eigene Zufriedenheit oder Unzufriedenheit bestimmt.

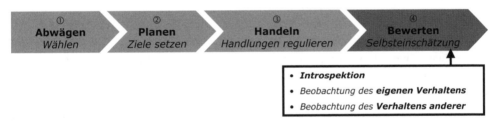

Abb. 5.14: In der vierten Phase der Handlungssteuerung bzw. motivierten Handelns wird eine Bewertung vorgenommen. Verschiedene Arten der Selbsteinschätzung (Introspektion, Beobachtung eigenen Verhaltens, Beobachtung des Verhaltens anderer) dienen hierzu und haben je nach Ergebnis unterschiedliche Auswirkungen auf die Motivation.

Im Anschluss an die Beendigung der Handlung sollte eine Bewertung einsetzen, um zu erfassen, ob die Ziele erreicht wurden, wodurch die Zielerreichung gefördert bzw. behindert wurde und ob weiterer Handlungsbedarf besteht. Dies birgt zum einen Lern- und zum anderen natürlich auch Motivationspotenzial. Allerdings werden Menschen beispielsweise durch Erfolge und Misserfolge unterschiedlich motiviert (*siehe Regulatorischer Fokus in Abschnitt 5.3.2*) bzw. demotiviert. Auch die Tatsache, worauf diese Miss-/Erfolge zurückgeführt werden, ist für die weitere Motivation von grundlegender Bedeutung (*siehe Attributionsprozess in Abschnitt 4.1.2; siehe auch Attribution bei Personenbeurteilungen in Abschnitt 3.2.1*). In Abhängigkeit von dem Ergebnis dieser Ursachenzuschreibungen kann Motivation zu weiterem Handeln oder auch zum Aufgeben entstehen: Wird ein Misserfolg auf die eigene Anstrengung (nicht aber auf die prinzipiell fehlenden eigenen Fähigkeiten) zurückgeführt, so ist man eher motiviert, die Anstrengung zu erhöhen. Nimmt man dagegen an, dass es an den mangelnden persönlichen Fähigkeiten lag, so resultiert daraus in der Regel nicht die Motivation, es noch einmal zu versuchen.

Für diese Bewertung und auch um sich selbst gezielt beeinflussen und verändern zu können, ist es grundlegende Voraussetzung, die eigenen Motivationen und Beweggründe zu kennen: Nur wenn Sie wissen, *was* Sie gerade *wohin* steuert, können Sie gezielt regulieren. Doch wie gelingt Ihnen das? Im Folgenden wird aufgezeigt, wie Menschen Zugang zu ihrem eigenen Erleben sowie der Einschätzung ihrer eigenen Leistung gewinnen können und wie sich dies wiederum entscheidend auf ihre Motivation auswirkt.

Vielleicht haben Sie sich auch schon mal in Bezug auf Ihre eigene Person gefragt, wie Sie sind und was Sie eigentlich zu Ihrem Verhalten motiviert. So haben Sie sicherlich eine Meinung darüber, was für ein Mensch Sie sind. Nehmen wir einmal an, Sie halten sich für zielstrebig, ehrlich, vorsichtig, sensibel, intelligent, attraktiv und insgesamt für einen ganz anständigen Menschen. Wie sind Sie zu dieser Einschätzung gelangt? Wie finden *Sie* etwas über sich und das, was Sie bewegt, heraus?

Vermutlich werden Sie sagen, dass Sie dazu einfach nur über sich nachdenken bzw. „in sich gehen". Dies ist eine Möglichkeit der Selbsterkenntnis, die in der Psychologie als *Introspektion* bezeichnet wird. Die beiden anderen Möglichkeiten, Informationen über das eigene Erleben zu erhalten, werden Ihnen vermutlich weniger bekannt sein – wir entnehmen, wie Sie nachfolgend sehen werden, auch *unserem eigenen Verhalten* und aus der *Beobachtung anderer Personen* Informationen über uns selbst.

5.5.1 Selbsterkenntnis durch Introspektion

Die vertrauteste Möglichkeit herauszufinden, was Sie motiviert und bewegt, ist die Introspektion. Sicherlich kann dies auch zu Teilen gelingen. Doch leider ist Introspektion begrenzt. Zum einen verwenden Personen diese Informationsbasis seltener, als man annehmen möchte: Wir verbringen erstaunlich wenig Zeit damit, über uns selbst nachzudenken (*siehe folgenden Kasten*). Zum Zweiten bleiben – selbst wenn wir über uns nachdenken – viele Gründe für unser Empfinden und Verhalten einer bewussten Erkenntnis verborgen (Wilson, im Druck). Dies ist darauf zurückzuführen, dass wir diese nicht einfach an oder in uns „ablesen" können wie auf einer Anzeigetafel, sondern erschließen müssen (*siehe auch Kapitel 7*). Nehmen wir einmal die Frage: „Wie glücklich sind Sie gerade?" Sie könnten da wohl kaum auf Anhieb eine Größenordnung angeben, sondern würden aufgrund der Frage anfangen darüber nachzudenken. Vielleicht würden Sie an Aspekte denken, wie beispielsweise „habe gerade keinen Stress mit dem Chef", „ausnahmsweise gab es mal gutes Essen in der Kantine", „die Arbeit läuft gerade richtig gut", und so auf dem Wege zu dem Gesamturteil kommen, schon „so einigermaßen glücklich" zu sein. Wenn Sie so vorgehen, bewegen Sie sich im Einklang mit vielen Menschen – über berufliche Gründe wird spontan noch einigermaßen viel nachgedacht, doch private, auf sich selbst bezogene Gedanken sind deutlich seltener (*siehe folgenden Kasten*) (diese Begrenztheit der Introspektion ist insbesondere im Kontext von Befragungen zu beachten; *siehe Kapitel 7*).

Klassische Studie zur Introspektion
Über sich selbst nachzudenken ist nicht sehr häufig.

Csikszentmihalyi und Figurski (1982) baten 107 Personen, eine Woche lang Piepser zu tragen, die in Zufallsintervallen sieben- bis neunmal täglich zwischen 7.30 h und 22.30 h piepsten. Sobald der Piepser ertönte, sollten die Teilnehmer Fragen beantworten bzgl. ihrer Aktivitäten, Gedanken und Gefühle zu diesem Zeitpunkt. Diese Antworten wurden kategorisiert, beispielsweise in Gedanken über sich selbst, Gedanken über die Freizeit, die Arbeit etc. Es zeigte sich, dass Gedanken über die eigene Person nicht besonders häufig waren – nur 8 % aller Gedanken der Befragten bezogen sich auf die eigene Person. Viel häufiger wurden arbeits- und haushaltsbezogene Gedanken oder nichts zu denken angegeben (*siehe Abb. 5.15*).

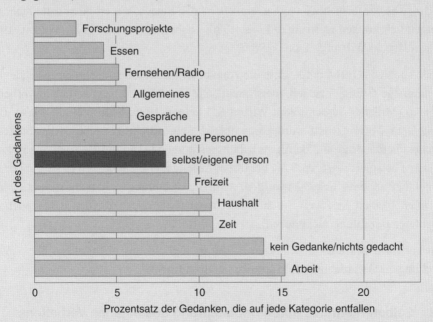

Abb. 5.15: In der Studie von Csikszentmihalyi und Figurski (1982) trugen Personen eine Woche lang Piepser. Wann immer dieser piepste sollten sie ihre Gedanken notieren. Der Anteil von Gedanken über die eigene Person war eher gering.

Warum ist dem so? Die Motivatoren für unser Handeln und Empfinden sind oft nicht offensichtlich, sondern erscheinen uns diffus oder liegen eher im Verborgenen und sind der bewussten Wahrnehmung nur schwer zugänglich. So ist es oft einfacher, uns Gründe zu *denken,* als sie zu ergründen. Diese gedachten Beweggründe müssen jedoch nicht zwingend mit den eigentlichen (und möglicherweise unbewussten) Antrieben für unser Handeln und Empfinden übereinstimmen. So sind wir vielleicht der Meinung, dass wir Kollege xy nicht leiden können, weil er uns fachlich nicht sonderlich kompetent erscheint, er aber scheinbar trotzdem immer das letzte Wort haben muss. Das mag durchaus ein Grund sein, der dazu beiträgt, uns Kollegen xy unsympathisch zu machen, womöglich ist aber dafür viel entscheidender, dass er vom Aussehen einem Bekannten ähnelt, den man seit einem Zwischenfall überhaupt nicht mehr leiden kann. Letzteres mag uns nicht bewusst sein, kann aber nichtsdestotrotz der *eigentliche* Grund für unsere Abneigung sein. Möglicherweise würden wir den Mangel an fachlicher Kompetenz ganz anders bewerten, würde der Kollege anders aussehen.

Darüber hinaus sind manche Gründe wie beispielsweise „die Chemie stimmt" schwer in Worten auszudrücken. Schließlich sind unsere Wahrnehmung und Erinnerung häufig sehr verzerrt (*siehe Kapitel 1 bis 3*) und stehen einer akkuraten Selbsterkenntnis ebenfalls im Wege. Auf diese Weise gehen die Erklärungen unseres Verhaltens und Erlebens über das, was wir tatsächlich *wissen können*, häufig hinaus; wir erklären dann mehr, als wir eigentlich können (Nisbett & Ross, 1980; Nisbett & Wilson, 1977; Wilson, 1985, 1994, im Druck; Wilson & Stone, 1985).

Dies ist auch der Grund dafür, dass die Angaben, die Personen nach dem Nachdenken über mögliche Gründe machen, meist nicht sehr überdauernd bzw. verhaltensvorhersagend sind (Millar & Tesser, 1986; Wilson & LaFleur, 1995; Wilson et al., 1984). Das, was *nicht* in Worte gefasst wurde, was aber die eigentliche Ursache ist, ist hingegen durchaus überdauernd und damit verhaltensbestimmend. Um ein Beispiel anzuführen: Sie *denken* beispielsweise, dass Sie bei Ihrem Arbeitgeber bleiben, weil er sie gut bezahlt (und nehmen an, dass Sie gehen würden, wenn die Bezahlung nicht mehr stimmte), doch *tatsächlich* bleiben Sie, weil Sie sich dort wohl fühlen (und würden daher auch bei schlechterer Bezahlung nicht gehen).

Somit hat Introspektion ihre Grenzen – was ermöglicht uns noch, etwas über unsere Einstellungen, Gefühle und Motivationen herauszufinden?

5.5.2 Selbsterkenntnis durch Beobachtung des eigenen Verhaltens

„How do I know what I think until I see what I say?", fragte die britische Autorin E. M. Forster. Nach der *Selbstwahrnehmungstheorie* (Bem, 1967, 1972) beobachten Menschen ihr eigenes Verhalten – genau so wie sie das Verhalten anderer Personen beobachten –

und ziehen aufgrund ihrer Beobachtungen Rückschlüsse auf die Motive ihres Verhaltens. Dies ist insbesondere dann der Fall, wenn wir unsicher sind oder
über einen Inhalt noch nicht viel nachgedacht haben
(Chaiken & Baldwin, 1981). Wenn Sie beispielsweise
gefragt werden, ob Sie andere gut überzeugen kön-

> **Theorie der Selbstwahrnehmung**
> Einstellungen und Empfindungen
> können aus der Beobachtung des
> eigenen Verhaltens erschlossen
> werden.

nen, und Sie dazu keine abrufbare Einstellung haben, überlegen Sie, wie häufig und in
welchen Fällen Sie andere schon mal überzeugt haben. Sie reflektieren somit Ihr eigenes Verhalten und kommen dann zu dem Schluss, dass dies (nicht) der Fall ist. Vielleicht
haben Sie auch schon mal in Nullkommanichts ein Essen verschlungen und anschließend über sich selbst gedacht „mein Gott, muss ich hungrig gewesen sein" – dann haben
Sie nichts anderes getan, als Ihr eigenes Verhalten zu beobachten und daraus eine
Schlussfolgerung zu ziehen.

In Kapitel 3 wurde dargestellt, wie Personen anhand von Attributionen andere Personen
beurteilen. Nach Bem ist in Bezug auf die eigene Person das gleiche Vorgehen anzunehmen. Anhand der Selbstwahrnehmung werden die Ursachen unseres Verhaltens
erschlossen und die eigenen Möglichkeiten zur Veränderung der Situation eingeschätzt.
Wir beobachten unser eigenes Verhalten und erschließen, warum wir uns genau so und
nicht anders verhalten (Albarracin & Wyer, 2000; Dolinski, 2000; Fazio, 1987; Wilson,
1990).

Um etwas über uns selbst bzw. über unsere Beweggründe herauszufinden, beobachten
wir jedoch nicht nur unser eigenes, sondern auch das Verhalten oder die Leistungen
anderer Personen.

5.5.3 Selbsterkenntnis durch die Beobachtung anderer Personen

oder „Alles ist relativ"

Stellen Sie sich vor, im Rahmen eines Bewerbungsverfahrens durchlaufen Sie einige
Eignungstests und erreichen 76 von 100 Punkten. „Nicht schlecht", könnte man sagen.
Was aber, wenn alle anderen Teilnehmer zwischen 85 und 100 Punkte erreicht haben?
Wie dieses einfache Beispiel zeigt, hängt die Einschätzung der eigenen Leistung stark
von der Vergleichsinformation bzgl. anderer Personen ab.

Ähnlich ist es, wenn Sie von sich sagen sollten, ob Sie sportlich sind oder nicht. Gesetzt
den Fall, Sie würden dies bejahen – was heißt das dann? Gehen Sie zweimal pro Woche
spazieren oder trainieren Sie täglich vier bis fünf Stunden Karate? Ersteres wäre nur
dann sportlich, wenn Sie sich mit jemandem vergleichen, der alle Wege mit dem Auto
zurücklegt und sich auch sonst so gut wie nicht bewegt. Letzteres wäre dagegen auch
dann noch sportlich, wenn Sie sich mit dem Radsportler Jan Ullrich vergleichen. Ohne

die Vergleichsinformation ist die Information „sportlich" nicht viel wert – weder für Ihre eigene Selbsteinschätzung noch für andere.

Sozialer Vergleich
Personen bewerten ihre eigenen Fähigkeiten und Einstellungen, indem sie sich mit anderen vergleichen.

Eine Einschätzung unseres eigenen Könnens, unserer Fähigkeiten und Einstellungen, kurzum Wissen über uns selbst, ziehen wir aus dem Vergleich von uns selbst mit anderen (*Theorie des sozialen Vergleichs*, Festinger, 1954; siehe auch Brown, 1990; Buunk & Mussweiler, 2001; Helgeson & Mickelson, 1995; Kruglanski & Mayseless, 1990; Lyubomirsky & Ross, 1997; Mussweiler, 2003; Wheeler et al., 1997; Wood, 1989, 1996).

Personen vergleichen sich insbesondere dann mit anderen, wenn es keinen objektiven Maßstab oder Standard gibt, der ihnen eine Einschätzung ermöglicht, oder wenn sie unsicher sind bzgl. ihrer selbst in der zu beurteilenden Dimension (Suls & Miller, 1977). Personen vergleichen sich daraufhin mit jedem, der ihnen verfügbar ist, auch mit jenen, die keinen adäquaten Vergleich darstellen (Gilbert et al., 1995). Erst in einem zweiten Schritt wird geprüft, ob der Vergleich aussagekräftig ist. Doch ist es natürlich durchaus und nicht zuletzt für die Motivation, die daraus resultiert, entscheidend, mit wem man sich vergleicht – mit jemandem, der einem ähnlich und damit adäquat und aussagekräftig ist oder nicht. Ein Vergleich kann „abwärts" oder „aufwärts" gerichtet sein:

Abwärtsgerichteter Vergleich
Vergleich mit anderen Personen, die hinsichtlich einer bestimmten Fähigkeit oder Eigenschaft *schlechter* sind als man selbst

Wenn Sie sich mit Personen vergleichen, die *weniger fähig*, weniger glücklich, weniger erfolgreich oder einfach Pechvögel sind, vollziehen Sie einen „**abwärtsgerichteten Vergleich**" und schneiden besser ab (Aspinwall & Taylor, 1993; Pyszczynski et al., 1985; Reis et al., 1993; Wheeler & Kunitate, 1992; Wood et al., 1999). Ein englisches Sprichwort drückt dies treffend aus: „Apparently, it's better to be a big fish in a small pond than a small fish in a big pond" (es ist immer noch besser, in einem kleinen Teich ein großer Fisch als in einem großen Teich ein kleiner Fisch zu sein).

So zeigten beispielsweise Wood et al. (1985), dass sich Krebspatienten (und auch Opfer eines Unfalls, Verbrechens oder anderen Unglücks) meist mit solchen Mitpatienten verglichen, denen es noch schlechter ging als ihnen selbst, was sie sich besser fühlen ließ (siehe auch Taylor & Lobel, 1989; Taylor et al., 1986; Tennen & Affleck, 2000).

Abwärtsgerichtete Vergleiche sind damit motivierend in dem Sinne, dass sie unser Selbstwertgefühl stärken und unser Wohlbefinden erhöhen, doch spornen sie nicht notwendigerweise zur Leistungssteigerung, -aufrechterhaltung („Wozu noch mehr anstrengen, wenn ich doch bereits so gut bin?") oder Weiterentwicklung an, da für letzteres kein Vergleichsziel gegeben ist. Dies gelingt eher durch aufwärtsgerichtete Vergleiche.

Im Falle eines „**aufwärtsgerichteten Vergleichs**" vergleicht man sich mit Personen, denen es offensichtlich *besser* geht bzw. die einem *überlegen* sind (Blanton et al., 1999). Dies ist beispielsweise sinnvoll, um Ideale zu setzen und sich zu verbessern (Collins, 1996; Taylor & Lobel, 1989). Motivational

> **Aufwärtsgerichteter Vergleich**
> Vergleich mit anderen Personen, die hinsichtlich einer bestimmten Fähigkeit oder Eigenschaft *besser* sind als man selbst

betrachtet mag dies zunächst hervorragend wirken – wer sich mit leistungsstärkeren Kollegen vergleicht, wird wohl deutlich motivierter werden, weil er ihnen nacheifert, oder? Ja und nein. Motivierend sind aufwärtsgerichtete Vergleiche nur dann, wenn der Vergleichsstandard auch erreichbar ist (Lockwood & Kunda, 1997, 1999; Tesser, 1988). Ist er dies nicht – ist der überlegene Kollege uns beispielsweise intellektuell um Längen voraus oder wesentlich besser ausgebildet –, so *demotiviert* der Vergleich, da wir das Leistungsniveau des Kollegen nie erreichen werden. Um herausfordernd und motivierend zu sein, ist es ähnlich wie bei den Zielen (*siehe Abschnitt 5.3.1*) auch bei Vergleichen entscheidend, dass diese erreichbar sind sowie in dosierter Diskrepanz zum aktuellen Leistungsniveau liegen.

Somit helfen uns Vergleiche mit anderen Personen teils unsere Motivation zu erhöhen und uns besser zu fühlen, teils tragen sie aber auch dazu bei, dass wir uns inkompetent fühlen und resignieren (wenn Vergleichsstandards zu hoch gesetzt). Soziale Vergleiche zu tätigen, ist ein fundamentales menschliches Bedürfnis (Gilbert et al., 1995), doch das Ausmaß sozialer Vergleiche variiert von Person zu Person. Personen, die sich bzgl. der Beurteilung ihrer eigenen Person unsicherer sind, orientieren sich stärker und tätigen deshalb mehr soziale Vergleiche (Gibbons & Buunk, 1999).

Das Auftreten sozialer Vergleiche ist in einer Vielzahl von Bereichen nachgewiesen worden. So beispielsweise bzgl.

- **der Besoldung.** Personen fragen sich weniger, ob sie das verdienen, was sie wert sind, sondern eher, ob sie ebenso viel verdienen wie andere, *die sie als relevant heranziehen*. Es wird damit nicht der absolute Betrag des Gehalts bedacht, sondern vielmehr der Grad, in dem er den relevanten Standard (hier: die Gleichheit mit anderen, innerhalb oder auch außerhalb des Unternehmens) trifft (Carr et al., 1996; Ronen, 1986). Empfindet sich eine Person als unterbezahlt im Vergleich zu anderen, kann daraus eine reduzierte Motivation und daraufhin eine Leistungsverschlechterung resultieren (Cropanzano & Greenberg, 1997). Ob eine Person sich als gerecht bezahlt einschätzt, hat nicht nur mit dem von ihr gewählten Vergleichsstandard zu tun, sondern auch mit der wahrgenommenen *Fairness des Bezahlungssystems* oder Prämienverteilungssystems (Kleinbeck, 1996; Thibault & Walker, 1975).

- **der Einschätzung der eigenen Fähigkeiten.** Bewerber berichten, bzgl. ihrer Fähigkeiten unsicherer zu sein, wenn sie auf ihr Bewerbungsgespräch in einer Wartezone warten mussten, in welcher ein offensichtlich deutlich kompetenterer Konkurrent ebenfalls wartete (Morse & Gergen, 1970).

- **der Einschätzung der eigenen Attraktivität.** Mit einer sehr attraktiven Person konfrontiert zu werden, lässt einen an der eigenen Attraktivität zweifeln (Cash et al., 1983; im Werbekontext siehe auch Kenrick & Gutierres, 1980; Richins, 1991, 1995).

- **der eigenen Privilegien.** Verglichen werden nicht nur die eigene Leistung, die eigene Entlohnung, sondern beispielsweise auch eine weitere Vielzahl an Anreizen – „das Prestige der Arbeit, die Ausstattung des Arbeitsplatzes, Aufstiegsmöglichkeiten, Statussymbole etc." (Nerdinger, 2001, S. 367) (*siehe folgenden Kasten*).

Klassische Studien zum sozialen Vergleich

Der Vergleich mit den Privilegien anderer beeinflusst die Leistungsmotivation.

Greenberg (1988) zeigte, dass die Zuweisung von Arbeitszimmern erhebliche Auswirkungen auf die Arbeitsleistung hat: Wurden Mitarbeitern für die Zeit der Renovierung ihrer Büros Ersatzbüros zugewiesen, die normalerweise statusniedrigeren Mitarbeitern entsprachen, so sank ihre Leistung. Im umgekehrten Fall dagegen, wenn ihnen ihren Status übertreffende Räume zugewiesen waren, steigerte sich ihre Leistung.

Die Art des Vergleichs beeinflusst die Einschätzung der eigenen Person.

Häfner (im Druck, Exp. 1) gab seinen männlichen Teilnehmern in drei verschiedenen Werbeanzeigen gleichgeschlechtliche Models vor, die für Haarshampoos oder andere Kosmetikprodukte warben. Anschließend sollten zum einen die Models anhand verschiedener Kriterien bewertet werden, zum anderen sollte eine Einschätzung der *eigenen* Sportlichkeit erfolgen, indem die maximale Anzahl an Liegestützen angegeben werden sollte, zu denen sich die Teilnehmer selbst in der Lage fühlten.

Variiert wurden dabei die Headlines der Werbeanzeigen. Werbeslogans wie „feel the difference" sollten den Fokus des Vergleichs auf Unterschiede zwischen Teilnehmer und Model lenken, während Werbeslogans wie „same body – same feeling" Ähnlichkeiten zwischen beiden betonen und damit bewirken sollten, dass Personen in Ähnlichkeitsvergleiche eintreten.

Die Ergebnisse bestätigten dies: Unterschiedsvergleiche führten zu Kontrasteffekten, Personen fanden sich selbst deutlich weniger athletisch als das sportlich anmutende Model, während Ähnlichkeitsvergleiche zu Assimilation führten: Personen sahen sich in diesem Fall nach einem Vergleich mit einem athletischen Model selbst als athletischer an als ohne diese Werbung.

In einer Folgestudie (Häfner, im Druck, Exp. 2) erhielten die ausschließlich weiblichen Teilnehmer entweder eine Werbeanzeige einer sehr femininen oder einer eher maskulinen Frau. Wiederum wurden die Headlines variiert, um unterschiedliche Fokusse des Vergleichs zu bewirken. Im Gegensatz zur ersten Studie wurden die Teilnehmerinnen hier *explizit* aufgefordert, sich nach jeder Werbeanzeige mit dem Model zu vergleichen.

Die Ergebnisse bestätigten den angenommenen Effekt des Vergleichsfokus: Verglichen sich die Teilnehmerinnen im Ähnlichkeitsfokus mit femininen Frauen, so schätzten sie sich weniger athletisch ein als im Vergleich mit der maskulinen Frau. Im Unterschiedsfokus hingegen kontrastierten die Teilnehmerinnen ihre Selbsteinschätzungen. Im Falle der femininen Frau schätzten sie sich selbst athletischer ein als gegenüber der maskulinen Frau.

Diese Ergebnisse zeigen, dass der Fokus des Vergleichs (stehen Ähnlichkeiten oder Unterschiede im Fokus des Vergleichs?) über die nachfolgende Einschätzung entscheidet.

Die Art des Vergleichs der eigenen Person mit Werbefiguren (z. B. attraktiven Models) hängt entscheidend von der Art der Werbung ab (Häfner, im Druck; *siehe folgenden Kasten*): Werbung, die einen Unterschiedsvergleich hervorruft, führt zu Kontrasteffekten, Personen distanzieren sich vom Model, während Werbung, die Gemeinsamkeiten herausstellt oder einen Ähnlichkeitsfokus aktiviert, in Assimilation resultiert, Personen schätzen sich dem Model ähnlicher ein.

Wen sucht man sich zum Vergleichen aus? Hier entscheiden vor allem Verfügbarkeit/Zugänglichkeit und Relevanz/Attraktivität (Kulik & Ambrose, 1992); so werden beispielsweise die eigenen Freunde herangezogen (Mussweiler & Rüter, 2003). Meist suchen wir uns die Vergleichsperson also nicht bewusst aus, sondern der Vergleich und dessen Richtung (suche ich nach Gemeinsamkeiten oder Unterschieden?) kann einfach durch das Lesen eines Werbeslogans bewirkt werden, der auch gleich noch das Vergleichsobjekt vorgibt (Häfner, im Druck).

Das Wissen um die vom Mitarbeiter gewählten Vergleichspersonen oder Standards kann helfen, seine Motivationslage zu verstehen (z. B. vergleicht er sich mit den falschen Personen und ist daher resigniert, obwohl er objektiv gesehen gut ist?). Insbesondere in Beurteilungsgesprächen ist es von Bedeutung, diese Vergleiche zu kennen, um so die Selbsteinschätzung des Mitarbeiters nachvollziehen zu können.

Fazit zur Selbsteinschätzung

Ausgangslage

Um Zugang zu eigenem Erleben und Beweggründen (Motivatoren) für das eigene Handeln zu gewinnen, stehen Personen drei Wege der Selbsteinschätzung zur Verfügung:

- *Introspektion*: Personen denken über sich selbst nach, „schauen nach innen".

- *Selbstwahrnehmung*: Personen beobachten ihr eigenes Verhalten und schließen aus ihren Beobachtungen auf ihr Denken, ihr Empfinden und ihre Beweggründe.

- *Sozialer Vergleich*: Personen beobachten das Verhalten anderer, vergleichen dieses mit dem eigenen und gelangen so zu einer Einschätzung ihrer eigenen Person. Sie vergleichen sich mit anderen, um sich selbst adäquater einschätzen, sich selbst verbessern zu können (aufwärtsgerichteter Vergleich) oder ihr Selbstwertgefühl zu erhöhen (abwärtsgerichteter Vergleich).

Zusammenfassung

Um Zugang zu ihrem eigenen Erleben zu gewinnen, stehen Personen drei Wege der Selbsterkenntnis zur Verfügung: Sie können über sich selbst nachdenken (*Introspektion*), was allerdings begrenzt ist, da viele Ursachen ihres Verhaltens nur schwer zugänglich sind. Darüber hinaus können Personen Erkenntnisse gewinnen, indem sie sich selbst beobachten und aus ihrem Verhalten auf ihr Denken und Erleben schließen (*Selbstwahrnehmung*). Schließlich bietet sich ihnen auch die Möglichkeit, sich mit anderen zu vergleichen, um so zu einer Einschätzung ihrer selbst zu gelangen (*sozialer Vergleich*).

Aus der Selbsteinschätzung an sich kann schon – je nachdem, wie diese ausfällt bzw. worauf sie gründet – Motivation oder auch Demotivation resultieren. Zum anderen ist Selbstkenntnis eine wichtige Voraussetzung, um Einfluss auf die eigene Motivation zu nehmen.

5.6   Zusammenfassung

Motivation erklärt menschliches Verhalten hinsichtlich seiner Richtung, Intensität und Ausdauer und ergibt sich aus dem Zusammenwirken von individuellen Motiven einer Person und situationalen Anreizen, die diese Motive aktivieren. Im Gegensatz zu den klassischen Motivationstheorien war es Anliegen dieses Kapitels, aufzuzeigen, welche konkreten Personen- und Situationsmerkmale in verschiedenen Phasen des Handlungs- ablaufs Einfluss auf Motivation haben. Daraus lässt sich ableiten, wie Motivation kon- struktiv beeinflusst werden kann.

In der *ersten* Phase einer Handlung stehen Personen vor der Aufgabe, aus verschiedenen Handlungsalternativen zu *wählen*. Hierbei spielen zum einen bewusste und intentionale Entscheidungsprozesse wie beispielsweise Erwartungs-mal-Wert-Überlegungen eine Rolle. Zum anderen kommen implizite Faktoren wie emotionale Ansteckung oder Ste- reotypenaktivierung ins Spiel, die eine Verhaltensauslösung bedingen, ohne dass wir es bemerken. Am Beispiel des Wechselspiels intrinsischer und extrinsischer Motivation zeigt sich, dass beide Arten der Verhaltensauslösung eng verzahnt sein können.

Ebenso wie in der ersten Phase kommen auch in der *zweiten* Phase, der *Zielsetzung*, deli- berative und implizite Prozesse zum Tragen. So ist motiviertes Handeln durch die Art, wie explizite Ziele v. a. hinsichtlich Spezifität und Schwierigkeit gebildet werden, beein- flusst. Gleichzeitig haben jedoch auch implizite Ziele Einfluss auf unsere Handlungen, vermittelt über situative Zielaktivierung oder Persönlichkeitsunterschiede.

In der *dritten* Phase stehen die Handlung und damit Aspekte der *Handlungsregulierung* im Vordergrund. Unter anderem spielen für motiviertes Handeln hier Vorsätze, Impuls- kontrolle und Bodyfeedback eine besondere Rolle. Sinnvolle Vorsätze erleichtern die Handlungsinitiierung sowie das Durchhalten; Impulskontrolle erleichtert es, motiviertes Verhalten trotz Versuchungen aufrechtzuerhalten, und Bodyfeedback trägt dazu bei, Kapazitäten zu schonen bzw. im Sinne des erwünschten Verhaltens nutzen zu können.

In der *vierten* und letzten Phase der Handlungskontrolle steht die Person nun vor der Aufgabe, ihre Handlung und das dazugehörige Ergebnis zu *bewerten*. Grundlegende Voraussetzung hierfür ist es, Zugang zu eigenen Empfindungen und Beweggründen zu haben. Dieser kann über Introspektion, die Beobachtung des eigenen Verhaltens sowie den Vergleich mit anderen Personen gewonnen werden. Je nachdem, wie der Vergleich mit anderen und die Ursachenzuschreibung ausfallen, ergeben sich unterschiedliche Implikationen für die eigene Motivation.

Motivation ist ein viel diskutiertes und äußerst komplexes Thema, da es beinahe jeden Lebensbereich und den Arbeitsalltag im Besonderen betrifft. Patentrezepte zur Motivierung seiner selbst bzw. anderer Personen kann es nicht geben, sie würden eingesetzt wie ein Computerprogramm und der Komplexität der Situation nicht gerecht. Doch gibt es durchaus viele Ansatzpunkte, um in motivationale Dynamiken des Wählens, Zielesetzens, Handelns und Bewertens unterstützend einzugreifen; kurzum um Motivation zu beeinflussen – zum Guten wie zum Schlechten.

6   Arbeit in Gruppen

In den vergangenen Jahren erfreute sich Teamarbeit großer Beliebtheit. Auch heute noch findet man kaum ein Unternehmen, in dem das Arbeiten in Gruppen bzw. im Team nicht fester Bestandteil der Arbeitsorganisation ist. Beispiele hierfür sind Hewlett-Packard, Motorola, DaimlerChrysler, Saab, 3M Co. oder Johnson & Johnson (Robbins, 2001, S. 309).

Warum sind Teams so „in"? Zum einen fordert der heutige Arbeitskontext immer mehr Aufgaben, die von einer einzelnen Person schlichtweg nicht zu bewältigen sind, wie beispielsweise das Zusammenspiel von Experten der verschiedensten Bereiche. Doch auch bei Arbeiten, die *im Grunde genommen* von Einzelpersonen bewältigt werden könnten, werden anstelle dessen vermehrt Arbeitsgruppen eingesetzt. Was erhofft man sich davon? Im Wirtschaftskontext stellt die angenommene Steigerung der Produktivität sicherlich einen Beweggrund dar. Gleichzeitig wird erhofft, dass das gemeinsame Arbeiten in der Gruppe soziale Bedürfnisse befriedigt und sich darüber die Arbeitszufriedenheit der Beteiligten erhöht – man also gleich „zwei Fliegen mit einer Klappe schlägt". Doch erreicht man das wirklich?

Die psychologische Forschung zeigt, dass es sich so einfach *nicht* verhält. Vielmehr laufen in Gruppen vielfältige Dynamiken ab, die zwar einerseits zu Synergien, andererseits aber auch zu schwer wiegenden und häufig stark unterschätzten Prozessverlusten führen können und im schlimmsten Fall einem Unternehmen erheblichen Schaden zufügen. Das Wissen um Merkmale und Einflüsse von Gruppen ist also eine entscheidende Voraussetzung, um zum einen Teams dort einzusetzen, wo sie tatsächlich sinnvoll sind, und zum anderen, um das Arbeiten in der Gruppe effektiv zu gestalten. Nur wenn die Potenziale der Gruppe genutzt und gefährlichen Gruppenphänomenen bewusst entgegengewirkt wird, kann echte Effizienz der Gruppe erreicht werden.

Dies wird im Unternehmensalltag jedoch nur selten berücksichtigt. Meist werden Arbeitsgruppen nach freien Kapazitäten der Beteiligten bzw. inhaltlich passenden Profilen zusammengestellt und der äußere Rahmen abgesteckt, z. B. anhand von Projektplänen, Budgetverteilungen, Arbeitszeitbestimmungen, Führungsgrundsätzen, Stellenbeschreibungen etc. Dann soll die Gruppenarbeit beginnen und es wird vorausgesetzt, dass die Gruppenmitglieder gemeinsam das geforderte Ziel erreichen, indem sie einander zuarbeiten, sich gegenseitig informieren, ihre Kreativität und ihr Wissen effizient zusammenführen und so Synergien schaffen.

Handelt es sich bei einer solchen Zusammenstellung überhaupt schon um eine Gruppe im eigentlichen Sinne – mit all ihren potenziellen Vor- und Nachteilen – oder nur um eine Ansammlung von Menschen? Was macht eine Gruppe aus? Unter welchen Bedingungen werden die erwarteten Synergieeffekte auftreten, mit welchen Gefahren muss das Unternehmen bei Teamarbeit rechnen und wie kann man diesen entgegenwirken?

Das vorliegende Kapitel beschäftigt sich damit, wie eine Gruppe entsteht und welche Determinanten ihr Wirken ausmachen *(siehe Merkmale von Gruppen, Abschnitt 6.1)*, wie sich die Arbeit in Gruppen auf die Leistung der Beteiligten auswirkt *(siehe Leistung in Gruppen, Abschnitt 6.2)*, welchen Gefahren eine Gruppe unterliegt und wie man diesen entgegenwirken kann *(siehe Effektivitätshindernisse in Gruppen, Abschnitt 6.3)*.

6.1 Merkmale von Gruppen

Um zu verstehen, wann das Arbeiten in Gruppen zu welchen Ergebnissen führt, ist es unumgänglich, zunächst ein Grundverständnis davon zu haben, was eine Gruppe ausmacht *(siehe Abschnitt 6.1.1)*, welche Bedeutung Gruppen für Personen haben *(siehe Abschnitt 6.1.2)*, wie sich Gruppen entwickeln, nach welchen Kriterien sich Menschen zu einer Gruppe zusammenfinden *(siehe Abschnitt 6.1.3)* und welche interne Struktur eine Gruppe zusammenhält *(siehe Abschnitt 6.1.4)*.

6.1.1 Was ist eine Gruppe?

An was genau denken Sie, wenn Sie sich eine Arbeitsgruppe vorstellen? Was macht eine Gruppe aus, welche Charakteristika muss sie aufweisen? Was unterscheidet eine Gruppe von einer Ansammlung von Menschen?

Gruppe
Ansammlung von drei oder mehr Personen, die folgende Kriterien aufweist:

- Interaktion
- zeitliche Stabilität
- gemeinsame Ziele
- Wir-Gefühl

Eine Gruppe ist folgendermaßen *definiert* (nach Cartwright & Zander, 1968; Lewin, 1948; Weinert, 1998; *siehe Abb. 6.1*): Die Basis einer Gruppe bilden drei oder mehr Personen. Eine Gruppe im psychologischen Sinne zeichnet aus, dass ihre Mitglieder über eine gewisse Zeit hinweg miteinander interagieren (d. h. einander dabei bewusst wahrnehmen und untereinander kommunizieren), dass sie gemeinsame Ziele oder Interessen haben (wie z. B. ein Projekt abzuarbeiten, eine Prüfung zu bestehen oder aber auch einen Chef zu sabotieren) sowie dass die Mitglieder sich selbst als Gruppe wahrnehmen (Wir-Gefühl) und auch von anderen als eine solche wahrgenommen werden. Eine reine Ansammlung von Personen wird folglich noch nicht als Gruppe bezeichnet, doch kann eine solche in eine Gruppe übergehen, sobald die o. g. Kriterien erfüllt werden.

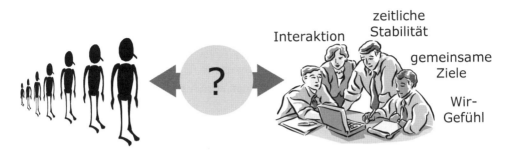

Abb. 6.1: Eine Gruppe ist mehr als eine bloße Ansammlung von Menschen.

Eine wichtige Unterscheidung von Gruppen, der zumeist zu wenig Beachtung geschenkt wird, ist die in **formelle** und **informelle** Gruppen.

- Arbeitsteilung und offizielle Hierarchien gliedern eine Organisation in *formelle* Gruppen. Diese ergeben sich aus den Positionen oder den Funktionen der Gruppenmitglieder innerhalb der Organisation, beispielsweise Ausschüsse, Kommissionen, Projektgruppen.

- Neben diesen formellen Gruppen bilden sich in jeder Organisation *informelle* Gruppen, die sich aufgrund gemeinsamer Merkmale und Interessen oder Sympathien auf natürliche Weise gruppieren, so beispielsweise Kollegen, die sich gegen die Neuregelungen der Geschäftsführung verbünden, die gemeinsam eine Lerngruppe bilden oder die ganz einfach gleiche Interessen entdecken, wie eine gemeinsame Vorliebe für Badminton

  Formelle Gruppen

  werden von der Organisation gebildet, um ihre Mitglieder zu einem definierten Ziel zu leiten.

  Informelle Gruppen

  entstehen auf natürlichem Wege zwischen Personen ohne Steuerung durch die Organisation.

  nach Feierabend. Solche informellen Gruppen befriedigen neben den *inhaltlichen Interessen* wie Sport treiben oder lernen, auch *soziale Bedürfnisse,* wie Freunde sein oder auch „seinen Frust loswerden", und sind aus diesem Grunde für das Verhalten ihrer Mitglieder unter Umständen sogar einflussreicher als die Organisation selbst. Kenntnis über diese informellen Gruppen und deren Bedeutung zu haben, ist für eine Organisation daher von großer Bedeutung.

Die Begriffe *Gruppe* und *Team* werden in der Literatur teils synonym verwendet, teils unterschieden (Greenberg & Baron, 2000). So werden einem Team noch zusätzliche Charakteristika zugeschrieben, die über die Definition der Gruppe im psychologischen Sinne hinausgehen. Dazu zählen einander ergänzende Fähigkeiten der Gruppenmitglieder und dadurch bedingt wechselseitige Abhängigkeiten in den Arbeitsleistungen sowie eine starke Involviertheit jedes Einzelnen in den gemeinsamen Output (für einen Überblick zum Thema „effiziente Teamarbeit" siehe Robbins, 2001, Kap. 9). Da die nachfolgend beschriebenen Prozesse und Phänomene für Gruppen und Teams gleichermaßen bedeutsam und grundlegend sind, werden auch hier die beiden Begriffe synonym verwendet.

6.1.2   Bedeutung von Gruppen

Warum bilden Menschen Gruppen?

Letztendlich suchen Personen die Mitgliedschaft in Gruppen, um ihren Nutzen zu maximieren und die Kosten zu minimieren (Levine & Moreland, 1994) – wobei sich Kosten und Nutzen hierbei sowohl auf *materielle* als auch auf *psychologische* Faktoren beziehen. Der **materielle** Nutzen ist recht offensichtlich: Personen finden sich in Gruppen zusammen, um gemeinsam Interessen und *Ziele zu erreichen*, die alleine möglicherweise nicht zu bewältigen wären – beispielsweise, um gemeinsam ein komplexes Projekt abzuarbeiten.

Personen bilden Gruppen, um

- gemeinsam Ziele zu erreichen,
- Sicherheit, Schutz und Macht zu erhalten,
- ihre sozialen Bedürfnisse zu befriedigen,
- ihr Selbstbewusstsein zu stärken.

Die Zugehörigkeit zu einer oder mehreren Gruppen macht einen wichtigen Teil der sozialen Identität aus.

Darüber hinaus gewährt uns die Mitgliedschaft in einer Gruppe *Schutz, Sicherheit und Macht*. So vertritt die Gruppe „Gewerkschaft" die Arbeitnehmer gegenüber dem Arbeitgeber, oder die Gruppe der Kollegen gibt ihnen die Sicherheit, gemeinsam gegen den Chef anzustehen („wir gemeinsam gegen ihn" und nicht „sie allein gegen ihn").

Welchen **psychologischen** Nutzen haben wir, wenn wir einer Gruppe angehören? Dies lässt sich leicht an folgendem Beispiel veranschaulichen: Warum gehen wir abends zusammen mit Freunden in die Kneipe und nicht alleine? Ganz einfach: Das Agieren in einer Gruppe befriedigt *soziale Bedürfnisse*, das Bedürfnis nach Kontakt zu anderen Nähe und Unterstützung. Neben dem inhaltlichen Interesse, gemeinsam das Projekt zu bearbeiten, bietet die Gruppe also im Privaten wie im Arbeitskontext die Möglichkeit, sich gegenseitig mental oder moralisch zu unterstützen. Auf Durststrecken kann man sich gegenseitig zum Durchhalten motivieren oder man kann sich über den anspruchsvollen Kunden oder Ungerechtigkeiten der Führungskraft austauschen.

Zu einer für uns positiven, attraktiven Gruppe zu gehören, stärkt zudem unser Selbst-bewusstsein – „ich bin wer", „ich gehöre dazu" (Baumeister & Leary, 1995). Schließlich macht die Zugehörigkeit zu einer bzw. mehreren Gruppen einen wichtigen Teil unserer *sozialen Identität* aus. So gibt die Zugehörigkeit zu einer bestimmten Arbeitsgruppe oder auch das Aktivsein in einem bestimmten Verein – wie beispielsweise „ich bin ein Schalke-Fan" – Orientierung darüber, wer bzw. was man ist.

Wird man Mitglied einer Gruppe, bewirkt dies deshalb oft einen Prozess einer Selbst-Neudefinition (Moreland, 1985): Man wird im Gegensatz zu den „alten" Mitgliedern als „neues" Mitglied kategorisiert und ist selbst vorsichtiger, unsicherer im Verhalten als im gewohnten Umfeld, da man den akzeptierten Verhaltensspielraum bzw. die Regeln der neuen Gruppe noch nicht kennt. Die erfahrene Behandlung durch die anderen Gruppen-mitglieder und auch das eigene Verhalten müssen in das Selbstbild integriert werden. Zum Zweiten definiert man sich über Gruppenerfolge und -misserfolge, d. h., das eige-ne Selbstwertgefühl wird von dem, was in der Gruppe passiert, beeinflusst (Hogg & Sunderland, 1991).

Bedeutung von Gruppen für das Verhalten

Die Gruppenzugehörigkeit hat bedeutenden Einfluss auf das Verhalten ihrer Mitglieder, da jede Gruppe Werte und Normen entwickelt, die das Verhalten der Gruppenmitglieder steuern (*siehe Normierungsphase und siehe Normen, Abschnitt 6.1.4*). Je stärker wir uns mit einer Gruppe identifizieren, desto mehr identifizieren wir uns auch mit den Grup-penzielen und umso wirksamer werden Gruppennormen und -werte für unser Verhalten (Ashforth & Mael, 1989; Haslam et al., 1996; Turner, 1991). Kurzum: Nimmt die Iden-tifikation mit einer Gruppe zu, steigen auch Loyalität sowie die Bereitschaft, die Interessen der Gruppe zu unterstützen, ihre Regeln einzuhalten und zusätzlichen Einsatz zu bringen (Haslam et al., 2000; van Knippenberg, 2000; van Knippenberg & van Schie, 2000).

Dies gilt insbesondere dann, wenn den Mitgliedern diese Identität kognitiv verfügbar ist (*siehe Abschnitt 1.1*): So erhöhen beispielsweise Konflikte oder Wettbewerb zwischen Arbeitsgruppen die Verfügbarkeit der Identität der eigenen Arbeitsgruppe in Abgren-zung zu den konkurrierenden Gruppen (Kramer, 1991). Allein das Tragen einer Grup-penuniform kann die Gruppenidentität kognitiv verfügbar machen und dadurch die beschriebenen Effekte hervorrufen (Worchel et al., 1998).

Klassische Studie zu Effekten der Gruppenidentität
Bereits das Tragen von Gruppenuniformen erhöht Gruppenidentität und Leistung.

Worchel et al. (1998, Exp. 3) ließen ihre Teilnehmer entweder in Anwesenheit einer anderen Gruppe oder ohne eine andere Gruppe an einer Aufgabe arbeiten. Dabei trug die Hälfte der Teilnehmer „Gruppenuniformen" (Labormäntel gleicher Farbe), die andere Hälfte nicht. Die individuelle Leistung war höher, wenn die Gruppenidentität verfügbar war, d. h. die Teilnehmer Gruppenuniformen trugen (Symbol der eigenen Gruppe), und die andere Gruppe anwesend war (Vergleich mit anderen).

Exkurs: Einfluss der Organisationsidentität

Die beschriebenen Zusammenhänge zwischen der Stärke der Identifikation und dem Einfluss auf das Verhalten der Mitglieder zeigen sich nicht nur auf Gruppen-, sondern auch auf Organisationsebene.

Auch hier spielt die Verfügbarkeit der Organisationsidentität eine Rolle. Diese wird beispielsweise durch eine bevorstehende Fusion verfügbarer, indem man sich vom zukünftigen Partner abgrenzt – „wir versus die anderen", „bei uns war das früher alles besser" (van Knippenberg et al., 2002). Auch der Bezug eines Leistungsfeedbacks auf die Organisationsziele, beispielsweise „In unserem Hause wird Kundenorientierung großgeschrieben, und Sie haben diesbezüglich ganz hervorragende Leistungen erbracht.", oder die Betonung des Firmenstatus, „Wir sind Marktführer im Mobilfunkbereich.", erhöhen die Verfügbarkeit der Organisationsidentität (Haslam et al., 2000). Maskottchen oder die Präsenz von Organisationsfarben vermitteln ebenfalls die Organisationsidentität und nehmen damit Einfluss auf das Verhalten ihrer Mitglieder.

Darüber hinaus ist die Identifikation mit der eigenen Gruppe oder auch der eigenen Organisation umso größer, je besser es einer Gruppe oder Organisation gelingt, für ihre Mitglieder attraktiv zu sein. Können die Mitarbeiter stolz auf ihren Arbeitgeber sein – z. B. aufgrund des hohen Status, der Wirtschaftlichkeit oder des guten Arbeitsklimas in der Firma –, so erhöht sich die Identifikation mit der Organisation. Auch der entgegengebrachte Respekt wie positives Leistungsfeedback von Repräsentanten der Organisation bewirkt eine erhöhte Identifikation (Smith & Tyler, 1997; Tyler, 1999).

Allerdings sind die Auswirkungen einer hohen Identifikation mit der Gruppe nicht immer positiv; sie stehen und fallen mit der vorherrschenden Gruppennorm: So kann – exemplarisch auf Leistung bezogen – die Identifikation mit einer Gruppe sowohl zu einer Steigerung als auch zu einer Verminderung der Leistung anregen. Ist gute Leistung ein bedeutendes Ziel in einer Gruppe (d. h. besteht eine hohe Leistungsnorm), so ist eine starke Identifikation mit dieser Gruppe *leistungsfördernd*, denn in diesem Fall sind die

Gruppenmitglieder motiviert, sich sowohl inhaltlich als auch persönlich für die Ziele der Gruppe einzusetzen. Eine Gruppennorm kann aber genauso *leistungshemmend* wirken, wenn die Gruppenziele anderweitig ausgerichtet sind. Besteht das Ziel der Gruppe beispielsweise darin, die Geschäftsleitung zu boykottieren oder so wenig wie irgend möglich zu leisten – beispielsweise eine Gruppe von Schülern, die es cool findet, nichts für die Schule zu tun –, so identifiziert man sich mit diesem Ziel der (Arbeits-)Gruppe und zeigt keine oder nur sehr geringe Leistungsbereitschaft (van Knippenberg, 2000).

Doch nicht nur das individuelle Verhalten wird durch die Gruppenzugehörigkeit beeinflusst. Auch Einstellungen und Verhaltensweisen gegenüber *anderen Gruppen* bzw. gegenüber der eigenen Gruppe *im Vergleich zu anderen* Gruppen werden durch die bloße Tatsache, einer bestimmten Gruppe anzugehören, verändert (Tajfel, 1978; Tajfel & Turner, 1986; Turner, 1982, 1985). So werden Mitglieder oder Produkte der eigenen Gruppe konsistent besser und sympathischer beurteilt als die anderer Gruppen (Brewer, 1979; Brown et al., 1980; Rabbie & Horowitz, 1969). Ebenso werden Mitglieder der eigenen Gruppe bei der Verteilung von Gütern bevorzugt, beispielsweise bei Geldverteilungen (Tajfel et al., 1971).

Ferner wirkt sich die Mitgliedschaft in einer Gruppe für die Mitglieder auch auf *emotionaler Ebene* aus. Je stärker sich die Mitglieder an ihre Gruppe gegenüber einer anderen Gruppe gebunden fühlen, desto wahrscheinlicher wird es, dass durch die Fremdgruppe ausgelöster Ärger durch gegenseitiges Bestätigen innerhalb der Gruppe verstärkt wird und eher zu feindseligen Handlungen gegenüber Mitgliedern der Fremdgruppe führt (Mackie et al., 2000). Erstaunlicherweise reicht dabei allein die bloße Zuordnung – auch aufgrund willkürlicher Kriterien – zu einer Gruppe bereits aus, um solch diskriminierendes Verhalten hervorzurufen (Tajfel et al., 1971; Tajfel, 1982).

Wie kommt es zu dieser Bedeutung der Gruppenzugehörigkeit und dem sich daraus ergebenden diskriminierenden Verhalten gegenüber anderen Gruppen? Wie bereits beschrieben sind die Gruppenzugehörigkeit sowie das Prestige der Gruppe wesentlich für das individuelle Selbstwertgefühl. Dieses Prestige der eigenen Gruppe kann jedoch nur im Vergleich zu anderen Gruppen bestimmt werden. Das Ergebnis dieses Vergleichs trägt zu unserem Selbstwertgefühl bei – schneidet unsere Gruppe besser ab oder wird sie bevorzugt, steigt unser Selbstwertgefühl. Diskriminieren wir jemand anderen, schneiden wir selbst im Vergleich besser ab und unser Selbstwertgefühl steigt.

6.1.3   Entwicklung von Gruppen

Im vorangegangenen Abschnitt wurde dargestellt, warum Personen sich in Gruppen zusammenfinden und welche Bedeutung Gruppen für sie haben. Im Folgenden wird aufgezeigt, *mit welchen Personen* man sich zu einer Gruppe zusammenschließt und welche
Entwicklungsphasen diese Gruppe anschließend durchläuft.

Kriterien für die Gruppenbildung

Im Arbeitsalltag sind die personellen Zusammensetzungen von Gruppen häufig vorgegeben, so dass man nicht selbst eine Gruppe auswählen kann, sondern einer Gruppe oder
einem Team zugeteilt wird. Daraufhin gilt es, sich als Mitglied der Gruppe möglichst gut
mit den Gegebenheiten zu arrangieren.

Im privaten Bereich stehen wir jedoch häufig vor der Wahl, welcher von verschiedenen
Gruppen wir beitreten möchten. *Personen wählen* dann diejenige Gruppe aus, die ihr
voraussichtlich *maximalen Nutzen und minimale Kosten* bringen wird. Darüber hinaus
spielen für die Gruppenwahl frühere Erfahrungen mit Gruppen eine Rolle – verliefen
bisherige Gruppenzugehörigkeiten positiv, werden ähnliche Gruppen erneut aufgesucht
(Pavelchak et al., 1986). Schließlich fällt die Entscheidung für eine Gruppe auch aufgrund der eigenen Selbsteinschätzung und Identität. Man tritt dann in eine Gruppe ein,
wenn man annimmt, in die neue Gruppe zu passen, ein typisches Mitglied dieser Gruppe
darzustellen, um so möglichst viel Bestätigung zu erhalten (Hogg, 1992).

Des Weiteren gibt es Bereiche, in welchen wir die Personen, mit denen wir eine Gruppe
bilden wollen, selbst auswählen können. Nach welchen Kriterien würden Sie Mitstreiter
für eine Lerngruppe auswählen? Wen würden Sie als Erstes fragen?

Forschungsergebnisse zeigen, dass sich Personen zumeist nach den Kriterien Sympathie,
wahrgenommene Ähnlichkeit und Häufigkeit ihres Kontakts zu einer Gruppe zusammenfinden:

Merkmale der Gruppenbildung
• Sympathie
• Ähnlichkeit
• Kontakthäufigkeit/räumliche Nähe

Sympathie. Mit am wichtigsten bei der Gruppenbildung ist die einander entgegengebrachte Sympathie
(*siehe auch Abschnitte 2.3.2 und 3.1.1*). In Organisationen zeigt sich, dass sich Personen besser verstehen und einander als sympathischer einstufen, je näher ihre Arbeitsplätze beieinander liegen sowie je
öfter sie einander sehen und miteinander sprechen. Kurzum: Man hat nicht nur mehr
Kontakt zu Menschen, die einem sympathisch sind, sondern Menschen werden einem
auch sympathischer, sobald man mehr Kontakt zu ihnen hat. Somit kann Sympathie

sowohl Ursache als auch Folge der räumlichen Nähe, der Häufigkeit des Kontakts und der empfundenen Ähnlichkeit sein.

Wahrgenommene Ähnlichkeit. Charakteristisch für Gruppen ist auch, dass andere Gruppenmitglieder Ähnlichkeiten aufweisen (*siehe auch Abschnitte 2.3.2 und 3.1.1*).

Nehmen wir einmal an, Sie würden eine Lerngruppe zusammenstellen wollen. Wahrscheinlich würden Sie diejenigen Kommilitonen dafür auswählen, von denen Sie annehmen, dass sie Ihnen in möglichst vielen Einstellungen und Wertvorstellungen entsprechen. Sie werden darauf achten, dass die anderen Gruppenmitglieder ein ähnliches Leistungsniveau, eine ähnliche Einstellung zum Studium oder auch ähnliche Lernstrategien aufweisen. Aber auch die gleiche Art von Humor, eine ähnliche Wohnsituation oder die Vorliebe für die gleiche Fernsehsendung könnten hier den Ausschlag geben. Für die spontane Gruppenbildung trifft folglich das Sprichwort „Gleich und gleich gesellt sich gern" zu.

Kontakthäufigkeit/räumliche Nähe. Schließlich ist es auch sehr wahrscheinlich, dass Sie für Ihre Lerngruppe Kommilitonen ansprechen, zu denen Sie regelmäßigen und engen Kontakt pflegen oder denen Sie häufig in der Vorlesung begegnen.

Entwicklungsphasen einer Gruppe

Greifen wir noch einmal auf das Lerngruppenbeispiel zurück: Sie haben sich mit vier anderen Kommilitonen zusammen getan, um sich im Rahmen einer Lerngruppe gemeinsam auf Ihre Abschlussprüfung vorzubereiten. Das erste inoffizielle Treffen findet in einer Kneipe statt, es geht dabei eher turbulent und wenig effektiv zu. Sie zweifeln bereits, ob es wirklich so eine gute Idee war, sich mit mehreren Leuten zusammenzutun, oder ob es nicht effizienter wäre, doch allein zu lernen. Da der Abend aber sehr nett war, beschließen Sie, den Plan mit der Lerngruppe weiterzuverfolgen. Wie wird dies weitergehen? Wie wird aus dieser von Ihnen ausgesuchten Ansammlung von Personen oder auch einer „von oben" angeordneten Zusammenstellung von Mitarbeitern ein schlagkräftiges Team?

Forschungsbefunden zufolge durchlaufen Gruppen, die neu zusammengestellt werden, typischerweise verschiedene *Entwicklungsphasen*, in deren Verlauf aus einer Ansammlung von Personen eine arbeitsfähige Gruppe werden kann (Tuckman, 1965; siehe auch Eisenstat, 1990; Gersick, 1990; Long, 1984; Moreland & Levine, 1988; Tuckman & Jensen, 1977; Wheelan, 1994). Abbildung 6.2 gibt eine Übersicht über diese Gruppenphasen, welche in den folgenden Abschnitten genauer beschrieben werden.

Forming – Storming – Norming	Performing	Adjourning
gegenseitiges Kennenlernen, Etablierung grundlegender Abläufe	Konkurrenz um Status, Feindseligkeiten, Formierung von Koalitionen	Entwicklung interner Normen und Werte, Entstehung eines Teamgeists	zielorientierte Zusammenarbeit, Fokus auf Erfolg und Leistung	Auflösung der Gruppe, nachdem sie ihren Zweck erfüllt hat

Abb. 6.2: Die fünf Phasen der Gruppenentwicklung.

1. Forming: Formierungs- oder Orientierungsphase. Am Anfang besteht in der Gruppe noch viel Unsicherheit bezüglich der Struktur der Gruppe, der Rollen einzelner Mitglieder sowie bezüglich der Führung der Gruppe. Das Vertrauen in die übrigen Mitglieder ist noch gering. Gemeinsamkeiten und Unterschiede, Sympathien und Antipathien werden „abgecheckt". Formell eingesetzte Führer haben in dieser Situation leichte Hand, da irgend jemand versuchen muss, Ordnung herzustellen und die Aktivitäten der Mitglieder zu koordinieren.

Bsp.:   Da sich einige der Kommilitonen noch nicht kennen dient das erste Treffen unter anderem dazu, sich gegenseitig zu beschnuppern und herauszufinden, ob man sich eine gemeinsame Prüfungsvorbereitung vorstellen kann. Es wird einiger Smalltalk ausgetauscht. Zwei Ihrer Kommilitonen haben bisher ausschließlich alleine gelernt und sind deswegen etwas unsicher, was sie überhaupt erwartet.

Als Initiator der Lerngruppe versuchen Sie selbst, das erste, recht turbulente Treffen zu strukturieren: Sie versuchen beispielsweise, eine Einigung bezüglich der Häufigkeit der Treffen und des Termins herbeizuführen, indem Sie jeden Einzelnen nach seiner Meinung fragen. Sie bringen außerdem weitere Punkte in die Diskussion ein, die Ihnen wichtig erscheinen, wie die Fragen, wer was übernehmen wird und wie viel Stoff pro Woche bewältigt werden soll.

2. Storming: Sturm- oder Differenzierungsphase. Es schließt sich eine Testphase an, die kritischste Phase der Gruppenbildung: Erste Unterschiede werden deutlich, Dominanzansprüche treten zutage, Koalitionspartner werden gesucht. Entweder entsteht nun eine klare Struktur oder aber die Gruppe zerbricht, da man sich nicht auf grundlegende Regeln einigen kann. Eine Gruppe kommt dann entweder gar nicht zustande oder aber es bilden sich Untergruppen.

Bsp.: Es kristallisieren sich zwei Parteien heraus, die bezüglich der Häufigkeit der Treffen unterschiedliche Vorstellungen haben. Zwei Ihrer Mitstreiter wollen sich mindestens zweimal pro Woche treffen, Sie und die übrigen Kommilitonen erachten jedoch nur ein wöchentliches Treffen für sinnvoll. Zunächst kommt es zu einer heftigen Diskussion, bis Sie schließlich beschließen, zwei Untergruppen zu bilden, die sich unterschiedlich oft treffen.

Im Übrigen haben Sie das Glück, dass Ihre Gruppe Sie als Koordinator akzeptiert und die gleichen Vorstellungen von der zeitlichen Strukturierung der Vorbereitung hat wie Sie selbst.

3. Norming: Normierungs- oder Integrationsphase. Unter der Voraussetzung, dass sich bereits eine grobe Struktur herausgebildet hat, kommt es nun zur Festigung der Positionen. Es bilden sich feste Gruppenstrukturen, man einigt sich auf gemeinsame Werte und Erwartungen. Die einzelnen Personen nehmen sich nicht mehr als Einzelkämpfer wahr, es entwickelt sich ein Wir-Gefühl.

Bsp.: Für Ihre Lerngruppe bedeutet dies, dass sich die wöchentlichen Treffen an einem bestimmten Termin etablieren. Alle bemühen sich, regelmäßig und möglichst gut vorbereitet zu erscheinen, da sie alle einen guten Abschluss machen wollen. Es hat sich aber auch eingebürgert, nach der Lerngruppe den Abend gemütlich ausklingen zu lassen.

4. Performing: Funktions- oder Leistungsphase. Die Struktur wird von allen akzeptiert und die Gruppe kann ihre Energie nun der Aufgabenerfüllung zuwenden. Es wird konzentriert und gemeinsam auf das inhaltliche Ziel hingearbeitet. Alle ziehen am selben Strang.

Bsp.: Nach einigen Anfangsschwierigkeiten kämpfen sich nun alle Gruppenmitglieder wöchentlich durch den anstehenden Stoff. Sie treffen sich regelmäßig, um sich auszutauschen und unklare Punkte zu diskutieren. Je näher das Examen rückt, desto mehr wachsen die Anspannung, aber auch der Zusammenhalt innerhalb der Gruppe.

5. Adjourning: Abschlussphase. Diejenigen Gruppen, die eine begrenzte Aufgabe zu erfüllen hatten, lösen sich nach der Erreichung des gemeinsamen Ziels wieder auf. Die Tätigkeiten werden abgeschlossen. In dieser Phase reagieren die einzelnen Gruppenmitglieder durchaus unterschiedlich, manche feiern und sonnen sich im Glanze der erreichten Leistung, andere hingegen finden es schade, dass die gemeinsame Zeit beendet ist.

Bsp.:   Nach den Prüfungen ist der Zweck bzw. das Ziel Ihrer Lerngruppe erreicht. Sie treffen sich noch einmal, um gemeinsam zu feiern, und lösen damit Ihre Lerngruppe auf.

Diese fünf Stufen veranschaulichen, dass verschiedene Entwicklungsstufen durchlaufen werden müssen, bis eine Gruppe wirklich effizient arbeiten kann. Es ist jedoch zu beachten, dass es sich hierbei um einen idealisierten Ablauf handelt, der in dieser Reinform selten anzutreffen ist. Wie ausgiebig welche Phase durchlaufen wird oder wie klar sich die Phasen trennen lassen, variiert von Fall zu Fall. Insbesondere unter Zeitdruck können einzelne Phasen auch kombiniert auftreten (Gersick, 1988). Weiterhin können Phasen auch mehrmals durchlaufen werden. So gilt beispielsweise, dass das Hinzustoßen neuer Mitglieder in eine Gruppe die Gruppe unversehens wieder in die Sturmphase (2. Phase) zurückversetzt sowie Normen und Positionen neu verhandelt werden müssen.

Wie das nachfolgende typische Beispiel im Firmenalltag zeigt, können selbst in kurzzeitigen Gruppen die einzelnen Phasen durchlaufen werden: Nehmen wir an, in einem Unternehmen wird ein Komitee gebildet, um die Abteilungsbudgets für das kommende Jahr zu verabschieden. In der ersten Sitzung geht es ausschließlich darum, einander kennen zu lernen, festzustellen, wer was für Vorstellungen hat und von wem sich die anderen wie gut überzeugen lassen (Formierungsphase). Zunehmend erzielen die einzelnen Mitglieder des Komitees mehr Einfluss und kämpfen um die Führung (Sturmphase). Endlich wird einer der Beteiligten als Meinungsführer akzeptiert und alle werden kooperativer, gehen sogar gemeinsam mittagessen (Normierungsphase). Das Komitee kann nun hoch effizient arbeiten und zieht an einem Strang (Funktions- und Leistungsphase). Die Budgetpläne sind ausgearbeitet, werden verabschiedet und das Komitee hat seine Arbeit beendet (Abschlussphase).

6.1.4 Die interne Struktur von Gruppen

Ob in dem soeben beschriebenen Komitee- oder dem o. g. Lerngruppenbeispiel: Während der gemeinsamen Arbeit in der Gruppe werden sich Gefühle und Einstellungen aller Beteiligten verändern. Der Zusammenschluss in einer Gruppe oder einem Team mit einem gemeinsamen Ziel übt auf die Gruppenmitglieder vielfältigen Einfluss aus. So werden Personen, die gemeinsam an einem Projekt arbeiten, bestimmte Erfahrungen machen, sie werden innerhalb der Gruppe mit bestimmten *Rollen* und diesbezüglichen Erwartungen konfrontiert, es etablieren sich gruppenspezifische *Norm*vorstellungen, jeder erhält bei den anderen ein gewisses Ansehen (*Status*) und es entwickelt sich ein Teamgeist (*Zusammenhalt/Kohäsion*). Genau diese vier Merkmale bestimmen die interne Struktur von Gruppen und haben großen Einfluss auf Funktionalität und Produktivität einer Gruppe (*siehe Abb. 6.3*).

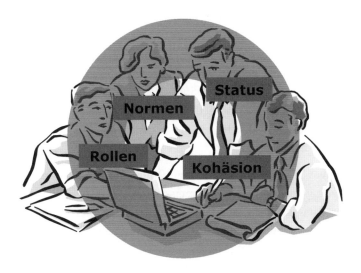

Abb. 6.3: Die vier Determinanten der internen Struktur von Gruppen.

Rollen

Rolle

Allgemein geteilte Erwartungen darüber, wie sich eine bestimmte Person innerhalb einer bestimmten Situation – hier: in der Gruppe – zu verhalten hat

Wenn Sie einmal an Gruppen oder Organisationen denken, in denen Sie sich bewegen, so finden Sie dort – wie typischerweise in jeder Organisation – einen, der „den Spaßvogel" abgibt, einen, der als „das Arbeitstier" bekannt ist, den „Organisator", den „kreativen Erfinder", „den Skeptiker" usw. Dies alles sind verschiedene Rollen, die sich in einer Gruppe herausbilden – jeder wird eine bestimmte dieser Rollen einnehmen. Der Einfluss von Rollen auf das Verhalten der Menschen wird häufig stark unterschätzt.

Rollen sind definiert als ein Bündel an Verhaltenserwartungen und Vorstellungen der anderen Gruppenmitglieder an eine bestimmte Position. So wird einem Projektleiter die Vorstellung entgegengebracht, dass er die Arbeit optimal koordiniert und stets den Überblick behält, während von der Sekretärin erwartet wird, dass sie den Telefondienst übernimmt und den Schriftverkehr zuverlässig überwacht. Rollenkonformes Verhalten wird von der Gruppe positiv bewertet und belohnt, Abweichungen werden sanktioniert. So muss beispielsweise ein Projektleiter, der die in seine Rolle gesetzten Erwartungen nicht erfüllt, mit Ablehnung und Unzufriedenheit seiner Gruppe rechnen. Sind Rollen klar definiert und werden auch eingehalten, sind Arbeitszufriedenheit und Leistung höher. Sind Rollen hingegen unklar, da man neu in eine Organisation eintritt, Arbeitsbeschreibungen fehlen o. Ä., resultiert dies häufig in Unzufriedenheit und geringer Bindung ans Unternehmen (Jackson & Schuler, 1985; Tubré & Collins, 2000).

Ein Einzelner muss zumeist verschiedenen Rollen und damit verbunden *diversen Rollenerwartungen* gerecht werden – so muss ein Vorgesetzter nicht nur der Rollenerwartung seiner Untergebenen, sondern auch der der Kollegen, der seiner eigenen Vorgesetzten, der der Kunden sowie seinen eigenen Vorstellungen an diese Rolle gerecht werden. Zum Zweiten hat jeder gleichzeitig *mehrere Rollen* auszufüllen, beispielsweise die des Managers, Vaters, Kollegen, Untergebenen, Vermieters und Vereinsmitglieds. Die Erwartungen, die mit den verschiedenen Rollen verbunden sind, können sich widersprechen und damit zu Konflikten führen. Denken Sie in diesem Zusammenhang an einen erfolgreichen Manager, den ein wichtiger Kunde abends noch um einen Termin bittet, der aber gleichzeitig in seiner Rolle als Vater weiß, dass seine Kinder schon seit einer Woche darauf warten, dass *er* einmal die Gutenachtgeschichte vorliest.

Rollen sind in einer Gruppe sehr wichtig, da sie dem Einzelnen seinen Verhaltensspielraum aufzeigen, ihm bei Erfüllung Anerkennung von der Gruppe einbringen und ihn gleichzeitig vor Sanktionen bewahren. Dies wirkt sich – wie oben bereits beschrieben – positiv auf die Arbeitszufriedenheit und auch die Leistung aus.

Rollen bergen jedoch auch Gefahren:

*   Die verschiedenen, parallel zu erfüllenden Erwartungen können wie oben dargestellt zu schwer lösbaren Konflikten führen.

*   Rollenerwartungen bieten Sicherheit, welches Verhalten in welcher Situation angebracht ist und welches nicht, schränken damit aber gleichzeitig den Verhaltensspielraum des Einzelnen stark ein. Verhalten sich Personen nicht rollenkonform – weil sie bestimmte Rollenerwartungen für überholt, unsinnig, moralisch ungerecht o. Ä. halten –, so müssen sie die zum Teil nicht unerheblichen Nachteile dieser Abweichung tragen. Ein immer noch aktuelles Beispiel hierfür sind die verschiedenen Rollenerwartungen, die traditionell für Männer und Frauen gelten. Sowohl der „Hausmann und Vater" als auch die „harte Karrierefrau" passen immer noch nicht recht zu unseren diesbezüglichen Rollenvorstellungen und führen nicht selten zu negativen Konsequenzen für die betroffenen Personen.

*   Zum Dritten können sich Personen so sehr in ihre Rollen verlieren, dass ihre Identität bzw. Persönlichkeit und die damit verbundenen Wertvorstellungen irrelevant werden (Zimbardo, 1969, *siehe folgenden Exkurs*).

Exkurs „Deindividuation"

Deindividuation ist definiert als Verlust normaler Verhaltensbeschränkungen, der auftreten kann, wenn Personen Teil einer Masse sind. Dadurch kann es zu einem Anstieg impulsiven und abweichenden Verhaltens kommen. Wie stark dieser Einfluss selbst in einer experimentellen Situation und ohne offensichtliche Notwendigkeit sein kann, zeigt die folgende Studie:

Klassische Studie zur Deindividuation
Menschen verlieren in der Masse ihre Identität.

Zimbardo und seine Kollegen (Haney et al., 1973) zeigten in ihrem legendären „Stanford Prison Experiment" (Verfilmung „Das Experiment", 2001), dass soziale Rollen so einflussreich sein können, dass sie Personen deindividuieren, d. h. ihnen ihre eigentliche Identität nehmen.

Im Untergeschoss des psychologischen Lehrstuhls der Universität Stanford wurden ein Flur zum „Pseudogefängnis" umgebaut und 21 Studierende angeworben, um für zwei Wochen im Rahmen eines Experiments die Rolle eines Wärters oder eines Häftlinge zu spielen. Die Rollenverteilung erfolgte per Münzwurf, d. h. nach dem Zufallsprinzip. Die „Wärter" erhielten khakifarbene Hemden und Hosen, eine Pfeife, einen Gummiknüppel

(Polizeischlagstock) und verspiegelte Sonnenbrillen. Die „Häftlinge" wurden mit einem langen Hemd mit einer aufgedruckten Identifikationsnummer, Gummisandalen, einer aus Nylonstrümpfen gefertigten Kappe ausgestattet, an einem Knöchel an eine Kette geschlossen und jeweils zu dritt in eine Zelle gesperrt.

Erschreckenderweise musste das Experiment nach sechs Tagen abgebrochen werden, da eine Weiterführung ethisch nicht vertretbar gewesen wäre: Die Studierenden hatten ihre jeweiligen Rollen in extremem Ausmaß angenommen. Viele „Wärter" erlebten einen Zugewinn an Macht, Status und Gruppenidentität. Beleidigungen und Machtmissbrauch waren an der Tagesordnung. So dachten sich die „Wärter" vielfältige Schikanen und Demütigungen für die „Häftlinge" (in der Realität Mitstudenten!) aus. Sie bestraften bereits in der ersten Nacht „aufmüpfige Häftlinge", indem sie ihnen das Bett wegnahmen oder ihnen die Kleidung auszogen und sie mit einem Feuerlöscher abspritzten. Die „Häftlinge" wiederum wurden passiv, hilflos und zogen sich in sich selbst zurück. Manche wurden sogar so ängstlich und depressiv, dass sie noch vor Ablauf der sechs Tage aus dem Experiment entlassen werden mussten.

Diese Ergebnisse sind umso alarmierender, da jeder der Beteiligten zu jeder Zeit wusste, dass es sich um eine Studie handelte, d. h. dass das Gefängnis nicht wirklich existierte, sondern allein zu experimentellen Zwecken aufgebaut worden war. Die Rollen – Wärter bzw. Häftlinge – waren jedoch so stark und beeinflussend, dass diese Realität völlig in den Hintergrund trat.

Normen

Normen
Allgemein geteilte Erwartungen darüber, wie sich *alle* Gruppenmitglieder zu verhalten haben. Diese informellen Regeln leiten das Verhalten der Gruppenmitglieder

Ein weiteres Strukturmerkmal einer Gruppe sind ihre eigenen „ungeschriebenen Gesetze", die als *soziale Normen* bezeichnet werden. Soziale Normen sind Regeln bzw. Standards, die in einer Gruppe zusätzlich zu den fest verankerten Regeln der umgebenden Organisation herausgebildet werden (*siehe auch Normierungsphase*). Soziale Normen sind allgemein geteilte Erwartungen darüber, wie man, d. h. jeder in der Gruppe, sich unabhängig von seiner Rolle zu verhalten hat und welche Einstellungen erwünscht sind (Deutsch & Gerard, 1955; Kelley, 1955; Miller & Prentice, 1996). Diese Spielregeln dienen dazu, eine gewisse Einheitlichkeit des Denkens und Handelns herzustellen und damit die Aufgabenbewältigung zu erleichtern. Normen können soziale Beziehungen erleichtern, indem sie die Vorhersagbarkeit des Verhaltens der Kollegen erhöhen und damit zwischenmenschliche Probleme vermeiden helfen. Sie helfen außerdem Ressourcen zu sparen, da in häufig wiederkehrenden Situationen nicht immer wieder aufs Neue ein Konsens gefunden werden muss. Diese

Ressourcen werden dadurch für die eigentliche Aufgabe freigesetzt. Die Kehrseite dieser Medaille ist jedoch wiederum eine Einschränkung des Handlungsspielraums, die negative Folgen haben kann (*siehe Konformität, Abschnitte 6.3.1 und 6.3.2*).

Normen haben – ähnlich den Rollen – einen starken Einfluss auf die Gruppenmitglieder: Diejenigen, die sich nicht an diese Normen halten, werden möglicherweise von der Gruppe sanktioniert und unter Druck gesetzt, ihr Verhalten zu ändern oder gar die Gruppe zu verlassen (Schachter, 1951). Je größer die Gruppe und je anonymer die Mitglieder damit sind, beispielsweise noch durch das Tragen von Uniformen, Masken u. Ä. unterstützt (Rehm et al., 1987), desto mehr nehmen Wahrnehmung und Reflexion des eigenen Verhaltens sowie die Übernahme von Verantwortung innerhalb der Gruppe ab, während die Anpassung an Gruppennormen zunimmt (Diener, 1980; Postmes & Spears, 1998). Inwieweit dies in positivem oder negativem Verhalten resultiert, hängt von der Art der Gruppennorm ab – ist diese beispielsweise negativ-aggressiv, dann resultiert dies in aggressivem Verhalten; ist diese positiv-neutral, dann dementsprechend in positivem.

Zu Normen, die sich auf den engeren Bereich des Arbeitsplatzes und Arbeitsablaufs beziehen, gehören Vorstellungen über Arbeitsprozesse, wie erwünschtes Vorgesetztenverhalten, „als Chef sollst Du autoritär vorgehen" oder „Du sollst Deinen Status nicht raushängen lassen", die Verteilung von Ressourcen (Bettenhausen & Murnighan, 1991), der Umgang mit formellen organisatorischen Regelungen wie die Nichtbeachtung des Rauchverbots oder mit Verspätungen in Sitzungen – „15 Minuten Verspätung sind bei uns o.k.". Auch das äußere Erscheinungsbild – „Jacket mit Jeans" – ist häufig durch eine Norm geregelt.

Diese gruppeninternen, informellen Normen können *im Widerspruch zu formellen* Normen stehen: So mag beispielsweise eine Gruppe die formelle Vorschrift „Tragen eines Helms aus Sicherheitsgründen" lächerlich finden und sich deswegen geschlossen nicht daran halten (Gruppennorm). Wer dennoch einen Helm trägt, muss damit rechnen, als „Angsthase" oder als „obrigkeitshörig" zu gelten. Da informelle Normen sehr einflussreich sind, können sie es der Unternehmensführung sehr schwer machen, formelle Normen durchzusetzen.

Für den Unternehmenskontext ist besonders bedeutsam, dass auch die Leistungsbereitschaft den informellen Normen einer Gruppe unterliegt. Typischerweise erleben Gruppenmitglieder einerseits die Norm, nicht zu wenig zu leisten, um nicht als „Drückeberger" bezeichnet zu werden, gleichzeitig aber auch nicht zu viel tun, um nicht zum „Normbrecher" zu werden und mit Sanktionen durch die Gruppe rechnen zu müssen (Roethlisberger & Dickson, 1975). Eine solche Begrenzungsnorm der Leistung nach oben – „tu nicht zu viel" – scheint auf den ersten Blick unsinnig. Wenn man jedoch bedenkt, dass die überdurchschnittliche Leistung eines Gruppenmitglieds die Leistung der weniger eifrigen Kollegen schlecht aussehen lässt oder dadurch gar die formellen Leistungserwartungen der Organisation erhöht werden, so wird auch eine solche Norm verständlich. Ein wichtiger Faktor für die absolute Höhe der Leistungsbereitschaft einer Gruppe ist das Klima in einer Organisation – im Speziellen das Klima, das die Geschäftsführung durch ihr Verhalten gegenüber den Mitarbeitern erzeugt (Seashore, 1954). Ein eher feindlich wahrgenommenes Klima wird zu geringer Leistung, ein als unterstützend erlebtes Klima zu hoher Leistung der Belegschaft führen.

Status

Status

Der Rang oder das Prestige, der/das einer Person oder Gruppe von anderen gegeben wird

Im Verlauf der Gruppenentwicklung wird jedem Gruppenmitglied ein bestimmter Status zuteil. Abhängig vom Einfluss, den ein Gruppenmitglied ausüben kann, besitzt es einen hohen oder niedrigen Status (= Rangordnung). Während der Begriff „Position" neutral die Stellung in einer Organisation bezeichnet, beinhaltet „Status" die *sozial* bewertete Stellung aus Sicht der Gruppenmitglieder, d. h. die *interne* Machtverteilung in einer Gruppe. Ein hoher Status wird vor allem solchen Mitgliedern zugesprochen, die sich besonders engagieren, die Gruppe mehr als andere Mitglieder fördern und weiterbringen oder aber die sich und ihre Aktivitäten besonders gut „verkaufen" können. Grundlage dieses Status können Faktoren wie persönliche Leistung, Länge der Organisationszugehörigkeit, Erfahrung, Alter oder besondere Fähigkeiten sein.

Durch diese soziale Bewertung können sich Abweichungen vom formellen Organisationsplan bzw. differenziertere Strukturen ergeben. So kann sogar der formellen Führungskraft wenig Status zugeschrieben werden, während einer ihrer Mitarbeiter hohen Status genießt und dadurch wesentlich einflussreicher ist. Durch solche informellen Machtverschiebungen können *gleichartige Positionen* durchaus *unterschiedlichen Status* besitzen.

Mit dem jeweiligen Status gehen bestimmte Privilegien und Verpflichtungen einher, die sich in der Gruppenentwicklung herauskristallisieren. So legt der Status fest, welchen Handlungsspielraum der Einzelne zur Verfügung hat, „was er sich erlauben kann", und ist damit eine wichtige Determinante des Verhaltens von Gruppenmitgliedern. Personen mit hohem Status können sich viel eher erlauben, sich sowohl dem Gruppendruck als auch dem Einhalten von Normen zu entziehen.

Gruppenzusammenhalt – Kohäsion

Gruppen können sich auch hinsichtlich ihrer Geschlossenheit bzw. ihres Zusammengehörigkeitsgefühls, d. h. bezüglich der Stärke ihrer *Kohäsion* unterscheiden.

Kohäsion beschreibt den Zusammenhalt einer Gruppe, der aus allen Kräften resultiert, die die Mitglieder motivieren, in der Gruppe zu bleiben (Festinger, 1950). Als ein Maß für die Kohäsion einer Gruppe gilt deshalb, wie wichtig es den Mitgliedern ist, Teil der Gruppe zu bleiben. Sie spiegelt somit die Stärke der Bindung an die Gruppe wider (Dion, 2000; Festinger, 1950; Hogg, 1993; Prentice et al., 1994).

> **Kohäsion**
> Kohäsion beschreibt den Zusammenhalt bzw. das Wir-Gefühl einer Gruppe und spiegelt darin wider, wie gerne die Gruppenmitglieder Teil der Gruppe bleiben wollen.

Die Kohäsion ist hoch, wenn …

- die Gruppe für die Mitglieder attraktiv erscheint und die Mitgliedschaft in ihnen ein Gefühl von Stolz weckt. Je schwieriger es ist, Mitglied in einer bestimmten Gruppe zu werden, desto attraktiver erscheint die Gruppe (Aronson & Mills, 1959; vgl. Rotary Club oder ähnliche Elite-Clubs). Auch Erfolge einer Gruppe in der Vergangenheit wirken sich positiv auf ihre Attraktivität aus.

- die Gruppe von außen angegriffen wird, d. h. ein gemeinsamer „Feind" besteht.

- die gemeinsame Aufgabe als wichtig empfunden wird und daraus eine hohe Aufgabenmotivation entsteht.

Je kohäsiver eine Gruppe ist, desto wahrscheinlicher ist es, dass die Mitglieder in der Gruppe bleiben, an den Gruppenaktivitäten teilnehmen und neue, gleich gesinnte Mitglieder werben (Levine & Moreland, 1998; Spink & Carron, 1994).

Für den Unternehmenskontext ist insbesondere relevant, wie sich Kohäsion auf die Leistung auswirkt. Denn immer häufiger werden Teambildungsmaßnahmen durchgeführt, die u. a. darauf ausgelegt sind, die Gruppe zusammenzuschweißen und so die Kohäsion zu erhöhen. Ist *Kohäsion* tatsächlich *förderlich* für die Leistung einer Gruppe? Kohäsion hat zwei Seiten – sie kann sich sowohl positiv als auch negativ auf die Leistung auswirken:

- Kohäsion wirkt sich dann *leistungsförderlich* aus, wenn die Aufgabe enge Zusammenarbeit erfordert – hier zahlt sich Geschlossenheit aus (Gully et al., 1995). Hoch kohäsive Gruppen verhalten sich insgesamt kooperativer zur Erreichung von Gruppenzielen, die Mitglieder der Gruppe konkurrieren weniger stark untereinander (Turner, 1987). Eine hohe Kohäsion wirkt außerdem Motivations- und Koordinationsverlusten entgegen (Mullen & Copper, 1994; *siehe Leistung in Gruppen,*

Abschnitt 6.2) und setzt dadurch vermehrt Ressourcen für die Aufgabenbewältigung frei. Demnach liefert ein starker Zusammenhalt in der Gruppe die erforderliche Unterstützung zur Zielerreichung, das Erreichen eines Ziels wiederum erhöht Motivation und Bindung/Kohäsion der Mitglieder. Aus diesem Grunde fördern viele Organisationen durch „corporate identity" die Bildung von Kohäsion, um so die Leistung ihrer Gruppen zu erhöhen.

•   Allerdings kann sich Kohäsion auch *leistungsvermindernd* auswirken, sofern die guten Beziehungen innerhalb der Gruppe wichtiger werden als alles andere. Es wird dann versucht, diese guten Beziehungen um jeden Preis zu erhalten, was beispielsweise dazu führen kann, dass um des lieben Friedens willen kritische Stimmen verstummen und so das Finden optimaler oder unkonventioneller Lösungen für ein Problem behindert wird. Ein enger Zusammenhalt kann weiterhin auch dafür genutzt werden, um Interessen der Gesamtorganisation zu sabotieren und im Zuge dessen die Leistung zu verringern (Douglas, 1983) *(siehe auch Gruppendenken, Abschnitt 6.3.3)*.

•   Ob eine starke Kohäsion leistungsförderlich oder -mindernd wirkt, ist wiederum insbesondere von den leistungsbezogenen Gruppennormen abhängig *(siehe Tab. 6.1)*: Je höher die Kohäsion in einer Gruppe ist, desto stärker fühlen sich die Mitglieder ihren Normen verpflichtet. Ist die Leistungsnorm hoch, ist eine hoch kohäsive Gruppe auch hoch produktiv, da sich alle Mitglieder bemühen, dieser Norm zu entsprechen. Ist die Leistungsnorm bei hoher Kohäsion dagegen niedrig, versuchen auch hier alle Mitglieder, dieser Norm zu entsprechen, was jedoch in geringer Produktivität resultiert. Bei hoher Leistungsnorm und niedriger Kohäsion ist die Produktivität mittelmäßig – d. h., die Norm ist dann aufgrund der niedrigen Kohäsion nicht so stark verhaltenssteuernd und die Leistungen der verschiedenen Mitglieder streuen stärker.

Tab. 6.1: Leistungsveränderung in Gruppen in Abhängigkeit vom Ausmaß der Kohäsion und der Ausprägung der Leistungsnorm.

		Kohäsion	
		hoch	niedrig
Leistungsnorm	hoch	↑	→
	niedrig	↓	↘

Fazit zu Merkmalen von Gruppen

- Im Laufe des Entwicklungsprozesses einer Gruppe entsteht eine Gruppenstruktur, welche sich anhand der vier Merkmale Rollen, Normen, Status und Kohäsion beschreiben lässt. Diese Strukturmerkmale bestimmen den Handlungsspielraum des Einzelnen und sorgen im besten Fall für ein effizientes Arbeiten, indem durch eine reibungslosere Zusammenarbeit Ressourcen für die Aufgabenbewältigung frei werden.

- Darüber hinaus können diese Strukturmerkmale jedoch auch Gefahren nach sich ziehen, wenn sie zu starr oder zu intensiv gelebt werden. So können beispielsweise Rollen einem flexiblen Reagieren auf neue Situationen entgegenstehen.

- Die einzelnen Strukturmerkmale sind dabei in ihrer Wirkung nicht unabhängig voneinander. Ist die Gruppe pro Leistung ausgerichtet (hohe Leistungsnorm), erhöht ein starker Zusammenhalt (Kohäsion) Leistungsbereitschaft und Produktivität. Ist die Gruppe jedoch contra Leistung eingestellt (niedrige Leistungsnorm), senkt eine hohe Kohäsion Leistungsbereitschaft und Produktivität.

Zusammenfassung

Wie diese Ausführungen zeigen reicht es, um eine Gruppe wirksam sein zu lassen, nicht aus, sie formell zu bestimmen. Damit aus einer solchen Zusammenstellung eine Gruppe im eigentlichen Sinne entsteht, müssen verschiedene Entwicklungsphasen durchlaufen werden. Im Rahmen dieser Entwicklung differenzieren sich verschiedene Rollen der einzelnen Mitglieder heraus, man einigt sich auf gemeinsame Normen und Werte, es entsteht ein Wir-Gefühl. Die so entstandenen gruppeninternen Normen und Werte sowie der Zusammenhalt sind wiederum entscheidend für die Bereitschaft der Gruppenmitglieder, sich im Sinne der Aufgabe anzustrengen und Leistung zu erbringen.

Da im Rahmen der Wirtschaftspsychologie die Leistung oder Produktivität einer Gruppe von besonderem Interesse ist, soll dieser Aspekt im Folgenden differenzierter betrachtet werden. Denn selbst wenn eine Gruppe eine hohe Leistungs*bereitschaft* aufweist, garantiert dies noch nicht, dass diese Leistung bzw. Produktivität auch *erreicht* wird.

6.2 Leistung in Gruppen

In vielen Fällen ist es heutzutage unumgänglich, in Teams zu arbeiten, da die beruflichen Anforderungen aufgrund ihres Aufwands oder ihrer Komplexität von einer Einzelperson nicht mehr zu bewältigen sind. Daneben erhofft man sich von Teamarbeit ganz allgemein einen Zugewinn an Leistung, der über die Summe der Einzelleistungen der Teammitglieder hinausgeht – d. h., man rechnet mit Synergieeffekten, die aus der Zusammenarbeit mehrerer Menschen entstehen.

Gruppen leisten tatsächlich bei vielen Aufgaben mehr als *ein* Einzelner, da sich die Anstrengungen der Mitglieder summieren oder gar multiplizieren bzw. sich die Fähigkeiten der Einzelnen ergänzen. Ist Teamarbeit aber auch eine Garantie für die erhofften Zugewinne an Leistung? Leistet eine Gruppe unter bestimmten Bedingungen vielleicht sogar weniger, als wenn jedes Mitglied für sich allein arbeiten und man die Einzelleistungen aufsummieren oder aus diesen Einzelleistungen die beste herausnehmen würde?

Der Glaube, eine Gruppe arbeite *grundsätzlich* effektiver als ihre Einzelmitglieder, ist eine weit verbreitete Illusion (Diehl & Stroebe, 1991; Paulus & Dzindolet, 1993; Stroebe et al., 1992). Je nach Rahmenbedingungen kann durch Teamarbeit tatsächlich eine Leistungssteigerung erreicht werden. Jedoch ist unter gewissen Umständen die Gruppenleistung sogar *schlechter*, da durch das gemeinsame Arbeiten mehr Prozessverluste als -gewinne auftreten.

Ganz allgemein lässt sich die Gruppenleistung gemäß nachstehender „Gleichung" abbilden. Die Gruppenleistung ergibt sich demnach aus

- der **Summe der potenziellen Einzelleistungen**
  Diese betrifft das, was die Gruppe insgesamt leisten könnte, wenn jedes Gruppenmitglied die ihm zur Verfügung stehenden Ressourcen – wie relevantes Wissen, Kompetenzen oder Zeit – optimal einsetzen würde, um die Anforderungen der Aufgabe zu erfüllen.

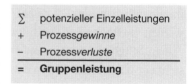

$$\begin{array}{ll} \Sigma & \text{potenzieller Einzelleistungen} \\ + & \text{Prozess} \textit{gewinne} \\ - & \text{Prozess} \textit{verluste} \\ \hline = & \textbf{Gruppenleistung} \end{array}$$

- zuzüglich der **Prozessgewinne**
  Diese beinhalten gegenseitiges Motivieren, wechselseitiges Lernen und Inspiration aufgrund der Gruppensituation, welche zu einer Leistungssteigerung gegenüber der Einzelarbeit führen können (Hackman & Morris, 1975; *siehe soziale Erleichterung, soziale Kompensation, Abschnitt 6.2.1*).

- abzüglich der **Prozessverluste**

  Als Prozessverluste aus der Gruppensituation können Motivations- und Koordinationsverluste entstehen und gegenüber der Einzelarbeit zu einer Leistungsverminderung führen (Steiner, 1972). *Koordinationsverluste* treten auf, wenn die Aktivitäten einzelner Gruppenmitglieder sich überlagern – so etwa, wenn sie es nicht schaffen bzgl. ihrer Gruppenaufgaben effektiv zu kommunizieren oder sie unterschiedliche bis gar einander widersprechende Ziele verfolgen (*siehe Exkurs*). *Motivationsverluste* liegen vor, wenn Personen ihre eigenen Anstrengungen reduzieren, wie es beim sog. „sozialen Faulenzen" der Fall ist (*siehe Abschnitt 6.2.1*).

> **Exkurs Koordinationsverluste**
>
> Untersucht wurden Koordinationsverluste beispielsweise bei Fluggesellschaften: Piloten und Kopiloten werden vor allem aufgrund ihrer individuellen Fähigkeiten und ihres Fachwissen ausgewählt, zwischenmenschliche und kommunikative Fähigkeiten werden häufig vernachlässigt.
>
> Die Forschung zeigt jedoch, dass gerade Letztere entscheidend für die erfolgreiche Leistung der Crew an Board sind, da diese mehr von der Koordination *untereinander* als von den Fähigkeiten *jedes Einzelnen* abhängt (Foushee & Manos, 1981; Harper et al., 1971; Lanzetta & Roby, 1960).

Zunächst sollte daher stets abgewogen werden, *ob* Gruppenarbeit im konkreten Fall überhaupt sinnvoll ist. Fällt die Entscheidung *für* Gruppenarbeit aus – was häufig aufgrund der Komplexität der Aufgabe unumgänglich ist –, dann ist auf das *Wie* der Gruppenarbeit zu achten, um diese so effektiv wie möglich zu gestalten, Prozessgewinne zu maximieren und Prozessverluste zu minimieren. Im Folgenden werden daher Bedingungen aufgezeigt, die die Gruppenleistung bzw. das Leistungsverhalten des Einzelnen in der Gruppe beeinflussen.

6.2.1 Individuelle Leistung in Anwesenheit anderer Personen

Da sich die Gruppenleistung aus den Einzelbeiträgen aller und deren mehr oder weniger erfolgreicher Koordination zusammensetzt, ist eine Basis der Gruppenleistung, wie viel jeder Einzelne dazu beiträgt. Würde sich der Einzelne im Rahmen einer Gruppe *mehr* anstrengen als alleine, so würde ein Prozess*gewinn* erzielt. Wenn sich jedoch der Einzelne in der Gruppensituation *weniger* anstrengte, so hätten wir mit einem Prozess*verlust* zu kämpfen.

Wie wirkt sich nun die Arbeit in der Gruppe – und damit die Anwesenheit anderer – auf das individuelle Leistungsverhalten aus? Bringen wir in der Gruppe mehr Leistung als alleine? Die Forschung zeigt hier ein differenziertes Bild auf: Unter bestimmten Bedingungen *verbessert* sich die Einzelleistung in der Gruppe, unter anderen *verschlechtert* sie sich. Nachstehend wird aufgezeigt, wie die Tatsache, dass *in der Gruppe*, d. h. *in Anwesenheit anderer Menschen* agiert wird, die Leistung einer Person beeinflusst.

Soziale Erleichterung und soziale Hemmung

Die Anwesenheit anderer führt zu einer – nicht unbedingt bewusst wahrnehmbaren – Erhöhung der *physiologischen Erregung* (Pulsanstieg, schnellere Herzfrequenz; Guerin, 1986; Zajonc, 1965). Bewusst wahrnehmbar ist diese erhöhte Erregung beispielsweise, wenn Sie ein Klavierstück vor Publikum statt zuhause im stillen Kämmerlein spielen sollen.

Soziale Erleichterung und soziale Hemmung

Die *Anwesenheit anderer* führt zu einer erhöhten physiologischen Erregung.

Dadurch wird die Leistung

- bei *einfachen* oder *gut geübten* Aufgaben **verbessert,**
- bei *schwierigen* oder *ungeübten* Aufgaben **verschlechtert.**

Diese Erregung wiederum erhöht die Auftretenswahrscheinlichkeit sog. „dominanter Reaktionen", d. h. bekannter, gewohnter und damit verfügbarerer Verhaltensweisen. Ob sich daraus eine Leistungssteigerung oder -minderung ergibt, hängt nun entscheidend von der **Schwierigkeit der Aufgabe** ab: Bei *einfachen* oder gut geübten Aufgaben ist die dominante Reaktion *richtig*. Da deren Auftretenswahrscheinlichkeit durch die gesteigerte Erregung erhöht wird, *steigt* die Leistung an. Dies wird als „soziale Erleichterung" („social facilitation") bezeichnet (Allport, 1920) (*siehe Abb. 6.4*).

Bei *schwierigen* (d. h. neuen, komplexen oder ungeübten) Aufgaben ist die dominante Reaktion zumeist *falsch* – eine erhöhte Erregung führt daher zu einem vermehrten Auftreten einer falschen Reaktion, so dass die Leistung *absinkt*. Hier liegt eine sog. „soziale Hemmung" („social inhibition") vor.[1]

Die erhöhte Erregung durch die Anwesenheit anderer Personen hängt mit mehreren Faktoren zusammen, die sich auch gegenseitig beeinflussen und aufschaukeln können.

---

[1] Leistungsverbesserung und -verschlechterung in Anwesenheit anderer konnte auch bei Tieren gezeigt werden: Kakerlaken rannten in einem einfachen Labyrinth 20 % schneller auf ein Ziel zu, wenn sie zu zweit waren als wenn sie alleine waren, in einem komplexen Labyrinth hingegen rannten sie alleine schneller als zu zweit (Zajonc et al., 1969).

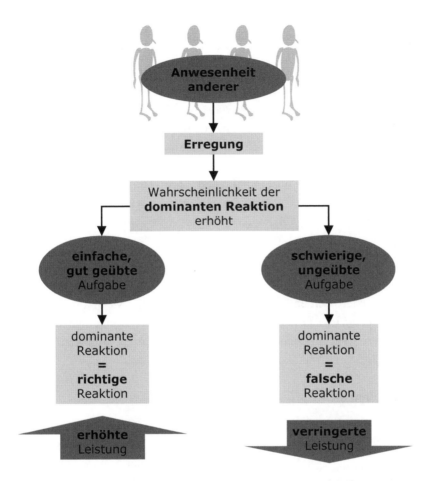

Abb. 6.4: Der Einfluss der Anwesenheit anderer Personen auf die Leistung einer Person. Die Anwesenheit anderer Personen kann bei einfachen Aufgaben die Leistung erhöhen (soziale Erleichterung), während sie bei schwierigen Aufgaben die Leistung verringert (soziale Hemmung).

So wird durch die Anwesenheit anderer eine *erhöhte Wachsamkeit* und damit ein *Aufmerksamkeitskonflikt* hervorgerufen: Zum einen erfordert die Aufgabenbewältigung Aufmerksamkeit, zum anderen haben Menschen die Tendenz, auf die anwesenden Personen zu achten (Baron, 1986; Sanders et al., 1978). Weiterhin kommt durch die Anwesenheit anderer eine *Bewertungserwartung* ins Spiel (Blascovich et al., 1999; Bond et al., 1996; Geen et al., 1988; Seta & Seta, 1995). Die Anwesenheit anderer Personen impliziert, dass die eigene Leistung von ihnen bewertet werden könnte. Es tauchen Gedanken auf wie beispielsweise „Wie gut wird meine Leistung sein?" oder „Wie werden die anderen darauf reagieren?" Bei einfachen Aufgaben kann man sich diese Bewertungs-

erwartung als den nötigen „Kick" für vermehrte Anstrengung vorstellen, bei schwierigen Aufgaben dagegen als Anspannung, die die Leistung hemmt.

Die Bewertungserwartung scheint in diesem Zusammenhang eine bedeutende Rolle zu
spielen, da sich die gerade beschriebenen Leistungsveränderungen immer dann finden,
wenn *die individuelle Leistung bewertbar* ist. So führt auch eine elektronische
Arbeitsüberwachung (wie die automatische Aufzeichnung von Computereingaben oder
produzierten Stückzahlen) zu „sozialer Erleichterung oder Hemmung" – selbst wenn
keine anderen Personen physisch anwesend sind (Aiello & Kolb, 1995): Hoch befähigte
Arbeiter, denen aufgrund ihrer Fähigkeit ihre Tätigkeit leicht fiel, zeigten
Leistungsverbesserungen, wenn sie computerüberwacht wurden, während die Leistung
weniger befähigter Arbeiter, für die ihre Tätigkeit eine schwierige Aufgabe darstellte,
sank.

Soziale Erleichterung und Hemmung sind Phänomene, die auftreten, wenn die individuelle Leistung durch andere Gruppenmitglieder oder auch eine andere Form der Über-
wachung identifiziert werden kann. Im gegenteiligen Fall – wenn also der *individuelle
Beitrag **nicht** identifizierbar* ist – finden sich zum Teil gegenteilige Effekte auf die
Leistung. Dies soll nachfolgend am sog. „sozialen Faulenzen" exemplarisch dargestellt
werden.

Soziales Faulenzen

> **Soziales Faulenzen**
>
> Bei gemeinsamer Arbeit in einer
> Gruppe zeigt der Einzelne bei
> *einfachen* Aufgaben *weniger*
> Anstrengung als alleine.
>
> Dies ist der v.a. dann der Fall,
> wenn der individuelle Beitrag nicht
> identifizierbar ist oder nicht
> bewertet wird.

Wenn Personen in einer Gruppe arbeiten und *ihr indi-
vidueller Beitrag zur Gesamtgruppenleistung **nicht**
identifiziert* werden kann bzw. zumindest *nicht
bewertet* wird, tritt ein Phänomen auf, das als „soziales Faulenzen" („social loafing") bezeichnet wird.
Hier steht der Einzelne und seine Leistung nicht „im
Rampenlicht", sondern taucht vielmehr „in der Menge unter". Wie die Bezeichnung „soziales *Faulenzen*"
bereits impliziert, *reduzieren* Individuen in diesem
Fall ihre Anstrengungen in der Gruppe im Vergleich zur Einzelarbeit (*siehe Abb. 6.5*).

Wiederum spielt die **Schwierigkeit der Aufgabe** eine entscheidende Rolle: Das „soziale Faulenzen" tritt v. a. bei *einfachen* Aufgaben auf (Jackson & Williams, 1985; Latané
et al., 1979; Shepperd, 1993). In einer Studie von Ringelmann (1913; siehe auch Ingham
et al., 1974 und Kravitz & Martin, 1986) zeigte der Einzelne bei einfachen Aufgaben in
der Gruppe immer weniger Leistung, je mehr Mitglieder die Gruppe hatte (*siehe auch*

folgenden Kasten). Bei *schwierigen* Aufgaben hingegen, kann die Leistung ansteigen, da das „Untergehen in der Menge", die Nichtidentifizierbarkeit bzw. die Nichtbewertung der eigenen Leistung hier förderlich ist, indem sie eine Art Entspannung auslösen kann. Man traut sich mehr – beispielsweise etwas zu sagen, selbst wenn man sich nicht ganz sicher ist, ob es richtig ist –, wodurch sich insgesamt die Leistung *erhöht* (Jackson & Williams, 1985).

Klassische Studie zum „sozialen Faulenzen"
Je mehr Personen mitarbeiten, desto mehr reduziert der Einzelne seine Anstrengung.

Abb. 6.5: Mit steigender Gruppengröße nimmt die Leistung ab (soziales Faulenzen).

Latané et al. (1979) baten ihre Teilnehmer, so laut wie möglich zu schreien (sog. Anfeuerungsrufe). Dabei hatte man den Teilnehmern die Augen verbunden und spielte über Kopfhörer laute Geräusche ein, damit sie die Lautheit des eigenen Schreiens sowie die des Schreiens der Gruppenmitglieder nicht hören konnten. Die Teilnehmer waren in drei Versuchsgruppen eingeteilt. Die Teilnehmer einer Versuchsgruppe schrien als Einzelperson, die einer anderen als Mitglied einer Zweiergruppe und die der dritten Versuchsgruppe als Mitglied einer Sechsergruppe. Für jede Person wurde die individuelle Leistung mit einem Lautstärkemessgerät aufgezeichnet. Die Teilnehmer der Zweiergruppen erbrachten nur 66 %, die der Sechsergruppen nur 36 % der Leistung der Einzelpersonen. Damit blieb die Produktivität des Einzelnen in der Gruppe mit zunehmender Gruppengröße deutlich hinter der Leistung in Alleinarbeit zurück.

In einer weiteren Bedingung dieser Studie wurde die gleiche Aufgabe in „Pseudo-gruppen" durchgeführt. Den Teilnehmern wurde gesagt, dass es weitere Personen gäbe, die mit ihnen schreien würden (aufgrund der verbundenen Augen und der Kopfhörer war dies vorzugeben leicht möglich), obwohl sie tatsächlich alleine schrieen. Die Ergebnisse sind mit denen der „echten" Gruppen (s. o.) vergleichbar. Wiederum sank die Einzel-leistung mit zunehmender – wenn auch nur vorgeblicher – Gruppengröße.

„Soziales Faulenzen" ist ein insgesamt gut untersuchtes Phänomen: So wurde das Auftreten sozialen Faulenzens bei *sportlichen* Aufgaben (z. B. beim Tauziehen; Ingham et al., 1974) ebenso gefunden wie bei *perzeptuellen* und *kognitiven* Aufgaben (so bei Gedächtnissuchaufgaben, Überwachungsaufgaben, Kreativitätsproblemen, Brainstor-ming und Entscheidungsfindungsaufgaben; Harkins, 1987; Harkins & Szymanski, 1989; Jackson & Harkins, 1985; Jackson & Williams, 1985; Karau & Williams, 1993, 1995; Petty et al., 1980; Shepperd, 1995; Williams et al., 1981, 1993; Zaccaro, 1984).

Wie kommt es dazu, dass bei zunehmender Gruppengröße (und insbesondere bei einfa-chen Aufgaben) die eigene Leistung – zum Teil unbewusst, zum Teil absichtlich – zurückgehalten wird, d. h. „soziales Faulenzen" auftritt? In zahlreichen Untersuchungen wurden nachstehende Einflussfaktoren ermittelt:

- **Nichtidentifizierbarkeit bzw. Nichtbewertung des individuellen Beitrags.** Der eigene Beitrag ist am Ende nicht mehr identifizierbar bzw. wird nicht bewertet oder belohnt (s. o.).

- **Relative Unwichtigkeit des eigenen Beitrags.** Je mehr Personen an der Bewälti-gung einer Aufgabe beteiligt sind, als desto weniger wichtig wird der eigene – im Verhältnis zur Gesamtleistung dann relativ kleine – Beitrag angesehen (Harkins & Petty, 1982; Kerr & Bruun, 1983; Shepperd, 1993; Stroebe & Diehl, 1994). So sinkt v. a. in Anwesenheit von *Experten* der Beitrag von Gruppenmitgliedern ohne Exper-tise (*Novizen*) (Collaros & Anderson, 1969).

- **Verantwortungsdiffusion.** Mit zunehmender Personenanzahl sinkt das Verantwor-tungsgefühl des Einzelnen für die Erledigung der Aufgabe, die Verantwortung „dif-fundiert", d. h., sie verteilt sich über alle Gruppenmitglieder (Karau & Williams, 1993; Latané & Nida, 1980).

- **Illusion der Gruppenproduktivität.** Schließlich kann soziales Faulenzen auch dadurch mit hervorgerufen werden, dass die eigene Produktivität in der Gruppe überschätzt wird. Personen schreiben sich selbst die Gesamtproduktivität stärker zu, als es der Realität entspricht, und nehmen – bewusst oder unbewusst – die Beiträge der anderen (auch) für sich selbst in Anspruch (z. B. im Sinne von „das wollte ich auch gerade sagen") (Paulus & Dzindolet, 1993; Stroebe & Diehl, 1994).

- **Empfundene Unausgewogenheit der Beiträge.** Soziales Faulenzen steigt, wenn man das Gefühl hat, dass *die anderen* Beteiligten sich *nicht* oder zumindest *weniger* *engagieren* als man selbst. Da man selbst nicht der Dumme sein will, der die Arbeit macht, während andere sich ausruhen und Trittbrettfahrer spielen, reduziert man seine Anstrengungen.

Des Weiteren wird das „soziale Faulenzen" von kulturellen Faktoren und vom Geschlecht beeinflusst:

- **Individualistischer kultureller Hintergrund.** In sog. *individualistischen* Kulturen, wie den USA oder Deutschland, stehen individuelle Fähigkeiten und persönlicher Erfolg im Fokus der Aufmerksamkeit. Personen zeigen im Vergleich zur Einzelarbeit aufgrund sozialen Faulenzens in der Gruppe deutlich geringere Leistungen. Umgekehrt treten in sog. *kollektivistischen* Kulturen (z. B. der Volksrepublik China oder Israel), die gemeinsamer Verantwortung und kollektivem Wohl großen Wert beimessen, nicht nur geringere Tendenzen sozialen Faulenzens, sondern sogar höhere Leistungen in Gruppen aufgrund größeren Einsatzes auf (Earley, 1993). Dies zeigt, dass in Kulturen, die Individualismus betonen, *individuelle* Interessen die Leistung leiten, während in kollektivistischen Kulturen *Gruppen*interessen ausschlaggebend sind.

- **Geschlecht.** Männer sind anfälliger für das soziale Faulenzen als Frauen und neigen damit eher dazu, andere die Arbeit machen zu lassen (Karau & Williams, 1993).

Es gibt jedoch auch Bedingungen – zum Teil sind sie aus den o. g. Faktoren ableitbar – die „soziales Faulenzen" unwahrscheinlicher machen. So ist „soziales Faulenzen" reduziert, wenn ...

- die Aufgabe für die Beteiligten interessant und/oder wichtig ist und sie involviert (Brickner et al., 1986; George, 1992; Zaccaro, 1984) oder der Beitrag jedes Einzelnen für den Erfolg entscheidend ist (Harkins & Petty, 1982; Shepperd & Taylor, 1999; Weldon & Mustari, 1988).

- Transparenz über den Beitrag jedes Einzelnen besteht (z. B. wöchentliche Stückzahlen aller ausgehängt werden; Nordstrom et al., 1990), die Beiträge des Einzelnen überwacht werden und/oder bewertbar sind (Brickner et al., 1986; Hoeksema-van Orden et al., 1998; Szymanski & Harkins, 1987; Williams et al., 1981) bzw. wenn die Mitarbeiter denken, dass ihre Führungskraft weiß, wie viel sie leisten (George, 1992).

- die Aufgabe von den Gruppenmitgliedern untereinander im konstruktiven Wettbewerb absolviert wird (z. B. indem Subgruppen Lösungsvorschläge zum gleichen

Problem erarbeiten und der bessere Vorschlag durchgeführt wird, ohne dass die Leistung der anderen Subgruppe abgewertet wird; Erev et al., 1993; Stroebe et al., 1996, Exp. 2–4).

- ein klarer Standard existiert, an dem die Gruppenleistung gemessen werden kann (Harkins & Szymanski, 1989) und die Gruppenleistung belohnt wird (Albanese & Van Fleet, 1985). Somit kann die Bewertung der *Gruppe* – nicht nur die des Einzelnen – soziales Faulenzen reduzieren.

- die Gruppenmitglieder sich sicher sein können, dass ihre Teamkollegen die Aufgabe ernst nehmen (Kerr & Bruun, 1983).

- sich der Einzelne stark mit der Gruppe selbst und/oder deren Zielen identifiziert und damit auch daran interessiert ist, sein Möglichstes zur Zielerreichung beizutragen (Karau & Williams, 1997).

Insbesondere der letzte Punkt zeigt auf, dass die Motivation zur Zielerreichung bezogen auf das „soziale Faulenzen" eine bedeutende Rolle spielt. Wie im nächsten Abschnitt beschrieben, kann durch eine solch hohe Motivation nicht nur „soziales Faulenzen" reduziert, sondern sogar eine Anstrengungssteigerung erreicht werden.

Soziale Kompensation („social compensation")

Soziale Kompensation
Mitglieder mit hohem Leistungsniveau gleichen durch eine *erhöhte* Leistung die fehlenden Fähigkeiten anderer Mitglieder aus.

Daraus können eine zusätzliche Motivierung der schwächeren Mitglieder und damit eine insgesamt erhöhte Leistung folgen.

Oftmals finden sich in einer Gruppe Mitglieder mit unterschiedlich hohen Leistungsniveaus (Tziner & Eden, 1985). Mitglieder mit hohem Leistungsniveau können sich dann – vorausgesetzt, sie identifizieren sich mit der Gruppe und/oder sehen die Aufgabe als wichtig an – veranlasst fühlen, die fehlenden Fähigkeiten schwächerer Mitglieder auszugleichen, um eine insgesamt gute Gruppenleistung zu erzielen (Williams & Karau, 1991; Williams et al., 1993; siehe auch Hertel et al., 2000). Sie strengen sich in der Folge noch mehr an und erhöhen ihren Beitrag. Aber auch die schwächeren Gruppenmitglieder werden – auf diese Weise unterstützt – motiviert, ihr Möglichstes zu leisten, sofern die Fähigkeitsunterschiede nicht *zu* stark sind. So kann eine *insgesamt* erhöhte Motivation resultieren, Leistung zu erbringen (*siehe Abb. 6.6*).

Diese erhöhte Motivation ist umso wahrscheinlicher, je höher die Kohäsion (Mullen & Copper, 1994), die Attraktivität der Gruppe (Brown, 1993), die gegenseitige Sympathie (Latané, 1986) und je größer die Bedeutung der Aufgabe für die Gruppe ist (Williams &

Karau, 1991). Somit gilt für ein Unternehmen, dass zur Steigerung der Produktivität eine Identifizierung mit der Gruppe („Teamgefühl") und mit dem Ziel bzw. der Aufgabe vorhanden sein sollte – denn auf diese Weise wird eine Kompensationen schlechter Leistungen innerhalb der Gruppe möglich und gleichzeitig die Motivation aller erhöht.

*Kreisfläche = Leistungsmenge

Abb. 6.6: Soziale Kompensation.
Hohe Leistungsträger (symbolisiert durch größere „Leistungskreise") erhöhen ihre Anstrengung, um die Schwächen der weniger fähigen Gruppenmitglieder auszugleichen, und motivieren Letztere dadurch, ebenfalls ihre Anstrengungen zu erhöhen.

Fazit zur individuellen Leistung in Anwesenheit anderer

Die Anwesenheit anderer kann sich sowohl förderlich als auch hemmend auf die individuelle Leistung auswirken:

- Ist die eigene Leistung bewertbar, erhöht die Anwesenheit anderer die Erregung. Dies führt zu sozialer Erleichterung bzw. sozialer Hemmung, d. h., leichte Aufgaben werden besser, schwierige Aufgaben schlechter gelöst.

- Ist die eigene Leistung nicht bewertbar, entspannt man sich in der Gruppe. Dies kann bei einfachen Aufgaben zu sozialem Faulenzen führen, d. h., der Einzelne reduziert seine Anstrengungen. Bei schwierigen Aufgaben führt diese Entspannung zu einer Leistungsverbesserung.

- In Gruppen, die sich aus Mitgliedern unterschiedlichen Leistungsniveaus zusammensetzen, kann ein erhöhter Einsatz der Leistungsträger zu einer höheren Motivation in der gesamten Gruppe und damit zu einer insgesamt höheren Leistung führen (soziale Kompensation).

Daraus lässt sich ableiten, dass es sinnvoll sein kann, bei einfachen Aufgaben die Einzelbeiträge identifizierbar zu machen und diese auch zu bewerten. Bei schwierigen Aufgaben wirkt sich ein solcher Druck dagegen negativ aus, weshalb hier eher eine Bewertung auf Gruppenebene anzuraten ist.

6.2.2 Gruppenleistung in Abhängigkeit von der Aufgabe

In diesem Kapitel wurde bislang ganz allgemein „vom Arbeiten in der Gruppe" gesprochen und der Fokus dabei auf die Auswirkungen dessen gelegt, dass in Anwesenheit anderer Menschen agiert wird. Für die Gruppenleistung ist aber natürlich auch entscheidend, welche *Art von Aufgabe* zu bewältigen ist.

Nachfolgend werden drei Aufgabenarten dargestellt, bei denen die einzelnen Gruppenmitglieder unterschiedlich stark voneinander abhängen (Steiner, 1972; siehe auch Kerr & Bruun, 1983; *siehe zusammenfassend Tab. 6.2*):

- **Additive Aufgaben.** Bei additiven Aufgaben gelingt die Lösung der Aufgabe durch Zusammenführung der Beiträge aller Mitglieder. Jedes Gruppenmitglied führt die gleiche Handlung aus (z. B. Tauziehen, anfeuern, Straßekehren, Weihnachtspost adressieren, jemandem beim Umzug helfen etc.). Die Gruppenleistung ergibt sich dann als *Gesamtmenge* der geleisteten Arbeit *aller*. Unter der Voraussetzung, dass es keine Prozessverluste gibt, sollte dann die Gruppe eine bessere Leistung bringen als der Einzelne, d. h., zwei Personen sollten doppelt so viel leisten wie einer, vier Personen viermal so viel.

Als Prozessverluste treten bei additiven Aufgaben vor allem Motivationsverluste wie das bereits oben beschriebene „Soziale Faulenzen" auf (*siehe Abschnitt 6.2.1*).

- **Disjunktive Aufgaben („Zwei Köpfe wissen mehr als einer").** Unter disjunktiven Aufgaben versteht man sog. „Entweder-oder"-Aufgaben, bei denen der Beitrag *eines Einzelnen* von der Gruppe ausgewählt und zum Gruppenprodukt erklärt wird – so bringen beispielsweise bei einer Problemlöseaufgabe (einem Rätsel o. Ä.) die Gruppenmitglieder ihre jeweiligen individuellen Lösungsvorschläge ein und einigen sich zum Schluss auf einen dieser Vorschläge, der dann die Gruppenlösung darstellt. Folglich ist die Leistung der Gruppe bei disjunktiven Aufgaben potenziell so gut wie die Leistung ihres *besten* Mitglieds.

  Disjunktive Aufgaben erfordern einigen *Koordinationsaufwand*, da zunächst das kompetenteste Gruppenmitglied bzw. die beste Einzellösung gefunden werden und sich dann die restliche Gruppe diesem Lösungsvorschlag auch noch anschließen muss (Davis & Harless, 1996). Die Gruppenleistung hängt entscheidend davon ab, wie gut der Gruppe diese Koordination gelingt. Gelingt diese ihr nicht, so kann die Gruppenleistung auch schlechter sein als die des besten Mitglieds, nämlich dann, wenn die Lösung des kompetentesten Mitglieds nicht als Gruppenleistung angenommen wird.

  Ist die Aufgabe in Unteraufgaben aufteilbar, ist das Gruppenergebnis stark davon bestimmt, wie gut es der Gruppe gelingt, die verschiedenen Aufgaben auf die einzelnen Gruppenmitglieder entsprechend ihren spezifischen Fähigkeiten zu verteilen (Hackman, 1987).

  Prozessverluste treten hier insbesondere auf, wenn sich dominante Personen in den Vordergrund drängen und dadurch die Gruppenlösung bestimmen, obwohl sie nicht die beste Lösung kennen (Watson et al., 1998).

- **Konjunktive Aufgaben.** Im Gegensatz zu den disjunktiven Aufgaben, bei denen es nur mindestens *eines* Gruppenmitglieds bedarf, das die Aufgabe lösen kann bzw. diese zu Ende führt, erfordern *konjunktive* Aufgaben, dass sie von *allen* Gruppenmitgliedern erfolgreich ausgeführt werden. Die Gruppenleistung ist hier in der Regel so gut wie die Leistung des *schlechtesten* Gruppenmitglieds. So ist beispielsweise eine Bergsteigergruppe nur so schnell am Gipfel wie ihr langsamstes Mitglied. Da das langsamste bzw. inkompetenteste Gruppenmitglied das Fortschreiten der Gruppenleistung bestimmt, kann eine Gruppe auf dessen Niveau stehen bleiben.

Als Prozessverluste können dadurch bei hoch kompetenten Personen Motivationseinbußen auftreten, wenn sie unter ihrem Können arbeiten müssen. Um solchen Motivationsverlusten entgegenzuwirken, sollten Aufgaben dieser Art – sofern möglich – in Unteraufgaben aufgeteilt werden (Kerr & Bruun, 1983). Wenn auf diese Weise Aufgaben fähigkeitsangemessen auf die Gruppenmitglieder verteilt werden, kann die Gruppenleistung besser als die des schlechtesten Mitglieds sein. Allerdings ist der Koordinationsaufwand dementsprechend ebenfalls hoch.

Tab. 6.2: Potenzielle Gruppenleistung in Abhängigkeit von der Aufgabenart (modifiziert nach Stroebe et al., 2002, S. 507, Tab. 14.1).

Aufgabentyp		Potenzielle Gruppenleistung	Beispiele
additiv		= besser als das Mitglied, das am meisten leistet	Tauziehen, Anfeuern, Straßekehren, Weihnachtspost adressieren, jemandem beim Umzug helfen
disjunktiv	*mit* offensichtlich richtiger Lösung	= so gut wie das *beste* Mitglied bzw. das Mitglied, das am meisten leistet	einfache Berechnungen, Worträtsel, Anagramme
	ohne offensichtlich richtige Lösung	= u. U. so gut sein, wie das Mitglied, das am meisten leistet – wird jedoch häufig nicht erreicht	komplexe Probleme, Rätsel
konjunktiv	*nicht* unterteilbar	= so gut, wie das *schlechteste* Mitglied bzw. das Mitglied, das am wenigsten leistet	Ersteigen eines Berggipfels mit *allen* Gruppenmitgliedern
	unterteilbar	= u. U. besser als das Mitglied, das am wenigsten leistet, vorausgesetzt, die Unteraufgaben werden richtig verteilt	Ersteigen eines Berggipfels nur mit den fähigsten Gruppenmitgliedern; weniger fähigen Mitgliedern werden leichtere Aufgaben zugeteilt wie beispielsweise Nachschub

Zusammenfassung

Arbeitet man in einer aufgabenbezogenen Gruppe (statt allein), kann dies hinsichtlich der Leistung sowohl zu Prozessgewinnen als auch zu Prozessverlusten führen. Zum einen ist die Gruppenleistung davon abhängig, wie viel jeder Einzelne zum Gesamtergebnis beisteuert. So treten bei Gruppenarbeit sowohl Synergieeffekte (z. B. *soziale Erleichterung und soziale Kompensation*) als auch Prozessverluste (z. B. *soziale Hemmung oder soziales Faulenzen*) auf.

Die Gruppenleistung ist zum Zweiten davon abhängig, mit welcher Art von Aufgabe die Gruppe betraut ist. Je nach Aufgabentyp können einzelne Vor- oder Nachteile von Gruppenarbeit verstärkt zum Tragen kommen.

6.3 Effektivitätshindernisse in Gruppen

Soll nun eine anstehende Aufgabe in Gruppenarbeit bearbeitet werden, so ist es – wie bei jedem anderen Arbeitsprozess auch – wichtig, diese so effektiv wie möglich zu gestalten. Wir haben uns im vorangehenden Abschnitt bereits damit beschäftigt, wie sich die alleinige Anwesenheit anderer auf die Leistung in Gruppen auswirkt. Daneben gibt es in der Zusammenarbeit einer Gruppe jedoch noch weitere Phänomene, die sich auf die Gruppeneffektivität auswirken.

Welche Effektivitätshindernisse treten in Gruppen auf? Mit welchen spezifischen Phänomenen hat man es bei Gruppenarbeit zu tun? Welche Gefahren ergeben sich im Zusammenhang mit der Arbeit in Gruppen? Dies zu wissen, ist die Voraussetzung, um eine leistungsfähige Gruppe zu etablieren und die Prozessverluste möglichst gering zu halten. Der Kenntnis dieser Zusammenhänge sind die nachfolgenden Abschnitte gewidmet.

6.3.1 Informationsverluste

Als einen Vorteil von Gruppen nehmen wir an, dass in Gruppen mehr „Brainpower" vorhanden ist, dass zwei Köpfe mehr wissen bzw. mehr Ideen haben als einer. Das ist sicherlich auch häufig der Fall, doch kommt dieses Potenzial in einer Gruppe nicht immer bzw. nur unter bestimmten Umständen zum Tragen. Dies zeigen die folgenden beiden Beispiele auf.

Brainstorming

Nach wie vor ist die Meinung weit verbreitet, dass man in interaktiven Brainstorming-sitzungen kreativer sei als allein – neuere Befunde zeigen allerdings, dass es sich hier um eine Fehleinschätzung handelt: Eine Gruppe bringt in typischen *Brainstorming-sitzungen* nicht nur *quantitativ weniger*, sondern auch *qualitativ weniger kreative* Ideen hervor als die gleiche Anzahl von Personen, welche getrennt voneinander arbeiten (Bond & Van Leeuwen, 1991; Diehl & Stroebe, 1991; McGrath, 1984; Mullen et al., 1991).

Worauf ist dies zurückzuführen? Man könnte annehmen, dass Personen in Anwesenheit anderer ihre kreativen Ideen nicht äußern, da sie eine Bewertung umgehen möchten. *Bewertungserwartung* oder -angst (*siehe Abschnitt 6.2.1*), so zeigt die Empirie, mag zwar mit dazu beitragen, ist aber nicht ausreichend, um die Befunde zu erklären (Diehl & Stroebe, 1987; Stroebe & Diehl, 1994). Entscheidender ist, dass in interaktiven Gruppen Rücksicht auf die anderen Teilnehmer genommen wird („es spricht immer nur einer") und die Ideen der anderen gehört werden. Diehl und Stroebe (1987) zeigen, dass Personen doppelt so viele Ideen produzieren, wenn ihnen erlaubt wird, ihre Ideen zu äußern, wann immer sie ihnen in den Sinn kommen. In einer Gruppe, in der die Teilnehmer warten müssen, bis sie an der Reihe sind, und jemanden ausreden lassen müssen, werden Ideen vergessen oder von neuen Ideen überlagert. Kurzum: Das Hören der Ideen anderer ist nicht – wie häufig angenommen – ideen*steigernd*, sondern führt eher dazu, dass eigene Ideen *gar nicht erst geäußert* werden.

Damit weisen interaktive Brainstormingsitzungen schwere Produktivitätsverluste auf. Wie sollte man damit umgehen? Effektiverweise sollten die Gruppenmitglieder zunächst in einem ersten Schritt getrennt voneinander Ideen entwickeln und erst im zweiten Schritt in einer gemeinsamen Sitzung diskutieren und bewerten (sog. „stepladder"-Methode; Rogelberg et al., 1992; West, 1994).

Effekt des gemeinsamen Wissens

Das Spezialwissen von Mitarbeitern ist heutzutage eine der wichtigsten Ressourcen eines Unternehmens. Diese Informationen auszutauschen, d. h. der Informationsfluss an sich, ist damit einer der elementarsten Prozesse im Wirtschaftsalltag (für einen Überblick siehe Wittenbaum & Stasser, 1996).

> **Effekt des gemeinsamen Wissens**
> Gruppenmitglieder konzentrieren sich auf *gemeinsam geteilte* Informationen statt auf die einzigartigen Informationen, die nur der Einzelne hat.

Zwei Köpfe wissen meist tatsächlich mehr als einer – das Problem ist nur, dass dieser Mehrgewinn an Wissen häufig nicht genutzt wird, weil sich v. a. über das unterhalten wird, was eh schon jeder weiß, und eben *nicht* über das spezielle, einzigartige Wissen des Einzelnen (*siehe Abb. 6.7*).

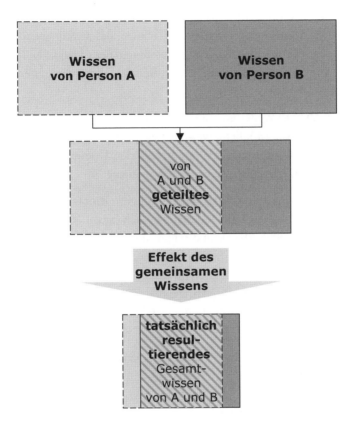

Abb. 6.7: Effekt des gemeinsamen Wissens.
Personen tauschen sich oft nur über das Wissen aus, das sie ohnehin beide gemeinsam haben.

Wie kommt es dazu? Zwei Formen sozialen Einflusses, die in einer Gruppe wirken, können Mitglieder davon abhalten, Informationen auszutauschen.

- **Normativer Druck.** Personen sind bestrebt, die Gruppenmitgliedschaft aufrechtzuerhalten und zu verhindern, dass sie zum Außenseiter werden (Schachter, 1951), und konzentrieren sich daher vor allem auf Wissen, das sie mit anderen gemeinsam haben. Dadurch wird das „Gemeinsame" betont und der Einzelne läuft nicht Gefahr, wegen eines von den anderen abweichenden Beitrags zum Außenseiter oder Zweifler abgestempelt zu werden.

- **Informativer Druck.** Weiterhin zielen Personen darauf ab, *richtige* Informationen zu haben und zu geben. Möglicherweise halten sie die nur ihnen zugänglichen Ideen zurück, weil sie den Informationen und geäußerten Urteilen anderer mehr als nur den ihnen selbst zur Verfügung stehenden vertrauen.

In beiden Fällen konzentrieren sich Gruppenmitglieder hauptsächlich auf Informationen, von denen sie wissen, dass die anderen sie auch haben (Gigone & Hastie, 1993, 1997; Stasser & Titus, 1985, 1987), und halten die Informationen, die nur sie selbst haben, zurück (Stasser et al., 1989; Stewart & Stasser, 1998; Stewart et al., 1998). Das Nichtmitteilen wichtiger Informationen kann dazu führen, dass die beste Lösung unerkannt bleibt, weil relevante Informationen, die über die Gruppenmitglieder verteilt sind, gar nicht zur Sprache kommen oder nicht genügend Aufmerksamkeit erhalten *(siehe folgenden Kasten).*

Dieses Phänomen findet sich in einer Vielzahl organisationaler Settings, beispielsweise bei Jury-Entscheidungen (Tindale et al., 1996), Produktentscheidungen (Kelly & Karau, 1999) oder medizinischen Diagnosen (Larson et al., 1996; Larson, Christensen et al., 1998). So bringen Ärzte ungeteiltes Wissen in eine Diskussion dann ein, wenn alle *ausschließlich* unterschiedliches Wissen haben (z. B. Spezialisten sind). Liegen ihnen hingegen sowohl gleiche als auch unterschiedliche Informationen vor, diskutieren sie vor allem die gemeinsamen (gleichen) Informationen und halten das ungeteilte Wissen zurück.

Klassische Studie zum Effekt des gemeinsamen Wissens

In eine Diskussion fließt insbesondere das von allen geteilte Wissen ein und kann zu einer verzerrten Entscheidung führen.

Stasser und Titus (1985) konfrontierten ihre Teilnehmer mit einer Personalauswahlsituation. Die Aufgabe der Teilnehmer war es, einen Kandidaten als studentischen Präsidenten auszuwählen. Dazu erhielten sie schriftliche Informationen über die Kandidaten und sollten dann im Rahmen einer Gruppendiskussion mit drei weiteren Teilnehmern eine gemeinsame Entscheidung treffen *(siehe Abb. 6.8)*.

Es stellte sich heraus, dass diese Entscheidung in erster Linie durch die Information beeinflusst war, die jedem Teilnehmer vorlag. Da diese gemeinsame Information jedoch nicht repräsentativ war für die Gesamtmenge vorhandener Informationen, wurde nicht die beste Entscheidung getroffen, d. h. nicht der geeignetste Kandidat ausgewählt.

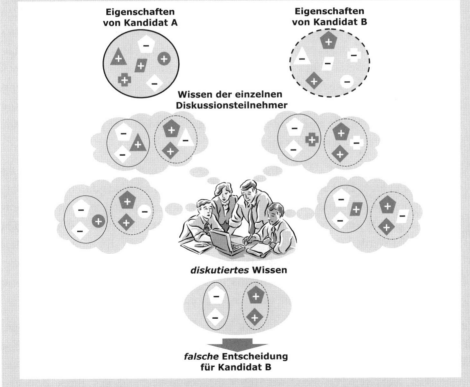

Abb. 6.8: Effekt des gemeinsamen Wissens am Beispiel einer Personalauswahldiskussion. Durch den Effekt des gemeinsamen Wissens kann es zu falschen Entscheidungen kommen. Verschiedene Symbolformen bezeichnen verschiedene Eigenschaften. „+" bzw. „–" in der Form bezeichnen eine positive bzw. eine negative Eigenschaft.

Was lässt sich dagegen tun?

- **Genug Zeit für die Diskussion einplanen.** Da in Diskussionen zunächst nur Gemeinsames diskutiert wird, sollten Diskussionen *andauern*, bis nichtgeteiltes Wissen mit einbezogen wird (Larson, Christensen et al., 1998; Larson, Foster-Fishman & Franz, 1998; Larson et al., 1994). Wird eine Diskussion früh abgebrochen, werden ungeteilte Meinungen oder Minderheitenansichten nicht gehört.

- **Expertenrollen zuweisen.** Jedem Einzelnen *Expertenrollen* zuzuweisen und transparent zu machen, wer in der Gruppe der Spezialist für was ist, kann die Effektivität von Informationsaustausch und -koordination erhöhen. Dies hat zur Folge, dass Experten Verantwortung für die Mitteilung ihres Spezialwissens übernehmen sowie die Diskussionsmitglieder dieses eher aufgreifen oder auch einfordern (Stasser et al., 1995; Stewart & Stasser, 1995).

- **Untergruppen und Advocatus diaboli.** Eine weitere Gegenmaßnahme besteht darin, vor der Diskussion *Untergruppen* mit unterschiedlichen Sichtweisen zu bilden (Wheeler & Janis, 1980) und/oder reihum wechselnd jemandem die *Rolle des Advocatus diaboli* zuzuweisen. Dieses Vorgehen bewirkt, dass alternative Meinungen eingebracht werden müssen. Darüber hinaus argumentieren die Beteiligten aus ihrer *Rolle* bzw. *vorgegebenen* konträren Sichtweise heraus und fühlen sich dementsprechend in der Diskussion im Falle einer abweichenden Meinung nicht als Person angegriffen, sondern in ihrer Rolle als Diskutant gefordert und teilen abweichende Ansichten nach wie vor gezielt mit.

- **„Critical leadership".** Meinungsführer bzw. Gruppenleiter haben durch ihr Verhalten in einer Diskussion zentralen Einfluss. Sie entscheiden durch das, was sie an Beiträgen wiederholen oder anerkennen, ob, inwieweit und zu welchem Zeitpunkt ungeteilte Informationen oder kritische Anmerkungen von den Beteiligten eingebracht werden (Larson et al., 1996). Darüber hinaus ist die individuelle Meinung des Gruppenleiters von beträchtlichem Einfluss. Daher sollten Gruppen- bzw. Diskussionsleiter ihre eigene Rolle kritisch kontrollieren lernen und beispielsweise ihre persönliche Meinung in einer Diskussion zunächst zurückhalten.

Eine generelle Möglichkeit, die Effektivität von Informationssammlungen zu erhöhen, ist weiterhin, sich den Effekt des sog. *„transaktiven Gedächtnisses"* zunutze zu machen (Wegner et al., 1991). Dieses bezeichnet die effektive Kombination der Gedächtnisse zweier oder mehrerer Personen, wie Ihres Gedächtnisses und das Ihres Kollegen (Wegner, 1995). So könnte sich Ihr Kollege alle anstehenden sozialen Aktivitäten merken (Geburtstag eines Mitarbeiters, der längst fällige Anstrich im Abteilungsflur etc.), während Sie selbst dafür zuständig sind, fachliche Termine und Deadlines zu erinnern.

Eine klare Aufteilung von Verantwortlichkeiten beim Erinnern bestimmter Aufgaben oder Informationen kann die gesamte Erinnerungsleistung (Liang et al., 1995; Moreland, 1999; Moreland et al., 1996) und damit letztendlich auch das Zusammenführen dieser Informationen verbessern (Stasser, 2000).

Verallgemeinernd kann diese Möglichkeit, spezielle Fähigkeiten eines jeden Einzelnen in ein Team einzubringen, die Produktivität eines Teams enorm erhöhen – langjährige Teams können dies meist sehr gut und ergänzen sich damit hervorragend. Teams, die Teambildungsmaßnahmen durchlaufen haben, haben darin zumeist die spezifischen Fähigkeiten eines jeden Teammitglieds kennen gelernt, können diese nun gezielter miteinander koordinieren und sich damit gegenseitig effizient nutzen (Moreland et al., 1996, 1998)[2].

Dass sich die Illusion, Arbeiten im Team sei produktiver, so hartnäckig hält, mag u. a. auch daran liegen, dass Personen dem fälschlichen Glauben unterliegen, in der Gruppe mehr zu produzieren als alleine. So überschätzen sie die Anzahl ihrer eigenen Beiträge, da es ihnen schwer fällt, zwischen den eigenen Ideen und denen der anderen zu unterscheiden (*siehe Brainstorming in Abschnitt 6.3.1*). Da nun jedes Mitglied glaubt, es selbst sei in der Gruppe produktiver als alleine, kommt es zu dem Schluss, dass das Arbeiten in der Gruppe auch insgesamt zu besseren Resultaten führe (Stroebe, Diehl & Abakoumkin, 1992). Dementsprechend überschätzen sich Gruppen hinsichtlich ihrer Gesamtleistung (*siehe Gruppendenken, Abschnitt 6.3.3*), wohingegen sich Einzelpersonen realistischer einschätzen. Darüber hinaus macht es den meisten Personen mehr *Spaß*, in der Gruppe zu arbeiten als alleine. So geben Personen, die in Gruppen arbeiten, an, glücklicher und zufriedener mit ihrer Arbeit zu sein als diejenigen, die alleine arbeiten (Smith & Mackie, 2000).

---

[2] Voraussetzung ist hier allerdings, dass die Teambildungsmaßnahmen in den bestehenden Arbeitsteams als Gesamtgruppe durchgeführt wurden (siehe Moreland et al., 1996, 1998).

6.3.2   Einfluss von Mehr- und Minderheiten

Stellen Sie sich vor, Sie seien Mitglied eines Gremiums, in dessen nächster Sitzung über die Änderung eines wichtigen Regelwerks abgestimmt werden soll. Sie selbst haben sich intensiv mit der Problematik auseinander gesetzt und sich eine Meinung gebildet. Bei einem Vortreffen erfahren Sie, was Ihre Kollegen über die Änderungen denken.

Würden Sie Ihre Meinung ändern, wenn die Mehrheit der Gruppe eine andere Meinung verträte als Sie selbst? Würden Sie möglicherweise nach außen hin Ihre Meinung an die Mehrheitsmeinung angleichen, insgeheim aber Ihre bisherige Meinung beibehalten? Denken Sie, Sie hätten mit Ihrer Minderheitsmeinung überhaupt eine Chance, die Mehrheit zu überzeugen? Um diese und ähnliche Einflüsse von Gruppenmehrheiten und -minderheiten auf die Meinungsbildung soll es in den folgenden Abschnitten gehen.

Der Einfluss von Mehrheiten – Konformität

Wenn Personen in einer Gruppe – und damit *öffentlich* – ein Urteil abgeben sollen, werden sie dabei von dem, was andere sagen, beeinflusst – und dies entweder auf informativem oder normativem Wege:

Informativer Einfluss

Einfluss, der auf dem angenommenen Informationswert der Meinung anderer beruht

Informativer Einfluss. Nehmen wir zur Illustration einmal an, Sie sind in einer Konferenz und von draußen ertönt ein Schrei. Es ist nicht klar: Kommt dieser Schrei von einer Person, die auf dem Gang mit anderen herumalbert, oder aber von jemandem, der sich ernsthaft verletzt hat? Wie würden Sie reagieren? Da Sie sich über den Grund des Schreis nicht im Klaren sind, würden Sie vermutlich erst einmal beobachten, wie Ihre Kollegen reagieren. Wenn von den Kollegen niemand aufschaut, würden Sie daraus wahrscheinlich schließen, dass alle anderen es als Alberei eingestuft haben, und selbst nicht weiter darüber nachdenken.

Dieses Phänomen bezeichnet man als *informativen Einfluss* einer Gruppe. Personen unterliegen diesem informativen Einfluss, wenn sie sich in ihrem Urteil bezüglich einer mehrdeutigen Situation der Meinung der anderen Personen anschließen, wenn sie den anderen mehr als ihrer eigenen Sichtweise oder Wahrnehmung vertrauen (Cialdini, 1993; Cialdini & Trost, 1998; Deutsch & Gerard, 1955) *(siehe folgenden Kasten)*.

Das Ausmaß des informativen Einflusses ist abhängig von ...

- der *Unabhängigkeit der Personen*: Zwei unabhängige Zweiergruppen haben einen größeren Einfluss als eine Vierergruppe, drei Zweiergruppen wiederum mehr Einfluss als zwei Dreiergruppen usw. (Wilder, 1977). Damit wirken mehrere unabhängige Informationsquellen mehr als eine aggregierte.

- der persönlichen *Bedeutung, ein richtiges Urteil zu fällen*: Der informative Einfluss ist umso gravierender, je wichtiger es einer Person ist, richtig zu urteilen (Baron et al., 1996; Levine et al., 2000). Glaubt sie allerdings, dass andere Personen keine verlässliche Quelle sind, oder verstoßen deren Meinungen gegen ihre moralischen Vorstellungen, schließen sich Personen nicht der Meinung anderer an (Buehler & Griffin, 1994).

> **Klassische Studie zum informativen Einfluss**
> *Die Schätzungen anderer Gruppenmitglieder werden als Orientierung herangezogen, und die Urteile der Gruppenmitglieder nähern sich einander an.*
>
> Sherif (1935; vgl. Jacobs & Campbell, 1961) bot seinen Teilnehmern in einem vollständig abgedunkeltem Raum in einer Entfernung von ca. fünf Metern ein einzelnes kleines Licht dar. Ein solch stationär dargebotenes Licht wirkt, wenn keine weiteren Bezugspunkte vorhanden sind, im Sinne einer Wahrnehmungstäuschung, als würde es sich ziellos umherbewegen (sog. autokinetischer Effekt). Die Teilnehmer sollten eine mündliche Schätzung des Ausmaßes der Lichtbewegung (in Zoll) abgeben. Es zeigte sich, dass Teilnehmer, die gemeinsam in einem Raum waren, sich in ihren Schätzungen aneinander annäherten (konvergierten). Dies war auch dann der Fall, wenn die anwesenden weiteren Personen keine echten Teilnehmer, sondern Vertraute des Versuchsleiters waren und vorgegebene Antworten vertraten, von denen sie nicht abrückten (Jacobs & Campbell, 1961).
>
> Diese Studien zeigen, dass in einer mehrdeutigen Urteilssituation („Bewegt sich das Licht, und wenn ja, in welchem Ausmaß?") die Antworten anderer Personen als Orientierung herangezogen und die eigenen Schätzungen daran angeglichen werden.

Informativer Einfluss resultiert zumeist in *„Konversion"*, d. h. privater Konformität: eine Person schließt sich *nicht nur öffentlich* der Meinung anderer an, sondern ändert auch *innerlich* ihre Überzeugung.

Normativer Einfluss. Personen orientieren sich jedoch nicht nur dann an den Urteilen anderer, um in mehrdeutigen Situationen die *richtige* Einschätzung zu ermitteln (informativer Einfluss), sondern auch aus dem *Bedürfnis nach Sympathie, Anerkennung und Vermeidung von Ablehnung* heraus. Eine solche Konformität beruht auf *normativem Einfluss*. Personen unterliegen diesem normativen Einfluss einer Gruppe, wenn sie sich

> **Normativer Einfluss**
> Einfluss, der auf dem Bedürfnis nach Akzeptanz und Bestätigung durch andere beruht

in ihrem Urteil der Meinung anderer Personen anschließen, um von diesen akzeptiert und bestätigt zu werden (Allison, 1992; Cialdini et al., 1991; Cialdini & Trost, 1998; Deutsch & Gerard, 1955).

Klassische Studie zum normativen Einfluss

Die Schätzungen anderer Gruppenmitglieder erzeugen Konformitätsdruck und es wird nach außen hin eine konforme Meinung kundgetan.

Asch (1951, 1955) bot seinen Teilnehmern eine einfache visuelle Diskriminationsaufgabe dar: Sie sollten 18-mal entscheiden, welche von drei dargebotenen Linien genauso lang war wie die Referenzlinie (*siehe Abb. 6.9*). Die Teilnehmer gaben ihre Schätzung entweder alleine ab oder aber öffentlich in Gruppen zu je acht Personen in einer durch die Sitzordnung vorgegebenen Reihenfolge.

Die Achtergruppe bestand jedoch aus nur einem „echten" Teilnehmer, die übrigen sieben Personen waren Vertraute des Versuchsleiters (was dem „echten" Teilnehmer jedoch nicht bekannt war). Diese Vertrauten gaben in einigen Durchgängen korrekte Antworten, in der Mehrheit der Durchgänge hingegen einheitlich falsche Einschätzungen der Linien an. Der „echte" Teilnehmer gab sein Urteil immer als einer der letzten in der Gruppe ab. Auf diese Weise wurde der „echte" Teilnehmer mit einer offensichtlich falsch urteilenden, aber einmütigen Mehrheit konfrontiert. Die Ergebnisse zeigten, dass unter diesen Rahmenbedingungen die Fehlerrate stark anstieg – nur noch 26 % der Teilnehmer machten bei dieser offensichtlich leichten Einschätzungsaufgabe keine Fehler (im Vergleich zu 95 % korrekten Schätzungen, wenn nicht öffentlich geschätzt wurde).

Asch zeigte in einer weiteren Studie (1956), dass sich dieser normative Konformitätseinfluss verringert, wenn ein anderer Teilnehmer von der offensichtlich falschen Mehrheitsmeinung abweicht – unabhängig davon, ob dieser Abweichler mit seiner Meinung richtig oder falsch liegt; wichtig ist lediglich, die Einmütigkeit der anderen Urteile aufzubrechen. Schließt sich dieser Abweichler allerdings dann doch der Mehrheit an, wirkt der normative Einfluss von da an so, als hätte es nie einen Abweichler gegeben.

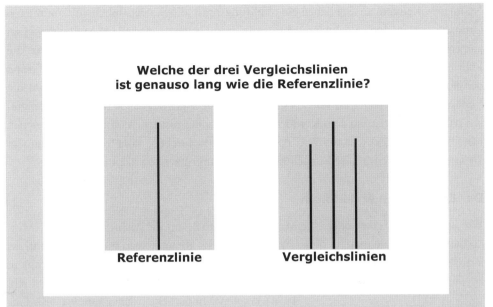

Welche der drei Vergleichslinien
ist genauso lang wie die Referenzlinie?

Referenzlinie   **Vergleichslinien**

Abb. 6.9: Die Urteilsaufgabe in Aschs Konformitätsstudien (modifiziert nach Aronson et al., 2002, S. 265, Abb. 8.2).

Normativer Einfluss resultiert im Gegensatz zum informativen Einfluss typischerweise in *„compliance"*, d. h. in öffentlicher Konformität *ohne* innere Überzeugung. Eine Person verhält sich hier im Wesentlichen deshalb konform, weil ihr viel daran liegt, was andere von ihr denken. Sie verändert also ihr Verhalten nach außen hin, behält aber ihre ursprüngliche Überzeugung bei.

Das Ausmaß normativen Einflusses ist abhängig von drei Faktoren (Latané, 1981): Je größer die Wichtigkeit der Gruppe für den Betroffenen („strength"), je näher bzw. unmittelbarer der Kontakt des Betroffenen zur Gruppe („immediacy") und je größer die Anzahl der Gruppenmitglieder („number"), desto stärker ist der normative Einfluss. Die Macht dieses Einflusses ist nicht zu unterschätzen. Selbst wenn Personen wissen, dass die Gruppe falsch urteilt und es außerdem Belohnungen für richtiges Urteilen gibt, fällt es ihnen extrem schwer, von der Gruppe abzuweichen und sich damit dem normativen Einfluss zu widersetzen (Baron et al., 1996). Ein einzelner Abweichler ist nur in Aufgaben, deren Lösung eindeutig richtig oder falsch ist (*siehe o. g. Kasten*), eine Hilfe, um sich selbst ebenso dem Gruppeneinfluss zu widersetzen (Allen & Levine, 1969; Nemeth & Chiles, 1988). Bei allen anderen Aufgaben hingegen ist darüber hinaus echte *soziale Unterstützung* erforderlich, um Konformitätseinflüsse zu reduzieren. Diese könnte darin bestehen, dass einem jemand beipflichtet oder sich aktiv für dieselbe Meinung stark macht.

Nehmen wir einmal an, Sie haben eine Führungskraft, die Sie persönlich vollkommen in Ordnung finden, doch alle anderen Kollegen Ihrer Gruppe vertreten die Meinung, sie sei „ätzend". Neue Mitarbeiter, die in Ihre Gruppe dazukommen, lernen zwar die Führungskraft ebenso wie Sie als nette Person kennen, schließen sich jedoch aufgrund des normativen Drucks der Mehrheit der Gruppe an und lehnen nach außen hin die Führungskraft ab. Wenn Sie nun als soziale Unterstützung der neuen Mitarbeiter fungieren würden, könnten Sie dem Konformitätseinfluss der restlichen Gruppe auf die neuen Mitarbeiter entgegenwirken. Wie nachfolgend beschrieben, könnte Ihr Engagement sogar eine Veränderung der Einstellung der Gesamtgruppe bewirken.

Der Einfluss von Minoritäten

Wie kann ein Einzelner oder eine Minderheit Einfluss auf die Mehrheit ausüben? Minderheiten sind zahlenmäßig klein, sie haben in aller Regel keinen normativen Einfluss auf die Mehrheit, sind häufig unbeliebt und werden allzu oft nicht ernst genommen. Nach Moscovici (1976, 1985, 1994; Moscovici & Lage, 1976; Moscovici & Nemeth, 1974) können Minderheiten daher nur *indirekt Einfluss* nehmen, im Speziellen über die *Konsistenz ihrer Position*: Sie müssen zu einem Sachverhalt eine klare und ausdauernde Position beziehen und diese über verschiedene Personen und die Zeit hinweg aufrecht erhalten – Beispiele hierfür sind Galilei, Freud, die Grünen, Ökologie- und Frauenbewegungen. Personen, die mit dieser überdauernden Minderheitsmeinung ständig konfrontiert werden, beginnen meist irgendwann, sich mit dieser auseinander zu setzen (sog. kognitiver Konflikt), indem sie nach weiteren Informationen suchen, mehrere Perspektiven berücksichtigen und somit letztendlich bessere Entscheidungen treffen (Nemeth & Owens, 1996).

Einfluss von Minoritäten

Minderheiten können eine Gruppe beeinflussen, wenn sie ihre abweichende Meinung *konsistent* äußern.

Dies belegen beispielsweise Studien im Bereich der Geschworenenurteile in den USA (Nemeth, 1977). Wurden Einstimmigkeitsurteile (im Gegensatz zu Mehrheitsurteilen) gefordert, mussten die Geschworenen den Standpunkt der Minderheit berücksichtigen, die Beratungen dauerten entsprechend länger, die Geschworenen erinnerten sich an mehr Indizien, eine breitere Vielfalt von Überlegungen wurde ins Feld geführt, unterschiedliche Betrachtungsweisen hinsichtlich der Indizien entwickelt und die Geschworenen waren sich in ihrem Urteil sicherer.

Damit eine Minderheit Einfluss nehmen kann, sollte sie ihre abweichende Meinung gegenüber der Mehrheit eindeutig äußern (auf diese Weise kann ein Schneeballeffekt entstehen: auch andere Mitglieder können ihre Selbstzensur aufgeben; Levine, 1989), ihre Argumente dabei originell und spannend verpacken, so dass sie die Mehrheit provozieren und interessieren, gleichzeitig gemäßigt auftreten und kompromissbereit bleiben, um keinen unnötigen Widerstand (*siehe Reaktanz, Kapitel 3*) zu erzeugen. Eine Minorität kann eher Einfluss ausüben, wenn ihre Position dem Zeitgeist entspricht. So ist es beispielsweise heutzutage einfacher, für eine höhere Anzahl von Frauen in Führungspositionen zu werben, als dies vor 30 Jahren der Fall war.

6.3.3 Entscheidungsprozesse in Gruppen

Viele und vor allem wichtige Entscheidungen werden in Gruppen getroffen – in der Annahme, dass zwei oder mehr Köpfe besser entscheiden als ein einzelner. Ist diese Annahme richtig? Die meisten werden das bejahen, denn ein Einzelner mag sehr eigene, verzerrte Wahrnehmungen haben und dementsprechend falsche Entscheidungen treffen (*siehe auch Kapitel 1 und 3*). In einer Gruppe dagegen können sich die Mitglieder untereinander austauschen, Argumentationsfehler des anderen entdecken und somit zu besseren Entscheidungen kommen. Wer hat schließlich noch nicht die Erfahrung gemacht, dass er bei einer Gruppendiskussion einem anderen Teilnehmer zuhörte und sich dachte „Hm, was für ein guter Aspekt, daran hatte ich noch gar nicht gedacht"? Doch haben Gruppenentscheidungen immer einen Vorteil gegenüber Einzelentscheidungen? Kann es in einer Gruppe auch zu schlechteren Entscheidungen kommen? Inwiefern beeinflusst eine Gruppe, auf welche Weise Entscheidungen gefunden werden?

Ob Gruppenentscheidungen den Entscheidungen von Einzelpersonen überlegen sind oder nicht, ist von einer Reihe von Faktoren abhängig, die nachfolgend beleuchtet werden sollen.

Gruppenpolarisierung

Basis einer Gruppenentscheidung sind zumeist die Meinungen der einzelnen Mitglieder, welche diskutiert werden, um dann in eine gemeinsame Entscheidung zu resultieren. Man sollte daher annehmen, dass die Gruppenmeinung einen Durchschnitt aller Meinungen bzw. einen Kompromiss widerspiegelt und damit insgesamt weniger extrem ausfällt als die Einzelmeinungen. Dies ist jedoch zumeist nicht der Fall. Vielmehr findet sich eine Extremisierung der Ausgangspositionen – dieses Phänomen wird *Gruppenpolarisierung* genannt. Ist der Durchschnitt der Einzelmeinungen vor der Diskussion für eine *vorsichtige* Vorgehensweise, so wird die Gruppenmeinung nach der Diskussion „*noch vorsichtiger*" ausfallen. Ist der Durchschnitt der Einzelmeinungen hingegen für eine *riskante* Vorgehensweise, ist die Durchschnittsmeinung nach der Diskussion „*noch riskanter*".

Gruppenpolarisierung

Eine anfangs favorisierte Position wird im Laufe einer Gruppendiskussion extremisiert.

Ursachen sind

- informativer Einfluss
- wiederholte Äußerungen
- sozialer Vergleich und
- Selbstkategorisierung

Vor der Gruppendiskussion bestehende Meinungen der Einzelmitglieder werden in der Diskussion akzentuiert vorgebracht, eigene Meinungen immer vehementer vertreten (Friedkin, 1999; Moscovici & Zavalloni, 1969). Kurzum: Gruppenpolarisierung beschreibt die Extremisierung in Richtung der Ausgangsmeinung infolge einer Diskussion *(siehe folgenden Kasten)* (für einen Überblick siehe Myers & Lamm, 1976).

Klassische Studie zur Gruppenpolarisierung
Meinungen werden durch Diskussion extremer.

Moscovici und Zavalloni (1969) ließen ihre französischen Teilnehmer zunächst ihre eigene Einstellung zu Präsident De Gaulle angeben. Zu jeder ihrer Einstellungen sollten sie dann versuchen, im Rahmen einer Gruppendiskussion Konsens in der Gruppe zu erzielen. Anschließend mussten sie erneut ein Einstellungsurteil abgeben. Die Ergebnisse zeigten, dass die Teilnehmer in Folge der Gruppendiskussion extremere Einstellungen entwickelten – leicht positive Einstellungen wurden extrem positiv, leicht negative extrem negativ.

Wie kommen Gruppenpolarisierungen zustande? Hieran sind vier Mechanismen beteiligt:

- **Informativer Einfluss.** In der Gruppendiskussion werden Informationen zu einem Thema zusammengetragen, darunter auch einige, die dem Einzelnen vorher noch unbekannt waren. Die Argumente anderer stützen die eigene Meinung zusätzlich, stellen eine breitere Argumentationsgrundlage zur Verfügung. Im Zuge neuer überzeugender Argumente und des höheren Informationsniveaus wird die eigene Meinung extremer (Burnstein & Sentis, 1981; Larson et al., 1994).

- **Wiederholte Äußerungen.** Je häufiger eine Einstellung geäußert wird, desto extremer wird sie (Brauer et al., 1995). Das liegt daran, dass wiederholte Äußerungen mit der Zeit weniger differenziert und weniger an Einschränkungen geknüpft werden. Wenn Wiederholungen durch andere Personen erfolgen, fühlt man sich zudem sozial unterstützt und noch stärker darin bestätigt, richtig zu liegen.

- **Normativer Einfluss und sozialer Vergleich.** Personen streben danach, ihre eigenen Meinungen zu bewerten, mit denen anderer zu vergleichen und in diesem Vergleich positiv abzuschneiden (Abrams et al., 1990; Festinger, 1954). Darüber hinaus neigen sie dazu, die eigene Meinung für „besser" oder „richtiger" zu halten als die anderer (Codol, 1975). Indem sie ihre Meinung extremisieren, können sie sich im Falle einer *abweichenden* Meinung positiv von der Gruppe *absetzen*. Wird hingegen die eigene Meinung von anderen in der Gruppe *geteilt*, so wird diese ebenfalls extremer vertreten, um in diesem Fall die *Kohäsion*, d. h. den Zusammenhalt zu diesen Personen zu fördern.

- **Selbstkategorisierung.** Personen definieren sich selbst u. a. über die Gruppe, in der sie sich befinden (Turner et al., 1987). Dabei fokussieren sie auf das, was sie von anderen unterscheidet ("wir sind anders als die da"), betonen dies auch nach außen hin und werden damit extremer in ihren Positionen.

Aufgrund von Gruppenpolarisierung kann es zu *riskanteren* Entscheidungen kommen (sog. „risky shift phenomenon", Myers & Lamm, 1976; Stoner, 1961). Ein höheres Risiko wird akzeptiert, weil die Handlungskonsequenzen von der ganzen Gruppe getragen werden (*siehe Verantwortungsdiffusion, Abschnitt 6.2.1*). Um ein Beispiel zu geben: Nehmen wir an, eine Gruppe soll entscheiden, ob eine Person einen sicheren, aber langweiligen Job in Firma A zugunsten einer interessanten, aber möglicherweise unsicheren Position in Firma B kündigen soll. Während Einzelpersonen entscheiden würden, dass er dies nur tun solle, wenn die Chancen – sagen wir – mindestens 3 : 10 stehen, würde eine Gruppe dies bereits bei einer Chance von – sagen wir – 2 : 10 befürworten.

> **„Risky shift" Phänomen**
> Tendenz von Gruppen, riskantere Entscheidungen zu treffen als Individuen

Inwieweit Entscheidungen riskanter werden, hängt dabei auch mit der Kultur und dem Wertesystem der Beteiligten zusammen: Studien zeigen, dass in den USA risikobereites und innovatives Verhalten geschätzter ist als in kollektivistischen Kulturen. Dementsprechend werden riskante Alternativen mehr bewundert als vorsichtige (Lamm et al., 1971) sowie Personen, die Risiken auf sich nehmen, im Allgemeinen positiver wahrgenommen (Madaras & Bem, 1968) und als kompetenter eingeschätzt als diejenigen, die die vorsichtigeren Möglichkeiten wählen (Jellison & Riskind, 1970).

Diese Befunde weisen darauf hin, dass Gruppenpolarisierungen in konservative Richtung vor allem dann auftreten sollten, wenn Vorsicht in der Gruppe als *Wert* angesehen wird (z. B. der Schutz von schwangeren Frauen). Umgekehrt sollte die Risikobereitschaft steigen, wenn das Eingehen von Risiken als etwas Positives favorisiert wird (z. B. bzgl. unternehmerischer Pionierentscheidungen).

Ob in zu riskante oder in zu vorsichtige Richtung – Gruppenpolarisierung kann dazu führen, dass Gruppen Entscheidungen treffen, die im einfachsten Fall verzerrt und im schlimmsten Fall katastrophal sind.

Gruppendenken

Gruppendenken
- Viele Köpfe – eine Meinung
- Die Aufrechterhaltung von Kohäsion und Solidarität in der Gruppe ist wichtiger, als Fakten und Realität zu berücksichtigen.

Darüber hinaus können katastrophale Entscheidungen aus dem sog. „Gruppendenken" resultieren (Janis, 1982; siehe auch Aldag & Fuller, 1993; Fuller & Aldag, 1998; Turner & Pratkanis, 1998). Gruppendenken entsteht dann, wenn in einer Gruppe das Konsensstreben stark dominiert bzw. sogar *wichtiger* wird als die Aufgabe so gut und effektiv wie möglich zu bewältigen. Dadurch kann es zu einer enorm verzerrten Wahrnehmung der Realität kommen, wie die folgenden Beispiele zeigen.

Klassische Beispiele zum Gruppendenken

„Das Unglück von Tschernobyl im Jahre 1986"

Am 26. April 1986 explodierte der Reaktor 4 des ukrainischen Kernkraftwerks in Tschernobyl, zerstörte dabei die tausend Tonnen schwere Betondecke und verseuchte große Teile der Umgebung und ganz Europa mit radioaktiver Strahlung. Analysen zufolge sind die unmittelbaren Ursachen des Unglücks ausschließlich auf psychologische Faktoren, im Speziellen auf Gruppendenken, zurückzuführen (Dörner, 1989; Reason, 1987). Was war geschehen?

Der Reaktorunfall war Folge einer Aneinanderreihung falscher Entscheidungen. Bei dem dort arbeitenden Reaktorpersonal „handelte es sich um ein gut eingespieltes Team hochangesehener Fachleute (...). Wohl gerade die hohe Selbstsicherheit dieses Teams war mitverantwortlich für den Unfall. (...) Man glaubte zu wissen, womit man zu rechnen hatte, und man glaubte sich vermutlich auch erhaben über die ‚lächerlichen' Sicherheitsvorschriften, die für ‚Babys' beim Umgang mit Reaktoren gemacht waren, nicht aber für ein Team von gestandenen Fachleuten" (aus Dörner, 1989, S. 55). Bedenken wurden wegrationalisiert, die hohe Gruppenkonformität wurde durch Selbstzensur verstärkt. Es galt die Norm „Was wir machen, ist richtig" und Handlungsalternativen wurden nicht in Erwägung gezogen (für ausführliche Analysen siehe Dörner, 1989, S. 47–57).

„Der tragische Start der Raumfähre Challenger am 28. Januar 1986"

Am 28. Januar 1986 explodierte die US-Raumfähre Challenger kurz nach ihrem Start vom Weltraumstützpunkt Cape Canaveral in 17 Kilometer Höhe. Die sieben Besatzungsmitglieder kamen dabei ums Leben. Analysen des tragischen Unfalls ergaben, dass die

Entscheidung, die Raumfähre überhaupt starten zu lassen, eine Folge von Gruppendenken war (Moorhead et al., 1991). Was war passiert?

Ingenieure der Raketen-Herstellerfirma hatten schwere Sicherheitsbedenken bzgl. der
Dichtungsringe geltend gemacht. Bei der NASA wusste man von diesen Problemen. In
einer Telefonkonferenz am Tag vor dem Start forderte der Raketenhersteller „Morton-
Thiokol" die NASA auf, den Start erst durchzuführen, wenn die Temperaturen über
10 °C gestiegen seien. Die derzeitigen Temperaturen lagen unter dem Gefrierpunkt.

Doch weder einen Umbau noch eine erneute Zeitplanverschiebung wollte man vornehmen, da die NASA bereits im Zeitplan zurücklag und drohende Kürzungen befürchtete.
Außerdem glaubte man nicht an ein Versagen der Feststoffraketen, bisher hatte es immer
geklappt, die Technik war zuverlässig. Die NASA-Manager drängten den Raketenhersteller, dem Start zuzustimmen. Durch den Druck und die Angst, die NASA könnte
sich nach einem anderen Raketenhersteller umschauen, stimmten die Techniker von
„Morton-Thiokol" schließlich doch zu. Der Start sollte wie vorgesehen stattfinden.

Die Temperaturen lagen bei 2 Grad über Null. Eis hatte sich auf der Raumfähre gebildet
und musste entfernt werden. Dann wurde gestartet. 73 Sekunden nach ihrem Start explodierte die Challenger in einem Feuerball. Unglücksursache war ein geschmolzener
Dichtungsring.

„Die amerikanische Invasion in der Schweinebucht im Jahre 1961"

Präsident John F. Kennedy und seine Berater hatten beschlossen, 1 400 Exil-Kubaner mit
Unterstützung der amerikanischen Luftwaffe zu einer Invasion an der kubanischen Küste
zu entsenden. Doch kaum kamen diese an, wurden sie gefangen genommen und sogar
teilweise getötet. Was war passiert? Analysen von Janis (1972, 1982) zufolge sind
Kennedy und seine Berater dem Gruppendenken zum Opfer gefallen.

Kennedy und seine Berater schwelgten noch im Glanz der kurz zuvor gewonnenen Wahl
und standen vor ihren ersten großen Entscheidungen. Kennedy hat die Invasion klar
befürwortet. Keiner seiner Berater opponierte gegen das äußerst zweifelhafte Vorhaben,
die schwer wiegenden politischen Konsequenzen blieben unberücksichtigt. Stattdessen
wurden v. a. Möglichkeiten der Durchführung durchdacht, aber die Invasion als solche
nicht in Frage gestellt.

Als typische Symptome von Gruppendenken lassen sich zusammenfassen:[3]

- **Illusion der Unanfechtbarkeit.** Falsche Einmütigkeit schafft die Illusion der Unanfechtbarkeit und lässt einen überzogenen Optimismus entstehen.

- **Rationalisierung.** Der Gruppenmeinung zuwiderlaufende Argumente und Fakten werden von der Gruppe abgewertet.

- **Gruppeneigene Moral.** Ein unbedingter Glaube an die Moralität der Gruppe macht blind für die ethisch fragwürdigen Konsequenzen von Entscheidungen. Es herrscht die Auffassung, dass das, was die Gruppe entscheidet, *auf jeden Fall* richtig und moralisch integer ist.

- **Stereotypisierung.** Meinungsgegner und Außenstehende werden durchgängig negativ wahrgenommen und nicht als ernsthafte Gesprächspartner betrachtet. Statt deren Argumente ernsthaft abzuwägen, werden beispielsweise Fragen gestellt wie „Wie kann so ein Dummkopf so eine Position bekommen?" oder „Wie kann sich so ein inkompetentes Team so lange am Markt halten?" und damit neben der Person oder dem Team auch deren Meinung als inkompetent abgetan.

- **Konformitätsdruck.** Die Gruppe übt massiven Druck auf Mitglieder aus, die Zweifel äußern. Dadurch verstummen nach und nach alle Widersprüche.

- **Selbstzensur.** Gruppenmitglieder unterdrücken von sich aus eigene Zweifel an der Gruppenmeinung, da sie von der Gruppe akzeptiert und gemocht werden wollen (*siehe normativer Druck, Abschnitte 6.3.1 und 6.3.2*).

- **Selbsternannte „Meinungswächter".** Einzelne Gruppenmitglieder bringen Zweifler aktiv zum Schweigen, noch bevor sie von der Gruppe gehört werden und damit Einfluss nehmen könnten.

- **Illusion der Einstimmigkeit.** Aufgrund des Konformitätsdrucks, der Selbstzensur und der Aktivität der Meinungswächter werden abweichende Meinungen nicht mehr geäußert. Dadurch entsteht bei allen Mitgliedern, insbesondere aber bei dem Gruppenführer, das Bild uneingeschränkter Einmütigkeit.

Die Entstehung von Gruppendenken wird durch verschiedene Faktoren beeinflusst. So entsteht Gruppendenken beispielsweise eher in Gruppen mit starker Hierarchie, die sehr wichtige Entscheidungen treffen müssen und keine konsistent abweichenden Minderheiten als Bestandteil haben (Frey, 1994; Frey et al., 1996). Weiterhin förderlich

---

[3] Nicht alle dieser Symptome wurden repliziert, veranschaulichen aber dennoch gut mögliche Ausprägungen.

für Gruppendenken ist eine starke Identifikation der Mitglieder mit ihrer Gruppe (Hogg & Hains, 1998; Mullen et al., 1994; Turner et al., 1992). Auch die Homogenität der Gruppenmitglieder gepaart mit einer hohen Kohäsion kann Gruppendenken fördern. Das ist aber nur dann der Fall, wenn zusätzlich auch andere Risikofaktoren vorliegen (Mullen et al., 1994; Turner et al., 1992).

Sowohl zwischen den Gruppenmitgliedern (z. B. Konformitätsdruck) als auch innerhalb eines jeden Beteiligten selbst (z. B. Selbstzensur) laufen Prozesse ab, die zur Entstehung des Gruppendenkens beitragen. Studien zufolge finden sich in vielen Firmen (z. B. Chrysler, Coca-Cola, IBM) und interessanterweise v. a. in *erfolgreichen* Arbeitsteams *einzelne* Merkmale des Gruppendenkens, nicht jedoch die entsprechend negativen Auswirkungen auf die Entscheidungsqualität oder den -erfolg (Peterson et al., 1998). Der Übergang zum Gruppendenken wird immer dann gefährlich nahe erreicht, wenn eine Gruppe sehr stark nach Konsens strebt, wenn die Gruppe also glaubt, *stets* Konsens erreichen zu müssen. In der Folge wird dann stärker darauf fokussiert, *dass* und nicht mehr *wie* Konsens erreicht wird (Smith & Mackie, 2000). Im schlimmsten Fall wird er ohne Berücksichtigung aller verfügbaren Informationen, ohne Unabhängigkeit der Meinungen und durch öffentliche Konformität ohne innere Akzeptanz (*siehe normativer Einfluss, Abschnitte 6.3.1 und 6.3.2*) erzielt.

Gruppendenken ist somit ein ernstzunehmendes Problem im Rahmen von Gruppenentscheidungen. Was lässt sich dagegen tun? Mögliche Gegenmaßnahmen können sein (siehe auch Aldag & Fuller, 1993; Cosier & Schwenk, 1990; Frey et al., 1996; Haslam, 2001; Schweiger et al., 1986; Schweiger et al., 1989; Zimbardo & Andersen, 1993):

- **Zurückhaltung der Führenden.** Da die Meinung des Gruppenführers sehr einflussreich ist, sollte er zwar eine klare Meinung *haben*, diese aber *nicht bereits zu Anfang der Diskussion äußern* (Peterson, 1997; Peterson et al., 1998).

- **Offenheit für andere Meinungen pflegen.** So sollte die Führungskraft immer wieder dazu ermutigen, Kritik und Zweifel zu äußern, sowie „Meinungsminderheiten" Schutz gewähren. Auch das Ernennen eines Advocatus diaboli – in der Rolle des schonungslosen Kritikers vorgeschlagener Alternativen – ist geeignet, dem Verschließen gegenüber konträren Meinungen entgegenzuwirken. Interne und externe Kontrollinstanzen sollten etabliert und regelmäßig gehört werden. Wichtig ist es diesbezüglich auch, den Kontakt nach außen zu halten. In diesem Sinne kann auch das Hinzuziehen von Experten helfen, Gruppendenken zu vermeiden.

- **Gruppendynamische Vorgänge beachten.** Heterogene Gruppen sind nicht so anfällig für Gruppendenken wie homogene Gruppen, so dass es durchaus Sinn machen kann, Querdenker in die Gruppe mit einzubeziehen. Eine weitere Möglichkeit besteht darin, die Gruppe in mehrere Subgruppen aufzuteilen, die zunächst getrennt voneinander diskutieren und dann erst zu einem gemeinsamen Austausch zusammenkommen. Oder man kann die gleiche Fragestellung von unterschiedlichen Gruppen mit unterschiedlichen Führungskräften diskutieren lassen. Außerdem ist es wichtig, keine Verantwortungsdiffusion entstehen zu lassen, so dass sich im Endeffekt niemand mehr verantwortlich fühlt.

- **Offenheit für Entscheidungsrevision bewahren.** Selbst nach der Entscheidungsfindung sollte Offenheit für neue Informationen und für eine dadurch ggf. erforderliche Revision oder Anpassung der Entscheidung bestehen (*siehe Verlusteskalation, Abschnitt 1.5.3*). Darüber hinaus kann es sinnvoll sein, eine Art „dialektische Sitzung" abzuhalten, nachdem eine vorläufige Entscheidung getroffen wurde, um diese zu prüfen.

Eine insgesamt geringere Anfälligkeit für Gruppendenken und Polarisierung besteht auch dann, wenn Probleme und Entscheidungen technologievermittelt getroffen (per E-Mail, Video, Telefon etc.) werden, da dadurch die *aufgabenbezogenen* Merkmale betont werden (McGuire et al., 1987).

Sollten Entscheidungen also in der Gruppe getroffen werden, oder lieber von Einzelpersonen?

Konformität, Gruppenpolarisierung und Gruppendenken sind wichtige Beispiele für einflussreiche Phänomene, die im Rahmen von Gruppenentscheidungen auftreten und die Entscheidungsqualität gefährden können. Angesichts dieser Problematik stellt sich die Frage, ob Entscheidungen in der Gruppe oder lieber von Einzelpersonen zu treffen sind. Diese Frage ist so allgemein nicht zu beantworten.[4] Wie hier aufgezeigt wurde, ist unter psychologischen Gesichtspunkten vielmehr die Frage zu stellen, unter welchen Bedingungen Personen in der Lage sind, qualitativ bessere Entscheidungen treffen zu können (Weinert, 1998).

---

[4] Wann eine Entscheidung sinnvollerweise von einer Einzelperson oder einer Gruppe zu treffen ist, kann beispielsweise anhand von Entscheidungsbäumen abgeleitet werden (Vroom & Yetten, 1975; Vroom & Jago, 1988) und soll aufgrund bislang nicht eindeutiger Evidenzlage hier nicht weiter diskutiert werden.

Zusammenfassend lassen sich diesbezüglich die in Tab. 6.3 dargestellten Vor- und Nachteile von Gruppenentscheidungen festhalten (Brandstätter et al., 1978; Brandstätter et al., 1982; Hill, 1982; Rosenstiel, 2000; Streufert, 1978; Weinert, 1998):

Tab. 6.3: Übersicht der Vor- und Nachteile von Gruppenentscheidungen.

Nachteile	Vorteile
• Entscheidungen in der Gruppe zu treffen, bedeutet häufig Mehraufwand an Zeit und Kosten • einige Mitglieder haben vielleicht zu wenig Information oder einen zu geringen Wissensstand zum Thema; es besteht die Gefahr, dass nur gemeinsames Wissen diskutiert wird • Entscheidungen sind „anonym" (niemand zeichnet sich verantwortlich), es droht die Gefahr der Verantwortungsdiffusion • möglicherweise wird die Entscheidung von wenigen Dominanten getroffen, Mehrheiten setzen sich durch; ggf. bestehen Konformitätsdruck und Gruppendenken • Gruppenpolarisierung tritt auf, so dass die Entscheidung extremer ausfallen kann als die Organisation es wünscht oder benötigt	• wenn Heterogenität der Ideen wichtig ist, besitzt die Gruppe einen Vorteil gegenüber Einzelpersonen (z. B. höhere Kreativität, sofern Brainstormingregeln etc. richtig angewandt werden) • eine Gruppe kann mehr Informationen und mehr Wissen zusammentragen (z. B. über transaktives Gedächtnis; Einbringen von Spezialwissen) • unklare, ungewisse Situationen können besser bewertet werden • oftmals höhere Qualität und höhere Effektivität der Lösung (jedoch geringere Effizienz, siehe Zeitbedarf bei Nachteilen) • erhöhte Akzeptanz der Entscheidung; wenn viele daran partizipierten, wird sie auch von vielen getragen

Zusammenfassung

Um Gruppenarbeit effektiv zu gestalten, ist es wichtig, Prozessverluste möglichst gering zu halten. Zum einen gilt es, *Informationsverluste* bei der Arbeit in Gruppen zu vermeiden. So wurde aufgezeigt, dass „Brainstorming" in der Gruppe nicht generell, sondern nur unter Einhaltung bestimmter Regeln einen Mehrgewinn gegenüber Einzelpersonen bringt. Darüber hinaus können Informationsverluste dadurch entstehen, dass im Rahmen von Gruppendiskussionen hauptsächlich das von allen geteilte Wissen diskutiert wird und das einzigartige, nur dem Einzelnen zugängliche Wissen (= potenzieller Gruppenvorteil) oft gar nicht zur Sprache kommt *(Effekt des gemeinsamen Wissens)*.

Weiterhin können Mehr- und Minderheiten einen nicht zu unterschätzenden Einfluss auf die Meinungen bzw. die Meinungsäußerung von Gruppenmitgliedern haben. Mehrheiten können bewirken, dass Minderheiten ihre Meinung in Richtung Konformität *ändern* (*informativer Konformitätsdruck*) oder *zumindest nach außen* eine konforme Meinung vertreten (*normativer Konformitätsdruck*). Andererseits können jedoch auch Minderheiten die Mehrheit von ihrer Meinung überzeugen – vorausgesetzt, die Minderheit vertritt ihre Meinung konsistent, d. h. ausdauernd und gleichbleibend über verschiedene Situationen hinweg und ggf. gegenüber unterschiedlichen Personen.

*Entscheidungs*prozesse in Gruppen werden u. a. durch *Gruppenpolarisierung* und *Gruppendenken* gefährdet. So werden durch eine gemeinsame Diskussion die Meinungen der Gruppenmitglieder in Richtung der ursprünglichen Meinung extremisiert. Dadurch kann es zu sehr riskanten (bekannt als „risky shift") oder aber auch zu sehr konservativen Entscheidungen kommen. Indem der *Konsens das wichtigste Ziel* wird und nicht mehr die bestmögliche Aufgabenbewältigung im Vordergrund steht, kann Gruppendenken zu weit reichenden Fehlentscheidungen führen.

6.4   Zusammenfassung

Wie diese Ausführungen zeigen, reicht es, um eine Gruppe wirksam sein zu lassen, nicht aus, sie formell zu bestimmen. Vielmehr ist es erforderlich, dass Entwicklungsphasen durchlaufen werden, innerhalb derer sich Rollen differenzieren, Normen und Werte aus der Gruppe heraus entwickelt werden, ein Wir-Gefühl entsteht. Wie in den einzelnen Abschnitten bereits dargelegt, entscheiden die so entstandenen gruppeninternen Normen und Werte, der Zusammenhalt und die Identität über die Bereitschaft der Gruppenmitglieder zu Leistung und Produktivität.

Doch selbst wenn eine Gruppe eine hohe Leistungsbereitschaft aufweist, garantiert dies noch nicht, dass die Leistung bzw. Produktivität auch erreicht wird. Die Anwesenheit anderer Personen kann sowohl leistungssteigernd als auch leistungshemmend wirken. Die Richtung der Wirkung ist dabei von der Möglichkeit, die individuelle Leistung zu bewerten, und von der Schwierigkeit der Aufgabe abhängig. Für die potenzielle Überlegenheit von Gruppen gegenüber Einzelpersonen ist weiterhin bedeutend, welche Art von Aufgabe bewältigt werden soll.

Ist man sich darüber einig, dass eine Gruppenarbeit die beste Lösung für eine bestimmte Aufgabe ist, so stehen der erfolgreichen Bewältigung noch einige gruppenspezifische Gefahren im Wege. Es ist in diesem Zusammenhang wichtig, sich mit möglichen Informationsverlusten beim „Brainstorming" oder der Tatsache, dass in einer Gruppe vor allem das von allen geteilte Wissen (Effekt des gemeinsamen Wissens) diskutiert wird, auseinander zu setzen. Sowohl Mehrheiten als auch Minderheiten können starken Einfluss auf die Gruppenmeinung ausüben. Weitere einflussreiche und für eine hohe Entscheidungsqualität gefährliche Phänomene sind Gruppenpolarisierung und Gruppendenken. Auch hier ist es von großer Bedeutung, die bedingenden Faktoren zu kennen und gezielt gegenzusteuern.

Arbeit in Gruppen hat demnach sowohl große Vorteile als auch gravierende Nachteile. Sie sollte daher sehr überlegt eingesetzt und gut angeleitet werden, um Synergieeffekte des gemeinsamen Arbeitens zum Tragen kommen zu lassen und Prozessverluste weitestmöglich auszuschließen.

7 Psychologische Aspekte standardisierter Befragungen

Ob Mitarbeiterbefragungen, Marktforschung, politische Umfragen, Produktein-schätzungen oder Gesundheitsstatistiken – alle diese Erhebungen beruhen auf Angaben, die Personen in Befragungen zu Protokoll geben. Auf Grundlage dieser Befragungs-ergebnisse werden wichtige Entscheidungen getroffen – die Einführung neuer Produkte, Veränderungen von Wahlstrategien, die Umbesetzung von Personal, um nur einige weni-ge zu nennen. Da diese Entscheidungen durchaus weit reichende finanzielle und perso-nelle Konsequenzen haben, benötigen sie eine solide Basis. Doch kann man Befragungsdaten „trauen"? Stellen sie überhaupt eine solide Basis für so weit reichende Entscheidungen dar?

Im Allgemeinen gehen wir zunächst einmal davon aus, dass wir eine „wahre" Antwort erhalten, wenn wir jemanden nach seiner Meinung oder zu seinem Verhalten befragen – vorausgesetzt, der Befragte ist motiviert, eine korrekte Antwort zu geben, und lügt den Befragenden nicht absichtlich an. Die Antwort sollte dann gleich sein, unabhängig davon, ob die Befragung schriftlich oder mündlich, morgens oder abends, bei gutem oder schlechtem Wetter stattfindet. Ebenso würden wir eine gleiche Antwort erwarten, wenn der gleichen Person eine halbe Stunde später noch einmal die gleiche Frage gestellt wird. Unter diesen Voraussetzungen wären Befragungsdaten eine solide Basis für Entscheidungen.

Wie die Forschung jedoch zeigt, sind diese Voraussetzungen nicht immer gegeben. Viel-fach ist nachgewiesen worden, dass Befragungsdaten in nicht unerheblichem Maße vom *Befragungsinstrument und der Befragungssituation* beeinflusst werden und weniger die Wiedergabe „objektiver" Daten oder tatsächlicher Meinungsbilder darstellen (Schwarz, Strack & Hippler, 1991).

Dies ist darauf zurückzuführen, dass Personen die in Befragungen geforderten Verhaltensdaten und Meinungsbilder nicht einfach an oder in sich „ablesen" können wie an einer Messlatte, sondern ihre (häufig spontanen) Angaben auf anderem Wege *erschließen* müssen. Gemäß dem sog. 4-Stufen-Modell der Befragung (Strack & Martin, 1987; Tourangeau & Rasinski, 1988, *siehe Abb. 7.1*) stehen sie dabei vor folgenden Aufgaben:

① Zunächst muss der Befragte die Frage *verstehen* (siehe Belson, 1981) (**Frageninterpretation,** *siehe Abschnitt 7.1*).

② Im nächsten Schritt steht der Befragte vor der Aufgabe, ein bereits früher gebildetes Urteil abzurufen bzw. – wenn kein fertiges Urteil zur Verfügung steht – ein neues Urteil zu bilden (**Meinungsbildung/-abruf,** *siehe Abschnitt 7.2*).

- Handelt es sich hierbei um eine *Meinungs*frage, müssen Befragte eine früher ge- bildete Meinung erinnern oder relevante Information aus dem Gedächtnis abru- fen, die ihnen eine neue Meinungsbildung zum Befragungszeitpunkt erlaubt.

- Handelt es sich um eine *Verhaltens*frage, müssen relevante Verhaltensepisoden erinnert und, falls ein bestimmter Zeitraum zu berücksichtigen ist, diese Episo- den datiert werden.

- Bezieht sich die Frage auf eine *Häufigkeits*frage, muss darüber hinaus die Zahl der relevanten Episoden bestimmt oder auf anderer Grundlage eine Schätzung vorgenommen werden.

③ In einem dritten Schritt muss der Befragte sein Urteil in das geforderte Antwortfor- mat einpassen (**Antwortformatierung,** *siehe Abschnitt 7.3*).

④ Zum Schluss ist der Befragte aufgefordert, sein Urteil situationsangemessen mitzu- teilen (**Antworteditierung,** *siehe Abschnitt 7.4*).

Auf jeder dieser Stufen unterliegt eine Befragung, ebenso wie jede andere Bewertung oder Entscheidung (*siehe Kapitel 1 bis 3*), mannigfaltigen Einflüssen des Kontexts. Im Speziellen sind dies Einflüsse durch

- die *Befragungssituation* (z. B. Wer befragt wen und wo?) und

- das *Erhebungsinstrument* (Sind alle Fragen gleichzeitig zu sehen oder werden sie sukzessive dargeboten?) (siehe Schwarz, Strack & Hippler, 1991; Strack, 1988; Strack & Martin, 1987; Strack, Martin & Schwarz, 1988).

Befragungen sind umso anfälliger für diese Einwirkungen, je komplexer und mehrdeu- tiger das gefragte Urteil, je höher der Zeitdruck und je unsicherer der Befragte ist.

Die sog. *Reliabilität* (der Grad der Übereinstimmung zweier Messungen) von Befra- gungsangaben erweist sich als problematisch (Glatzer, 1984) – die Wiederholung einer Frage zu einem späteren Zeitpunkt führt bei der gleichen Person nicht unbedingt zur gleichen Antwort. Vor dem Hintergrund der verschiedensten Einflüsse, die bei der Be- antwortung einer Frage wirksam sind, und der Tatsache, dass Personen eine gewünschte Antwort zumeist erschließen müssen, ist dies gar nicht verwunderlich. Doch sind gera- de im betrieblichen Kontext Befragungswiederholungen zur Messung von Veränderun- gen erforderlich, beispielsweise wird die zu einem Zeitpunkt X erfasste Zufriedenheit der Mitarbeiter mit einem späteren Messzeitpunkt Y (z. B. nach Einführung diverser Verbesserungen) verglichen.

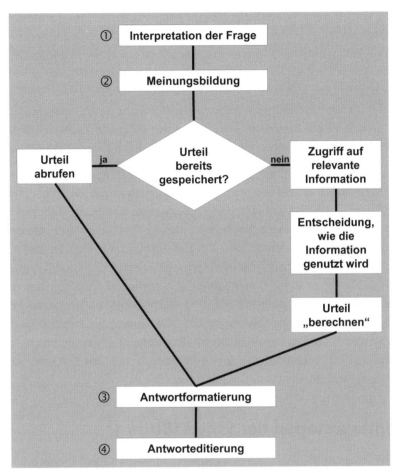

Abb. 7.1: Modell der Informationsverarbeitung in einer Befragungssituation (übersetzt nach Strack & Martin, 1987, S. 125, Abb. 1).

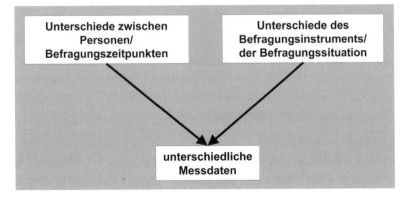

Abb. 7.2: Wie kommen Unterschiede bei Befragungen zustande?

Angesichts der geringen Stabilität der Messung stellt sich die Frage, ob Messungen dieser Art überhaupt sinnvoll sind; sind *gemessene Veränderungen* zwischen zwei Befragungszeitpunkten wirklich ein *Abbild von Veränderungen in der Realität* oder kommen diese gemessenen Unterschiede durch ganz andere Faktoren zustande, obwohl sich in der Realität eigentlich nichts verändert hat (*siehe Abb. 7.2*)? Ebenso stellt sich diese Frage bezüglich interindividueller Unterschiede; sind gemessene Unterschiede zwischen Personen tatsächlich ein Abbild objektiver, „innerer" Unterschiede zwischen diesen Personen oder kommen diese gemessenen Unterschiede durch äußere Faktoren zustande?

Trotz all dieser Probleme ist es – wie die Beispiele zu Anfang zeigen – häufig unverzichtbar, Meinungsdaten zu erheben; Befragungen sind nach wie vor ein wichtiges Instrument. Um dieses Instrument zuverlässig einsetzen zu können, stellt sich daher die Frage, was eine „gute" Befragung ausmacht, welche Einflüsse bei der Gestaltung von Befragungen und bei der Interpretation von Befragungsergebnissen zu berücksichtigen sind. Diesbezüglich sollen nachfolgend empirische *Ergebnisse zu psychologisch wichtigen Einflussfaktoren in Befragungssituationen* – gegliedert nach den vier Stufen des oben beschriebenen Befragungsmodells – diskutiert werden (siehe auch Schwarz & Oyserman, 2001). An einigen Stellen finden sich Vorschläge, wie diesen Einflüssen begegnet werden kann. Doch nicht in allen Fällen lassen sie sich verhindern, so dass es vor allem darauf ankommt, sich dieser Einflüsse *bewusst* zu sein und sie bei der *Interpretation von Befragungsdaten mit einzubeziehen.*

7.1   Interpretation der Frage (Stufe 1)

Im Rahmen einer Befragung muss der Befragte zunächst einmal verstehen, worum es eigentlich geht, bzw. erfassen, was der Fragende *genau* von ihm wissen will.

Wenn Sie beispielsweise angeben sollten, wie viel Kaffee Sie pro Tag trinken, so erscheint diese Frage auf den ersten Blick sehr einfach. Doch bei genauerem Hinsehen tauchen bereits bei einer solchen Frage einige Unklarheiten auf: In welchen Maßeinheiten – Espresso- vs. normale Tassen vs. Kaffeebecher – sollen Sie Ihren Kaffeekonsum angeben? Bezieht sich die Frage auf einen normalen Arbeitstag, einen Tag zuhause (Samstag oder Sonntag) oder den durchschnittlichen Konsum über beides gemittelt? Sollen Sie koffeinfreien Kaffee mit einrechnen oder nicht, d. h. geht es vielleicht *eigentlich* gar um ihren *Koffein-* und nicht den Kaffeekonsum?

Ganz abgesehen davon, dass Sie die korrekte Anzahl der Maßeinheiten erinnern müssten, treten hier bereits, was die genaue Bedeutung der Frage betrifft, einige Interpretationsschwierigkeiten auf. Man kann sich leicht vorstellen, dass solche Interpretationsschwierigkeiten verstärkt auftreten, wenn es sich um komplexere Fragen handelt, wie beispielsweise die Frage „Wie zufrieden sind Sie mit Ihrer Arbeitssituation?".

Ein anderes Interpretationsproblem ergibt sich bei der Frage:

„Mögen Sie Kohl?"

An wen oder was haben Sie bei dieser Frage gedacht? An den ehemaligen Bundeskanzler Helmut *Kohl* oder an das *Kohl*gemüse? Es kann gut sein, dass Ihnen in diesem Fall gar nicht bewusst war, dass diese Frage mehrdeutig sein könnte – d. h., Sie hätten unter Umständen eine „falsche" Antwort gegeben, wenn Sie beantwortet hätten, ob Sie *Helmut* Kohl mögen, der Befragende aber eigentlich das Kohl*gemüse* meinte.

Wie gehen wir vor, um solch mehrdeutige Informationen zu konkretisieren? In einem mündlichen Interview könnten Sie bei dem Interviewer einfach nachfragen, doch was tun Sie in schriftlichen Befragungen?

Die Forschung zeigt, dass sich Befragte bei solchen Fragen weitere Informationen suchen, welche ihnen Aufschluss darüber geben, was der Befragende genau von ihnen wissen will. Im Folgenden wird dargestellt, inwiefern hierbei die Antwortalternativen (*siehe Abschnitt 7.1.1*), die Frage selbst (*siehe Abschnitt 7.1.2*) oder auch andere Fragen, die im gleichen Kontext gestellt werden (*siehe Abschnitt 7.1.3*), genutzt werden.

7.1.1 Antwortvorgaben als Interpretationshilfe

Hätten Sie auf die Frage „Mögen Sie Kohl ..." die Antwortalternative „... lieber als Lafontaine?" bzw. „... lieber als Karotten?" erhalten, wäre eindeutig zu erschließen gewesen, dass im ersten Fall der Politiker *Kohl*, im zweiten Fall das *Kohl*gemüse gemeint war. Die vorgegebenen **Antwortalternativen** hätten Ihnen folglich Informationen über den erfragten Gegenstand gegeben.

> Die **Antwortalternativen** geben Aufschluss über den Befragungsgegenstand.

Nicht nur rein inhaltlich kann eine Frage mehrdeutig sein – wie im eben beschriebenen Beispiel –, sondern auch bzgl. der Intensität des Inhalts. Überlegen Sie dazu einmal Folgendes: Wie häufig „langweilen Sie sich", „ärgern Sie sich" oder „haben Sie Kopfschmerzen"? Können Sie diese Fragen ohne weiteres beantworten?

Um konkrete Häufigkeitsangaben abzugeben, müssten Sie zunächst – wie im einführenden Kaffeebeispiel – bestimmen, was beispielsweise mit „sich ärgern" gemeint ist. Was heißt denn „Wie oft haben Sie sich in der Vergangenheit richtig geärgert?" Geärgert über einen hupenden Autofahrer, Ihre Führungskraft, die ungerechtfertigter Weise laut und persönlich beleidigend geworden ist, oder gar wegen des Auftrags, den Sie nicht bekommen haben, so dass Ihre Abteilung nicht finanziert ist? Diese Ärgernisse sind sicher von der Intensität des Ärgerns recht unterschiedlich.

Studien haben gezeigt, dass Fragen dieser Art für Befragte vage und daher interpretationsbedürftig sind. Auf was die Frage genau abzielt, entnehmen Befragte den vorgegebenen **Antwortskalen**: Im Falle der oben angesprochenen Ärgernisse würde das bedeuten: Reichen die Antwortvorgaben von „weniger als zweimal pro Woche" bis „mehrmals täglich", können die Befragten schließen, dass wohl kleinere Ärgernisse gemeint sind, da bedeutsame Ärgernisse nicht so häufig vorkommen. Andererseits legen Vorgaben von „weniger als einmal im Jahr" bis „mehrmals im Monat" nahe, dass seltene – und damit vermutlich bedeutsamere – Ärgernisse gemeint sind.

> Die **Antwortskalen** beeinflussen die Interpretation des Befragungsgegenstands.

Dies belegen Studien von Schwarz et al. (1988), in denen Befragte extremere Beispiele typischer Ärgernisse beschrieben, wenn sie zuvor ihre Ärgerhäufigkeit auf einer Skala mit geringen statt mit hohen Antwortvorgaben berichten mussten (*siehe Tab. 7.1*). Damit beeinflusst der **Wertebereich von Antwortvorgaben** die Interpretation des Frageinhalts. Bei der Fragebogenentwicklung ist es also wichtig, sich darüber bewusst zu sein, dass selbst *identisch formulierte* Fragen bei *unterschiedlichen* Häufigkeitsvorgaben *unterschiedliche* Erfahrungen messen können.

Tab. 7.1: Einfluss der Antwortalternativen zur Frage nach der Häufigkeit von Ärgernissen (1.) auf die Intensität der in einer zweiten Frage beschriebenen typischen Beispiele für ein Ärgernis (2.).

Frage	Gruppe 1 Häufigkeit – hoch	Gruppe 2 Häufigkeit – niedrig
1. Wie oft haben Sie sich in der Vergangenheit richtig geärgert?	❏ weniger als zweimal pro Woche ❏ ... ❏ ... ❏ ... ❏ mehrmals täglich	❏ weniger als einmal im Jahr ❏ ... ❏ ... ❏ ... ❏ mehrmals im Monat
2. Bitte beschreiben Sie ein typisches Beispiel für ein solches Ärgernis! (freie Antwort)	*Schweregrad des Ärgernisses* *weniger schwer wiegend*	*schwer wiegender*

7.1.2 Merkmale der Frage als Interpretationshilfe

Frageformulierung

Nicht nur in den Antwortvorgaben, sondern auch in der Frageformulierung können Hinweise enthalten sein, die der Interpretation des Frageinhalts dienen. Bereits erstaunlich kleine Unterschiede in der Frageformulierung können systematische Unterschiede in den gegebenen Antworten bewirken.

So gab Loftus (1975) einer ihrer Teilnehmergruppen folgende Frage vor: „Haben Sie *oft* Kopfschmerzen, und wenn ja, wie oft?", einer anderen Gruppe wurde dagegen die Frage gestellt: „Haben Sie *gelegentlich* Kopfschmerzen, und wenn ja, wie oft?" Die erste Teilnehmergruppe gab im Durchschnitt an, 2,2-mal pro Woche Kopfschmerzen zu haben, während die durchschnittliche Häufigkeit bei der zweiten Teilnehmergruppe bei 0,7-mal pro Woche lag.

Wie kommt es zu diesen unterschiedlichen Angaben? Die Wörter „oft" und „gelegentlich" waren der einzige Unterschied zwischen den beiden Gruppen und damit ausschlaggebend für die unterschiedlichen Antworten: Sie gaben den Befragten einen Hinweis darauf, welche Art von Kopfschmerz gemeint war – Kopfschmerzen die „oft" vorkommen, sind vermutlich leichtere Kopfschmerzen, dagegen sind Kopfschmerzen, die nur „gelegentlich" vorkommen, vermutlich schwer wiegender. Ebenso wie Häufigkeitsvorgaben in den Antwortskalen können also auch **Häufigkeitsangaben** in der Frageformulierung Aufschluss über den Befragungsgegenstand geben.

Dies gilt auch für die in der Frage genannte **Referenzperiode** (Igou et al., 2002; Winkielman et al., 1998). Aus der zu beurteilenden Zeitperiode (z. B. gestern vs. letztes Jahr) erschließen Befragte, worauf die Frage abzielt, beispielsweise welche Art von Ärgernis gemeint ist. Während die Frage „Wie häufig haben Sie sich *gestern* geärgert?" nahe legt, dass recht häufige Ärgernisse gemeint sind (da sie an einem einzigen Tag mehrfach auftreten), spielt die Frage „Wie häufig haben Sie sich *letztes Jahr* geärgert?" eher auf extremere Ärgernisse an, die noch lange in Erinnerung bleiben.

Ein ähnliches Bild ergibt sich bei Unterschieden in der Frageformulierung bzgl. Hinweisen, die **Zeit- und Größenangaben** oder Variationen in der **Intensität** eines Ereignisses betreffen: Beispielsweise wurde je nach Frageformulierung die Länge ein und

> Die Verwendung von **Häufigkeits-, Zeit- oder Größenangaben** in der Frage beeinflusst die Interpretation des erfragten Inhalts.

desselben Films (ebenso auch die Größe eines Basketballspielers) unterschiedlich eingeschätzt (Harris, 1973). Auf die Frage „Wie *lang* ist der Film?" wurden durchschnittlich 130 Minuten Dauer geschätzt, während auf die Frage „Wie *kurz* ist der Film?"

100 Minuten Dauer geschätzt wurden. Bei Augenzeugen, die die Geschwindigkeit zweier Pkws bei einem Autounfall beurteilen sollten, resultierte die Formulierung „Wie schnell waren die Autos, als sie *aufeinander prallten?*" („About how fast were the cars going when they smashed into each other?") in höheren Geschwindigkeitsschätzungen als Fragen, die die Verben *zusammenstießen* („collided"), *aufeinander auffuhren* („bumped"), *sich berührten* („contacted") oder *sich rammten* („hit") verwendeten (Loftus & Palmer, 1974). Diejenigen Augenzeugen, deren Frage die Formulierung *aufeinander prallten* enthielt, erinnerten sogar, zerbrochenes Glas gesehen zu haben – obwohl das nicht der Fall war.

Suggestivfragen

Eine besondere und extreme Form der Beeinflussung durch die Frage findet man in den sog. *Suggestivfragen*. Fragen wie beispielsweise „Ihnen geht es doch gut, oder?" bzw. „Sie sind doch zufrieden mit Ihrem Arbeitsplatz?" suggerieren dem Befragten, dass eine Ja-Antwort von ihm erwartet wird. Neben diesen eher auffälligen Varianten der Frageformulierung gibt es eine Reihe subtilerer Formulierungen, die nicht minder beeinflussend sind. Im Gegenteil, da diese subtileren Suggestivfragen für den Befragten weniger durchschaubar sind, mögen sie noch verzerrender auf die Beantwortung wirken als die offensichtlichen Suggestivfragen. Nachfolgend sollen exemplarisch zwei Arten suggestiven Befragens aufgezeigt werden.

> Die Verwendung eines **bestimmten oder unbestimmten Artikels** in der Frage beeinflusst die Suggestivwirkung einer Frage.

Bereits die Verwendung des **bestimmten vs. unbestimmten Artikels** kann die Antworten auf eine Frage systematisch verändern (Loftus, 1974). Wurden Augenzeugen gefragt, ob sie *das* Auto gesehen hätten, antworteten sie häufiger mit Ja als auf die Frage, ob sie *ein* Auto gesehen hätten.

Wie ist dies zu erklären? Befragte unterstellen dem Befragenden zum einen Wissen über das tatsächliche Vorkommnis und gehen weiterhin davon aus, dass der Befragende sie nicht irreführen will. Die Formulierung „*das* Auto" impliziert also für den Befragten,

> Die **Einbettung und Wiederholung** einer Frage beeinflussen die Suggestivwirkung einer Frage.

dass der Fragende *weiß*, dass in der Szene tatsächlich ein Auto vorkam, und nur feststellen will, ob der Befragte es *auch* gesehen hat. „*Ein* Auto" impliziert dagegen, dass der Fragende sich selbst nicht sicher ist, ob ein Auto vorkam oder nicht. Diese Information aus der Frageformulierung nutzt der Befragte als Interpretationshilfe und richtet seine Antwort dementsprechend aus (Hilton & Slugoski, 1986). Der bestimmte Artikel suggeriert somit eine Ja-Antwort; eine solche Frageformulierung macht aus einer Frage eine äußerst subtile Suggestivfrage.

Nicht nur die Frageformulierung selbst, sondern auch die **Einbettung einer Frage** sowie die **Wiederholung einer Frage** können auf eine Beantwortung suggestiv einwirken (*siehe folgenden Kasten*).

Klassische Studie zum Effekt der Wiederholung einer Frage
Wiederholtes Nachfragen kann „Erinnerungen" an das Gefragte erzeugen und so eine Beantwortung beeinflussen.

Loftus und Pickrell (1995) befragten ihre 24 Teilnehmer nach vier Kindheitserlebnissen (die Autoren hatten bei Verwandten der Teilnehmer Angaben über vorgefallene Kindheitserlebnisse eingeholt). Drei der in der Studie erfragten Erlebnisse waren laut Aussage der Verwandten tatsächlich vorgefallen, das vierte Erlebnis (als fünfjähriges Kind im Kaufhaus verloren gegangen zu sein) hingegen hatte niemand der Teilnehmer tatsächlich erlebt. Die Teilnehmer wurden dreimal, jeweils im Abstand von zehn Tagen, zu den vier Erlebnissen befragt. Bereits ab der zweiten Befragung berichteten fälschlicherweise 25 % der Teilnehmer, sich zu „erinnern", wie sie im Alter von fünf Jahren im Kaufhaus verloren gegangen seien.

Wie ist das zu erklären? Wiederholtes Nachfragen kann „Erinnerungen" an ein nicht stattgefundenes Erlebnis erzeugen. Die Quelle der Erinnerung – in diesem Fall der Interviewer – wird vergessen und als echte Erinnerung fehldeutet.

Darüber hinaus zeigten die Autoren, dass die Einbettung der Erinnerungsfrage in einen einleitenden Text, der fortgesetzt werden sollte, die Suggestivwirkung verstärkte. Folgender Einleitungstext wurde beispielsweise einer 20-jährigen vietnamesisch-amerikanischen Teilnehmerin vorgelegt:

„You, your mom, Tien and Tuan, all went to the Bremerton K-Mart. You must have been five years old at the time. Your Mom gave each of you some money to get the blueberry ICEE. You ran ahead to get into the line first, and somehow lost your way in the store. Tien found you crying to an elderly Chinese woman. You three then went together to get an ICEE."

Aufgabe der Teilnehmerin war es, dieses Erlebnis aus der Erinnerung fortzusetzen oder aber zu sagen, dass sie sich nicht erinnern könne, im Kaufhaus verloren gegangen zu sein. Dieser Einstiegstext erhöhte die Wahrscheinlichkeit, dass die Teilnehmerin fälschlicherweise ihre „Erinnerungen" berichtete. Worauf ist das zurückzuführen? Das Erzählen der einleitenden Sätze aktivierte tatsächliche Erinnerungen an andere Inhalte („Wenn wir einkaufen gingen, bekam ich immer ein Eis"). Diese wirken als „Einstiegshilfe", werden wie eine Art „Drehbuch" fortgesetzt und mit den eigenen Vorstellungen darüber, wie ein Kind im Kaufhaus verloren geht, kombiniert.

Die Frageformulierung, die Einbettung der Frage sowie die Wiederholung einer Frage können dem Befragten suggerieren, was der Befragende von ihm wissen will bzw. welche Antwort erwartet wird. Insbesondere dann, wenn eine Befragung auf Wahrheitsfindung abzielt, wie es beispielsweise bei Zeugenvernehmungen der Fall ist, sollte auf eine mögliche Suggestivwirkung von Fragen geachtet und diese vermieden werden.

7.1.3   Andere Fragen als Interpretationshilfe

Die Frage „Mögen Sie Kohl?" könnte sich – wie bereits weiter oben ausgeführt – zum einen auf den ehemaligen Bundeskanzler „Helmut Kohl" beziehen oder aber auf das Gemüse „Kohl". Wird diese Frage nicht durch Antwortalternativen näher erklärt („... lieber als Lafontaine?" vs. „... lieber als Karotten?"), so ist sie an sich mehrdeutig. Wie kommt es aber, dass wir eine solche Frage trotzdem häufig nicht als mehrdeutig empfinden, sondern uns beispielsweise ganz sicher sind, dass der Befragende den Politiker (und eben *nicht* das Gemüse) meint? Dies ist beispielsweise dann der Fall, wenn wir *vor* dieser Frage eine oder mehrere Fragen zu unserer politischen Einstellung beantwortet haben bzw. in einem schriftlichen Fragebogen sehen, dass *nach* dieser Frage weitere Fragen zur Politik zu beantworten sind. Die Interpretation einer Frage wird folglich vom Kontext (also hier von anderen Fragen) mit beeinflusst.

Klassische Studie zur Verwendung von Fragen als Interpretationshilfe
Ein unbekannter Sachverhalt kann durch vorausgegangene Fragen interpretiert werden.

Mussweiler und Strack (2000a) baten ihre Teilnehmer, neun Größeneinschätzungen abzugeben. Die ersten acht Schätzungen bezogen sich stets auf die gleiche Inhaltskategorie – für die eine Hälfte der Teilnehmer auf Berge (Mount Everest, Kilimandscharo u. a.), für die andere Teilnehmergruppe auf Tiere (Rhino, Tiger, Emu ...). Die neunte, eigentlich interessierende Schätzung war für alle Befragten die gleiche und fragte nach dem fiktiven Inhalt „Lowumbo". Alle Fragen waren in ihrer Schreibweise verkürzt (z. B. „Lowumbo </> 4 950 m?"), so dass die Teilnehmer grammatikalisch nicht ableiten konnten, um welche inhaltliche Kategorie es sich bei Lowumbo handelt.

Die Ergebnisse zeigten, dass Lowumbo nach vorangehenden Bergfragen zwischen 1 439 und 2 459 m geschätzt wurde, während nach den vorangehenden Tierfragen seine geschätzte Größe zwischen 34 und 402 m lag. Die Teilnehmer hatten aus den vorangehenden Fragen die Kategorie von Lowumbo erschlossen, ihn demgemäß für einen weiteren Berg oder ein weiteres Tier gehalten und eine entsprechende Größeneinschätzung abgegeben.

Neben dieser Art des inhaltlichen Einflusses anderer Fragen kann sich durch vorange-
hende Fragen auch der *Bezugsrahmen* einer Frage verändern. Wie bereits im vorigen
Abschnitt erwähnt, unterstellt der Befragte dem Befragenden Wissen – zum einen
Hintergrundwissen über den Befragungsgegenstand (z. B. ob *das* Auto tatsächlich da
gewesen ist), zum anderen Wissen durch die bis dahin bereits gegebenen *Antworten des
Befragten*.

Nach Grice (1975) sind Gesprächspartner und damit auch Befragte bemüht, „informativ" zu sein, d. h. dem Gesprächspartner die Information zu geben, die er „benötigt" (die
er noch nicht hat). Dazu gehört, dass er Redundanz
vermeidet und keine Information gibt, die der andere
bereits hat. In der Forschung wird dies als **Konver-**
sationsnorm bezeichnet („given – new contract";
Clark, 1985).

> **Konversationsnorm**
> Befragte bemühen sich, *informativ*
> zu sein, d. h. auf jede Frage hin
> *neue* Informationen zu geben.

Stellen Sie sich vor, Sie treffen einen Bekannten und dieser fragt Sie:

A „Wie geht es Ihrer Familie?"   oder   **B** „Wie geht es Ihrer Frau?"
                                                          Sie antworten und dann fragt er:
                                                          „Wie geht es Ihrer Familie?"

Würde Sie jemand unabhängig von diesem Kontext fragen, welche Personen zu Ihrer Familie gehören, würde die Ehefrau (sofern vorhanden) sicher mit an erster Stelle genannt.
Wie Ihnen gerade vielleicht aufgefallen ist, ist es aber durchaus nicht selbstverständlich,
dass die Ehefrau im Begriff „Familie" eingeschlossen ist. Während im ersten Fall A die
Frage nach der Familie Ihre Frau mit einschließt – d. h. die Familie als Ganzes („whole")
gemeint ist –, ist dies im zweiten Beispiel B nicht der Fall. Hier betrifft die erste Frage
bereits einen Teil („part") Ihrer Familie, nämlich die Ehefrau. Die zweite Frage fragt
zusätzlich zur vorhergehenden Frage nach *neuer Information*, d. h. im zweiten Fall ist
die Frage „Wie geht es Ihrer Familie?" gleichzusetzen mit der Frage „Und abgesehen
von Ihrer Frau – wie geht es der restlichen Familie?" (siehe Strack & Martin, 1987).

In diesem Fall würde die Antwort auf die voran-
gegangene Frage *nicht* ein zweites Mal gegeben, sondern von der nachfolgenden Antwort „abgezogen/
subtrahiert" („part-whole"-Konstellation). Damit
beeinflusst gemäß der Grice'schen Logik eine vorhergehende Frage das Verständnis einer nachfolgenden

> Fragt eine **vorangehende Frage**
> **einen Teilaspekt der nachfolgen-**
> **den** ab („part-whole"), beeinflusst
> sie die Interpretation des nachfol-
> gend erfragten Inhalts.

mehrdeutigen Frage, wenn beide als zusammenhängend wahrgenommen werden (Strack
et al., 1991). Fragt die erste Frage einen speziellen Aspekt der zweiten Frage ab, wird

dies als „part-whole"-Konstellation bezeichnet. Es findet sich jedoch kein Einfluss der vorangehenden Frage, wenn die erste und die zweite Frage auf hierarchisch gleicher Ebene jeweils einen Aspekt desselben Problems bzw. Themas abfragen, d. h. wenn eine sog. „part-part"-Konstellation vorliegt (Schuman & Presser, 1981). Analog zum obigen Familienbeispiel könnte eine solche Konstellation folgendermaßen aussehen:

Stellen Sie sich vor, Sie treffen einen Bekannten und dieser fragt Sie:	
A „Wie geht es Ihrer Familie?" oder	**B** „Wie geht es Ihren Arbeitskollegen?" Sie antworten und dann fragt er: „Wie geht es Ihrer Familie?"

Hier unterscheidet sich die Interpretation, wen der Begriff „Familie" beinhaltet, in Fall A und Fall B *nicht*. In diesem Beispiel sind sowohl Arbeitskollegen als auch Familie ein hierarchisch auf gleicher Ebene anzusiedelnder Teil einer Kategorie, die man mit „Menschen im näheren Umfeld" beschreiben könnte.

Die beschriebene Beeinflussung der Interpretation der Frage in „part-whole"-Konstellationen findet sich jedoch nur dann, wenn zunächst die spezielle („part") und nachfolgend die allgemeine („whole") Frage gestellt wird, nicht jedoch in umgekehrter Reihenfolge (Schumann & Presser, 1981; Schwarz, Strack & Mai, 1991; Tourangeau et al., 1991).

Im Rahmen einer Mitarbeiterbefragung kann dieser Einfluss beispielsweise in folgenden Szenarien von Bedeutung sein:

„part-whole"-Konstellation	„part-part"-Konstellation
1. *„Wie zufrieden sind Sie mit der Qualität des jährlichen Mitarbeitergesprächs?"*	1. *„Wie zufrieden sind Sie mit Ihren Arbeitsmitteln?"*
2. *„Wie zufrieden sind Sie mit Ihrer Führung?"*	2. *„Wie zufrieden sind Sie mit Ihrer Führung?"*
Frage 1 beeinflusst die Interpretation von Frage 2, da Frage 1 einen Aspekt von Frage 2 abfragt.	Frage 1 beeinflusst die Interpretation von Frage 2 nicht, da beide Fragen Aspekte der übergeordneten Kategorie „Arbeitszufriedenheit" abfragen.

Klassische Studie zur Verwendung von Fragen als Interpretationshilfe
Die Abfolge von allgemeiner Frage und spezifischen Teilfragen ist für die Interpretation
der Fragen und damit für die Beantwortung entscheidend.

Schuman und Presser (1981) zeigten in einer ihrer Studien, dass folgende Variation der
Fragenreihenfolge (*part-whole* vs. *whole-part*) zu unterschiedlichen Ergebnissen führte:
„Please tell me whether or not you think it should be possible for a pregnant woman to
obtain a legal abortion if there is a strong chance of a serious defect in the baby." (spe-
zieller Aspekt von Abtreibung) versus „when the woman is married and does not want
any more children" (allgemeine Frage).

Es werden weniger bejahende Antworten auf die allgemeine Frage gegeben, wenn zuerst
die spezielle Frage zu Geburtsdefekten gestellt wurde. Dies ist darauf zurückzuführen,
dass Befragte gemäß der Grice'schen Logik annehmen, dass die allgemeinere Frage auf
jene Fälle ohne Defekt abzielt. Dementsprechend findet sich bei umgekehrter Fragenreihenfolge mehr Zustimmung zur allgemeinen Frage.

Zusammenfassung

Teilnehmer einer Befragung müssen in einem ersten Schritt zunächst verstehen bzw.
interpretieren, was mit der Frage konkret erfragt wird. Dazu stehen ihnen verschiedene
Möglichkeiten zur Verfügung. Zum einen nutzen Befragte *Antwortvorgaben* – Antwortalternativen oder Antwortskalen – als Interpretationshilfe. Zum Zweiten ziehen sie
Merkmale der Frage – wie Häufigkeits-, Zeit- und Größenangaben sowie die Verwendung eines bestimmten oder unbestimmten Artikels, die Einbettung und die Wiederholung einer Frage – als Verständnishilfe heran. Zum Dritten dienen *andere Fragen* als
Interpretationshilfe. Gemäß der Konversationsnorm vermeiden Befragte Redundanzen
und verstehen eine nachfolgende Frage als eine Frage nach neuer Information.

Fazit zur Interpretation der Frage

Ausgangslage

*   Zur Interpretation der ihnen gestellten Frage verwenden Befragte Antwort-
    vorgaben, Merkmale der Frage selbst sowie andere Fragen.

Regulationsmöglichkeiten

*   Um zuverlässige Ergebnisse zu erhalten, sollte zunächst dafür gesorgt werden,
    dass eine Frage von allen Befragten möglichst gleich interpretiert wird.

Fazit zur Interpretation der Frage (Fortsetzung)

- Weiterhin sollte die Frage so gestellt sein, dass der Befragte auch *das* darunter versteht, was gemeint ist.

Folgende Regeln können dabei zu Hilfe genommen werden:

- Fragen sollten so eindeutig wie möglich formuliert sein (z. B. „Mögen Sie Helmut Kohl?" und nicht „Mögen Sie Kohl?").

- Bei der Formulierung ist darauf zu achten, dass die Wortwahl in den vorgegebenen Antwortalternativen und in der Frageformulierung die Interpretation der Frage beeinflussen könnte.

- Bei der Fragenkonstruktion ist zu berücksichtigen, dass der Befragte davon ausgeht, dass der Befragende u. U. Wissen über das Thema der Befragung besitzt und den Befragten nicht „hinters Licht" führen will. Auf dieser Annahme aufbauend interpretiert der Befragte mehrdeutige Fragen.

- Wenn möglich, sollten neutrale Formulierungen gewählt werden (z. B. nicht nach der „Länge" oder „Kürze" eines Films, sondern nach der „Dauer" fragen).

- Es sollte beachtet werden, ob möglicherweise die vorhergehende Frage einen Einfluss auf die Interpretation der Frage haben könnte und dadurch bei „part-whole"-Konstellationen den Geltungsbereich der zweiten Frage reduziert.

7.2   Meinungsbildung in Befragungen (Stufe 2)

Nachdem der Befragte in einem ersten Schritt für sich geklärt hat, was der Befragende von ihm wissen will, steht er nun vor der Aufgabe, auf diese Frage eine *Antwort zu generieren*. Hat der Befragte sich dazu bereits früher ein Urteil gebildet, so ist er nun aufgefordert, dieses zu erinnern. Häufiger jedoch steht der Befragte vor der Aufgabe, sich aktuell ein Urteil/eine Meinung zu bilden – entweder weil er sich zu der speziellen Frage noch nie ein Urteil gebildet hat oder weil ein bereits früher gebildetes Urteil aktualisiert oder aufgrund zusätzlicher Informationen angepasst werden muss. Dieser Prozess wird – ähnlich wie die Interpretation der Frage – von verschiedenen Faktoren beeinflusst, welche nachfolgend näher beleuchtet werden sollen.

Stellen Sie sich vor, Ihnen würde im Rahmen einer Umfrage folgende Frage gestellt:

„Was meinen Sie, wie zufrieden sind Sie gegenwärtig – alles in allem – mit Ihrem Leben?"

Wie gehen Sie vor, wenn Sie eine solche Frage beantworten sollen – wenn Sie Ihr Leben „alles in allem" einschätzen sollen? Rufen Sie sämtliche relevanten Lebensaspekte aus dem Gedächtnis ab und geben dann eine integrierende Gesamtbewertung ab? Möglicherweise haben Sie tatsächlich den Eindruck, dass Sie das – zumindest unbewusst – tun. Fakt ist jedoch, dass dies in Anbetracht der Kürze der Zeit, die für die Beantwortung einer solchen Frage zur Verfügung steht, aber auch ohne diese zeitliche Einschränkung, eine psychologisch unmögliche Aufgabe darstellt (Groves & Kahn, 1979).

Aus der psychologischen Forschung ist zum einen bekannt, dass die menschliche **Erinnerung** schon bei der Frage nach einzelnen Aspekten recht ungenau arbeitet. Personen haben beispielsweise Schwierigkeiten, auf Fragen wie „Wie häufig waren Sie in den letzten 12 Monaten beim Arzt?", „Wie viele Gläser Alkohol haben Sie in den vergangenen zwei Wochen getrunken?" korrekt erinnerte Antworten zu geben: Einige Fehler passieren, da Ereignishäufigkeiten unterschätzt werden – sie werden vergessen –, andere, da Ereignishäufigkeiten überschätzt werden. Letzteres zumeist weil auch Ereignisse berichtet werden, die *außerhalb* der gefragten Zeitspanne liegen. Da die Genauigkeit des Gedächtnisses durchaus eingeschränkt ist, ist der Befragte auf *Schlussfolgerungen* angewiesen, welche im besten Fall exakt, häufig aber irreführend sind (*siehe Abschnitt 1.1.4*; Baddeley, 1979; Bradburn et al., 1987; Förster & Strack, 1998; Häfner, 2003; Strack & Bless, 1994; Strack & Förster, 1998; Strube, 1987; Werth, 1998; Werth et al., 2002).

> Fehlende Erinnerungen werden durch **Schlussfolgerungen** kompensiert. Diese sind anfällig für Verzerrungen.

Wie kann man sich einen solchen **Schlussfolgerungsprozess** vorstellen?

Auf die Frage „Wie häufig waren Sie in den letzten zwölf Monaten beim Arzt?" hin könnte der Befragte eine Art Hochrechnung anstellen: Erinnert sich der Befragte daran, dass er in den letzten drei Monaten dreimal beim Arzt war, nimmt er an, dass es sich in den neun Monaten davor wohl ungefähr ähnlich verhalten hat. In diesem Fall gibt er also auf Grundlage der Häufigkeit der letzten drei Monate an, in den letzten zwölf Monaten zwölfmal beim Arzt gewesen zu sein. Die exakte Häufigkeit von Ereignissen bzw. eines Verhaltens in einem bestimmten Zeitintervall zu schätzen, wird weiterhin dadurch erschwert, dass Ereignisse, an die man sich gut erinnern kann (weil sie z. B. besonders ergreifend oder schmerzhaft waren), kürzer zurückzuliegen scheinen als Ereignisse, an die man sich schlecht erinnern kann – auch wenn tatsächlich beide Ereignisse zur gleichen Zeit stattgefunden haben (Brown et al., 1985). Bei medizinischen Angaben, welche häufig persönlich bedeutsam und schmerzhaft sind, findet man u. a. deshalb in der Regel einen Overreport, d. h., es werden mehr Ereignisse im erfragten Zeitrahmen „erinnert" als tatsächlich stattgefunden haben (Loftus et al., 1990).

Darüber hinaus füllen Personen fehlende Erinnerung mit Schlussfolgerungen durch anderes ihnen zur Verfügung stehendes Wissen auf. In der Originalversion einer indianischen Geschichte wurde der Tod einer Person folgendermaßen beschrieben: „When the sun rose he fell down. Something black came out of his mouth. His face became contorted" (Bartlett, 1932, S. 127). Auf Grundlage ihres eigenen kulturellen Wissens veränderten die britischen Teilnehmer diese Passage beim Wiedergeben in „his spirit fled" oder „his spirit left the world". Darüber hinaus wurde „a wound" als „a wound of the flesh" und nicht als „of the spirit" rekonstruiert und somit die „erinnerten" Inhalte vom eigenen Wissen der Befragten verzerrt.

Klassische Studie zu fehlenden Erinnerungen
Fehlende Erinnerungen werden durch Schlussfolgerungen ersetzt.

Dooling und Christiansen (1977) ließen ihre Teilnehmer eine biographische Geschichte über eine ihnen unbekannte Person namens Carol Harris lesen. Zu einem späteren Zeitpunkt sollten die Teilnehmer diese Inhalte wiedergeben. Sie erhielten dazu die falsche Information, dass sie nun „die Geschichte über Helen Keller" erinnern sollten (Helen Keller, die taub, stumm und blind ist, war zu der damaligen Zeit allgemein bekannt).

Es zeigte sich, dass die Teilnehmer fehlende Erinnerungen mit ihrem allgemeinen Wissen über Helen Keller auffüllten – sie berichteten, dass die Protagonistin taub, stumm und blind sei –, doch waren diese Informationen in der Originalgeschichte nicht enthalten gewesen.

Bei suggestiven Fragen (z. B. „Haben Sie *das* Auto gesehen?") und bei mehrmaligem Nachfragen (z. B. bei Wiederholungsmessungen) kommt ein weiteres Problem menschlicher Erinnerung hinzu: eine Quellenverwechslung. Interpretiert der Befragte eine Frage so, *dass* ein Auto da war und es nur interessiere, ob er es auch gesehen habe, so „baut" er möglicherweise das Auto nachträglich in seine Erinnerung der Situation ein (*siehe Abschnitt 7.1.2*). Zunächst mag ihm noch bewusst sein, dass er selbst das Auto nicht gesehen hat. Mit der Zeit wird jedoch häufig die Quelle dieser Information vergessen (in diesem Fall, dass die Information vom Befragenden stammt und nicht aus der eigenen Erinnerung) und nur die Information selbst bleibt im Gedächtnis (Loftus, 1975). So „erinnert" der Befragte nach einiger Zeit, das Auto wirklich selbst gesehen zu haben.

Fazit zum Einfluss von (fehlenden) Erinnerungen auf die Meinungsbildung

Ausgangslage

- Fehlende Erinnerungen erschweren die Abgabe korrekter Angaben. Personen kompensieren fehlende Erinnerungen mit Schlussfolgerungen. Diese sind jedoch anfällig für Verzerrungen.

Regulationsmöglichkeiten

- Das wiederholte Stellen gleicher Fragen sollte vermieden werden – die Quelle der Erinnerung kann vergessen und als echte Erinnerung fehlgedeutet werden.

- Die Qualität von Erinnerungen lässt sich durch vorgeschaltete Fragen erhöhen: Vorgeschaltete Frage:
  1. *„Hatten Sie in den letzten sechs Monaten eine physiologische Untersuchung?"*
  Eigentlich interessierende Frage:
  2. *„Hatten Sie in den letzten zwei Monaten eine physiologische Untersuchung?"*

Anhand dieses Vorgehens wird zum einen erreicht, dass der Befragte weiß, dass eine wirklich präzise Angabe gewünscht ist, und zum Zweiten, dass er den erfragten Zeitraum besser eingrenzen kann, so dass die Gefahr des Overreports gesenkt wird.

Doch nicht nur Erinnerungsverzerrungen erschweren die Meinungsbildung in Befragungen, sondern darüber hinaus die Unfähigkeit, *alle* Lebensaspekte/Arbeitsaspekte (Gehalt, Aufstiegsmöglichkeiten, Arbeitsklima, ...) mit ihrer jeweiligen Gewichtung zu berücksichtigen. Der Prozess der Informationsabrufung wird an irgendeiner Stelle abgebrochen. Die bis dahin abgerufenen Aspekte beeinflussen die Antwort folglich in stärkerem Maße als die nicht abgerufenen Informationen. Welche Informationen „fallen" einem Befragten bevorzugt ein bzw. welche Mechanismen sind dafür verantwortlich, dass bestimmte Informationen herangezogen werden, andere jedoch nicht?

Eine Antwort auf diese Frage bietet eines der grundlegendsten und einfachsten Prinzipien der sozialpsychologischen Forschung, das Prinzip der kognitiven **Verfügbarkeit** (Tversky & Kahneman, 1973; *siehe Verfügbarkeitsheuristik, Abschnitt 1.1*). Dieses besagt, dass diejenigen Informationen in eine Antwort mit eingehen, die zum Antwortzeitpunkt am ehesten *„verfügbar", d. h. am leichtesten aus dem Gedächtnis abrufbar* sind. Diese Leichtigkeit des Abrufs wird ganz allgemein von verschiedenen Faktoren beeinflusst, die in Kapitel 1 bereits behandelt wurden. Nachfolgend werden nun die in Befragungen relevanten Anwendungen des Verfügbarkeitsprinzips besprochen, im Spe-

Die Meinungsbildung wird durch die **Verfügbarkeit von Informationen** beeinflusst.

Diese Verfügbarkeit kann hervorgerufen werden durch

- *allgemeine* Einflüsse (*siehe Kapitel 1*)
- *spezifische* Einflüsse in der Befragung, bspw. anhand von
  ➤ Antwortalternativen
  ➤ Frageformulierungen
  ➤ anderen Fragen

ziellen allgemeine Einflüsse auf die Verfügbarkeit (*siehe Abschnitt 7.2.1*) sowie in Befragungssituationen spezifische Einflüsse, welche durch die vorgegebenen Antwortalternativen (*siehe Abschnitt 7.2.2*), die Formulierung der Frage selbst (*siehe Abschnitt 7.2.3*) oder andere Fragen entstehen (*siehe Abschnitt 7.2.4*).

7.2.1   Allgemeine Einflussfaktoren auf die Verfügbarkeit

Die Verfügbarkeit von Informationen ist u. a. davon abhängig, wann und wie oft man sich mit bestimmten Informationen beschäftigt. Je häufiger beispielsweise dieselbe Information aus dem Gedächtnis abgerufen wird und je geringer der Zeitabstand zu dieser Abrufung ist, desto leichter erinnert man sich an den entsprechenden Inhalt. Wendet man dieses einfache Verfügbarkeitsprinzip auf Zufriedenheitsurteile an, so sollten vor allem solche Informationen über spezifische Lebens- oder Arbeitsbereiche in die allgemeine Zufriedenheitsbewertung mit einfließen, über die der Befragte im *kürzeren* zeitlichen Abstand nachgedacht hat oder über die er insgesamt *häufig* nachdenkt.

Dies heißt auf den betrieblichen Kontext angewandt, dass ein Mitarbeiter, der sich kurz vor seiner Teilnahme an der Mitarbeiterbefragung über eine Situation mit seinen Kollegen geärgert hat, dieses Erlebnis verfügbar hat und somit auch bei der Beurteilung der Arbeitszufriedenheit heranziehen wird. Wenn er sich außerdem mehrmals täglich über einen Papierstau am Kopierer ärgern muss, so wird sich auch das in seinem Zufriedenheitsurteil niederschlagen. Sowohl *in der Befragung (siehe Abschnitte 7.2.2 bis 7.2.4)* als auch *zuvor* verfügbar gemachte Themen fließen in die Bewertung mit ein (z. B. in Medienberichten, *siehe Verfügbarkeit, Abschnitt 1.1*) (Iyengar et al., 1984).

Ereignisse oder Gedächtnisinhalte können nicht nur direkt durch ihre leichtere Erinnerbarkeit in ein Urteil einfließen, sondern auch auf indirektem Weg Einfluss nehmen, indem sie sich auf die Stimmung auswirken. Wie bereits in Abschnitt 1.3 beschrieben, können sowohl affektive (gute oder schlechte Stimmung) als auch nichtaffektive Empfindungen (Gefühl der Schwierigkeit u. Ä.) als Information herangezogen werden.

Um den Einfluss **affektiver Empfindungen** auf die Urteilsbildung experimentell zu untersuchen, erzeugten Strack und Kollegen (1985, Exp. 1) positive bzw. negative

Stimmung bei ihren Teilnehmern, indem diese dazu aufgefordert wurden, an ihr gegen-
wärtiges Leben zu denken und entweder drei positive oder drei negative Ereignisse ihres
gegenwärtigen Lebens aufzuschreiben. In einer zweiten Aufgabe erhielten die Befragten
die eigentlich interessierenden Fragen nach dem Lebensglück, der Lebenszufriedenheit
und der momentanen Stimmung. Die Ergebnisse zeigten, dass Personen, die zuvor über
positive Aspekte ihres gegenwärtigen Lebens nachgedacht hatten, angaben, glücklicher
und zufriedener zu sein, als Personen, die über negative Ereignisse nachgedacht hatten.
Damit erwies sich die Valenz eines zuvor aktivierten
und somit verfügbaren Inhalts als ausschlaggebend   **Affektive und nichtaffektive**
für die momentane Stimmung und die berichtete   **Empfindungen** beeinflussen die
Zufriedenheit.   Verfügbarkeit von Informationen.

Im Falle betrieblicher Befragungen ist somit die zeitliche Platzierung einer Befragung
gut zu durchdenken und bei der Interpretation der Ergebnisse mit einzubeziehen. Findet
die Befragung kurz nach den Tarifverhandlungen, kurz nach einem harmonischen Betriebsausflug oder unmittelbar nach der letzten Stellenkürzung statt? – All dies sind vorausgehende und damit verfügbare Erlebnisse, die sich mit ihrer positiven oder negativen
Valenz auf die Stimmung der Teilnehmer auswirken und damit in die Befragung einfließen.

Auch **nichtaffektive Empfindungen** wie die Schwierigkeit und die mentale Anstrengung, die Befragte bei der Beantwortung der Fragen empfinden, werden als Information
zur Beantwortung herangezogen (*siehe Abschnitt 1.3.2*): Befragte, die sehr schwierige
politische Fragen zu beantworten hatten, beschrieben sich selbst als weniger interessiert
an „public affairs" als jene, die diese nicht beantwortet hatten (Bishop et al., 1983). Für
die inhaltliche Fragestellung ebenso irrelevant und daher verzerrend wirken Faktoren
wie beispielsweise die schlechte Qualität von Bildschirm, Papier oder Layout sowie ein
hoher Schwierigkeitsgrad der Fragen und Formulierungen, da sie Gefühle der Anstrengung oder Schwierigkeit erzeugen können (siehe Reber & Schwarz, 1999; Stepper &
Strack, 1993; Werth & Strack, 2003).

Nachdem soeben *allgemeine* Einflüsse auf die Verfügbarkeit skizziert wurden, geht es
nachfolgend um *spezifische* Einflüsse auf die Verfügbarkeit, welche durch die vorgegebenen Antwortalternativen hervorgerufen werden kann und auf diese Weise die
Meinungsbildung beeinflusst.

Fazit zum Einfluss von Empfindungen auf die Meinungsbildung

Ausgangslage

- Affektive und nichtaffektive Empfindungen beeinflussen die Verfügbarkeit von Informationen, welche zur Beantwortung herangezogen werden.

Regulationsmöglichkeiten

- Für manche Einflüsse ist es ausreichend, auf sie hinzuweisen (wie z. B. „das schöne bzw. schlechte Wetter"), um ihre Wirkung zunichte zu machen (wie die Wirkung des Wetters auf die Stimmung der Befragten in der Studie von Schwarz & Clore, 1983; *siehe Abschnitt 1.3.1*).

- Um zuverlässige Ergebnisse zu erhalten, sollten die für die Fragestellung hinderlichen Faktoren ausgeschlossen oder zumindest standardisiert, d. h. für alle Befragten gleich gehalten werden.

7.2.2   Einfluss der Antwortalternativen auf die Meinungsbildung

A Stellen Sie sich vor, Ihnen würde in einer Meinungsumfrage folgende Frage gestellt:

Was sind die größten Probleme unseres Landes?

_____

_____

_____

B Stellen Sie sich vor, Ihnen würde in einer Meinungsumfrage folgende Frage gestellt:

Was sind die größten Probleme unseres Landes?

❏ Qualität öffentlicher Schulen   ❏ legalisierte Abtreibung

❏ Umweltverschmutzung   ❏ Energieknappheit

❏ sonstiges: _____

Würde Ihnen Frage B vorgegeben, würden Sie womöglich – wie der Großteil der Teilnehmer in der Studie von Schuman und Scott (1987) – die Qualität der öffentlichen Schulen als größtes Problem sehen. Hätten Sie jedoch nur die Frage A (ohne Antwortalternativen) erhalten, hätten Sie in einer freien Antwort mit hoher Wahrscheinlichkeit *keine* der ersten vier Antwortalternativen von A von sich aus genannt – wie die Teilnehmer in o. g. Studie. So ist es durch die Vorgabe von Antwortalternativen nicht mehr erforderlich, mögliche Probleme, die der Befragende nicht im Sinn hatte, selbst zu generieren (wie z. B. die Zuwanderung, die Arbeitslosigkeit o. a.). Bei Vorgabe von Antwortalternativen erhält man möglicherweise ein komplett anderes Meinungsbild als bei freier Antwortwahl (*siehe Abschnitt 7.3*).

> Die Vorgabe von **Antwortalternativen** beeinflusst die Verfügbarkeit möglicher Antworten.

Dies zeigen die Ergebnisse von Schuman und Scott (1987; *siehe Tab. 7.2*): 98 % der frei gegebenen Antworten trafen auf keine der in der Vergleichsgruppe vorgegebenen Antwortalternativen zu! Zum einen wird hier deutlich, wie sorgfältig Antwortkategorien in Vorstudien ausgewählt werden müssen, so dass sie auf die Befragten passen; zum Zweiten wird sichtbar, dass Antwortvorgaben den Befragten Antworten aufzeigen, an die sie sonst gar nicht gedacht hätten, d. h. dass die Verfügbarkeit dieser Informationen erhöht wird.

Ist neben den vorgegebenen Antwortmöglichkeiten auch noch eine freie Antwort (z. B. „sonstiges:_____", s. o.) vorgesehen, so können sich diese Antworten mit der Vorgabe anderer Antwortalternativen verändern.

Tab. 7.2: Antwortverteilung in der Studie von Schuman und Scott (1987)
(modifiziert nach Schuman & Scott, 1987, S. 958, Tab. 1).

	a. freie Antwort**	b. vorgegebene Antwortalternativen*
Qualität öffentlicher Schulen	1 %	32 %
Umweltverschmutzung	1 %	14 %
legalisierte Abtreibung	0 %	8 %
Energieknappheit	0 %	6 %
sonstiges	98 %	40 %

* Prozentsatz der Teilnehmer, die diese Antwortalternative wählten.
** Prozentsatz der Teilnehmer, die dieses Problem in einer freien Antwort selbst generierten.

7.2.3   Einfluss der Fragenformulierung auf die Meinungsbildung

Wie soeben aufgezeigt wurde, können die vorgegebenen Antwortalternativen die Verfügbarkeit bestimmter Informationen bedingen. Im Folgenden wird dargestellt, dass die Formulierung der Frage selbst ebenso Einfluss auf die Verfügbarkeit von Informationen hat und sich somit auf die Meinungsbildung auswirkt.

Das **Framing der Frage** beeinflusst die Antwort.

Wie bereits in Kapitel 1 (*siehe Abschnitt 1.4.2*) ausführlich beschrieben, beeinflusst das **Framing einer Frage** oder Aufgabe die Entscheidung: Sichere (wenngleich auch kleinere) *Gewinne* werden gegenüber unsicheren (wenngleich auch größeren) bevorzugt, riskante (wenngleich auch größere) *Verluste* werden gegenüber sicheren (wenngleich auch kleineren) Verlusten präferiert.

In einer Befragung sind Framingeffekte nicht nur bei Gewinn-Verlust- oder Wahl-Abwahl-Fragen zu verzeichnen, sondern auch bei anderen Antonympaaren wie beispielsweise *„verbieten"* vs. *„erlauben"* (Schuman & Presser, 1981).

Was meinen Sie?		
A Sollte es *erlaubt* sein, beim Beten zu rauchen?	*oder*	**B** Sollte es *verboten* sein, beim Beten zu rauchen?
❏ ja ❏ nein		❏ ja ❏ nein

Wenn man diese beiden Fragen wie hier direkt nebeneinander sieht, impliziert die Logik, dass die Antworten auf beide Fragen *nicht gleich* sein können, d. h. wenn Sie Frage A mit Nein beantwortet haben, müssten Sie logischerweise die Frage B mit Ja beantworten. Letzteres widerstrebt Ihnen trotz der Logik? Dann sind Sie damit nicht allein.

Klassische Studie zum Framing einer Frage
Das Framing einer Frage beeinflusst die Beantwortung.

Rugg (1941) gab seinen Teilnehmern eine der folgenden Fragen vor:

A Sollten die USA öffentliche Reden gegen Demokratie *verbieten*?	*oder*	**B** Sollten die USA öffentliche Reden gegen Demokratie *erlauben*?
❏ ja ❏ nein		❏ ja ❏ nein

Auf die Formulierung „verbieten" hin wählten 54 % der Befragten ja.

Auf die Formulierung „erlauben" hin gaben 75 % nein an.

Stellt man Befragte vor die Wahl (wobei in den Untersuchungen die Fragen *nicht* wie im obigen Beispiel direkt neben- bzw. hintereinander dargeboten werden), ob etwas *erlaubt* oder *verboten* werden soll, so würde man erwarten, dass genauso viele Befragte auf die Formulierung *verbieten* mit Ja antworten wie auf die Alternativformulierung *erlauben* mit Nein und umgekehrt. Dem ist aber nicht so: In aller Regel findet sich eine Asymmetrie im Antwortverhalten dahingehend, dass die Formulierung *erlauben* mehr Nein-Antworten hervorruft als die Formulierung *verbieten* Ja-Antworten sowie die Formulierung *verbieten* mehr Nein-Antworten nach sich zieht als die Formulierung *erlauben* Ja-Antworten.

Wie ist dies zu erklären? Nach Hippler und Schwarz (1986) sind diese Asymmetrien in erster Linie auf unentschiedene und indifferente Antworter zurückzuführen, die bei beiden Verben (*verbieten* und *erlauben*) Nein sagen. Darüber hinaus wird beim Antworten an positive Beispiele für die Frage gedacht und nicht an die logische Konsequenz des Gegenteils (Nisbett & Ross, 1980), d. h. bei Frage A wird *nur* darüber nachgedacht, welche Implikationen ein Verbot öffentlicher Reden gegen Demokratie hätte, *nicht aber* über die Implikationen einer Erlaubnis.

Fazit zur Rolle des Framings bei der Meinungsbildung

Ausgangslage

- Das Framing der Frage beeinflusst die Meinungsbildung. Dies ist insbesondere bei indifferenten Befragten von Bedeutung.

Regulationsmöglichkeiten

- Indifferente Urteiler lassen sich durch sog. Filterfragen von vornherein aus der Beantwortung eines Themas ausschließen (*siehe Abschnitt 7.4*). Anhand einer vorgeschalteten Frage – „Haben Sie eine Meinung zu diesem Thema?" – filtert man Befragte mit einer Meinung zum Frageinhalt heraus und lässt nur diese zur Beantwortung der nachfolgenden Fragen zu.

- Die Qualität der Fragenbeantwortung lässt sich erhöhen durch eine Wiederholung des Frageinhalts mit der alternativen (entgegengesetzten) Formulierung an anderer Stelle des Fragebogens. Diese lassen sich dann vergleichen und statistisch verrechnen.

Es mag nun nachvollziehbar sein, dass das Ersetzen von Antonymen – wie gerade beschrieben – sozusagen „unlogisch" veränderte Antworten hervorruft. Wie sieht es aber aus, wenn nicht semantisch unterschiedliche Wörter *aus*getauscht, sondern die gleichen Wörter nur innerhalb des Satzes *ver*tauscht werden?

Letzteres kommt bei **komparativen Urteilen** zum Tragen: Konsumenten müssen ein Nachfolgerprodukt mit dem Vorgängermodell oder das Wahlprogramm der CDU mit dem der SPD vergleichen – komparative Urteile sind an der Tagesordnung. Macht es dabei nun einen Unterschied, ob Personen das *Wahlprogramm der CDU* mit dem der *SPD* vs. das *Wahlprogramm der SPD* mit dem der *CDU* vergleichen? Macht also das alleinige Vertauschen der Wörter innerhalb des Satzes einen Unterschied?

Was meinen Sie?

Verändert sich Ihre Meinung bzgl. Ihrer Lehrer in Abhängigkeit davon, ob Sie Frage 1 oder Frage 2 gestellt bekommen? (aus Wänke, Schwarz & Noelle-Neumann, 1995, Exp. 1)

1 „Wenn Sie einmal an Ihre Schulzeit zurückdenken und sich an Ihre Lehrerinnen erinnern: Würden Sie sagen, die Lehrerinnen waren verständnisvoller [...] als die männlichen Lehrer oder waren sie weniger verständnisvoll?"	*oder*	2 „Wenn Sie einmal an Ihre Schulzeit zurückdenken und sich an Ihre Lehrer erinnern: Würden Sie sagen, die männlichen Lehrer waren verständnisvoller [...] als die Lehrerinnen oder waren sie weniger verständnisvoll?"
1 viel weniger verständnisvoll	... ... Skala ...	9 viel verständnisvoller

---

In den beiden Fragen 1 und 2 wurde lediglich die Richtung des Vergleichs verändert: In Frage 1 werden die *Lehrerinnen* mit den *männlichen Lehrern*, in Frage 2 die *männlichen Lehrer* mit den *Lehrerinnen* verglichen. Wänke, Schwarz & Noelle-Neumann (1995, Exp. 1) können zeigen, dass allein die Veränderung der Vergleichsrichtung zu unterschiedlichen Bewertungen führt. Im Fall 1 werden die *Lehrerinnen* als verständnisvoller, im Fall 2 dagegen die *männlichen Lehrer* als verständnisvoller beurteilt.

Die Formulierung des Vergleichs macht also tatsächlich einen Unterschied in der Meinungsbildung. Das „wording" entscheidet nämlich darüber, *wer* mit *wem* verglichen wird. Dies ist auf die *Merkmale* der Vergleichsobjekte, welche für den Vergleich und damit für die Meinungsbildung herangezogen werden, zurückzuführen (Wänke, Schwarz & Noelle-Neumann, 1995; siehe auch Mussweiler, 2001a, 2001b, 2003).

Fordert man Personen auf, die Frage „Wie ähnlich ist Firma A zu Firma B?"[1] zu beantworten, fokussieren sie in aller Regel auf Merkmale von Firma A und prüfen, ob diese
ebenfalls in Firma B vorhanden sind. Sie vernachlässigen dabei Merkmale von B, die A
nicht hat. Lässt man Teilnehmer beispielsweise beurteilen, wie ähnlich eine Spielzeugeisenbahn (*jeweils kleines Oval in Abb. 7.3*) einem echten Zug (*jeweils großes Oval in
Abb. 7.3*) ist, so fokussieren diese in diesem Fall auf die Spielzeugeisenbahn und deren
Eigenschaften (*siehe Abb. 7.3a*), *graues Oval*) und prüfen, ob diese bei einem echten Zug
auch vorhanden sind (die Schnittmenge der beiden Ovale symbolisiert die gemeinsamen
Eigenschaften). Da ein echter Zug die meisten Eigenschaften, die eine Spielzeugeisenbahn hat, ebenfalls besitzt, werden die beiden Gegenstände als relativ ähnlich wahrgenommen (Schnittmenge ist im Vergleich zum kleinen Oval relativ groß). Stellt man die
Frage jedoch umgekehrt (also „Wie ähnlich ist ein echter Zug einer Spielzeugeisenbahn?"), so richtet sich die Aufmerksamkeit des Befragten auf die Merkmale des echten
Zugs (*siehe Abb. 7.3b*), *graues Oval*), der natürlich noch viele Eigenschaften mehr
besitzt als die Spielzeugeisenbahn.

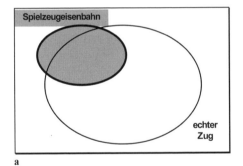 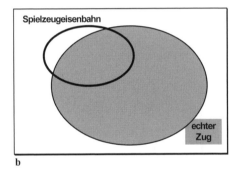

a   b

Abb. 7.3: Schematische Darstellung des Vorgehens bei einem Vergleich.
a) Wie ähnlich ist eine Spielzeugeisenbahn einem echten Zug?
b) Wie ähnlich ist ein echter Zug einer Spielzeugeisenbahn?
Erklärung: Auf die grau unterlegten Felder wird fokussiert, sie prägen das Urteil.

Da viele Merkmale, die der echte Zug besitzt, bei der Spielzeugeisenbahn nicht vorhanden sind, fällt die Schnittmenge im Vergleich zum großen Oval relativ klein aus, folglich
werden die beiden Gegenstände als weniger ähnlich eingestuft (Beispiel aus Tversky &
Gati, 1978).

---

[1] A ist in diesem Falle das Subjekt, das zu beurteilen ist, und B der Bezug des Vergleichs.

Personen fokussieren auf das **Subjekt** des Vergleichs.

Häufig geht es jedoch nicht nur um das Einschätzen von Ähnlichkeiten, sondern darum zu vergleichen, ob ein Produkt A besser oder schlechter ist als ein Produkt B. Auch in einem solchen Fall spielt die Vergleichsrichtung eine Rolle. Hat nämlich A positive Merkmale, *die B nicht hat*, so wird A besser beurteilt, auch wenn B *genauso viele*, aber eben *andere positive* Merkmale hat als A. Hat A dagegen negative Merkmale, *die B nicht hat*, wird B besser beurteilt, auch wenn in diesem Fall B *genauso viele*, aber eben *andere negative* Merkmale besitzt wie A. Der umgekehrte Vergleich („Ist B besser oder schlechter als A?") würde zu B-bezogenen Merkmalsselektionen und somit zu genau umgekehrten Beurteilungen führen.

Wänke, Schwarz & Noelle-Neumann (1995) untersuchten das in folgender Studie (*für eine Übersicht siehe Tab. 7.3*): Zunächst lernten die Teilnehmer verschiedene Merkmale für zwei Bekleidungshäuser A und B kennen.

Tab. 7.3: Übersicht der Aufgabenstellung und der Ergebnisse aus der Studie von Wänke, Schwarz & Noelle-Neumann (1995) zur Auswirkung der Vergleichsrichtung auf ein Urteil.

	Gruppe I		Gruppe II	
	Bekleidungshaus A	Bekleidungshaus B	Bekleidungshaus A	Bekleidungshaus B
Merkmale	negativ 1 negativ 2 negativ 3 negativ 4	negativ 5 negativ 6 negativ 7 negativ 8	positiv 1 positiv 2 positiv 3 positiv 4	positiv 5 positiv 6 positiv 7 positiv 8
	neutral 1 positiv 1 positiv 2		neutral 1 negativ 1 negativ 2	
	Gruppe 1	**Gruppe 2**	**Gruppe 3**	**Gruppe 4**
Frage	„Finden Sie, dass das *Bekleidungshaus A* bessere Serviceleistungen bietet als das *Bekleidungshaus B* oder bietet es Ihrer Meinung nach weniger gute Serviceleistungen?"	„Finden Sie, dass das *Bekleidungshaus B* bessere Serviceleistungen bietet als das *Bekleidungshaus A* oder bietet es Ihrer Meinung nach weniger gute Serviceleistungen?"	„Finden Sie, dass das *Bekleidungshaus A* bessere Serviceleistungen bietet als das *Bekleidungshaus B* oder bietet es Ihrer Meinung nach weniger gute Serviceleistungen?"	„Finden Sie, dass das *Bekleidungshaus B* bessere Serviceleistungen bietet als das *Bekleidungshaus A* oder bietet es Ihrer Meinung nach weniger gute Serviceleistungen?"
Ergebnis	A schlechter beurteilt als **B**	B schlechter beurteilt als **A**	A besser beurteilt als **B**	B besser beurteilt als **A**

Die Hälfte der Teilnehmer (Gruppe I) erhielt dabei für A vier negative Merkmale und für B ebenfalls vier negative, aber andere Merkmale als für A. Weiterhin erhielten sie für jedes Bekleidungshaus ein neutrales und zwei positive Merkmale, die jedoch für A und B inhaltlich gleich waren. Bei Gruppe II waren die positiven und negativen Merkmale genau umgekehrt aufgeteilt. Beide Gruppen wurden dann noch einmal aufgeteilt, und jeweils die eine Hälfte verglich Bekleidungshaus A mit B, die andere B mit A. Bei Gruppe I wurde jeweils das Subjekt des Vergleichs schlechter, bei Gruppe II jeweils besser beurteilt.

Vergleiche werden nicht nur dann gezogen, wenn direkt nach einem Vergleich gefragt wird, sondern sie können auch indirekt durch Ankervorgaben *(siehe selektives Hypothesentesten in Richtung des Ankers, Abschnitt 1.1.3)* oder – unabhängig von der Frage und ihrer Formulierung – durch Salienz (Auffälligkeit) sowie die Aktivierung sozialer Normen hervorgerufen werden. Ist beispielsweise eine andere Person, der es offensichtlich schlechter geht (weil sie z. B. krank oder behindert ist), bei der Urteilsabgabe zugegen, führt dies zu höherer Zufriedenheit beim Befragten („Was geht es mir im Vergleich zu ihm doch gut!"; Strack et al., 1990).

Fazit zu komparativen Urteilen bei der Meinungsbildung

Ausgangslage

- Bei komparativen Urteilen entscheidet die Formulierung darüber, wer mit wem verglichen wird. Befragte fokussieren auf das Subjekt des Vergleichs („Wie ähnlich ist A zu B?").

Regulationsmöglichkeiten

Wie sollten Vergleichsfragen idealerweise formuliert werden?

- Man sollte soweit möglich die Vergleichsrichtung beibehalten, die Menschen auch spontan benutzen würden.

- Man sollte Altes mit Neuem vergleichen lassen, nicht aber umgekehrt: Die Vergleichsrichtung basiert meist auf dem Erfahrenen, also auf dem alten Produkt (Schwarz et al., 1994).

7.2.4   Einfluss anderer Fragen auf die Meinungsbildung

Neben der Formulierung der Frage selbst können auch *andere Fragen* die Verfügbarkeit von Informationen, die zur Urteilsbildung herangezogen werden, auslösen und auf diese Weise Einfluss auf die Meinungsbildung nehmen. Hierbei ist insbesondere die *jeweils vorangehende* Frage beeinflussend, weniger entscheidend ist hingegen die Position der Frage innerhalb des ganzen Fragenkatalogs (Strack, 1992).

Klassische Studie zum Einfluss anderer Fragen auf die Meinungsbildung
Durch eine vorausgehende Frage werden Inhalte verfügbar und können eine nachfolgende Beantwortung beeinflussen.

So ließen Sears und Lau (1983) eine ihrer (amerikanischen) Teilnehmergruppen zunächst ihre persönliche Einkommenssituation und anschließend den amerikanischen Präsidenten beurteilen. Die zweite Teilnehmergruppe beurteilte nur den Präsidenten. Hier zeigte sich, dass die Beurteilung der eigenen finanziellen Situation die Aufmerksamkeit auf die ökonomische Situation des Landes gerichtet hatte. Dieser spezielle Bereich wurde dadurch salient und verstärkt zur Beurteilung des Präsidenten genutzt.

Die grundsätzliche Verfügbarkeit bestimmter Inhalte garantiert jedoch noch nicht, *dass* die entsprechenden Informationen bei der Beantwortung auch tatsächlich verwendet werden. So gibt es durchaus Bedingungen, unter denen eine verfügbare Information *nicht* in eine nachfolgende Antwort mit einfließt bzw. sogar einen gegenteiligen Effekt hervorruft. Diese werden nachfolgend dargestellt.

Wann wird verfügbare Information wie genutzt?

Zunächst einmal ziehen Urteiler verfügbare Informationen dann nicht heran, wenn sie sie für irrelevant erachten (Strack & Bless, 1994), nicht verwenden sollen oder konversationale Normen dies nahe legen (Bradburn, 1982; Tourangeau, 1984; *siehe Abschnitt 7.1*). Aber selbst wenn Informationen verwendet werden, steht damit nicht zugleich die *Art* ihrer Verwendung fest. Vielmehr bestimmen weitere Faktoren, auf welche Weise eine verfügbare Information in ein Urteil mit eingeht. Als solche werden nachfolgend aufgezeigt:

- der wahrgenommene Bezug der Fragen (a),

- die Art der Informationsverarbeitung (b) und

- die Abfolge von Fragen (c).

a) Wahrgenommener inhaltlicher und zeitlicher Bezug

Auf welche Weise eine vorhergehende Frage die Beantwortung einer nachfolgenden Frage mit beeinflusst, hängt entscheidend davon ab, ob sie als einander zugehörig wahrgenommen werden, d. h., der Bezug beider Fragen aufeinander entscheidet über die Beeinflussung. Dieser Bezug kann inhaltlicher (thematisch) oder zeitlicher Art (Zeitraum) sein (*siehe Abb. 7.4*).

Klassische Studie zum Einfluss anderer Fragen auf die Meinungsbildung
Der wahrgenommene inhaltliche Bezug entscheidet über die Verwendung verfügbarer Inhalte.

Schwarz und Bless (1992) baten ihre Teilnehmer, die CDU zu beurteilen.

a) Ein Drittel der Teilnehmer sollte vor der Beurteilung der CDU die Frage beantworten, welcher Partei Richard von Weizsäcker seit über 20 Jahren angehört.

b) Das zweite Drittel der Teilnehmer sollte vor der Beurteilung der CDU die Frage beantworten, welches politische Amt Richard von Weizsäcker über die Parteienpolitik stellt.

c) Das letzte Teilnehmerdrittel fungierte als Kontrollgruppe und hatte vor der Beurteilung der CDU keine andere Frage zu beantworten.

Wie hat die Beantwortung der vorhergehenden Frage die nachfolgende Beurteilung der CDU beeinflusst? Es zeigte sich, dass in der Bedingung a die Antwort „Richard von Weizsäcker ist Mitglied der CDU" in einer positiveren Gesamtbeurteilung der CDU resultierte als in der Kontrollgruppe (Assimilationseffekt). Die beiden Fragen wurden in einem gemeinsamen Bezug gesehen. Die Beantwortung der Frage nach der Mitgliedschaft von Weizsäckers in der CDU machte positive Information über die CDU verfügbar (da von Weizsäcker als Person in der Bevölkerung allgemein sehr positiv bewertet wird), so dass auch die CDU insgesamt positiver beurteilt wurde.

Teilnehmer der Bedingung b hingegen beurteilten nach der Antwort „Richard von Weizsäcker ist Bundespräsident" die CDU negativer als die Kontrollgruppe. Da kein gemeinsamer Bezug zwischen von Weizsäckers parteiunabhängigem beruflichem Amt als Bundespräsident und der Beurteilung der CDU wahrgenommen wurde, wurde die verfügbare positive Information nicht der CDU zugerechnet. Dies resultierte in einer negativeren Beurteilung der CDU, d. h. in einem Kontrasteffekt.

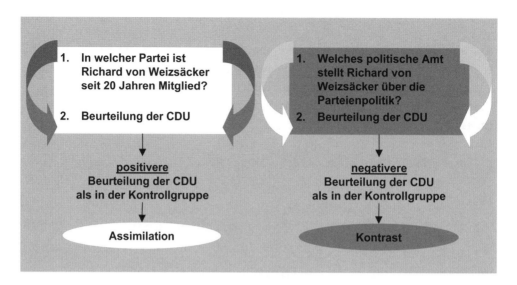

Abb. 7.4: Nutzung verfügbarer Informationen in Abhängigkeit vom wahrgenommenen inhaltlichen Bezug.

Der **wahrgenommene inhaltliche Bezug** zwischen zwei Fragen beeinflusst die nachfolgende Antwort.

Werden die Inhalte zweier aufeinander folgender Fragen als thematisch ähnlich wahrgenommen (beides politische Fragen) und inhaltlich der gleichen Kategorie (hier der CDU) zugeordnet, so wird die Antwort der zweiten Frage an die Valenz der ersten Frage angeglichen (Assimilation). Werden die Inhalte zwar als zum gleichen Themenkomplex gehörig wahrgenommen (beides politische Fragen), aber inhaltlich nicht der gleichen Kategorie zugeordnet (erst Amtsangabe, dann CDU-Beurteilung), so resultiert ein Kontrasteffekt.

Im gerade beschriebenen Fall findet eine *inhaltliche* Kategorisierung statt – eine Frage A wird als zur gleichen Kategorie gehörig wahrgenommen wie eine Frage B. Eine Kategorisierung kann aber auch auf *zeitlicher* Ebene stattfinden, d. h., die Zeiträume, auf die sich zwei aufeinander folgende Fragen beziehen, werden als „gleich" oder „unterschiedlich" wahrgenommen. Diese Wahrnehmung bestimmt wiederum über die Art der Verwendung der verfügbaren Information.

Zur Veranschaulichung soll noch einmal die zuvor berichtete Studie von Strack und Kollegen (1985, Exp. 1) aufgegriffen werden. Die Befragten dieser Studie wurden gebeten, entweder positive oder negative aktuelle Lebensereignisse anzugeben und anschließend ihre allgemeine Lebenszufriedenheit einzuschätzen. Das Aufschreiben positiver Ereignisse resultierte in höheren Zufriedenheitsurteilen, das Generieren negativer Ereignisse in geringeren Zufriedenheitsurteilen.

Eine weitere, bisher noch nicht erwähnte Teilnehmergruppe sollte nicht Ereignisse ihres *gegenwärtigen* Lebens aufschreiben (d. h. kürzlich eingetretene Ereignisse), sondern Ereignisse aus der *entfernteren* Vergangenheit. Dieses Nachdenken über Aspekte der Vergangenheit führte zu gegenteiligen Ergebnissen – das Nachdenken über *vergangene negative* Aspekte führte zu einer *positiveren Bewertung des gegenwärtigen Lebens*, das Nachdenken über vergangene positive Aspekte zu einer geringeren Lebenszufriedenheit. Wie ist dieser konträre Einfluss des Nachdenkens über gegenwärtige bzw. vergangene Ereignisse zu erklären?

Der zeitliche Bezug entscheidet darüber, wie die Inhalte in das Urteil mit eingehen (Strack, 1996). Verfügbare Information wird nur dann in ein nachfolgendes Urteil mit eingeschlossen, wenn die Information für das zu bildende Urteil repräsentativ ist, d. h. wenn beispielsweise zuerst über *gegenwärtige* Ereignisse nachgedacht und anschließend das *gegenwärtige* Leben beurteilt werden soll. In diesem Fall wird das nachfolgende Urteil an die verfügbare Information angenähert (assimiliert), es tritt ein sog. *Assimilationseffekt* auf.

Wenn die verfügbaren Inhalte als nicht repräsentativ wahrgenommen werden, gehen sie nur indirekt in das Urteil ein – denkt man über *Vergangenes* nach und soll danach *Aktuelles* beurteilen, wird die verfügbare Information über Vergangenes als Referenzpunkt verwendet („Wie war es früher?"), d. h. als Vergleichsstandard herangezogen („Wie ist es heute im Vergleich zu damals?"), um das nachfolgende Urteil zu generieren (Strack, 1996). Dieser Vergleich resultiert zumeist in einem sog. *Kontrasteffekt* („früher war alles anders als heute"; *siehe Abb. 7.5*).

> Der **wahrgenommene zeitliche Bezug** zwischen zwei Fragen beeinflusst die nachfolgende Antwort.

Interessanterweise ist dabei nicht die *tatsächliche* zeitliche Distanz vom Urteilszeitpunkt entscheidend, sondern der *wahrgenommene* zeitliche Abstand. Auch gleiche Zeiträume (z. B. „in fünf Jahren") können von Befragten unterschiedlich wahrgenommen werden, je nachdem ob diese als zeitlich zugehörig zum geforderten Urteil dargestellt werden oder als zeitlich getrennt („in fünf Jahren, wenn alles anders wird …").

Klassische Studie zum Einfluss anderer Fragen auf die Meinungsbildung
Der wahrgenommene zeitliche Bezug entscheidet über die Verwendung verfügbarer
Inhalte.

Strack et al. (1987) baten ihre studentischen Teilnehmer, über positive oder negative
Ereignisse nachzudenken, die sie „in fünf Jahren" erwarteten (für diese Studierenden
war „in fünf Jahren" die Zeit unmittelbar nach dem Examen). Eine weitere Teilnehmergruppe erhielt zusätzlich den Hinweis, dass *nach diesen fünf Jahren für sie ein neuer*
Lebensabschnitt beginne. Anschließend sollten die Befragten ihre aktuelle Lebenszufriedenheit einschätzen.

Die Ergebnisse zeigten für die Teilnehmer ohne den zusätzlichen Hinweis den typischen
Assimilationseffekt: Das Nachdenken über *positive* zukünftige Ereignisse führte zu *hö-*
herer aktueller *Zufriedenheit* als das Nachdenken über negative. Die Teilnehmer hingegen, die den zusätzlichen Hinweis erhielten, dass dann ein neuer Lebensabschnitt beginne, kontrastierten ihre jetzige Lebenssituation mit ihren Zukunftserwartungen: Das
Nachdenken über positive Zukunftsereignisse des „neuen Lebensabschnitts" resultierte
in geringerer aktueller Lebenszufriedenheit, das Nachdenken über negative zukünftige
Ereignisse des „neuen Lebensabschnitts" in höherer aktueller Zufriedenheit (*siehe*
Abb. 7.5).

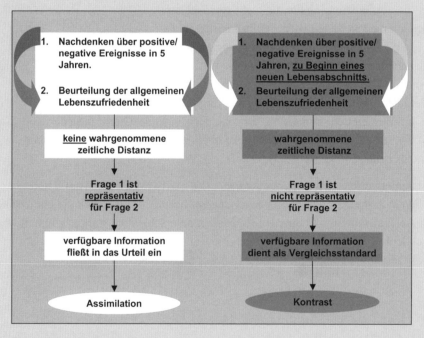

Abb. 7.5: Nutzung verfügbarer Information in Abhängigkeit vom wahrgenommenen zeitlichen
Bezug.

Wie ist das zu erklären?

Die zeitliche Distanz („in fünf Jahren") war zwar für alle Teilnehmer die gleiche, doch aufgrund des Hinweises „neuer Lebensabschnitt" wurde diese Distanz als neuer Zeitrahmen wahrgenommen, die verfügbare Information diente somit lediglich als Vergleich (Kontrast) für das aktuelle Urteil. Die Zukunftserwartungen der Gruppe ohne den Hinweis wurden im gleichen Zeitrahmen wahrgenommen und flossen daher in die Bewertung ihres jetzigen Lebens mit ein.

Diese Ergebnisse zeigen, dass der zeitliche Bezug die Verwendung verfügbarer Informationen bestimmen kann: Die verfügbare Information wird entweder als „gleich" (zugehöriger Zeitabschnitt) oder als „unterschiedlich" (anderer Zeitabschnitt) wahrgenommen und demnach eine Antwort daran angenähert oder kontrastiert.

b) Art der Informationsverarbeitung

Im obigen Abschnitt wurde aufgezeigt, dass eine vorangehende Frage die Beantwortung einer nachfolgenden Frage beeinflusst – je nachdem, in welchem inhaltlichen oder zeitlichen Bezug sie wahrgenommen wird.

Eine vorangehende Frage kann darüber hinaus beeinflussen, wie eine verfügbare Information genutzt wird. Wenn Sie gefragt werden, *wie* damals ein bestimmtes Ereignis auftrat oder *warum* damals ein bestimmtes Ereignis auftrat, werden Sie in jeweils sehr unterschiedlicher *Art und Weise* über das Ereignis nachdenken. Wenn Sie über ein Ereignis nachdenken, indem Sie sich erinnern, *wie* damals alles ablief, wer daran beteiligt war, was Sie währenddessen gedacht und empfunden haben, denken Sie über das Ereignis in einer beschreibenden Art und Weise nach, das Ereignis läuft noch einmal vor Ihrem geistigen Auge ab, der emotionale Gehalt des Ereignisses wird nochmals erlebt und somit eine positive bzw. negative Stimmung verfügbar. Diese Stimmung wiederum beeinflusst dann in der bereits mehrfach beschriebenen Weise die Beurteilung der eigenen Zufriedenheit – positive Stimmung löst Zufriedenheit aus, negative Stimmung Unzufriedenheit (Assimilationseffekt).

> Die **Art der Informationsverarbeitung** bestimmt über die Einflussrichtung verfügbarer Information.

Denken Sie hingegen über ein Ereignis in erklärender Art und Weise nach, indem Sie die Ursachen reflektieren und sich erinnern, *warum* es zu dem Ereignis kam, wird das Ereignis auf abstrakter (nicht emotionaler) Ebene verarbeitet und keine Stimmung ausgelöst. Die durch das Nachdenken verfügbare Information wird als Vergleich genutzt – positive Stimmung resultiert in Unzufriedenheit, negative Stimmung in Zufriedenheit (Kontrasteffekt).

Kurzum: Verfügbare Ereignisse führen v. a. dann zu Assimilationseffekten, wenn sie in konkreter, anschaulicher oder bildhafter Weise verarbeitet wurden. Kontrasteffekte hingegen werden wahrscheinlich, wenn das Nachdenken in eher abstrakter Weise erfolgte.

Klassische Studie zum Einfluss anderer Fragen auf die Meinungsbildung
Die Art der durch die vorangehende Frage geforderten Informationsverarbeitung entscheidet über die Verwendung verfügbarer Inhalte.

Diese Annahmen wurden in einer Studie (Strack et al., 1985, Exp. 3) überprüft, in der Personen auf unterschiedliche Weise über ein vergangenes Ereignis nachdenken sollten. Die Teilnehmer wurden entweder aufgefordert, zu *erklären*, *warum* das positive oder negative Ereignis aus der Vergangenheit eingetreten ist, oder aber gebeten, zu *beschreiben*, *wie* das Ereignis im Einzelnen abgelaufen ist. Anschließend wurden die aktuelle Stimmung und die allgemeine Lebenszufriedenheit der Teilnehmer erfragt.

Erwartungsgemäß zeigte sich sowohl ein Einfluss des unterschiedlichen Nachdenkens auf die *Stimmung* der Teilnehmer als auch auf ihre *Zufriedenheitsurteile*. Die Stimmung betreffend gaben Personen, die den konkreten Ablauf von Ereignissen zu beschreiben hatten, bei positiven Ereignissen an, besser gestimmt zu sein als bei negativen Ereignissen. In den Bedingungen des ursächlichen Nachdenkens dagegen war nur ein schwacher Stimmungsunterschied zu beobachten. Dies zeigt, dass das bildhafte Vorstellen von Ereignissen (beschreibendes Nachdenken) tatsächlich die Stimmung in Richtung der Valenz der verfügbaren Inhalte verändert, während dies bei ursächlichem, abstraktem Nachdenken nicht der Fall ist.

Die Zufriedenheit betreffend gaben Personen nach beschreibendem Nachdenken an, zufriedener zu sein, wenn sie zuvor ein positives Ereignis beschrieben hatten, bzw. unzufriedener, wenn sie zuvor ein negatives Ereignis zu beschreiben hatten, während Personen nach ursächlichem, abstraktem Nachdenken dagegen zufriedener waren, wenn sie ein negatives Ereignis erklärt hatten, und unzufriedener waren, wenn es ein positives war.

Diese Befunde sind ebenso bedeutsam bei der Erfassung betrieblicher Inhalte: Die Art und Weise, wie bei einer Konferenz über eine Entscheidung nachgedacht wird oder wie die Aufgabenstellung in einer Befragung gestaltet wird, macht einen deutlichen Unterschied. Werden Mitarbeiter gebeten, sich die *Ursachen* eines betrieblichen Missstands zu überlegen („Warum ist es zu dieser Eskalation gekommen?"), werden sie dadurch in ihrer Entscheidung und Zufriedenheitseinschätzung *nicht* durch den damit zusammenhängenden negativen Affekt beeinflusst, während dies durchaus der Fall ist, wenn sie die Situation *konkret beschreiben* („Wie äußert sich die Eskalation?") (*siehe Abb. 7.6*). Die

Art und Weise, wie eine Befragung oder Einschätzung eingeleitet wird, wie sie aufgebaut und zusammengesetzt ist, wirkt sich damit in entscheidendem Maße auf die
Qualität der gewonnenen Ergebnisse aus.

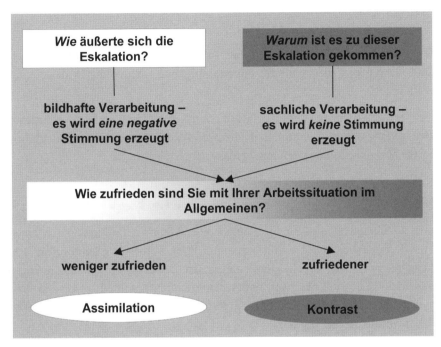

Abb. 7.6: Stimmungseffekte in Zufriedenheitsurteilen in Abhängigkeit von der Art der vorangehenden Frage.

Zusammenfassend zeigt sich zum einen ein *Assimilationseffekt*, wenn

- über Inhalte nachgedacht wird, die in einem zeitlichen oder inhaltlichen Bezug zur
  zu beurteilenden Frage gesehen werden (siehe a), sowie wenn

- über ein Ereignis bildlich und beschreibend nachgedacht und dadurch eine entsprechende Stimmung ausgelöst wird (siehe b).

In beiden Fällen beeinflusst die ausgelöste Stimmung das nachfolgende Urteil in Richtung der Valenz der verfügbaren Information.

Zum anderen zeigt sich ein *Kontrasteffekt*, wenn

- über Inhalte nachgedacht wird, die in keinem zeitlichen oder inhaltlichen Bezug zur zu beurteilenden Frage gesehen werden (siehe a), sowie wenn

- über ein Ereignis abstrakt nachgedacht wird (siehe b), das Nachdenken also keine Stimmung auslöst.

In diesem Fall wird die durch das Nachdenken verfügbare Information als Vergleichs-standard verwendet und beeinflusst die nachfolgende Beurteilung in die entgegenge-setzte Richtung.

Nachfolgend soll (neben der Art der Informationsverarbeitung und dem wahrgenomme-nen Bezug) eine weitere Determinante, die beeinflusst, ob und wie verfügbare Informa-tionen zur Meinungsbildung genutzt werden, dargestellt werden.

c) Abfolge spezifischer und allgemeiner Fragen zu einem Thema

Nehmen wir einmal an, dass Sie im Rahmen einer Mitarbeiterbefragung u. a. eine Frage zu Ihrer Zufriedenheit mit der Führung durch Ihren Vorgesetzten und direkt anschlie-ßend eine Frage zu Ihrer Arbeitssituation insgesamt erhalten würden. Ob die Frage nach der allgemeinen Zufriedenheit mit der Arbeitssituation unmittelbar vor oder nach der Frage der Zufriedenheit mit der Führung gestellt wird, hat entscheidenden Einfluss auf die Beantwortung (*siehe Abb. 7.7*):

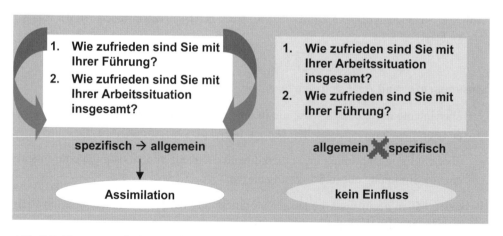

Abb. 7.7: Nutzung verfügbarer Informationen in Abhängigkeit von der Abfolge allgemeiner und spezifischer Fragen zu einem Thema.

Wird wie in Abb. 7.7 links dargestellt zunächst nach dem spezifischen Aspekt „Führung" gefragt (spezifische Frage) und anschließend nach dem allgemeineren Aspekt „Zufriedenheit mit der Arbeitssituation insgesamt" (allgemeine Frage), so färbt die spezifische Frage auf die allgemeine Frage ab – die durch die spezifische Frage verfügbar gemachte Information wird zur Beantwortung der nachfolgenden Frage herangezogen. Wären Sie mit der Führung Ihres Vorgesetzten zufrieden, würden Sie die Arbeitssituation insgesamt ebenfalls positiver beurteilen; wären Sie hingegen unzufrieden, würde dies die Beurteilung der Arbeitssituation insgesamt ebenfalls schlechter ausfallen lassen. Wären die Fragen in umgekehrter Reihenfolge vorgelegt worden, fände sich hingegen kein Einfluss (*siehe Abb. 7.7 rechte Hälfte, erst allgemeine, dann spezifische Frage*). Die Beurteilung des allgemeinen Aspekts hat für die spezifischen Einzelaspekte keine Relevanz und fließt somit ins nachfolgende Urteil nicht ein (Führung ist nur einer von vielen Einzelaspekten, der in die Gesamtbewertung der allgemeinen Frage eingehen würde).

Werden zwei aufeinander folgende Fragen so verstanden, dass sich beide um dasselbe Thema drehen und dabei die eine Frage einen spezifischen Aspekt der anderen abfragt, so entscheidet auch die *Reihenfolge*, in der die beiden Fragen gestellt werden, ob die durch die vorangehende Frage verfügbare Information genutzt wird.

> Erfragt eine *vorangehende* Frage einen **spezifischen** Aspekt, beeinflusst dies die Beantwortung einer *nachfolgenden* thematisch zugehörigen, **allgemeineren** Frage.

Klassische Studie zum Einfluss anderer Fragen auf die Meinungsbildung
Die Abfolge spezifischer und allgemeiner Frage bestimmt, ob die vorhergehende Frage die nachfolgende beeinflusst.

In einer Studie von Strack und Kollegen (Strack, Martin & Schwarz, 1988, Exp. 2) wurden amerikanische Studierende gebeten, an einer Befragung zu Themen des Studiums und des Studentenlebens teilzunehmen. In dieser Befragung wurden die Teilnehmer u. a. aufgefordert, ihre allgemeine Lebenszufriedenheit sowie die Häufigkeit ihrer romantischen Beziehungen (ihr „dating") einzuschätzen. Indem die Reihenfolge dieser beiden Fragen variiert wurde, ließ sich überprüfen, ob die beiden Fragen sich gegenseitig beeinflussen. Für die vorliegenden Teilnehmer stellte die Häufigkeit ihrer Dates einen relevanten Teilaspekt ihrer allgemeinen Lebenszufriedenheit dar.

Die Ergebnisse der Studie bestätigen, dass die durch die spezifische Dating-Frage verfügbaren Inhalte zur Beantwortung der allgemeinen Frage nach der Lebenszufriedenheit herangezogen wurden. Die Befragten waren umso zufriedener mit ihrem Leben, je höher die Anzahl ihrer Dates war, bzw. umso unzufriedener, je weniger Dates sie zu haben angaben. Dies war allerdings nur dann der Fall, wenn die spezifische Dating-Frage zuerst, d. h. *vor* der allgemeinen Frage (Lebenszufriedenheit) zu beantworten war.

Wurde die spezifische Frage hingegen *nach* der Beurteilung der allgemeinen Zufriedenheit gestellt, waren die Zufriedenheitsurteile unbeeinflusst von der Anzahl der Dates und umgekehrt. Da die allgemeine Zufriedenheit dann zwar verfügbar, aber inhaltlich nicht relevant war für die Beantwortung der Dating-Häufigkeit, beeinflussten sich die beiden Fragen nicht.

Wie sich weiterhin herausgestellt hat, ist für diesen Zusammenhang entscheidend, ob die beiden Fragen vom Befragten als *inhaltlich zusammengehörig wahrgenommen* werden oder nicht. Die durch eine vorangehende spezifische Frage aktivierte Information wird also nur dann für die Beantwortung der allgemeinen Frage herangezogen, wenn die beiden Fragen als nicht inhaltlich zusammengehörig wahrgenommen werden. Insbesondere in standardisierten Befragungen (wie z. B. Mitarbeiterbefragungen) ist oft nicht klar, ob zwei Fragen zusammengehören. Häufig wird dies vom Fragebogenkonstrukteur sogar zu verhindern versucht, indem eigentlich zusammengehörige Fragen durch Füllerfragen getrennt oder an verschiedenen Stellen im Fragebogen platziert werden.

Klassische Studie zum Einfluss anderer Fragen auf die Meinungsbildung
Fragen, die in einem gemeinsamen Kontext stehen, beeinflussen einander nicht.

In einer weiteren Studie von Strack, Martin & Schwarz (1988, Exp. 2) wurde den Befragten nahe gelegt, dass zwei Fragen in ein und demselben Konversationskontext stehen, indem sie im Voraus darüber informiert wurden, nachfolgend *zwei Fragen zum Thema* „subjektives Wohlbefinden" zu erhalten und zwar a) zur Häufigkeit der Beziehungen zum anderen Geschlecht und b) zur Zufriedenheit mit dem Leben im Allgemeinen. Danach wurden die beiden Fragen in der gleichen Weise dargeboten wie in der zuvor geschilderten Studie: Zuerst wurde die spezifische (hier: die Häufigkeit der Beziehungen) und dann die allgemeine Frage (Lebenszufriedenheit) gestellt. Die Vorhersage war, dass unter Vorgabe dieses gemeinsamen Kontexts („Es kommen nun zwei Fragen zum Thema ...") die durch die erste Frage aktivierte Information nicht verwendet würde und damit das allgemeine Urteil nicht oder nur wenig in Richtung der zuvor aktivierten spezifischen Information ausfallen sollte.

Die Ergebnisse bestätigten, dass im Falle eines gemeinsamen Konversationskontexts die Korrelation beider Fragen fast bis auf das Ausgangsniveau zurückgeht. Die Befragten verwandten die durch die spezifische Frage aktivierte und leicht verfügbare Information nicht, da sie annahmen, dass diese nicht weiter informativ sei.

Auch dieser Zusammenhang ist insbesondere bei Mitarbeiterbefragungen von Bedeutung. Werden die Fragen nach der Zufriedenheit mit der Führung und nach der Zufriedenheit mit der Arbeitssituation insgesamt in einen gemeinsamen Kontext gestellt, so sollte die führungsbezogene Frage die Beurteilung der Arbeitssituation nicht beeinflussen, da die Befragten sie für Letztere nicht als relevant ansehen. Befragende sollten daher steuern – wie in Abb. 7.8. rechte Hälfte –, ob zwei aufeinander folgende Fragen als inhaltlich zusammengehörig oder als voneinander unabhängig empfunden werden!

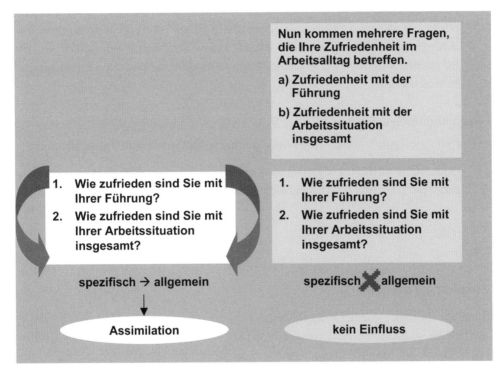

Abb. 7.8: Nutzung verfügbarer Informationen in Abhängigkeit von der wahrgenommenen Zusammengehörigkeit aufeinander folgender Fragen.

Diese Ausführungen implizieren nicht, dass es *nicht* aussagekräftig sei, zunächst viele einzelne spezifische Fragen zur Zufriedenheit und dann eine abschließende Frage zur allgemeinen Zufriedenheit zu stellen, denn trotz des Assimilationseffekts ist die Gewichtung der Einzelaspekte durchaus noch aussagekräftig (Schwarz, Strack & Mai, 1991; Smith, 1982). Es kommt schlicht und ergreifend darauf an, was das Ziel ist – eine möglichst valide Messung der einzelnen Aspekte oder eine davon möglichst unabhängige Gesamtaussage. Wichtig ist daher, dass bei der Interpretation der Daten, die jeweiligen Einflüsse berücksichtigt werden.

Fazit zum Einfluss anderer Fragen auf die Meinungsbildung in Befragungen

Ausgangslage

- Vorausgehende Fragen machen Informationen verfügbar und können auf diese Weise beeinflussen, welche Informationen zur Meinungsbildung herangezogen werden. Inwiefern verfügbare Informationen in eine Antwort mit eingehen, ist abhängig vom wahrgenommenen inhaltlichen und zeitlichen Bezug, der Art der Informationsverarbeitung sowie der Abfolge spezifischer und allgemeiner Fragen zu einem Thema.

Regulationsmöglichkeiten

Dem Einfluss einer früheren Frage bei zusammengehörigen Fragen begegnen durch

- einen Einleitungstext zur Herstellung eines gemeinsamen Konversationskontexts, damit Befragte den Zusammenhang sehen und informativ sind.

- Sofern dies nicht geht: Füllerfragen zwischen den zusammengehörigen Fragen (Ottati et al., 1989) oder visuelle Trennung der Themen.

Zusammenfassung

Steht ein Befragter vor der Aufgabe, eine *Antwort zu generieren*, kann er dies grundsätzlich entweder durch die *Erinnerung* eines bestehenden oder aber die *Neubildung* eines Urteils tun. Beide Arten der Antwortabgabe werden von verschiedenen Faktoren beeinflusst. Die Akkuratheit eines erinnerten Urteils wird eingeschränkt durch Erinnerungsfehler und Erinnerungsverzerrungen. Die Neubildung eines Urteils erfolgt häufig anhand der Verfügbarkeit bestimmter Informationen. Die Akkuratheit der so gebildeten Urteile wird reduziert, wenn die Verfügbarkeit auf für den Befragungsgegenstand nicht relevanten Einflüssen beruht. Es wurde exemplarisch aufgezeigt, dass affektive und nichtaffektive Empfindungen, vorgegebene Antwortalternativen, die Formulierung der Frage selbst oder andere Fragen die Verfügbarkeit bestimmter Informationen und damit die Meinungsbildung bestimmen können.

7.3 Antwortformatierung (Stufe 3)

Gehen wir nun davon aus, dem Befragten wird eine Frage gestellt, die er verstanden, sich dazu eine Meinung gebildet hat und nun vor der Aufgabe steht, seine Antwort in das vorgegebene Format einzupassen. Möglicherweise wird er auf eine Frage nach seiner Arbeitszufriedenheit spontan mit „ganz o.k." oder „passt schon" antworten wollen. Doch was bedeutet „ganz o.k." oder „passt schon" auf der ihm zur Antwortabgabe vorgegebenen Skala von „1 – gar nicht zufrieden" bis „10 – vollkommen zufrieden"?

Zumeist sind in einer Befragung die Antworten auf eben solchen vorgegebenen **Antwortskalen** abzutragen (sog. „geschlossene Fragen"). Angesichts solcher Skalen kann ein Befragter nicht jene Kategorien verwenden, die ihm spontan in den Sinn kommen, sondern muss im Rahmen der (geschlossenen) Möglichkeiten, die ihm vorgegeben werden, antworten. Wie geht er dann vor?

Stellen Sie sich vor, Sie sollen die Zeit, die Sie täglich mit Telefonieren verbringen, einschätzen. Wahrscheinlich würde es Ihnen schwer fallen, dies konkret anzugeben (wer notiert sich so etwas schon?). Vermutlich würden Sie spontan anhand der Ihnen vorgegebenen Antwortskala eine Einschätzung vornehmen. Gehen wir einmal davon aus, dass die Ihnen vorgelegte Antwortskala von „bis zu 2,5 Stunden täglich" bis „mehr als 4,5 Stunden täglich" reicht. Wenn Sie annähmen, dass Sie etwa genauso viel oder eher etwas weniger Zeit als andere Personen mit Telefonieren verbringen würden, würden Sie doch vermutlich „etwa 2,5 Stunden täglich" als Ihren persönlichen Zeitbedarf pro Tag angeben, oder? Dies würden zumindest die meisten Befragten tun.

Antwortvorgaben stellen eine Informationsquelle dar. Befragte nehmen an, der Wertebereich der Antwortvorgaben gebe das Wissen des Befragenden über die Verteilung des erfragten Verhaltens in einer bestimmten Population (z. B. der Gesamtbevölkerung) wieder.

> Die **Antwortskala** wird als Verteilung der Bevölkerungsnorm angesehen und genutzt, um das eigene Verhalten einzuschätzen.

Gemäß dieser Annahme wird die durchschnittliche oder vermeintlich typische Verhaltenshäufigkeit durch Werte im Mittelbereich der Skala abgebildet, während die Extreme der Skala den Extremen der Verteilung entsprechen. Auf der Grundlage dieser Annahme können Befragte den Wertebereich der Skala als Bezugsrahmen zur Schätzung ihrer eigenen Verhaltenshäufigkeit heranziehen und der Skala Vergleichsinformationen über das Verhalten anderer entnehmen (Schwarz et al., 1985; Schwarz et al., 1988). Das heißt, wenn der Befragte seinen Telefonbedarf als geringer einschätzt als den der meisten anderen Personen, wird er sein Kreuz im unteren Bereich der Skala setzen.

Was wäre jedoch gewesen, wenn Ihnen eine Skala von „bis zu 1/2 Stunde täglich" bis „mehr als 2,5 Stunden täglich" vorgelegt worden wäre? Hätten Sie dann auch 2,5 geschätzt? Oder vielleicht eher 1/2 Stunde? Dass die Breite der Skala die Einschätzung derart beeinflusst, belegt die folgende Studie.

Klassische Studie zum Einfluss von Antwortskalen auf die Antwortformatierung
Die Breite der Antwortskala dient als Vergleichsinformation und beeinflusst so die Beantwortung.

Schwarz et al. (1985) baten Befragte, ihren täglichen Fernsehkonsum anzugeben. Dazu gaben sie der einen Hälfte der Teilnehmer eine Skala von „bis zu 2,5 Stunden täglich" bis „mehr als 4,5 Stunden täglich", der anderen Teilnehmergruppe eine Skala von „bis zu 1/2 Stunde täglich" bis „mehr als 2,5 Stunden täglich". Die Ergebnisse zeigen einen starken Einfluss der Antwortvorgaben: Während 37,5 % der Befragten, denen die Liste mit hohen Antwortvorgaben vorlag, einen Fernsehkonsum von mindestens 2,5 Stunden am Tag berichteten, war dies nur bei 16,2 % der Befragten der Fall, die ihren Fernsehkonsum auf der Skala mit den geringen Häufigkeiten berichten sollten *(siehe Tab. 7.4)*.

Tab. 7.4: Verteilung der Antworten auf die Frage nach dem tatsächlichen Fernsehkonsum in der Studie von Schwarz et al. (1985) (modifiziert nach Schwarz, Strack & Hippler, 1991, S.178; Tab. 1).

	Täglicher Fernsehkonsum					
Antwortskala	hohe Häufigkeitsvorgaben			geringe Häufigkeitsvorgaben		
Antwortmöglichkeiten	bis 2,5 h	62,5%		bis 0,5 h	7,5%	
	2,5 bis 3 h	23,4%		0,5 bis 1 h	17,7%	
	3 bis 3,5 h	7,8%	37,5%	1 bis 1,5 h	26,5%	84,1%
	3,5 bis 4 h	4,7%		1,5 bis 2 h	14,7%	
	4 bis 4,5 h	1,6%		2 bis 2,5 h	17,7%	
	mehr als 4,5 h	0%		mehr als 2,5 h	16,2%	

Befragte, die einen Wert im oberen Bereich der Antwortvorgaben wählten, folgerten, dass sie das betreffende Verhalten häufiger zeigen als der Durchschnitt der Bevölkerung. Im Falle der Skala mit hohen Häufigkeitsangaben schätzten Befragte darüber hinaus die Wichtigkeit des Fernsehens in ihrer Freizeit höher ein (Schwarz et al., 1985, Exp. 1) und waren mit der Vielfalt ihrer Freizeitaktivitäten weniger zufrieden (Exp. 2), als wenn sie zuvor ihren Fernsehkonsum auf einer Skala mit geringen Häufigkeitsvorgaben berichtet hatten. Dies ist darauf zurückzuführen, dass ihre eigene Platzierung auf der Skala (zur damaligen Zeit lag der durchschnittliche Fernsehkonsum bei 2,5 Stunden, so dass der „wahre Wert" jeweils am Skalenende lag; Darschin & Frank, 1992) ihnen bei geringen Vorgaben nahe legte, sie sähen mehr fern als üblich („so viel wie ich fernsehe, kann ich kein abwechslungsreiches Freizeitleben haben"), während sie ihnen bei hohen Vorgaben nahe legte, sie sähen weniger fern als üblich.

Dieser Einfluss von Antwortskalen wurde auch nachgewiesen im Bereich psychologischer und medizinischer Diagnostik (Schwarz & Scheuring, 1992; siehe auch Schwarz, Bless, Bohner et al., 1991), Konsumverhalten (Menon et al., 1995), unterschiedlicher sexueller Erfahrungen und der Zufriedenheit mit der eigenen Beziehung (Schwarz & Scheuring, 1988).

Beispielsweise geben Befragte, wenn sie die Anzahl verwendeter Kopfschmerzmedikamente angeben sollen, bei einer Vorgabe von „Wie viele verschiedene Kopfschmerzmittel verwenden Sie? 1 – 5 – 10?" im Durchschnitt 5,2 an, während eine vergleichbare Stichprobe Befragter bei einer Vorgabe von „Wie viele verschiedene Kopfschmerzmittel verwenden Sie? 1 – 2 – 3?" im Durchschnitt 3,3 angibt (Loftus, 1975). Der Einfluss von Antwortvorgaben ist umso ausgeprägter, je weniger episodische Information (d. h. Detailwissen) den Befragten verfügbar war. Daher wirken Antwortvorgaben verzerrender, wenn über das Verhalten anderer als wenn über das eigene Verhalten berichtet wird (Schwarz & Bienias, 1990).

Nicht nur die Breite der Antwortskala ist von Bedeutung für das abgegebene Urteil, sondern ebenso die verwendeten **Skalenwerte**. Stellen Sie sich vor, Sie sollten Ihren Erfolg im Leben einschätzen. Läge Ihnen eine Skala von –5 (überhaupt nicht erfolgreich) bis +5 (extrem erfolgreich mit 0 in der Mitte; *siehe Abb. 7.9, rechte Hälfte*) vor, würde dies nahe legen, dass die negativen Werte das Ausmaß von „nicht erfolgreich sein" abbilden, während die positiven Werte den Erfolg widerspiegeln. 0 hieße dann, weder eindeutig Erfolg noch eindeutig keinen Erfolg zu haben. Wenn Sie sich nun als durchschnittlich erfolgreich einschätzen würden, würden Sie vermutlich die „0" ankreuzen.

Läge Ihnen hingegen eine Skala mit den Werten von 0 (überhaupt nicht erfolgreich) bis 10 (extrem erfolgreich) vor (*siehe Abb. 7.9, linke Hälfte*), würde dies nahe legen, dass das Interesse dieser Frage auf das Eintreten (10) oder das Ausbleiben Ihres Erfolgs (0) gerichtet ist. Sie müssten folglich Ihre Einschätzung zwischen „keinem Erfolg" (0) und „maximalem Erfolg" (10) abstufen. Würden Sie nun auch wieder die Skalenmitte (hier: 5) ankreuzen? Vermutlich würden Sie hier eher „3" sagen – zumindest geht es den meisten Befragten bei diesen beiden Skalentypen so.

Numerisch gesehen wären sich allerdings die „0" beim ersten Skalentyp und die „5" beim zweiten Skalentyp äquivalent und sollten von der Logik her keinen Unterschied bei der Beantwortung hervorrufen. Dies ist allerdings nicht der Fall – beide Skalentypen rufen auf die gleiche Frage unterschiedliche Antworten hervor (hier: die Skala –5 bis +5 höhere Angaben).

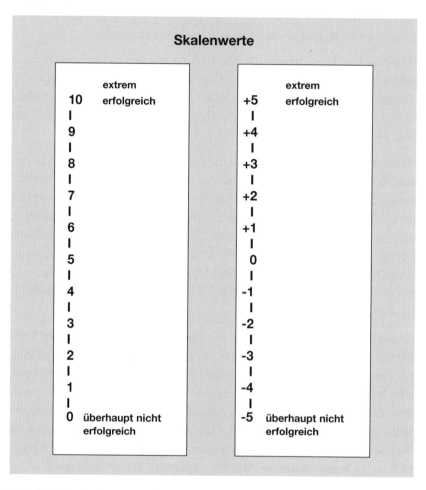

Abb. 7.9: Beispiele unipolarer und bipolarer Antwortskalen.

Klassische Studien zum Einfluss von Antwortskalen auf die Antwortformatierung

Numerisch gleiche Werte werden je nach Skala unterschiedlich wahrgenommen und beeinflussen die Beantwortung.

Schwarz, Knäuper et al. (1991) baten ihre Teilnehmer in einer Studie, ihren Erfolg im Leben einzuschätzen. Dazu wurde einem Teil der Teilnehmer eine Skala mit den Werten von 0 bis 10 (*siehe Abb. 7.9, linke Hälfte*), dem anderen Teil eine Skala mit Werten von –5 bis +5 zur Verfügung gestellt (*siehe Abb. 7.9, rechte Hälfte*).

Von den Teilnehmern, die ihren Erfolg im Leben auf der Skala von 0 bis 10 abtragen sollten, wählten 34 % Werte zwischen 0 und 5 (im Mittel wurde 6,4 angegeben). Dagegen wählten nur 13 % der Teilnehmer, die die Skala mit den Werten von –5 bis +5 erhalten hatten, die formal äquivalenten Werte –5 bis 0 (im Mittel wurde 7,3 angegeben). Dies zeigt, dass die vorgegebenen numerischen Werte der Antwortskala unterschiedlich interpretiert wurden.

Die Antwortskala einer vorhergehenden Frage beeinflusst die Beantwortung einer nachfolgenden Frage.

Haddock und Carrick (1999) ließen ihre (britischen) Teilnehmer verschiedene Eigenschaften des britischen Premierministers Tony Blair beurteilen (z. B. „Wie ehrlich/intelligent/freundlich ist er?"). Um ihre Einschätzungen abzugeben, erhielten sie entweder Skalen von 0 bis 10 oder von –5 bis +5. Die Ergebnisse zeigten, dass Blair bei Vorgabe der bipolaren Skala (–5 bis +5) positiver beurteilt wurde als im Falle der unipolaren Skala (0 bis 10).

Darüber hinaus zeigte sich, dass die vorgegebene Antwortskala die Beantwortung einer nachfolgenden Frage beeinflusste: Wurden die Teilnehmer zuerst gefragt, wie intelligent (o. Ä.) Tony Blair sei, und anschließend aufgefordert einzuschätzen, wie gut er als Premierminister sein werde (die Studie fand vor seiner Wahl statt), so wurde er auf dieser nachfolgenden Frage als besser eingeschätzt, wenn zuvor eine bipolare Skala (–5 bis +5) vorgegeben wurde, als im Falle einer unipolaren Skala (0 bis 10).

Durch die vorhergehende Vorgabe einer bipolaren Skala wurden die Werte im oberen Bereich der Skala verfügbar gemacht und beeinflussten so die Beantwortung der nachfolgenden Frage in Richtung einer besseren Bewertung.

Eine Skala –5 bis +5 wird *bipolar* wahrgenommen, der Mittelpunkt 0 als Weder-noch-Ausprägung, die Endpunkte werden als Gegensätze verstanden. Eine Skala von 0 bis 10 hingegen wird *unipolar*, der Mittelpunkt 5 als mittlere Ausprägung, die Endpunkte als Ausmaß oder Intensität eines Merkmals aufgefasst.

Numerisch gleiche **Skalenwerte** werden unterschiedlich interpretiert.

Diese unterschiedlichen Interpretationen der Skalenwerte bewirken das unterschiedliche Antwortverhalten: Im Falle einer bipolaren Skala ordnet sich der Befragte zwischen zwei gegensätzlichen Ausprägungen ein (erfolgreich vs. nicht erfolgreich), während er im Falle einer unipolaren Skala das Ausmaß seines Erfolgs beurteilt. Im vorliegenden Beispiel mag dies zu höheren Einschätzungen führen als bei der bipolaren Skala – dies kann auch in die andere Richtung gehen und ist vom jeweiligen Fall abhängig.

Fazit zum Einfluss der Antwortskalen auf die Antwortformatierung

Ausgangslage

- Sowohl die Breite als auch die vorgegebenen numerischen Werte der Antwortskala beeinflussen die Antwortformatierung. Die Antwortskala wird als Verteilung von Normwerten angesehen und genutzt, um das eigene Verhalten dementsprechend einzuschätzen.

Regulationsmöglichkeiten

Antwortskalen sind weniger verzerrend, wenn

- die Skalenwerte der Verteilung des Merkmals inhaltlich entsprechen (d. h. je nach Inhalt unipolar oder bipolar abgebildet werden),

- der Einschätzung eine Aufgabe vorausgeht, die die Erinnerung an relevante Episoden fördert (z. B. „Gehen Sie einmal Ihren Tagesablauf durch, was haben Sie alles an dem Tag gemacht, um wie viel Uhr haben Sie den Fernseher angestellt …?") bzw. weitere Inhalte verfügbar macht.

Antwortvorgaben: geschlossene vs. offene Fragen

Stellen Sie sich vor, Sie würden 100 Personen fragen, was die wichtigsten Ereignisse des letzten Jahrhunderts waren. Sie würden 100 verschiedene Antworten erhalten. Können Sie nun sicher sein, dass Sie die wichtigsten Ereignisse erfasst haben? Sicherlich nicht – Sie hätten *das* erfasst, was für die Befragten derzeit verfügbar war. In einer Studie von Schuman und Scott (1987) wurde auf die o. g. Frage nach den wichtigsten Ereignissen des letzten Jahrhunderts der Computer nur dann als eines der wichtigsten Ereignisse des letzten Jahrhunderts (in der Studie bezog sich dies auf die Zeit von 1930 bis 1980) genannt, wenn man ihn als Antwortkategorie vorgab *(siehe Abschnitt 7.2.2)*.

Mit der o. g. *offenen Frage* („Was sind die wichtigsten Ereignisse des letzten Jahrhunderts?") wird dem Befragten „offen" gelassen, was und auf welche Art und Weise er antwortet. Wollen Sie hingegen bestimmte Aspekte (z. B. die Wichtigkeit des Computers) beurteilt haben, müssen Sie diese in sog. *geschlossenen Fragen* konkret vorgeben. Unter „geschlossenen Fragen" werden Fragen mit vorgegebenen Antwortkategorien (ja/nein, Multiple-choice oder Skalenvorgaben) verstanden.

Welche Befragungsmethode der anderen überlegen ist, lässt sich nur klären, wenn man die Situation und den Zweck kennt, zu dem sie eingesetzt werden soll. Es gibt Situationen, in denen ist die Methode der offenen Fragen besser (z. B. wenn eine Werbeagentur ein neues Logo testen lassen und mögliche Assoziationen der Kunden erfassen will), in anderen die Antwortkategorienvorgabe (z. B. wenn man die Kaufkriterien für ein neues Produkt wissen möchte).

Antwortvorgaben können den Befragten Antworten aufzeigen, an die sie sonst nicht gedacht hätten (wie z. B. den Computer im o. g. Beispiel) und auf diese Weise die Verfügbarkeit bestimmter Informationen erhöhen können *(siehe Abschnitt 7.2.1)*. Wenn Antwortvorgaben verwendet werden, sollte mittels Vorstudien sichergestellt sein, dass die jeweiligen Antwortvorgaben auch zur Bezugsgruppe passen, für sie relevant und verständlich sind.

Zusammenfassung

Nachdem ein Befragter sich eine Meinung gebildet hat, muss er diese so formatieren, dass sie in die vorgegebenen Antwortmöglichkeiten passt. Im Falle von *offenen Fragen*, kann er die Meinung „unformatiert" verwenden, im Falle von *geschlossenen Fragen* hingegen, muss er sie in die Antwortvorgaben einpassen. Es wurde aufgezeigt, dass in diesem Falle sowohl die *Antwortskala* als auch die *Skalenwerte* diesen Prozess beeinflussen: Befragte sehen eine Antwortskala als Verteilung der Bevölkerungsnorm an und schätzen anhand dieser Norm ihr eigenes Verhalten ein. Damit werden die numerischen Werte nicht absolut, sondern als vergleichende Abstufungen verwendet. Darüber hinaus werden numerisch äquivalente Skalen unterschiedlich interpretiert, wenn sie bipolar vs. unipolar aufgebaut sind.

7.4   Antworteditierung (Stufe 4)

Nachdem der Befragte seine Antwort bereits gedanklich in das vorgegebene Format ein-gepasst hat, steht er nun vor der letzten Aufgabe. Er muss seine Antwort dem Befragen-den mitteilen – sei es in mündlicher oder schriftlicher Form. Auch hier gibt es Faktoren, die diese Mitteilung oder Antworteditierung systematisch beeinflussen.[2]

Exemplarisch sei auf drei typische Befragungseffekte hingewiesen: Befragte geben „kei-ne Meinung", eine „Pseudomeinung" oder eine falsche, „sozial erwünschte Meinung" ab.

Fehlende Angaben infolge Unentschiedenheit

Es ist möglich, Befragte durch die Auswahl der Antwortkategorien zu einer eindeutigen Positionseinnahme zu zwingen. So fragte Felser (2001, S. 461) seine Teilnehmer, ob sie am Bankschalter lieber von einer Frau oder einem Mann bedient würden. Die Hälfte der Teilnehmer hatte in den Antwortvorgaben nur die Wahl zwischen „Frau" und „Mann", der anderen Hälfte stand zusätzlich als neutrale Kategorie „egal" zur Verfügung. Die Ergebnisse der beiden Gruppen unterschieden sich deutlich (*siehe Tab. 7.5*).

Tab. 7.5: Vergleich psychologischer Aspekte in Abhängigkeit von der Befragungs-form (modifiziert nach Felser, 2001, S. 461; Tab. 181).

Frage	„Würden Sie am Bankschalter lieber von einer Frau oder einem Mann bedient werden?"			
Kategorie	Frau	Mann	egal	fehlend
mit neutraler Kategorie	12%	18,1%	66,3%	3,6%
ohne neutrale Kategorie (forced choice)	35%	15,7%	26,4%	22,9%

---

[2] Darüber hinaus sind eine Reihe von Antworttendenzen bei Skalenvorgaben bekannt, wie beispielsweise die sog. „Tendenz zur Mitte" (die Extremwerte an den Skalenenden werden beim Ankreuzen vermieden, dadurch streuen die Antworten um den Mittelwert) oder das „Gesetz des trägen Bleistifts" (aufeinander folgende Einschätzungen korrelieren höher miteinander als Fragen, die im Fragebogen weiter auseinander liegen, da beim Ankreuzen wenig Sprünge in den Skalenabstufungen gemacht werden), auf die hier nicht weiter eingegangen werden soll.

Zum einen führte die erzwungene Kategorienentscheidung zwischen Mann und Frau zu 23 % Missings, d. h. ausgelassenen Antworten, während dies bei zusätzlicher Vorgabe einer unentschiedenen Kategorie nur bei 3,6 % der Befragten der Fall war. Zum anderen zeigte sich, dass auch die Antwortverteilung zwischen den beiden Kategorien Mann und Frau sich gravierend veränderte: Während sich bei erzwungener Entscheidung die Mehrheit (2 : 1) für eine Frau am Bankschalter aussprach, war dies bei nicht erzwungener Entscheidung umgekehrt, hier wurde ein männlicher Bankangestellter bevorzugt (3 : 2).

Falls Sie sich schon mal gefragt haben, warum in Umfragen ermittelte Einstellungen oft so wenig mit dem tatsächlichen Verhalten der Befragten zu tun haben (Darley & Batson, 1973; Prothro & Grigg, 1960), finden Sie hier eine mögliche Antwort: Provoziert man über erzwungene Kategorien, dass Befragte ihre Einstellungen benennen, entschließen sie sich möglicherweise zu einer Position, hinter der sie nicht stehen. Auf der anderen Seite kann es durchaus Sinn machen, Befragte zu einer klaren Positionierung (ohne Stimmenthaltung) aufzufordern.

> Es ist inhaltlich abzuwägen, welche Alternative gewünscht ist:
> - Erzwungene Kategorienentscheidungen ziehen viele indifferente Antworten mit schwachen Präferenzen nach sich.
> - Bei Vorgabe einer Option auf Stimmenthaltung reduzieren sich die gegebenen Antworten auf jene mit starken Präferenzen.

Welche Skalenvorgabe sinnvoller ist, d. h. ob Sie lieber eine Entscheidung des Befragten provozieren wollen, selbst wenn sie auf schwachen Präferenzen beruht („forced-choice"), oder ob Sie möglichst wenige Antwortverweigerer und Enthaltungen erzielen möchten (mit neutraler Kategorie; siehe auch Hippler & Schwarz, 1989), kommt auf den konkreten Inhalt an.

Pseudomeinungen

Befragen Sie doch einmal Personen Ihres Umfelds zu fiktiven bzw. ihnen unbekannten Sachverhalten – wahrscheinlich werden Sie die Erfahrung machen, dass sich erstaunlich viele der Befragten zu diesen Inhalten äußern. So erging es Schuman und Presser (1981), als sie ihre Teilnehmer zu dem völlig unbekannten Thema „Agricultural Trade Act" befragten. Wie kommt es, dass Teilnehmer auf ihnen unbekannte Fragen dennoch antworten?

Wie bereits weiter oben in diesem Kapitel aufgezeigt, nutzen Befragte jegliche Information, die ihnen zur Verfügung steht, und konstruieren daraus eine Antwort (Bradburn et al., 1987) – beispielsweise ziehen sie ihre Meinung zu vergleichbaren Themen, in diesem Falle „Regierung und Agrarpolitik" heran und geben dann eine dazu konforme Einstellung ab. Sie beabsichtigen damit,

> **Pseudomeinung**
> Befragte geben eine Meinung zu einem ihnen unbekannten Thema ab.

dem Befragenden gegenüber kooperativ zu sein, und sehen nicht, dass es besser wäre, in einem solchen Fall keine Meinung abzugeben.

Es ist möglich, solchen „Pseudomeinungen" vorzubeugen, indem Filterfragen vorgeschaltet werden (Bishop et al., 1980; Schuman & Presser, 1981). Dies kann beispielsweise so aussehen wie in Abbildung 7.10 (rechte Hälfte), dass in die gestellte Frage die Option eingebaut wird, dazu keine Meinung zu haben. Eine weitere Möglichkeit ist, vorab zu erfragen, ob die Teilnehmer überhaupt Kenntnis über diesen Sachverhalt haben, und nur im Falle einer Bejahung anschließend die inhaltlich interessierende Frage zu stellen (d. h. verschachtelt zu fragen).

Auf diese Weise lassen sich Teilnehmer mit Pseudomeinungen herausfiltern bzw. kann den Teilnehmern verdeutlicht werden, dass nur bei wirklicher Kenntnis des Sachverhalts eine Antwort gewünscht ist. Allerdings kann Letzteres auch dazu führen, dass Befragte, obwohl sie eine Meinung zum Inhaltsbereich haben, diese zurückhalten, da sie annehmen, dass der Befragende nur an Antworten von „Experten" interessiert sei, und sie sich selbst nicht für Experten halten.

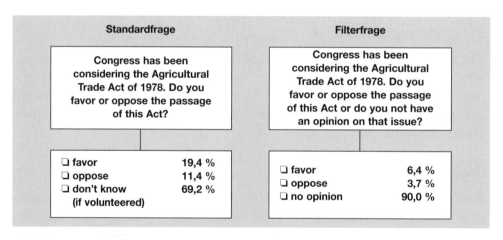

Abb. 7.10: Pseudomeinungen in Abhängigkeit vom Antwortformat (Daten aus Schuman & Presser, 1981).

Soziale Erwünschtheit

In einer Befragung beschreiben sich Personen durchaus anders, als sie eigentlich sind –
teils unbeabsichtigt durch zuvor genannte Befragungseffekte und die Schwierigkeit der
Selbstbeurteilung, teils aber auch aus *sozialer Erwünschtheit* heraus (Crowne & Marlow,
1964).

Klassische Studie zum Einfluss von sozialer Erwünschtheit auf die Antworteditierung

Die Anwesenheit anderer sowie die Art der Befragung beeinflussen die Beantwortung.

Dies belegt eine Studie von Strack et al. (1990), in der weibliche Befragte ihre Lebenszufriedenheit beurteilen sollten. Die Beurteilung erfolgte in Anwesenheit eines Interviewers, der entweder körperlich gehandikapt war oder nicht.

Im Falle eines gehandikapten Interviewers beschrieben sich die Befragten als zufriedener – aber nur dann, wenn die Zufriedenheit schriftlich (und damit nichtöffentlich)
erfragt wurde. Wenn die Zufriedenheitseinschätzung hingegen mündlich (und damit
öffentlich) angegeben werden sollte, beschrieben sich die Befragten weniger zufrieden.
Dieser Unterschied zwischen öffentlich und nichtöffentlich abgegebenen Urteilen wurde
durch die sog. soziale Erwünschtheit („Wenn's ihm offensichtlich so schlecht geht, kann
ich doch nicht sagen, dass es mir so gut geht.") bewirkt.

Personen möchten gerne in einem günstigen Licht gesehen werden, berichten daher verstärkt über sozial erwünschte Eigenschaften, während sie andererseits unerwünschte ab-
streiten oder tabuisierten Fragen ausweichen (z. B. durch fehlende Angaben) und sich an
vermutete Erwartungen des Interaktionspartners oder
einer vorgestellten Öffentlichkeit anpassen. Die *Ursachen* sozialer Erwünschtheit sind vielfältig. Sie lassen sich kurz zusammenfassen als Wunsch nach Konsistenz mit früheren Antworten und positiver Selbst-
darstellung. Zum einen wirken sich Erwartungen über
den Zusammenhang einer Antwort mit gewissen Kon-

> **Soziale Erwünschtheit**
> Befragte wollen in einem positiven
> Licht erscheinen und sind nur
> widerstrebend bereit, über negati-
> ve Eigenschaften der eigenen
> Person zu berichten.

sequenzen aus (Teilnehmer wollen Hypothese des Versuchsleiters bestätigen; Orne,
1962; Befragte wollen durch ihre Angaben in einer Mitarbeiterbefragung ihre berufliche
Situation nicht verschlechtern). Zum anderen spielen bestimmte Motive, Bedürfnisse
und Bewertungen (soziale Anerkennung, Konformität etc.) mit herein. So neigen insbesondere Personen mit geringem Selbstbewusstsein dazu, sich zur Erlangung sozialer
Anerkennung oder zur Vermeidung von Missbilligung in ihren Antworten sozial erwünscht darzustellen (Esser, 1986).

Das *Ausmaß* sozialer Erwünschtheit hängt in hohem Maße von der vermuteten Über-prüfbarkeit der Angaben und von der vermuteten Vertraulichkeit der Situation und Da-tenbehandlung ab (siehe Sudman & Bradburn, 1974). Daher sollte zur Vermeidung oder zumindest Reduzierung sozialer Erwünschtheitseffekte viel Wert auf die Sicherstellung von Anonymität und Vertraulichkeit gelegt werden.

Um soziale Erwünschtheitseffekte in Befragungsdaten zu umgehen sowie die Qualität der Befragungsdaten zu erhöhen, bieten sich sog. implizite Maße an (Greenwald & Banaji, 1995; im Wirtschaftskontext: Strack & Werth, 2003; Werth et al., 2003). Im Gegensatz zu *traditionellen Befragungsverfahren*, die die Teilnehmer *explizit* zu be-stimmten Inhalten befragen, handelt es sich bei *impliziten* Verfahren um Messungen, die aus der Art und Weise *abgeleitet* werden, wie sich Befragte verhalten (z. B. aus der Reaktionszeit, d. h. der Zeit, bis sie eine Entscheidung treffen oder eine Frage beant-worten). Der Vorteil impliziter Verfahren liegt darin, dass sie keinen Verzerrungen durch soziale Erwünschtheit oder o. g. Einflüssen der Befragungssituation unterliegen. Allerdings ist es bislang noch nicht sichergestellt, dass sie eine ausreichend hohe Validität (= misst das Verfahren das, was es soll) besitzen, um einen alleinigen Einsatz impliziter Verfahren zu rechtfertigen; ein kombinierter Einsatz expliziter und impliziter Verfahren ist nach derzeitigem Forschungsstand daher anzuraten.

Zusammenfassung

Die Mitteilung oder Antworteditierung eines Urteils unterliegt in einer Befragung eben-so wie die anderen Stufen des Urteilsprozesses vielfältigen Einflüssen; neben der Gestal-tung des Befragungsinstruments spielt bei der Antwortabgabe insbesondere auch die Gestaltung der Befragungssituation eine Rolle. Es wurde aufgezeigt, dass das Vorhan-densein *neutraler Antwortkategorien* gegenüber „forced-choice"-Kategorien zu gravie-renden Unterschieden im Meinungsbild führt. Darüber hinaus wurde dargestellt, dass Befragte auf Fragen auch dann Antworten abgeben, wenn sie keine Kenntnis über die erfragten Inhalte haben (*Pseudomeinungen*) sowie sich oder ihre Meinung möglicher-weise absichtlich positiver darstellen, als sie sind (*soziale Erwünschtheit*).

Fazit zur Antworteditierung

Ausgangslage

- Wenn Befragte ihre Antwort mitteilen müssen, beeinflusst die Gestaltung der Befragungssituation in nicht unerheblichem Maße, ob Befragte „keine Meinung", eine „Pseudomeinung" oder eine falsche, „sozial erwünschte Meinung" abgeben.

Regulationsmöglichkeiten

- situationsangepasst „forced-choice"-Fragen oder Fragen mit neutraler Kategorie wählen

- Pseudomeinungen durch vorgeschaltete Filterfragen bzw. „kenne ich nicht"-Optionen ausschalten

- soziale Erwünschtheit durch Sicherstellung von Anonymität und Vertraulichkeit reduzieren

7.5 Exkurs „Unterschiede der Befragungsmethode"

Der Einfluss von Fehlerquellen und o. g. Effekten ist auch von der Befragungsmethode und den damit verbundenen unterschiedlichen kognitiven Anforderungen abhängig (siehe Bishop et al., 1988; Schwarz, Strack, Hippler & Bishop, 1991). Da dies bereits bei der Auswahl der Befragungsmethode Berücksichtigung finden sollte, sei an dieser Stelle kurz auf die Unterschiede der Befragungsmethoden hingewiesen.

Befragungen unterscheiden sich in der Art, *wie* die Daten erhoben werden. Grob eingeteilt kann eine Befragung im persönlichen Gespräch (Face-to-face-Interview), am Telefon (Telefoninterview) oder in Form eines schriftlichen Fragebogens durchgeführt werden. Diese Befragungsformen unterscheiden sich hinsichtlich einiger Variablen, die bei Befragungen eine Rolle spielen können (Schwarz, Strack, Hippler & Bishop, 1991), so etwa bzgl. der *Präsentation* der Fragen (visuell vs. auditiv, sequenziell vs. simultan), des *Zeitdrucks*, dem sich der Befragte ausgesetzt sieht, der *Möglichkeit, zusätzliche Informationen* einzuholen, der Wahrnehmung von *Charakteristiken des Befragenden/ Interviewers*, der empfundenen *Vertraulichkeit/Anonymität der Antworten* sowie der *Ablenkung* durch Umgebungsfaktoren (*für eine Zusammenfassung siehe Tab. 7.6*).

Der Einfluss vorhergehender Fragen wirkt sich insbesondere in Telefon- und Face-to-face-Befragungen aus. In schriftlichen Befragungen hingegen können Personen (wenn es die Bildschirmpräsentation nicht anders vorsieht) vor- und zurückblättern, so dass auch nachfolgende Fragen wichtig werden (Bishop et al., 1988; Schwarz & Hippler, 1995).

Tab. 7.6: Übersicht unterschiedlicher Befragungsmethoden (nach Schwarz, Strack, Hippler & Bishop, 1991).

Variable		Face-to-face-Interview	Telefoninterview	schriftlicher Fragebogen
Präsentation der Fragen	visuell (V) vs. auditiv (A)	A/V	A	V
	sequenziell (SE) vs. simultan (SI)	SE	SE	SI (SE^3)
Zeitdruck		+	++	0
Zusätzliche Erklärungen vom Befragenden		++	+	0
Wahrnehmung von Charakteristika des Befragenden		++	+	0
Wahrgenommene Anonymität		--	-	+/?
Ablenkung		?	?	?
Erklärung der Symbole: + zutreffend; ++ sehr zutreffend; - wenig zutreffend; -- gar nicht zutreffend 0 für diesen Modus nicht vorgesehen; ? so allgemein nicht klar zu sagen				

7.6　Zusammenfassung

Es wurde aufgezeigt, dass Personen in einer Befragungssituation vor vier Aufgaben stehen (sog. 4-Stufen-Modell der Befragung):

① Der Befragte muss die Frage *verstehen* **(Frageninterpretation)**.

② Er muss ein bereits früher gebildetes Urteil abrufen oder ein neues Urteil bilden **(Meinungsbildung/-abruf)**.

③ Er muss sein Urteil in das geforderte Antwortformat einpassen **(Antwortformatierung)**.

④ Er muss sein Urteil situationsangemessen mitteilen **(Antworteditierung)**.

---

[3] Eine sequentielle Darbietung der Fragen kann sich in einer schriftlichen Befragung dann ergeben, wenn diese mittels Computer durchgeführt wird.

Auf jeder dieser Stufen unterliegen Befragungssituationen – wie jede andere Entscheidungssituation auch – vielfältigen Fehleinflüssen: Fragen können fehlinterpretiert werden, eine Meinungsbildung ist abhängig von verfügbaren Inhalten, eine Antwortabgabe ist von den Antwortvorgaben und den Rahmenbedingungen der Situation beeinflusst.

Befragte ziehen jede verfügbare Information heran, die es ihnen erlaubt, eine Frage eindeutig zu interpretieren und eine plausible Antwort zu generieren. Vorhergehende Fragen können einen Interpretationsrahmen bieten für nachfolgende Fragen und so die Sichtweise des Befragten über das Spätere beeinflussen. Und sie können determinieren, was vom Befragten als relevant bzw. was als redundant gesehen wird. Die wichtigsten Einflüsse sind hierbei die Verfügbarkeit und die Heranziehung subjektiver Annahmen über den erfragten Inhaltsbereich.

Die Frage, die sich abschließend stellt, ist, ob Befragungen nun hinfällig sind, da sie durch so viele Fehlerquellen gefährdet sind, oder ob sie uns dennoch wertvolle Optionen für die Wirtschaft eröffnen? Sicherlich zeigt dieses Kapitel, dass Befragungen nicht einfach und vor allem nicht spontan aus dem Bauch heraus zu konstruieren sind. Aber es zeigt zugleich, wie die Qualität von Befragungen zu sichern ist – indem genau diese Effekte als Informationsquellen genutzt werden. Beispielsweise lässt sich die Fragenreihenfolge auch gezielt manipulieren, Einflussrichtung und Kontext vorgeben, so dass man steuert, auf was sich die Aufmerksamkeit der Befragten richtet. Es lassen sich nicht alle Einflüsse reduzieren oder ausschließen, aber Kenntnis dieser Einflüsse und ihrer Wirkweisen ermöglicht ihre Berücksichtigung in den Befragungsergebnissen und somit eine qualitativ hochwertige Interpretation.

Glossar

A

Abwahl → Wahl vs. Abwahl.

additive Aufgabe → Aufgabe, additive.

Advocatus diaboli Person, die bei Diskussionen zur Verhinderung von → Informationsverlusten absichtlich und häufig im Auftrag der → Gruppe jeweils die Gegenposition zur aktuellen Gruppenmeinung vertritt. Die Ernennung eines A. ist eine mögliche Maßnahme zur Verhinderung des → Effekts des gemeinsamen Wissens.

„affect-as-information"-Heuristik Das subjektive Empfinden wird als Information bei der Entscheidungsfindung herangezogen. Personen urteilen nach dem Motto: „Wenn die Empfindung angenehm ist, ist auch der Urteilsgegenstand gut." Kann zu Fehlentscheidungen führen, wenn die Empfindung nichts mit dem Urteilsgegenstand zu tun hat.

Affekte Oberbegriff für ein breites Spektrum an → Gefühlen, der sowohl → Stimmungen als auch → Emotionen umfasst.

affektiv Auf Gefühle und Stimmungen bezogen.

Akteur-Beobachter-Effekt Tendenz, das Verhalten anderer Personen auf → internale Ursachen zurückzuführen, während für das eigene Verhalten der Anteil situativer Faktoren überschätzt wird. „Ich verhalte mich so, weil die Situation so ist, wie sie ist." „Du verhältst Dich so, weil Du so jemand bist, wie Du bist."

Aktivierung, selektive Durch präsente Inhalte oder Gegenstände hervorgerufene Aktivierung konsistenter Gedächtnisinhalte, die Urteile und Entscheidungen beeinflussen können.

Alternation Wechsel zwischen zwei Möglichkeiten, Dingen usw.

Alternativen (Einfluss auf die Kaufentscheidung) Je mehr *gleichwertige* Alternativen zur Verfügung stehen, desto schwieriger wird die Kaufentscheidung, so dass häufig nichts gekauft wird (→ „choice under conflict"). Bei geringem → Nutzen-Kontrast zwischen zwei Alternativen kann eine dritte Alternative die Kaufentscheidung erleichtern.

Ankereffekt (auch Ankerheuristik) Eine Faustregel, anhand derer Personen eine vorgegebene Zahl oder einen vorgegebenen Wert als Ausgangspunkt („Anker") nutzen und ihr Urteil dann an diesen angleichen. Der Ankereffekt kommt durch eine erhöhte → Verfügbarkeit ankerkonsistenten Wissens zustande, welche durch selektives Hypothesentesten (→ Hypothesentesten, selektives) und semantisches Priming (→ Priming, semantisches) bewirkt wird.

Ankerheuristik → Ankereffekt.

Annäherungsfokus Einer der beiden Informationsverarbeitungsstile des regulatorischen Fokus (→ Fokus, regulatorischer), der auf das Eintreten positiver Ereignisse ausgerichtet ist. Die Aufmerksamkeit ist auf Tätigkeiten gerichtet, die mit Wünschen, Idealen und Hoffnungen zusammenhängen (sog. Idealziele). Ggs. → Vermeidungsfokus.

Anreiz Situationsmerkmal, das bestimmte → Motive aktivieren und damit → Motivation bewirken kann.

Ansteckung, emotionale Emotionsausdrücke anderer Personen werden unbewusst imitiert und dadurch mittels eines Rückkopplungsprozesses ähnliche Stimmungen ausgelöst (vgl. → Bodyfeedback).

Anstrengung, mentale Zielgerichtete Bemühungen im Rahmen von Denkprozessen.

Antwortalternativen Antwortformat von geschlossenen Fragen (→ Fragen, geschlossene): Der Befragte kann aus verschiedenen vorgegebenen Antwortmöglichkeiten eine oder mehrere auswählen.

Antworteditierung Bezeichnet im Zusammenhang mit Befragungen die Aufgabe des Befragten, seine Antwort dem Fragenden – in mündlicher oder schriftlicher Form – mitzuteilen. (vgl. → Befragung, 4-Stufen-Modell).

Antwortformatierung Bezeichnet im Zusammenhang mit Befragungen die Aufgabe des Befragten, sein eigenes gebildetes Urteil in die vorgegebene Antwortform (das Antwortformat) einzupas-

sen, z. B. als Zahl auf einer Skala (vgl. → Befragung, 4-Stufen-Modell).

Antwortskala Vorgegebener Wertebereich, in dessen Rahmen der Befragte seine Antwort auf die zuvor gestellte Frage markieren soll.

A-posteriori-Wahrscheinlichkeit Im Rahmen des → Theorems von Bayes: Aus → A-priori-Wahrscheinlichkeiten und empirischen Daten berechnete Wahrscheinlichkeit für die Richtigkeit eines empirischen Ergebnisses.

A-priori-Wahrscheinlichkeit Im Rahmen des → Theorems von Bayes: Vornherein gegebene Wahrscheinlichkeit, i. Ggs. zu → A-posteriori-Wahrscheinlichkeit.

Assessment Center Personalauswahlverfahren, in dem die Teilnehmer verschiedene möglichst tätigkeitsbezogene Übungen bewältigen müssen, aus deren Einzelergebnissen ein Gesamturteil gebildet wird.

Assimilation Angleichung, Annäherung.

Assimilationseffekt Angleichung einer Antwort an einen vorangegangenen Inhalt. Tritt auf, wenn zwei aufeinander folgende Fragen als thematisch ähnlich wahrgenommen und inhaltlich der gleichen Kategorie zugeordnet werden. Ggs. → Kontrasteffekt.

Assoziationsstärke Höhe des Zusammenhangs/Ausprägung der Verbindung zwischen zwei miteinander gedanklich verbundenen Variablen oder Inhalten.

Attribution Prozess der Ursachenzuschreibung für ein Ereignis.

Attributionsfehler, fundamentaler Tendenz, das Verhalten anderer Personen eher auf → internale Ursachen zurückzuführen und → externale Faktoren dabei zu übersehen. Dadurch kommen häufig Fehlurteile zustande.

Attributionstheorie Personen suchen nach möglichen Ursachen für ihr eigenes Verhalten und das anderer Personen. Dabei ist es entscheidend, ob ein Verhalten → internalen Ursachen oder → externalen Ursachen zugeschrieben wird, da dies wiederum mitbestimmt, welche Gefühle, Einstellungen und welches weitere Verhalten auf das zu beurteilende Verhalten hin entstehen.

Auffälligkeit → Salienz.

Aufgabe, additive Bei additiven A. ergibt sich die Gruppenleistung aus der Summe der Einzelleistungen der Gruppenmitglieder. Die potenzielle Gruppenleistung ist bei additiven A. besser als die Leistung des Mitglieds, das am meisten leistet.

Aufgabe, disjunktive Disjunktive A. sind sog. „Entweder-oder"-Aufgaben, bei denen der Beitrag eines Einzelnen von der Gruppe ausgewählt und zum Gruppenprodukt erklärt wird. Die potenzielle Gruppenleistung ist bei disjunktiven A. maximal so groß wie die Leistung des besten Mitglieds.

Aufgabe, konjunktive Konjunktive A. erfordern, dass sie von allen Gruppenmitgliedern einzeln erfolgreich ausgeführt werden. Die potenzielle Gruppenleistung ist bei nicht-unterteilbaren konjunktiven A. maximal so groß wie bei unterteilbaren konjunktiven A., u. U. auch besser als die Leistung des schlechtesten Mitglieds.

Aufgabenarten Man kann konjunktive (→ Aufgabe, konjunktive), disjunktive (→ Aufgabe, disjunktive) und additive Aufgaben (→ Aufgabe, additive) unterscheiden. Verschiedene Aufgabenarten gehen beispielsweise bei der Gruppenarbeit mit verschiedenen Leistungsniveaus einher.

Autoritätsdenken Auf Ansehen und Einfluss einer Person basierende Annahme, dass diese Person auch fähig und ihr deshalb Folge zu leisten sei.

aversiv Unangenehm.

B

Basisrate Hier: Objektive Häufigkeit von Mitgliedern verschiedener Kategorien in einer Population. Die B. wird häufig zugunsten der → Repräsentativität als Entscheidungsgrundlage vernachlässigt (→ Repräsentativitätsheuristik).

Bayes-Theorem → Theorem von Bayes.

Bedürfnispyramide Annahme der Motivationstheorie nach Maslow (1943, 1954), die auf fünf hierarchisch geordneten Motivklassen (→ Motiv), sog. Bedürfnissen beruht, welche jeweils nur so lange motivierend wirken, solange sie noch nicht befriedigt wurden. Die (pyramidische) hierarchische Anordnung besagt, dass höhere Motivklassen erst dann aktiviert werden, wenn darunter liegende Bedürfnisse befriedigt wurden.

Befragung, 4-Stufen-Modell Beschreibt die Aufgaben, denen sich ein Befragter im Rahmen einer Befragung gegenübersieht, und deren Abfolge (Frageninterpretation, Meinungsbildung/-abruf, → Antwortformatierung und → Antwortedierung).

Befragungsgegenstand Inhalt, auf den sich eine Frage bezieht.

Befragungsinstrument Material, mittels dessen Daten erhoben werden, gängige Formen sind beispielsweise Fragebögen und Interviewleitfäden.

Befragungssituation Umfeld, in dem die Datenerhebung/Befragung stattfindet. Betrifft neben Zeit, Ort und Anwesenheit anderer Personen beispielsweise auch das → Befragungsinstrument.

Belohnung, aufgabenabhängige Belohnung, die allein für die Bearbeitung einer Aufgabe – unabhängig von der Leistung, die dabei erbracht wird – gegeben wird. Kann im Vergleich zur leistungsabhängigen Belohnung (→ Belohnung, leistungsabhänge) eher zum Verlust intrinsischer Motivation (→ Motivation, intrinsische) führen.

Belohnung, leistungsabhängige Belohnung, die als mit der Leistung in direktem Zusammenhang stehend wahrge-

nommen wird, steht im Vergleich zur aufgabenabhängigen Belohnung (→ Belohnung, aufgabenabhängige) intrinsischer Motivation (→ Motivation, intrinsische) nicht entgegen.

Belohnungsaufschub Verzicht auf eine kleinere sofortige Belohnung, um eine größere, später ausgehändigte Belohnung zu erhalten.

Bewährtheit, Prinzip sozialer Wenn viele Personen etwas tun, nehmen wir an, dass es „das Richtige" ist. Bei Kaufentscheidungen bedeutet das: Wenn viele Menschen ein bestimmtes Produkt kaufen, nehmen wir an, dass es gut ist, und kaufen es auch.

bipolar Mit zwei einander entgegengesetzten Polen, z. B. „unzufrieden" bis „zufrieden" im Ggs. zu → unipolar.

Bodyfeedback Einfluss des Körperausdrucks auf die Informationsverarbeitung und Stimmung im Sinne einer Rückkoppelung.

Brainstorming Gruppen-Problemlösungstechnik, die sich dadurch auszeichnet, dass alle Ideen eingebracht werden sollen, ohne dass diese sofort einer Wertung unterzogen werden. B. in der → Gruppe ist anfällig für → Informationsverluste: So bringen Gruppen in typischen B.-Sitzungen nicht nur quantitativ, sondern auch qualitativ weniger kreative Ideen hervor als die gleiche Anzahl von Personen, welche getrennt voneinander arbeiten.

Buchführung, mentale In gewisser Weise führen wir kognitiv Buch über unsere Ausgaben und Einnahmen. Der objektiv gleiche Geldbetrag kann – je nachdem in welcher mentalen Kategorie er gebucht wird – einen unterschiedlichen subjektiven Wert erhalten.

Bumerangeffekt Tendenz, dass infolge des Versuchs, bestimmte Inhalte zu unterdrücken, diese sogar zugänglicher/verfügbarer werden, als es ohne diese Unterdrückung der Fall gewesen wären (s. a. → Murphy's Law)

C

choice under conflict Je mehr *gleichwertige* Angebote im Rahmen einer Kaufentscheidung zur Verfügung stehen, desto schwieriger wird die Entscheidung zwischen den → Alternativen, so dass häufig gar nichts gekauft wird.

Commitment: Verpflichtung ggü. bzw. Engagement für eine Sache, besonders wirksam, wenn das Commitment ggü. anderen Personen geäußert wurde (vgl. auch → Konsistenzstreben).

Compliance Willfährigkeit, Nachgiebigkeit. Hier: Öffentliche → Konformität ohne innere Überzeugung.

confirmation bias Informationen, die eine eigene Annahme bestätigen, werden gesucht und bevorzugt wahrgenommen.

Cortex → Großhirnrinde.

critical leadership Hier: Maßnahme zur Verhinderung von → Informations-verlusten in der → Gruppe durch den → Effekt des gemeinsamen Wissens. Kritische Kontrolle der eigenen Rolle als Gruppen- bzw. Diskussionsleiter, indem man beispielsweise die eigene persönliche Meinung in einer Diskussion nicht gleich zu Beginn äußert, da die Meinung der Leitung bedeutenden Einfluss auf die Meinung der Gruppe insgesamt hat.

D

Deindividuation Verlust normaler Verhaltensbeschränkungen, der auftreten kann, wenn Personen Teil einer Masse sind. Dadurch kann es zu einem Anstieg impulsiven und abweichenden Verhaltens kommen.

delay of gratification → Belohnungsaufschub.

deliberativ Bewusst, intentional, auf Überlegungen/Abwägen beruhend.

Demotivatoren Nach der → Zweifaktorentheorie von Herzberg et al. (1967): Arbeitsbedingungen, bei deren Mangel bzw. Nicht-Vorhandensein Unzufriedenheit entsteht, z. B.: positive Beziehung zu Kollegen und Vorgesetzten, gute Firmenpolitik und Administration, angemessene Entlohnung und Sozialleistungen (vgl. → Motivatoren).

Desensibilisierung, systematische Methode der Verhaltenstherapie, mit der v. a. Ängste behandelt werden. Grundprinzip ist, dass die Konfrontation mit angstauslösenden Reizen ansteigender Intensität in der Vorstellung und unter gleichzeitiger Entspannung stattfindet. Da Entspannung und Angst inkompatible Zustände sind, wird die Angst als Reaktion auf den Reiz gelöscht.

disjunktive Aufgabe → Aufgabe, disjunktive.

Diskrepanz, dosierte Im Zusammenhang mit → Zielen: Unterschied der durch ein Ziel neu festgelegten Leistungshöhe zur bisherigen, der so dosiert ist, dass er für das Individuum herausfordernd und gleichzeitig auch realistisch erreichbar ist.

Diskriminierung Verhalten ggü. anderen Personen, Gruppen oder Völkern, das sich gegen sie richtet allein aufgrund ihrer Zugehörigkeit zu einer bestimmten Gruppierung. In Verhalten umgesetzte → Vorurteile.

dissatisfier → Demotivatoren.

Dissonanz, kognitive Unangenehmer Spannungszustand, der erlebt wird, wenn sich eine Person gleichzeitig zweier unvereinbarer Kognitionen bewusst ist, z. B. „Wissen um negativen Projektverlauf" und „Festhalten an der ursprünglichen Entscheidung" (s. a → Verlusteskalation).

Distinktheit Kriterium im Rahmen der → Kausalattribution: Ausmaß, in dem sich eine zu beurteilende Person über verschiedene Situationen hinweg unterschiedlich verhält. Bei niedriger D. werden eher → internale Gründe für das Verhalten der Person angenommen.

Door-in-the-face-Technik Strategie, um Personen dazu zu bringen, einer Bitte zuzustimmen. Zuerst wird eine große Bitte vorgetragen, die abgelehnt wird, um dann eine kleinere Bitte vorzubringen, der nun eher (als ohne vorausgehende große Bitte) zugestimmt wird.

Drei-Tore-Problematik Die Drei-Tore-Problematik bezieht sich auf eine bekannte Fernsehshow, in der der Kandidat zwischen drei Toren wählen darf. Hinter einem Tor verbirgt sich ein toller Gewinn, hinter den anderen beiden dagegen eine Niete („Zonk"). Nach der Wahl des Kandidaten öffnet der Showmaster ein Tor mit einer Niete. Der Kandidat hat nun die Möglichkeit, noch einmal das Tor zu wechseln. Hier werden nun die verbundenen Wahrscheinlichkeiten übersehen, d. h., die meisten Menschen glauben, dass ihre Gewinnchancen gleich groß sind, unabhängig davon, ob sie noch einmal wechseln oder nicht. Tatsächlich sind die Gewinnchancen bei Wechsel jedoch doppelt so hoch.

E

ease of retrieval Leichtigkeit des Abrufs aus dem Gedächtnis.

Effekt der Überrechtfertigung Werden Belohnungen oder extrinsische Gründe als Ursache für das eigene Verhalten angesehen, so ist damit das Verhalten ausreichend begründet (gerechtfertigt). In Folge nimmt die intrinsische Motivation (→ Motivation, intrinsische) ab.

Effekt des gemeinsamen Wissens Der E. des gemeinsamen Wissens ist eine Art von → Informationsverlust bei der Gruppenarbeit. Gruppenmitglieder konzentrieren sich auf gemeinsam geteilte Informationen und diskutieren diese hauptsächlich. Das potenzielle Mehr an Wissen einer → Gruppe gegenüber einem Einzelnen kommt so nicht zum Tragen, da die einzigartigen Informationen der einzelnen Mitglieder nicht zur Sprache kommen.

Effekt, autokinetischer Wahrnehmungstäuschung bei der Darbietung eines kleinen Lichtpunkts in einem vollständig abgedunkelten Raum. Der stationär dargebotene Lichtpunkt scheint sich ziellos umherzubewegen.

egocentric bias Personen nehmen sich selbst als verantwortlicher wahr für gemeinsame Ereignisausgänge, als andere daran Beteiligte ihnen zuschreiben, d. h., sie überschätzen beispielsweise ihren eigenen Anteil am Zustandekommen eines Teamerfolgs.

Einfluss, informativer Sozialer Einfluss, der auf dem angenommenen Informationswert der Meinung anderer beruht.

Einfluss, normativer Sozialer Einfluss, der auf dem Bedürfnis nach Akzeptanz und Bestätigung durch andere beruht.

Einstimmigkeit, Illusion der Symptom von → Gruppendenken. Abweichende Meinungen werden nicht geäußert, wodurch bei allen Mitgliedern, insbesondere beim Gruppenleiter, das Bild uneingeschränkter Einmütigkeit entsteht.

emotionale Ansteckung → Ansteckung, emotionale.

Emotionen Starke → Gefühle, die immer auf ein Objekt, d. h. auf einen Gegenstand oder eine Person, gerichtet sind.

Emotionsebenen Emotionen schlagen sich auf vier Ebenen nieder: Unmittelbare Empfindung, physiologische Ebene, Denken und Verhalten.

Empfindungen als Urteilsgrundlage → „affect-as-information"-Heuristik.

Empfindungen, affektive Empfindungen, die auf Affekten (Empfindungen mit eindeutiger → Valenz, d. h. positiver oder negativer Konnotation) beruhen, wie Stimmungen, gute oder schlechte Laune oder Gefühle wie Ärger, Freude, Wut o. Ä.

Empfindungen, nicht affektive Empfindungen, die nicht auf „echten Gefühlen" beruhen, sondern auf Empfindungen wie z. B. Überraschung, Vertrautheit, Sicherheit, Müdigkeit, Hunger, Anstrengung oder Leichtigkeit.

Empirie Erfahrung bzw. Erkenntnis, die auf Erfahrung beruht. Empirisch: Auf Erfahrung (nicht nur auf logischen Überlegungen) beruhend. Hier auch im Sinne von „experimenteller Nachweis" verwendet.

Endowment-Effekt Demselben Produkt wird ein höherer subjektiver Wert zuteil, sobald es sich im eigenen Besitz befindet.

Entscheidungsautismus Tendenz von Urteilern, sehr früh eine Entscheidungspräferenz für eine Richtung zu entwickeln und diese beizubehalten, auch wenn die späteren Entwicklungen objektiv dagegen sprechen. Dies wird durch Abschirmung ggü. Information von außen und kritiklose Selbstbestätigung erreicht. E. trägt damit über eine mangelnde Wahrnehmung der Verlustsituation zur → Verlusteskalation bei.

Erhebungsinstrument Mittel, mit dem Daten gewonnen werden, z. B. Computer, Papierfragebogen, Video, Tonband etc. (s. a. → Befragungsinstrument).

Erinnerung, stimmungskongruente Inhalte werden besser erinnert, wenn → Valenz der Inhalte und Valenz der → Stimmung während des Abrufs gleich sind: In positiver Stimmung erinnern wir besser positive, in negativer Stimmung besser negative Inhalte.

Erinnerung, zustandsabhängige Inhalte werden besser erinnert, wenn sie in der gleichen Stimmung abgerufen werden, in der sie auch gelernt wurden.

Erleichterung, soziale (auch: social facilitation): Die Anwesenheit anderer führt zu einer erhöhten physiologischen Erregung (→ Erregung, physiologische). Dadurch wird die Leistung bei einfachen oder gut geübten Aufgaben verbessert. Ggs. → Hemmung, soziale.

Erregung, physiologische Körperlicher Zustand, der einen Anstieg der Körpertemperatur, der Herzrate und der Atemfrequenz beinhaltet.

Erwartungs-mal-Wert-Theorie Vgl. → VIE-Theorie.

Erwünschtheit, soziale Personen wollen in einem positiven Licht erscheinen, indem sie sich so verhalten, wie sie glauben, dass es von ihnen erwartet wird. In Befragungen sind sie deshalb beispielsweise nur widerstrebend bereit, über unerwünschte – das sind in der Regel negative – Eigenschaften der eigenen Person zu berichten.

Evaluation Bewertung.

Experiment Wissenschaftliche Untersuchung, die bestimmten Kriterien genügen muss, damit sie zu aussagekräftigen Aussagen führen kann. Dies beinhaltet die Variation einer Variablen unter Konstanthaltung aller anderen (= experimentelle Variation). Daraus lassen sich → Kausalzusammenhänge ableiten.

explizit Hier: Bewusst, intentional.

external Situations-, umweltbedingt.

Extrembeurteilungen für Seltenes Das gleiche Produkt wird, wenn es seltener ist, extremer beurteilt (vgl. z. B. Antiquitäten). Einer der vermittelnden Mechanismen beim Prinzip der → Knappheit.

F

face-to-face-Interview Befragung im persönlichen Gespräch mit Blickkontakt.

Faulenzen, soziales (social loafing) Motivationsverlust, der einen Leistungsabfall bei Gruppenarbeit bedingt. Bei gemeinsamer Arbeit in einer → Gruppe zeigt der Einzelne bei einfachen Aufgaben weniger Anstrengung als alleine. Dies ist v. a. dann der Fall, wenn der individuelle Beitrag nicht identifizierbar ist oder nicht bewertet wird.

Feedback Rückkopplung oder Rückmeldung über das eigene bzw. das Verhalten einer anderen Person. Im Personalbereich im Sinne von konstruktiver Kritik verwendet.

Fehlattribution Einem Ereignis wird eine mögliche, aber objektiv falsche Ursache zugeschrieben.

Filterfrage Der eigentlich interessierenden Frage vorangestellte Frage, anhand derer Personen bzgl. eines Sachverhalts oder einer Inhaltsdimension voneinander getrennt (gefiltert) werden sollen, z. B. dahingehend, ob die folgende Frage für den Befragten überhaupt relevant ist.

„first-impression error" „Der erste Eindruck zählt" oder die Tendenz, unsere Beurteilungen anderer Personen auf unseren ersten Eindruck von ihnen zu basieren.

Fokus, regulatorischer Ausrichtung der Informationsverarbeitung oder Herangehensweise an eine Aufgabe mit den beiden Modi → Annäherungsfokus und → Vermeidungsfokus.

Fokussieren Die Aufmerksamkeit richten auf.

foot-in-the-door-Technik Strategie, um Personen dazu zu bringen, einer Bitte zuzustimmen. Zuerst wird eine kleinere Bitte vorgetragen, der zugestimmt wird (Erwirkung von prinzipiellem → Commitment zur Thematik), um dann eine große Bitte der gleichen Thematik nachzuschieben, der dann mit größerer Wahrscheinlichkeit ebenfalls zugestimmt wird (vgl. auch → Konsistenzstreben).

forced choice Im Rahmen von Befragungen: → Antwortalternativen, die keine neutrale Kategorie bzw. die Möglichkeit zur Enthaltung vorsehen und dadurch eine Entscheidung des Befragten provozieren. Nachteil: u. U. beruht die Entscheidung nur auf sehr schwachen, da erzwungenen Präferenzen.

Frage, geschlossene Frage mit vorgegebenen Antwortkategorien, z. B. Ja/Nein-Fragen, Multiple-choice-Fragen oder Fragen, bei denen die Antwort auf einer Antwortskala abgetragen wird. Ggs. → Frage, offene.

Frage, offene Frage, die dem Befragten die Art und Weise, wie er seine Antwort gibt, freistellt, d. h., der Befragte muss die Antwort selbst formulieren. Es werden im Gegensatz zu geschlossenen Fragen (→ Frage, geschlossene) keine Antwortkategorien vorgegeben.

Fragenkatalog Zusammenstellung mehrerer Fragen.

Framing „Verpackung"/Art der Beschreibung oder Darbietung eines Sachverhalts.

Füllerfragen Fragen, die zwischen zwei interessierenden Fragen gestellt werden und dazu dienen, Einflüsse von der einen auf die andere interessierende Frage zu vermeiden bzw. einen Zusammenhang zwischen den beiden Fragen zu verschleiern. Die Antworten der F. interessieren den Fragenden u. U. gar nicht.

fundamentaler Attributionsfehler → Attributionsfehler, fundamentaler.

G

Gedächtnis, transaktives Möglicher Vorteil von Gruppenarbeit und Maßnahme zur Verhinderung von → Informationsverlusten. Das transaktive G. bezeichnet die effektive Kombination der Gedächtnisse zweier oder mehrerer Personen. Durch eine klare Aufteilung, wer für das Erinnern welcher Arten von Gedächtnisinhalten zuständig ist, kann die gesamte Erinnerungsleistung einer Gruppe verbessert werden.

Gefühle Umgangssprachlicher Oberbegriff für verschiedenste Empfindungen, umfasst → Affekte, → Stimmungen und → Emotionen.

Gewinne und Verluste Der subjektive Wert von Gewinnen und Verlusten nimmt mit steigendem Betrag ab, d. h., die Differenz zwischen 10 € und 20 € wird als größer empfunden als die zwischen 1 010 € und 1 020 € (s. a. → Gewinn-Verlust-Asymmetrie, → Gewinnsicherung, → Verlustreparation).

Gewinnsicherung Ist eine Formulierung auf den möglichen Gewinn statt auf den möglichen Verlust fokussiert, so wird eher die weniger riskante Entscheidungsalternative gewählt. Ggs. → Verlustreparation.

Gewinn-Verlust-Asymmetrie Verluste haben einen größeren subjektiven Wert als objektiv – d. h. betragsmäßig – gleich große Gewinne (s. a. → prospect theory), d. h., man ärgert sich über einen Verlust von 5 € mehr, als man sich über einen Gewinn von 5 € freut. Dieses Phänomen wird auf die intensivere Empfindung von Verlusten bezogen auch „Verlustangst" oder „loss aversion" genannt.

given-new-contract → Konversationsnorm.

Großhirnrinde Teil des Gehirns, der für alle Sinneseindrücke, das Denken und alle bewussten Handlungen zentral ist.

Grundgesamtheit (= „Population"): Alle Träger eines Merkmals bzw. alle Messwerte, über die man mittels der Untersuchung einer Stichprobe eine Aussage machen will.

Gruppe Ansammlung von drei oder mehr Personen, die folgende Kriterien aufweist: Interaktion, zeitliche Stabilität, gemeinsame Ziele, Wir-Gefühl. Diese Kriterien unterscheiden eine Gruppe von einer bloßen Ansammlung von Menschen.

Gruppen, formelle Arbeitsteilung und offizielle Hierarchien gliedern eine Organisation in formelle Gruppen. Diese werden von der Organisation gebildet, um ihre Mitglieder zu einem definierten Ziel zu leiten.

Gruppen, heterogene Gruppenmitglieder unterscheiden sich hinsichtlich für die Situation bedeutsamer Eigenschaften.

Gruppen, homogene Gruppenmitglieder sind sich hinsichtlich für die Situation bedeutsamer Eigenschaften ähnlich.

Gruppen, informelle Informelle Gruppen entstehen auf natürlichem Wege ohne Steuerung durch die Organisation zwischen Personen aufgrund gemeinsamer Merkmale und Interessen oder Sympathien.

Gruppenbildung Personen bilden → Gruppen, um gemeinsam Ziele zu erreichen, Sicherheit, Schutz und Macht zu erhalten, ihre sozialen Bedürfnisse zu befriedigen und ihr Selbstbewusstsein zu stärken. Die Zugehörigkeit zu einer oder mehreren Gruppen macht einen wichtigen Teil der sozialen → Identität aus. Menschen finden sich aufgrund von Sympathie, Ähnlichkeit und Kontakthäufigkeit/räumlicher Nähe zu einer Gruppe zusammen.

Gruppendenken Effektivitätshindernis bei der Gruppenarbeit. Die Aufrechterhaltung von → Kohäsion und Solidarität in der → Gruppe ist wichtiger, als Fakten und Realität zu berücksichtigen. Dadurch kann es zu einer enorm verzerrten Wahrnehmung der Realität (→ Illusion der Unanfechtbarkeit, → Rationalisierung, → Stereotypisierung, →

Konformitätsdruck, → Selbstzensur, → Meinungswächter, → Illusion der Einstimmigkeit) kommen.

Gruppenentwicklung In der Entwicklung ausgehend von einer bloßen Ansammlung von Menschen hin zu einer → Gruppe werden folgende Phasen durchlaufen: Formierungs- (Forming), Differenzierungs- (Storming), Normierungs- (Norming), Leistungs- (Performing) und Abschlussphase (Adjourning).

Gruppenleistung Die G. ergibt sich aus der Summe der potenziellen Einzelleistungen zzgl. der → Prozessgewinne und abzgl. der → Prozessverluste.

Gruppenpolarisierung Effektivitätshindernis bei der Gruppenarbeit. Eine anfangs favorisierte Position wird im Laufe einer Gruppendiskussion extremisiert. Ursachen sind informativer Einfluss (→ Einfluss, informativer), wiederholte Äußerungen, sozialer Vergleich (→ Vergleich, sozialer) und → Selbstkategorisierung.

Gruppenproduktivität, Illusion der Bei der Arbeit in einer → Gruppe wird die Höhe des eigenen Beitrags zum Gesamtoutput überschätzt. Illusion der G. ist eine Ursache für soziales Faulenzen (→ Faulenzen, soziales).

Gruppenstruktur Die Struktur einer Gruppe lässt sich anhand der vier Merkmale → Rollen, → Normen, → Status und → Kohäsion beschreiben.

H

Halo-Effekt Der Gesamteindruck einer Person wird durch einzelne Eigenschaften überstrahlt; es werden → Korrelationen zwischen Eigenschaften gesehen, die nicht bestehen. Hat jemand eine z. B. positive Eigenschaft (z. B. gutes Aussehen), so schreiben wir ihm automatisch und u. U. fälschlicherweise auch andere positive Eigenschaften zu (z. B. Intelligenz, Charme).

Handlungssteuerung, Modell der Modifiziert nach Gollwitzer (1996), Heckhausen (1989): Verhaltenssteuerung über die vier Phasen Wählen, Ziele setzen, Handlungen regulieren und Bewerten.

hedonisch Positives anstrebend, Negatives vermeidend.

Hemmung, soziale (auch: social inhibition) Die Anwesenheit anderer führt zu einer erhöhten physiologischen Erregung. Dadurch wird die Leistung bei schwierigen oder ungeübten Aufgaben verschlechtert. Ggs. → Erleichterung, soziale.

Heuristik Mentale Vereinfachung oder Faustregel, um Informationen schneller und sparsamer zu verarbeiten. Bekannte Vereinfachungen sind Urteile und Entscheidungen aufgrund von Verfügbarkeit, Repräsentativität oder Empfindungen. Meist sind diese Vereinfachungen hinreichend genau, führen jedoch unter bestimmten Bedingungen zu systematischen Fehleinschätzungen.

Hypothesentesten, positives → Hypothesentesten, selektives.

Hypothesentesten, selektives Bei der (gedanklichen) Überprüfung einer Hypothese wird selektiv nach Argumenten gesucht, die *für* die Hypothese sprechen. Die Suche nach Gegenargumenten wird häufig vernachlässigt (s. a. → SA-Modell).

I

Ich-will-es-jetzt-gleich-Fehler → Konsequenzen, kurz- und langfristige.

Identität, soziale Teilaspekt der Identität, der auf Gruppenzugehörigkeit beruht, wie z. B. „Ich bin Deutsche(r)." oder „Ich bin katholisch."

Illusion der Einstimmigkeit → Einstimmigkeit, Illusion der.

Illusion der Gruppenproduktivität → Gruppenproduktivität, Illusion der.

Illusion der Unanfechtbarkeit Symptom von → Gruppendenken. Falsche Einmütigkeit schafft den Eindruck, dass nichts und niemand der → Gruppe etwas anhaben kann. Dadurch entsteht ein realitätsunangemessener überzogener Optimismus.

Implikation Hier: Mit einem Ereignis einhergehende Bedeutungen.

implizit Hier: Unbewusst, automatisch.

implizite Verfahren Messungen, die aus der Art und Weise, wie sich Befragte verhalten, abgeleitet werden (z. B. aus der Reaktionszeit, bis ein Befragter seine Antwort abgibt). Vorteil: Diese Verfahren unterliegen keinen Verzerrungen durch soziale Erwünschtheit (→ Erwünschtheit, soziale).

impression management Bestreben, einen möglichst positiven Eindruck auf andere zu machen, indem man beispielsweise auf Kleidung und Stimme achtet bzw. bestrebt ist, eigene Erfolge als eigene Leistung, eigene Misserfolge dagegen als Zufallsprodukte oder fremdverschuldet darzustellen.

Impulskontrolle Kontrolle spontanen Verhaltens – Fähigkeit, die Entscheidung zugunsten des größeren, wenn auch zeitlich entfernteren Gewinns zu fällen und somit auf den kleinen unmittelbaren Gewinn zu verzichten. Vgl. → Belohnungsaufschub.

Informationsverlust Effektivitätshindernis in der → Gruppe, dazu zählen I. beim → Brainstorming in der Gruppe sowie der → Effekt des gemeinsamen Wissens.

Informationsweitergabe, defensive Informationen werden selektiert, unangenehme Informationen umgangen oder verleugnet. D. I. trägt damit über eine mangelnde Wahrnehmung der Verlustsituation zur → Verlusteskalation bei.

Instrumentalität Erwartung, dass ein Handlungsergebnis bestimmte Konsequenzen nach sich zieht bzw. der gewählte Weg zum Ziel führt.

integrativ Eingliedernd, mehrere Aspekte gleichzeitig berücksichtigend.

Intelligenz, emotionale Fähigkeit, das eigene Gefühlsleben akkurat wahrzunehmen und zu steuern.

intentional Beabsichtigt.

internal Personenbedingt: Charaktermerkmale, Einstellungen.

Introspektion „In-sich-selbst-Hineinsehen", Selbstbeobachtung.

K

Kapazität Hier im Sinne von „kognitiver Kapazität": Maß an spezifischen Gehirnaktivitäten, die aktuell zur Bearbeitung einer Aufgabe zur Verfügung stehen.

Kausalattribution Ob das Verhalten anderer als durch → internale oder → externale Faktoren verursacht angesehen wird, wird anhand der Kriterien → Distinktheit, → Konsensus und → Konsistenz bestimmt.

Kausalzusammenhang Ein Kausalzusammenhang liegt dann vor, wenn eine Veränderung in einer Variablen ursächlich für eine systematische Veränderung in der anderen Variablen ist. Achtung: Nicht mit dem Begriff → Korrelation verwechseln!

Knappheit, Prinzip der Möglichkeiten/Produkte erscheinen umso wertvoller, je weniger erreichbar sie sind. Das gleiche Produkt erscheint attraktiver, wenn der Käufer annimmt, es sei schwer zu bekommen, z. B. aufgrund starker Nachfrage, limitierter Stückzahl, zeitlich begrenzter Verfügbarkeit, Zensur oder Exklusivität für bestimmten Kundenkreis. Vermittelnde Mechanismen: → Extrembeurteilungen für Seltenes und → Reaktanz.

kognitiv   Auf das Denken (auch „Kognition") in Abgrenzung zum Handeln (Verhalten) oder Fühlen (Emotion) bezogen.

Kohäsion   Kohäsion beschreibt den Zusammenhalt bzw. das „Wir-Gefühl" einer Gruppe und spiegelt darin wider, wie gerne die Gruppenmitglieder Teil der Gruppe bleiben wollen.

Kompensation, soziale   Möglicher Prozessgewinn durch Gruppenarbeit. Mitglieder mit hohem Leistungsniveau gleichen durch eine erhöhte Leistung die fehlenden Fähigkeiten anderer Mitglieder aus. Daraus können eine zusätzliche Motivierung der schwächeren Mitglieder und damit eine insgesamt erhöhte Leistung folgen.

Konditionierung   Erlernen einer (nach dem Lernvorgang automatischen) Reiz-Reaktions-Verbindung bzw. einer Verhaltens-Konsequenz-Beziehung (wenn z. B. auf ein bestimmtes Verhalten immer eine Belohnung erfolgt, wird dieses Verhalten öfter gezeigt).

Konformität   Verhaltens- oder Einstellungsänderung aufgrund realen oder eingebildeten Gruppendrucks. K. kann über informativen oder normativen Einfluss

(vgl. → Einfluss, informativer bzw. → Einfluss, normativer) bewirkt werden.

Konformitätsdruck   Hier als Symptom von → Gruppendenken: Eine → Gruppe übt massiven Druck auf Mitglieder aus, die Zweifel äußern. Dadurch verstummen nach und nach alle Widersprüche.

Konjunktionsfehler   Kombinationen von Einzelereignissen bzw. spezifische Szenarien sind leichter vorstellbar (→ Repräsentativität) und erscheinen daher wahrscheinlicher, obwohl sie objektiv gesehen unwahrscheinlicher sind als jedes der Einzelereignisse für sich allein bzw. als ein weniger spezifisches Szenario.

konjunktive Aufgabe   → Aufgabe, konjunktive.

Konsensus   Kriterium im Rahmen der → Kausalattribution: Ausmaß, in dem sich andere Personen in der gleichen Weise verhalten wie die zu beurteilende Person. Bei niedrigem K. werden eher → interne Gründe für das Verhalten der Person angenommen.

Konsequenzen, kurz- und langfristige Verhalten wird an kurzfristigen (unmittelbaren) Konsequenzen ausgerichtet, wichtigere langfristige Konsequenzen werden vernachlässigt (auch „Ich-will-es-jetzt-gleich"-Fehler).

Konsistenz   Hier als Kriterium im Rahmen der → Kausalattribution: Ausmaß, in dem sich eine zu beurteilende Person in der gleichen Situation über die Zeit hinweg gleich verhält. Bei hoher K. werden eher → internale Gründe für das Verhalten der Person angenommen.

Konsistenzstreben Menschen streben danach, in ihren Aussagen und Handlungen konsistent zu sein und nicht den Eindruck zu erwecken, „wie ein Fähnchen im Wind zu wehen". Kommt v. a. zum Tragen, wenn wir unsere Überzeugung anderen ggü. zum Ausdruck gebracht haben (→ Commitment).

Kontext Umgebende Umstände/Situationsmerkmale, die die Bedeutung/Deutung von Ereignissen mitbestimmen. Personen, Objekte oder Ereignisse werden nicht isoliert wahrgenommen, sondern immer im Zusammenhang mit der Situation, in der sie auftreten.

Kontrasteffekt Je nach Vergleichsgrundlage nehmen wir ein und dieselbe Sache unterschiedlich wahr. So wirkt z. B. eine mittelgraue Fläche vor einem dunkelgrauen Hintergrund hell, vor einem hellgrauen dunkel. Bei Befragungen: Tritt auf, wenn die Inhalte zweier aufeinander folgender Fragen als zum gleichen Themenkomplex gehörig wahrgenommen, aber inhaltlich nicht der gleichen Kategorie zugeordnet werden. Ggs. → Assimilationseffekt.

Konversationskontext Inhaltlicher Zusammenhang von Fragen innerhalb eines Gesprächs bzw. einer Befragung.

Konversationsnorm, auch given-new-contract Befragte bemühen sich, dem Fragenden gegenüber informativ zu sein und deshalb auf jede Frage hin neue Information zu geben, d. h. Informationen, von denen sie annehmen, dass der Fragende sie nicht bereits hat.

Koordinationsverluste Nachteil von Arbeit in Gruppen. Leistungsverlust infolge organisatorischer Überlagerung – und damit gegenseitiger Hemmung – der Aktivitäten einzelner Gruppenmitglieder, z. B. suboptimaler Informationsfluss oder sich widersprechende Ziele.

Korrelation Eine Korrelation bezeichnet einen Zusammenhang zwischen dem Auftreten zweier Variablen. Mit der Veränderung in einer Variablen geht eine systematische Veränderung in der anderen Variablen einher. Achtung: Eine Korrelation ist nicht mit einem → Kausalzusammenhang gleichzusetzen!

Korrelation, illusorische Die Tendenz, Beziehungen oder Korrelationen zwischen Ereignissen zu sehen, die tatsächlich unabhängig sind. Zusammenhänge werden gesehen, obwohl keine bestehen. Illusorische Korrelationen kommen u. a. dadurch zustande, dass auf das Auftreten eines Ereignisses fokussiert wird („ich komme an die Ampel und sie ist rot"), während das Nichtauftreten des Ereignisses („ich komme an die Ampel und sie ist NICHT rot") übersehen wird.

Korrelation, negative (auch: indirekte Korrelation) Entgegengesetzt gerichteter Zusammenhang: Hohe Ausprägungen in einer ersten Variablen gehen mit niedrigen Ausprägungen in einer zweiten Variable einher. Ebenso gehen niedrige Ausprägungen in der ersten Variable mit hohen Ausprägungen in der zweiten einher.

Korrelation, positive (auch: direkte Korrelation) Gleichgerichteter Zusammenhang: Hohe Ausprägungen in einer ersten Variablen gehen mit hohen Ausprägungen in einer zweiten Variable einher. Ebenso gehen niedrige Ausprägungen in der ersten Variable mit niedrigen Ausprägungen in der zweiten einher.

Korrelation, unsichtbare Zusammenhänge werden nicht gesehen, obwohl sie bestehen.

Kulturen, individualistische In individualistischen K. (z. B. USA oder Deutschland) stehen individuelle Fähigkeiten und persönlicher Erfolg im Fokus der Aufmerksamkeit. In individualistischen K. im Vergleich zu kollektivistischen → Kulturen tritt soziales Faulenzen (→ Faulenzen, soziales) verstärkt auf.

Kulturen, kollektivistische In kollektivistischen K. (z. B. Volksrepublik China oder Israel) wird gemeinsamer Verantwortung und dem kollektiven Wohl großer Wert beigemessen. In kollektivistischen K. ist die Tendenz zu sozialem Faulenzen (→ Faulenzen, soziales) geringer als in individualistischen Kulturen (→ Kulturen, individualistische).

L

Leistungsnorm → Norm, die das Leistungsniveau Einzelner oder einer Gruppe bestimmt.

lexikalische Entscheidungsaufgabe Personen werden per Computerbildschirm Begriffe verschiedener Kategorien (z. B. „teure Autos" vs. „preisgünstige Autos") dargeboten (z. B. Fiesta, Mercedes, Opel usw.), auf die sie so schnell wie möglich per Tastendruck reagieren müssen. Aus der Reaktionszeit (Zeit zwischen Darbietung auf dem Bildschirm und Tastendruck) auf jede Wortkategorie wird geschlossen, welche Kategorie am verfügbarsten ist (je kürzer die Reaktionszeit, desto verfügbarer die Kategorie).

limbisches System Im Laufe der Evolution früh entstandener Teil des Gehirns, der u. a. für die Entstehung der → Gefühle und für emotionales Verhalten zuständig ist.

loss-aversion → Gewinn-Verlust-Asymmetrie.

„low-ball"-Technik Strategie, um Personen dazu zu bringen, einer Forderung zuzustimmen. Zuerst wird eine kleinere Vereinbarung getroffen (Erwirkung von → Commitment), ggf. mit einem Anreiz versehen. Dann werden sich dahinter verbergende Nachteile bekannt gegeben, der ursprüngliche Anreiz entfernt. Obwohl nun aus der kleinen eine große Forderung geworden ist, wird die Vereinbarung mit hoher Wahrscheinlichkeit weiterhin aufrechterhalten (vgl. auch → Konsistenzstreben, → Norm sozialer Verpflichtungen).

M

Mehrheiteneinfluss → Konformität.

Minderheiteneinfluss Minderheiten können eine → Gruppe beeinflussen, wenn sie ihre abweichende Meinung konsistent äußern.

Minoritäteneinfluss → Minderheiteneinfluss.

Mitarbeiterbefragung Erhebung v.a. arbeitsbezogener Daten von der Belegschaft eines Unternehmens. Themen der Befragung sind Arbeitszufriedenheit, Führung, Informationsfluss u. Ä.

Moderator Variable, die Einfluss auf den Zusammenhang (vgl. → Korrelation und → Kausalzusammenhang) zwischen anderen Variablen nimmt.

moderierend Einfluss nehmend auf den Zusammenhang (vgl. → Korrelation und → Kausalzusammenhang) zwischen anderen Variablen.

mood-congruent-memory → Erinnerung, stimmungskongruente.

Motiv Überdauernde, charakteristische Disposition einer Person, die sie im Sinne von Energie/Erregung zu einem Verhalten antreibt.

Motivation Wechselwirkung von → Anreiz in der Situation und dem → Motiv der Person. M. ergibt sich – und damit letztendlich auch das beobachtbare Verhalten – aus der Summe aller durch Anreize angeregten Motive. M. erklärt menschliches Verhalten hinsichtlich seiner Richtung, Intensität und Ausdauer.

Motivation, extrinsische Aus einem inneren Antrieb entstehende → Motivation durch Interesse und/oder Spaß an der Tätigkeit.

Motivation, intrinsische Von außen kommende → Motivation aufgrund von Belohnungen und/oder äußerem Druck.

Motivationsverluste Nachteil von Arbeit in Gruppen. Leistungsabfall infolge einer bewussten oder unbewussten Anstrengungsreduktion von Personen in der → Gruppe, z. B. aufgrund von sozialem Faulenzen (→ Faulenzen, soziales).

Motivatoren Nach der → Zweifaktorentheorie von Herzberg et al. (1967): Arbeitsbedingungen, die Zufriedenheit hervorrufen, z. B. ansprechende Tätigkeit, Möglichkeit, etwas zu leisten und sich weiterzuentwickeln, Verantwortung, Aufstiegsmöglichkeiten (vgl. → Motivatoren).

Motivierung Ausrichtung von Menschen auf Handlungsziele sowie die Gestaltung der Rahmenbedingungen des Handelns, so dass sie diese Ziele erreichen können.

Murphy's Law „Wenn etwas schief gehen kann, dann wird es auch schief gehen." (vgl. → Bumerangeffekt).

N

„name-dropping" Versuch, einen guten Eindruck zu machen, indem man sich mit Personen in Verbindung bringt, die der andere bereits mag (= eine Strategie der → Selbsterhöhung).

Norm sozialer Verpflichtungen Personen fühlen sich verpflichtet, soziale Vereinbarungen (z. B. Aussagen/Verträge/Versprechen ggü. anderen) einzuhalten.

Normen Allgemein geteilte Erwartungen darüber, wie sich alle Gruppenmitglieder zu verhalten haben. Diese informellen Regeln leiten das Verhalten der Gruppenmitglieder.

Normen, formelle Von der Organisation offiziell vorgegebene Regeln bzw. Standards.

Normen, informelle Gruppeninterne Regeln bzw. Standards, die sich zusätzlich zu den von der Organisation offiziell vorgegebenen formellen Normen entwickeln und zu letzteren im Widerspruch stehen können.

Normen, soziale Regeln bzw. Standards, die sich in einer → Gruppe zusätzlich zu den fest verankerten Regeln der umgebenden Organisation herausbilden bzgl. dessen, welche Einstellungen erwünscht sind und wie sich jeder in der Gruppe unabhängig von seiner → Rolle zu verhalten hat.

Nutzen-Kontrast (auch trade-off-contrast) Bei der Kaufentscheidung müssen die unterschiedlichen Nutzen (z. B. sich ergebend aus der Kombination von Preis und Qualität) verschiedener Produkte verglichen, d. h. der Nutzen-Kontrast festgestellt werden. Bei geringem Nutzen-Kontrast zwischen zwei Alterna-

tiven kann eine dritte Alternative den Nutzen-Kontrast vergrößern und damit die Kaufentscheidung erleichtern (→ Alternativen).

O

overjustification effect → Effekt der Überrechtfertigung.

overreport Aufgrund von Erinnerungsfehlern werden mehr Ereignisse innerhalb eines erfragten Zeitraums berichtet, als tatsächlich stattgefunden haben.

P

part-part-Konstellation Fragenabfolge, bei der die erste und die zweite Frage auf hierarchisch gleicher Ebene jeweils einen Aspekt desselben Inhaltsbereichs abfragen, z. B.: „Wie geht es Ihren Arbeitskollegen?" und „Wie geht es Ihrer Familie?" fragen beide verschiedene Aspekte der Kategorie „Menschen im näheren Umfeld" ab. Bei einer solchen Fragenabfolge findet sich – im Gegensatz zur → part-whole-Konstellation – kein Einfluss der ersten auf die zweite Frage.

part-whole-Konstellation Fragenabfolge, bei der die erste Frage inhaltlich einen Teilaspekt (part) der zweiten Frage (whole) abfragt. Ist dies der Fall, so beeinflusst die erste Frage die Interpretation des mit der zweiten Frage erfragten Inhalts.

Persuasionsforschung Forschung zum Thema Persuasion, d. h. dem Vorgang des Überredens oder Überzeugens.

perzeptuell auf die Wahrnehmung bezogen

physiologische Erregung → Erregung, physiologische.

Planungsfehler Phänomen der chronischen Unterschätzung von Zeitplänen bzw. Zeitbedarf.

political correctness Als gesellschaftlich und von der Führung korrekt und wünschenswert angesehene Einstellungen und Verhaltensweisen.

Position Offizielle Stellung innerhalb einer Organisation, gleichartige Positionen können durchaus unterschiedlichen → Status haben.

Präferenzumkehr Eine ursprüngliche Rangfolge der Bevorzugung eines Ereignisses ggü. anderen Ereignissen, wird umgedreht (d. h. das vorher am wenigsten präferierte Ereignis wird nun zum am stärksten präferierten Ereignis.) Bei Belohnungen: Personen präferieren bei der Wahl zwischen einer kleineren Belohnung nach einem kurzfristigen Zeitraum und einer größeren Belohnung zu einem etwas späteren Zeitpunkt zunächst die größere Belohnung. Je näher jedoch der Zeitpunkt der Belohnungsausgabe rückt, desto eher sind Personen bereit, die geringere Belohnung anzunehmen, wenn sie diese dann sofort erhalten, anstatt noch eine verhältnismäßig geringe Zeit auf die größere Belohnung zu warten.

Preis, Zufriedenheit mit dem Personen sind mit Preisen zufriedener, an deren Zustandekommen sie selbst aktiv mitgewirkt haben, so beispielsweise wenn sie die Möglichkeit hatten, den Preis zu verhandeln.

Priming, semantisches Vorgang, durch den bestimmte Gedächtnisinhalte (semantisch = inhaltlich) voraktiviert und damit leichter zugänglich gemacht werden (z. B. durch Darbietung bestimmter Wörter) (s. a. → SA-Modell).

Produktwert, subjektiver – Informationsgehalt des Preises Der Preis wird als Information über den Wert bzw. die Qualität eines Produkts herangezogen. Ein höherer Preis erweckt den Eindruck von höherer Qualität, v. a. bei Produkten, die geringe Bedeutung für den Käufer haben und mit denen er sich nur wenig auskennt.

Produktwert, subjektiver – Kontextabhängigkeit Je nach Kontext (z. B. Kauf im 5-Sterne-Hotel vs. im Supermarkt) kann der gleiche Preis für ein Produkt (z. B. eine Flasche Bier) als „günstig" oder „teuer" gewertet werden.

prospect-theory Dieser Theorie zufolge werden Gewinn und Verlust bezüglich eines neutralen Referenzpunkts beurteilt, welcher sich z. B. aus dem Status quo ergibt. Empfindungen und Entscheidungen werden von dort ausgehend gemäß einer S-Kurve getroffen, Verluste werden dabei stärker gewertet als Gewinne, weiterer Zuwachs wird immer schwächer beurteilt (kein linearer Anstieg) (s. a. → Gewinn-Verlust-Asymmetrie).

Prozessgewinne Vorteile der Arbeit in Gruppen. Gegenseitiges Motivieren, wechselseitiges Lernen und Inspiration aufgrund der Gruppensituation, welche zu einer Leistungssteigerung ggü. der Einzelarbeit führen, z. B. → Erleichterung, soziale, → Kompensation, soziale oder → Gedächtnis, transaktives (vgl. auch → Synergieeffekte).

Prozessverluste Nachteile der Arbeit in Gruppen. Aufgrund der Gruppensituation auftretende → Motivationsverluste und → Koordinationsverluste, die ggü. der Einzelarbeit zu einer Leistungsverminderung führen.

Pseudomeinung Befragte geben eine Meinung zu einem ihnen unbekannten Thema ab.

Pygmalion-Effekt → Sich selbst erfüllende Prophezeiung.

Q

Quellenverwechslung Mit der Zeit wird häufig vergessen, woher ein Gedächtnisinhalt stammt, und nur die Information selbst bleibt in Erinnerung. Der Inhalt wird fälschlicherweise einer anderen Quelle zugeordnet. Q. spielt bei → Suggestivfragen eine Rolle.

R

Rationalisierung Symptom von → Gruppendenken. Der Gruppenmeinung zuwiderlaufende Argumente und Fakten werden von der → Gruppe abgewertet.

Reaktanz Innerer Widerstand, der sich gegen die Einschränkung der eigenen Handlungsfreiheit wehrt. Dieser Zustand lenkt die Energien darauf, die Handlungsfreiheit zu verteidigen bzw. wiederherzustellen. Einer der vermittelnden Mechanismen beim Prinzip der → Knappheit.

Reaktion, dominante Hier: Bekannte, gewohnte und damit verfügbare Verhaltensweisen.

Redundanz Bei Gesprächen/Konversation: Überflüssige Elemente einer Aussage.

Reliabilität Zuverlässigkeit im Sinne von Messgenauigkeit eines Tests, kann z. B. anhand der Übereinstimmung von zwei Messungen mit demselben → Erhebungsinstrument an derselben Person zu verschiedenen Zeitpunkten bestimmt werden.

Repräsentativität Der Begriff Repräsentativität besagt, wie typisch ein Element für eine Kategorie, eine Handlung für eine Person, eine → Stichprobe für eine → Grundgesamtheit oder eine Wirkung für eine Ursache ist.

Repräsentativitätsheuristik Eine mentale Vereinfachung/Faustregel, anhand derer Personen Typikalität als Grundlage für ihre Entscheidung heranziehen. Inhalte werden gemäß ihrer Repräsentativität für eine bestimmte Kategorie klassifiziert. Motto: „Wie gut repräsentiert der konkrete Fall meine Vorstellungen?" „Wenn er so typisch ist, dann muss er zur Kategorie gehören." (s. a. → Heuristik).

Reziprozitätsnorm Diese „Regel der Gegenseitigkeit" besagt, dass wir uns verpflichtet fühlen, Gefälligkeiten zu erwidern. Es handelt sich um eine soziale Norm, dass man für etwas Positives, was man von jemandem erhalten hat, diesem in vergleichbarer Weise etwas Positives zurückgeben muss. Eine (sogar auch ungewollte) Gefälligkeit eines anderen erzeugt den Druck, die Gefälligkeit zu erwidern. Das Ausmaß der Erwiderung ist i. d. R. nicht ebenso groß wie die zuvor erhaltene Gefälligkeit (→ tit for tat), sondern größer (tit for tat plus one).

risky shift Phänomen Tendenz von Gruppen, riskantere Entscheidungen zu treffen als Individuen (vgl. → Gruppenpolarisierung).

Rolle Allgemein geteilte Erwartungen darüber, wie sich eine bestimmte Person innerhalb einer bestimmten Situation – z. B. in der → Gruppe – zu verhalten hat. Der Einfluss von Rollen auf das Verhalten der Menschen wird häufig stark unterschätzt.

Rollenkonflikt Erwartungen, die mit verschiedenen → Rollen verbunden sind, können sich widersprechen und damit zu einem R. führen.

Rubikon-Modell → Handlungssteuerung, Modell der.

Rückmeldung → Feedback.

Rückschaufehler Ist die Lösung einer Aufgabe oder der Ausgang eines Ereignisses bekannt, so überschätzen Personen die Wahrscheinlichkeit, dass sie diese Aufgabe richtig lösen bzw. den Ausgang des Ereignisses richtig vorhersagen hätten können. Vermittelnde Prozesse sind → Ankereffekte und Schlussfolgerungsprozesse.

S

Salienz Auffälligkeit, Augenfälligkeit. Die Auffälligkeit von Ereignissen führt z. B. zur Überschätzung der Auftretenswahrscheinlichkeit.

SA-Modell – selective accessibility model Personen überprüfen in einem ersten Schritt, ob eine Hypothese (z. B. beim → Ankereffekt ein vorgegebener Wert oder „Anker") zutreffend sein kann. Damit werden selektiv Informationen aktiviert, die *für* diese Hypothese sprechen. Unabhängig davon, ob dieser selektive → Hypothesentest für oder gegen die Hypothese ausfällt, bleibt das bis dato aktivierte hypothesenkonsistente Wissen für nachfolgende Informationsverarbeitungsprozesse leichter verfügbar.

satisfier → Motivatoren.

Schlussfolgerungsprozesse Denkschritte, die als logischen Regeln folgend wahrgenommen werden.

Selbstbild Die Gesamtheit auf sich selbst bezogener Gedanken und Gefühle.

Selbstenthüllung Preisgeben persönlicher Informationen, auch wenn diese nicht erfragt wurden, um ehrlich – und somit positiv – auf andere Personen zu wirken (vgl. auch → Selbsterhöhung, → Selbstmissbilligung).

Selbsterhöhung Strategie, sich selbst anderen Personen ggü. vorteilhaft zu präsentieren, einen besonders guten Eindruck zu machen, indem man eigene positive Aspekte herausstellt. Dies gelingt z. B. durch ein gepflegtes Äußeres, gute Kleidung, eine geschickte Auswahl der Gesprächsinhalte und eingestreuten Informationen oder → name-dropping (vgl. auch → Selbstmissbilligung, → Selbstenthüllung).

Selbstkategorisierung Zuordnung seiner selbst im Rahmen der Selbstdefinition (Antwort auf die Frage „Wer bin ich?") zu bestimmten → Gruppen. Dabei wird das fokussiert und betont, was die eigene von anderen Gruppen unterscheidet. Trägt zur → Gruppenpolarisierung bei.

Selbstkonzept → Selbstbild.

Selbstmissbilligung Preisgeben negativer Informationen über sich selbst, um bescheiden – und somit positiv – auf andere Personen zu wirken (vgl. auch → Selbsterhöhung, → Selbstenthüllung).

Selbstregulation Hier: Handlungen, die dazu dienen, eigene Handlungen und Gefühle in eine gewünschte Richtung zu beeinflussen.

Selbstwahrnehmung, Theorie der Einstellungen und Empfindungen können aus der Beobachtung des eigenen Verhaltens erschlossen werden.

Selbstwirksamkeit Aufgabenspezifisches Selbstvertrauen – Grad der Überzeugung einer Person, eine gewünschte Handlung in einer bestimmten Situation ausführen zu können.

Selbstzensur Gruppenmitglieder unterdrücken von sich aus eigene Zweifel an der Gruppenmeinung, da sie von der → Gruppe akzeptiert und gemocht werden wollen (vgl. → Einfluss, normativer).

selektive Wahrnehmung → Wahrnehmung, selektive.

self-fulfilling-prophecy → sich selbst erfüllende Prophezeiung.

Selling-the-top-of-the-line-Technik Strategie, um Personen dazu zu bringen, einem Verkaufsangebot zuzustimmen, das preislich über ihren Vorstellungen liegt. Der Verkäufer preist dem Kunden dazu zunächst das teuerste Modell an. Will dieser es nicht, bietet er ihm das nächst günstigere (aber immer noch teure) Modell an. → Kontrasteffekt und → Reziprozitätsnorm bewirken nun eine höhere Wahrscheinlichkeit, dass der Käufer diesem Angebot zustimmt.

semantisch Den spezifischen Bedeutungsinhalt betreffend.

Sich selbst erfüllende Prophezeiung Prozess, durch den die Erwartungen an das Verhalten einer Person Realität werden, indem sie ein Verhalten hervorrufen, welches eben diese Erwartungen bestätigt.

„similar-to-me"-Effect Tendenz, andere Personen, die man als sich selbst in irgendeiner Weise ähnlich empfindet, in einem positiven Licht wahrzunehmen.

Simulation, mentale Ereignisse in Gedanken nachvollziehen bzw. durchspielen.

social events Soziale Ereignisse wie z. B. Betriebsausflüge, Weihnachtsfeiern oder sonstige organisierte Zusammenkünfte.

social facilitation → Erleichterung, soziale.

social inhibition → Hemmung, soziale.

social loafing → Faulenzen, soziales.

Sorglosigkeit, gelernte Sorglosigkeit bzgl. unserer Entscheidungen, die wir erwerben, wenn wir zu oft erleben, wie wir ohne großen Aufwand Erfolge erzielen oder Unangenehmes abwenden, Dinge umgehen und angenehme Zustände erreichen. Gelernte Sorglosigkeit verleitet uns dazu, unangemessen risikoreiche Alternativen zu wählen, und trägt damit über eine mangelnde Wahrnehmung der Verlustsituation zur → Verlusteskalation bei.

soziale Erwünschtheit → Erwünschtheit, soziale.

stammesgeschichtlich Im Laufe der Evolution.

Standardisierung Bei Experimenten: Absolute Gleichgestaltung der Situation für alle Teilnehmer mit Ausnahme der bewussten Variation des Untersuchungsgegenstandes.

state-dependent-memory → Erinnerung, zustandsabhängige.

Status Der Rang oder das Prestige, der/das einer Person oder Gruppe von anderen gegeben wird. Beinhaltet die sozial bewertete Stellung aus Sicht der Gruppenmitglieder, d. h. die interne Machtverteilung in einer → Gruppe.

Stepladder-Methode Gegenmaßnahme zu → Informationsverlusten beim → Brainstorming. Die Gruppenmitglieder entwickeln in einem ersten Schritt getrennt voneinander Ideen und diskutieren und bewerten diese erst in einem zweiten Schritt in einer gemeinsamen Sitzung.

Stereotyp Bündel von Annahmen über die Eigenschaften der Mitglieder einer → Gruppe (s. a. → Vorurteil).

Stereotypisierung Symptom von → Gruppendenken. Meinungsgegner werden „stereotyp", d. h. undifferenziert wahrgenommen und gemäß der Kategorie, der man sich zuordnet, behandelt. Damit wird der Meinungsgegner abgewertet und das eigene Denken unkritisch aufrechterhalten.

Stichprobe: Untersuchte Elemente einer → Grundgesamtheit, die meist zufällig ausgewählt werden (Zufallsstichprobe). Die Stichprobe sollte die Grundgesamtheit möglichst gut repräsentieren (durch

zufällige Auswahl weitgehend gewähr-
leistet), um aus der Stichprobenuntersu-
chung Aussagen über die Grundgesamtheit ableiten zu können. Teilstichprobe:
Auswahl von Elementen einer Stichprobe.

**Stichprobengröße, Vernachlässigung
der** Die Größe der Stichprobe wird
häufig als Information vernachlässigt.
Dadurch kann es zu Fehleinschätzungen
kommen, da sich verschieden große
Stichproben ein und derselben Grundgesamtheit in der → Streuung von Merkmalen unterscheiden. Personen urteilen
fälschlicherweise nach dem Motto: „Was
für die Grundgesamtheit zutrifft, muss
gleichermaßen auch auf die Teilstichprobe zutreffen.“

Stimmungen Gefühlszustände, die im
Gegensatz zu → Emotionen länger andauern, von geringer Intensität sind und
nicht notwendigerweise ein Objekt bzw.
eine bekannte Ursache haben müssen.

stimmungskongruente Erinnerung →
Erinnerung, stimmungskongruente.

Streuung, auch Varianz Maß für die
durchschnittliche Abweichung einzelner
Elemente/Messwerte von der mittleren
Ausprägung/vom Mittelwert.

Subjekt eines Vergleichs Soll ein Ereignis A mit einem Ereignis B verglichen
werden, so wird Ereignis A als das S. dieses Vergleichs bezeichnet. Wird dagegen
B mit A verglichen, ist in diesem Fall B
das Subjekt. Personen richten ihre Auf-

merksamkeit auf das Subjekt eines Vergleichs.

Suggestivfragen Fragen, die dem Befragten anzeigen, dass eine bestimmte
Antwort von ihm erwartet wird, z. B. „Ihnen geht es doch gut, oder?“ bzw. „Sie
sind doch zufrieden mit Ihrem Arbeitsplatz?“ suggerieren dem Befragten, dass
eine Ja-Antwort von ihm erwartet wird.

sunk costs → Verlusteskalation.

Synergieeffekte Durch Arbeit in der →
Gruppe erzielter Zugewinn an Leistung,
der über die Summe der Einzelleistungen
der Teammitglieder hinausgeht.

System, heißes Informationsverarbei-
tungsstruktur, die schnell und nahezu reflexartig mit den beiden Modi „Annäherung an einen Reiz“ oder „Vermeidung
eines Reizes“ reagiert. Wird aktiviert
durch Nachdenken in emotionaler Art
und Weise über einen Reiz. Ggs. → System, kaltes.

System, kaltes Informationsverarbei-
tungsstruktur, die relativ langsam, überlegend und abwägend arbeitet. Wird aktiviert durch abstraktes Nachdenken über
einen Reiz. Ggs. → System, heißes.

systematische Desensibilisierung →
Desensibilisierung, systematische.

T

Taxonomie Ordnung von Begriffen.

Team Einem Team werden zusätzliche
Charakteristika zugeschrieben, die über

die Definition der → Gruppe im psychologischen Sinne hinausgehen. Dazu zählen einander ergänzende Fähigkeiten der Gruppenmitglieder und dadurch bedingt wechselseitige Abhängigkeiten in den Arbeitsleistungen sowie eine starke Involviertheit jedes Einzelnen in den gemeinsamen Output.

Teamgeist → Kohäsion.

That's-not-all!-Technik Strategie, um Personen dazu zu bringen, einem Verkaufsangebot zuzustimmen. Der Verkäufer bietet eine zusätzliche Dreingabe oder einen Nachlass an, *bevor* sich der potenzielle Käufer entschieden hat, ob er das ursprünglich Angebotene haben will oder nicht.

Theorem von Bayes Berechnung verbundener/bedingter Wahrscheinlichkeiten: Mit diesem Theorem kann eine → A-posteriori-Wahrscheinlichkeit (Wahrscheinlichkeit für das Eintreten eines zweiten Ereignisses, unter der Bedingung, dass ein erstes Ereignis bereits eingetreten ist) aufgrund von gegebenen → A-priori-Wahrscheinlichkeiten berechnet werden (Formel und Erklärung s. Abschnitt 1.6.2).

Theorie der Kausalattribution → Kausalattribution.

Theorie der Selbstwahrnehmung → Selbstwahrnehmung, Theorie der.

tit for tat Strategie der „absoluten Gegenseitigkeit" nach dem Motto „Wie Du mir, so ich Dir" (→ Reziprozitätsnorm).

trade-off-contrast → Nutzen-Kontrast.

U

Überzeugungskraft Einflüsse auf die Sympathie, nonverbales Verhalten, Glaubwürdigkeit der Informationsquelle, Anzahl und Anordnung der Argumente bestimmen die Überzeugungskraft einer Person.

Unabhängigkeit, statistische Ereignisse sind dann statistisch unabhängig voneinander, wenn der Ausgang des einen (ersten) Ereignisses keinen Einfluss auf den Ausgang des anderen (zweiten) Ereignisses hat. Ggs. → Wahrscheinlichkeiten, verbundene.

unipolar Einpolig, z. B. Skala in einer Befragung von „gar nicht zufrieden" bis „sehr zufrieden" (vgl. im Ggs. dazu → bipolar).

Unterschiede, systematische Diskrepanzen zwischen Gruppen von Messwerten, von denen nach Anwendung statistischer Verfahren mit hoher Wahrscheinlichkeit angenommen werden kann, dass sie nicht durch Zufall, sondern durch die definierte Variation bestimmter Bedingungen zustande gekommen sind.

Urteil, absolutes Direkte Einschätzung eines Sachverhalts, z. B. wird auf die Frage „Wie hoch ist der Eiffelturm?" die konkrete Meteranzahl geschätzt (= absolutes Urteil). Ggs. → Urteil, komparatives.

Urteil, komparatives Einschätzung, die aufgrund eines Vergleichs getroffen wird, z. B. auf die Frage „Ist der Eiffelturm höher oder niedriger als 100 m?"

wird eine relative Antwort gegeben wie „höher" oder „niedriger". Ggs. → Urteil, absolutes.

V

Valenz Wertigkeit, positiv vs. negativ; z. B. positive (Freude) oder negative (Ärger) Konnotation von Empfindungen. V. von Ereignissen und Wahrscheinlichkeitseinschätzungen: Positive Ereignisse werden als wahrscheinlicher, negative Ereignisse als unwahrscheinlicher eingeschätzt.

Verantwortungsdiffusion Mit zunehmender Personenzahl in einer Gruppe sinkt das Verantwortungsgefühl des Einzelnen für die Erledigung der Aufgabe, d. h. die Verantwortung „diffundiert"/ verteilt sich über die Gruppenmitglieder. V. ist eine Ursache für den Leistungsabfall bei sozialem Faulenzen (→ Faulenzen, soziales).

Verarbeitung, analytische Systematische Informationsverarbeitung mit viel Überlegung und Aufwand. Ggs. → Verarbeitung, heuristische.

Verarbeitung, heuristische Schnelle Informationsverarbeitung anhand von Faustregeln und mit wenig Aufwand. Ggs. → Verarbeitung, analytische.

Verfügbarkeit, kognitive Gedächtnisinhalte, die einem spontan einfallen/ leicht in den Sinn kommen, sind kognitiv verfügbar. V. kann z. B. durch kürzliche oder häufige Aktivierung (z. B. durch Medienberichte), durch Auffälligkeit oder eigene Erfahrung bedingt sein.

Verfügbarkeitsheuristik Mentale Vereinfachung/Faustregel, anhand derer Personen ihr Urteil auf die Leichtigkeit, mit der ihnen ein Gedächtnisinhalt in den Sinn kommt, basieren. Das Urteil basiert auf dem Motto: „Wenn mir ein Ereignis leicht einfällt, dann wird es wohl häufig auftreten." oder „Wenn ich mir ein Ereignis leicht vorstellen kann, dann wird es wohl häufig vorkommen."

Vergleich, abwärtsgerichteter Der Vergleich der eigenen Person mit anderen Personen, die hinsichtlich einer bestimmten Fähigkeit oder Eigenschaft schlechter sind als man selbst. Ggs. → Vergleich, aufwärtsgerichteter.

Vergleich, aufwärtsgerichteter Der Vergleich der eigenen Person mit anderen Personen, die hinsichtlich einer bestimmten Fähigkeit oder Eigenschaft besser sind als man selbst. Ggs. → Vergleich, abwärtsgerichteter.

Vergleich, sozialer Personen bewerten ihre eigenen Fähigkeiten und Einstellungen, indem sie sich mit anderen vergleichen (vgl. → Vergleich, aufwärtsgerichteter bzw. → Vergleich, abwärtsgerichteter).

Verhalten, deliberatives Intentionales, bewusst und willkürlich ausgelöstes Verhalten, das nach einem Prozess des Abwägens und Planens zur Ausführung kommt. Ggs. → Verhalten, impulsives.

Verhalten, impulsives Automatisch ausgelöstes Verhalten, das zu seiner Ausführung keine kognitive → Kapazität im Sinne von Abwägen und Planen erfordert. Ggs. → Verhalten, deliberatives.

Verhalten, nonverbales Blickkontakt, Gesichtsausdruck, Mimik, Stimme, Gestik, Körperhaltung, Bewegung sowie Berührung und räumlicher Abstand von anderen.

Verhaltensauslösung, implizite Eine Handlung ist das Ergebnis impliziter Prozesse, die dieses automatisch, d. h. ohne bewusste Steuerung in Gang bringen.

Verhaltenswahl, deliberative Eine Handlung ist die Folge einer bewussten Wahl zwischen Handlungsalternativen, z. B. durch Erwartungs-mal-Wert-Überlegungen (vgl. z. B. → VIE-Theorie).

Verlustangst → Gewinn-Verlust-Asymmetrie.

Verluste → Gewinn-Verlust-Asymmetrie.

Verlusteskalation (auch „sunk costs"): Verspätete oder ausbleibende Korrektur von Fehlentscheidungen. Gründe für Verlusteskalation sind die mangelhafte Wahrnehmung der Verlustsituation und das Festhalten an der Fehlentscheidung wider besseren Wissens.

Verlustreparation Ist eine Formulierung auf den möglichen Verlust statt auf den möglichen Gewinn fokussiert, so wird eher die riskantere Entscheidungsalternative gewählt, um einen sicheren Verlust zu vermeiden, den Verlust sozusagen zu „reparieren". Ggs. → Gewinnsicherung.

Vermeidungsfokus Einer der beiden Informationsverarbeitungsstile des regulatorischen Fokus (→ Fokus, regulatorischer), der auf das Vermeiden negativer Ereignisse ausgerichtet ist. Die Aufmerksamkeit ist auf Tätigkeiten gerichtet, die mit der Erfüllung von Pflichten und Verantwortlichkeiten assoziiert sind (sog. Pflichtziele). Ggs. → Annäherungsfokus.

Verpflichtungen, Norm sozialer → Norm sozialer Verpflichtungen.

Verteilung Mathematische Funktion, die sich aus einer Menge von Messwerten ergibt.

VIE-Theorie Motivationstheorie nach Vroom (1994): Motivation resultiert aus einer Erwartungs-mal-Wert-Kalkulation mit den drei Bestandteilen → Valenz, → Instrumentalität und Erwartung. Motivation = Valenz * Instrumentalität * Erwartung.

Vorsatz Ein konkretes Verhalten wird für eine konkrete Situation spezifiziert und beides in der Vorstellung verknüpft, beispielsweise im Rahmen einer Wenn-dann-Verknüpfung der Art „Wenn Situation x eintritt, dann werde ich y machen!". Dadurch wird das gewünschte Verhalten, wenn die spezifizierte Situation eintritt, mit größerer Wahrscheinlichkeit ausgeführt.

Vorsatzbildung Prozess, einen → Vorsatz zu entwickeln.

Vorurteil Überzeugung, dass alle Angehörigen einer bestimmten Gruppe ähnliche Eigenschaften aufweisen und sich ähnlich verhalten.

W

Wahl vs. Abwahl In einer Wahlsituation wird auf positive Aspekte, in einer Abwahlsituation auf negative Aspekte fokussiert.

Wahrnehmung, kontextabhängige → Kontext.

Wahrnehmung, selektive Tendenz, auf bestimmte Aspekte der Umgebung zu fokussieren und andere auszublenden (= selektieren).

Wahrnehmung, soziale Einschätzungsprozess anderer Personen: Um ein Verständnis anderer Personen zu entwickeln, kombinieren, integrieren und interpretieren wir Informationen über sie.

Wahrnehmungstäuschung (auch Sinnestäuschung) Fehlbeurteilung objektiver Gegebenheiten aufgrund der Reizverarbeitung durch die Sinnesorgane bzw. der daran beteiligten Gehirnstrukturen; bekannte Beispiele sind die Müller-Lyer'sche-Täuschung oder Rubins Kippbild.

Wahrscheinlichkeiten, verbundene Durch den Ausgang eines ersten Ereignisses verändern sich die Wahrscheinlichkeiten für den Ausgang eines zweiten Ereignisses. Ggs. → Unabhängigkeit, statistische.

wording Formulierung.

Z

Zeit, subjektiver Wert von Für einen betragsmäßig gleichen Rabatt wird bei einem billigeren Produkt eher Zeit für einen Umweg investiert als bei einem teureren Produkt. Der subjektive Wert der eigenen Zeit wird also in Abhängigkeit des Referenzpreises (billig oder teuer) unterschiedlich eingeschätzt.

Ziel Positiv bewerteter und für erreichbar gehaltener Soll-Zustand, in den der Ist-Zustand überführt werden soll. Abzugrenzen von Wünschen, die auch Zustände betreffen können, die für das Individuum nicht im Bereich des Möglichen liegen.

Ziel, motivierendes Herausfordernd schwierige und spezifische → Ziele führen zu besseren Leistungen als zu leichte und/oder vage Ziele.

Zielbindung Grad, mit dem ein Individuum sich mit einem → Ziel identifiziert und sich diesem gegenüber verpflichtet fühlt (vgl. auch → Commitment).

Zufälligkeit Es wird erwartet, dass Zufallswerte oder Zufallsereignisse auch zufällig (z. B. unregelmäßige Abfolgen wie 13–79–199) aussehen müssen. Regelmäßig anmutende Abfolgen (77–78–79) können jedoch ebenso wahrscheinlich zufällig zustande kommen. Dadurch kann es zur Fehlwahrnehmung von Zufälligkeit kommen.

Zusammenhalt → Kohäsion.

Zusammenhang → Korrelation.

zustandsabhängige Erinnerung → Erinnerung, zustandsabhängige.

Zweifaktorentheorie Motivationstheorie nach Herzberg et al. (1967): Zweidimensionales Konzept der Motivation, bei welchem zwischen Zufriedenheit und Unzufriedenheit ein neutraler Bereich liegt, die Nicht-Zufriedenheit bzw. Nicht-Unzufriedenheit. Die Abwesenheit von → Demotivatoren führt demgemäß zu Nicht-Unzufriedenheit, die Anwesenheit von → Motivatoren zu Zufriedenheit und Motivation.

Literaturverzeichnis

Abrams, D., Wetherell, M., Cochrane, S., Hogg, M. A. & Turner, J. C. (1990). Knowing what to think by knowing who you are: Self-categorization and the nature of norm formation, conformity, and group polarization. *British Journal of Social Psychology, 29*, 97–119.

Adelmann, P. K. & Zajonc, R. B. (1989). Facial efference and the experience of emotion. *Annual Review of Psychology, 40*, 249–280.

Aiello, J. R. & Kolb, K. J. (1995). Electronic monitoring and social context: Impact on productivity and stress. *Journal of Applied Psychology, 80*, 339–353.

Albanese, R. & Van Fleet, D. D. (1985). Rational behavior in groups: The free-riding tendency. *Academy of Management Review, 10*, 244–255.

Albarracin, D. & Wyer, R. S. (2000). The cognitive impact of past behavior: Influences on beliefs, attitudes, and future behavioral decisions. *Journal of Personality and Social Psychology, 79*, 5–22.

Aldag, R. J. & Fuller, S. R. (1993). Beyond fiasco: A reappraisal of the groupthink phenomenon and a new model of group decision processes. *Psychological Bulletin, 113*, 533–552.

Allen, V. L. & Levine, J. M. (1969). Consensus and conformity. *Journal of Experimental Social Psychology, 5*, 389–399.

Alley, T. R. (1988). *Social and applied aspects of perceiving faces.* Hillsdale, NJ: Erlbaum.

Allison, P. D. (1992). The cultural evolution of beneficent norms. *Social Forces, 71*, 279–301.

Allman, W. F. (1999). *Mammutjäger in der Metro: Wie das Erbe der Evolution unser Denken und Verhalten prägt.* Heidelberg: Spektrum Akademischer Verlag.

Alloy, L. B. & Tabachnik, N. (1984). Assessment of covariation by humans and animals: The joint influence of prior expectations and current situational information. *Psychological Review, 91*, 112–149.

Allport, F. H. (1920). The influence of the group upon association and thought. *Journal of Experimental Psychology, 3*, 159–182.

Ambady, N. & Rosenthal, R. (1992). Thin slices of expressive behavior as predictors of interpersonal consequences: A meta-analysis. *Psychological Bulletin, 111*, 256–274.

Ansfield, M. E. & Wegner, D. M. (1996). The feeling of doing. In P. M. Gollwitzer & J. A. Bargh (Eds.), *The psychology of action: Linking cognition and motivation to behavior* (pp. 482–506). New York: Guilford.

Ansfield, M. E., Wegner, D. M. & Bowser, R. (1996). Ironic effects of sleep urgency. *Behaviour Research and Therapy, 34*, 523–531.

Arkes, H. R. (1993). Some practical judgment and decision-making research. In N. J. Castellan Jr. (Ed.), *Individual and group decision making: Current issues* (pp. 3–18). Hillsdale, NJ: Lawrence Erlbaum Associates.

Arkes, H. R. & Blumer, C. (1985). The psychology of sunk cost. *Organizational Behavior and Human Decision Processes, 35*, 124–140.

Arkes, H. R., Faust, D., Guilmette, T. J. & Hart, K. (1988). Eliminating the hindsight bias. *Journal of Applied Psychology, 73*, 305–307.

Arkes, H. R., Wortmann, R. L. & Saville, P. D. & Harkness, A. R. (1981). Hindsight bias among physicians weighing the likelihood of diagnoses. *Journal of Applied Psychology, 66*, 252–254.

Aronson, E. & Mills, J. (1959). The effect of severity of initiation on liking for a group. *Journal of Abnormal and Social Psychology, 59*, 177–181.

Aronson, E., Wilson, T. D. & Akert, R. M. (2002). *Social Psychology* (4th edition). London: Prentice-Hall.

Arvey, R. D. & Campion, J. (1982). The employment interview: A summary and review of recent research. *Personnel Psychology, 35*, 281–322.

Asch, S. E. (1946). Forming impressions of personality. *Journal of Abnormal and Social Psychology, 41*, 258–290.

Asch, S. E. (1951). Effects of group pressure on the modification and distortion of judgments. In H. Guetzkow (Ed.), *Groups, leadership, and men*. Pittsburgh: Carnegie Press.

Asch, S. E. (1955). Opinions and social pressure. *Scientific American, 193*, 31–35.

Asch, S. E. (1956). Studies of independence and conformity: A minority of one against a unanimous majority. *Psychological Monographs, 70* (No. 416), 70.

Ascher, L. M. & Efran, J. S. (1978). Use of paradoxical intention in a behavioral program for sleep onset insomnia. *Journal of Consulting and Clinical Psychology, 46*, 547–550.

Ashforth, B. E. & Mael, F. (1989). Social identity theory and the organization. *Academy of Management Review*, *14*, 20–39.

Aspinwall, L. G. & Taylor, S. E. (1993). Effects of social comparison direction, threat and self-esteem on affect, evaluation and expected success. *Journal of Personality and Social Psychology, 64*, 708–722.

Austin, J. T. & Vancouver, J. B. (1996). Goal constructs in psychology: Structure, process, and content. *Psychological Bulletin, 120,* 338–375.

Babad, E., Bernieri, F. & Rosenthal, R. (1991). Students as judges of teachers' verbal and nonverbal behavior. *American Educational Research Journal*, *28*, 211–234.

Baddeley, A. D. (1979). The limitations of human memory: Implications for the design of retrospective surveys. In L. Moss & H. Goldstein (Eds.), *The recall method in social surveys* (pp. 13–30). London: University of London Institute of Education.

Banaji, M. R. & Greenwald, A. G. (1995). Implicit gender stereotyping in judgments of fame. *Journal of Personality and Social Psychology, 68*, 181–198.

Bandura, A. (1991). Social cognitive theory of self-regulation. *Organizational Behavior and Human Decision Processes*, *50*, 248–287.

Bargh, J. A. (1990). Auto-motives: Preconscious determinants of social interaction. In E. T. Higgins & R. M. Sorrentino (Eds.), *Handbook of motivation and cognition* (Vol. 2, pp. 93–130). New York: Guilford.

Bargh, J. A. (1994). The four horsemen of automaticity: Awareness, intention, efficiency, and control in social cognition. In R. S. Wyer & T. K. Srull (Eds.), *Handbook of social cognition* (2nd ed, pp. 1–40). Hillsdale, NJ: Erlbaum.

Bargh, J. A. (1996). Automaticity in social psychology. In E. T. Higgins & A. W. Kruglanski (Eds.), *Social psychology: Handbook of basic principles* (pp. 169–183). New York: Guilford.

Bargh, J. A. (1997). The automaticity of everyday life. In R. S. Wyer & T. K. Srull (Eds.), *Handbook of social cognition* (Vol. 10, pp. 1–61). Hillsdale, NJ: Erlbaum.

Bargh, J. A. & Barndollar, K. (1996). Automaticity in action: The unconscious as repository of chronic goals and motives. In P. M. Gollwitzer & J. A. Bargh (Eds.), *The psychology of action* (pp. 457–481). New York: Guilford.

Bargh, J. A., Chen, M. & Burrows, L. (1996). Automaticity of social behavior: Direct effects of trait construct and stereotype activation on action. *Journal of Personality and Social Psychology, 71*, 203–244.

Bargh, J. A., Gollwitzer, P. M., Lee-Chai, A., Barndollar, K. & Troetschel, R. (2001). The automated will: Non-conscious activation and pursuit of behavioral goals. *Journal of Personality and Social Psychology, 81,* 1014–1027.

Bar-Hillel, M. & Neter, E. (1993). How alike is it versus how likely is it: A disjunction fallacy in probability judgments. *Journal of Personality and Social Psychology, 65,* 1119–1131.

Barker, L. M., Best, M. R. & Domjan, M. (1977). *Learning mechanisms in food selection.* Waco, TX: Baylor University Press.

Baron, R. A. (1993). Interviewers' moods and evaluations of job applicants: The role of applicant qualifications. *Journal of Applied Social Psychology, 23,* 253–271.

Baron, R. A. & Byrne, D. (2003). *Social psychology* (10th edition). Boston: Pearson.

Baron, R. A., Fortin, S. P., Frei, R. L., Haver, L. A. & Shack, M. L. (1990). Reducing organizational conflict: The potential role of socially-induced positive affect. *International Journal of Conflict Management, 1,* 133–152.

Baron, R. S. (1986). Distraction-conflict theory: Progress and problems. In L. Berkowitz (Ed.), *Advances in experimental social psychology* (Vol. 19, pp. 1–40). Orlando, FL: Academic Press.

Baron, R. S., Vandello, J. A. & Brunsman, B. (1996). The forgotten variable in conformity research: Impact of task importance on social influence. *Journal of Personality and Social Psychology, 71,* 915–927.

Barsade, S. G. (2000). *The ripple effect: Emotional contagion in groups.* Working Paper 98, Yale School of Management, Yale University, New Haven, CT.

Bartlett, F. C. (1932/1995). *Remembering. A study in experimental and social psychology.* Cambridge: University Press.

Batsell, W. R., Jr. & Brown, A. S. (1998). Human flavor-aversion learning: A comparison of traditional aversions and cognitive aversions. *Learning and Motivation, 29,* 383–396.

Baumeister, R. F. & Heatherton, T. F. (1996). Self-regulation failure: An overview. *Psychological Inquiry, 7,* 1–15.

Baumeister, R. F. & Leary, M. R. (1995). The need to belong: Desire for interpersonal attachments as a fundamental human motivation. *Psychological Bulletin, 117,* 497–529.

Becker-Carus, C. (2004). Allgemeine Psychologie. Eine Einführung. München: Elsevier, Spektrum Akademischer Verlag.

Belson, W. (1981). *The design and understanding of survey questions.* Aldershot: Gower.

Bem, D. J. (1967). Self-perception: An alternative interpretation of cognitive dissonance phenomena. *Psychological Review, 74,* 183–200.

Bem, D. J. (1972). Self-perception theory. In L. Berkowitz (Ed.), *Advanced in experimental social psychology* (Vol. 6, pp. 1–62). New York: Academic Press.

Benson, P. L., Karabenick, S. A. & Lerner, R. M. (1976). Pretty pleases: The effects of physical attractiveness, race, and sex on receiving help. *Journal of Experimental Social Psychology, 12,* 409–415.

Benton, A. A., Kelley, H. H. & Liebling, B. (1972). Effects of extremity of offers and concession rate on the outcomes of bargaining. *Journal of Personality and Social Psychology, 24,* 73–83.

Berry, D. S. & McArthur, L. Z. (1986). Perceiving character in faces: The impact of age-related craniofacial changes in social perception. *Psychological Bulletin, 100,* 3–18.

Berscheid, E., Graziano, W., Monson, T. & Dermer, M. (1976). Outcome dependency: Attention, attribution, and attraction. *Journal of Personality and Social Psychology, 34,* 978–989.

Bettenhausen, K. L. & Murnighan, J. K. (1991). The development of an intragroup norm and the effects of interpersonal and structural challenges. *Administrative Science Quarterly, 36,* 20–35.

Bickman, L. (1974). The social power of a uniform. *Journal of Applied Social Psychology, 4,* 47–61.

Bierhoff, H. W., Buck, E. & Klein, R. (1989). Attractiveness and respectability of the offender as factors in the evaluation of criminal cases. In H. Wegener, F. Lösel & J. Haisch (Eds.), *Criminal behavior and the justice system* (pp. 193–207). New York: Springer.

Bishop, G. F., Hippler, H. J., Schwarz, N. & Strack, F. (1988). A comparison of response effects in self-administered and telephone surveys. In Groves et al. (Eds.), *Telephone survey methodology* (pp. 321–340). New York: John Wiley & Sons.

Bishop, G. F., Oldendick, R. W. & Tuchfarber, A. (1983). Effects of filter questions in public opinion surveys. *Public Opinion Quarterly, 47,* 528–546.

Bishop, G. F., Oldendick, R. W., Tuchfarber, A. J. & Bennet, S. E. (1980). Pseudo-opinions on public affairs. *Public Opinion Quarterly, 44*, 198–209.

Blaney, P. H. (1986). Affect and memory: A review. *Psychological Bulletin, 99*, 229–246.

Blank, H. & Fischer, V. (2000). „Es musste eigentlich so kommen": Rückschaufehler bei der Bundestagswahl 1998. *Zeitschrift für Sozialpsychologie, 31*, 128–142.

Blank, H., Fischer, V. & Erdfelder, E. (2003). Hindsight bias in political elections. *Memory, 11*, 491–504.

Blanton, H., Buunk, B. P., Gibbons, F. X. & Kuyper. H. (1999). When better-than-others compare upward: Choice of comparison and comparative evaluation as independent predictors of academic performance. *Journal of Personality and Social Psychology, 76*, 420–430.

Blascovich, J., Ginsburg, G. P. & Howe, R. C. (1975). Blackjack and the risky shift, II: Monetary stakes. *Journal of Experimental Social Psychology, 11*, 224–232.

Blascovich, J., Mendes, W. B., Hunter, S. B. & Salomon, K. (1999). Social „facilitation" as challenge and threat. *Journal of Personality and Social Psychology, 77*, 68–77.

Bless, H., Bohner, G., Schwarz, N. & Strack, F. (1990). Mood and persuasion: A cognitive response analysis. *Personality and Social Psychology Bulletin, 16*, 331–345.

Block, J. R. & Yuker, H. E. (1989). *Can you believe your eyes?* New York: Gardner Press.

Bond, C. F., Jr., Atoum, A. O. & Van Leeuwen, M. D. (1996). Social impairment of complex learning in the wake of public embarrassment. *Basic and Applied Social Psychology, 18*, 31–44.

Bond, C. F., Jr. & Van Leeuwen, M. D. (1991). Can a part be greater than a whole? On the relationship between primary and meta-analytic evidence. *Basic and Applied Social Psychology, 12*, 33–40.

Bonini, N. & Rumiati, R. (1996). Mental accounting and acceptance of a price discount. *Acta Psychologica, 93*, 149–160.

Borgida, E. & Nisbett, R. E. (1977). The differential impact of abstract vs. concrete information on decisions. *Journal of Applied Social Psychology, 7*, 258–271.

Boulding, W., Morgan, R. & Staelin, R. (1997). Pulling the plug to stop the new product drain. *Journal of Marketing Research, 34*, 164–176.

Bourne, L. E., Jr. & Guy, D. E. (1968). Learning conceptual rules: II. The role of positive and negative instances. *Journal of Experimental Psychology, 77,* 488–494.

Bower, G. H. (1991). Mood congruity of social judgments. In J. P. Forgas (Ed.), *Emotion and social judgments* (pp. 31–53). Oxford: Pergamon.

Bradburn, N. M. (1982). Question-wording effects in surveys. In R. M. Hogarth (Ed.), *New directions for methodology of social and behavioral science: Question framing and response consistency* (pp. 65–76). San Francisco: Jossey-Bass.

Bradburn, N. M., Rips, L. J. & Shevell, S. K. (1987). Answering autobiographical questions: The impact of memory and inference on surveys. *Science, 236,* 157–161.

Brandstätter, H., Davis, J. H. & Schuler, H. (1978). *Dynamics of group decisions.* Beverly Hills, Ca.: Sage.

Brandstätter, H., Davis, J. H. & Stocker-Kreichgauer, G. (1982). *Group decision making.* London: Academic Press.

Brandstätter, V. (1999). Arbeitsmotivation und Arbeitszufriedenheit. In C. Graf Hoyos & D. Frey (Hrsg.), *Arbeits- und Organisationspsychologie. Ein Lehrbuch* (S. 344–357). Weinheim: Beltz Psychologie Verlags Union.

Brauer, M., Judd, C. M. & Gliner, M. D. (1995). The effects of repeated expressions on attitude polarization during group discussion. *Journal of Personality and Social Psychology, 68,* 1014–1029.

Brehm, J. W. & Self, E. A. (1989). The intensity of motivation. *Annual Review of Psychology, 40,* 109–131.

Brehm, J. W. (1966). *A theory of psychological reactance.* New York: Academic Press.

Brehm, S. S. & Brehm, J. W. (1981). *Psychological reactance.* New York: Academic Press.

Brendl, C. M., Markman, A. B. & Higgins, E. T. (1998). Mentale Kontoführung als Selbstregulierung: Repräsentativität für zielgeleitete Kategorien. *Zeitschrift für Sozialpsychologie, 29,* 89–104.

Bretz, R. D., Jr., Milkovich, G. T. & Read, W. (1992). The current state of performance appraisal research and practice: Concerns, directions, and implications. *Journal of Management, 18,* 321–352.

Brewer, M. B. (1979). Ingroup bias in the minimal intergroup situation: A cognitive motivational analysis. *Psychological Bulletin, 86,* 307–324.

Brickner, M. A., Harkins, S. G. & Ostrom, T. M. (1986). Effects of personal involvement: Thought-provoking implications for social loafing. *Journal of Personality and Social Psychology, 51,* 763–770.

Brief, A. P. & Weiss, H. M. (2002). Organizational behavior: Affect in the workplace. *Annual Review of Psychology, 53,* 279–307.

Brockner, J. (1992). The escalation of commitment to a failing course of action: Toward theoretical progress. *Academy of Management Review, 17,* 39–61.

Brockner, J. & Rubin, J. Z. (1985). *Entrapment in escalating conflicts: A social psychological analysis.* New York: Springer.

Brophy, J. E. (1983). Research on the self-fulfilling prophecy and teacher expectations. *Journal of Educational Psychology, 75,* 631–661.

Brown, C. E. & Solomon, I. (1987). Effects of outcome information on evaluations of managerial decisions. *The Accounting Review, 62,* 564–577.

Brown, J. D. (1990). Evaluating one's abilities: Shortcuts and stumbling blocks on the road to self-knowledge. *Journal of Experimental Social Psychology, 26,* 149–167.

Brown, N. R., Rips, L. J. & Shevell, S. K. (1985). The subjective dates of natural events in very-long-term memory. *Cognitive Psychology, 17,* 139–177.

Brown, R. J. (1993). *Group processes: Dynamics within and between groups* (4th ed.). Oxford: Blackwell.

Brown, R. J., Tajfel, H. & Turner, J. C. (1980). Minimal group situations and intergroup discrimination: Comments on the paper by Aschenbrenner and Schaefer. *European Journal of Social Psychology, 10,* 399–414.

Brownstein, R. & Katzev, R. (1985). The relative effectiveness of three compliance techniques in eliciting donations to a cultural organization. *Journal of Applied Social Psychology, 15,* 564–574.

Bruner, J. S. & Goodman, C. C. (1947). Value and need as organizing factors in perception. *Journal of Abnormal and Social Psychology, 42,* 33–44.

Bryant, F. B. & Brockway, J. H. (1997). Hindsight bias in reaction to the verdict in the O. J. Simpson criminal trial. *Basic and Applied Social Psychology, 19,* 225–241.

Bryant, F. B. & Guilbault, R. L. (2002). „I knew it all along" eventually: The development of hindsight bias in reaction to the Clinton impeachment verdict. *Basic and Applied Social Psychology, 24,* 27–41.

Buck, R. (1980). Nonverbal behavior and the theory of emotion: The facial feedback hypothesis. *Journal of Personality and Social Psychology, 38*, 811–824.

Buehler, R. & Griffin, D (1994). Change-of-meaning effects in conformity and dissent: Observing construal processes over time. *Journal of Personality and Social Psychology, 67*, 984–996.

Buehler, R., Griffin, D. & MacDonald, H. (1997). The role of motivated reasoning in optimistic time predictions. *Personality and Social Psychology Bulletin, 23*, 238–247.

Buehler, R., Griffin, D. & Ross, M. (1994). Exploring the „planning fallacy": Why people underestimate their task completion times. *Journal of Personality and Social Psychology, 67*, 366–381.

Bukszar, E. & Connolly, T. (1988). Hindsight bias and strategic choice: Some problems in learning from experience. *Academy of Management Journal, 31*, 628–641.

Bull, R. & Rumsey, N. (1988). *The social psychology of facial appearance.* New York: Springer.

Burger, J. M. (1986). Increasing compliance by improving the deal: The that's-not-all technique. *Journal of Personality and Social Psychology, 51*, 277–283.

Burger, J. M. (1991). Changes in attribution errors over time: The ephemeral fundamental attribution error. *Social Cognition, 9*, 182–193.

Burger, J. M. & Petty, R. E. (1981). The low-ball compliance technique: Task or person commitment? *Journal of Personality and Social Psychology, 40*, 492–500.

Burnstein, E. & Sentis, K. (1981). Attitude polarization in groups. In R. E. Petty, T. M. Ostrom & T. C. Brock (Eds.), *Cognitive responses in persuasion* (pp. 197–216). Hillsdale, NJ: Lawrence Erlbaum.

Bushman, B. J. (1988). The effects of apparel on compliance: A field experiment with a female authority figure. *Personality and Social Bulletin, 14*, 459–467.

Buunk, B. P. & Mussweiler, T. (2001). New directions in social comparison research. *European Journal of Social Psychology, 31*, 467–475.

Byrne, D. (1971). *The attraction paradigm.* New York: Academic Press.

Byrne, D. (1992). The transition from controlled laboratory experimentation to less controlled settings: Surprise! Additional variables are operative. *Communication Monographs, 59*, 190–198.

Byrne, D. & Rhamey, R. (1965). Magnitude of positive and negative reinforcements as a determinant of attraction. *Journal of Personality and Social Psychology, 2,* 884–889.

Calder, B. J. & Staw, B. M. (1975). Interaction of intrinsic and extrinsic motivation: Some methodological notes. *Journal of Personality and Social Psychology, 31,* 76–80.

Camerer, C., Loewenstein, G. F. & Weber, M. (1989). The curse of knowledge in economic settings: An experimental analysis. *Journal of Political Economy, 97,* 1232–1254.

Campbell, A., Converse, P. E. & Rodgers, W. L. (1976). *The quality of American life: Perceptions, evaluations, and satisfactions.* New York: Sage.

Cantor, J. R., Zillmann, D. & Bryant, J. (1975). Enhancement of experienced sexual arousal in response to erotic stimuli through misattribution of unrelated residual excitation. *Journal of Personality and Social Psychology, 32,* 69–75.

Carnevale, P. J. D. & Isen, A. M. (1986). The influence of positive affect and visual access on the discovery of integrative solutions in bilateral negotiation. *Organizational Behavior and Human Decision Processes, 37,* 1–13.

Carr, S. C., McLoughlin, D., Hodgson, M. & MacLachlan, M. (1996). Effects of unreasonable pay discrepancies for under- and overpayment on double demotivation. *Genetic, Social and General Psychology Monographs, 122,* 475–494.

Cartwright, D. & Zander, A. (1968). *Group dynamics: Research and theory.* New York: Harper & Row.

Cash, T. F., Cash, D. & Butters, J. W. (1983). „Mirror, mirror, on the wall ...?": Contrast effects and self-evaluations of physical attractiveness. *Personality and Social Psychology Bulletin, 9,* 351–358.

Castellow, W. A., Wuensch, K. L. & Moore, C. H. (1990). Effects of physical attractiveness of the plaintiff and defendant in sexual harassment judgements. *Journal of Social Behavior and Personality, 5,* 547–562.

Cervone, D. & Peake, P. K. (1986). Anchoring, efficacy, and action: The influence of judgmental heuristics on self-efficacy judgment and behavior. *Journal of Personality and Social Psychology, 50,* 492–501.

Chaiken, S. (1979). Communicator physical attractiveness and persuasion. *Journal of Personality and Social Psychology, 37,* 1387–1397.

Chaiken, S. (1987). The heuristic model of persuasion. In N. P. Zanna, J. N. Olson & C. P. Herman (Eds.), *Social influence: The Ontario symposium* (Vol. 5, pp. 3–39). Hillsdale, NJ: Erlbaum.

Chaiken, S. & Baldwin, M. W. (1981). Affective-cognitive consistency and the effect of salient behavioral information on the self-perception of attitudes. *Journal of Personality and Social Psychology, 41*, 1–12.

Chapman, G. B. & Bornstein, B. H. (1996). The more you ask for, the more you get: Anchoring in personal injury verdicts. *Applied Cognitive Psychology, 10*, 519–540.

Chapman, L. J. (1967). Illusory correlation in observational report. *Journal of Verbal Learning and Verbal Behavior, 6*, 151–155.

Chapman, L. J. & Chapman, J. P. (1969). Illusory correlation as an obstacle to the use of valid psychodiagnostic signs. *Journal of Abnormal Psychology, 74*, 271–280.

Chen, M. & Bargh, J. A. (1997). Non-conscious behavioral confirmation processes: The self-fulfilling consequences of automatic stereotype activation. *Journal of Experimental Social Psychology, 33*, 541–560.

Chen, S. & Chaiken, S. (1999). The heuristic-systematic model in its broader context. In S. Chaiken & Y. Trope (Eds.), *Dual-process theories in social psychology* (pp. 73–96). New York: Guilford.

Chertkoff, J. M. & Conley, M. (1967). Opening offer and frequency of concession as bargaining strategies. *Journal of Personality and Social Psychology, 7*, 181–185.

Christensen-Szalanski, J. J. J. & Willham, C. F. (1991). The hindsight bias: A meta-analysis. *Organizational and Human Decision Processes, 48*, 147–168.

Church, A. H. (1993). Estimating the effects of incentives on mail survey response rates: A meta-analysis. *Public Opinion Quarterly, 57*, 62–79.

Cialdini, R. B. (1984a). *Influence: How and why people agree to things.* Reprint New York.

Cialdini, R. B. (1984b). Principles of automatic influence. In J. Jacoby & G. S. Craig (Eds.), *Personal selling* (pp. 1–27). Lexington, MA: Lexington Books.

Cialdini, R. B. (1993). *Influence: Science and practice.* New York: HarperCollins.

Cialdini, R. B. (1997). *Die Psychologie des Überzeugens: Ein Lehrbuch für alle, die ihren Mitmenschen und sich selbst auf die Schliche kommen wollen.* Göttingen: Huber.

Cialdini, R. B. & Ascani, K. (1976). Test of a concession procedure for inducing verbal, behavioral, and further compliance with a request to give blood. *Journal of Applied Psychology, 61*, 295–300.

Cialdini, R. B., Cacioppo, J. T., Basset, R. & Miller, J. (1978). Low-ball procedure for producing compliance: Commitment, then cost. *Journal of Personality and Social Psychology, 36*, 463–476.

Cialdini, R. B., Green, B. L. & Rusch, A. J. (1992). When tactical pronouncements of change become real change: The case of reciprocal persuasion. *Journal of Personality and Social Psychology, 63*, 30–40.

Cialdini, R. B., Kallgren, C. A. & Reno, R. R. (1991). A focus theory of normative conduct: A theoretical refinement and reevaluation of the role of norms in human behavior. In M. P. Zanna (Ed.), *Advances in experimental social psychology* (Vol. 24, pp. 201–234). New York: Academic Press.

Cialdini, R. B. & Trost, M. R. (1998). Social influence: Social norms, conformity and compliance. In D. T. Gilbert, S. T. Fiske & G. Lindzey (Eds.), *The handbook of social psychology* (Vol. 2, pp. 151–192). New York: McGraw-Hill.

Cialdini, R. B., Trost, M. R. & Newsom, J. T. (1995). Preference for consistency: The development of a valid measure and the discovery of surprising behavioral implications. *Journal of Personality and Social Psychology, 69*, 318–328.

Cialdini, R. B., Vincent, J. E., Lewis, S. K., Catalan, J., Wheeler, D. & Darby, B. L. (1975). Reciprocal concessions procedure for inducing compliance: The door-in-the-face technique. *Journal of Personality and Social Psychology, 31*, 206–215.

Cioffi, D. & Holloway, J. (1993). Delayed costs of suppressed pain. *Journal of Personality and Social Psychology, 64*, 274–282.

Clark, D. M., Ball, S. & Pape, D. (1991). An experimental investigation of thought suppression. *Behavior Research and Therapy, 29*, 253–257.

Clark, D. M., Winton, E. & Thynn, L. (1993). A further experimental investigation of thought suppression. *Behavior Research and Therapy, 31*, 207–210.

Clark, H. (1985). Language use and language users. In G. Lindzey & E. Aronson (Eds.), *The handbook of social psychology: Vol. 2. Special fields and applications* (pp. 179–231). New York: Random House.

Clifford, M. M. (1975). Physical attractiveness and academic performance. *Child Study Journal, 5*, 201–209.

Clore, G. L. (1992). Cognitive phenomenology: Feelings and the construction of judgment. In L. L. Martin & A. Tesser (Eds.), *The construction of social judgments* (pp. 133–163). Hillsdale, N.J. Erlbaum.

Clore, G. L. & Parrott, W. G. (1991). Moods and their vicissitudes: Thoughts and feelings as information. In J. P. Forgas (Ed.), *Emotion and social judgments. International series in experimental social psychology* (pp. 107–123). Oxford, England UK: Pergamon.

Clore, G. L., Schwarz, N. & Conway, M. (1994). Affective causes and consequences of social information processing. In R. S. Wyer & T. K. Srull (Eds.), *Handbook of social cognition* (pp. 324–417). Hillsdale, NJ: Lawrence Erlbaum.

Codol, J. C. (1975). On the so-called superior conformity of the selfbehavior. *European Journal of Social Psychology, 5*, 457–501.

Collaros, P. A. & Anderson, L. R. (1969). Effect of perceived expertness upon creativity of members of brainstorming groups. *Journal of Applied Psychology, 53*, 159–163.

Collins, R. L. (1996). For better or worse: The impact of upward social comparison on self-evaluations. *Psychological Bulletin, 119*, 51–69.

Colvin, C. R. & Funder, D. C. (1991). Predicting personality and behavior: A boundary on the acquaintanceship effect. *Journal of Personality and Social Psychology, 60*, 884–894.

Combs, B. & Slovic, P. (1979). Newspaper coverage of causes of death. *Journalism Quarterly, 56*, 832–849.

Condon, J. W. & Crano, W. D. (1988). Inferred evaluation and the relation between attitude similarity and interpersonal attraction. *Journal of Personality and Social Psychology, 54*, 789–797.

Connolly, T. & Bukszar, E. W. (1990). Hindsight bias: Self-flattery or cognitive error? *Journal of Behavioral Decision Making, 3*, 205–211.

Cooper, H. (1983). Teacher expectation effects. In L. Bickman (Ed.), *Applied social psychology annual* (Vol. 4, pp. 247–275). Beverly Hills: Sage.

Cordova, D. I. & Lepper, M. R. (1996). Intrinsic motivation and the process of learning: Beneficial effects of contextualization, personalization and choice. *Journal of Educational Psychology, 88*, 715–730.

Cornelius, R. R. (1996). *The science of emotion*. London: Prentice Hall.

Cosier, R. A. & Schwenk, C. R. (1990). Agreement and thinking alike: Ingredients for poor decisions. *Academy of Management Executive, 4,* 69–74.

Cosmides, L. (1989). The logic of social exchange: Has natural selection shaped how humans reason? Studies with the Wason selection task. *Cognition, 31,* 187–276.

Cosmides, L. & Tooby, J. (1996). Are humans good intuitive statisticians after all? Rethinking some conclusions from the literature on judgment under uncertainty. *Cognition, 58,* 1–73.

Crandall, V. J., Solomon, D. & Kellaway, R. (1955). Expectancy statements and decision times as functions of objective probabilities and reinforcement values. *Journal of Personality, 24,* 192–203.

Crocker, J. (1981). Judgment of covariation by social perceivers. *Psychological Bulletin, 90,* 272–292.

Cropanzano, R. & Greenberg, J. (1997). Progress in organizational justice: Tunneling through the maze. *International Review of Industrial and Organizational Psychology, 12,* 317–372.

Crowe, E. & Higgins, E. T. (1997). Regulatory focus and strategic inclinations: Promotion and prevention in decision-making. *Organizational Behavior and Human Decision Processes, 69,* 117–132.

Crowne, D. P. & Marlow, D. (1964). *The approval motive: Studies in evaluative dependence.* Hillsdale, NJ: Erlbaum.

Csikszentmihalyi, M. & Figurski, T. J. (1982). Self-awareness and aversive experience in everyday life. *Journal of Personality, 50,* 15–28.

Damrad-Frye, R. & Laird, J. D. (1989). The experience of boredom: The role of the self-perception of attention. *Journal of Personality and Social Psychology, 57,* 315–320.

Darley, J. M. & Batson, C. D. (1973). „From Jerusalem to Jericho": A study of situational and dispositional variables in helping behavior. *Journal of Personality and Social Psychology, 27,* 100–108.

Darley, J. M. & Fazio, R. H. (1980). Expectancy confirmation processes arising in the social interaction sequence. *American Psychologist, 35,* 867–881.

Darschin, W. & Frank, B. (1992). Tendenzen im Zuschauerverhalten: Fernsehgewohnheiten und Fernsehreichweiten im Jahr 1991. *Media Perspektiven,* 172–187.

Darwin, C. (1872/1965). *The expression of the emotions in man and animals.* Chicago: University Press.

Davies, M. I. & Clark, D. M. (1998). Thought suppression produces rebound effect with analogue post-traumatic intentions. *Behavior Research and Therapy, 36,* 571–582.

Davis, D. D. & Harless, D. W. (1996). Group versus individual performance in a price-searching experiment. *Organizational Behavior and Human Decision Processes, 66,* 215–227.

Dearborn, D. C. & Simon, H. A. (1958). Selective perception: A note on the departmental identification of executives. *Sociometry, 21,* 140–144.

Deci, E. L., Koestner, R. & Ryan, R. M. (1999). The undermining effect is a reality after all – Extrinsic rewards, task interest, and self-determination: Reply to Eisenberger, Pierce, and Cameron. *Psychological Bulletin, 125,* 692–700.

Deci, E. L. & Ryan, R. M. (1985). *Intrinsic motivation and self-determination in human behavior.* New York: Plenum.

DeHouwer, J., Thomas, S. & Baeyens, F. (2001). Association learning of likes and dislikes: A review of 15 years of research on human evaluative conditioning. *Psychological Bulletin, 127,* 853–869.

DeJong, W. (1979). An examination of self-perception mediation on the foot-in-the-door effect. *Journal of Personality and Social Psychology, 37,* 2221–2239.

Demakis, G. J. (2002). Hindsight bias and the Simpson trial: Use in introductory psychology. In R. A. Griggs (Ed.), *Handbook of teaching introductory psychology* (Vol. 3, pp. 242–243). Mahwah, NJ: Lawrence Erlbaum Associates.

DePaulo, B. M. & Bell, K. L. (1996). Truth and investment: Lies are told to those who care. *Journal of Personality and Social Psychology, 71,* 703–716.

DePaulo, B. M. & Friedman, H. S. (1998). Nonverbal communication. In D. T. Gilbert, S. T. Fiske & G. Lindsey (Eds.), *The handbook of social psychology* (Vol. 2, pp. 3–40). New York: McGraw-Hill.

DePaulo, B. M., Kenny, D. A., Hoover, C. W., Webb, W. & Oliver, P. (1987). Accuracy of person perception: Do people know what kinds of impressions they convey? *Journal of Personality and Social Psychology, 52,* 303–315.

Deutsch, M. & Gerard, H. B. (1955). A study of normative and informational influence upon individual judgment. *Journal of Abnormal and Social Psychology, 51,* 629–636.

Deutsch, R., Gawronski, B. & Strack, F. (2003). *„Not good" may feel quite positive! Affective and behavioral consequences of processing negated information.* Manuscript submitted for publication.

Devine, P. G. (1989). Stereotypes and prejudice: Their automatic and controlled components. *Journal of Personality and Social Psychology, 56,* 680–690.

Diehl, M. & Stroebe, W. (1987). Productivity loss in brainstorming groups: Toward the solution of a riddle. *Journal of Personality and Social Psychology, 53,* 497–509.

Diehl, M. & Stroebe, W. (1991). Productivity loss in idea-generating groups: Tracking down the blocking effect. *Journal of Personality and Social Psychology, 61,* 392–403.

Diener, E. (1980). Deindividuation: The absence of self-awareness and self-regulation in group members. In P. B. Paulus (Ed.), *The psychology of group influence* (pp. 209–242). Hillsdale, NJ: Lawrence Erlbaum.

Dietrich, D. & Olson, M. (1993). A demonstration of hindsight bias using the Thomas confirmation vote. *Psychological Reports, 72,* 377–378.

Dijksterhuis, A., Aarts, H., Bargh, J. A. & van Knippenberg, A. (2000). On the relation between associative strength and automatic behavior. *Journal of Experimental Social Psychology, 36,* 531–544.

Dijksterhuis, A. & Bargh, J. A. (2001). The perception-behavior expressway: Automatic effects of social perception on social behavior. In M. P. Zanna (Ed.), *Advances in experimental social psychology, 33,* 1–40.

Dijksterhuis, A., Bargh, J. A. & Miedema, J. (2000). Of men and mackerels: Attention, subjective experience and automatic social behavior. In H. Bless & J. P. Forgas (Eds.), *The message within: The role of subjective experience in social cognition and behavior* (pp. 37–51). Philadelphia: Psychology Press.

Dijksterhuis, A. & van Knippenberg, A. (1998). The relation between perception and behavior, or how to win a game of Trivial Pursuit. *Journal of Personality and Social Psychology, 74,* 865–877.

Dillard, J. P. (1991). The current status of research on sequential-request compliance techniques. *Personality and Social Psychology Bulletin, 17,* 283–288.

Dillard, J. P., Hunter, J. E. & Burgoon, M. (1984). Sequential-request persuasive strategies: Meta-analysis of foot-in-the-door and door-in-the-face. *Human Communications Research, 10,* 461–488.

Dion, K. K. (1972). Physical attractiveness and evaluation of children's transgressions. *Journal of Personality and Social Psychology, 24*, 207–213.

Dion, K. K. & Berscheid, E. (1974). Physical attractiveness and peer perception among children. *Sociometry, 37*, 1–12.

Dion, K. K., Berscheid, E. & Walster, E. (1972). What is beautiful is good. *Journal of Personality and Social Psychology, 24*, 285–290.

Dion, K. L. (2000). Group cohesion: From „field of forces" to multidimensional construct. *Group Dynamics, 4*, 7–26.

Ditto, P. H. & Jemmott, J. B., III (1989). From rarity to evaluative extremity: Effects of prevalence information on evaluations of positive and negative characteristics. *Journal of Personality and Social Psychology, 57*, 16–26.

Dolinski, D. (2000). On inferring one's beliefs from one's attempts and consequences for subsequent compliance. *Journal of Personality and Social Psychology, 78*, 260–272.

Doob, A. N. & Gross, A. E. (1968). Status of frustrator as an inhibitor of horn-honking response. *Journal of Social Psychology, 76*, 213–218.

Dooling, D. J. & Christiansen, R. E. (1977). Episodic and semantic aspects of memory for prose. *Journal of Experimental Psychology: Human Learning and Memory, 3*, 428–436.

Dörner, D. (1989). *Die Logik des Misslingens. Strategisches Denken in komplexen Situationen.* Hamburg: Rowohlt.

Dougherty, T. W., Turban, D. B. & Callender, J. C. (1994). Confirming first impressions in the employment interview: A field study of interviewer behavior. *Journal of Applied Psychology, 79*, 659–665.

Douglas, T. (1983). *Groups: Understanding people gathered together.* New York: Tavistock.

Downs, A. C. & Lyons, P. M. (1991). Natural observations of the link between attractiveness and initial legal judgements. *Personality and Social Psychology Bulletin, 17*, 541–547.

Drummond, H. (1994a). Escalation in organizational decision making: A case of recruiting an incompetent employee. *Journal of Behavioral Decision Making, 7*, 43–55.

Drummond, H. (1994b). Too little too late: A case study of escalation in decision making. *Organization Studies, 15*, 591–607.

Dukes, W. F. & Bevan, W., Jr. (1952). Size estimation and monetary value: a correlation. *Journal of Psychology, 34*, 43–54.

ulany, D. E. & Hilton, D. J. (1991). Conversational implicature, conscious representation, and the conjunction fallacy. *Social Cognition, 9*, 85–110.

Dutton, D. G. & Aron, A. P. (1974). Some evidence for heightened sexual attraction under conditions of high anxiety. *Journal of Personality and Social Psychology, 30*, 510–517.

Eagly, A. H., Ashmore, R. D., Makhijani, M. G. & Longo, L. C. (1991). What is beautiful is good, but …: A meta-analytic review of research on the physical attractiveness stereotype. *Psychology Bulletin, 110*, 109–128.

Earley, P. C. (1993). East meets West meets Mid East: Further explorations of collectivistic and individualistic work groups. *Academy of Management Journal, 36*, 319–348.

Eddy, D. (1982). Probabilistic reasoning in clinical medicine: Problems and opportunities. In D. Kahneman, P. Slovic & A. Tversky (Eds.), *Judgment under uncertainty: Heuristics and biases*. Cambridge: Cambridge University Press.

Eden, D. (1990). Pygmalion without interpersonal contrast effects: Whole groups gain from raising manager expectations. *Journal of Applied Psychology, 75*, 394–398.

Eden, D. & Shani, A. B. (1982). Pygmalion goes to boot camp: Expectancy, leadership, and trainee performance. *Journal of Applied Psychology, 67*, 194–199.

Efran, M. G. & Patterson, E. W. J. (1976). *The politics of appearance.* Unpublished manuscript, University of Toronto.

Eisenstat, R. A. (1990). Compressor team start-up. In J. R. Hackman (Ed.), *Groups that work (and those that don't)* (pp. 411–426). San Francisco: Jossey-Bass.

Ekman, P. (1982). *Emotion in the human face* (2nd ed.). Cambridge: University Press.

Ekman, P. & Friesen, W. V. (1975). *Unmasking the face.* Englewood Cliffs, NJ: Prentice Hall.

Emswiller, T., Deaux, K. & Willits, J. E. (1971). Similarity, sex, and requests for small favors. *Journal of Applied Social Psychology, 1*, 284–291.

Englich, B. & Mussweiler, T. (2001). Legal judgment under uncertainty: Anchoring effects in the court room. *Journal of Applied Social Psychology, 31*, 1535–1551.

Enzle, M. E. & Anderson, S. C. (1993). Surveillant intentions and intrinsic motivation. *Journal of Personality and Social Psychology, 64*, 257–266.

Epstein, S., Donovan, S. & Denes-Raj, V. (1999). The missing link in the paradox of the linda conjunction problem: Beyond knowing and thinking of the conjunction rule, the intrinsic appeal of heuristic processing. *Personality and Social Psychology Bulletin, 25*, 204–214.

Erdfelder, E. & Buchner, A. (1998). Decomposing the hindsight bias: A multinomial processing tree model for separating recollection and reconstruction in hindsight. *Journal of Experimental Psychology: Learning, Memory, & Cognition, 24*, 387–414.

Erev, I., Bornstein, G. & Galili, R. (1993). Constructive intragroup competition as a solution to the free rider problem: A field experiment. *Journal of Experimental Social Psychology, 29*, 463–478.

Erez, M. & Zidon, I. (1984). Effect of goal acceptance on the relationship of goal difficulty to performance. *Journal of Applied Psychology, 69*, 69–78.

Esser, H. (1986). Können Befragte lügen? Zum Konzept des „wahren Wertes" im Rahmen der handlungstheoretischen Erklärung von Situationseinflüssen bei der Befragung. *Kölner Zeitschrift für Soziologie und Sozialpsychologie, 38*, 314–336.

Evans, F. B. (1963). Selling as a dyadic relationship. *American Behavioral Scientist, 6*, 76–79.

Falk, R. & Konold, C. (1997). Making sense of randomness: Implicit encoding as a basis for judgment. *Psychological Review, 104*, 301–318.

Farrelly, M. C., Healton, C. G., Davis, K. C., Messeri, P., Hersey, J. C. & Haviland, M. L. (2002). Getting to the truth: Evaluating national tobacco countermarketing campaigns. *American Journal of Public Health, 92*, 901–907.

Fazio, R. H. (1987). Self-perception theory: A current perspective. In M. P. Zanna, J. M. Olson & C. P. Herman (Eds.), *Social influence: The Ontario Symposium* (Vol. 5, pp. 129–150). Hillsdale, NJ: Erlbaum.

Fazio, R. H. (2001). On the automatic activation of associated evaluations: An overview. *Cognition and Emotion, 15*, 115–141.

Fein, S. (1996). Effects of suspicion on attributional thinking and the correspondence bias. *Journal of Personality and Social Psychology, 70*, 1164–1184.

Feldman, R. S. & Prohaska, T. (1979). The student as Pygmalion: Effect of student expectation on the teacher. *Journal of Educational Psychology, 71*, 485–493.

Feldman, R. S. & Theiss, A. J. (1982). The teacher and the student as Pygmalions: Joint effects of teacher and student expectations. *Journal of Educational Psychology, 74*, 217–223.

Felser, G. (2001). *Werbe- und Konsumentenpsychologie*. Heidelberg: Spektrum Akademischer Verlag.

Festinger, L. (1950). Informal social communication. *Psychological Review, 57*, 271–282.

Festinger, L. (1954). A theory of social comparison processes. *Human Relations, 7*, 117–140.

Festinger, L. (1957). *A theory of cognitive dissonance*. Stanford, CA: Stanford University Press.

Festinger, L., Schachter, S. & Back, K. (1950). *Social pressures in informal groups: A study of human factors in housing*. Stanford, C.A.: Stanford University Press.

Fiedler, K. (1988a). Emotional mood, cognitive style, and behavior regulation. In K. Fiedler & J. Forgas (Eds.), *Affect, cognition, and social behavior* (pp. 100–119). Toronto: Hogrefe.

Fiedler, K. (1988b). The dependence of the conjunction fallacy on subtle linguistic factors. *Psychological Research, 50*, 123–129.

Fiedler, K. (1993). Kognitive Täuschungen bei der Erfassung von Ereigniskontingenzen. In W. Hell, K. Fiedler & G. Gigerenzer (Eds.), *Kognitive Täuschungen. Fehl-Leistungen und Mechanismen des Urteilens, Denkens und Erinnerns* (S. 213–242). Heidelberg: Spektrum Akademischer Verlag.

Field, A. P. (2000). I like it, but I'm not sure why: Can evaluative conditioning occur without conscious awareness? *Consciousness and Cognition: An International Journal, 9*, 13–36.

Fischhoff, B. (1975). Hindsight – foresight: The effect of outcome knowledge on judgment under uncertainty. *Journal of Experimental Psychology, 89*, 288–299.

Fischhoff, B. & Beyth, R. (1975). „I knew it would happen" – remembered probabilities of once-future things. *Organizational Behavior and Human Performance, 13*, 1–16.

Fishbach, A., Friedman, R. & Kruglanski, A.W. (2003). Leading us not unto temptation: Momentary allurements elicit overriding goal activation. *Journal of Personality and Social Psychology, 84*, 296–309.

Fiske, S. T., Bersoff, D. N., Borgida, E., Deaux, K. & Heilman, M. E. (1991). Social science research on trial. The use of sex stereotyping research in Price Waterhouse v. Hopkins. *American Psychologist, 46*, 1049–1060.

Fletcher, C. (1989). Impression management in the selection interview. In R. A. Giacalone & P. Rosenfeld (Eds.), *Impression management in the organization* (pp. 269–282). Hillsdale, NJ: Erlbaum.

Förster, J. (1995). *Der Einfluss von Ausdrucksverhalten auf das menschliche Gedächtnis*. Bonn: Holos.

Förster, J. (1998). Der Einfluss motorischer Perzeptionen auf Sympathie-Urteile attraktiver und unattraktiver Portraits. *Zeitschrift für Experimentelle Psychologie, 45*, 167–182.

Förster, J., Grant, H., Idson, L. C. & Higgins, E. T. (2001). Success/failure feedback, expectancies, and approach/avoidance motivation: How regulatory focus moderates classic relations. *Journal of Experimental Social Psychology, 37*, 253–260.

Förster, J., Higgins, E. T. & Idson, L. C. (1998). Approach and avoidance strength during goal attainment: Regulatory focus and the „goal looms larger" effect. *Journal of Personality and Social Psychology, 75*, 1115–1131.

Förster, J., Higgins, E. T. & Strack, F. (2000). When stereotype disconfirmation is personal threat: How prejudice and prevention focus moderates incongruency effects. *Social Cognition, 18*, 178–197.

Förster, J. & Stepper, S. (2000). Compatibility between approach/avoidance stimulation and valenced information determines residual attention during the process of encoding. *European Journal of Social Psychology, 30*, 853–871.

Förster, J. & Strack, F. (1996). The influence of overt head movements on memory for valenced words: A case of conceptual-motor compatibility. *Journal of Personality and Social Psychology, 71*, 421–430.

Förster, J. & Strack, F. (1998). Motor actions in retrieval of valenced information: II. Boundary conditions for motor congruency effects. *Perceptual and Motor Skills, 86*, 1423–1426.

Förster, J. & Werth, L. (2001). Zur Wechselwirkung von Medien und Motorik. Der Einfluss induzierten Annäherungs- und Vermeidungsverhaltens auf die Beurteilung der FDP. *Zeitschrift für Sozialpsychologie, 32*, 223–233.

Forgas, J. P. & Bower, G. H. (1988). Affect in social judgments. *Australian Journal of Psychology, 40*, 125–145.

Forrest, J. A. & Feldman, R. S. (2000). Detecting deception and judge's involvement; lower task involvement leads to better lit detection. *Personality and Social Psychology Bulletin, 26*, 118–125.

Foushee, H. C. & Manos, K. L. (1981). Information transfer within the cockpit: Problems in intracockpit communications. In C. E. Billings & E. S. Cheaney (Eds.), *Information transfer problems in the aviation system*. NASA Report No. TP-1875. Moffet Field, CA: NASA-Ames Research Center.

Frank, M. G. & Gilovich, T. (1989). Effect of memory perspective on retrospective causal attributions. *Journal of Personality and Social Psychology, 57*, 399–403.

Freedman, J. L. & Fraser, S. C. (1966). Compliance without pressure: The foot-in-the-door technique. *Journal of Personality and Social Psychology, 4*, 195–202.

Frenzen, J. R. & Davis, H. L. (1990). Purchasing behavior in embedded markets. *Journal of Consumer Research, 17*, 1–12.

Frey, D. (1994). Über die Ausblendung unerwünschter Informationen. Sozialpsychologische Befunde zum Entscheidungsverhalten. In F. Rösler & J. Florin (Hrsg.), *Psychologie und Gesellschaft* (S. 45–57). Stuttgart: S. Hirzel, Wissenschaftliche Verlagsgesellschaft.

Frey, D. & Schulz-Hardt, S. (1997). Eine Theorie der gelernten Sorglosigkeit. *Bericht über den 40. Kongreß der Deutschen Gesellschaft für Psychologie*, 604–611.

Frey, D., Schulz-Hardt, S. & Stahlberg, D. (1996). Information seeking among individuals and groups and possible consequences for decision making in business and politics. In E. H. Witte & J. H. Davis (Eds.), *Understanding group behavior: Small group processes and interpersonal relations* (Vol. 2, pp. 211–225). Mahwah, NJ: Erlbaum.

Friedkin, N. E. (1999). Choice shift and group polarization. *American Sociological Review, 64*, 856–875.

Friedman, H. H. & Fireworker, R. B. (1977). The susceptibility of consumers to unseen group influence. *The Journal of Social Psychology, 102*, 155–156.

Friedman, R., Fishbach, A., Förster, J. & Werth, L. (in press). Attentional priming effects on creativity. *Creativity Research Journal.*

Friedman, R. & Förster, J. (2001). The effects of promotion and prevention cues on creativity. *Journal of Personality and Social Psychology, 81,* 1001–1013.

Friedman, R. & Förster, J. (2002). The influence of approach and avoidance motor actions on creative cognition. *Journal of Experimental Social Psychology, 38,* 41–55.

Frijda, N. H. (1993). Moods, emotions episodes and emotions. In M. Lewis & J. M. Haviland (Eds.), *Handbook of emotions* (pp. 381–403). New York: Guilford Press.

Fuller, R. G. C. & Sheehy-Skeffington, A. (1974). Effects of group laughter on responses to humorous materials: A replication and extension. *Psychological Reports, 35,* 531–534.

Fuller, S. R. & Aldag, R. J. (1998). Organizational Tonypandy: Lessons from a quarter century of the groupthink phenomenon. *Organizational Behavior and Human Decision Processes, 73,* 163–184.

Funder, D. C. & Colvin, C. R. (1988). Friends and strangers: Acquaintanceship, agreement, and the accuracy of personality judgment. *Journal of Personality and Social Psychology, 55,* 149–158.

Gadel, M. S. (1964). Concentration by salesmen on congenial prospects. *Journal of Marketing, 28,* 64–66.

Galinsky, A. D. & Mussweiler, T. (2001). First offers as anchors: The role of perspective-taking and negotiator focus. *Journal of Personality and Social Psychology, 81,* 657–669.

Galper, R. E. (1976). Turning observers into actors: Differential causal attributions as a function of „empathy". *Journal of Research in Personality, 10,* 328–335.

Gasper, K. & Clore, G. L. (1998). The persistent use of negative affect by anxious individuals to estimate risk. *Journal of Personality and Social Psychology, 74,* 1350–1363.

Gavanski, I. & Roskos-Ewoldsen, D. R. (1991). Representativeness and conjoint probability. *Journal of Personality and Social Psychology, 61,* 181–194.

Geen, R. B., Thomas, S. L. & Gammill, P. (1988). Effects of evaluation and coaction on state anxiety and anagram performance. *Personality and Individual Differences, 6,* 293–298.

Geen, R. G. (1995). *Human motivation: A social psychological approach*. Pacific Grove, CA: Brooks & Cole.

George, J. M. (1992). Extrinsic and intrinsic origins of perceived social loafing in organizations. *Academy of Management Journal, 35*, 191–202.

George, J. M. (1996). Trait and state affect. In K. R. Murphy (Ed.), *Individual differences and behavior in organizations* (p. 145). San Francisco: Jossey-Bass.

George, J. M. & Brief, A. P. (1992). Feeling good-doing good: A conceptual analysis of the mood at work-organizational spontaneity. *Psychological Bulletin, 112*, 310–329.

Gergen, K. J., Ellsworth, P. C., Maslach, C. & Seipel, M. (1975). Obligation, donor resources, and reactions to aid in three cultures. *Journal of Personality and Social Psychology, 31*, 390–400.

Gersick, C. J. G. (1988). Time and transition in work teams: Toward a new model of group development. *Academy of Management Journal, 31*, 9–41.

Gersick, C. J. G. (1990). The students. In J. R. Hackman (Ed.), *Groups that work (and those that don't)* (pp. 89–111). San Francisco: Jossey-Bass.

Gibbons, F. X. & Buunk, B. P. (1999). Individual differences in social comparison: Development of a scale of social comparison orientation. *Journal of Personality and Social Psychology, 76*, 129–142.

Gibson, E. J. & Walk, R. D. (1960). The „visual cliff". *Scientific American, 202*, 64–71.

Gifford, R. (1991). Mapping nonverbal behavior on the interpersonal circle. *Journal of Personality and Social Psychology, 61*, 279–288.

Gifford, R. (1994). A lens-mapping framework for understanding the encoding and decoding of interpersonal dispositions in nonverbal behavior. *Journal of Personality and Social Psychology, 66*, 398–412.

Gigerenzer, G. (1996). The psychology of good judgment: Frequency formats and simple algorithms. *Journal of Medical Decision Making, 16*, 273–280.

Gigerenzer, G. (1998). Ecological intelligence: An adaptation for frequencies. In D. Cummins Dellarosa & C. Allen (Eds.), *The evolution of mind* (pp. 9–29). London: Oxford University Press.

Gigerenzer, G. & Goldstein, D. G. (1996). Reasoning the fast and frugal way: Models of bounded rationality. *Psychological Review, 103*, 650–669.

Gigerenzer, G. & Hoffrage, U. (1995). How to improve Bayesian reasoning without instruction: Frequency formats. *Psychological Review, 102*, 684–704.

Gigone, D. & Hastie, R. (1993). The common knowledge effect: Information sharing and group judgment. *Journal of Personality and Social Psychology, 65*, 959–974.

Gigone, D. & Hastie, R. (1997). The impact of information on small group choice. *Journal of Personality and Social Psychology, 72*, 132–140.

Gilbert, D. T. (1989). Thinking lightly about others: Automatic components of the social inference process. In J. S. Uleman & J. A. Bargh (Eds.), *Unintended thought* (pp. 189–211). New York: Guilford Press.

Gilbert, D. T. (1991). How mental systems believe. *American Psychologist, 46*, 107–119.

Gilbert, D. T., Giesler, R. B. & Morris, K. A. (1995). When comparison arise. *Journal of Personality and Social Psychology, 69*, 227–236.

Gilbert, D. T. & Malone, P. S. (1995). The correspondence bias. *Psychological Bulletin, 117*, 21–38.

Gilbert, D. T., Miller, A. & Ross, L. (1998). Speeding with Ned: A personal view of the correspondence bias. In J. M. Darley & J. Cooper (Eds.), *Attribution and social interaction* (pp. 5–36). Washington, DC: American Psychological Association.

Gilbert, D. T. & Osborne, R. E. (1989). Thinking backward: Some curable and incurable consequences of cognitive busyness. *Journal of Personality and Social Psychology, 57*, 940–949.

Gilbert, D. T., Pelham, B. W. & Krull, D. S. (1988). On cognitive busyness: When person perceivers meet persons perceived. *Journal of Personality and Social Psychology, 54*, 733–740.

Gilovich, T., Vallone, R. & Tversky, A. (1985). The hot hand in basketball: On the misperception of random sequences. *Cognitive Psychology, 17*, 295–314.

Girandola, F. (2002a). Foot-in-the-door technique and computer-mediated communication. *Computers in Human Behavior, 18*, 11–15.

Girandola, F. (2002b). Sequential requests and organ donation. *Journal of Social Psychology, 142*, 171–178.

Glatzer, W. (1984). Lebenszufriedenheit und alternative Maße subjektiven Wohlbefindens. In W. Glatzer & W. Zapf (Hrsg.), *Lebensqualität in der Bundesrepublik* (S. 177–191). Frankfurt: Campus.

Gleich, U. (2000a). Aktuelle Ergebnisse aus der Werbeforschung. *Media Perspektiven, 6,* 266–273.

Gleich, U. (2000b). ARD-Forschungsdienst: Werbewirkung – Gestaltungseffekte und Rezipientenreaktionen. *Media Perspektiven, 1,* 40–46.

Godfrey, D. R., Jones, E. E. & Lord, C. C. (1986). Self-promotion is not ingratiating. *Journal of Personality and Social Psychology, 50,* 106–115.

Goldman, M. & Creason, C. R. (1981). Inducing compliance by a two-door-in-the-face procedure and a self-determination request. *The Journal of Social Psychology, 114,* 229–235.

Goldstein, E. B. (1989). *Sensation and perception* (3rd ed.). Delmont: Wadsworth.

Goldstein, E. B. (1997). *Wahrnehmungspsychologie.* Heidelberg: Spektrum Akademischer Verlag.

Gollwitzer, P. M. (1990). Action phases and mind sets. In E. T. Higgins & R. M. Sorrentino (Eds.), *Handbook of motivation and cognition* (Vol. 2, pp. 52–92). New York: Guilford.

Gollwitzer, P. M. (1993). Goal achievement: The role of intentions. In W. Stroebe & M. Hewstone (Eds.), *European review of social psychology* (Vol. 4, pp. 141–185). Chichester, England: Wiley.

Gollwitzer, P. M. (1996). Das Rubikonmodell der Handlungsphasen. In J. Kuhl & H. Heckhausen (Hrsg.), *Motivation, Volition und Handlung. Enzyklopädie der Psychologie C/IV/4* (S. 531–582). Göttingen: Hogrefe.

Gollwitzer, P. M. (1999). Implementation intention – strong effects of simple plans. *American Psychologist, 54,* 493–503.

Gollwitzer, P. M. & Brandstätter, V. (1997). Implementation intentions and effective goal pursuit. *Journal of Personality and Social Psychology, 73,* 186–199.

Gollwitzer, P. M., Heckhausen, H. & Steller, B. (1990). Deliberative and implemental mind-sets: Cognitive tuning toward congruous thought and information. *Journal of Personality and Social Psychology, 59,* 1119–1127.

Gorassini, D. R. & Olson, J. M. (1995). Does self-perception change explain the foot-in-the-door effect? *Journal of Personality and Social Psychology, 69,* 91–105.

Gourville, J. T. & Soman, D. (1998). Payment depreciation: The behavioral effects of temporally separating payments from consumption. *Journal of Consumer Research, 25,* 160–174.

Granhag, P. A., Stroemwall, L. A. & Allwood, C. M. (2000). Effects of reiteration, hindsight bias, and memory on realism in eyewitness confidence. *Applied Cognitive Psychology, 14*, 397–420.

Grayson, C. E. & Schwarz, N. (1999). Beliefs influence information processing strategies: Declarative and experiential information in risk assessment. *Social Cognition, 17*, 1–18.

Greenberg, J. (1988). Equity and workplace status: A field experiment. *Journal of Applied Psychology, 73*, 606–613.

Greenberg, J. & Baron, R. A. (2000). *Behavior in organizations* (7th ed.). London: Prentice-Hall.

Greene, D., Sternberg, B. & Lepper, M. R. (1976). Overjustification in a token economy. *Journal of Personality and Social Psychology, 34*, 1219–1234.

Greening, L., Dollinger, S. J. & Pitz, G. (1996). Adolescents' perceived risk and personal experience with natural disasters: An evaluation of cognitive heuristics. *Acta Psychologica, 91*, 27–38.

Greenwald, A. G. & Banaji, M. R. (1995). Implicit social cognition: Attitudes, self-esteem, and stereotypes. *Psychological Review, 102*, 4–27.

Grice, H. P. (1975). Logic and conversation. In P. Cole & J. L. Morgan (Eds.), *Syntax and semantics* (Vol. 3, pp. 41–58). New York: Academic Press.

Griffin, D. & Buehler, R. (1999). Frequency, probability, and prediction: Easy solutions to cognitive illusions? *Cognitive Psychology, 38,* 48–78.

Griffin, D. W., Gonzalez, R. & Varey, C. (2001). The heuristics and biases approach to judgment under uncertainty. In N. Schwarz & A. Tesser (Eds.), *Blackwell handbook of social psychology: Intrapersonal processes* (pp. 207–236). Oxford, UK: Blackwell Publishers.

Gross, R. T. & Borkovec, T. D. (1982). Effects of a cognitive intrusion manipulation on the sleep-onset latency of good sleepers. *Behavior Therapy, 13*, 112–116.

Groves, R. M. & Kahn, R. L. (1979). *Surveys by telephone: A national comparison with personal interviews.* New York: Academic Press.

Gueguen, N. & Jacob, C. (2001). Fund-raising on the Web: The effect of an electronic foot-in-the-door on donation. *CyberPsychology and Behavior, 4*, 705–709.

Gueguen, N., Pascual, A. & Dagot, L. (2002). Low-ball and compliance to a request: An application in a field setting. *Psychological Reports, 91*, 81–84.

Guerin, B. (1986). Mere presence effects in humans: A review. *Journal of Experimental Social Psychology, 22*, 38–77.

Gully, S. M., Devine, D. J. & Whitney, D. J. (1995). A meta-analysis of cohesion and performance: Effects of level of analysis and task interdependence. *Small Group Research, 26*, 497–520.

Hackman, J. R. (1987). The design of work teams. In J. W. Lorsch (Ed.), *Handbook of organizational behavior* (pp. 315–342). Englewood Cliffs, NJ: Prentice-Hall.

Hackman, J. R. & Morris, C. G. (1975). Group tasks, group interaction process, and group performance effectiveness: A review and proposed integration. In L. Berkowitz (Ed.), *Advances in experimental social psychology* (Vol. 8., pp. 45–99). New York: Academic Press.

Haddock, G. & Carrick, R. (1999). How to make a politician more likeable and effective: framing political judgments through the numeric values of a rating scale. *Social Cognition, 17*, 298–311.

Häfner, M. (2003). *How theories about others bias social memory: Goals of others and social memory*. Hamburg: Kovac.

Häfner, M. (in press). How dissimilar others may still resemble the self: Assimilation and contrast after social comparison. *Journal of Consumer Psychology*.

Hamilton, D. L. & Rose, T. L. (1980). Illusory correlation and the maintenance of stereotypic beliefs. *Journal of Personality and Social Psychology, 39*, 832–845.

Haney, C., Banks, C. & Zimbardo, P. (1973). Interpersonal dynamics in a simulated prison. *International Journal of Criminology and Penology, 1*, 69–97.

Hannan, M. T. & Freeman, J. (1984). Structural inertia and organizational change. *American Sociological Review, 49*, 149–164.

Harackiewicz, J. M. & Elliot, A. J. (1993). Achievement goals and intrinsic motivation. *Journal of Personality and Social Psychology, 65*, 904–915.

Harackiewicz, J. M. & Elliot, A. J. (1998). The joint effects of target and purpose goals on intrinsic motivation: A mediational analysis. *Personality and Social Psychology Bulletin, 24*, 675–689.

Harackiewicz, J. M., Manderlink, G. & Sansone, C. (1992). Competence processes and achievement motivation: Implications for intrinsic motivation. In A. K. Boggiano & T. S. Pittman (Eds.), *Achievement and motivation: A social-developmental Perspective* (pp. 115–137). New York: Cambridge University Press.

Hardt, O. & Pohl, R. (2003). Hindsight bias as a function of anchor distance and anchor plausibility. *Memory, 11*, 379–394.

Harkins, S. G. (1987). Social loafing and social facilitation. *Journal of Experimental Social Psychology, 23*, 1–18.

Harkins, S. G. & Petty, R. E. (1982). Effects of task difficulty and task uniqueness on social loafing. *Journal of Personality and Social Psychology, 43*, 1214–1229.

Harkins, S. G. & Szymanski, K. (1989). Social loafing and group evaluation. *Journal of Personality and Social Psychology, 56*, 934–941.

Harper, C. R., Kidera, G. J. & Cullen, J. F. (1971). Study of simulated airline pilot incapacitation: Phase II, subtle or partial loss of function. *Aerospace Medicine, 42*, 946–948.

Harris, M. J. & Rosenthal, R. (1986). Four factors in the mediation of teacher expectancy effects. In R. S. Feldman (Ed.), *The social psychology of education* (pp. 91–114). New York: Cambridge University Press.

Harris, R. J. (1973). Answering questions containing marked and unmarked adjectives and adverbs. *Journal of Experimental Psychology, 97*, 399–401.

Haslam, S. A. (2001). *Psychology in organizations: The social identity approach.* London: Sage.

Haslam, S. A., McGarty, C. & Turner, J. C. (1996). Salient group memberships and persuasion: The role of social identity in the validation of beliefs. In J. Nye & A. Brower (Eds.), *What's social about social cognition? Research on socially shared cognition in small groups* (pp. 29–56). Newbury Park, CA: Sage.

Haslam, S. A., Powell, C. & Turner, J. C. (2000). Social identity, self-categorization, and work motivation: Rethinking the contribution of the group to positive and sustainable organisational outcomes. *Applied Psychology: An International Review, 49*, 319–339.

Hastorf, A. H. & Cantril, H. (1954). They saw a game: A case study. *Journal of Abnormal and Social Psychology, 49*, 129–134.

Hatfield, E., Cacioppo, J. T. & Rapson, R. L. (1992). Primitive emotional contagion. In M. S. Clark (Ed.), *Emotion and social behavior. Review of Personality and Social Psychology, 14*, 151–177.

Hatfield, E., Cacioppo, J. T. & Rapson, R. L. (1993). Emotional contagion. *Current Directions in Psychological Science, 2*, 96–99.

Hawkins, S. A. & Hastie, R. (1990). Hindsight: Biased judgments of past events after the outcomes are known. *Psychological Bulletin, 107*, 311–327.

Heckhausen, H. (1989). *Motivation und Handeln* (2. Aufl.). Berlin: Springer.

Heider, F. (1958). *The psychology of interpersonal relations.* New York: Wiley.

Helgeson, V. S. & Mickelson, K. D. (1995). Motives for social comparison. *Personality and Social Psychology Bulletin, 21*, 1200–1209.

Henderson, P. W. & Peterson, R. A. (1992). Mental accounting and categorization. *Organizational Behavior and Human Decision Processes, 51*, 92–117.

Herman, C. P., Zanna, M. P. & Higgins, E. T. (1986). *Physical appearance, stigma, and social behavior: The Ontario Symposium.* Hillsdale, NJ: Erlbaum.

Hertel, G., Kerr, N. L. & Messé, L. A. (2000). Revisiting the Köhler effect: Does diversity enhance group motivation and performance? In S. Stumpf & A. Thomas (Eds.), *Diversity and group effectiveness.* Lengerich: Pabst.

Herzberg, F., Mausner, B. & Snyderman, B. (1967). *The motivation to work.* New York: Wiley.

Herzog, T. A. (1994). Automobile driving as seen by the actor, the active observer, and the passive observer. *Journal of Applied Social Psychology, 24*, 2057–2074.

Higgins, E. T. (1996). Knowledge activation: Accessibility, applicability, and salience. In E. T. Higgins & A. W. Kruglanski (Eds.), *Social psychology: Handbook of basic principles* (pp. 133–168). New York: Guilford.

Higgins, E. T. (1998). The aboutness principle: A pervasive influence on human inference. *Social Cognition, 16*, 173–198.

Higgins, E. T., Bond, R. N., Klein, R. & Straumann, T. (1986). Self-discrepancies and emotional vulnerability: How magnitude, accessibility, and type of discrepancy influence affect. *Journal of Personality Social Psychology, 51*, 5–15.

Higgins, E. T., Grant, H. & Shah, J. (1999). Self-regulation and subjective well-being: Emotional and non-emotional life experiences. In D. Kahnemann, E. Diener & N. Schwarz (Eds.), *Well-being: The foundations of hedonic psychology* (pp. 244–266). Newbury Parc, California: Sage.

Hill, G. W. (1982). Group versus individual performance: Are N+1 heads better than one? *Psychological Bulletin, 91*, 517–539.

Hilton, D. J. & Slugoski, B. R. (1986). Knowledge-based causal attribution: The abnormal conditions focus model. *Psychological Review, 93*, 75–88.

Hilton, J. L. & Darley, J. M. (1985). Constructing other persons: A limit on the effect. *Journal of Experimental Social Psychology, 21*, 1–18.

Hilton, J. L., Fein, S. & Miller, D. T. (1993). Suspicion and dispositional inference. *Personality and Social Psychology Bulletin, 19*, 501–512.

Hippler, H. J. & Schwarz, N. (1986). Not forbidding isn't allowing: The cognitive basis of the forbid-allow asymmetry. *Public Opinion Quarterly, 50*, 87–96.

Hippler, H. J. & Schwarz, N. (1989). „No opinion" filters: A cognitive perspective. *International Journal of Public Opinion Research, 1*, 77–87.

Hirt, E. R., Melton, J. R., McDonald, H. E. & Harackiewicz, J. M. (1996). Processing goals, task interest, and the mood-performance relationship: A mediational analysis. *Journal of Personality and Social Psychology, 71*, 245–261.

Hoeksema-van Orden, C. Y. D., Gaillard, A. W. K. & Buunk, B. P. (1998). Social loafing under fatigue. *Journal of Personality and Social Psychology, 75*, 1179–1190.

Hoffrage, U. & Gigerenzer, G. (1998). Using natural frequencies to improve diagnostic inferences. *Academic Medicine, 73*, 538–540.

Hofling, C. K., Brotzman, E., Dalrymple, S., Graves, N. & Pierce, C. M. (1966). An experimental study of nurse-physician relationships. *Journal of Nervous and Mental Disease, 143*, 171–180.

Hogan, E. A. (1987). Effects of prior expectations on performance ratings: a longitudinal study. *Academy of Management Journal, 30*, 354–368.

Hogg, M. A. (1992). *The social psychology of group cohesiveness: From attraction to social identity.* London: Harvester Wheatsheaf.

Hogg, M. A. (1993). Group cohesiveness: A critical review and some new directions. *European Review of Social Psychology, 4*, 85–111.

Hogg, M. A. & Hains, S. C. (1998). Friendship and group identification: A new look at the role of cohesiveness in groupthink. *European Journal of Social Psychology, 28*, 323–341.

Hogg, M. A. & Sunderland, J. (1991). Self-esteem and intergroup discrimination in the minimal group paradigm. *Journal of Social Psychology, 30*, 51–62.

Hollenbeck, J., Williams, C. & Klein, H. (1989). An empirical examination of the antecedents of commitment to difficult goals. *Journal of Applied Psychology, 74*, 18–23.

Hölzl, E., Kirchler, E. & Rodler, C. (2002). Hindsight bias in economic expectations: I knew all along what I want to hear. *Journal of Applied Psychology*, *87*, 437–443.

Hong, Y.-Y., Chiu, C.-Y., Dweck, C. S. & Sacks, R. (1997). Implicit theories and evaluative processes in person cognition. *Journal of Experimental Social Psychology*, *33*, 296–323.

Hornstein, H. A., Fisch, E. & Holmes, M. (1968). Influence of a model's feeling about his behavior and his relevance as a comparison other on observers' helping behavior. *Journal of Personality and Social Psychology*, *10*, 222–226.

Howard, D. J. (1990). The influence of verbal responses to common greetings on compliance behavior: The foot-in-the-mouth effect. *Journal of Applied Social Psychology*, *20*, 1185–1196.

Hsee, C. K, Hatfield, E., Carlson, J. G. & Chemtob, C. (1990). The effect of power on susceptibility to emotional contagion. *Cognition and Emotion*, *4*, 327–340.

Huber, J., Payne, J. W. & Puto, C. (1982). Adding asymmetrically dominated alternatives: Violations of regularity and the similarity hypothesis. *Journal of Consumer Research*, *9*, 90–98.

Huizinga, G. (1970). *Maslow's need hierarchy in the work situation*. Groningen: Wolters-Nordhoff.

Humphrey, R. (1985). How work roles influence perception: Structure-cognitive processes and organizational behavior. *American Sociological Review*, *50*, 242–252.

Iaffaldano, M. T. & Muchinsky, P. M. (1985). Job satisfaction and job performance: A meta-analysis. *Psychological Bulletin*, *97*, 251–273.

Igou, E. R. & Bless, H. (2003). Inferring the importance of arguments: Order effects and conversational rules. *Journal of Experimental Social Psychology*, *39*, 91–99.

Igou, E. R., Bless, H. & Schwarz, N. (2002). Making sense of standardized survey questions: The influence of reference periods and their repetition. *Communication Monographs*, *69*, 179–187.

Ingham, A. G., Levinger, G., Graves, J. & Peckham, V. (1974). The Ringelmann effect: Studies of group size and group performance. *Journal of Experimental Social Psychology*, *10*, 371–384.

Irwin, F. W. (1953). Stated expectations as functions of probability and desirability of outcomes. *Journal of Personality*, *21*, 329–335.

Irwin, F. W. & Metzger, J. (1966). Effects of probabilistic independent outcomes upon predictions. *Psychonomic Science, 5*, 79–80.

Irwin, F. W. & Snodgrass, J. G. (1966). Effects of independent and dependent outcome values upon bets. *Journal of Experimental Psychology, 71*, 282–285.

Isen, A. M. & Baron, R. A. (1991). Positive affect as a factor in organizational behavior. In B. M. Staw & L. L. Cummings (Eds.), *Research in organizational behavior, 13*, 1–54. Greenwich, CT: JAI Press.

Isen, A. M. & Daubman, K. A. (1984). The influence of affect on categorization. *Journal of Personality and Social Psychology, 47*, 1206–1217.

Isen, A. M., Daubman, K. A. & Nowicki, G. P. (1987). Positive affect facilitates creative problem solving. *Journal of Personality and Social Psychology, 52*, 1122–1131.

Isen, A. M. & Means, B. (1983). The influence of positive affect on decision-making strategy. *Social Cognition, 2*, 18–31.

Isen, A. M. & Simmonds, S. F. (1978). The effect of feeling good on a helping task that is incompatible with good mood. *Social Psychology, 41*, 346–349.

Iyengar, S., Kinder, D. R., Peters, M. D. & Krosnick, J. A. (1984). The evening news and presidential evaluations. *Journal of Personality and Social Psychology, 46*, 778–787.

Iyengar, S. S. & Lepper, M. R. (2000). When choice is demotivating: Can one desire too much of a good thing? *Journal of Personality and Social Psychology, 79*, 995–1006.

Jackson, J. M. & Harkins, S. G. (1985). Equity in effort: An explanation of the social loafing effect. *Journal of Personality and Social Psychology, 49*, 1199–1206.

Jackson, J. M. & Williams, K. D. (1985). Social loafing on difficult tasks: Working collectively can improve performance. *Journal of Personality and Social Psychology, 49*, 937–942.

Jackson, S. E. & Schuler, R. S. (1985). A meta-analysis and conceptual critique of research on role ambiguity and role conflict in work settings. *Organizational Behavior and Human Decision Processes, 36*, 16–78.

Jacobs, R. C. & Campbell, D. T. (1961). The perpetuation of an arbitrary tradition through several generations of a laboratory micro culture. *Journal of Abnormal and Social Psychology, 62*, 649–658.

Jacoby, L. L., Kelley, C., Brown, J. & Jasechko, J. (1989). Becoming famous overnight: Limits on the ability to avoid unconscious influences of the past. *Journal of Personality and Social Psychology, 56*, 326–338.

Jacoby, L. L., Woloshyn, V. & Kelley, C. (1989). Becoming famous without being recognized: Unconscious influences of memory produced by dividing attention. *Journal of Experimental Psychology: General, 118*, 115–125.

Jacowitz, K. E. & Kahneman, D. (1995). Measures of anchoring in estimation tasks. *Personality and Social Psychology Bulletin, 21*, 1161–1166.

James, J. M. & Bolstein, R. R. (1992). Large monetary incentives and their effect on mail survey response rates. *Public Opinion Quarterly, 56,* 442–453.

Janis, I. L. (1972). *Victims of groupthink.* Boston: Houghton Mifflin.

Janis, I. L. (1982). *Groupthink* (2nd edition). Boston: Houghton Mifflin.

Jellison, J. M. & Riskind, J. A. (1970). A social comparison of abilities interpretation of risk-taking behavior. *Journal of Personality and Social Psychology, 15,* 375–390.

Jenkins, H. M. & Ward, W. C. (1965). The judgment of contingency between responses and outcomes. *Psychological Monographs, 79* (Whole No. 594).

Jennings, D. L., Amabile, T. M. & Ross, L. (1982). Informal covariation assessment: Data-based versus theory-based judgments. In D. Kahneman, P. Slovic & A. Tversky (Eds.), *Judgment under uncertainty: Heuristics and biases* (pp. 211–230). Cambridge, England: Cambridge University Press.

Johnson, J. T. & Boyd, K. R. (1995). Disposional traits versus the content of experience: Actor/observer differences in judgments of the „authentic self". *Personality and Social Psychology Bulletin, 21*, 375–383.

Jones, E. E. (1964). *Ingratiation: A social psychology analysis.* New York: Appleton-Century-Crofts.

Jones, E. E. (1979). The rocky road form acts to dispositions. *American Scientist, 34*, 107–117.

Jones, E. E. & Davis, K. E. (1965). From acts to dispositions: The attribution process in person perception. In L. Berkowitz (Ed.), *Advances in experimental social psychology* (Vol. 2, pp. 219–266). New York: Academic Press.

Jones, E. E. & Harris, V. A. (1967). The attribution of attitudes. *Journal of Experimental Social Psychology, 3*, 1–24.

Jones, E. E. & Nisbett, R. E. (1972). The actor and the observer: Divergent perceptions of the causes of behavior. In E. E. Jones, D. E. Kanouse, H. H. Kelley, R. E. Nisbett, S. Valins & B. Weiner (Eds.), *Attribution: Perceiving the causes of behavior* (pp. 79–94). Morristown, NJ: General Learning Press.

Joseph, N. & Alex, N. (1972). The uniform: A sociological perspective. *American Journal of Sociology, 77*, 719–730.

Joule, R. V. (1987). Tobacco deprivation: The foot-in-the-door technique versus the low-ball technique. *European Journal of Social Psychology, 17*, 361–365.

Jungermann, H., Pfister, H. R. & Fischer, K. (1998). *Die Psychologie der Entscheidung.* Heidelberg: Spektrum Akademischer Verlag.

Jussim, L. (1986). Self-fulfilling prophecies: A theoretical and integrative review. *Psychological Review, 93*, 429–445.

Jussim, L. (1989). Teacher expectations: Self-fulfilling prophecies, perceptual biases, and accuracy. *Journal of Personality and Social Psychology, 57*, 469–480.

Kacmar, K. M., Delery, J. E. & Ferris, G. R. (1992). Differential effectiveness of applicant impression management tactics on employment interview decisions. *Journal of Applied Social Psychology, 22*, 1250–1272.

Kahneman, D., Knetsch, J. L. & Thaler, R. H. (1990). Experimental tests of the endowment effect and the Coase theorem. *Journal of Political Economy, 98*, 1325–1347.

Kahneman, D., Slovic, P. & Tversky, A. (1982). *Judgment under uncertainty: Heuristics and biases.* Cambridge, UK: Cambridge University Press.

Kahneman, D. & Tversky, A. (1972). Subjective probability: A judgment of representativeness. *Cognitive Psychology, 3*, 430–454.

Kahneman, D. & Tversky, A. (1973). On the psychology of prediction. *Psychological Review, 80*, 237–251.

Kahneman, D. & Tversky, A. (1979a). Intuitive prediction: Biases and corrective procedures. *TIMS Studies in Management Science, 12*, 313–327.

Kahneman, D. & Tversky, A. (1979b). Prospect theory: An analysis of decision under risk. *Econometrica, 47*, 263–291.

Kamin, K. A. & Rachlinski, J. J. (1995). Ex post not – ex ante: Determining liability in hindsight. *Law and Human Behavior, 19*, 89–104.

Kanfer, R. (1990). Motivation theory and industrial and organizational psychology. In M. D. Dunnette & L. M. Hough (Eds.), *Handbook of industrial and organizational psychology* (Vol.1, pp. 75–170). Palo Alto, CA: Consulting Psychologists Press.

Karau, S. J. & Williams, K. D. (1993). Social loafing: A meta-analytic review and theoretical integration. *Journal of Personality and Social Psychology, 65*, 681–706.

Karau, S. J. & Williams, K. D. (1995). Social loafing: Research findings, implications, and future directions. *Current Directions in Psychological Science, 5*, 134–140.

Karau, S. J. & Williams, K. D. (1997). The effects of group cohesiveness on social loafing and social compensation. *Group Dynamics: Theory, Research, and Practice, 1*, 156–168.

Kelley, C. & Jacoby, L. L. (1998). Subjective reports and process dissociation: Fluency, knowing, and feeling. *Acta Psychologica, 98*, 127–140.

Kelley, H. H. (1955). The two functions of reference groups. In G. E. Swanson, T. M. Newcomb & E. L. Hartley (Eds.), *Readings in social psychology* (pp. 410–414). New York: Holt.

Kelley, H. H. (1972). Attribution in social interaction. In E. E. Jones, D. E. Kanous, H. H. Kelley, R. E. Nisbett, S. Valins & B. Weiner (Eds.), *Attribution: Perceiving the causes of behavior* (pp. 1–26). Morristown, NJ: General Learning Press.

Kelley, H. H. (1973). The processes of causal attribution. *American Psychologist, 28*, 107–128.

Kelley, H. H. & Michela, J. L. (1980). Attribution theory and research. *Annual Review of Psychology, 31*, 457–501.

Kelly, J. R. & Barsade, S. G. (2001). Mood and emotions in small groups and work teams. *Organizational Behavior and Human Decision Processes, 86*, 99–130.

Kelly, J. R. & Karau, S. J. (1999). Group decision making: The effects of initial preferences and time pressure. *Personality and Social Psychology Bulletin, 25*, 1342–1354.

Kenardy, J., Oei, T. P., Weir, D. & Evans, L. (1993). Phobic anxiety in panic disorder: Cognition, heart rate and subjective anxiety. *Journal of Anxiety Disorders, 7*, 359–371.

Kenny, D. A. (1994). *Interpersonal perception.* New York: Guilford.

Kenny, D. A., Albright, L., Malloy, T. E. & Kashy, D. A. (1994). Consensus in inter-personal perception: Acquaintance and the Big Five. *Psychological Bulletin, 116*, 245–258.

Kenny, D. A., Horner, C., Kashy, D. A. & Chu, L. (1992). Consensus at zero acquain-tance: Replication, behavioral cues, and stability. *Journal of Personality and Social Psychology, 62*, 88–97.

Kenrick, D. T. & Gutierres, S. E. (1980). Contrast effects and judgments of physical attractiveness: When beauty becomes a social problem. *Journal of Personality and Social Psychology, 38*, 131–140.

Kerr, N. L. & Bruun, S. E. (1983). Dispensability of member effort and group motiva-tion losses: Free-rider effects. *Journal of Personality and Social Psychology, 44*, 78–94.

Kilduff, M. & Day, D. V. (1994). Do chameleons get ahead? The effects of self-moni-toring on managerial careers. *Academy of Management Journal, 37*, 1047–1060.

Kirby, N. K. (1997). Bidding on the future: Evidence against normative discounting of delayed rewards. *Journal of Experimental Psychology, 126*, 54–70.

Klayman, J. & Ha, Y. (1987). Confirmation, disconfirmation, and information in hypothesis testing. *Psychological Review, 94*, 211–228.

Kleinbeck, U. (1996). *Arbeitsmotivation: Entstehung Wirkung, Förderung.* Weinheim: Juventa.

Kleinbeck, U. & Schmidt, K.-H. (1996). Die Wirkung von Zielsetzungen auf das Handeln. In J. Kuhl & H. Heckhausen (Hrsg.), *Motivation, Volition und Handlung. Enzyklopädie der Psychologie C/IV/4* (S. 875–907). Göttingen: Hogrefe.

Knapp, M. L. & Hall, J. A. (1997). *Nonverbal communication in human interaction.* Orlando, FL: Harcourt Brace.

Koehler, J. J. (1996). The base rate fallacy reconsidered: Descriptive, normative, and methodological challenges. *Behavioral and Brain Sciences, 19*, 1–53.

Koriat, A., Lichtenstein, S. & Fischhoff, B. (1980). Reasons for confidence. *Journal of Experimental Psychology: Human Learning and Memory, 6*, 107–118.

Kotler, P. & Bliemel, F. (1995). *Marketing-Management: Analyse, Planung, Umsetzung und Steuerung.* Stuttgart: Schäffer-Poeschel.

Kramer, R. (1991). Intergroup relations and organizational dilemmas. *Research in Organizational Behavior, 13*, 191–228.

Kravitz, D. A. & Martin, B. (1986). Ringelmann rediscovered: The original article. *Journal of Personality and Social Psychology, 50,* 936–941.

Krueger, J., Ham, J. J. & Linford, K. (1996). Perceptions of behavioral consistency: Are people aware of the actor-observer effect? *Psychological Science, 7,* 259–264.

Kruglanski, A. W. (1989). The psychology of being „right“: The problem of accuracy in social perception and cognition. *Psychological Bulletin, 106,* 395–409.

Kruglanski, A. W. & Mayseless, O. (1990). Classic and current social comparison research: Expanding the perspective. *Psychological Bulletin, 108,* 195–208.

Krull, D. S. (1993). Does the grist change the mill? The effect of the perceiver's inferential goal on the process of social inference. *Personality and Social Psychology Bulletin, 19,* 340–348.

Kulik, C. T. & Ambrose, M. L. (1992). Personal and situational determinants of referent choice. *Academy of Management Review, 17,* 212–237.

Kulka, R. A. & Kessler, J. B. (1978). Is justice really blind? The influence of litigant physical attractiveness on juridical judgment. *Journal of Applied Social Psychology, 8,* 366–381.

Kunda, Z. (1990). The case of motivated reasoning. *Psychological Bulletin, 108,* 480–498.

Kurtzberg, R. L., Safar, H. & Cavior, N. (1968). Surgical and social rehabilitation of adult offenders. *Proceedings of the 76th Annual Convention of the American Psychological Association, 3,* 649–650.

LaBine, S. J. & LaBine, G. (1996). Determinations of negligence and the hindsight bias. *Law and Human Behavior, 20,* 501–516.

Laird, J. D., Alibozak, T., Davainis, D., Deignan, K. , Fontanella, K., Hong, J., Levy, B. & Pacheco, C. (1994). Individual differences in the effects of spontaneous mimicry on emotional contagion. *Motivation and Emotion, 18,* 231–247.

Laird, J. D., Wagener, J. J., Halal, M. & Szegda, M. (1982). Remembering what you feel: Effects of emotion on memory. *Journal of Personality and Social Psychology, 42,* 646–657.

Lamm, H., Schaude, E. & Trommsdorff, G. (1971). Risky shift as a function of group members' value of risk and need for approval. *Journal of Personality and Social Psychology, 20,* 430–435.

Landy, D. & Sigall, H. (1974). Beauty is talent: Task evaluation as a function of the performer's physical attractiveness. *Journal of Personality and Social Psychology*, *29*, 299–304.

Langer, E. J. & Rodin, J. (1976). The effects of choice and enhanced personal responsibility for the aged: A field experiment in an institutional setting. *Journal of Personality and Social Psychology*, *34*, 191–198.

Lanzetta, J. T. & Roby, T. B. (1960). The relationship between certain group process variables and group problem-solving efficiency. *Journal of Social Psychology*, *52*, 135–148.

Larson, J. R., Jr., Christensen, C., Abbott, A. S. & Franz, T. M. (1996). Diagnosing groups: Charting the flow of information in medical decision-making teams. *Journal of Personality and Social Psychology, 71*, 315–330.

Larson, J. R., Jr., Christensen, C., Franz, T. M. & Abbott, A. S. (1998). Diagnosing groups: The pooling, management, and impact of shared and unshared case information in team-based medical decision making. *Journal of Personality and Social Psychology*, *75*, 93–108.

Larson, J. R., Jr., Foster-Fishman, P. G. & Franz, T. M. (1998). Leadership style and the discussion of shared and unshared information in decision-making groups. *Personality and Social Psychology Bulletin*, *24*, 482–495.

Larson, J. R., Jr., Foster-Fishman, P. G. & Keys, C. B. (1994). Discussion of shared and unshared information in decision-making groups. *Journal of Personality and Social Psychology*, *67*, 446–461.

Laskey, H. A. & Fox, R. J. (1994). Investigating the impact of executional style on television commercial effectiveness. *Journal of Advertising Research*, *34*, 9–16.

Lassiter, G. D. & Dudley, K. A. (1991). The a priori value of basic research: The case of videotaped confessions. *Journal of Social Behavior and Personality*, *6*, 7–16.

Lassiter, G. D. & Irvine, A. A. (1986). Videotaped confessions: The impact of camera point of view on judgments of coercion. *Journal of Applied Social Psychology*, *16*, 268–276.

Latané, B. (1981). The psychology of social impact. *American Psychologist*, *36*, 343–356.

Latané, B. (1986). Responsibility and effort in organizations. In P. S. Goodmann & Associates (Eds.), *Designing effective work groups* (pp. 277–304). San Francisco: Jossey Bass.

Latané, B. & Nida, S. (1980). Social impact theory and group influence: A social engineering perspective. In P. B. Paulus (Ed.), *Psychology of group influence* (pp. 3–34). Hillsdale, NJ: Lawrence Erlbaum Associates.

Latané, B., Williams, K. & Harkins, S. (1979). Many hands make light work: The causes and consequences of social loafing. *Journal of Personality and Social Psychology, 37*, 822–832.

Latham, G. P. & Baldes, J. J. (1975). The „practical significance" of Locke's theory of goal setting. *Journal of Applied Psychology, 60*, 122–124.

Latham, G. P. & Locke, E. A. (1991). Self-regulation through goal setting. *Organizational Behavior and Human Decision Processes, 50*, 212–247.

Latham, G. P. & Yukl, G. A. (1975a). A review on research on the application of goal setting in organizations. *Academy of Management Journal, 18*, 824–845.

Latham, G. P. & Yukl, G. A. (1975b). Assigned versus participative goal setting with educated and uneducated wood workers. *Journal of Applied Psychology, 61*, 166–171.

Lazarus, R. S. (1991). *Emotion and adaptation.* New York: Oxford University Press.

Leary, M. R. (1982). Hindsight distortion of the 1980 presidential election. *Personality and Social Psychology Bulletin, 8*, 257–263.

LeDoux, J. E. (2001). *Das Netz der Gefühle. Wie Emotionen entstehen.* München: dtv.

LeDoux, J. E. (1987). Emotion. In F. Plum & V. B. Mountcastle (Eds.), *Handbook of physiology. The nervous system* (Vol. 5, pp. 419–459). Washington, DC: American Physiological Society.

Lee, F., Hallahan, M. & Herzog, T. (1996). Explaining real-life events: How culture and domain shape attributions. *Personality and Social Psychology Bulletin, 22*, 732–741.

Lefkowitz, M., Blake, R. R. & Mouton, J. S. (1955). Status factors in pedestrian violation of traffic signals. *Journal of Abnormal and Social Psychology, 51*, 704–706.

Lehman, D. R., Lempert, R. O. & Nisbett, R. E. (1988). The effects of graduate training on reasoning: Formal discipline and thinking about everyday-life events. *American Psychologist, 43*, 431–442.

Lepper, M. R., Greene, D. & Nisbett, R. E. (1973). Undermining children's intrinsic interest with extrinsic reward: A test of the „overjustification" hypothesis. *Journal of Personality and Social Psychology, 28*, 129–137.

Levine, J. M. (1989). Reaction to opinion deviance in small groups. In P. B. Paulus (Ed.), *Psychology of group influence* (pp. 187–231). Hillsdale, NJ: Erlbaum.

Levine, J. M., Higgins, E. T. & Choi, H. S. (2000). Development of strategic norms in groups. *Organizational Behavior and Human Decision Processes, 82*, 88–101.

Levine, J. M. & Moreland, R. L. (1994). Group socialization: Theory and research. In W. Stroebe & M. Hewstone (Eds.), *European review of social psychology* (pp. 305–336). Chichester: Wiley.

Levine, J. M. & Moreland, R. L. (1998). Small groups. In D. T. Gilbert, S. T. Fiske & G. Lindzey (Eds.), *The handbook of social psychology* (Vol. 2, pp. 415–469). New York: McGraw Hill.

Lewin, K. (1948). *Resolving social conflicts: Selected papers on group dynamics.* New York: Springer.

Liang, D. W., Moreland, R. & Argote, L. (1995). Group versus individual training and group performance: The mediating role of transactive memory. *Personality and Social Psychology Bulletin, 21*, 384–393.

Liberman, N. & Förster, J. (2000). Expression after suppression: A motivational explanation of post-suppressional rebound. *Journal of Personality and Social Psychology, 79*, 190–203.

Lichtenstein, S., Slovic, P., Fischhoff, B., Layman, M. & Combs, B. (1978). Judged frequency of lethal events. *Journal of Experimental Psychology: Human Learning and Memory, 4*, 551–578.

Liden, R. C. & Mitchell, T. R. (1988). Ingratiatory behaviors in organizational settings. *Academy of Management Review, 13*, 572–587.

Liebert, R. M., Smith, W. P., Hill, J. H. & Keiffer, M. (1968). The effects of information and magnitude of initial offer on interpersonal negotiation. *Journal of Experimental Social Psychology, 4*, 431–441.

Locke, E. A. & Latham, G. P. (1984). *Goal setting: A motivational technique that works.* Englewood Cliffs, NJ: Prentice-Hall.

Locke, E. A. & Latham, G. P. (1990). *A theory of goal setting and task performance.* Englewood Cliffs, NJ: Prentice-Hall.

Locke, E. A. & Latham, G. P. (2002). Building a practically useful theory of goal setting and task motivation. *American Psychologist, 57*, 705–717.

Locke, E. A., Shaw, K. N., Saari, L. M. & Latham, G. P. (1981). Goal setting and task performance: 1969–1980. *Psychological Bulletin, 90,* 125–152.

Locke, E. A., Smith, K. G., Erez, M., Chah, D.-O. & Schaffer, A. (1994). The effects of intra-individual goal conflict on performance. *Journal of Management, 20,* 67–91.

Lockwood, P. & Kunda, Z. (1997). Superstars and me: Predicting the impact of role models on the self. *Journal of Personality and Social Psychology, 73,* 91–103.

Lockwood, P. & Kunda, Z. (1999). Increasing the salience of one's best selves can undermine inspiration by outstanding role models. *Journal of Personality and Social Psychology, 76,* 214–228.

Loewenstein, G. & Thaler, R. H. (1989). Intertemporal choice. *Journal of Economic Perspectives, 3,* 181–193.

Loewenstein, G. F., Weber, E. U. & Hsee, C. K. (2001). Risk as feelings. *Psychological Bulletin, 127,* 267–286.

Loftus, E. F. (1974). Reconstructing memory. The incredible eyewitness. *Psychology Today, 8,* 116–119.

Loftus, E. F. (1975). Leading questions and the eyewitness report. *Cognitive Psychology, 7,* 560–572.

Loftus, E. F., Klinger, M. R., Smith, K. D. & Fiedler, J. (1990). A tale of two questions: Benefits of asking more than one question. *Public Opinion Quarterly, 54,* 330–345.

Loftus, E. F. & Palmer, J. C. (1974). Reconstruction of automobile destruction: An example of the interaction between language and memory. *Journal of Verbal Learning and Verbal Behavior, 13,* 585–589.

Loftus, E. F. & Pickrell (1995). The formation of false memories. *Psychiatric Annals, 25,* 720–725.

Lombard, G. F. (1955). *Behavior in a selling group.* Boston: Irvin.

Long, S. (1984). Early integration in groups: „A group to join and a group to create." *Human Relations, 37,* 311–332.

Lott, A. J. & Lott, B. E. (1965). Group cohesiveness as interpersonal attraction: A review of relationships with antecedent and consequent variables. *Psychological Bulletin, 64,* 259–309.

Lynn, M. (1989). Scarcity effects on desirability: Mediated by assumed expensiveness? *Journal of Economic Psychology, 10*, 257–274.

Lyubomirsky, S. & Ross, L. (1997). Hedonic consequences of social comparison: A contrast of happy and unhappy people. *Journal of Personality and Social Psychology, 73*, 1141–1157.

Mack, D. & Rainey, D. (1990). Female applicants' grooming and personnel selection. *Journal of Social Behavior and Personality, 5*, 399–407.

Mackie, D. M., Devos, T. & Smith, E. R. (2000). Intergroup emotions: Explaining offensive action tendencies in an intergroup context. *Journal of Personality and Social Psychology, 79*, 602–616.

Mackie, D. M. & Worth, L. T. (1989). Processing deficits and the mediation of positive affect in persuasion. *Journal of Personality and Social Psychology, 57*, 27–40.

Mackie, D. M. & Worth, L. T. (1991). Feeling good, but not thinking straight: The impact of positive mood on persuasion. In J. P. Forgas (Ed.), *Emotion and social judgments. International Series in Experimental Social Psychology*, 201–219.

MacLeod, C. & Campbell, L. (1992). Memory accessibility and probability judgments: An experimental evaluation of the availability heuristic. *Journal of Personality and Social Psychology, 63*, 890–902.

Macrae, C. M., Bodenhausen, G. V. & Milne, A. B. (1998). Saying no to unwanted thoughts: Self-focus and the regulation of mental life. *Journal of Personality and Social Psychology, 72*, 578–589.

Macrae, C. M., Bodenhausen, G. V., Milne, A. B. & Jetten, J. (1994). Out of mind but back in sight: Stereotypes on the rebound. *Journal of Personality and Social Psychology, 67*, 808–817.

Madaras, G. R. & Bem, D. J. (1968). Risk and conservatism in group decision making. *Journal of Experimental Social Psychology, 4*, 350–365.

Malle, B. F. & Knobe, J. (1997). Which behaviors do people explain? A basic actor-observer asymmetry. *Journal of Personality and Social Psychology, 72*, 288–304.

Marks, R. W. (1951). The effect of probability, desirability, and „privilege" on the stated expectations of children. *Journal of Personality, 19*, 332–351.

Maslow, A. H. (1943). A theory of human motivation. *Psychological Review, 50*, 370–396.

Maslow, A. H. (1954). *Motivation and personality.* New York: Harper.

Matsumoto, D. & Kudoh, T. (1993). American-Japanese culture differences in attributions of personality based on smiles. *Journal of Nonverbal Behavior, 17,* 231–243.

Mazursky, D. & Ofir, C. (1990). „I could never have expected it to happen“: The reversal of the hindsight bias. *Organizational Behavior and Human Decision Processes, 46,* 20–33.

Mazursky, D. & Ofir, C. (1996). „I knew it all along“ under all conditions? Or possibly „I could not have expected it to happen“ under some conditions? *Organizational Behavior and Human Decision Processes, 66,* 237–240.

McArthur, L. Z. & Post, D. L. (1977). Figural emphasis and person perception. *Journal of Experimental Social Psychology, 13,* 520–535.

McClelland, D. C. & Atkinson, J. W. (1948). The prospective expression of needs. I: The effect of different intensities of the hunger drive on perception. *Journal of Psychology, 25,* 205–222.

McConnell, J. D. (1968). Effect of pricing on perception of product quality. *Journal of Applied Psychology, 52,* 331–334.

McDougall, W. (1908). *Introduction to social psychology.* London: Methuen.

McGrath, J. E. (1984). *Groups: Interaction and performance.* Englewood Cliffs, NJ: Prentice-Hall.

McGuire, T. W., Kiesler, S. & Siegel, J. (1987). Group and computer-mediated discussion effects in risk decision making. *Journal of Personality and Social Psychology, 52,* 917–930.

Meier, K. & Kirchler, E. (1998). Social representations of the euro in Austria. *Journal of Economic Psychology, 19,* 755–774.

Mellers, B. A. & McGraw, A. P. (2001). Anticipated emotions as guides to choice. *Current Directions in Psychological Science, 10,* 210–214.

Menon, G., Rhagubir, P. & Schwarz, N. (1995). Behavioral frequency judgments: an accessibility-diagnosticity framework. *Journal of Consumer Research, 22,* 212–228.

Mento, A. J., Steel, R. P. & Karren, R. J. (1987). A meta-analytic study of the effects of goal setting on task performance: 1966–1984. *Organizational Behavior and Human Decision Processes, 39,* 52–83.

Merton, R. K. (1948). The self-fulfilling prophecy. *Antioch Review, 8,* 193–210.

Metcalfe, J. & Mischel, W. (1999). A hot/cool system analysis of delay of gratification. *Psychological Review, 106*, 3–19.

Milgram, S., Bickman, L. & Berkowitz, O. (1969). Note on the drawing power of crowds of different size. *Journal of Personality and Social Psychology, 13*, 79–82.

Millar, M. G. & Tesser, A. (1986). Effects of affective and cognitive focus on the attitude-behavior relationship. *Journal of Personality and Social Psychology, 51*, 270–276.

Miller, A. G., Ashton, W. & Mishal, M. (1990). Beliefs concerning the features of constrained behavior: A basis for the fundamental attribution error. *Journal of Personality and Social Psychology, 59*, 635–650.

Miller, A. G., Jones, E. E. & Hinkle, S. (1981). A robust attribution error in the personality domain. *Journal of Experimental Social Psychology, 17*, 587–600.

Miller, A. G. & Lawson, T. (1989). The effect of an informational option on the fundamental attribution error. *Personality and Social Psychology Bulletin, 15*, 194–204.

Miller, D. T. & Prentice, D. A. (1996). The construction of social norms and standards. In E. T. Higgins & A. W. Kruglanski (Eds.), *Social psychology: Handbook of basic principles* (pp. 799–829). New York: Guilford.

Miller, D. T. & Turnbull, W. (1986). Expectancies and interpersonal processes. *Annual Review of Psychology, 37*, 233–256.

Miller, J. G. (1984). Culture and the development of everyday social explanation. *Journal of Personality and Social Psychology, 46*, 961–978.

Mischel, W. (1996). From good intentions to willpower. In P. M. Gollwitzer & J. A. Bargh (Eds.), *The psychology of action: Linking cognition and motivation to behavior* (pp. 197–218). New York: Guilford.

Mischel, W. & Baker, N. (1975). Cognitive appraisals and transformations in delay behavior. *Journal of Personality and Social Psychology, 31*, 254–261.

Mischel, W., Cantor, N. & Feldman, S. (1996). Principles of self-regulation: The nature of willpower and self-control. In E. T. Higgins & A. W. Kruglanski (Eds.), *Social psychology: Handbook of basic principles* (329–360). New York: Guilford.

Mita, T. H., Dermer, M. & Knight, J. (1977). Reversed facial images and the mere exposure hypothesis. *Journal of Personality and Social Psychology, 35*, 597–601.

Mitchell, T. R. & Kalb, L. S. (1981). Effects of outcome knowledge and outcome valence on supervisors' evaluations. *Journal of Applied Psychology, 66*, 604–612.

Monteith, M. S., Spicer, C. V. & Tooman, J. D. (1998). Consequences of stereotype suppression: Stereotypes on and not on the rebound. *Journal of Experimental Social Psychology, 34*, 355–377.

Moorhead, G., Ference, R. & Neck, C. P. (1991). Group decision fiascoes continue: Space shuttle Challenger and a revised groupthink framework. *Human Relations, 44*, 539–550.

Moreland, R. L. (1985). Social categorization and the assimilation of „new" group members. *Journal of Personality and Social Psychology, 48*, 1173–1190.

Moreland, R. L. (1999). Transactive memory: Learning who knows what in work groups and organizations. In L. L. Thompson & J. M. Levine (Eds.), *Shared cognition in organizations: The management of knowledge* (pp. 3–31). Mahwah, NJ: Erlbaum.

Moreland, R. L., Argote, L. & Krishnan, R. (1996). Socially shared cognition at work: Transactive memory and group performance. In J. L. Nye & A. M. Brower (Eds.), *What's social about social cognition? Research on socially shared cognition in small groups* (pp. 57–84). Thousand Oaks, CA: Sage.

Moreland, R. L., Argote, L. & Krishnan, R. (1998). Training people to work in groups. In R. S. Tindale, L. Heath, J. Edwards, E. J. Posvac, F. B. Bryant, Y. Suarez-Balcazar, E. Henderson-King & J. Myers (Eds.), *Applications of theory and research on groups to social issues* (pp. 37–60). New York: Plenum Press.

Moreland, R. L. & Beach, S. R. (1992). Exposure effects in the classroom: The development of affinity among students. *Journal of Experimental Social Psychology, 28*, 255–276.

Moreland, R. L. & Levine, J. M. (1988). Group dynamics over time: Development and socialization in small groups. In J. E. McGrath (Ed.), *The social psychology of time: New perspectives* (pp. 151–181). Newbury Park, CA: Sage.

Morris, M. W. & Peng, K. (1994). Culture and cause: American and Chinese attributions for social and physical events. *Journal of Personality and Social Psychology, 67*, 949–971.

Morrison, E. W. & Bies, R. J. (1991). Impression management in the feedback-seeking process: A literature review and research agenda. *Academy of Management Review, 16*, 322–341.

Morse, S. & Gergen, K. J. (1970). Social comparison, self-consistency, and the concept of self. *Journal of Personality and Social Psychology, 16*, 148–156.

Moscovici, S. (1976). *Social influence and social change*. London: Academic Press.

Moscovici, S. (1985). Social influence and conformity. In G. Lindzey & E. Aronson (Eds.), *Handbook of social psychology* (Vol. 2, pp. 347–412). New York: Random House.

Moscovici, S. (1994). Three concepts: Minority, conflict, and behavioral style. In S. Moscovici, A. Mucchi-Faina & A. Maass (Eds.), *Minority influence* (pp. 233–251). Chicago: Nelson-Hall.

Moscovici, S. & Lage, E. (1976). Studies in social influence. III: Majority versus minority influence in a group. *European Journal of Social Psychology, 6,* 149–174.

Moscovici, S. & Nemeth, C. (1974). Studies in social influence. II: Minority influence. In C. Nemeth (Ed.), *Social psychology: classic and contemporary integrations* (pp. 217–249). Chicago: Rand McNally.

Moscovici, S. & Zavalloni, M. (1969). The group as a polarizer of attitudes. *Journal of Personality and Social Psychology, 12,* 125–135.

Moser, K. (1990). *Werbepsychologie. Eine Einführung*. München: Beltz Psychologie Verlags Union.

Moser, K. (1997). Modelle der Werbewirkung. *Jahrbuch der Absatz- und Verbrauchsforschung, 43,* 270–284.

Mullen, B., Anthony, T., Salas, E. & Driskell, J. E. (1994). Group cohesiveness and quality of decision making. An integration of tests of the groupthink hypothesis. *Small Group Research, 25,* 189–204.

Mullen, B. & Copper, C. (1994). The relation between group cohesiveness and performance: An integration. *Psychological Bulletin, 115,* 210–227.

Mullen, B., Johnson, C. & Salas, E. (1991). Productivity loss in brainstorming groups: A meta-analytic integration. *Basic and Applied Social Psychology, 12,* 3–23.

Muller-Peters, A., Pepermans, R., Kiell, G., Battaglia, N., Beckman, S., Burgoyne, C., et al. (1998). Explaining attitudes towards the euro: Design of a cross-national study. *Journal of Economic Psychology, 19,* 663–680.

Murphy, K. R., Jako, R. A. & Anhalt, R. L. (1993). Nature and consequences of halo error: A critical analysis. *Journal of Applied Psychology, 78,* 218–225.

Murray, D. A., Leupker, R. V., Johnson, C. A & Mittlemark, M. B. (1984). The prevention of cigarette smoking in children: A comparison of four strategies. *Journal of Applied Social Psychology, 14,* 274–288.

Mussweiler, T. (2001a). Focus of comparison as a determinant of assimilation versus contrast in social comparison. *Personality and Social Psychology Bulletin, 27,* 38–47.

Mussweiler, T. (2001b). „Seek and ye shall find": antecedents of assimilation and contrast in social comparison. *European Journal of Social Psychology, 31,* 499–509.

Mussweiler, T. (2003). Comparison processes in social judgment: Mechanisms and Consequences. *Psychological Review, 110,* 472–489.

Mussweiler, T. & Bodenhausen, G. V. (2002). I know you are but what am I? Self-evaluative consequences of judging ingroup and outgroup members. *Journal of Personality and Social Psychology, 82,* 19–32.

Mussweiler, T. & Rüter, K. (2003). What friends are for! The use of routine standards in social comparison. *Journal of Personality and Social Psychology, 85,* 467–481.

Mussweiler, T. & Schneller, K. (in press). „What goes up must come down" – How charts influence decisions to buy and sell stocks. *Journal of Behavioral Finance.*

Mussweiler, T. & Strack, F. (1999a). Comparing is believing: A selective accessibility model of judgmental anchoring. In W. Stroebe & M. Hewstone (Eds.), *European Review of Social Psychology* (Vol. 10, pp. 135–168). Chichester, England: Wiley.

Mussweiler, T. & Strack, F. (1999b). Hypothesis-consistent testing and semantic priming in the anchoring paradigm: A selective accessibility model. *Journal of Experimental Social Psychology, 35,* 136–164.

Mussweiler, T. & Strack, F. (2000a). Numeric judgments under uncertainty: the role of knowledge in anchoring. *Journal of Experimental Social Psychology, 36,* 495–518.

Mussweiler, T. & Strack, F. (2000b). The use of category and exemplar knowledge in the solution of anchoring tasks. *Journal of Personality and Social Psychology, 78,* 1038–1052.

Mussweiler, T., Strack, F. & Pfeiffer, T. (2000). Overcoming the inevitable anchoring effect: Considering the opposite compensates for selective accessibility. *Personality and Social Psychology Bulletin, 26,* 1142–1150.

Myers, D. G. (1996). *Social Psychology.* New York: McGraw-Hill.

Myers, D. G. & Lamm, H. (1976). The group polarization phenomenon. *Psychological Bulletin, 83,* 602–627.

Nahinsky, I. D. & Slaymaker, F. L. (1970). Use of negative instances in conjunctive identification. *Journal of Experimental Psychology, 84,* 64–84.

Neale, M. A. & Northcraft, G. B. (1991). Behavioral negotiation theory: A framework for conceptualizing dyadic bargaining. In L. L. Cummings & B. M. Staw (Eds.), *Research in organizational behavior* (pp. 147–190). Greenwich, CT: JAI.

Near, J. P. & Miceli, M. P. (1987). Whistle-blowers in organizations: Dissidents or reformers? In L. L. Cummings & B. M. Staw (Eds.), *Research in organizational behavior* (pp. 321–368). Greenwich, CT: JAI Press.

Neely, J. H. (1991). Semantic priming effects in visual word recognition: A selective review of current findings and theories. In D. Besner & G. W. Humphreys (Eds.), *Basic processes in reading* (pp. 264–337). Hillsdale, NJ: Erlbaum.

Nemeth, C. J. (1977). Interactions between jurors as a function of majority vs. unanimity decision rules. *Journal of Applied Social Psychology, 7,* 38–56.

Nemeth, C. J. & Chiles, C. (1988). Modeling courage: The role of dissent in fostering independence. *European Journal of Social Psychology, 18,* 275–280.

Nemeth, C. J. & Owens, P. (1996). Making work groups more effective: The value of minority dissent. In M. West (Ed.), *Handbook of work group psychology* (pp. 125–141). Chichester, England: Wiley & Sons.

Nerdinger, F. W. (1995). *Motivation und Handeln in Organisationen.* Stuttgart: Kohlhammer.

Nerdinger, F. W. (2001). Motivierung. In H. Schuler (Hrsg.), *Lehrbuch der Personalpsychologie* (S. 349–371, Kap. 13). Göttingen: Hogrefe.

Neuberg, S. L. (1989). The goal of forming accurate impressions during social interactions: Attenuating the impact of negative expectancies. *Journal of Personality and Social Psychology, 56,* 374–386.

Neuberger, O. (1985). *Arbeit. Begriff, Gestaltung, Motivation, Zufriedenheit.* Stuttgart: Enke.

Neumann, R. (2000). The causal influences of attributions on emotions: A procedural priming approach. *Psychological Science, 11,* 179–182.

Neumann, R., Seibt, B. & Strack, F. (2001). The influence of global mood on emotions: Disentangling feeling and knowing. *Cognition and Emotion, 15,* 725–747.

Neumann, R. & Strack, F. (2000a). Approach and avoidance: The influence of proprioceptive and exteroceptive cues on encoding affective information. *Journal of Personality and Social Psychology, 79,* 39–48.

Neumann, R. & Strack, F. (2000b). „Mood contagion": The automatic transfer of mood between persons. *Journal of Personality and Social Psychology, 79,* 211–223.

Newman, L. S., Duff, K. J. & Baumeister, R. F. (1997). A new look at defensive projection: Thought suppression, accessibility, and biased person perception. *Journal of Personality and Social Psychology, 72,* 980–1001.

Nisbett, R. E., Caputo, C., Legant, P. & Marecek, J. (1973). Behavior as seen by the actor and by the observer. *Journal of Personality and Social Psychology, 27,* 154–164.

Nisbett, R. E., Fong, G. T., Lehman, D. R. & Cheng, P. W. (1987). Teaching reasoning. *Science, 238,* 625–631.

Nisbett, R. E. & Ross, L. (1980). *Human inference: Strategies and shortcomings of human judgment.* Englewood Cliffs, NJ: Prentice Hall.

Nisbett, R. E. & Wilson, T. D. (1977a). Telling more than we can know: Verbal reports on mental processes. *Psychological Review, 84,* 231–259.

Nisbett, R. E. & Wilson, T. D. (1977b). The halo effect: Evidence for unconscious alteration of judgments. *Journal of Personality and Social Psychology, 35,* 250–256.

Nordstrom, R. R., Lorenzi, P. & Hall, R. V. (1990). A review of public performance posting of performance feedback in work settings. *Journal of Organizational Behavior Management, 11,* 101–123.

Northcraft, G. B. & Neale, M. A. (1987). Experts, amateurs, and real estate: An anchoring-and-adjustment perspective on property pricing decisions. *Organizational Behavior and Human Decision Processes, 39,* 84–97.

Nosanchuk, T. A. & Lightstone, J. (1974). Canned laughter and public and private conformity. *Journal of Personality and Social Psychology, 29,* 153–156.

Öhman, A. & Soares, J. J. F. (1994). „Unconscious anxiety": Phobic responses to masked stimuli. *Journal of Abnormal Psychology, 103,* 231–240.

Olson, J. M. (1988). Misattribution, preparatory information, and speech anxiety. *Journal of Personality and Social Psychology, 54,* 758–767.

Omdahl, B. L. (1995). *Cognitive appraisal, emotion, and empathy.* Mahwah, NJ: Erlbaum.

Orne, M. T. (1962). On the social psychology of the psychological experiment: With particular reference to demand characteristics and their implications. *American Psychologist, 17,* 776–783.

Ortony, A., Clore, G. & Collins, A. (1988). *The cognitive structure of emotions.* Cambridge: Cambridge University Press.

Orvis, B. R., Cunningham, J. D. & Kelley, H. H. (1975). A closer examination of causal inference: The role of consensus, distinctiveness, and consistency information. *Journal of Personality and Social Psychology, 32,* 605–616.

Ottati, V., Riggle, E. J., Wyer, R. S., Jr., Schwarz, N. & Kuklinski, J. (1989). The cognitive and affective bases of opinion survey responses. *Journal of Personality and Social Psychology, 57,* 404–415.

Pallak, M. S., Cook, D. A. & Sullivan, J. J. (1980). Commitment and energy conversation. *Applied Social Psychology Annual, 1,* 235–253.

Patch, M. E., Hoang, V. R. & Stahelski, A. J. (1997). The use of metacommunication in compliance: Door-in-the-face and single-request strategies. *Journal of Social Psychology, 137,* 88–94.

Patzer, G. L. (1985). *The physical attractiveness phenomena.* New York: Plenum Press.

Paulhus, D. L., Bruce, M. N. & Trapnell, P. D. (1995). Effects of self-presentation strategies on personality profiles and their structure. *Personality and Social Psychology Bulletin, 21,* 100–108.

Paulus, P. B. & Dzindolet, M. T. (1993). Social influence processes in group brainstorming. *Journal of Personality and Social Psychology, 64,* 575–586.

Paunonen, S. V. (1989). Consensus in personality judgments: Moderating effects of target-rater acquaintanceship and behavior observability. *Journal of Personality and Social Psychology, 56,* 823–833.

Pavelchak, M. A., Moreland, R. L. & Levine, J. M. (1986). Effects of prior group memberships on subsequent reconnaissance activities. *Journal of Personality and Social Psychology, 50,* 56–66.

Pennington, D. C. (1981). Being wise after the event: An investigation of hindsight bias. *Current Psychological Research, 1,* 271–282.

Pennington, D. C., Rutter, D. R., McKenna, K. & Morley, I. K. (1980). Estimating the outcome of a pregnancy test: Women's judgments in foresight and hindsight. *British Journal of Social and Clinical Psychology, 19,* 317–324.

Peterson, R. S. (1997). A directive leadership style in group decision making can be both virtue and vice: Evidence from elite and experimental groups. *Journal of Personality and Social Psychology, 72,* 1107–1121.

Peterson, R. S., Owens, P. D., Tetlock, P. E., Fan, E. & Martorana, P. (1998). Group dynamics in top management team decision making: Groupthink, vigilance and alternative models of organizational failure and success. *Organizational Behavior and Human Decision Processes, 73*, 272–305.

Petty, R. E. & Cacioppo, J. T. (1986). The elaboration likelihood model of persuasion. In L. Berkowitz (Ed.), *Advances in experimental social psychology* (Vol. 19, pp. 123–205). New York: Academic Press.

Petty, R. E., Harkins, S. & Williams, K. (1980). The effects of group diffusion of cognitive effort on attitudes. An information processing view. *Journal of Personality and Social Psychology, 38*, 81–92.

Plessner, H. (1999). Expectation biases in gymnastics judging. *Journal of Sport and Exercise Psychology, 21*, 131–144.

Plous, S. (1993). *The psychology of judgment and decision making*. New York: McGraw-Hill.

Plutchick, R. (1980). *Emotion: A psychoevolutionary theory of emotion*. New York: Harper & Row.

Pohl, R. F. (1992). Der Rückschau-Fehler: Systematische Verfälschung der Erinnerung bei Experten und Novizen. *Kognitionswissenschaft, 3*, 38–44.

Pohl, R. F., Eisenhauer, M. & Hardt, O. (2003). SARA: A cognitive process model to simulate the anchoring effect and hindsight bias. *Memory, 11*, 337–356.

Postmes, T. & Spears, R. (1998). Deindividuation and antinormative behavior: A meta-analysis. *Psychological Bulletin, 123*, 238–259.

Pratkanis, A. & Aronson, E. (1992). *Age of propaganda: The everyday use and abuse of persuasion*. New York: Freeman.

Prentice, D. A., Miller, D. T. & Lightdale, J. R. (1994). Asymmetries in attachments to groups and to their members: Distinguishing between common-identity and common-bond groups. *Personality and Social Psychology Bulletin, 20*, 484–493.

Prothro, J. W. & Grigg, C. M. (1960). Fundamental principles of democracy: bases for agreement and disagreement. *Journal of Politics, 22*, 276–294.

Pruitt, D. G. & Hoge, R. D. (1965). Strength of the relationship between the value of an event and its subjective probability as a function of method of measurement. *Journal of Personality and Social Psychology, 69*, 483–489.

Pulakos, E. D. & Wexley, K. N. (1983). The relationship among perceptual similarity, sex, and performance ratings in manager-subordinate dyads. *Academy of Management Journal, 26*, 129–139.

Pyszczynski, T. A., Greenberg, J. & LaPrelle, J. (1985). Social comparison after success and failure: Biased search for information consistent with a self-serving conclusion. *Journal of Experimental Social Psychology, 21*, 195–211.

Rabbie, J. M. & Horowitz, M. (1969). Arousal of ingroup-outgroup bias by a chance win or loss. *Journal of Personality and Social Psychology, 13*, 269–277.

Ratneshwar, S., Shocker, A. D. & Stewart, D. W. (1987). Toward understanding the attraction effect: The implications of product stimulus meaningfulness and familiarity. *Journal of Consumer Research, 13*, 520–533.

Reason, J. T. (1987). The Chernobyl errors. *Bulletin of the British Psychological Society, 40*, 201–206.

Reber, R. & Schwarz, N. (1999). Effects of perceptual fluency on judgments of truth. *Consciousness and Cognition, 8*, 338–342.

Reeves, R. A., Baker, G. A., Boyd, J. G. & Cialdini R. B. (1991). The door-in-the-face technique: Reciprocal concessions vs. self-presentational explanations. *Journal of Social Behavior and Personality, 6*, 545–558.

Regan, D. T. (1971). Effects of a favor and liking on compliance. *Journal of Experimental Social Psychology, 7*, 627–639.

Regan, D. T. & Totten, J. (1975). Empathy and attribution: Turning observers into actors. *Journal of Personality and Social Psychology, 32*, 850–856.

Rehm, J., Steinleitner, M. & Lilli, W. (1987). Wearing uniforms and aggression: A field experiment. *European Journal of Social Psychology, 17*, 357–360.

Reis, T. J., Gerrad, M. & Gibbons, F. X. (1993). Social comparison and the pill: Reactions to upward and downward comparison of contraceptive behavior. *Personality and Social Psychology Bulletin, 19*, 13–20.

Reisenzein, R. (1983). The Schachter theory of emotion: Two decades later. *Psychological Bulletin, 94*, 239–264.

Richins, M. L. (1991). Social comparison and the idealized images of advertising. *Journal of Consumer Research, 18*, 71–83.

Richins, M. L. (1995). Social comparison, advertising and consumer discontent. *American Behavioral Scientist, 38*, 593–607.

Ringelmann, M. (1913). Recherches sur les moteurs animés. Travail de l'homme. *Annales de l'Institut National Argonomique, Series 2, 12,* 1–40.

Riskind, J. H. (1983). Nonverbal expressions and the accessibility of life experience memories: A congruence hypothesis. *Social Cognition, 2,* 62–86.

Ritov, I. (1996). Anchoring in simulated competitive market negotiation. *Organizational Behavior and Human Decision Processes, 67,* 16–25.

Robbins, S. P. (2001). *Organisation der Unternehmung* (9. Auflage). München: Pearson Studium.

Robins, R. W., Spranca, M. D. & Mendelson, G. A. (1996). The actor-observer effect revisited: Effects of individual differences and repeated social interactions on actor and observer attributions. *Journal of Personality and Social Psychology, 71,* 375–389.

Roethlisberger, F. J. & Dickson, W. J. (1975). *Management and the worker.* Cambridge: Harvard University Press.

Rogelberg, S. G., Barnes-Farrell, J. L. & Lowe, C. A. (1992). The stepladder technique. An alternative group structure facilitating effective group decision-making. *Journal of Applied Psychology, 77,* 730–737.

Ronen, S. (1986). Equity perception in multiple comparisons: A field study. *Human Relations, 39,* 333–345.

Roseman, I. J., Antoniou, A. A. & Jose, P. E. (1996). Appraisal determinations of emotion: Constructing a more accurate and comprehensive theory. *Cognition and Emotion, 10,* 241–277.

Rosenhan, D. L. (1973). On being sane in insane places. *Science, 179,* 250–258.

Rosenstiel, L. v. (2000). *Grundlagen der Organisationspsychologie. Basiswissen und Anwendungshinweise.* Stuttgart: Schäffer-Poeschel.

Rosenstiel, L. v. (1975). *Die motivationalen Grundlagen des Verhaltens in Organisationen – Leistung und Zufriedenheit.* Berlin: Duncher & Humblot.

Rosenthal, R. (1987). Pygmalion effects: Existence, magnitude, and social importance. *Educational Researcher, 16,* 37–41.

Rosenthal, R. & Jacobson, L. (1968). *Pygmalion in the classroom: Teacher expectation and pupils' intellectual development.* New York: Holt, Rinehart & Winston.

Ross, J. (1998). Escalation theory in labor-management negotiations: The United Auto Workers versus Caterpillar Corporation. In J. A. Wagner III (Ed.), *Advances in qualitative organization research* (Vol. 1, pp. 160–199). Stanford, CT: JAI Press.

Ross, J. & Staw, B. M. (1986). Expo 86: An escalation prototype. *Administrative Science Quarterly, 31*, 274–297.

Ross, L. (1977).The intuitive psychologist and his shortcomings: Distortions in the attribution process. In L. Berkowitz (Ed.), *Advances in experimental social psychology* (Vol. 10, pp. 174–220). New York: Academic Press.

Ross, L., Amabile, T. M. & Steinmetz, J. L. (1977). Social roles, social control, and biases in social-perception processes. *Journal of Personality and Social Psychology, 35*, 485–494.

Ross, M. & Olson, J. M. (1981). An expectancy-attribution model of the effects of placebos. *Psychological Review, 88*, 408–437.

Ross, M. & Sicoly, F. (1979). Egocentric biases in availability and attribution. *Journal of Personality and Social Psychology, 37*, 322–336.

Rothman, A. J. & Schwarz, N. (1998). Constructing perceptions of vulnerability: Personal relevance and the use of experiential information in health judgments. *Personality and Social Psychology Bulletin, 24*, 1053–1064.

Rozin, P., Millman, L. & Nemeroff, C. (1986). Operation of the laws of sympathic magic in disgust and other domains. *Journal of Personality and Social Psychology, 50*, 703–712.

Rubin, E. (1915). *Synoplevde figurer*. Kopenhagen: Gyldendalske.

Ruderman, H., Levine, M. D. & McMahon, J. E. (1987). The behavior of the market for energy efficiency in residential appliances including heating and cooling equipment. *Energy Journal, 8*, 101–124.

Rudman, L. J. & Borgida, E. (1995). The afterglow of construct accessibility: The behavioral consequences of priming men to view women as sexual objects. *Journal of Experimental Social Psychology, 31*, 493–517.

Rugg, D. (1941). Experiments in wording questions. *Public Opinion Quarterly, 5*, 91–92.

Ryan, R. M. & Deci, E. L. (2000). Intrinsic and extrinsic rewards: Classic definitions and new directions. *Current Educational Psychology, 25*, 54–67.

Salovey, P. & Birnbaum, D. (1989). Influence of mood on health-relevant cognitions. *Journal of Personality and Social Psychology, 57,* 539–551.

Sanders, G. S., Baron, R. S. & Moore, D. L. (1978). Distraction and social comparison as mediators of social facilitation effects. *Journal of Experimental Social Psychology, 14,* 291–303.

Savitsky, K., Medvec, V. H., Charlton, A. E. & Gilovich T. (1998). „What, me worry?" Arousal, misattribution and the effect of temporal distance on confidence. *Personality and Social Psychology Bulletin, 24,* 529–536.

Schachter, S. (1951). Deviation, rejection, and communication. *Journal of Abnormal Social Psychology, 46,* 190–207.

Schachter, S. & Singer, J. E. (1962). Cognitive, social, and physiological determinants of emotional state. *Psychological Review, 69,* 379–399.

Schaller, M. & Cialdini, R. B. (1990). Happiness, sadness, and helping: A motivational integration. In E. T. Higgins & R. M. Sorrentino (Eds.), *Handbook of motivation and cognition: Foundations of social behavior, 2,* 265–296.

Scherer, K. R. (2002). Emotion. In W. Stroebe, K. Jonas & M. Hewstone, *Sozialpsychologie* (4. Aufl., S. 165–213). Berlin: Springer.

Scherer, K. R. (1988). Cognitive antecedents of emotion. In V. L. Hamilton, G. H. Bower & N. H. Frijda (Eds.), *Cognitive perspectives on emotion and motivation* (pp. 89–126). Dordrecht, Netherlands: Kluwer.

Schlenker, B. R. (1980). *Impression management: The self-concept, social identity, and interpersonal relations.* Monterey, CA: Brooks/Cole.

Schmidt, C. (1993). *Verzerrte Vorstellung von Vergangenem: Vorsatz oder Versehen? Neue Studien zum hindsight bias Effekt.* Bonn: Holos.

Schneller, K. & Mussweiler, T. (im Druck). Preise haben kein Gedächtnis! Und Investoren? Zum Einfluss von Höchst- und Tiefstständen im Kursverlauf auf Investitionsentscheidungen von Aktienanlegern. *Wirtschaftspsychologie.*

Schuler, H. & Berger, W. (1979). Physische Attraktivität als Determinante für Beurteilung und Einstellungsempfehlung. *Psychologie und Praxis, 23,* 59–70.

Schulz-Hardt, S. (1997). *Realitätsflucht in Entscheidungsprozessen.* Bern: Huber.

Schulz-Hardt, S. & Frey, D. (1997). Gelernte Sorglosigkeit und umweltbewusstes Verhalten am Beispiel Müllvermeidung. In R. Weitkunat, J. Haisch & M. Kessler (Hrsg.), *Public Health und Gesundheitspsychologie* (S. 399–410). Bern: Huber.

Schulz-Hardt, S. & Frey, D. (1999). Fehlentscheidungen in Organisationen. In C. Graf Hoyos & D. Frey (Hrsg.), *Arbeits- und Organisationspsychologie: Ein Lehrbuch* (S. 313–327). Weinheim: Beltz Psychologie Verlags Union.

Schuman, H. & Presser, S. (1981). *Questions and answers in attitude surveys*. New York: Academic Press.

Schuman, H. & Scott, J. (1987). Problems in the use of survey questions to measure public opinion. *Science, 236*, 957–959.

Schwartz, G. E. (1971). Cardiac response to self-induced thoughts. *Psychophysiology, 8*, 462–467.

Schwarz, N. (1984). When reactance effects persist despite restoration of freedom: Investigations of time delay and vicarious control. *European Journal of Social Psychology, 14*, 405–419.

Schwarz, N. (1990). Feelings as information: Information and motivational functions of affective states. In E. T. Higgins & R. Sorrentino (Eds.), *Handbook of motivation and cognition: Foundations of social behavior* (Vol. 2, pp. 527–561). New York: Guilford.

Schwarz, N. & Bienias, J. (1990). What mediates the impact of response alternatives on frequency reports of mundane behaviors? *Applied Cognitive Psychology, 4*, 61–72.

Schwarz, N. & Bless, H. (1991). Happy and mindless, but sad and smart? The impact of affective states on analytical reasoning. In J. Forgas (Ed.), *Emotion and social judgment* (pp. 55–71). Oxford: Pergamon.

Schwarz, N. & Bless, H. (1992). Constructing reality and its alternatives: An inclusion/exclusion model of assimilation and contrast effects in social judgment. In L. L. Martin & A. Tesser (Eds.), *The construction of social judgments* (pp. 217–245). Hillsdale, NJ: Erlbaum.

Schwarz, N., Bless, H., Bohner, G., Harlacher, U. & Kellenbenz, M. (1991). Response scales as frames of reference: The impact of frequency range on diagnostic judgment. *Applied Cognitive Psychology, 5*, 37–50.

Schwarz, N., Bless, H., Strack, F., Klumpp, G., Rittenauer-Schatka, H. & Simons, A. (1991). Ease of retrieval as information: Another look at the availability heuristic. *Journal of Personality and Social Psychology, 61*, 195–202.

Schwarz, N. & Clore, G. L. (1983). Mood, misattribution, and judgments of well being: Informative and directive functions of affective states. *Journal of Personality and Social Psychology, 45*, 513–523.

Schwarz, N. & Clore, G. L. (1988). How do I feel about it? Informative functions of affective states. In K. Fiedler & J. P. Forgas (Eds.), *Affect, cognition, and social behavior* (pp. 44–62). Toronto: Hogrefe International.

Schwarz, N. & Clore, G. L. (1996). Feelings and phenomenal experiences. In E. T. Higgins & A. W. Kruglanski (Eds.), *Social Psychology: Handbook of basic principles* (pp. 433–465). New York: Guilford.

Schwarz, N. & Hippler, H. J. (1995). Subsequent questions may influence answers to preceding questions in mail surveys. *Public Opinion Quarterly, 59*, 93–97.

Schwarz, N., Hippler, H. J., Deutsch, B. & Strack, F. (1985). Response scales: Effects of category range on reported behavior and comparative judgments. *Public Opinion Quarterly, 49*, 388–395.

Schwarz, N., Knäuper, B., Hippler, H. J., Noelle-Neumann, E. & Clark, L. (1991). Rating scales: Numeric values may change the meaning of scale labels. *Public Opinion Quarterly, 55*, 570–582.

Schwarz, N. & Oyserman, D. (2001). Asking questions about behavior: cognition, communication, and questionnaire construction. *American Journal of Evaluation, 22*, 127–160.

Schwarz, N. & Scheuring, B. (1988). Judgments of relationship satisfaction: Inter- and intraindividual comparison strategies as a function of questionnaire structure. *European Journal of Social Psychology, 18*, 485–496.

Schwarz, N. & Scheuring, B. (1992). Selbstberichtete Verhaltens- und Symptomhäufigkeiten: Was Befragte aus Antwortvorgaben des Fragebogens lernen. *Zeitschrift für Klinische Psychologie, 22*, 197–208.

Schwarz, N., Strack, F. & Hippler, H. J. (1991). Kognitionspsychologie und Umfrageforschung: Themen und Befunde eines interdisziplinären Forschungsgebiets. *Psychologische Rundschau, 42*, 175–186.

Schwarz, N., Strack, F., Hippler, H. J. & Bishop, G. (1991). The impact of administration mode on response effects in survey measurement. *Applied Cognitive Psychology, 5*, 193–212.

Schwarz, N., Strack, F. & Mai, H. P. (1991). Assimilation and contrast effects in part-whole question sequences: A conversational logic analysis. *Public Opinion Quarterly, 55*, 3–23.

Schwarz, N., Strack, F., Hilton, D., & Naderer, G. (1991). Base rates, representativeness, and the logic of conversation: The contextual relevance of „irrelevant" information. *Social Cognition, 9*, 67–84.

Schwarz, N., Strack, F., Müller, G. & Chassein, B. (1988). The range of response alternatives may determine the meaning of the question: Further evidence on informative functions of response alternatives. *Social Cognition, 6,* 107–117.

Schwarz, N., Wänke, M. & Bless, H. (1994). Subjective assessments and evaluations of change: Some lessons from social cognition research. *European Review of Social Psychology, 5,* 181–210.

Schwarz, S. & Stahlberg, D. (2003). Strength of the hindsight bias as a consequence of meta-cognition. *Memory, 11,* 395–410.

Schwarzwald, J., Raz, N. & Zvibel, M. (1979). The application of the door-in-the-face technique when established behavioral customs exist. *Journal of Applied Social Psychology, 9,* 576–586.

Schweiger, D. M., Sandberg, W. R. & Ragan, J. W. (1986). Group approaches for improving strategic decision-making: A comparative analysis of dialectical inquiry, devil's advocacy, and consensus. *Academy of Managment Journal, 29,* 51–71.

Schweiger, D. M., Sandberg, W. R. & Rechner, P. L. (1989). Experiential effects of dialectical inquiry, devil's advocacy, and consensus approaches to strategic decision making. *Academy of Management Journal, 32,* 745–772.

Sears, D. O. & Lau, R. (1983). Inducing apparently self-interested political preferences. *American Journal of Political Science, 27,* 223–251.

Seashore, S. E. (1954). *Group cohesiveness in the industrial work group.* Ann Arbor, MI: Institute for Social Research.

Seligman, M. E. P. (1971). Phobias and preparedness. *Behavior Therapy, 2,* 307–320.

Semin, G. R. & Strack, F. (1980). The plausibility of the implausible: a critique of Snyder and Swann (1978). *European Journal of Social Psychology, 10,* 379–388.

Seta, C. E. & Seta, J. J. (1995). When audience presence is enjoyable: The influences of audience awareness of prior success on performance and task interest. *Basic and Applied Social Psychology, 16,* 95–108.

Shafir, E. B., Smith, E. E. & Osherson, D. N. (1990). Typicality and reasoning fallacies. *Memory and Cognition, 18,* 229–239.

Sharpe, D. & Adair, J. G. (1993). Reversibility of the hindsight bias: Manipulation of experimental demands. *Organizational Behavior and Human Decision Processes, 56,* 233–245.

Sheeran, P. & Orbell, S. (1999). Implementation intentions and repeated behavior: augmenting the predictive validity of the theory of planned behavior. *European Journal of Social Psychology, 29,* 349–369.

Sheeran, P. & Orbell, S. (2000). Using implementation intentions to increase attendance for cervical cancer screening. *Health Psychology, 19,* 283–289.

Shepperd, J. A. (1993). Productivity loss in performance groups: A motivation analysis. *Psychological Bulletin, 113,* 67–81.

Shepperd, J. A. (1995). Remedying motivation and productivity loss in collective settings. *Current Directions in Psychological Science, 4,* 131–134.

Shepperd, J. A. & Taylor, K. M. (1999). Social loafing and expectancy-value theory. *Personality and Social Psychology Bulletin, 25,* 1147–1158.

Sherif, M. (1935). A study of some social factors in perception. *Archives of Psychology, 187.*

Shoham-Salomon, V. & Rosenthal, R. (1987). Paradoxical interventions: A meta-analysis. *Journal of Consulting and Clinical Psychology, 55,* 22–28.

Simonson, I. & Tversky, A. (1992). Choice in context: Tradeoff contrast and extremeness aversion. *Journal of Marketing Research, 29,* 281.

Sinclair, R. C. (1988). Mood, categorization breadth, and performance appraisal: The effects of order of information acquisition and affective state on halo, accuracy, information retrieval, and evaluations. *Organizational Behavior and Human Decision Processes, 42,* 22–46.

Sinclair, R. C., Hoffman, C., Mark, M. M., Martin, L. L. & Pickering, T. L. (1994). Construct accessibility and the misattribution of arousal: Schachter and Singer revisited. *Psychological Science, 5,* 15–19.

Sinclair, R. C. & Mark, M. M. (1992). The influence of mood state on judgment and action: Effects on persuasion, categorization, social justice, person perception, and judgmental accuracy. In L. L. Martin & A. Tesser (Eds.), *The construction of social judgments* (pp. 165–193). Hillsdale, N. J.: Erlbaum.

Sinclair, R. C., Mark, M. M. & Clore, G. L. (1994). Mood-related persuasion depends on (mis)attributions. *Social Cognition, 12,* 309–326.

Smedslund, J. (1963). The concept of correlation in adults. *Scandinavian Journal of Psychology, 4,* 165–173.

Smith, E. R. & Mackie, D. M. (2000). *Social psychology* (2nd ed.). Philadelphia: Psychology Press.

Smith, G. H. & Engel, R. (1968). Influence of a female model on perceived characteristics of an automobile. *Proceedings of the 76th Annual Convention of the American Psychological Association, 3,* 681–682.

Smith, H. J. & Tyler, T. R. (1997). Choosing the right pond: The influence of the status of one's group and one's status in that group on self-esteem and group-oriented behaviors. *Journal of Experimental Social Psychology, 33,* 146–170.

Smith, T. W. (1982). *Conditional order effects.* GSS Technical Report no. 33. Chicago: NORC.

Smolowe, J. (1990). Contents require immediate attention. *Time, 26,* 64.

Smyth, M. M. & Fuller, R. G. C. (1972). Effects of group laughter on responses to humorous materials. *Psychological Reports, 30,* 132–134.

Snyder, M. (1984). When belief creates reality. In L. Berkowitz (Ed.), *Advances in experimental social psychology* (Vol. 18, pp. 247–305). New York: Academic Press.

Snyder, M. & Cantor, N. (1979). Testing hypothesis about other people: The use of historical knowledge. *Journal of Experimental Social Psychology, 15,* 330–342.

Snyder, M. & Haugen, J. A. (1995). Why does behavioral confirmation occur? A functional perspective on the role of the target. *Personality and Social Psychology Bulletin, 21,* 963–974.

Snyder, M. & Swann, W. B., Jr. (1978). Hypothesis-testing processes in social interaction. *Journal of Personality and Social Psychology, 36,* 1202–1212.

Snyder, M., Tanke, E. D. & Berscheid, E. (1977). Social perception and interpersonal behavior: On the self-fulfilling nature of social stereotypes. *Journal of Personality and Social Psychology, 35,* 656–666.

Spink, K. S. & Carron, A. V. (1994). Group cohesion effects in exercise classes. *Small Group Research, 25,* 26–42.

Srull, T. K. & Wyer, R. S. (1988). *Advances in social cognition.* Hillsdale, NJ: Erlbaum.

Stahlberg, D. & Maass, A. (1998). Hindsight bias: Impaired memory or biased reconstruction? In W. Stroebe & M. Hewstone (Eds.), *European Review of Social Psychology* (pp. 105–132). Chichester, England: Wiley.

Stasser, G. (2000). Information distribution, participation, and group decision: Explorations with the DISCUSS and SPEAK models. In D. R. Ilgen & C. L. Hulin (Eds.), *Computational modeling of behavior in organizations: The third scientific discipline* (pp. 135–161). Washington, DC: American Psychological Association.

Stasser, G., Stewart, D. D. & Wittenbaum, G. M. (1995). Expert roles and information exchange during discussion: The importance of knowing who knows what. *Journal of Experimental Social Psychology*, *31*, 244–265.

Stasser, G., Taylor, L. A. & Hanna, C. (1989). Information sampling in structured and unstructured discussions of three- and six-person groups. *Journal of Personality and Social Psychology, 57*, 67–78.

Stasser, G. & Titus, W. (1985). Pooling of unshared information in group decision making: Biased information sampling during discussion. *Journal of Personality and Social Psychology, 48*, 1467–1478.

Stasser, G. & Titus, W. (1987). Effects of information load and percentage of shared information on the dissemination of unshared information during group discussion. *Journal of Personality and Social Psychology, 53*, 81–93.

Staw, B. M. & Barsade, S. G. (1993). Affect and managerial performance: A test of the sadder-but-wiser vs. happier-and-smarter-hypotheses. *Administrative Science Quarterly, 38*, 304–331.

Staw, B. M., Barsade, S. G. & Koput, K. W. (1997). Escalation at the credit window: A longitudinal study of bank executives' recognition and write-off of problem loans. *Journal of Applied Psychology, 82*, 130–142.

Staw, B. M. & Ross, J. (1987). Behavior in escalation situations: Antecedents, prototypes, and solutions. *Research in Organizational Behavior, 9*, 39–78.

Staw, B. M. & Ross, J. (1989). Understanding behavior in escalation situations. *Science, 246*, 216–220.

Steiner, I. D. (1972). *Group processes and productivity*. New York: Academic Press.

Stepper, S. & Strack, F. (1993). Proprioceptive determinants of emotional and non-emotional feelings. *Journal of Personality and Social* Psychology, *64*, 211–220.

Stevens, C. K. & Kristof, A. L. (1995). Making the right impression: A field study of applicant impression management during job interviews. *Journal of Applied Psychology, 80*, 587–606.

Stewart, D. D., Billings, R. S. & Stasser, G. (1998). Accountability and the discussion of unshared, critical information in decision-making groups. *Group Dynamics, 2*, 18–23.

Stewart, D. D. & Stasser, G. (1995). Expert role assignment and information sampling during collective recall and decision making. *Journal of Personality and Social Psychology, 69*, 619–628.

Stewart, D. D. & Stasser, G. (1998). The sampling of critical, unshared information in decision-making groups: The role of an informed minority. *European Journal of Social Psychology, 28*, 95–113.

Stewart, J. E., II. (1980). Defendant's attractiveness as a factor in the outcome of trials. *Journal of Applied Social Psychology, 10*, 348–361.

Stewart, J. E., II. (1985). Appearance and punishment: The attraction-leniency effect in the courtroom. *Journal of Social Psychology, 125*, 373–378.

Stoner, J. A. F. (1961). *A comparison of individual and group decisions involving risk.* Unpublished master's thesis. Massachusetts Institute of Technology, cited in D. G. Marquis, Individual responsibility and group decisions involving risk, *Industrial Management Review, 3*, 8–23.

Storms, M. D. (1973). Videotape and the attribution process: Reversing actors' and observers' points of view. *Journal of Personality and Social Psychology, 27*, 165–175.

Strack, F. (1988). Social Cognition: Sozialpsychologie innerhalb des Paradigmas der Informationsverarbeitung. *Psychologische Rundschau, 39*, 72–82.

Strack, F. (1992). „Order effects" in survey research: Activation and information functions of preceding questions. In N. Schwarz & S. Sudman (Eds.), *Context effects in social and psychological research* (pp. 221–236). New York: Springer.

Strack, F. (1994). Response processes in social judgment. In R. S. Wyer & T. K. Srull (Eds.), *Handbook of Social Cognition* (2nd ed., pp. 287–322). Hillsdale, NJ: Erlbaum.

Strack, F. (1996). The different routes to social judgments: Experiential versus informational strategies. In L. L. Martin & A. Tesser (Eds.), *The construction of social judgments* (pp. 249–276). Hillsdale, NJ: Erlbaum.

Strack, F. & Bless, H. (1994). Memory for non-occurrences: Metacognitive and presuppositional strategies. *Journal of Memory and Language, 33*, 203–217.

Strack, F. & Deutsch, R. (2002). Urteilsheuristiken. In D. Frey & M. Irle (Hrsg.), *Theorien der Sozialpsychologie. Band III: Motivations- und Informationsverarbeitungstheorien* (pp. 352–384). Bern: Huber.

Strack, F. & Deutsch. R. (in press). Reflective and impulsive determinants of social behavior. *Personality and Social Psychology Review.*

Strack, F., Erber, R. & Wicklund, R. A. (1982). Effects of salience and time pressure on ratings of social causality. *Journal of Experimental Psychology*, 18, 581–594.

Strack, F. & Förster, J. (1998). Self-reflection and recognition: The role of metacognitive knowledge in the attribution of recollective experience. *Personality and Social Psychology Review*, 2, 111–123.

Strack, F. & Gonzales, M. H. (1993). Wissen und Fühlen: Noetische und experientielle Grundlagen heuristischer Urteilsbildung. In W. Hell, K. Fiedler & G. Gigerenzer (Hrsg.), *Kognitive Täuschungen. Fehl-Leistungen und Mechanismen des Urteilens, Denkens und Erinnerns* (S. 291–315). Heidelberg: Spektrum Akademischer Verlag.

Strack, F. & Martin, L. L. (1987). Thinking, judging, and communicating: A process account of context effects in attitude surveys. In H. J. Hippler, N. Schwarz & S. Sudman (Eds.), *Social information processing and survey methodology* (pp. 123–148). New York: Springer.

Strack, F., Martin, L. L. & Schwarz, N. (1988). Priming and communications: Social determinants of information use in judgments of life satisfaction. *European Journal of Social Psychology, 18*, 429–442.

Strack, F., Martin, L. L. & Stepper, S. (1988). Inhibiting and facilitating conditions of the human smile: A non-obtrusive test of the facial feedback hypothesis. *Journal of Personality and Social Psychology, 54*, 768–777.

Strack, F. & Mussweiler, T. (1997). Explaining the enigmatic anchoring effect: Mechanisms of selective accessibility. *Journal of Personality and Social Psychology, 73*, 437–446.

Strack, F. & Neumann, R. (1996). „The spirit is willing but the flesh is weak": Beyond mind-body interactions in human decision-making. *Organizational Behavior and Decision Making, 65*, 300–304.

Strack, F. & Neumann, R. (2000). Furrowing the brow may undermine perceived fame: The role of facial feedback in judgments of celebrity. *Personality and Social Psychology Bulletin, 26*, 762–768.

Strack, F., Schwarz, N., Chassein, B., Kern, D. & Wagner, D. (1990). The salience of comparison standards and the activation of social norms: Consequences for judgments of happiness and their communication. *British Journal of Social Psychology, 29*, 303–314.

Strack, F., Schwarz, N. & Gschneidinger, E. (1985). Happiness and reminiscing: The role of time perspective, mood, and mode of thinking. *Journal of Personality and Social Psychology, 49*, 1460–1469.

Strack, F., Schwarz, N. & Nebel, A. (1987). *Thinking about your life: Affective and evaluative consequences*. Conference on „ruminations, self-relevant cognitions, and stress". Memphis: State University.

Strack, F., Schwarz, N. & Wänke, M. (1991). Semantic and pragmatic aspects of context effects in social and psychological research. *Social Cognition, 9*, 111–125.

Strack, F. & Seibt, B. (2003). Der falsche Rat der Angst. *Gehirn und Geist, 4*, 12–16.

Strack, F. & Werth, L. (2002). „Wie zufrieden sind Sie eigentlich?" Psychologische Determinanten von Zufriedenheitsmessungen. In K. Ferger, N. Gissel, & J. Schwier (Hrsg.), *Sportspiele, Trainieren, Vermitteln, Erleben*. Schriftenreihe der Deutschen Vereinigung für Sportwissenschaft (Kap. 1, S. 13–24). Hamburg: Czwalina.

Strack, F. & Werth, L. (im Druck). *Bridging psychology away – beyond explicit measures in attitudinal assessment.*

Streufert, S. (1978). The human component in the decision making situation. In B. T. King, S. Streufert & F. E. Fiedler (Eds.), *Managerial control and organizational democracy*. Washington, D. C.: Winston/Wiley.

Stroebe, W. & Diehl, M. (1994). Why groups are less effective than their members. On productivity loss in idea-generating groups. In W. Stroebe & M. Hewstone (Eds.), *European review of social psychology* (Vol. 5, pp. 271–304), London: Wiley.

Stroebe, W., Diehl, M. & Abakoumkin, G. (1992). The illusion of group effectivity. *Personality and Social Psychology Bulletin, 18*, 643–650.

Stroebe, W., Diehl, M. & Abakoumkin, G. (1996). Social compensation and the Köhler Effect: Toward a theoretical explanation of motivation gains in group productivity. In E. Witte & J. Davis (Eds.), *Understanding group behavior: Consensual action by small groups* (Vol. 2, pp. 37–65). Mahwah, NJ: Erlbaum.

Stroebe, W., Jonas, K. & Hewstone, M. (Hrsg.). (2002). *Sozialpsychologie* (4. Aufl.). Berlin: Springer.

Strube, G. (1987). Answering survey questions: The role of memory. In H. J. Hippler, N. Schwarz & S. Sudman (Eds.), *Social information processing and survey methodology* (pp. 86–101). New York: Springer.

Sudman, S. & Bradburn, N. M. (1974). *Response effects in surveys.* Chicago: Aldine Publishing Company.

Suedfeld, P., Bochner, S. & Matas, C. (1971). Petitioner's attire and petition signing by peace demonstrators: A field experiment. *Journal of Applied Social Psychology, 10*, 278–283.

Suls, J. M. & Miller, R. L. (Eds.). (1977). *Social comparison processes: Theoretical and empirical perspectives.* Washington, DC: Hemisphere/Halstead.

Swann, W. B. (1984). Quest for accuracy in person perception: A matter of pragmatics. *Psychological Review, 91*, 457–477.

Swann, W. B. & Ely, R. J. (1984). A battle of wills: Self-verification versus behavioral confirmation. *Journal of Personality and Social Psychology, 46*, 1287–1302.

Switzer, F. S. & Sniezek, J. A. (1991). Judgment processes in motivation: Anchoring and adjustment effects on judgment and behavior. *Organizational Behavior and Human Decision Processes, 49*, 208–229.

Synodinos, N. E. (1986). Hindsight distortion: „I knew it all along and I was sure about it". *Journal of Applied Social Psychology, 16*, 107–117.

Szymanski, K. & Harkins, S. G. (1987). Social loafing and self-evaluation with a social standard. *Journal of Personality and Social Psychology, 53*, 891–897.

Tajfel, H. (1978). *Differentiation between social groups: Studies in the social psychology of intergroup relations.* London: Academic Press.

Tajfel, H. (1982). Social psychology of intergroup relations. *Annual Review of Psychology, 33*, 1–30.

Tajfel, H., Flament, C., Billig, M. G. & Bundy, R. P. (1971). Social categorization and intergroup behavior. *European Journal of Social Psychology, 1*, 149–178.

Tajfel, H. & Turner, J. (1986). The Social Identity Theory of intergroup behavior. In S. Worchel & W. G. Austin (Eds.), *Psychology of intergroup relations* (pp. 7–24). Chicago: Nelson.

Tang, S. & Hall, V. C. (1995). The overjustification effect: A meta analysis. *Applied Cognitive Psychology, 9*, 365–404.

Tauer, J. M. & Harackiewicz, J. M. (1999). Winning isn't everything: Competition, achievement orientation and intrinsic motivation. *Journal of Experimental Social Psychology, 35,* 209–238.

Taylor, S. E., Falke, R. L., Shoptaw, S. J. & Lichtman, R. R. (1986). Social support, support groups and the cancer patient. *Journal of Consulting and Clinical Psychology, 54,* 608–615.

Taylor, S. E. & Fiske, S. T. (1975). Point of view and perceptions of causality. *Journal of Personality and Social Psychology, 32,* 439–445.

Taylor, S. E., Fiske, S. T., Close, M., Anderson, C. & Ruderman, A. (1977). *Solo status as a psychological variable: The power of being distinctive.* Unpublished manuscript. Harvard University.

Taylor, S. E. & Lobel, M. (1989). Social comparison activity under threat: Downward evaluation and upward contacts. *Psychological Review, 96,* 569–575.

Tedeschi, J. T. & Melburg, V. (1984). Impression management and influence in organizations. In S. B. Bacharach & E. J. Lawler (Eds.), *Research in the sociology of organizations* (Vol. 3, pp. 31–58). Greenwich, CT: JAI Press.

Teger, A. I. (1980). *Too much invested to quit.* Elmsford, NY: Pergamon.

Tennen, H. & Affleck, G. (2000). The perception of personal control: Sufficiently important to warrant careful scrutiny. *Personality and Social Psychology Bulletin, 26,* 152–156.

Terry, R. L. & Krantz, J. H. (1993). Dimensions of trait attributions associated with eyeglasses men's facial hair, and women's hair length. *Journal of Applied Social Psychology, 23,* 1757–1769.

Tesser, A. (1988). Toward a self-evaluation maintenance model of social behavior. In L. Berkowitz (Ed.), *Advances in experimental social psychology* (pp. 181–227). New York: Academic Press.

Thaler, R. H. (1985). Mental accounting and consumer choice. *Marketing Science, 4,* 199–214.

Thaler, R. H. (1999). Mental accounting matters. *Journal of Behavioral Decision Making, 12,* 183–206.

Thaler, R. H. & Johnson, E. J. (1990). Gambling with the house money and trying to break even: The effects of prior outcomes on risky choice. *Management Science, 36,* 643–660.

Thames, E. A. (1996). The sunk-cost effect: The importance of context. *Journal of Social Behavior and Personality, 11*, 817–826.

Thibault, J. & Walker, L. (1975). *Procedural justice: A psychological analysis.* Hillsdale, NJ: Erlbaum.

Thompson, L. (1990). An examination of naive and experienced negotiators. *Journal of Personality and Social Psychology, 59*, 82–90.

Thompson, S. C. & Kelley, H. H. (1981). Judgments of responsibility for activities in close relationships. *Journal of Personality and Social Psychology, 41*, 469–477.

Thorndike, E. L. (1920). A constant error in psychological ratings. *Journal of Applied Psychology, 4*, 25–29.

Tindale, R. S., Smith, C. M., Thomas, L. S., Filkins, J. & Sheffey, S. (1996). Shared representations and asymmetric social influence processes in small groups. In E. Witte & J. H. Davis (Eds.), *Understanding group behavior: Consensual action by small groups* (pp. 81–104). Mahwah, NJ: Erlbaum.

Totterdell, P., Kellet, S., Teuchmann, K. & Briner, R. B. (1998). Evidence of mood linkage in work groups. *Journal of Personality and Social Psychology, 74*, 1504–1515.

Tourangeau, R. (1984). Cognitive science and survey methods. In T. B. Jabine, M. L. Straf, J. M. Tanur & R. Tourangeau (Eds.), *Cognitive aspects of survey methodology: Building a bridge between disciplines* (pp.73–100). Washington: National Academy Press.

Tourangeau, R. & Rasinski, K. A. (1988). Cognitive processes underlying context effects in attitude measurement. *Psychological Bulletin, 103*, 299–314.

Tourangeau, R., Rasinski, K. A. & Bradburn, N. (1991). Measuring happiness in surveys: A test of the subtraction hypothesis. *Public Opinion Quarterly, 55*, 255–266.

Trope, Y. & Liberman, A. (1996). Social hypothesis testing: Cognitive and motivational factors. In E. T. Higgins & A. W. Kruglanski (Eds.), *Social psychology: Handbook of basic principles* (pp. 239–270). New York: Guilford.

Tubbs, M. E. (1986). Goal setting: A meta-analytic examination of the empirical evidence. *Journal of Applied Psychology, 71*, 474–483.

Tubré, T. C. & Collins, J. M. (2000). Jackson and Schuler (1985) revisited: A meta-analysis of the relationships between role ambiguity, role conflict, and job performance. *Journal of Management, 26*, 155–169.

Tuckman, B. W. (1965). Developmental sequence in small groups. *Psychological Bulletin, 63*, 384–399.

Tuckman, B. W. & Jensen, M. A. (1977). Stages of small group development revisited. *Group and Organization Studies, 2*, 419–427.

Turban, D. B. & Jones, A. P. (1988). Supervisor-subordinate similarity: Types, effects, and mechanisms. *Journal of Applied Psychology, 73*, 228–234.

Turner, J. C. (1982). Towards a cognitive redefinition of the social group. In H. Tajfel (Ed.), *Social identity and intergroup relations* (pp. 15–40). Cambridge, UK: Cambridge University Press.

Turner, J. C. (1985). Social categorization and the self-concept: A social cognitive theory of group behavior. In E. J. Lawler (Ed.), *Advances in group processes: theory and research* (Vol. 2, pp. 77–122). Greenwich, CT: JAI Press.

Turner, J. C. (1987). *Rediscovering the social group: A self-categorization theory.* Oxford: Blackwell.

Turner, J. C. (1991). *Social influence.* Buckingham, UK: Open University Press.

Turner, J. C., Hogg, M. A., Oakes, P. J., Reicher, S. D. & Wetherell, M. S. (1987). *Rediscovering the social group: A self-categorization theory.* Oxford, UK: Blackwell.

Turner, M. E. & Pratkanis, A. R. (1998). Twenty-five years of groupthink research: Lessons in the development of a theory. *Organizational Behavior and Human Decision Processes, 73*, 105–115.

Turner, M. E., Pratkanis, A. R., Probasco, P. & Leve, C. (1992). Threat, cohesion, and group effectiveness: Testing a social identity maintenance perspective of groupthink. *Journal of Personality and Social Psychology, 63*, 781–796.

Turner, R. M. & Ascher, L. M. (1979). Paradoxical intention and insomnia: An experimental investigation. *Behavioral Research and Therapy, 17*, 408–411.

Tversky, A. & Gati, I. (1978). Studies of similarity. In E. Rosch & B. Lloyd (Eds.), *Cognition and categorization* (pp. 79–98). Hillsdale, NJ: Erlbaum.

Tversky, A. & Kahneman, D. (1973). Availability: A heuristic for judging frequency and probability. *Cognitive Psychology, 42*, 207–232.

Tversky, A. & Kahneman, D. (1974). Judgment under uncertainty: Heuristics and biases. *Science, 185*, 1124–1131.

Tversky, A. & Kahneman, D. (1981). The framing of decisions and the psychology of choice. *Science, 211*, 453–458.

Tversky, A. & Kahneman, D. (1982). Judgments of and by representativeness. In D. Kahneman, P. Slovic & A. Tversky (Eds.), *Judgment under uncertainty: Heuristics and biases* (pp. 84–98). New York: Cambridge University Press.

Tversky, A. & Kahneman, D. (1984). Choices, values, and frames. *American Psychologist, 39*, 341–350.

Tversky, A. & Kahneman, D. (1991). Loss aversion in riskless choice: A reference dependent model. *Quarterly Journal of Economics, 106*, 1039–1061.

Tversky, A. & Shafir, E. (1992). Choice under conflict: The dynamics of deferred decision. *Psychological Science, 3*, 358–361.

Tyler, T. R. (1999). Why people co-operate with organizations: An identity-based perspective. In B. M. Staw & R. Sutton (Eds.), *Research in organizational behavior* (Vol. 21, pp. 201–246). Greenwich, CT: JAI Press.

Tziner, A. & Eden, D. (1985). Effects of crew composition on crew performance: Does the whole equal the sum of its parts? *Journal of Applied Psychology, 70*, 85–93.

Uehara, E. S. (1995). Reciprocity reconsidered: Gouldner's „moral norm of reciprocity" and social support. *Journal of Social and Personal Relationships, 12*, 483–502.

Valins, S. (1966). Cognitive effects of false heart-rate feedback. *Journal of Personality and Social Psychology, 4*, 400–408.

Vallone, R. P., Ross, L. & Lepper, M. R. (1985). The hostile media phenomenon: Biased perception and perceptions of media bias in coverage of the Beirut massacre. *Journal of Personality and Social Psychology, 49*, 577–585.

van Knippenberg, D. (2000). Work motivation and performance: A social identity perspective. *Applied Psychology: An International Review, 49*, 357–371.

van Knippenberg, D., van Knippenberg, B. & Monden, L. (2002). Organizational identification after a merger: A social identity perspective. *British Journal of Social Psychology, 41*, 233–252.

van Knippenberg, D., van Knippenberg, B., Monden, L. & de Lima, F. (1999). Organizational identification after a merger: A social identity perspective. *British Journal of Social Psychology, 41*, 233–252.

van Knippenberg, D. & van Schie, E. C. M. (2000). Foci and correlates of organizational identification. *Journal of Occupational and Organizational Psychology, 73*, 137–147.

van Lange, P. A. (1999). The pursuit of joint outcomes and equality in outcomes: An integrative model of social value orientation. *Journal of Personality and Social Psychology, 77*, 337–349.

Verplanken, B. & Faes, S. (1999). Good intentions, bad habits, and effects of forming implementation intentions on healthy eating. *European Journal of Social Psychology*, 29, 591–604.

Verplanken, B. & Pieters, R. G. M. (1988). Individual differences in reverse hindsight bias: I never thought something like Chernobyl would happen. Did I? *Journal of Behavioral Decision Making, 1*, 131–147.

Vroom, V. H. (1964). *Work and motivation*. New York: Wiley.

Vroom, V. H. & Jago, A. G. (1988). *The new leadership: Managing participation in organizations*. Englewood Cliffs, NJ: Prentice Hall.

Vroom, V. H. & Yetten, P. H. (1975). *Leadership and decision-making*. London: Feffer and Simmons.

Wagenaar, W. A. & Keren, G. B. (1988). Chance and luck are not the same. *Journal of Behavioral Decision Making, 1*, 65–75.

Walk, R. D. & Gibson, E. J. (1961). A comparative and analytical study of visual depth perception. *Psychological Monographs, 75*, 44.

Waller, M. J., Huber, G. P. & Glick, W. H. (1995). Functional background as a determinant of executives' selective perception. *Academy of Management Journal, 38*, 943–974.

Walther, E. (2002). Guilty by mere association: Evaluative conditioning and the spreading attitude effect. *Journal of Personality and Social Psychology, 82*, 919–934.

Wang, T., Brownstein, R. & Katzer, R. (1989). Promoting charitable behavior with compliance techniques. *Applied Psychology, 38*, 165–184.

Wänke, M., Bless, H. & Biller, B. (1996). Subjective experience versus content of information in the construction of attitude judgments. *Personality and Social Psychology Bulletin, 22*, 1105–1113.

Wänke, M., Bohner, G. & Jurkowitsch, A. (1997). There are many reasons to drive a BMW: Does imagined ease of argument generation influence attitudes? *Journal of Consumer Research, 24*, 170–177.

Wänke, M., Schwarz, N. & Bless, H. (1995). The availability heuristic revisited: Experienced ease of retrieval in mundane frequency estimates. *Acta Psychologica, 89,* 83–90.

Wänke, M., Schwarz, N. & Noelle-Neumann, E. (1995). Asking comparative questions: The impact of the direction of comparison. *Public Opinion Quarterly, 59,* 347–372.

Ward, W. C. & Jenkins, H. M. (1965). The display of information and the judgment of contingency. *Canadian Journal of Psychology, 19,* 231–241.

Wason, P. C. (1960). On the failure to eliminate hypotheses in a conceptual task. *Quarterly Journal of Experimental Psychology, 12,* 129–140.

Wassermann, D., Lempert, R. O. & Hastie, R. (1991). Hindsight and causality. *Personality and Social Psychology Bulletin, 17,* 30–35.

Watson, D. (1982). The actor and the observer: How are the perceptions of causality divergent? *Psychological Bulletin, 92,* 682–700.

Watson, J. B. & Rayner, R. (1920). Conditioned emotional reaction. *Journal of Experimental Psychology, 3,* 1–14.

Watson, W. E., Johnson, L., Kumar, K. & Critelli, J. (1998). Process gain and process loss: Comparing interpersonal processes and performance of culturally diverse and non-diverse teams across time. *International Journal of Intercultural Relations, 22,* 409–430.

Wayne, S. J. & Ferris, G. R. (1990). Influence tactics and exchange quality in supervisor-subordinate interactions: A laboratory experiment and field study. *Journal of Applied Psychology, 75,* 487–499.

Wayne, S. J. & Kacmar, K. M. (1991). The effects of impression management on the performance appraisal process. *Organizational Behavior and Human Decision Processes, 48,* 70–88.

Wayne, S. J. & Liden, R. C. (1995). Effects of impression management on performance ratings: A longitudinal study. *Academy of Management Journal, 38,* 232–260.

Wegner, D. M. (1994). Ironic processes of mental control. *Psychological Review, 101,* 34–52.

Wegner, D. M. (1995). A computer network model of human transactive memory. *Social Cognition, 13,* 319–339.

Wegner, D. M., Ansfield, M. & Pilloff, D. (1998). The putt and the pendulum: Ironic effects of the mental control of action. *Psychological Science, 9,* 196–199.

Wegner, D. M., Broome, A. & Blumberg, S. (1997). Ironic effects of trying to relax under stress. *Behavior Research and Therapy*, *35*, 11–21.

Wegner, D. M., Erber, R. & Raymond, P. (1991). Transactive memory in close relationships. *Journal of Personality and Social Psychology*, *61*, 923–929.

Wegner, D. M., Erber, R. & Zanakos, S. (1993). Ironic processes in the mental control of mood and mood-related thought. *Journal of Personality and Social Psychology*, *65*, 1093–1104.

Wegner, D. M. & Gold, D. B. (1995). Fanning old flames: Emotional and cognitive effects of suppressing thoughts of a past relationship. *Journal of Personality and Social Psychology, 68*, 782–792.

Wegner, D. M., Schneider, D. J., Carter, S. III & White, L. (1987). Paradoxical effects of thought suppression. *Journal of Personality and Social Psychology, 58*, 409–418.

Weinert, A. B. (1998). *Organisationspsychologie. Ein Lehrbuch* (4. Aufl.). Weinheim: Beltz Psychologie Verlags Union.

Weinstein, N. D. (1980). Unrealistic optimism about future life events. *Journal of Personality and Social Psychology, 39*, 806–820.

Weiss, H. M. & Cropanzano, R. (1996). Affective events theory: A theoretical discussion of the structure, causes, and consequences of affective experiences at work. In B. M. Staw & L. L. Cummings (Eds.), *Research in Organizational Behavior: An annual series of analytical essays and critical reviews, 18*, 1–74. Greenwich, CT: JAI Press.

Weldon, E. & Mustari, E. L. (1988). Felt dispensability in groups of co-actors: The effects of shared responsibility and explicit anonymity on cognitive effort. *Organizational Behavior and Human Decision Processes, 41*, 330–351.

Werth, L. (1998). *Ein inferentieller Erklärungsansatz des Rückschaufehlers. Der Rückschaufehler: Ein Effekt sowohl zu hoher als auch zu geringer Urteilssicherheit.* Hamburg: Kovac.

Werth, L. & Förster, J. (2002a). Implicit person theories influence memory judgments: The circumstances under which metacognitive knowledge is used. *European Journal of Social Psychology, 32*, 353–362.

Werth, L. & Förster, J. (2002b). Wie Sie als Führungskraft Kreativität steigern oder blockieren können. *Wirtschaftspsychologie, 2,* 13–20.

Werth, L., Häfner, M. & Seibt, B. (2003). *The implicit association test (IAT) in managerial evaluation.* Manuscript in preparation.

Werth, L. & Strack, F. (2001). Die Beurteilung der eigenen Zufriedenheit in der Befragung und „in real life". *Wirtschaftspsychologie, 4,* 226–234.

Werth, L. & Strack, F. (2003). An inferential approach to the knew-it-all-along-phenomenon. *Memory, 11,* 411–419.

Werth, L., Strack, F. & Förster, J. (2002). Certainty and uncertainty: The two faces of the hindsight bias. *Organizational Behavior and Human Decision Processes, 87,* 323–341.

West, M. (1994). *Effective teamwork.* Leicester: BPS Books.

Whatley, M. A., Webster, J. M., Smith, R. H. & Rhodes, A. (1999). The effect of a favor on public and private compliance: How internalized is the norm of reciprocity? *Basic and Applied Social Psychology, 21,* 251–259.

Wheelan, S. A. (1994). *Group processes: A developmental perspective.* Boston, MA: Allyn & Bacon.

Wheeler, D. D. & Janis, I. L. (1980). A practical guide for making decisions. New York: Free Press.

Wheeler, L. & Kunitate, M. (1992). Social comparison in everyday life. *Journal of Personality and Social Psychology, 62,* 760–773.

Wheeler, L., Martin, R. & Suls, J. M. (1997). The proxy model of social comparison for self-assessment of ability. *Personality and Social Psychology Review, 1,* 54–61.

Whitney, R. A., Hubin, T. & Murphy, J. D. (1965). *The new psychology of persuasion and motivation in selling.* Englewood Cliffs, NJ: Prentice-Hall.

Whyte, G. (1986). Escalating commitment to a course of action: A reinterpretation. *Academy of Management Review, 11,* 311–321.

Whyte, G. (1991). Diffusion of responsibility: Effects on the escalation tendency. *Journal of Applied Psychology, 76,* 408–415.

Whyte, G. & Sebenius, J. K. (1997). The effect of multiple anchors on anchoring in individual and group judgment. *Organizational Behavior and Human Decision Processes, 69,* 75–85.

Wicklund, R. A., Slattum, V. & Solomon, E. (1970). Effects of implied pressure toward commitment on ratings of choice alternatives. *Journal of Experimental Social Psychology, 6,* 449–457.

Wilder, D. A. (1977). Perception of groups, size of opposition, and social influence. *Journal of Experimental Social Psychology, 13*, 253–268.

Williams, K. D., Harkins, S. & Latané, B. (1981). Identifiability as a deterrent to social loafing: Two cheering experiments. *Journal of Personality and Social Psychology, 40*, 303–311.

Williams, K. D. & Karau, S. J. (1991). Social loafing and social compensation: The effects of expectations of co-worker performance. *Journal of Personality and Social Psychology, 61*, 570–581.

Williams, K. D., Karau, S. J. & Bourgeois, M. (1993). Working on collective tasks: Social loafing and social compensation. In M. A. Hogg & D. Abrams (Eds.), *Group motivation: Social psychological perspectives* (pp. 130–148). New York: Harvester Wheatsheaf.

Wilson, P. R. (1968). The perceptual distortion of height as a function of ascribed academic status. *Journal of Social Psychology, 74*, 97–102.

Wilson, T. D. (1985). Strangers to ourselves: The origins and accuracy of beliefs about one's own mental states. In J. H. Harvey & G. Weary (Eds.), *Attribution in contemporary psychology* (pp. 9–36). New York: Academic Press.

Wilson, T. D. (1990). Self-persuasion via self-reflection. In J. M. Olson & M. P. Zanna (Eds.), *Self-inference: The Ontario Symposium* (Vol. 6, pp. 43–67). Hillsdale, NJ: Erlbaum.

Wilson, T. D. (1994). The proper protocol: Validity and completeness of verbal reports. *Psychological Science, 5*, 249–252.

Wilson, T. D. (in press). *Strangers to ourselves: Self-insight and the adaptive unconscious.* Cambridge, MA: Havard University Press.

Wilson, T. D., Dunn, D. S., Bybee, J. A., Hyman, D. B. & Rotondo, J. A. (1984). Effects of analyzing reasons on attitude-behavior consistency. *Journal of Personality and Social Psychology, 47*, 5–16.

Wilson, T. D., Houston, C., Etling, K. M. & Brekke, N. (1996). A new look at anchoring effects: Basic anchoring and its antecedents. *Journal of Experimental Psychology: General, 125*, 387–402.

Wilson, T. D. & LaFleur, S. J. (1995). Knowing what you'll do: Effects of analyzing reasons on self-prediction. *Journal of Personality and Social Psychology, 68*, 21–35.

Wilson, T. D. & Stone, J. I. (1985). Limitations of self-knowledge: More on telling more than we can know. In P. Shaver (Ed.), *Review of personality and social psychology* (Vol. 6, pp.167–183). Beverly Hills, CA: Sage.

Winkielman, P., Knäuper, B. & Schwarz, N. (1998). Looking back at anger: Reference periods change the interpretation of emotion frequency questions. *Journal of Personality and Social Psychology, 75*, 719–728.

Wittenbaum, G. M. & Stasser, G. (1996). Management of information in small groups. In J. L. Nye & A. M. Brower (Eds.), *What's social about social cognition? Research on socially shared cognition in small groups* (pp. 3–28). Thousand Oaks, CA: Sage.

Wood, J. V. (1989). Theory and research concerning social comparison of personal attributes. *Psychological Bulletin, 106*, 231–248.

Wood, J. V. (1996). What is social comparison and how should we study it? *Personality and Social Psychology Bulletin, 22*, 520–537.

Wood, J. V., Giordano-Beech, M. & Ducharme, M. J. (1999). Compensating for failure through social comparison. *Personality and Social Psychology Bulletin, 25*, 1370–1386.

Wood, J. V., Taylor, S. E. & Lichtman, R. R. (1985). Social comparison in adjustment to breast cancer. *Journal of Personality and Social Psychology, 49*, 1169–1183.

Wood, R. E., Mento, A. J. & Locke, E. A. (1987). Task complexity as a moderator of goal effects: A meta-analysis. *Journal of Applied Psychology, 72*, 416–425.

Woodside, A. D. & Davenport, J. B. (1974). The effect of salesman similarity and expertise on consumer purchasing behavior. *Journal of Marketing Research, 11*, 198–202.

Worchel, S., Arnold, S. E. & Baker, M. (1975). The effect of censorship on attitude change: The influence of censor and communicator characteristics. *Journal of Applied Social Psychology, 5*, 222–239.

Worchel, S., Lee, J. & Adewole, A. (1975). Effects of supply and demand on ratings of object value. *Journal of Personality and Social Psychology, 32*, 906–914.

Worchel, S., Rothgerber, H., Day, E. A., Hart, D. & Butemeyer, J. (1998). Social identity and individual productivity within groups. *British Journal of Social Psychology, 37*, 389–413.

Word, C. O., Zanna, M. P. & Cooper, J. (1974). The nonverbal mediation of self-fulfilling prophecies in interracial interaction. *Journal of Experimental Social Psychology, 10*, 109–120.

Wortman, C. B. & Linsenmeier, J. A. W. (1977). Interpersonal attraction and techniques of ingratiation in organizational settings. In B. N. Staw & G. R. Salancik (Eds.), *New directions in organizational behavior* (pp. 133–178). Chicago: St. Clair Press.

Wyer, N. A., Sherman, J. W. & Stroessner, S. J. (1998). The spontaneous suppression of racial stereotypes. *Social Cognition, 16*, 340–352.

Yates, J. F. & Carlson, B. W. (1986). Conjunction errors: Evidence for multiple judgment procedures, including „signed summation". *Organizational Behavior and Human Decision Processes, 37*, 230–253.

Young, R. K., Kennedy, A. H., Newhouse, A., Browne, P. & Thiessen, D. (1993). The effects of names on perceptions of intelligence popularity, and competence. *Journal of Applied Social Psychology, 23*, 1770–1788.

Zaccaro, S. J. (1984). Social loafing: The role of task attractiveness. *Personality and Social Psychology Bulletin, 10*, 99–106.

Zajonc, R. B. (1965). Social facilitation. *Science, 149*, 269–274.

Zajonc, R. B. (1968). Attitudinal effects of mere exposure. *Journal of Personality and Social Psychology, 9*, 1–27.

Zajonc, R. B., Adelmann, P. K., Murphy, S. T. & Niedenthal, P. M. (1987). Convergence in the physical appearance of spouses. *Motivation & Emotion, 11*, 335–346.

Zajonc, R. B., Heingartner, A. & Herman, E. M. (1969). Social enhancement and impairment of performance in the cockroach. *Journal of Personality and Social Psychology, 13*, 82–92.

Zajonc, R. B., Markus, H. & Wilson, W. R. (1974). Exposure effects and associative learning. *Journal of Experimental Social Psychology, 10*, 248–263.

Zanna, M. P., Kiesler, C. A. & Pilkonis, P. A. (1970). Positive and negative attitudinal established by classical conditioning. *Journal of Personality and Social Psychology, 14*, 321–328.

Zebrowitz, L. A. (1997). *Reading faces: Window to the soul?* Boulder, CO: Westview Press.

Zellinger, D. A., Fromkin, H. L., Speller, D. E. & Kohn, C. A. (1975). A commodity theory analysis of the effects of age restrictions on pornographic materials. *Journal of Applied Psychology, 60*, 94–99.

Zimbardo, P. G. (1969). The human choice: Individuation, reason, and order versus deindividuation, impulse, and chaos. *Nebraska Symposium on Motivation, 17*, 237–307.

Zimbardo, P. G. & Andersen, S. (1993). Understanding mind control: Exotic and mundane mental manipulations. In M. D. Langone (Ed.), *Recovery from cults: Help for victims of psychological and spiritual abuse* (pp. 104–125). New York: Norton.

Zwick, R., Pieters, R. & Baumgartner, H. (1995). On the practical significance of hindsight bias: The case of the expectancy disconfirmation model of consumer satisfaction. *Organizational Behavior and Human Decision Processes, 64*, 103–117.

Autorenverzeichnis

Nachfolgend sind jeweils nur die Erstautoren genannt.

Stichwortverzeichnis

Erläuterung

Fett geschriebene Seitenzahlen geben an, dass das Stichwort innerhalb der angegebenen Seite vertieft dargestellt ist.

Kursive Seitenzahlen kennzeichnen, dass das Stichwort an der angegebenen Seite als Beispiel bzw. in einer klassischen Studie verwendet wird.

H

Haarfarbe   110

Hai   176

Halo-Effekt   111, **144f.**, 154, 378

- klassische Studie   144

Hand   42, 80

- Phänomen der heißen ~   25

Handikap   361

Handlungsbedarf   241

Handlungsergebnis   241

Handlungsfreiheit

- Einschränkung   73

Handlungsregulation   **221f.**

Handlungsspielraum   *s. Handlungsfrei-
    heit und Verhaltensspielraum*

Handlungssteuerung   **194**, 378

- Bewerten (4. Phase)   **241f.**, *Abb. 241*

- bewusste/deliberative/intentionale Pro-
    zesse   195

- Bodyfeedback   **236f.**

- Handlungen regulieren (3. Phase)   **221f.**,
    Abb. 222

- Impulskontrolle   **231f.**

- Phasen   194f.

- unbewusste/nichtintentionale/implizite
    Prozesse

- Verhaltenswahl/Wählen (1. Phase)
    197f., *Abb. 197*

- Vorsätze   **222f.**

- Ziele setzen (2. Phase)   **208f.**, *Abb. 209*

Handlungswahl   *s. Verhaltenswahl*

Hängebrücke   174

Häufigkeit der Aktivierung   329

Häufigkeitsangaben   315

- in der Frageformulierung   317

Häufigkeitsschätzungen   2, 4, 8, 9

Hautfarbe   110

hedonisch   378

Hemmung

- soziale, *s. soziale Hemmung*

Herangehensweise   216

Herausforderung   188, 203, 210

Herzbergs Zweifaktorentheorie   192,
    Abb. 193

- Kritik   194

Herzfrequenz   160, 172, 276

Herzrate   *s. Herzfrequenz*

Herzschlag   *s. Herzfrequenz*

Heterogenität

- von Gruppen   306

Heuristik   **1f.**, 121, 151 180, 181, 199,
    378

- *s. Verfügbarkeitsheuristik, Ankereffekt,
    Repräsentativitätsheuristik*

Hierarchie   255, 304

Hilfeverhalten   99, 112, 182

Hilfsbereitschaft   99

hindsight bias   **16f.**

- *s. Rückschaufehler*

Hineinsteigern   178

Hintergrund   80, 82, 133 135

- persönlicher   140

Hochrechnung   325

Hochstapler   114

Hoffnung   217

Höhenangst   163

- klassische Studie   163

Holzarbeiter   212

Homogenität

- von Gruppen   305, 306

Hormon   172

Hotel   67

Hundekot   *162*

Hunger   188

Hypothesentest

- selektiver   9, 10, 146, 337, 378

Kosten-Nutzen-Verhältnis 65
Kreativität 52, 181, 218, 239
Kreditentscheidung 42
Kriegsgefahr 23
Kultur
- und Attribution 122
- und Gruppenentscheidungen 301
- und nonverbales Verhalten 116
Kundengespräch 166
Kursverlauf 12

L

Lächeln 117, 165, 236, 237f.
Laie *15, 52, 55*
Langeweile 32
Layout 329
Lebensmittelvergiftung *164*
Lebenszufriedenheit *29, 325, 329, Abb.*
    30, 341, 348
Leichtigkeit des Abrufs 2, 5, **6**, *Abb. 7,*
    8, 31, 152, 327
Leistung 193, 266
- in Gruppen, *s. Gruppenleistung*
Leistungsbereitschaft 269
Leistungsbeurteilung *19,* 139
Leistungserwartung 142, 188
- klassische Studie 149
Leistungsfähigkeit
- und Bodyfeedback 236f.
- und Gefühle 179f., Abb. 179, Abb. 182
Leistungsmotivation *248*
Leistungsnorm 269, 382
Leistungsphase *s. Funktionsphase*
Leistungsträger 283
Leistungsverbesserung 143, 246
- durch Ziele 209
Leistungsverschlechterung 143
Lerngruppe 261

limbisches System 382
- Emotionsentstehung 161
Limitierung 72, *Abb. 73*
- *s. Knappheit*
Lippen 236
LKW 211
loss aversion 382
- *s. Verlustangst*
- klassische Studie *104*
Low-ball-Technik 100, **102**, *Abb. 104,*
    382
- *Energiesparen 104*
Lowumbo *320*
Loyalität 139, 257
Lustlosigkeit 188
Luxusartikel
- klassische Studie 116

M

Macht 256
- Motiv 188
Magenverstimmung *161*
Mammographie 55
Manipulation 82, 190
Marktforschung *311*
Marmelade 77
Maskottchen 258
Maslows Bedürfnispyramide **191**, *Abb.*
    192
Maßstab 246
Mathematikspiele 204
Medienberichte 3
Medikamentenunverträglichkeit 164
Mehrdeutigkeit 312, 315
Mehrheiteneinfluss 383
- *s. Konformität*
Meinung
- abweichende 301

prospect theory   39, 385
Provision   75
Prozessgewinn   **274**, 386
Prozessverlust   **275, 287f.**, 386
Pseudomeinung   **359f.**, *Abb. 360*, 386
Puffer   48
Puls   *s. Herzfrequenz*
Pünktlichkeit   210
Pygmalion-Effekt   386
- *s. sich-selbst-erfüllende Prophezeiung*

Q

Qualifikation
- berufliche   *111*
Qualität   60, 67, *77*
Quantität   218
Quellenverwechslung   326, 386
Querdenker   306
Quizspiel   123

R

Rabatt   *s. Preisnachlass*
Rahmenbedingungen   6, 8, 103
Rang   *s. Status*
Rangordnung   270
Rationalisierung   **304**, 386
Rationalität   1, 59, 199
Rauchen   177, 223
Raumfähre   302
Räuspern   223
Reaktanz   73, 386
- Beeinflussungsversuch   74
- klassische Studie   75
Reaktion
- dominante   276, *Abb. 277*, 386
Reaktionszeit   362
Reaktorunfall   302
Rechenaufgabe   14

Rechtfertigungsdruck   47
Redundanz   321, 386
Referenzperiode   317
Referenzpunkt   341
Regel   268
- der Gegenseitigkeit, *s. Reziprozitätsnorm*
Regierungswechsel   16
Regulationsmöglichkeiten
- Ankereffekt   16
- Antworteditierung   363
- Auslösung von Gefühlen durch Kognitionen   178
- Auslösung von Gefühlen durch Wahrnehmung   167
- Auswirkung von Gefühlen auf die Leistungsfähigkeit   183
- Beurteilungsfehler   155
- Bodyfeedback   240
- Commitment als Verkaufsstrategie   105
- Einfluss anderer Fragen auf die Meinungsbildung   350
- Einfluss der Antwortskalen auf die Antwortformatierung   356
- Einfluss von (fehlenden) Erinnerungen auf die Meinungsbildung   327
- Einfluss von Empfindungen auf die Meinungsbildung   330
- Einschätzung von Risiken   40
- Empfindungen als Entscheidungsgrundlage   33
- Entscheidungsfehler   48
- Framing   333
- Impulskontrolle   235
- Interpretation von Fragen   323
- komparative Urteile bei der Meinungsbildung   337
- Personenbeurteilung, Merkmale der Situation   138